FRANCE

Londres
ANGLETERRE
Dunkerque
Calais
Bruxelles
BELGIQUE
ALLEMAGNE
Lille
Valenciennes
ARTOIS
Manche
LUXEMBOURG
Luxembourg
Amiens
PICARDIE
Le Havre
Rouen
Reims
Metz
Caen
LORRAINE
NORMANDIE
PARIS
CHAMPAGNE
Nancy
Strasbourg
Versailles
Brest
Chartres
Seine
ALSACE
BRETAGNE
Rennes
Le Mans
Orléans
FRANCHE-COMTÉ
PAYS DE LA LOIRE
BOURGOGNE
ANJOU
Angers
Tours
Dijon
Besançon
Nantes
Berne
SUISSE
Loire
JURA
Lausanne
TOURAINE
BOURBONNAIS
Saône
POITOU-CHARENTES
Genève
Annecy
OCÉAN ATLANTIQUE
La Rochelle
Clermont-Ferrand
Limoges
Lyon
MASSIF CENTRAL
LIMOUSIN
St-Étienne
Grenoble
ALPES
ITALIE
Bordeaux
AUVERGNE
Rhône
0 50 100 150 200 mi
0 100 200 300 km
Garonne
Avignon
MONACO
Nice
PROVENCE
AQUITAINE
Aix-en-Provence
CÔTE D'AZUR
Montpellier
Toulouse
Toulon
Marseille
GASCOGNE
LANGUEDOC
MIDI-PYRÉNÉES
PYRÉNÉES
Perpignan
ANDORRE
Mer Méditerranée
Corte
CORSE
Ajaccio
ESPAGNE
Capitale
Population des unités urbaines
plus de 300.000 habitants
de 100.000 à 300.000 habitants
de 50.000 à 100.000 habitants

L'EUROPE

Le français est la langue officielle
Le français est une des langues officielles
0 100 200 milles
0 100 200 kilomètres
OCÉAN ATLANTIQUE
Mer du Nord
Mer Méditerranée
IRLANDE
GRANDE-BRETAGNE
NORVÈGE
SUÈDE
FINLANDE
DANEMARK
ESTONIE
LETTONIE
LITUANIE
RUSSIE
RUSSIE
BIÉLORUSSIE
PAYS-BAS
BELGIQUE
LUXEMBOURG
ALLEMAGNE
POLOGNE
RÉPUBLIQUE TCHÈQUE
SLOVAQUIE
UKRAINE
FRANCE
SUISSE
AUTRICHE
HONGRIE
MOLDAVIE
SLOVÉNIE
CROATIE
ROUMANIE
BOSNIE-HERZÉGOVINE
SERBIE
PORTUGAL
ESPAGNE
ANDORRE
CORSE
ITALIE
BULGARIE
MONTÉNÉGRO
MACÉDOINE
ALBANIE
GRÈCE
TURQUIE

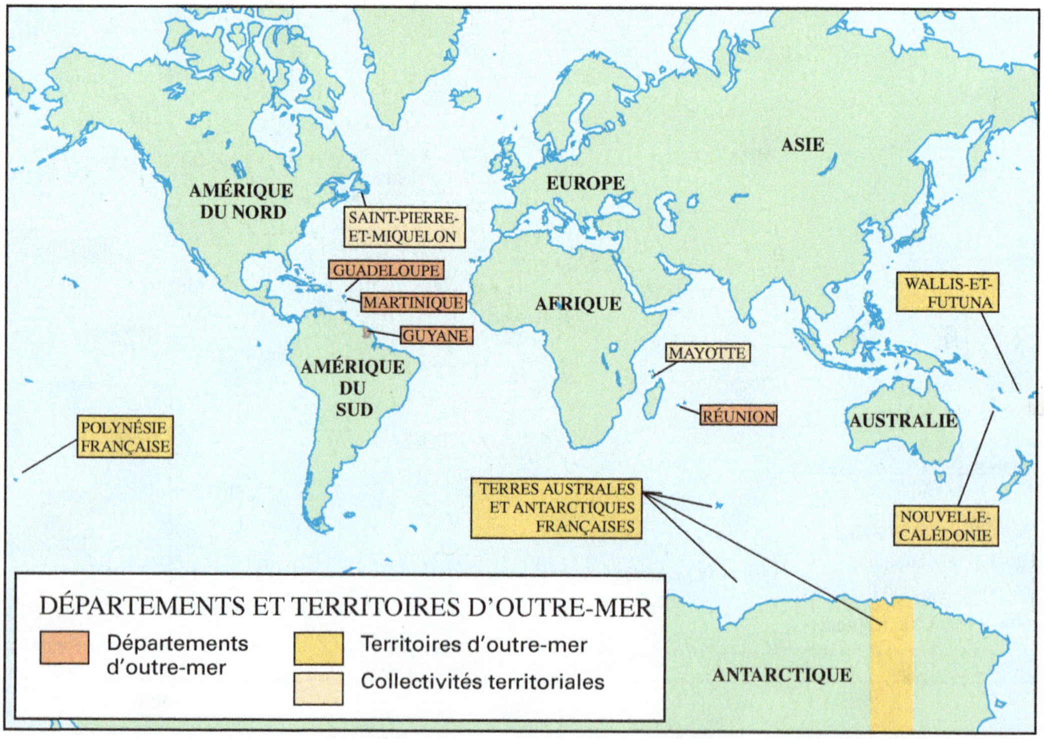
AMÉRIQUE DU NORD
SAINT-PIERRE-ET-MIQUELON
GUADELOUPE
MARTINIQUE
GUYANE
AMÉRIQUE DU SUD
POLYNÉSIE FRANÇAISE
EUROPE
ASIE
AFRIQUE
MAYOTTE
RÉUNION
WALLIS-ET-FUTUNA
AUSTRALIE
NOUVELLE-CALÉDONIE
TERRES AUSTRALES ET ANTARCTIQUES FRANÇAISES
ANTARCTIQUE
DÉPARTEMENTS ET TERRITOIRES D'OUTRE-MER
Départements d'outre-mer
Territoires d'outre-mer
Collectivités territoriales

AFRIQUE
Le français est la langue officielle
Le français est une des langues officielles
Présence importante de la langue française
Mer Méditerranée
OCÉAN ATLANTIQUE
OCÉAN INDIEN
MAROC
TUNISIE
ALGÉRIE
LIBYE
ÉGYPTE
LIBAN
MAURITANIE
MALI
NIGER
TCHAD
SOUDAN
ÉRYTHRÉE
DJIBOUTI
SOMALIE
ÉTHIOPIE
SÉNÉGAL
GAMBIE
GUINÉE-BISSAU
GUINÉE
SIERRA LEONE
LIBERIA
CÔTE D'IVOIRE
BURKINA FASO
GHANA
TOGO
BÉNIN
NIGERIA
CAMEROUN
RÉPUBLIQUE CENTRAFRICAINE
GUINÉE ÉQUATORIALE
GABON
CONGO
RÉPUBLIQUE DÉMOCRATIQUE DU CONGO
RUANDA
BURUNDI
OUGANDA
KENYA
TANZANIE
SEYCHELLES
COMORES
MAYOTTE
MALAWI
ANGOLA
ZAMBIE
MOZAMBIQUE
ZIMBABWE
NAMIBIE
BOTSWANA
MADAGASCAR
ÎLE MAURICE
RÉUNION
SWAZILAND
LESOTHO
AFRIQUE DU SUD
0 500 1000 1500 milles
0 500 1000 1500 kilomètres

0 250 500 milles
0 250 500 kilomètres
CANADA
Québec
ST-PIERRE-ET-MIQUELON
Nouvelle-Angleterre
ÉTATS-UNIS
OCÉAN ATLANTIQUE
Louisiane
MEXIQUE
OCÉAN PACIFIQUE
CUBA
HAÏTI
RÉPUBLIQUE DOMINICAINE
GUADELOUPE
DOMINIQUE
MARTINIQUE
BELIZE
HONDURAS
Mer des Antilles
GUATEMALA
NICARAGUA
SALVADOR
TRINITÉ ET TOBAGO
COSTA RICA
VENEZUELA
GUYANA
GUYANE
PANAMA
COLOMBIE
SURINAME
BRÉSIL
LES ANTILLES
HAÏTI
PORTO RICO
RÉPUBLIQUE DOMINICAINE
Mer des Antilles
PETITES ANTILLES
GUADELOUPE
DOMINIQUE
MARTINIQUE
0 125 250 milles
0 125 250 kilomètres
BARBADE
TRINITÉ ET TOBAGO
AMÉRIQUES
Le français est la langue officielle
Le français est une des langues officielles
Présence importante de la langue française

Mais oui!

Mais Qui!

Introductory French and Francophone Culture

5th Edition

Chantal P. Thompson | Elaine M. Phillips

CENGAGE
Learning®

Australia • Brazil • Japan • Korea • Mexico • Singapore • Spain • United Kingdom • United States

CENGAGE Learning

Mais Qui!: Introductory French and Francophone Culture, 5th Edition

Senior Project Development Manager:
Linda deStefano

Market Development Manager:
Heather Kramer

Senior Production/Manufacturing Manager:
Donna M. Brown

Production Editorial Manager:
Kim Fry

Sr. Rights Acquisition Account Manager:
Todd Osborne

Cover Image: ©Burton Zara/
SuperStock/Corbis

Printed in the United States of America

Mais Oui!, 5th Edition
Chantal P. Thompson | Elaine M. Phillips

Library of Congress Control Number: 2011935891

ISBN-13: 978-1-285-88592-6

ISBN-10: 1-285-88592-9

Cengage Learning
5191 Natorp Boulevard
Mason, Ohio 45040
USA
Cengage Learning is a leading provider of customized learning solutions with office locations around the globe, including Singapore, the United Kingdom, Australia, Mexico, Brazil, and Japan. Locate your local office at:
international.cengage.com/region.

Cengage Learning products are represented in Canada by Nelson Education, Ltd.
For your lifelong learning solutions, visit **www.cengage.com/custom.**
Visit our corporate website at **www.cengage.com.**

Scope and Sequence

Chapitre 2 La famille 51

Chapitre 3 La maison et la ville 85

Chapitre 4 L'école 125

Chapitre 5 À table! 161

To the Student

Welcome to the fifth edition of ***Mais oui!***, your beginning French program. Much like the image on the cover, what you see as a reflection of another culture is not always as it first appears. ***Mais oui!*** takes you on a reflective journey of discovery from one language to another, from one cultural framework to another. In doing so, ***Mais oui!*** calls on you to use your critical thinking skills and participate actively in the process of discovering the French language and the cultural landscapes of **la Francophonie.** Each step makes you think, and as you observe and infer, explore and confirm, multiple layers of meaning are uncovered.

- **Real-world input.** Chapters are divided into four **Étapes,** each focused on a central theme introduced with carefully selected real-world listening or reading materials used as entry into the language that you use to communicate about the topic. The readings are from current magazine articles, books and literary works; most listening segments are based on interviews with native speakers of the language. In the ***Mais oui!* Video**, native speakers also address questions related to the chapter theme, and Web Search Activities expand opportunities for learning about Francophone cultures. Through a series of tasks, you develop strategies that enable you to process this input successfully. A natural stage is thus set for the introduction of vocabulary, structures, cultural concepts, and the practice of language functions. Through this wealth of real-world language, you not only learn to understand "real" French, but you embark on a journey of discovery.
- **Critical thinking.** As you use ***Mais oui!***, you become a reflective observer who draws on a variety of language texts (oral and written) to discover the French way of saying things. Through a process of **Observez et déduisez** *(Infer)*, then **Confirmez** *(Confirm)*, you are led to figure out on your own how the language works. You observe, infer, confirm, and acquire the language in a stimulating environment conducive to long-term retention. You are also led to understand new social and cultural realities, for a new way of saying things is often a new way of seeing things. Take the word "vacation" for example. When you think of vacation time in the business world, how many days does it usually represent in your culture? To the French, **les vacances** is synonymous with five weeks of **congés payés** *(paid vacation)* per year, a mass exodus to the beaches of western or southern France in July and August, and a whole country that grinds to a complete halt for all the holidays. Language learning is not simply a matter of learning different words, but one of acquiring a new set of concepts associated with the words—a chance to expand one's horizons, inquisitively.
- **Realistic expectations.** The discovery process may sound challenging but, fortunately, the journey is a guided tour. The tasks are kept simple and, one small step at a time, you are guided through activities that help you identify, recognize, and internalize the patterns of French to activities that stimulate you to use your newly acquired language skills to express your own ideas and perspectives. The process will help you become a more independent language learner. Chances to create with the language abound, and functions (or language tasks) are recycled from chapter to chapter in ever-expanding contexts. By the end of the ***Mais oui!*** program, you can reasonably expect to begin to express personal meaning about a variety of simple topics, to ask and answer questions, and to deal with most common everyday situations in French.

Supplementary Materials for the Student

Text Audio Program The Text Audio Program, located on the ***Mais oui!*** website (www.cengagebrain.com) in MP3 format, contains the textbook's **À l'écoute** listening passages, the **Observez et déduisez** pronunciation samples, the items of the **Confirmez** exercises, oral cues for any listening activities, and all terms from the end-of-chapter **Vocabulaire actif.** This recording is designed to maximize your exposure to the speech of native speakers from a variety of regions. It also allows you to listen to the recorded passages as often as you wish and to improve your pronunciation.

The Student Activities Manual (SAM) The Workbook section of this manual provides structured, written practice of the materials introduced in the corresponding chapters and additional reading comprehension based on cultural and journalistic excerpts. The Lab Manual section, designed for use with the audio and video program, contains pronunciation practice, a variety of listening comprehension tasks, and video activities to accompany the new ***Mais oui!*** Video Program.

Heinle eSAM This online version of the Student Activities Manual contains the same content as the print version in an interactive environment that provides immediate feedback on many activities. The audio associated with the Heinle eSAM is also included with an easy click.

The Student Activities Manual Audio Program The audio material that accompanies the Laboratory Manual section of the SAM is also available, passcode protected, on the ***Mais oui!*** Website. It includes the **À l'écoute** listening passages, the pronunciation exercises, and the recorded materials for the listening comprehension activities and dictations.

The *Mais oui!* Video The video features engaging interviews of native French speakers to accompany the activities in the **Notes culturelles, Culture et réflexion,** and **Synthèse culturelle** sections of your textbook. The video clips can be found in the Heinle iLrn™ Learning Center and on the ***Mais oui!*** Website.

The *Mais oui!* Website This icon points to the ***Mais oui!* Website**, which you can access by selecting *French* at the Cengage Learning home page, http://www.cengagebrain.com.

On the ***Mais oui!*** Website, you will find the following free resources:

- **Text Audio Program,** corresponding to your textbook's **À l'écoute** and **Prononciation** listening passages, oral cues for any listening activities, and all terms from the end-of-chapter **Vocabulaire actif.**
- **Cultural Web Search Activities,** to help you explore further the topics of the chapter and the **Culture et réflexion** section. After completing the activities, you will share your findings and discuss them with fellow students in class.
- **Web Links,** also new to this edition, to help you connect to a variety of French-language sites appropriate to the textbook's chapter themes and content, and inviting you into authentic experiences of French-speaking culture and language.
- **Auto-graded Vocabulary and Grammar Quizzes,** to help you practice further chapter vocabulary and grammar and to assess your progress via immediate feedback.

- **Google™ Earth Coordinates**
- **iTunes™ Playlist**

Your textbook may have been packaged with an access card for additional resources on the *Mais oui!* Website. If not, you may purchase access to the following resources by visiting www.cengagebrain.com.

- **SAM Audio Program.**
- **The *Mais oui!* Video Program.**
- **Audio-enhanced Flashcards,** to help you learn and practice chapter vocabulary, while getting more exposure to French pronunciation.
- **Grammar Tutorial Videos.**
- **Grammar Podcasts and Video Tutorials** which clearly explain in English some of the stickier grammar prints you will encounter in your textbook.

iLrn™ Heinle Learning Center iLrn™ Heinle Learning Center provides you with everything you need to master the skills and concepts of the course. The dynamic audio- and video-enhanced learning environment includes an audio-enhanced eBook with integrated activities, companion videos, an interactive voiceboard, an online workbook and lab manual with audio, interactive enrichment activities, a class blog. This interactive tool, in line with your lifestyle, is perfectly adapted to the innovative learning and communicating environment. You will have the possibility to access your material online, which will save you some time and help you to be successful.

Reference Materials

The following materials provide students with useful reference tools throughout the course:

- **Maps.** On the front of the textbook, five vivid full-color maps show France, French territories around the world, and countries where French is spoken in Europe, Africa, the Americas, and the Caribbean.
- **Appendix.** The appendix contains conjugation charts of regular and irregular verbs.
- **Glossaries.** French-English and English-French glossaries follow the conjugation charts. The French-English glossary lists all active words and identifies the number of the chapter in which the word or phrase first appears. It also includes the classroom expressions featured in the end-of-chapter **Vocabulaire actif** sections and all vocabulary included in the **À l'écoute, Lecture,** and **Littérature** input.

Acknowledgments

A book is the work of many people: its authors, yes, but also those who have accepted its concept, bettered its manner of expression, and nurtured its development. For this we thank Beth Kramer, Nicole Morinon, Cat Thomson, Esther Marshall, Kim Meurillon, Tim Deer, Daphne Allanore, Glenn McGibbon, Claire Flemming, Peter Schott, Andy Kwok, Carolyn Nichols, John Farrell, and the whole team at Heinle, Cengage Learning. They have shared our vision, supported our efforts, and provided invaluable guidance. Our thanks also go to the service and freelancers involved with the different stages of the production and, in particular, PremediaGlobal and their project manager Nicole Zuckerman, Sev Champeny, and Cécile Hoene.

We also wish to thank the following colleagues for the many useful suggestions they offered in their reviews of ***Mais oui!*** during various stages of development:

Myriam Alami, *Rutgers University*
Anita Alkhas, *University of Wisconsin, Milwaukee*
Stacey Ayotte, *University of Montevallo*
Julie Baker, *University of Richmond*
Diane Beckman, *North Carolina State University*
John Boitano, *Chapman University*
Clayton Callahan, *Mohawk Valley Community College*
Lance Chugg, *Northland Pioneer College*
Donna Coulet du Gard, *University of Delaware*
Claire Davidshofer, *University of Maine–Presque Isle*
Alain-Philippe Durand, *University of Rhode Island*
Jean Eledge, *Lee University*
Robert Erickson, *Brigham Young University*
Richard Goldsmith, *Pierce College*
David Graham, *Clinton Community College*
Sharon Hahnlen, *Liberty University*
Carrie Klaus, *Depauw University*
Jacek Lerych, *Grays Harbor C*
Tamara Lindner, *University of Louisiana–Lafayette*
José Lopez-Marron, *Bronx Community College of the City University of New York*
Rosa Maria, *University of Montevallo*
Sharla Martin, *University of Texas–Arlington*
Barbara McIntosh, *Lorain County Community College*
Jessica Miller, *University of Wisconsin–Eau Claire*
Helene Neu, *University of Michigan*
Renée Norrell, *Birmingham-Southern College*
Pascale Perraudin, *Saint Louis University*
Marina Peters-Newell, *University of New Mexico*
Scott Powers, *University of Mary Washington*
Florian Preisig, *Eastern Washington University*
James Radtke, *Milwaukee Area Technical College*
Sudarsan Rangarajan, *University of Anchorage*
Nathan Reincheld, *Asbury College*
Howard Ross, *University of Wisconsin–Whitewater*
Prosper Sanou, *Stony Brook University*
Jessica Sturm, *Purdue University*
Lorrel Sullivan, *University of Michigan*
François Victor Tochon, *University of Wisconsin–Madison*
Terri-Jo Webster Woellner, *University of Denver*
James Wilkins, *Lee University*

Finally, we want to express our appreciation to our families, whose patience, confidence, and love sustain us. The fifth edition of ***Mais oui!*** is dedicated by Chantal Thompson to Bill, Natalie and Gerry, Erica and Roy, Nick and Shelley, and grandchildren Ashley, Ethan, Brandon, Kendra, Andrew, Alex, and Aidan; and by Elaine Phillips to Bob and Jonathan.

Chantal P. Thompson
Elaine M. Phillips

chapitre

préliminaire

Bonjour!

Owen Franken

What do you think these people are saying to one another?

This chapter will enable you to

- greet and introduce people formally and informally
- identify people and things
- understand basic classroom terms and spell in French
- understand an announcement and a short conversation at an airport

Chapter resources

- iLrn Heinle Learning Center
- Text Audio Program
- Video
- Premium Website

À l'écoute Votre attention!

You are about to listen to an audio segment on the iLrn Student Website and/or on the Text Audio Program. You will hear an announcement made over the public address system at a French airport. Prepare yourself by doing the activity that follows.

Pensez

1 Imagine that you are at a French airport, and someone is being paged. What do you expect to hear in this announcement?

Attention! Before you listen to the announcement, read the numbered tasks outlined in the **Observez et déduisez** section below. You will probably not understand everything you hear, but these tasks will guide you step by step. For each task, focus only on what you are asked to do. As you learn various strategies for listening, authentic speech will become increasingly easier for you to understand.

Observez et déduisez

CD 1-2

2 Listen a first time and check the information you had anticipated in **Pensez** that is actually mentioned in the announcement.

3 Listen again. In the following list, circle the words used in the announcement, and then guess their meaning.

votre attention / merci / s'il vous plaît
Monsieur / Madame / Mademoiselle
bureau / compagnie / société
Air France / Airbus / Air Inter

Eitan Simanor/Robert Harding Travel/Photolibrary

4 Listen a final time to infer the meaning of **est priée de se présenter** from the following choices.

a. is asked to call
b. is asked to come in person
c. is asked to give a present

À l'écoute Votre nom?

Pensez

1 The woman being paged comes to the airline counter. What do you expect will be included in the conversation?

Observez et déduisez

CD 1-3

2 Listen a first time and check the information you had anticipated in **Pensez.** What is actually included in the conversation?

3 Listen again. Match the French expressions on the left with the categories on the right.

1. je suis	a. greetings
2. au revoir	b. identifying oneself
3. bonjour	c. thanking
4. merci	d. leave-taking

4 Now that you have heard the conversation twice, indicate why the woman is being paged.

a. There was a message for her.
b. There was a problem with her ticket.
c. She had lost her passport.

5 Listen a final time, paying close attention to the woman's name. How is it spelled? Unscramble the following letters to spell her name.

U E A H S D C Y N

6 In English, we use *um* as a pause filler in conversation. Having heard this conversation three times, can you identify the pause filler that French speakers use to mark hesitation?

Vocabulaire actif

à bientôt
au revoir
bonjour
de rien
euh…
il n'y a pas de quoi
je suis
je vous en prie
madame
mademoiselle
merci
monsieur
s'il vous plaît

Notes culturelles

Bonjour, madame. In formal situations, French people generally add **monsieur, madame,** or **mademoiselle** (abbreviated **M., Mme,** and **Mlle** respectively) to **bonjour, au revoir,** and **merci.** Note that the last name is not used.

Salutations et gestes. When greeting or saying good-bye to a colleague or an acquaintance, French people always shake hands. Close friends and family members exchange kisses on the cheeks **(des bises)**—two, three, or even four kisses, depending on regional customs.

Au revoir? If you expect to see the person again in the near future, you may say **à bientôt** *(see you soon)* instead of **au revoir.** To say good-bye, French Canadians may say **bonjour** or **salut** rather than **au revoir.**

Merci et la politesse. **Je vous en prie** is a formal way to say *you're welcome.* **De rien** or **il n'y a pas de quoi** are less formal. French Canadians use the expression **bienvenue** *(welcome).*

Bloguez! iLrn

Go to the **Share it!** feature of iLrn to access your blog. In your first post, describe polite ways to greet someone or to take leave in your culture.

Stratégie de communication

Greetings and Introductions

Observez et déduisez

Greetings and introductions in French, as in English, usually involve a great deal of social ritual. Study the illustrations and dialogues; then answer the following questions.

- In formal situations, do French speakers use **tu** or **vous**?
- What expressions are used to do the following?

  Greet a new student.
  Give your name and find out his.
  Introduce him to a classmate.
  Respond to an elderly neighbor's greeting.
  Ask how she is doing.
  Say you're doing fine.
- What are the French equivalents for the following expressions?

name	My name is . . .	Not too good.
first name	Good evening.	And you? *(formal)*
last name	I'm fine.	And you? *(informal)*

— Bonjour, madame. Comment allez-vous?
— Je vais bien, merci. Et vous?

— Bonsoir, monsieur. Vous allez bien?
— Oh, comme ci comme ça... les rhumatismes, vous savez...

— Simone, je vous présente Monsieur Leblanc. Monsieur Leblanc, Madame Bichon.
— Enchanté, madame.
— Enchantée.

— Salut! Ça va?
— Oui, et toi?
— Ça va!

— Tiens, Claire, je te présente Naïma.
— Bonjour.

— Comment tu t'appelles?
— Mohammed.
— Et ton nom de famille?
— Belhaj. Mohammed Belhaj.

— Bonjour, monsieur. Comment vous appelez-vous?
— Je m'appelle Cacharel.
— Pardon? Votre nom?
— Cacharel.
— Votre prénom?
— Alain.

Confirmez

	to greet someone	to respond
formel	Bonjour, madame.	Bonjour, monsieur.
familier	Salut, Jean.	Bonsoir, Marie.
	to ask how someone's doing	**to respond**
formel	Comment allez-vous? Vous allez bien?	Je vais bien, merci. Et vous? Très bien, merci. Et vous? Comme ci comme ça.
familier	Comment vas-tu? Comment ça va?	Ça va bien, et toi? Oh, pas mal. Comme ci comme ça. Et toi?
	to introduce someone	**to respond**
formel	Je vous présente...	Enchanté(e). Bonjour, monsieur (madame).
familier	Je te présente...	Bonjour.
	to ask someone's name	**to respond**
formel	Comment vous appelez-vous? Votre nom? / Votre prénom?	Je m'appelle... Cacharel. / Alain.
familier	Comment tu t'appelles? Ton nom? / Ton nom de famille?	Je m'appelle... Mohammed. / Belhaj.

Activités

A **Options.** Choose the most appropriate response to the following.

1. Comment vous appelez-vous?
   _______ Très bien, merci. _______ Je m'appelle Caroline.
2. Je vous présente Monsieur Carel.
   _______ Il n'y a pas de quoi. _______ Enchanté.
3. Comment allez-vous?
   _______ Ça va bien. _______ Je vais bien, merci.
4. Ton prénom?
   _______ Nicolas. _______ Sarkozy.
5. Bonjour, mademoiselle.
   _______ Bonjour, monsieur. _______ Salut.
6. Merci, monsieur.
   _______ Comme ci comme ça. _______ Je vous en prie.
7. Au revoir, Caroline.
   _______ À bientôt! _______ De rien.

B **Complétez.** Now complete the following dialogues with the appropriate expressions.

1. — _______________, monsieur.
   — _______________, madame.
   _______________?
   — _______________!

2. — _______________?
   — Samuel.
   — _______________?
   — Beynet.

3. — _______________?
   — _______________ Letort.
   — _______________?
   — Suzanne. Suzanne Letort.

4. — Salut, Michelle,
   _______________?
   — Oui, _______________?
   — _______________, je suis fatiguée...

5. — Paul, _______________
   Jean-Michel.
   Jean-Michel, Paul.
   — _______________.
   — _______________.

6. — Charles, _______________
   Madame Beynet. Madame Beynet, Monsieur Duval.
   — _______________, madame.
   — _______________, monsieur.

C **Bonjour.** Look at the photographs on page 9. Create an appropriate dialogue for each photo and practice it with a partner.

Note culturelle

Tu ou vous? The decision to use **tu** or **vous** is often a delicate one, even for native speakers of French. In general, the pronoun **tu** is used in familiar contexts (with family, friends, children, and students your own age). Use **vous** with people you address by their last name, new acquaintances, people with whom you maintain a professional distance, or people who are older than you. French Canadians use **tu** more readily than the French, as do younger people throughout the Francophone world. However, if you have any doubt, use **vous**!

Bloguez! iLrn

In English, you use the same word—*you*—to speak to people you know well and to those you don't, to children and to adults. Nevertheless, there are other ways your language might change in those contexts. Give an example.

Stratégie de communication

Spelling in French

Observez et déduisez

CD 1-4

When you meet new people, you may need to spell your name or ask them to spell their names **(Comment ça s'écrit?).** Although French and English use the same alphabet, the sounds corresponding to many of the letters are different. How would you spell your name in French?

A	B	C	D	E	F	G	H	I	J	K	L	M
[a]	[be]	[se]	[de]	[ə]	[ɛf]	[ʒe]	[aʃ]	[i]	[ʒi]	[ka]	[ɛl]	[ɛm]
N	O	P	Q	R	S	T	U	V	W	X	Y	Z
[ɛn]	[o]	[pe]	[ky]	[ɛr]	[ɛs]	[te]	[y]	[ve]	[du blə ve]	[iks]	[i grɛk]	[zɛd]

accent aigu	André
accent grave	Irène
accent circonflexe	Benoît
c cédille	François
tréma	Joëlle
trait d'union	Marie-France, Jean-Paul
apostrophe	M'hammed

Activités

D **C'est qui?** Stand with your classmates and listen carefully as your teacher spells a name—either a first name or a last name. Sit down when you are sure he/she is *not* spelling *your* name.

E **Devinez *(Guess)*!** Spell the words aloud supplying the missing letters.

1. c_mpa_ni_
2. _e _ous en _rie
3. Vo_s alle_ bie_?
4. Ro_ert, com__ent _a _a?
5. s'i_ v_us _la_t
6. __ons_eu_
7. Il n'_ a pa_ d_ _uoi.
8. _e m'_ppelle Nico_as Sar_ozy.
9. Enc_an_.
10. ma_e__o_selle

F **Comment ça s'écrit?** You are checking tickets at the airline counter. Spell out the passengers' names to make sure there are no mistakes!

1. Jean-Pierre Segond
2. Yambo Hazoumé
3. Mariama Bâ
4. Françoise Gracq
5. Hélène Leroux
6. Aïcha Al'Kassem

Bloguez!

In the ***Mais oui!*** 5th edition video, you meet four young French speakers from around the world. They will answer questions about their lives, opinions, and personal experiences related to chapter topics. Watch the video for the **Chapitre préliminaire** where they introduce themselves and tell you where they are from. Write down the names that you hear them spell, and complete the activities in the Student Activities Manual.

Camille

Fatim

Fatou

Greg

Culture et réflexion

Chantal Thompson

Les bises rituelles

Cultura RM/Alamy

La poignée de main—une obligation culturelle

Observez et déduisez

What do you think the relationship is between the two men exchanging greetings in this photo or the two people shaking hands in the other photo? What does the presence or absence of physical contact during greetings and leave-takings reveal about a culture?

Confirmez et explorez

- **Les salutations et les gestes.** Greetings and leave-takings in France and many Francophone countries must include physical contact. As mentioned in the **Notes culturelles** on page 3, close friends and family members exchange **des bises.** Colleagues and acquaintances shake hands, and if one's hands are dirty or holding other things, a finger, wrist, elbow, or arm is offered to shake instead. Some type of physical salutation must be offered to each individual present in order to be polite; when leaving a group of ten or twelve people, for example, each person in the group would receive a handshake or a kiss, even if doing so is time consuming! A bank director in Paris reports that he clocks 20 minutes of handshaking per day for most of his personnel.[1] You shake hello, and you shake good-bye, adding the first name of the person if you are on first-name terms **(Bonjour, Martine, Au revoir, Robert)** or adding **madame** or **monsieur** with formal acquaintances or strangers.

  Do you usually shake hands when you meet someone for the first time? When you meet a friend or acquaintance in a public place? Do you exchange hugs or kisses when you greet or leave family members in the morning or at night? In what situations do such greetings make you feel uncomfortable?

- **Le sourire.** Nothing separates Americans and French people more than their smile codes.[2] Americans smile at strangers; French people don't. This may explain why tourists sometimes label the French as rude and arrogant. True, the French don't smile without a reason, and stumbling into someone's stare is not one of them. Smiles usually come if you bump into each other by mistake or if you both witness an event worth smiling at, but when you walk down the street or sit in the subway **(le métro),** don't take the French **mine d'enterrement** *(funereal expression)* personally!

Bloguez!

Indicate how your greetings vary in different situations and with different people. Explain your "rule" regarding smiling at strangers. Enhance your blog post by adding a link to an "etiquette" website.

1. Polly Platt, *French or Foe* (London: Culture Crossings) p. 34.
2. Ibid. p. 24.

À l'écoute La salle de classe

You will watch and listen as your teacher points out and names items around the classroom. But first prepare yourself by thinking!

Pensez

What does the term *gender* bring to your mind? Do chairs and walls have gender? In French, they do! All nouns are either masculine or feminine. **Accent,** for example is masculine—**un accent. Apostrophe** is feminine—**une apostrophe.** As you listen to your teacher, pay attention to the gender of the words you hear. Accept gender as a fact of life, and whenever you store a French noun in your memory, get in the habit of including the article!

Observez et déduisez

CD 1-5

1 First, simply listen to the audio or watch and listen to your teacher. What are the French names for some familiar classroom items? Which article goes with each name?

2 Listen again, and repeat each word with its article.

3 Now look at the following picture and words, and match the number of each item with its name.

_____ un livre
_____ un cahier
_____ une feuille de papier
_____ un crayon
_____ un stylo
_____ une gomme

_____ une serviette
_____ un tableau
_____ un morceau de craie
_____ une porte
_____ une fenêtre
_____ un mur

_____ un professeur
_____ un sac à dos
_____ une carte
_____ un CD
_____ un classeur
_____ une horloge

_____ un bureau
_____ une chaise
_____ un étudiant
_____ une étudiante
_____ une table
_____ un dictionnaire
_____ un ordinateur portable

Vocabulaire actif

La salle de classe
un livre..., etc.

Structures Identifying people and things

Grammar Podcasts, Grammar Tutorials

Qu'est-ce que c'est? Qui est-ce? • *C'est / Ce sont* • Les articles indéfinis et définis

Vocabulaire actif

un (une) camarade de classe
c'est / ce sont
une chose
une femme
un homme
le/la/l'/les
une personne
Qu'est-ce que c'est?
Qui est-ce?
un/une/des

*Always answer the questions in **Observez et déduisez** first, then check your responses in **Confirmez**.*

Observez et déduisez

Qu'est-ce que c'est?

C'est un bureau: c'est le bureau de M. Martin.

C'est une chaise: c'est la chaise de Marianne.

Ce sont des livres: ce sont les livres de Nancy.

Qui est-ce?

C'est un professeur: c'est M. Martin.

Ce sont des étudiants: ce sont les étudiants de M. Martin.

- Which question refers to people and which to things? What expression is used to identify one person or thing, and what expression is used to identify more than one person or thing?
- How do you think **un** and **une** differ from **le** and **la**? What is the plural form of **un/une**? of **le/la**? How is a noun made plural?

Confirmez

Qu'est-ce que c'est? Qui est-ce?

1. Use **Qui est-ce?** to ask about a person **(une personne).** Use **Qu'est-ce que c'est?** to ask about a thing **(une chose).**

C'est / Ce sont

2. Use **C'est un (C'est une)** to identify one person or thing. Use **Ce sont des** to identify more than one person or thing.

Les articles indéfinis et définis

3. As you learned in **À l'écoute,** in French all nouns have gender (masculine or feminine), which cannot always be determined logically. Most nouns also form their plural by adding an **s,** which is never pronounced. Fortunately, these nouns usually occur with articles that indicate both gender *and* number.

4. The indefinite articles **un** and **une** correspond to *a/an* in English and are used with nouns identifying things that can be counted. **Un** is used with masculine singular nouns, and **une** with feminine singular nouns.

un homme *(a man)*	**un** classeur
une femme *(a woman)*	**une** gomme

5. **Des** *(some, any)* is the indefinite article for all plural nouns, masculine *and* feminine. Note that in French, the article *must* be expressed.

   Ce sont **des** crayons et **des** gommes.
   These are (some) pencils and erasers.

6. The definite articles **le, la,** and **les** correspond to *the* in English. They also agree in number and gender with the nouns they modify.

(masculine)	**le** camarade de classe	**les** camarades de classe
(feminine)	**la** serviette	**les** serviettes

   Note that **le** and **la** become **l'** when followed by a word beginning with a vowel sound. Since the letter **h** is usually silent in French, most words beginning with **h** take **l'** also.

   l'étudiant   l'horloge   l'ordinateur

7. Definite articles are used to identify more specifically than indefinite articles. They may be used with **de** and a person to indicate ownership.

un livre	**le** livre de Samuel
une serviette	**la** serviette de Mégane
des étudiants	**les** étudiants de M. Martin

Les articles

	articles définis	**articles indéfinis**
masculin singulier	le, l'	un
féminin singulier	la, l'	une
masculin pluriel	les	des
féminin pluriel	les	des

Activités

G **Chassez l'intrus.** Find the word in each line that does not belong with the others.

1. stylo, crayons, morceau de craie, hommes
2. murs, sac à dos, porte, fenêtres
3. étudiant, professeurs, serviettes, camarade de classe
4. livre, gomme, classeurs, feuille de papier
5. horloges, cartes, ordinateur portable, tableau

H **C'est... Ce sont...** Refer to the following scene to answer the questions using the appropriate indefinite article: **un, une, des.**

➡ *C'est un stylo?* *Non, ce sont des cahiers.*

1. C'est une horloge?
2. Ce sont des crayons?
3. C'est un ordinateur?
4. C'est un classeur?
5. C'est une fenêtre?
6. Ce sont des étudiants?
7. C'est un dictionnaire?
8. Ce sont des serviettes?
9. Ce sont des feuilles de papier?

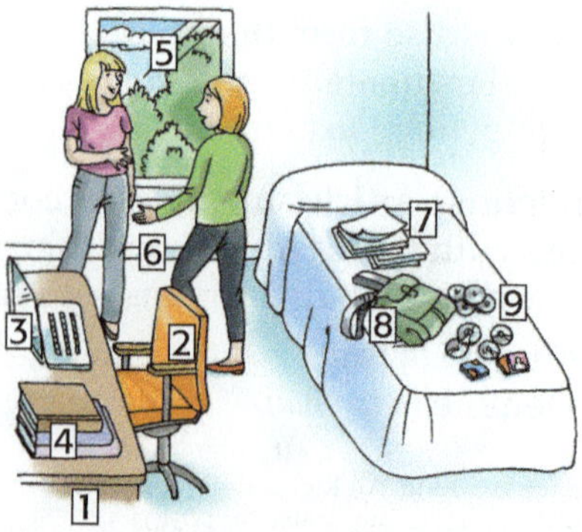

CD 1-6

I **Questions.** Number from 1 to 8 on a sheet of paper. Listen to the answers, and provide the correct question: **Qu'est-ce que c'est?** or **Qui est-ce?**

J **Identifiez.** Point to an object or a person in the room and ask a classmate what or who it is. Respond when someone asks you a question.

—*Qu'est-ce que c'est?*	—*Qui est-ce?*
—*C'est une fenêtre.*	—*C'est Marie.*

K **Des précisions.** Following the model, identify the owner of various items that you find in the classroom.

C'est la carte de M. Martin... Ce sont les stylos de Thomas..., etc.

Vocabulaire Expressions pour la classe

Observez et déduisez

Study the following expressions and divide them into two categories: those you would most likely hear the teacher say **(le professeur)** and those you would most likely hear a student say **(l'étudiant)**.

*All words and phrases introduced in **Vocabulaire** are active vocabulary.*

Ouvrez vos livres.	*Open your books.*
Fermez vos livres.	*Close your books.*
Prenez une feuille de papier (vos devoirs).	*Take out a sheet of paper (your homework).*
Écrivez (la phrase, le mot).	*Write (the sentence, the word).*
Lisez (les instructions, le chapitre, la leçon).	*Read (the instructions, the chapter, the lesson).*
Écoutez (le professeur, un MP3, la réponse, l'exemple).	*Listen to (the teacher, an MP3, the answer, the example).*
Comment? Pardon?	*What? Pardon?*
Répétez, s'il vous plaît.	*Please repeat.*
Vous comprenez?	*Do you understand?*
(Oui) Je comprends.	*(Yes) I understand.*
(Non) Je ne comprends pas.	*(No) I don't understand.*
Comment dit-on... en français?	*How do you say . . . in French?*
Je ne sais pas.	*I don't know.*
Que veut dire... ?	*What does . . . mean?*
Comment ça s'écrit?	*How is that spelled?*

Activités

L **Options.** Circle the most logical completion for each sentence beginning.

1. Écrivez...	le livre	le mot	l'ordinateur portable
2. Prenez...	la réponse	un crayon	les hommes
3. Ouvrez...	la porte	l'horloge	la chaise
4. Écoutez...	les instructions	le chapitre	le livre
5. Lisez...	le professeur	la phrase	le MP3
6. Répétez...	le mot	la femme	le camarade de classe

M **Complétez les phrases.** Look at the commands in Activity L. With a partner, find as many ways as you can to complete each sentence.

➡ *Fermez... la porte, le livre, le cahier, la fenêtre, le sac à dos...*

N **Expressions pour la classe.** Using the classroom expressions and commands, decide what you or the teacher should say in the following situations.

1. You want to know how to say *classmate* in French.
2. You can't hear what the teacher is saying.
3. You don't understand an explanation.
4. You don't know the answer to a question.
5. The teacher wants to know if you understand a question.
6. The teacher wants you to open your book.
7. The teacher wants you to take out a pen.
8. The teacher wants you to listen to the CD.
9. You want to know how to spell something.

Vocabulaire Les nombres de 0 à 100

Observez et déduisez

CD 1-7

Learning to count in French is not difficult if you pay attention to patterns. Look at the lists below, and see if you can provide the missing numbers.

1	un	13	treize				
2	deux	14	quatorze	30	trente		
3	trois	15	quinze	31	trente et un		
4	quatre	16	seize	32	trente-deux	50	cinquante
				35	?	51	?
5	cinq	17	dix-sept	36	?	58	?
6	six	18	dix-huit				
7	sept	19	dix-neuf	40	quarante	60	soixante
8	huit			41	?	61	?
		20	vingt	47	?	69	?
9	neuf	21	vingt et un				
10	dix	22	vingt-deux				
11	onze	23	?				
12	douze	24	?				

French numbers from 70 to 99 follow a different pattern that is a remnant of the system used by the Celts who counted by twenties. Knowing this, can you match the written forms on the left with the correct numbers on the right?

a. soixante-dix	____ 70
b. quatre-vingts	____ 71
c. quatre-vingt-dix	____ 72
d. soixante et onze	____ 80
e. soixante-douze	____ 81
f. quatre-vingt-onze	____ 85
g. quatre-vingt-dix-huit	____ 90
h. quatre-vingt-un	____ 91
i. quatre-vingt-cinq	____ 98

Now can you guess how to say the following numbers?

➡ 73 76 84 87 95 99

The word for 100 is **cent**. What does it remind you of in English that will make it easy for you to remember?

Activités

O CD 1-8 **Combien?** Listen and write down the correct number of the items mentioned. Cross out the **s** on any word that is not plural.

____ horloges	35 tables	51 CD
43 classeurs	8 fenêtres	26 professeurs
21 crayons	64 feuilles de papier	16 livres
12 dictionnaires	13 cahiers	1 cartes
17 étudiantes	1 serviettes	58 gommes
14 sacs à dos	4 murs	32 étudiants

P **Comptez...**

de 0 à 20 et de 20 à 0
de 20 à 40 en multiples de 2
de 40 à 60 en multiples de 5
de 70 à 99 et de 99 à 70
de 0 à 100 en multiples de 10

Q **Ça fait combien?** You do the math!

14 + 28 = ?	37 + 52 = ?	8 + 61 = ?
44 + 27 = ?	17 + 21 = ?	82 − 32 = ?
100 − 8 = ?	33 − 17 = ?	76 − 12 = ?
98 − 15 = ?	61 − 13 = ?	48 − 35 = ?

R **Votre campus.** Estimate how many of the following might be found in your classroom or building: **portes? ordinateurs portables? stylos? murs? femmes? CD? tables? horloges? cartes? tableaux? morceaux de craie?**

S **Devinez.** Using numbers from 0 to 100, create a number sequence, then read it to your classmates. They will write down the numbers they hear and then try to complete the sequence with two additional numbers.

➡ 8, 16, ___, ___

iLrn Complete the diagnostic tests to check your knowledge of the vocabulary and grammar structures presented in this chapter.

Understanding Cultural Perspectives

As you watch the video clips for each chapter, be careful not to over-generalize based on what you hear from the native speakers. Just as your ideas and opinions may vary from those of other members of your culture, so too may the responses you hear reveal *individual* perspectives—as much as those of their culture as a whole. After viewing, you are asked to reflect on what you heard, to complete tasks, and to present your thoughts and opinions on the topic in a blog post.

Pensez

Have you ever felt insecure or uncertain about how to behave in a particular social situation? Have you ever referred to an etiquette book or website? Think about how such sources can be useful, then watch the video as Fatou, Gregory and Fatim describe some basic social conventions in their culture—the unspoken rules that everyone obeys without even thinking.

As you watch the video, go to the corresponding section of your Student Activities Manual and complete the comprehension activities which will help you understand what you are hearing. Then do **Explorez** and **Bloguez!** below.

Quelles sont les règles implicites les plus importantes dans votre culture en ce qui concerne la façon convenable de saluer les gens? Quelles sont les conséquences de ne pas se conformer aux règles?

Fatou: Dans la rue, lorsque l'on rencontre quelqu'un ou bien un groupe de gens, on dit: «Salaam alaikoum» qui veut dire «que la paix soit avec vous».

Fatim: À Paris, on fait quatre bises. Par contre, dans les différentes régions en France, on peut en faire deux ou trois ou même des fois juste une bise.

Greg: En ne se conformant pas aux règles, on peut passer pour quelqu'un d'impoli.

© Heinle, Cengage Learning

Explorez

Think about a time when you felt ill at ease when someone didn't follow the "rules" for greetings in your culture—or perhaps it was you who made a gaffe?! What were the consequences?

Bloguez!

Which of the social conventions you heard mentioned were familiar to you? Which were unfamiliar? Explain why you think knowing unwritten cultural rules can be helpful. Enhance your post by uploading an image illustrating greetings in your culture.

Vocabulaire actif

You may access all end-of-chapter vocabulary audio at iLrn and on the *Mais oui!* Premium Website.

Les salutations *(Greetings)*

Formel

Bonjour / Bonsoir, monsieur / madame / mademoiselle. *Hello / Good evening, sir / ma'am / miss.*
Comment allez-vous? / Vous allez bien? *How are you? / Are you well?*
Je vais bien, merci. Et vous? *I'm fine, thank you. And you?*
Très bien, merci. *Very well, thank you.*

Familier

Salut, Robert! *Hi, Robert!*
Comment ça va? / Comment vas-tu? *How are you?*
Ça va? *How is it going?*
Oui, et toi? *Fine, how about you?*
Ça va (bien)! *I'm fine!*
Oh, pas mal. *Oh, not bad.*
Comme ci comme ça. *So-so.*

Le nom *(Name)*

Formel

Comment vous appelez-vous? *What's your name?*
Votre nom? *Your last name?*
Votre prénom? *Your first name?*
Je m'appelle... / Je suis... *My name is . . .*
Comment s'appelle-t-il/elle? *What's his/her name?*

Familier

Comment tu t'appelles?
Ton nom de famille?

Les présentations *(Introductions)*

Formel

Je vous présente... *May I introduce . . .*
Enchanté(e). *Pleased to meet you.*

Familier

Je te présente... *This is . . .*
Bonjour! *Hello. / Glad to meet you.*

Les formules de politesse *(Polite expressions)*

s'il vous plaît (s'il te plaît) *please*
merci (monsieur / madame / mademoiselle) *thank you (sir / ma'am / miss)*
Je vous en prie. (Je t'en prie.) / De rien. / Il n'y a pas de quoi. *You're welcome.*

Pour partir *(Leave-taking)*

Au revoir (monsieur / madame / mademoiselle). *Good-bye.*
À bientôt. *See you soon.*

Pour hésiter

euh...

Pour demander une répétition

Pardon? Comment? *Pardon me? What?*

La salle de classe

un bureau *a desk*
un cahier *a notebook*
un/une camarade de classe *a classmate*
une carte *a map*
un CD
une chaise *a chair*
une chose *a thing*
un classeur *a binder*
un crayon *a pencil*
vos devoirs *your homework*
un dictionnaire *a dictionary*
un étudiant / une étudiante *a student*
une femme *a woman, wife*
une fenêtre *a window*
une feuille de papier *a sheet of paper*
une gomme *a pencil eraser*
un homme *a man*
une horloge *a clock*
un livre *a book*
un morceau de craie *a piece of chalk*
un MP3
un mur *a wall*
un ordinateur portable *a laptop*
une personne *a person*
une porte *a door*
un professeur *a teacher*
un sac à dos *a backpack*
une serviette *a briefcase*
un stylo *a pen*
une table
un tableau *a blackboard*

Les nombres de 0 à 100 (See p. 14.)

Les articles indéfinis et définis

un/une *a, an*
le/la/l' *the (singular)*
des *some*
les *the (plural)*

Les questions

Qu'est-ce que c'est? *What is it?*
Comment? *What? Pardon?*
Qui est-ce? *Who is it?*

Les expressions verbales

C'est / Ce sont *It is, This is / These are*

EXPRESSIONS POUR LA CLASSE

un accent aigu / grave / circonflexe
une apostrophe
une cédille
Comment ça s'écrit? *How do you spell it?*
Comment dit-on... (en français)? *How do you say . . . (in French)?*
Complétez... *Complete . . .*
Confirmez... *Confirm . . .*
Déduisez... *Infer . . .*
Devinez... *Guess . . .*
Écoutez (le professeur, le CD, la réponse, l'exemple). *Listen to (the teacher, the CD, the answer, the example).*
Écrivez (la phrase, le mot). *Write down (the sentence, the word).*
Fermez vos livres. *Close your books.*
Identifiez... *Identify . . .*
Je comprends. / Je ne comprends pas. *I understand. / I don't understand.*
Je ne sais pas. *I don't know.*
les lettres de l'alphabet
Lisez (les instructions, le chapitre, la leçon). *Read (the instructions, the chapter, the lesson).*
Observez... *Notice . . .*
Ouvrez vos livres (à la page...). *Open your books (to page . . .).*
Pensez... *Think . . .*
Prenez une feuille de papier / vos devoirs. *Take out a sheet of paper / your homework.*
Que veut dire... ? *What does . . . mean?*
Répétez, s'il vous plaît. *Repeat, please.*
singulier / pluriel *singular / plural*
un trait d'union *a hyphen*
un tréma *an umlaut*
Vous comprenez? (Oui. / Non.) *Do you understand? (Yes. / No.)*

These words and expressions are found in explanations and direction lines throughout the book, so you should become very familiar with them. Some will also become part of your active vocabulary.

chapitre 1

Qui êtes-vous?

Image Source/Getty

This chapter will enable you to

- identify and describe yourself and others
- ask and answer yes/no questions
- discuss where people are from
- understand some riddles and a brief conversation between native speakers
- read a French cartoon and a mini-play

Qui sont-ils? Quelle est leur profession? Quelle est leur nationalité? Comment sont-ils? Et vous? Qui êtes-vous? Comment êtes-vous?

Chapter resources

- iLrn Heinle Learning Center
- Text Audio Program
- Video
- Premium Website

Première étape

À l'écoute Qui suis-je?

As you listen to the audio segment in the Text Audio Program, you will hear some famous people introduce themselves, then ask **Qui suis-je?** *(Who am I?)*. Try to guess who they are.

Pensez

1 In a guessing game about famous people's identity, what clues are you likely to hear?

Observez et déduisez

CD 1-9

Attention! As you listen to this segment, remember that you don't need to understand every word. Before the first listening, read Task 2 and focus only on what you are asked to listen for. Then read Task 3 and listen again with that task in mind. Repeat the process for the other tasks. One step at a time, your ability to understand will increase.

2 Listen first to determine how many of the descriptions mention nationality. What are those nationalities? Circle them in the following list.

allemand / allemande
anglais / anglaise
français / française
espagnol / espagnole
canadien / canadienne
belge
américain / américaine
chinois / chinoise
japonais / japonaise
africain / africaine
italien / italienne
russe

Vocabulaire actif

Les nationalités
- allemand
- anglais, etc.

Les professions
- avocat
- médecin, etc.

3 Listen again. Circle the occupations mentioned.

avocat / avocate
acteur / actrice
médecin (docteur)
écrivain
musicien / musicienne
politicien / politicienne
juge
chanteur / chanteuse
informaticien / informaticienne
(expert[e] en technologie)
journaliste
peintre
athlète

4 Listen for the following words. Using the context and logic, can you guess their meaning?

d'origine hispanique / Cour Suprême / États-Unis / l'auteur

5 Listen a final time to decide who each person is. Be ready to justify your answers.

1. a. Gérard Depardieu b. Audrey Tautou c. Madame Curie
2. a. Renoir b. Picasso c. Botticelli
3. a. Mozart b. Bach c. Tchaïkovski
4. a. Victor Hugo b. Cervantes c. Shakespeare
5. a. Sonia Sotomayor b. Angelina Jolie c. Barack Obama
6. a. Nicolas Sarkozy b. Bill Gates c. Nelson Mandela

Prononciation Les consonnes finales et la liaison

Observez et déduisez

CD 1-10

Listen to the following sentences on the audio track, paying close attention to the pronunciation of the words in bold. Listen to the pairs of sentences twice. Then, turn off the audio and answer the two questions that follow.

> Je **suis française;** je **suis actrice.**
> Je **suis français;** je **suis un** peintre impressionniste.

1. When is the **s** of **français / française** pronounced?
2. What happens when **suis** is followed by a word beginning with a vowel?

Note the following rules:

- Consonants at the end of words are generally silent.

  Je sui~~s~~ françai~~s~~.

- When a word ends with a consonant + **e**, the consonant is pronounced.

  avoca~~t~~ avoca<u>t</u>e

- Note that an **s** between two vowels is pronounced [z].

  françai<u>s</u>e

- When a final consonant that is normally silent is followed by a word beginning with a vowel, it is often pronounced as part of the next word. This linking of two words is called **une liaison.**

  Je suis‿actrice.
  Je suis‿un peintre impressionniste.

Confirmez

CD 1-11

In the following sentences, look at the final consonants in bold. Cross out the ones that should be silent, underline the ones that should be pronounced, and indicate the **liaisons** with a link mark (‿).

➡ Je suis‿allemand~~d~~.

1. Je suis avocate.
2. Je suis anglais.
3. Comment allez-vous?
4. Comment vous appelez-vous?
5. C'est un étudiant.
6. Ce sont des étudiantes.

Now listen to the sentences on the audio segment. Repeat each sentence, and listen again to verify your pronunciation.

Structures Introducing yourself

Grammar Podcasts, Grammar Tutorials

Le verbe *être* et les pronoms sujets

Observez et déduisez

Vocabulaire actif

D'où es-tu?
D'où êtes-vous?
être (de)
voici
voilà

STOCKFOLIO/Alamy

Qui suis-je? Je suis Cécile, une étudiante. Je suis d'Aurillac.

Peeter Viisimaa/istock/Getty Images

Et voici Léopold. Il est ingénieur. Il est de Dakar.

B2M Productions/Getty Images

Monsieur et Madame Bonal sont français. Ils sont de Saint-Simon.

Hisham Ibrahim/Getty Images

Voilà Naïma. Elle est de Rabat.

- The verb **être** *(to be)* can be used to describe yourself and others and to say where someone is from. What forms of this verb do you see above?
- What word (pronoun) is used to refer to yourself? to a man? to a woman? to a man and a woman?

Confirmez

Le verbe *être*

je suis	nous sommes
tu es	vous êtes
il/elle/on est	ils/elles sont

1. The pronoun **ils** refers to any group that includes a male; **elles** refers to groups composed of females only. You already know that **vous** is the formal *you*. It is also the plural *you*—both formal and familiar.

   Alors, Mike et Sally, vous êtes américains?

2. In spoken English, the noun *people* and the pronouns *one*, *you*, and *they* often refer to a general, unspecified person or group:

   To learn another language, *one* has to study regularly.
   If *you* are enthusiastic, language learning can be fun!
   If you travel to another country, *people* will appreciate your efforts to speak their language.
   In France, *they* are very proud of the French language.

   In French, the pronoun **on** is used in all these instances, and although it usually refers to a group of people, it requires a singular verb. In familiar speech, **on** can also replace the pronoun **nous.**

   En France, on parle français. *(In France they speak French.)*
   On parle français? *(Shall we speak French?)*

3. To tell what city someone is from, use the appropriate form of the verb **être** followed by **de** and the city. Use **D'où es-tu?** or **D'où êtes-vous?** to ask where someone is from.

   — D'où es-tu?
   — Je suis de Boston.

   — D'où êtes-vous?
   — Nous sommes de Montréal.

Activités

A **D'où sont-ils?** Répondez selon le modèle.

➡ *Nicolas Sarkozy? Il est de Paris.*

Vladimir Poutine	Miami
Sandra Bullock	Belleville (Canada)
Avril Lavigne	Palm Beach
le prince William et le prince Harry	Moscou
les Black Eyed Peas	Hollywood
Sasha et Malia Obama	Londres
Lebron James	Los Angeles
Serena et Venus Williams	Washington D.C.
?	?

Continuez...

B **D'où es-tu?** Faites un sondage *(poll)* dans la classe selon le modèle et notez les différentes villes d'origine.

➡ — *D'où es-tu?*
— *Je suis de Toronto. Et toi?*

Structures Stating nationality and profession

Grammar Podcasts, Grammar Tutorials

Le genre et le nombre

Observez et déduisez

1. Voilà Juliette. Elle est française. Elle est mécanicienne.

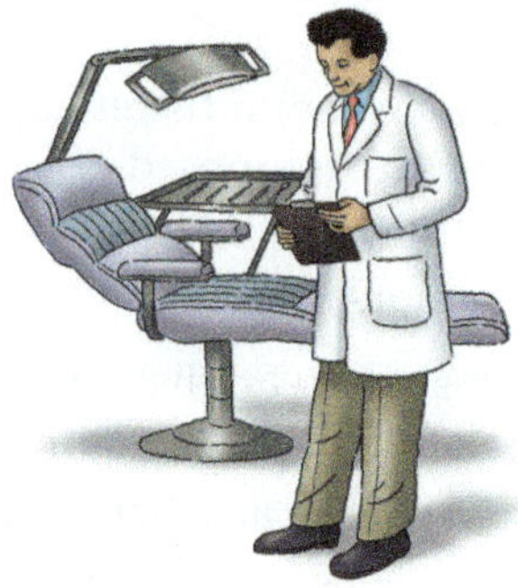

2. Mohammed est dentiste. Il est marocain.

3. Mariama est sénégalaise. Elle est ingénieur.

4. Voici Maria et Juan. Ils sont architectes. Ils sont mexicains.

*Remember to complete the chart before checking **Confirmez**.*

- In the **Chapitre préliminaire**, you learned that French nouns have gender and number and that they "agree" with their definite or indefinite articles. Adjectives also agree in gender and number with the nouns they modify; that is, they have masculine and feminine, singular and plural forms. Keeping in mind the examples in **Observez et déduisez** and in the **À l'écoute** section on page 20, can you infer the feminine and plural forms of the following nouns and adjectives?

Masculin singulier	Masculin pluriel	Féminin singulier	Féminin pluriel
président	présidents	présidente	présidentes
secrétaire	secrétaires	secrétaire	secrétaires
espagnol	espagnols	espagnole	espagnoles
algérien	algériens	algérienne	algériennes

Confirmez

1. Most adjectives and many nouns can be made feminine by adding an **e** to the masculine form. This **e** is not pronounced, but the consonant that precedes it *is* pronounced. In most cases, you can listen for the sound of the final consonant to distinguish feminine from masculine.

   Il est **président.** (final **t** *not* pronounced)
   Elle est **présidente.** (final **t** *is* pronounced)

If the masculine form already ends with an unaccented **e,** there is no change for the feminine, and both are pronounced alike.

Il est artiste (suisse). Elle est artiste (suisse).

If the masculine form ends in **-ien,** the feminine ending is **-ienne.**

Il est brésilien. Elle est brésilienne.

2. The plurals of most nouns and adjectives are formed by adding an **s** to the singular.

Elle est athlète. Elles sont athlètes.

However, there is no change if the singular already ends in an **s, x,** or **z.**

Il est anglais. Ils sont anglais.

Nouns ending in **-eau** form their plurals by adding an **x.**

un morceau de craie	des morceaux de craie
un tableau	des tableaux

Vocabulaire actif

Les nationalités
- algérien(ne)
- brésilien(ne)
- marocain(e)
- mexicain(e)
- sénégalais(e)
- suisse

Les professions
- architecte
- artiste
- dentiste
- ingénieur
- mécanicien(ne)
- président(e)
- secrétaire

Notes culturelles

Le féminin des professions. The masculine form of some professions is often used for both sexes because, historically, many professions were practiced only by men. To specify, the word **femme** may be added: **une femme écrivain, une femme ingénieur.** In popular culture, an **e** is added to the masculine form **(écrivaine, ingénieure).** How has the English language changed to reflect the changing roles of men and women in North American culture?

Les professions qui font rêver. The top six "dream jobs" according to one survey of 18–25 year olds in France were: actor, photojournalist, ambassador, singer, airline pilot, sustainable energy project manager. How would a survey of North Americans in the same age group be similar or different? Take a poll of your classmates and compare the results with those mentioned in the French survey.

Célébrités. Throughout this book, you will be introduced to some well-known Francophone public figures. If some of the names are unfamiliar, do a quick Internet search before coming to class, and share what you learned with your classmates. Which of the following have you heard of already?

Paul Buck/epa/Corbis

__Marion Cotillard__ became the first person to win an Academy Award for a French-language performance in 2008. She was selected as Best Actress for her role as Édith Piaf in __La Vie en Rose,__ winning an Oscar, a Golden Globe, and a __César du Cinéma.__

AP Photo/Luca Bruno

__Carla Bruní__ was born in Italy. Before marrying Nicolas Sarkozy and becoming the First Lady of France in 2008, she was a world-renown high fashion model and a musician, having written and composed several albums in French.

PHILIPPE HUGUEN/AFP/Getty Images

__Tony Parker,__ one of the most celebrated French sportsmen, has been captain of the French national basket ball team since 2008. He is more commonly recognized by many Americans as a pointguard for the San Antonio Spurs basketball team and the ex-husband of actress Eva Longoria.

REUTERS/Gilbert Tourte/Landov

__Vanessa Paradis__ has modeled for Chanel and is also a renowned actress and singer. She won a __César__ as Most Promising Actress and received two __Victoires de la Musique__ awards for Female Performer and Video of the Year. She and American actor, Johnny Depp, have been partners since 1998.

Bloguez! iLrn

Watch the video where Fatou talks about her ideal profession. Do you think she has a good reason for her choice? State *your* "dream profession" and explain your preference. Add links to the personal Web pages of some public figures working in that profession.

Activités

C **Des partenaires célèbres.** Identifiez les partenaires, puis suivez le modèle.

➡ (Clyde + Bonnie) *Clyde est américain; Bonnie est américaine aussi.*

Lancelot est anglais.	Joséphine
Napoléon est français.	Juliette
Gretel est allemande.	Edward
Bella est américaine.	Guenièvre
Carmen est espagnole.	Hänsel
Roméo est italien.	Don José

D **Professions.** Identifiez les personnes ci-dessous avec la même *(same)* profession.

➡ *Picasso et Monet sont peintres.*

Kevin Winter/DCNYRE2010/Getty Images for DCP

Avril Lavigne

Jasper Juinen/Getty Images Sport/Getty Images

Justine Henin

Andreas Rentz/Getty Images

Nicolas Sarkozy

Avril Lavigne	Frank Lloyd Wright	Nicolas Sarkozy
Halle Berry	Vanessa Paradis	Justine Henin
Paul Gauguin	Toni Morrison	Barack Obama
Le Corbusier	Venus Williams	Berthe Morisot
Jean-Paul Sartre	Carrie Underwood	

Continuez selon le modèle: *Jackson Pollock est peintre aussi.*

E **Identité.** Identifiez les personnes selon le modèle.

➡ *Kiefer Sutherland est acteur; il est canadien.*

1. Georgia O'Keeffe
2. Andrea Bocelli
3. Léopold Senghor
4. Sonia Sotomayor
5. Johann Wolfgang von Goethe
6. David Beckham

Jeu de rôle

Play the role of a "mystery person"—living or dead—and describe yourself. Your classmates will try to guess your name. If they need an additional clue, give them your first name.

➡ *Je suis américain. Je suis de Chicago. Je suis écrivain. (Je m'appelle Ernest.)*

Deuxième étape

À l'écoute Tu connais... ?

Tu connais Nicolas? ***(Do you know Nicolas?)*** When you're not sure who a certain person is, a description of that person can be helpful. As you listen to the audio segment, you will hear two people talking about someone you will get to know in this chapter.

Pensez

1 Look at the pairs of adjectives below. They are opposites. Many of them are cognates **(mots apparentés),** that is, words that are similar in spelling and meaning to English words. Can you infer their meaning?

grand	petit
blond	brun
mince	fort, gros
actif	paresseux, passif
calme	nerveux
égoïste	altruiste
fatigué	énergique
généreux	avare
idéaliste	réaliste
individualiste	conformiste
intéressant	ennuyeux
intelligent	bête, stupide
optimiste	pessimiste
patient	impatient
raisonnable	fou
riche	pauvre
sympathique	désagréable
timide	sociable
triste	heureux
sérieux	amusant

Observez et déduisez

CD 1-12

2 As you listen to the conversation for the first time, look at the list of adjectives in **Pensez** and circle the ones that are mentioned.

3 The adverbs **un peu** *(a little)* and **très** *(very)* modify adjectives. Listen to the conversation again, writing down how many times each adverb is mentioned.

4 Now focus on some new words **(des mots nouveaux).**

1. Listen to the conversation again. Listen for the words **le copain** and **un garçon.** From the context, which one do you think means *boy*? Which one means *friend*?
2. Listen once more. This time listen for the words **et, aussi,** and **mais.** Using the context and logic, can you guess which one introduces an opposite? Which ones introduce an additional item?

5 Listen to the conversation a final time in order to answer the question **Comment est Nicolas?** Listen for words that tell what Nicolas is like, and then describe him.

Prononciation Le rythme et l'accentuation

Vocabulaire actif

Les adjectifs
grand, petit, etc.
aussi
un copain
et
un garçon
mais
un peu
très
Tu connais?

- In the acquisition of a good accent in French, even more important than the mastery of any particular sound is the development of proper habits as far as the rhythm of the language is concerned.
- The rhythm of English is uneven:

  Some SYLlables reCEIVE GREATer EMphasis than OTHers.

- The rhythm of French, however, is very even. French words are spoken in groups, and each syllable but the last one receives equal emphasis. This accentuation in French is not a change in force, but a lengthening of the last syllable in the group and a change in intonation. Compare the following:

  English: NICola s is inTELligent.
  French: Nicolas est intelliGENT.

- Word groups consist of short sentences or single ideas within longer sentences; punctuation and linking words such as **et** and **mais** generally indicate a word group.

Observez et déduisez

CD 1-13

Listen to the following sentences on the audio track, paying close attention to the rhythm you hear as each sentence is pronounced. Use a slash to indicate the end of word groups you hear, and underline the accented syllables. Then turn off the audio.

➡ *Il est petit./brun./intelligent.../*

1. Non, non, au contraire! Il est très sociable et très actif, très amusant aussi...
2. C'est le copain d'Alceste?
3. Il est un peu fou, mais c'est un garçon très sympathique.

Now practice saying the sentences aloud, using the rhythm and accentuation you just indicated. Then, play the audio track again, and listen to the sentences to verify your pronunciation.

Confirmez

CD 1-14

Pronounce the following sentences to yourself, paying attention to word groups. Make sure you say each syllable evenly, and make the last syllable slightly longer.

1. Nicolas est français.
2. Nicolas est un garçon.
3. Nicolas est un garçon très amusant.
4. Alceste est grand.
5. Alceste est grand et fort.
6. Alceste est un peu paresseux, mais très sympathique.
7. Alceste est le copain de Nicolas.

Now listen to the sentences on the Text Audio Track. Repeat each sentence, and listen again to verify your pronunciation.

Structure Describing personality traits

Grammar Podcasts, Grammar Tutorials

L'accord des adjectifs

Observez et déduisez

Tu connais Nicolas et ses copains? Comment sont-ils?

Le petit Nicolas

Les copains

Marie-Edwige

Louisette

— Nicolas est heureux et sportif.
— C'est vrai! Il adore le football.

— Les copains de Nicolas sont paresseux?
— Non, c'est faux. Ils sont très actifs.

— Marie-Edwige est heureuse. Louisette est active!
— Elles sont sportives? nerveuses?

- What is the feminine form of masculine adjectives ending in **f?** in **x?**
- When an adjective ends in **x**, how is the plural formed?
- How would you say that Nicolas's friends are athletic and happy?

Confirmez

1. Masculine adjectives ending in **f** and **x** form their feminine in **-ve** and **-se** respectively.

   Il est **sportif** et **sérieux**. Elle est **sportive** et **sérieuse**.

2. The plural of adjectives ending in **x** does not change.

   Il est **ennuyeux.** Ils sont **ennuyeux.**

3. Some adjectives have irregular feminine forms.

   Il est **fou.** Elle est **folle.**

L'accord des adjectifs

masculin singulier	masculin pluriel	féminin singulier	féminin pluriel
grand	grand**s**	grand**e**	grand**es**
typique	typique**s**	typique	typiqu**es**
sportif	sportif**s**	sporti**ve**	sporti**ves**
ennuyeux	ennuyeu**x**	ennuyeu**se**	ennuyeu**ses**

Vocabulaire actif

Comment est-il?
Comment sont-ils?
faux
sportif(-ve)
typique
vrai

Activités

CD 1-15

F **D'accord *(Agreed)*?** Écoutez. C'est une description de qui? de la femme? de l'homme? des deux? Écrivez vos réponses sur une feuille de papier.

1. Louisette ou Nicolas?
2. Opray Winfrey ou Bill Gates?
3. Serena Williams ou Rafael Nadal?
4. Maya Angelou ou Dave Letterman?
5. Martha Stewart ou Lance Armstrong?
6. Michelle Obama ou John Stewart?
7. Ellen DeGeneres ou Johnny Depp?
8. Hillary Clinton ou Joe Biden?

G **C'est à vous de décider.** Êtes-vous d'accord ou non avec les descriptions suivantes? Suivez le modèle.

— *Jacques est blond?*
— *Oui, il est blond.*

— *Jacques est brun?*
— *Non, il est blond.*

1. Jacqueline est blonde.

2. Paul est grand.

3. Pierre est sérieux.

4. Marie est énergique.

5. Annick est conformiste.

6. Paul est sociable.

7. Hélène est triste.

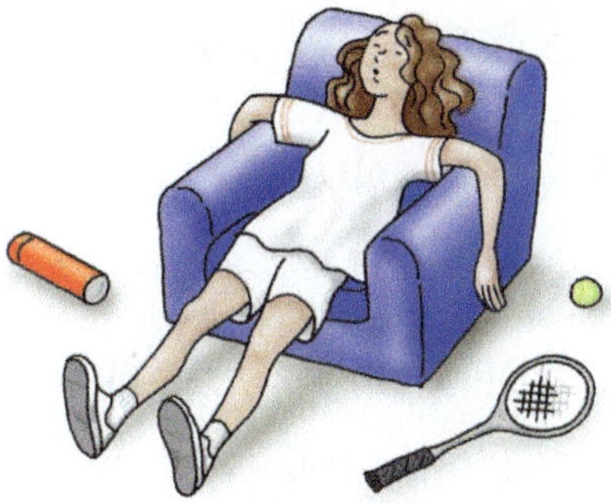

8. Babette est fatiguée.

H **Comment êtes-vous?** Suivez le modèle.

➡ *Tu es énergique?...*
Oui, je suis énergique. / Non, je suis fatigué(e).

I **Comment sont-ils?** Avec un(e) camarade de classe, donnez la description d'une des personnes suivantes.

1. le professeur idéal
2. le professeur typique
3. l'étudiant(e) idéal(e)
4. l'étudiant(e) typique
5. l'acteur / l'actrice idéal(e)
6. le copain idéal / la copine idéale
7. le politicien typique
8. ?

J **Vrai ou faux?** Préparez une liste de mots qui présentent un portrait de *vous*—parfois *(sometimes)* vrai, parfois faux—puis présentez-vous à un(e) camarade de classe. Votre partenaire devine: Qu'est-ce qui est vrai? Qu'est-ce qui est faux?

— Je suis un peu paresseux.
— Moi, je suis énergique.
— Toi? Non, tu es très énergique!
— C'est vrai!

Structure Specifying people and things

Grammar Podcasts, Grammar Tutorials

Les expressions *C'est / Il (Elle) est*

Observez et déduisez

— Tu connais le monsieur là-bas?
— Oui, c'est Monsieur Courteplaque, le papa de Marie-Edwige. C'est un homme patient. Il est sérieux et intelligent.
— Et la dame là-bas?
— C'est la maman de Marie-Edwige. Elle est très sympathique. C'est une journaliste.

Vocabulaire actif

une copine
une dame
une fille
là-bas

- Is the expression **c'est** followed by a noun or an adjective? And the expression **il/elle est**?

Confirmez

1. The expressions **c'est** and **il/elle est** can all mean *he/she/it is* just as **ce sont** and **ils/elles sont** can all mean *they are*. However, these expressions are not interchangeable.
2. **Il/elle est** and **ils/elles sont** are used with adjectives to describe.

   Il est intelligent. **Elles sont** actives.

3. **C'est/Ce sont** occurs with nouns and is used to identify and describe.

   Qui est-ce? **C'est** une copine *(female friend)* amusante.
   Ce sont des filles *(girls)* intelligentes.
   La dame *(lady)* là-bas? **C'est** Madame Courteplaque.

4. To state nationality in French, you can use either an adjective *or* a noun. There is no article with an adjective, and the nationality is *not* capitalized.

   Il(s)/Elle(s) + être + adjective
   Il est canadien. Elles sont mexicaines.

   Professions are treated like adjectives when they follow **il(s)/elle(s).**

   Ils sont avocats. Elle est actrice.

5. When nationality or profession are treated like nouns, an article is required and the nationality is capitalized (but not the profession).

   C'est/Ce sont + article + noun (nationality / profession)
   C'est un Allemand. C'est une Allemande.
   C'est un dentiste. C'est une dentiste.

Remember!	Il est professeur.	C'est un professeur.
	Elles sont journalistes.	Ce sont des journalistes.
	Elle est japonaise.	C'est une Japonaise.
	Ils sont belges.	Ce sont des Belges.

Activités

K **Vrai ou faux?** Décidez si les descriptions suivantes correspondent aux images.

1. C'est une journaliste.
   Elle est triste.

2. Ce sont des copines.
   Elles sont paresseuses.

3. C'est une fille.
   Elle est énergique.

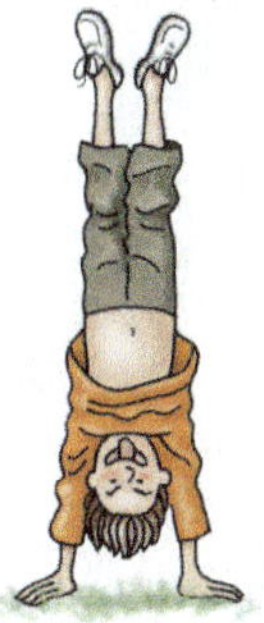

4. C'est le petit Nicolas.
   Il est sérieux.

5. Ce sont des hommes.
   Ils sont tristes.

6. Ce sont des acteurs.
   Ils sont amusants.

Maintenant *(Now)*, corrigez les descriptions fausses.

L **C'est? Il est?** Identifiez l'expression correcte pour les mots suivants selon le modèle:

C'est/Ce sont... Il/Elle est... Ils/Elles sont...

➡ *une Espagnole* *C'est une Espagnole.*
➡ *petite* *Elle est petite.*

1. un homme
2. timide
3. écrivain
4. une Allemande
5. amusantes
6. des politiciens
7. désagréables
8. une femme
9. un cahier
10. des stylos

M **Qui est-ce?** Choisissez *(Choose)* deux ou trois adjectifs pour décrire les personnes suivantes.

➡ *C'est un professeur.*
Il est intelligent, amusant, énergique!

1.

2.

3.

4.

5.

6.

N **Un dessin** *(drawing).* Préparez le dessin d'un homme ou d'une femme et imaginez les traits de caractère de la personne. Décrivez la personne à vos camarades de classe.

➡ *C'est une étudiante. Elle est sérieuse et intelligente.*
Elle est fatiguée. C'est la copine de Claire.

Structure Pointing out people and things

Grammar Podcasts, Grammar Tutorials

Les adjectifs démonstratifs

Observez et déduisez

Qui est cette femme là-bas?
C'est ma tante. Et ce monsieur-là, c'est mon oncle.

- What is the meaning of **ce/cette?** Why the difference in form? Think about what you have already learned about adjective agreement.

Vocabulaire actif

Les adjectifs démonstratifs
ce, cet, cette, ces
-ci / -là

Confirmez

1. Demonstrative adjectives *(this, that, these, those)* are used to point out or clarify, and, like all adjectives, they agree in number and gender with the noun they modify.

   ce monsieur (masc./sing.)
   cette dame (fém./sing.)
   ces garçons (masc./pluriel)
   ces filles (fém./pluriel)

   Cet is the form used before masculine words beginning with a vowel sound.

   cet homme
   cet avocat
   cet étudiant

2. The suffixes **-ci** and **-là** may be added to the noun to distinguish between *this* and *that* or between *these* and *those.*

ce monsieur-**ci**	**ce** monsieur-**là**
cette femme-**ci**	**cette** femme-**là**
ces garçons-**ci**	**ces** garçons-**là**
ces filles-**ci**	**ces** filles-**là**

Activités

O **Comment est cette famille?** Décrivez la famille en employant le vocabulaire ci-dessous.

➡ *Ces garçons sont heureux...*

		grand(e)(s)
Ces garçons		amusant(e)(s)
Cette femme	est/sont	sociable(s)
Ce papa		blond(e)(s)
Cette fille		?

P **Qui est-ce?** Apportez en classe une photo d'un membre de votre famille ou une photo d'une personne célèbre. Vos camarades de classe vous posent des questions au sujet de *(about)* la personne.

➡ — *Qui est cette femme?*
— *C'est une actrice.*
Elle s'appelle Sophie Marceau.
Elle est française.

© Robert Eric/Corbis SYGMA

Jeu de rôle

Your classmate and you seem to have opposing opinions about a lot of different people! For each opinion you express about a well-known person, your friend will disagree, and vice versa.

Culture et réflexion

Didier Ermakoff/The Image Works

Observez et déduisez

This butcher is one of many immigrants in France. Where do you think he came from? **le Maghreb** *(North Africa)*? **l'Afrique noire** *(Sub-Saharan Africa)*? **l'Europe de l'Est** *(Eastern Europe)*? Does a change in language or nationality imply a change in identity?

Confirmez et explorez

- **Nationalités et immigration.** Like the United States, France has a long tradition of being a melting pot for immigrants from around the world who seek a new home in a democratic nation that professes **liberté, égalité, fraternité** for all—but does not escape the woes of discrimination. The most recent count estimated 5.1 million immigrants living in France, totaling 8.1% of the French population. Where do you think these immigrants come from? What influence do immigrants have on a culture?

- **L'identité québécoise.** Settled by French explorers in 1534, the eastern part of Canada was known as **la Nouvelle-France** for over two centuries before Great Britain took it over in 1763. **Les Canadiens français,** however, held firmly to their language and traditions, forming the province of Quebec, the only French-speaking province in English-speaking Canada. Linguistic and cultural tensions between Anglophones and Francophones are still very much an issue, as some of the 7 million **Québécois** still talk of independence. What is a **Québécois(e)**? Here are a couple of answers from some **Québécois.**

Beryl Goldbert

Au Québec, en français!

"Surrounded by English speakers, a **Québécois** defies cultural assimilation through personal inner strength—strong emotions, a strong will to preserve one's heritage, and a good sense of humor!" (I.L., student). "The **Québécois** can never rest on their laurels, for the survival of their culture is never assured. This pressure brings on a sense of insecurity at times but most often an abundance of energy and creativity." (H.D.F., university professor). How important is it to preserve one's own language and cultural identity? Compare the challenges of the **Québécois** with those of various ethnic groups living in specific neighborhoods in the big cities of the world. What are the ethnic groups who live in your area, and what do they do to preserve their cultural heritage?

Bloguez! iLrn

List some ways immigrants have had an impact on your own culture and language. Enhance your blog post by adding links to websites or audio / video files that illustrate that influence (festivals, music, food, etc.).

Troisième étape

Lecture Le petit Nicolas est malade

Pensez

1 *Le petit Nicolas* is a popular cartoon character in France. As you look at the three cartoons on this page and the next, can you guess what this little schoolboy is up to? Do you think he is really sick **(vraiment malade)**?

2 As you have seen before, identifying cognates can greatly facilitate your comprehension. Before you actually read the text that accompanies the cartoons, can you pick out some words that look familiar? Considering those words, do you think the captions will confirm your guess above?

Observez et déduisez: en général

The key to success in reading in a foreign language is the realization that you don't have to understand every word in order to understand the text. The best way to approach a text is first to skim over it to get a general idea using cognates and familiar words as anchors.

3 Review the text and cartoons below and on the next page as you consider this question: **Quel est le problème de Nicolas?** *(What is Nicolas's problem?)* Give the correct answer(s).

a. Il est vraiment malade.
b. Il est allergique à l'école.
c. Il est allergique au chocolat.

Vocabulaire actif

allergique
le chocolat
l'école (f.)
malade
vraiment

Le petit Nicolas est malade

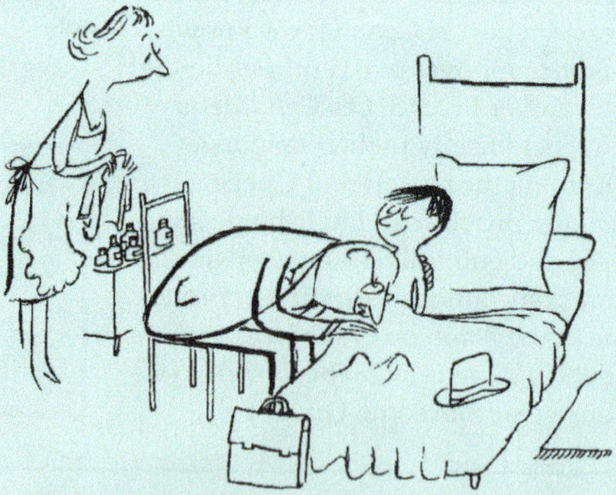

Pauvre Nicolas... Il est malade. Le médecin prescrit une journée de repos et surtout pas de chocolat.

Nicolas est malade? Hum... Est-ce qu'il est vraiment malade?
Ou est-il allergique à l'école?

Le copain de Nicolas vient lui rendre visite après l'école. Alceste adore les chocolats mais il n'aime pas partager.
— Tu n'es pas vraiment malade, hein?
— Non, et je ne suis pas allergique au chocolat non plus...

Goscinny/Sempé *Le petit Nicolas* © Editions Denoël, 1960, 2002

Déduisez et confirmez: en détail

Once you have a general idea of what the text is about, it is easier to infer the meaning of specific words and sentences.

4 Les mots. Using the context as your guide, can you find the French words that express the following ideas?

1. a day of rest
2. no chocolate!
3. after school
4. but he doesn't like to share

5 Le texte. Answer the following questions using sentences from the text.

1. Qu'est-ce que le médecin prescrit?
2. Le narrateur est sceptique *(skeptical)*. Quelles sont les questions du narrateur?
3. Quel est le problème d'Alceste?
4. La visite d'Alceste: Est-ce que Nicolas est heureux?

Explorez

Have you ever skipped school? What excuse did you use? **(malade? fatigué(e)? une obligation familiale?)**

Structure Asking yes/no questions

Grammar Podcasts, Grammar Tutorials

L'interrogation

Observez et déduisez

Nicolas est malade? Est-ce qu'il est *vraiment* malade?... Ou est-il allergique à l'école?

Look at the questions above. What are three different ways to ask a question in French? How would you ask, "Is he allergic to chocolate?"

Vocabulaire actif

Est-ce que... ?
hein?
n'est-ce pas?

Confirmez

1. The simplest and most common way to ask a question is to use rising intonation with a declarative statement.

   Nicolas est malade. Nicolas est malade?

2. **Est-ce que (Est-ce qu'** before a vowel) can also be added to the beginning of a statement to signal a question. This expression has no English equivalent.

   Est-ce que Nicolas est malade?
   Est-ce qu'il est vraiment malade?

3. If you seek a simple confirmation, a "tag" question such as **n'est-ce pas?** or **hein?** (familiar) can be added at the end of a declarative sentence.

Il est malade, **n'est-ce pas**?	*He's sick, isn't he?*
Tu es vraiment malade, **hein**?	*You're really sick, aren't you?*

4. A question can also be formed by inverting the subject pronoun and the verb, and placing a hyphen between them.

   Est-il malade?
   Sont-ils allergiques à l'école?

   If the subject of the sentence is a noun, both the noun *and* a pronoun must be used, with the noun preceding the inverted pronoun and verb.

   Nicolas est-il heureux?
   Les étudiants sont-ils heureux?

   Inversion is most often used in written and formal spoken French and occasionally in familiar speech for certain common questions such as **Comment vas-tu?** or **Comment t'appelles-tu?**

L'interrogation

intonation	Nicolas est amusant?
est-ce que	Est-ce qu'il est amusant?
tag question	Il est amusant, n'est-ce pas?
inversion	(Nicolas) est-il amusant?

Activités

Q **À mon avis *(In my opinion)*.** Lisez les questions, puis écrivez **oui** ou **non** sur une feuille de papier pour indiquer votre avis.

1. Le cours est intéressant, n'est-ce pas?
2. Est-ce que le professeur est patient?
3. Est-ce que les étudiants sont amusants?
4. Les étudiants et le professeur sont intelligents?
5. Tes copains et toi, êtes-vous heureux?
6. Tes copains sont sympathiques?

Maintenant, interviewez un(e) camarade de classe. Vos opinions sont-elles similaires ou différentes?

R **Je suis...** Complétez la phrase avec cinq adjectifs qui décrivent votre personnalité. Ensuite, interviewez des camarades de classe pour trouver votre âme sœur *(soul mate)*.

➡ *Je suis… (sympathique, sérieuse…)*
Est-ce que tu es patiente? / Tu es sociable, n'est-ce pas?, etc.

Vocabulaire actif

ne… pas

Structure Answering negatively

Grammar Podcasts, Grammar Tutorials

La négation *ne… pas*

Observez et déduisez

— Tu n'es pas vraiment malade, hein?
— Non, et je ne suis pas allergique au chocolat non plus!

- From the exchange above, can you infer how to answer a question negatively in French?
- Can you answer the following question negatively:

  Est-ce que Nicolas est allergique à l'école?

Confirmez

1. A sentence is made negative by placing **ne** before the verb and **pas** after it.

   Je **ne** suis **pas** malade.

2. **Ne** becomes **n'** before a vowel.

   Tu **n'**es **pas** vraiment malade, hein?

Activités

S **C'est vrai? C'est faux?** Décidez si les phrases sont vraies ou fausses. Corrigez les phrases fausses selon le modèle.

➡ La maman de Nicolas est désagréable.
C'est faux. Elle n'est pas désagréable.

1. Nicolas est allergique à l'école.
2. Il est allergique au chocolat.
3. Il est amusant.
4. Il est grand.
5. Il est triste.
6. Alceste est timide.
7. Le médecin est blond.
8. ?

T **À la française.** Les Français utilisent souvent des négations dans leurs descriptions. Transformez les descriptions «à l'américaine» (de style américain) en descriptions «à la française» selon le modèle.

➡ (style américain) *Nicolas est sociable.*
(style français) *C'est vrai. Il n'est pas timide!*

1. Alceste est avare.
2. Louisette est sympathique.
3. Le professeur est intelligent.
4. Les étudiants de la classe sont actifs.
5. Mes copains sont sociables.

Continuez selon le modèle: *Bill Gates? Il n'est pas…*

U **Madame Mystère.** Devinez l'identité de Madame Mystère. (Ou demandez au professeur!)

➡ — *Est-ce que Madame Mystère est journaliste?*
— *Non, elle n'est pas journaliste.*

Stratégie de communication Responding to questions and comments

Observez et déduisez

In French, just as in English, you can respond noncommittally to questions and comments, or you can answer in the affirmative or the negative with various degrees of emphasis. Study these examples and find useful expressions to do the following:

- respond in the affirmative to a negative question
- to avoid a direct answer
- to say something is true (or not) for you also

— Comment est Nicolas? Il est amusant?
— Mais oui, bien sûr!

— Il n'est pas ennuyeux?
— Non, pas du tout!

— Louisette est sympathique, n'est-ce pas?
— Euh, ça dépend.

— Nicolas est allergique à l'école.
— Moi aussi!
— Mais il n'est pas allergique au chocolat.
— Moi non plus!

— Les copains de Nicolas ne sont pas actifs?
— Si, si! Ils sont très actifs!

Confirmez

	affirmative response	negative response
affirmative questions	Mais oui! Bien sûr!	Mais non! Pas du tout!
negative questions	Si, si. Mais si!	Non. Pas du tout! Mais non!
affirming comments	Moi aussi.	Moi non plus.
contradicting comments	Moi, oui!	Pas moi

remaining noncommittal

Ben, je ne sais pas...
Peut-être...
Euh, ça dépend.

Activités

CD 1-16

V **Moi aussi! Moi non plus!** Écoutez. Indiquez si vous êtes semblable ou non selon le modèle.

Je suis actif.	— Moi aussi! / Pas moi!
Je ne suis pas timide.	— Moi non plus.

W **Des réactions personnelles.** Lisez les réponses suivantes. Imaginez et écrivez une affirmation ou une question appropriée à votre avis.

Mais non! *Britney Spears et Lady Gaga sont des chanteuses conformistes.*
Moi aussi! *Je suis de Dallas.*

1. Bien sûr!
2. Pas moi.
3. Euh, ça dépend.
4. Moi aussi.
5. Peut-être
6. Mais si!

X **Opinions.** Écrivez cinq questions, puis interviewez deux partenaires. Comparez vos opinions. Répondez ensuite à leurs questions en employant les expressions de la page précédente *(preceding)*.

➡ — *Stephen Colbert est amusant?*
— *Mais oui! / — Non, pas du tout!*

Jeu de rôle

With two classmates, role-play a scene between roommates who are just getting to know one another. Ask questions to find out what your new roommates are like. Use a variety of expressions to respond to your roommates' questions and to concur with their comments.

iLrn Complete the diagnostic tests to check your knowledge of the vocabulary and grammar structures presented in this chapter.

Littérature L'accent grave

Lipnitzki/Roger Viollet/Getty Images

Jacques Prévert (1900–1977) was a popular French poet who chose to depict the modern world in its "ordinariness," with simplicity, understatement, and a delightful sense of humor. Several of his poems have been set to music. *L'accent grave* is a mini-play on words.

Pensez

1 One of the characters in the mini-play you are about to read is named Hamlet. When you think of Hamlet, what famous line comes to your mind? Can you predict which verb is likely to be a key word in this text?

2 An accent mark can make a big difference. Take the little word **ou:** without an accent, **ou** means *or;* with **un accent grave, où** means *where.* With a text entitled *L'accent grave* and a character named Hamlet, what do you anticipate?

Observez et déduisez: en général

Identifying the organization of a text can make comprehension easier. In this mini-play, who are the characters **(les personnages)**? What happens? Try to answer these questions as you read.

3 Look over the text, focusing on the characters. Who is talking to Hamlet? Using logic, can you infer the meaning of **l'élève**?

4 Now skim through the text, paying attention to the action **(l'action).** Using words that you recognize and the punctuation as anchors, put the sequence of events in the proper order (1–7).

_____ Hamlet is startled.
_____ Hamlet plays on the meaning of the words **ou / où.**
_____ The teacher wants Hamlet to conjugate a verb.
__1__ The teacher calls on Hamlet.
_____ The teacher is unhappy with Hamlet.
_____ The teacher is *extremely* unhappy with Hamlet.
_____ Hamlet conjugates his favorite verb in an untraditional fashion.

Vocabulaire actif

un(e) élève
où
ou

L'accent grave

LE PROFESSEUR:	Élève Hamlet!	
L'ÉLÈVE HAMLET:	*(sursautant)* ... Hein... Quoi... Pardon... Qu'est-ce qui se passe... Qu'est-ce qu'il y a... Qu'est-ce que c'est?...	
LE PROFESSEUR:	*(mécontent)* Vous ne pouvez pas° répondre «présent» comme tout le monde°? Pas possible, vous êtes encore dans les nuages°.	Vous... *Can't you* comme... *like everyone else* encore... *again in the clouds*
L'ÉLÈVE HAMLET:	Être ou ne pas être dans les nuages!	
LE PROFESSEUR:	Suffit. Pas tant de manières. Et conjuguez-moi le verbe être, comme tout le monde, c'est tout ce que je vous demande.	
L'ÉLÈVE HAMLET:	To be...	
LE PROFESSEUR:	En français, s'il vous plaît, comme tout le monde.	
L'ÉLÈVE HAMLET:	Bien, monsieur. *(Il conjugue:)* Je suis ou je ne suis pas Tu es ou tu n'es pas Il est ou il n'est pas Nous sommes ou nous ne sommes pas...	
LE PROFESSEUR:	*(excessivement mécontent)* Mais c'est vous qui n'y êtes pas°, mon pauvre ami!	Mais... *But you are the one who's out of it*
L'ÉLÈVE HAMLET:	C'est exact, monsieur le professeur, Je suis «où» je ne suis pas Et, dans le fond°, hein, à la réflexion, Être «où» ne pas être C'est peut-être° aussi la question.	dans... *in the end* peut-être *perhaps*

Déduisez et confirmez: en détail

5 **Expressions de surprise.** Find in the text six ways to express surprise in French.

6 **Comme tout le monde...** What are the three things the teacher wants Hamlet to do "like everyone else"?

7 **Deux mondes différents** ***(Two different worlds).*** Where are the teacher and Hamlet? Check the answers in the grid below.

	le professeur		Hamlet	
	oui	non	oui	non
dans les nuages				
dans la réalité ordinaire				
dans le conformisme				
dans les réflexions philosophiques				

8 **Être *où* ne pas être...** Complete the following sentences.

1. Physiquement, Hamlet est...
   a. dans la salle de classe   b. dans les nuages
2. Mentalement, Hamlet est...
   a. absent   b. présent
3. La situation est…
   a. tragique   b. comique   c. tragique et comique

Explorez

Do you ever feel like Hamlet? When do you feel like this? Why?

Par écrit Celebrities in town!

Avant d'écrire

A Strategy: Keeping purpose in mind. Each type of writing serves a purpose that influences what is included in the written text and what is not. If you were a newspaper reporter interviewing a celebrity, for example, you'd want to ask questions that would enable you to *inform* your readers.

Application. Jot down some questions that would get you the information your readers would want to know about an international celebrity.

B Strategy: Avoiding repetition. Use **et** and **aussi** to introduce an additional point, and **mais** or **ou** to indicate contrast.

➡ Hamlet est amusant. Il est un peu paresseux. Il n'est pas bête.
Hamlet est amusant et un peu paresseux aussi, mais il n'est pas bête.

Vous êtes très raisonnable? Vous êtes un peu fou?
Vous êtes très raisonnable ou un peu fou?

Application. Use the following words to write a sentence that avoids repetition by using **et, mais,** or **ou.** You may use negation as well.

Pierre / amusant / sympathique / heureux

Écrivez

1. Imagine you are chief reporter for your local newspaper and are on assignment in Paris (or Washington D.C., or...?). You have the opportunity to interview two well-known public figures—a man and a woman you've always wanted to know. Make a list of questions you will ask the woman and a list of questions you will ask the man in order to inform your readers about who they are, where they're from, what they do professionally, and what they are like.
2. Imagine you have now interviewed the celebrities. Write captions that will appear in the paper under each photo stating name, profession, hometown, and character traits for each.

➡ *Voici Mme Roberts. C'est une Canadienne. Elle est de Montréal. Elle est musicienne et écrivain. Elle est grande, brune et très amusante, mais elle n'est pas sportive. Elle est un peu nerveuse.*

Identité et image de soi

Pensez

Think of the many characteristics that comprise your identity: gender, nationality, profession, family role like son or daughter... Think about which are the most important to you as you watch the video where Gregory, Camille and Fatim talk about *les* **composantes principales** of their identity. As you watch, go to the corresponding section of your Student Activities Manual and complete the comprehension activities which will help you understand what you are hearing. Then do **Explorez** and **Bloguez!** below.

Selon vous, quelles sont les composantes principales de votre identité?

Greg: Je pense qu'il y a trois composantes principales de mon identité...

Camille: Je fais de la danse classique, je suis étudiante ... j'aime le chocolat, ça fait partie de mon identité.

© Heinle, Cengage Learning

Fatim: Pour moi, les composantes principales, c'est vraiment les origines, c'est les centres d'intérêt, c'est la formation qu'on a suivie, c'est aussi l'éducation et puis c'est aussi des fonctions, comme être maman, papa, fille de... tout, tout ce genre de choses en fait.

Explorez

Write down the components of your identity that you consider important, and show your list to several people who share your nationality. Ask them to choose the three items on the list that they think best represent their identity (or to add one of their own). Which components were chosen most frequently?

Bloguez! iLrn

How were the results of your survey similar to or different from what you heard in the video? Enhance your blog post by adding an item you think best represents your personal identity: link to a poem or song, a photo, an audio or video file, etc.

Vocabulaire actif

Les verbes / Les expressions verbales

être *to be*
Je suis de... *I'm from . . .*
Tu connais... ? *Do you know . . . ?*
Voici / Voilà *Here is / There is*

Les nationalités

africain(e) *African*
algérien(ne) *Algerian*
allemand(e) *German*
américain(e) *American*
anglais(e) *English*
belge *Belgian*
brésilien(ne) *Brazilian*
canadien(ne) *Canadian*
chinois(e) *Chinese*
espagnol(e) *Spanish*
français(e) *French*
italien(ne) *Italian*
japonais(e) *Japanese*
marocain(e) *Moroccan*
mexicain(e) *Mexican*
russe *Russian*
sénégalais(e) *Senegalese*
suisse *Swiss*

Les professions

acteur (actrice) *actor (actress)*
architecte *architect*
artiste *artist*
athlète *athlete*
avocat(e) *lawyer*
chanteur (chanteuse) *singer*
dentiste *dentist*
écrivain *writer*
informaticien(ne) *computer scientist*
ingénieur *engineer*
journaliste *journalist*
juge *judge*
mécanicien(ne) *mechanic*
médecin (docteur) *doctor*
musicien(ne) *musician*
peintre *painter*
politicien(ne) *politician*
président(e) *president*
secrétaire *secretary*

Les gens *(People)*

un copain / une copine *a friend, a pal*
une dame *a lady*
un(e) élève *a student (prior to university-level)*
un garçon / une fille *a boy / a girl*

Les adjectifs pour décrire les gens

actif (active) ≠ paresseux (paresseuse), passif (passive) *active, lazy, passive*
allergique *allergic*
blond(e) ≠ brun(e) *blond, brunette*
calme ≠ nerveux (nerveuse) *calm, nervous*
égoïste ≠ altruiste *selfish, altruistic*
fatigué(e) ≠ énergique *tired, energetic*
généreux (généreuse) ≠ avare *generous, stingy*
grand(e) ≠ petit(e) *tall (big), short (small)*
idéal(e) ≠ typique *ideal, typical*
idéaliste ≠ réaliste *idealistic, realistic*
individualiste ≠ conformiste *nonconformist, conformist*
intelligent(e) ≠ bête, stupide *intelligent, stupid (dumb)*
intéressant(e) ≠ ennuyeux (ennuyeuse) *interesting, boring*
malade *sick, ill*
mince ≠ fort(e), gros (grosse) *thin, heavyset*
optimiste ≠ pessimiste *optimistic, pessimistic*
patient(e) ≠ impatient(e) *patient, impatient*
raisonnable ≠ fou (folle) *reasonable, crazy*
riche ≠ pauvre *rich, poor*
sérieux (sérieuse) ≠ amusant(e) *serious, funny*
sportif (sportive) *athletic*
sympathique ≠ désagréable *nice, rude*
timide ≠ sociable *shy, friendly (outgoing)*
triste ≠ heureux (heureuse) *sad, happy*

Les adjectifs démonstratifs

ce, cet, cette... -ci / -là *this / that*
ces *these / those*

La négation

ne... pas

Les questions

Comment est-il/elle? *What is he/she like?*
D'où es-tu? / D'où êtes-vous? *Where are you from?*
Est-ce que... ?
N'est-ce pas? / Hein?

Les expressions pour répondre et réagir *(react)*

Ben, je ne sais pas. *Well, I don't know.*
Bien sûr! / Pas du tout! *Of course! / Not at all!*
Euh, ça dépend. *Well, it depends.*
Mais oui! / Mais non! *But of course (Well, yes)! / Of course not!*
Moi aussi. / Moi non plus. *Me too. / Me neither.*
Moi, oui! / Pas moi!
peut-être *maybe*
Si! / Mais si! *Yes! (after negative question) / Well, yes!*

Divers

aussi *also, too*
le chocolat *chocolate*
une école *a school*
et *and*
là-bas *over there*
mais *but*
ou *or*
où *where*
un peu *a little*
très *very*
vraiment *really*

EXPRESSIONS POUR LA CLASSE

absent(e) ≠ présent(e) *absent, present (here!)*
à mon avis *in my opinion*
apportez *bring*
au sujet de *about*
choisissez *choose*
ci-dessous *below*
comparez *compare*
continuez *continue*
corrigez *correct*
d'accord ≠ pas d'accord *agree ≠ disagree*
décidez *decide*
demandez *ask*
un dessin; dessinez *a drawing; to draw*
devinez *guess*
donnez *give*
en employant *using*
ensuite *then*
faites un sondage *take a poll*
une image *a picture*
indiquez *indicate*
interviewez *interview*
maintenant *now*
le (la) même *the same*
un mot apparenté *a cognate*
des mots nouveaux *new words*
notez *jot down*
parfois *sometimes*
poser des questions *to ask questions*
précédent(e) *preceding*
qui correspondent *that correspond*
répondez *answer*
selon *according to*
suivant(e) *following*
suivez *follow*
transformez *change*
trouver *to find*
vrai / faux *true / false*

chapitre 2

La famille

© Goodshoot/Jupiter Images France/Alamy

This chapter will enable you to

- identify family members and their relationships
- ask about people's ages and physical characteristics
- talk about leisure activities
- understand native speakers talking about themselves and their families
- read a survey of leisure activities in France and a poem by an author from Cameroon

Qui sont les membres de cette famille? Quel âge ont-ils? Quelle est la couleur de leurs cheveux et de leurs yeux? Quelles sont leurs activités préférées? Et vous? Qui sont les membres de votre famille? Quelles sont vos activités préférées?

Chapter resources

- iLrn Heinle Learning Center
- Text Audio Program
- Video
- Premium Website

Première étape

À l'écoute Une photo de famille

As you listen to the audio segment, you will hear two people talking about a family picture. Do the following tasks one by one, focusing only on what you are asked to do for each task.

Pensez

1 Who is likely to be in a family picture? Look at the words below. Can you infer their meaning? Place them in the family tree.

le père (le papa) | la mère (la maman)
le frère | la sœur

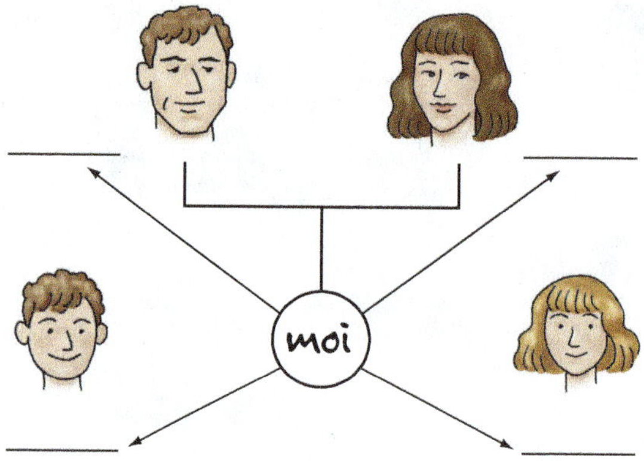

Observez et déduisez

CD 1-17

2 Listen to the conversation a first time to identify who is talking. Then, justify your answer.

a. two friends b. a mother and her daughter c. two sisters

3 Listen again, noting how many times the following words are mentioned: **une fois? deux fois? trois fois? quatre fois?**

père _____ frère _____ mère _____ sœur _____

4 Listen again to determine how the following people are related to Véronique **(père? frère? mère? sœur?).**

Paul _____ Fabien _____ Olivia _____

5 Now that you have heard the conversation several times, from the context, can you infer the meaning of the words in the left-hand column? Match them with items in the right-hand columns and justify your choices.

_____ 1. belle-sœur	a. *wife*	e. *children*
_____ 2. femme	b. *half-sister*	f. *nephews*
_____ 3. enfants	c. *sister-in-law*	g. *cousins*
_____ 4. neveux	d. *parents*	

Vocabulaire actif

autre
une belle-sœur
combien
un(e) enfant
la famille
un frère
une mère
un neveu
une nièce
un père
ressembler (à)
une sœur

6 Now that you have listened to the conversation several times, answer the following questions.

Combien *(How many)* de personnes y a-t-il sur la photo? Qui sont ces personnes?

Que veut dire **autre**? a. *first* b. *other* c. *same*

7 Listen one last time to note family resemblances **(Qui ressemble à qui?).**

1. Véronique ressemble à son/sa...
2. Paul ressemble à son/sa...
3. Fabien ressemble à son/sa...

Prononciation Le son [r]

The French [r] is very different from its English counterpart. There are three keys to pronouncing a French [r] correctly.

1. Keep the tip of your tongue against your lower front teeth.
2. Arch the back of your tongue toward the back of your mouth, as for the sounds [k] (cat) or [g] (get).

   → Practice saying [go], then **gros** [gro], then [ro]; **gant** [gɑ̃], **grand** [grɑ̃], **rang** [rɑ̃].
3. Keep your lips from moving! Set your lips in position for the vowel that comes before or after the [r], and make sure they don't move for the [r].

   → Pronounce the following sound combinations, checking the corners of your mouth with your fingers to make sure your lips don't move.

   k [ka] → **car** [kar] **qui** [ki] → **cri** [kri]

Observez et déduisez

CD 1-17,18

Listen again to **À l'écoute: Une photo de famille,** paying close attention to the pronunciation of the **r**'s occurring in the following expressions. Listen to the segment a second time if necessary.

1. Véronique
2. j'adore
3. bien sûr
4. mère
5. père
6. tu ressembles à ta mère
7. mon frère
8. mon autre frère
9. Paul ressemble à son père
10. Fabien ressemble à sa mère, je crois
11. deux sœurs
12. ma belle-sœur
13. leurs deux enfants
14. adorables

Confirmez

CD 1-19

Now repeat the expressions above, as well as the following words containing one or several **r**'s, keeping in mind the three key directions for pronouncing the French [r]. Then listen again to verify your pronunciation.

1. Une famille d'origine russe
2. Des enfants américains
3. Des parents français
4. Ma mère (Catherine) est informaticienne.
5. Mon frère (Robert) est acteur.
6. Ma sœur (Marie-Christine) est architecte.
7. Mon autre sœur (Véronique) est ingénieur.
8. Mon père (René) est peintre.
9. Il est riche et généreux.
10. Ce sont des personnes intéressantes!

Vocabulaire La famille

Observez et déduisez

Regardez la photo de famille.

— Combien de grands-parents est-ce qu'il y a?
— Qui sont les fils et les filles de ces grands-parents?
— Où sont les petites filles? Devinez!

Chantal Thompson

Complétez les phrases avec les mots ci-dessous. Pensez logiquement!

grand-père *(m.)* **oncle** *(m.)* **fils** *(m.)* **grands-parents** *(m.)*
grand-mère *(f.)* **tante** *(f.)* **fille** *(f.)* **mari** *(m.)*

1. Le père de mon père est mon ______________.
2. La mère de mon père est ma ______________.
3. Les parents de mes parents sont mes ______________.
4. La sœur de ma mère est ma ______________.
5. Le frère de ma mère est mon ______________.
6. Un enfant du sexe féminin est une ______________.
7. Un enfant du sexe masculin est un ______________.
8. Mon père est le ______________ de ma mère.

neveu *(m.)* **demi-frère** *(m.)* **cousin** *(m.)* **beau-frère** *(m.)* **petit-fils** *(m.)*
nièce *(f.)* **demi-sœur** *(f.)* **cousine** *(f.)* **beau-père** *(m.)* **belle-sœur** *(f.)*
petite-fille *(f.)* **belle-mère** *(f.)*

9. Le fils de mon oncle et de ma tante est mon ______________.
10. La fille de mon oncle et de ma tante est ma ______________.
11. La sœur de mon neveu est ma ______________.
12. Le fils de mon fils est mon ______________.
13. La fille de mon fils est ma ______________.
14. Le mari de ma sœur est mon ______________.

15. Le fils de mon père (mais pas de ma mère) est mon ______________.
16. Le mari de ma mère n'est pas mon père; c'est mon ______________.

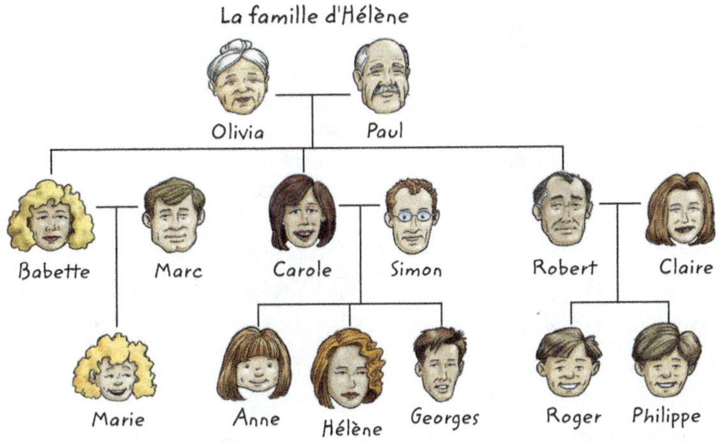

Activités

A **Combien de...?** Regardez l'arbre généalogique d'Hélène. Qui sont les sœurs? les mères? les oncles? les frères? Combien de tantes est-ce qu'il y a? Combien de pères? de fils? de maris? de belles-sœurs?

B **D'autres liens de parenté *(relationships)*.** Parlez de tous les liens de parenté possibles pour les membres de la famille d'Hélène.

➡ *Anne est la sœur de Georges et d'Hélène, la fille de Carole et de Simon, la nièce..., la cousine..., la petite-fille...*

Structure Expressing ownership

Grammar Podcasts, Grammar Tutorials

Les adjectifs possessifs

Observez et déduisez

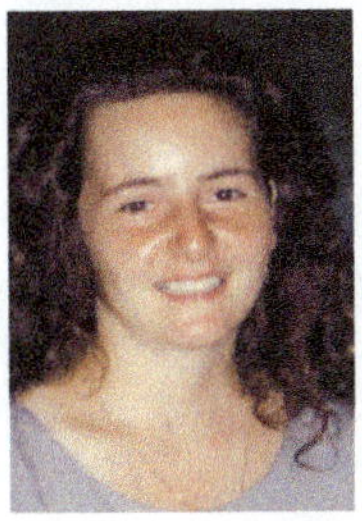

Elaine Phillips

Ici, c'est Marie, la fille de mon oncle et de ma tante. C'est ma cousine.

Chantal Thompson

Et voici Olivia et Paul, les parents de ma mère. Ce sont mes grands-parents.

- In the captions above, how many ways do you find to say *my*? Review noun-adjective agreement on page 29. What conclusions can you draw about the various forms of the French word for *my*?

Vocabulaire actif

Les adjectifs possessifs
mon, ma, etc.

Confirmez

Les adjectifs possessifs

	masculin	féminin	pluriel
my	**mon** oncle	**ma** tante	**mes** parents
your	**ton** oncle	**ta** tante	**tes** parents
his/her/its	**son** oncle	**sa** tante	**ses** parents
our	**notre** oncle	**notre** tante	**nos** parents
your	**votre** oncle	**votre** tante	**vos** parents
their	**leur** oncle	**leur** tante	**leurs** parents

1. The possessive adjective agrees in number and gender with the noun following it:

   son oncle (masc./sing.) **sa** tante (fém./sing.)
   ses oncles (masc./pl.) **ses** tantes (fém./pl.)

   Notice that *it does not matter* whether the possessor is a male or a female. The adjective agrees with the noun that *follows* it (oncle/tante).

   son frère (*his/her* brother) **sa** sœur (*his/her* sister)
   ses copains (*his/her* friends)

2. For singular words beginning with a vowel sound, always use the masculine adjective even if the noun is feminine.

   son avocate **mon** étudiante

Activités

C **Famille.** Expliquez les liens de parenté selon le point de vue de la (des) personne(s) indiquée(s) entre parenthèses. Référez-vous à l'arbre généalogique (page 55). Suivez le modèle.

➡ (Roger et Philippe) Olivia et Paul
*Olivia et Paul sont **nos** grands-parents.*

1. (Roger et Philippe) Robert et Claire
2. (Roger et Philippe) Babette
3. (Roger et Philippe) Marie
4. (Roger et Philippe) Marc et Simon
5. (Marc) Anne et Hélène
6. (Marc) Roger et Philippe
7. (Marc) Babette
8. (Marc) Robert

D **Vrai ou faux?** Lisez les phrases suivantes et indiquez si elles sont vraies ou fausses selon l'arbre généalogique d'Hélène (page 55). Corrigez les phrases fausses.

➡ (Hélène) Roger est son frère.
C'est faux. Roger est son cousin.

La famille d'Hélène

1. Olivia est sa belle-mère.
2. Roger et Philippe sont ses demi-frères.
3. Simon est son père.
4. Marc est sa tante.
5. Georges est son frère.

La famille d'Olivia et de Paul

6. Babette, Carole et Hélène sont leurs filles.
7. Marie est leur petite-fille.
8. Robert est leur fils.
9. Georges et Roger sont leurs fils aussi.
10. Babette est leur sœur.

Note culturelle

Des questions personnelles. Although it may seem perfectly natural for you to discuss your family with a partner in French class, such would not necessarily be the case in France, where topics such as the number of people in the family or their occupation are often considered private matters to be broached only with close friends, not acquaintances. In some African cultures, such as the Wolof and the Peulh of West Africa, asking parents how many children they have is taboo for two reasons: it would be a breach of privacy, and it might also invite fate to strike one of the children. The notion of privacy exists in all cultures; however, its manifestations vary from culture to culture.

Bloguez! Watch the video as Fatim explains the difference in topics she discusses with people she knows well versus those she knows only casually. Give examples of the types of subjects *you* do, and do *not*, discuss with friends or acquaintances. How are your habits similar to or different from those of Fatim?

E **Interview.** Posez les questions suivantes à un(e) partenaire et répondez à ses questions.

1. Il y a combien de personnes dans ta famille?
2. Qui sont les membres de ta famille?
3. Comment s'appelle ta mère? ton demi-frère?, etc.
4. Comment est ton oncle? (ta tante, etc.)
5. D'où est ton cousin? (ta cousine, etc.)

Stratégie de communication

Hesitating and stalling for time

Observez et déduisez

French uses expressions for hesitating and marking pauses similar to *so* and *well* and *like* in English. In the following paragraph, find the French expressions used to hesitate or fill pauses.

> Mon parent préféré? Voyons... euh... mon oncle Paul est très amusant. Il est énergique et original. Et bon, ben... ma grand-mère est très sympathique aussi, vous savez. Et puis elle est intelligente, généreuse, toujours optimiste—c'est la grand-mère idéale, quoi!

Confirmez

Expressions utiles pour hésiter ou pour gagner du temps

+ familier	←→	– familier
	Euh...	
Bon ben..., Eh ben...		Eh bien... Bon, alors...
..., tu sais. ..., quoi. ..., hein?		..., vous savez.
	Voyons...	
		Et puis...

Activités

F **En termes évasifs.** Répondez aux questions suivantes, mais cette fois-ci, essayez de *ne pas* répondre aux questions personnelles de votre camarade de classe. Employez des expressions pour hésiter et pour gagner du temps.

1. Il y a combien de personnes dans ta famille?
2. Qui sont les membres de ta famille?
3. Comment s'appelle ta mère? ton demi-frère? ...
4. Comment est ton oncle? ta tante? ...
5. D'où est ton cousin? ta cousine? ...
6. Tu ressembles à ta mère? à ton père?
7. Mon beau-père est très aimable. Comment est ton père?
8. Tes parents sont avocats? médecins?
9. Il y a combien d'enfants dans ta famille?

G **Descriptions.** Présentez une description de la famille de la photo à la page 51 à votre partenaire. Qui sont ces personnes? Comment sont-elles? Quels sont les liens de parenté? Ce n'est pas votre famille à vous, alors vous hésitez beaucoup pour gagner du temps. Ensuite, votre partenaire présente une description de la famille de la photo à la page 54.

Jeu de rôle

You've hired a genealogist (your partner) to research and develop your family tree. Give a brief description of your immediate family, including names and relationships. Your partner will ask follow-up questions about other relatives as he/she sketches your **arbre généalogique.** Make sure it is correct when you finish. Use some stalling devices as needed.

LanaN/Shutterstock.com

Deuxième étape

Lecture Les loisirs et la famille

Pensez

1 What leisure activities do you associate with family life? Infer the meaning of the expressions below, then indicate whether you and your family practice these activities every day **(tous les jours),** often **(souvent),** sometimes **(quelquefois),** or never **(jamais).**

activités de loisirs	tous les jours	souvent	quelquefois	jamais
regarder la télévision				
écouter de la musique (la radio, un CD, un iPod)				
surfer sur Internet				
bloguer				
manger au restaurant				
sortir ensemble: aller au cinéma, au spectacle (concert, théâtre, etc.)				
regarder un film sur DVD				
aller à des matchs de foot, de basket, etc.				
faire du sport (jouer au tennis, faire du jogging, etc.)				
faire des promenades (dans la nature, dans un parc, etc.)				
jouer à des jeux vidéo (au Nintendo, à la Wii, etc.)				
faire du shopping (acheter des vêtements, par exemple, un tee-shirt, un jean)				
téléphoner, envoyer des textos, des mails				
parler à des copains (converser)				

Observez et déduisez: en général

2 Look at the three charts that follow: Which of the activities anticipated in **Pensez** are actually mentioned? In which chart do you find each of those activities?

Les loisirs et la famille

I. Le point de vue des parents

Quelle activité pratiquez-vous avec vos enfants?

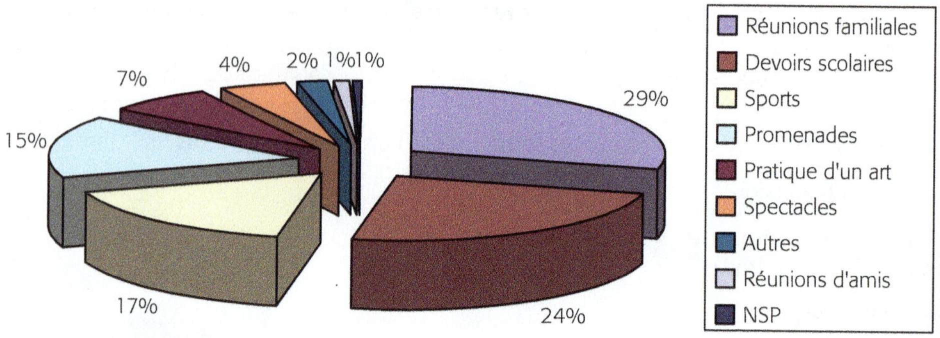

Udaf du Val-de-Marne

II. Le point de vue des jeunes Français (15–24 ans)

Activités favorites	Garçons %	Filles %	Ensemble %
Écouter de la musique	82	84	83
Passer une soirée entre amis	79	78	78
Être en famille	55	72	63
Voyager	57	70	63
Regarder la télévision ou aller au cinéma	51	59	55
Faire du sport	62	45	54
Lire (livres, journaux, magazines)	26	54	40
Jouer à des jeux vidéo, surfer sur Internet	39	32	35

Sources: Sondage Ifop – Ministère de la Jeunesse et des Sports; enquête de la JOC, *Les Pratiques culturelles et les loisirs des jeunes.* http://www.joc.asso.fr

III. Les usages d'Internet

15–24 ans	
Infos pratiques	77%
Infos actu	75%
Messagerie inst.	73%
Vidéos en ligne	64%
Consultation blog	60%
Bande Annonces ciné	53%

25–34 ans	
Infos pratiques	83%
Infos actu	77%
Comptes bancaires	71%
Démarches admin.	57%
Messagerie inst.	55%
Radio en ligne	50%

35–49 ans	
Infos pratiques	82%
Infos actu	75%
Comptes bancaires	66%
Démarches admin.	51%
Radio en ligne	43%
Messagerie inst.	41%

50 ans et +	
Infos pratiques	83%
Infos actu	73%
Comptes bancaires	66%
Démarches admin.	46%
Messagerie inst.	37%
Echange de photos	37%

http://www-joc.asso.fr

Déduisez et confirmez: en détail

3 Les mots

Le sens. Using the context and logic, can you infer the meaning of the following words? Choose the correct answers from the right-hand column.

Le point de vue des parents	a. *online*
1. (les) devoirs scolaires	b. *a movie trailer (preview)*
Les usages d'Internet	c. *homework*
2. en ligne	d. *bank account*
3. (une) bande annonce ciné	
4. (un) compte bancaire	

Les abréviations. In the last chart, *Les usages d'Internet*, can you find the abbreviations for the following? Can you infer the meaning of the expressions that contain those abbreviations?

1. instantanée
2. les actualités *(current events)*
3. administratives

4 Les résultats

1. Comparez le point de vue des parents et le point de vue des jeunes: Quelles sont les activités les plus importantes pour les parents? Et pour les jeunes?
2. Dans les tableaux I et II, quelles sont les activités…
   a. qui impliquent l'usage des médias?
   b. qu'on peut faire en famille *(as a family)*?
3. Dans le tableau II, quelles activités indiquent une grande différence entre les garçons et les filles?
4. Dans le tableau III, les «infos pratiques» occupent la place numéro 1 pour les quatre catégories d'âge. Qu'est-ce que vous remarquez (observez) pour la place numéro 2 et numéro 3? Quels sont les usages spécifiques aux jeunes de 15 à 24 ans ?

Explorez

1. Imaginez que ces sondages sont des sondages américains sur les activités favorites des parents et des jeunes. Quelles différences imaginez-vous dans les activités (par exemple, regarder la télévision) et les pourcentages? Comment expliquez-vous ces différences? (Discutez de cette partie en anglais.)

Activités	% pour les parents	% pour les jeunes
1.		
2.		
3.		
4.		
5.		
6.		

2. Et vous? Quelles sont vos activités favorites quand vous avez du temps libre *(free time)*? Vos usages d'Internet sont-ils similaires aux usages des Français?

Vocabulaire actif

Activités
- acheter (des vêtements, un tee-shirt, un jean)
- aimer
- aller* (au cinéma, à un match de foot ou de basket, au restaurant, au concert, au théâtre)
- un(e) ami(e)
- bloguer
- écouter (de la musique, la radio, un CD, un iPod)
- envoyer (un mail, un texto)
- faire* (du jogging, du shopping, du sport, une promenade)
- jouer (à des jeux vidéo, au tennis)
- lire* (des livres, des journaux, des magazines)
- manger
- parler (à / avec des amis)
- passer une soirée (entre amis, en famille)
- regarder (la télévision, un DVD)
- sortir* ensemble
- surfer sur Internet
- téléphoner
- voyager
- [*Infinitive form only]

Expressions adverbiales
- jamais
- quelquefois
- souvent
- tous les jours

Structure Talking about leisure activities

Grammar Podcasts, Grammar Tutorials

Les verbes en *-er*

Observez et déduisez

Sandrine: Ma sœur et moi, nous aimons beaucoup les médias. Nous adorons envoyer des textos et retrouver nos copains en ligne. Bien sûr que nous aimons regarder la télé et écouter de la musique aussi: le jazz, le rock, la musique classique. Nous aimons également aller au cinéma ou regarder des films sur DVD. Moi, je regarde toujours des films d'aventure et des comédies.

Sophie: Et moi, j'aime les films d'amour! Mes parents n'aiment pas beaucoup le cinéma. Ils préfèrent les sports—le tennis, le volley—et ils aiment aller à des matchs de foot le week-end. Notre grand-père, par contre, n'aime pas le sport, mais il aime beaucoup lire, surtout les romans historiques—rarement les romans policiers! Il écoute souvent la radio et il aime bloguer. Ce n'est pas un grand-père typique, n'est-ce pas?!

... Et vous? Qu'est-ce que vous aimez bien faire pendant votre temps libre? regarder la télé? bloguer? écouter votre iPod?

- The verb **aimer** is used to express preferences. How many different forms of the verb do you see in the preceding paragraph? How do you explain these differences? What kind of article follows the verb **aimer:** definite or indefinite?
- How would you say *I like movies*? How would you say *I don't like sports*?

Confirmez

Le verbe *aimer*	
j' aim**e**	nous aim**ons**
tu aim**es**	vous aim**ez**
il/elle/on aim**e**	ils/elles aim**ent**

1. Many French verbs are formed like **aimer.** The written stem is found by dropping the **-er** from the infinitive: **aim-.** Add the endings to the stem, as shown above, to form the present tense of **-er** verbs.
2. Note that **je** becomes **j'** before a vowel,

   J'adore le français. J'étudie la littérature.

   and although there are five written endings for **-er** verbs, only two are pronounced: those for **nous** and **vous.** All other endings are silent.

je regard~~e~~	nous regardons
tu regard~~es~~	vous regardez
il/elle/on regard~~e~~	ils/elles regard~~ent~~

Note also that liaison occurs when **nous, vous, ils,** and **elles** are followed by a verb beginning with a vowel.

nous_écoutons	vous_étudiez	elles_adorent
[z]	[z]	[z]

3. A simple (one word) present tense is used in French to express actions *in progress*:

   Nous **écoutons** la radio. — *We are listening to the radio.*

   as well as habitual actions:

   J'**écoute** toujours mon iPod. — *I always listen to my iPod.*

4. Common adverbs of frequency (like **toujours, quelquefois, rarement,** and **souvent**) and intensity (like **peu** and **beaucoup**) usually follow the verbs they modify:

   Sandrine surfe **souvent** sur Internet.
   Sophie aime **très peu** les films d'aventure.

5. Spelling changes occur in the stems of some **-er** verbs.

Some stem-changing verbs

é → è before a silent ending		
nous préférons	BUT	ils préfèrent
vous préférez	BUT	elle préfère
mute e → è before a silent ending		
nous achetons	BUT	ils achètent
vous achetez	BUT	elle achète
y → i before a silent ending		
nous envoyons	BUT	j'envoie
vous envoyez	BUT	ils envoient
g → ge before -ons		
je mange	BUT	nous mangeons
c → ç before -ons		
je commence	BUT	nous commençons

6. Many **-er** verbs are used in the following contexts:

   in directions in this textbook

   compléter (la phrase)
   comparer (les réponses)

   to discuss pastimes and activities

   chanter (bien / mal) *to sing well / badly*
   danser (dans une discothèque)
   dîner (au restaurant)
   donner (un stylo à un copain) *to give*
   étudier (l'histoire) *to study a subject*
   habiter (à Toronto) *to live*
   inviter (ses amis)
   penser (à sa sœur / à Noël) *to think about*
   retrouver (son camarade de chambre, ses copains) *to meet, to get together with*
   travailler (pour un avocat) *to work, to study*

   to discuss likes and dislikes

admirer (ses parents)	détester (la télévision)
adorer (les vacances)	préférer (la littérature française)

Vocabulaire actif

beaucoup
un(e) camarade de chambre
une comédie
une discothèque
en ligne
une fête
un film d'amour / d'aventure
le jazz
la littérature
la musique classique
peu
rarement
le rock
un roman historique / policier
surtout
toujours
Les verbes en *-er*
aimer, chanter, etc.
une vidéo
le volley

7. Verbs of preference **(aimer, adorer, préférer, détester)** can be followed by a noun or by another verb. When followed by a noun, a definite article *must* be used.

   Mon frère aime **les** romans et il adore **les** films. Il déteste **le** sport.

   When followed by another verb, the second verb is always an *infinitive.*

   J'**aime aller** au cinéma, mais je **préfère faire** la fête avec mes copains.

8. In the negative, the *conjugated* verb is negated.

   Je **n'**aime **pas** lire des magazines.

Activités

CD 1-20, 21

H **Les activités.** Écoutez le professeur. Est-ce que les phrases correspondent aux images ci-dessous? Indiquez **vrai** ou **faux**.

➡ (Elle travaille.) *faux*

a. ______________

b. ______________

c. ______________

d. ______________

e. ______________

f. ______________

g. ______________

Écoutez encore et indiquez quelle image correspond à la phrase que vous entendez *(hear)*. Si la phrase ne correspond pas à une image, marquez un X.

➡ (Ils mangent.) *e*

1. _____ 3. _____ 5. _____ 7. _____
2. _____ 4. _____ 6. _____

I **Préférences.** Regardez les images ci-dessous et parlez des activités et préférences de Paul et de Marie.

➡ *Paul aime aller au cinéma. Il aime regarder des films. Marie préfère écouter la radio. Elle adore la musique. Elle aime chanter aussi!*

1.

2.

3.

4.

5.

Maintenant, complétez les phrases en choisissant parmi les verbes du vocabulaire actif.

➡ *Moi, j'adore... mais je n'aime pas beaucoup...*
➡ *J'aime bien..., mais je préfère... / Je déteste...*

J **Habitudes.** À quelles activités participez-vous toujours? souvent? quelquefois? rarement? jamais? Numérotez de 1 à 12 sur une feuille de papier et notez vos réponses.

1. Je regarde des films français.
2. J'invite mes copains au café.
3. Je dîne au restaurant.
4. Je surfe sur Internet.
5. Je danse dans une discothèque.
6. Je joue à des jeux vidéo.
7. Je téléphone à mes profs.
8. Je pense à ma famille.
9. Je retrouve mes amis sur Facebook.
10. J'achète des DVD.
11. Je blogue.
12. Je voyage.

Maintenant, posez des questions à un(e) partenaire. Êtes-vous semblables ou différent(e)s? Comment est l'étudiant(e) typique de votre classe? Discutez et comparez.

➡ *Tu regardes des films français?* *Oui, quelquefois. / Non, jamais.*

Structure Requesting

Grammar Podcasts, Grammar Tutorials

L'impératif

Observez et déduisez

— Nous retrouvons Sarah au restaurant, n'est-ce pas? Invitons Émilie aussi.
— Non, ne mangeons pas au restaurant. Regardons un DVD. Et invitons Émilie!

- What difference do you notice between the verb in the first sentence and the other verbs in the preceding exchange? Why do you think these other verbs have no subject pronouns?

Confirmez

1. The imperative is used to give commands. It is formed by omitting the subject pronoun.

   Vous surfez sur Internet? → **Surfez** sur Internet!

2. Use the **nous** form of the verb and/or **s'il vous plaît** to soften a command or to make a request or suggestion.

   Dînons *(Let's have dinner)* au restaurant!
   Ne chantez pas, s'il vous plaît. *(Please don't sing.)*

3. For the familiar **(tu)** form of the imperative, drop the **s** of **-er** verbs.

   Tu ne regard<u>es</u> pas la télé?! → Ne regard<u>e</u> pas la télé!

À comparer: Le présent et l'impératif

Présent	Impératif
Tu manges au restaurant.	Mange au restaurant!
Nous mangeons au restaurant.	Mangeons au restaurant!
Vous mangez au restaurant.	Mangez au restaurant!

Activités

K **En classe.** Qu'est-ce que le professeur dit aux étudiants? Complétez les phrases en employant les verbes suivants à l'impératif: **compléter, deviner, écouter, répéter, fermer, parler.**

1. __________ la porte, s'il vous plaît.
2. __________ le CD.
3. __________ vos devoirs.
4. __________ avec vos camarades de classe.
5. __________ la réponse au numéro 6.
6. __________ la phrase, s'il vous plaît.

L **Impatient.** Que dit un parent qui n'est pas content de son enfant? Écrivez des phrases en employant les verbes et les compléments suivants selon le modèle.

Verbes: parler, regarder, écouter, jouer, manger, retrouver
Compléments: à la Wii, au restaurant, (avec) tes copains, tes CD, la télévision, tes cousins, tes DVD, au tennis

➡ *Ne surfe pas sur Internet!*

M **Préférences.** Répondez aux questions selon vos préférences.

➡ *On regarde la télé?*
Oui, regardons American Idol! / *Non, ne regardons pas la télé!*

1. On achète des vêtements?
2. On regarde un match de foot?
3. On joue au Nintendo?
4. On mange au restaurant?
5. On écoute de la musique classique?
6. On parle avec le professeur?
7. On voyage?
8. On passe une soirée entre amis?

Structure Asking about people and things

Grammar Podcasts, Grammar Tutorials

Les pronoms interrogatifs

Observez et déduisez

Elaine Phillips

— Selon les sondages, les hommes préfèrent les films d'aventure. Qu'est-ce que tu préfères, Marie, les films d'aventure ou les comédies?
— En fait, je préfère les films historiques.
— Et comme actrice, qui est-ce que tu préfères, Juliette Binoche ou Marion Cotillard?
— Bof, j'aime les deux *(both)*. Et toi?
— Moi? Ni l'une ni l'autre *(neither one)*.

Vocabulaire actif
les deux
ni l'un(e) ni l'autre
qu'est-ce que
qui est-ce que

- What interrogative expression is used to ask questions about people? What interrogative expression is used to ask questions about things? How would you ask these questions: *Whom do you like? What do you like?*

Confirmez

1. The interrogative pronoun **qu'est-ce que** *(what?)* refers to things and is followed by a subject noun or pronoun. Note that **que** becomes **qu'** before a word beginning with a vowel.

Qu'est-ce que Marie aime?	Elle aime les vacances.
Qu'est-ce qu'elle regarde?	Elle regarde la télé.

2. The interrogative pronoun **qui est-ce qu(e)** *(who / whom?)* refers to people and is followed by a subject noun or pronoun.

Qui est-ce que Marie écoute?	Elle écoute ses parents.
Qui est-ce qu'elle admire?	Elle admire le professeur, bien sûr!

3. You have already used **qui** with the verb **être** to ask for identification of people.

   Qui est-ce? **Qui** est cette femme? **Qui** sont vos copains?

   Qui can also be followed by any of the **-er** verbs presented in this **étape** to ask who does or is doing something.

   Qui joue au tennis? **Qui danse** avec Rémi?

4. Remember that questions beginning with **est-ce que** have "yes" or "no" answers. Do not confuse **est-ce que** with **qu'est-ce que** *(what)* and **qui est-ce que** *(whom).*

Est-ce que tu aimes le cinéma?	→	Oui.
Qu'est-ce que tu aimes?	→	Le cinéma. (une chose)
Qui est-ce que tu aimes?	→	Maman! (une personne)

Activités

CD 1-22

N **Personne ou chose?** Écoutez les réponses et choisissez la bonne question.

1. _____ Qu'est-ce que tu aimes? *ou* _____ Qui est-ce que tu aimes?
2. _____ Qu'est-ce que tu admires? *ou* _____ Qui est-ce que tu admires?
3. _____ Qu'est-ce que tu préfères? *ou* _____ Qui est-ce que tu préfères?
4. _____ Qu'est-ce que tu regardes? *ou* _____ Qui est-ce que tu regardes?
5. _____ Qu'est-ce que tu étudies? *ou* _____ Qui est-ce que tu étudies?
6. _____ Qu'est-ce que tu écoutes? *ou* _____ Qui est-ce que tu écoutes?

O **Nos préférences.** D'abord regardez les choix suivants et notez vos préférences sur une feuille de papier.

1. _____ Picasso	*ou*	_____ Jackson Pollock
2. _____ Johnny Depp	*ou*	_____ Morgan Freeman
3. _____ Lady Gaga	*ou*	_____ Alicia Keys
4. _____ le petit Nicolas	*ou*	_____ Charlie Brown
5. _____ sortir avec des copains	*ou*	_____ faire du jogging
6. _____ les romans policiers	*ou*	_____ les romans historiques
7. _____ la télé	*ou*	_____ le cinéma
8. _____ surfer sur Internet	*ou*	_____ aller au restaurant
9. _____ faire une promenade	*ou*	_____ acheter des vêtements
10. _____ ?	*ou*	_____ ?

Maintenant, posez des questions à un(e) partenaire et comparez vos réponses.

➡ — *Qui est-ce que tu préfères, Madonna ou Usher? / Qu'est-ce que tu préfères, lire un roman ou faire la fête avec tes copains?*
— *Moi, je préfère... / J'aime les deux. / Ni l'un ni l'autre.*

P **Jeopardy!** Regardez les réponses ci-dessous. Quelles sont les questions? Employez les verbes suivants pour composer les questions: **admirer, écouter, retrouver, inviter au café, regarder, aimer.**

(réponse)	(question)
➡ la télévision	*Qu'est-ce que tu regardes?*
ma sœur	*Qui est-ce que tu admires?*

1. mes copains
2. mon iPod
3. Facebook
4. mes professeurs
5. mes CD
6. mon/ma camarade de chambre
7. mon grand-père
8. une vidéo sur YouTube

Jeu de rôle

You and three classmates are each looking for a new roommate. First write down questions you feel are essential in helping you make a decision, then role-play a scene in which you each ask and answer questions to decide who is compatible with whom.

David and Nathalie Chesnel

Vive les mariés!

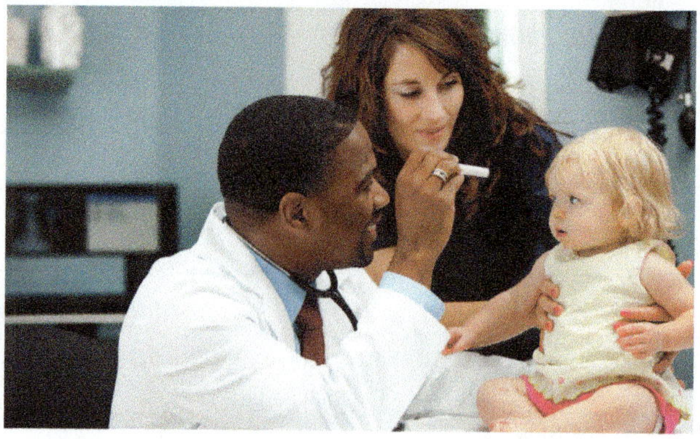
Sean Locke/iStockphoto.com

Soins médicaux gratuits pour les jeunes enfants

Observez et déduisez

What do you see in the photos on this page that looks familiar to you? What is *not* familiar? What do you *not* see that you might have expected in such photos?

Confirmez et explorez

• **Le mariage et la famille.** The number of marriages in France has decreased slightly in the last 20 years (4.3 marriages per 1000 inhabitants vs. 7.5 in the United States). One-third of the French population lives alone and 15% of France's couples practice **la cohabitation** or **l'union libre** (living together without marriage). Another institution, **le PACS (pacte civil de solidarité)** allows couples, including same-sex couples, to receive social benefits. Amidst these changes, 87% of French people recently surveyed said that family played a very important role in their life. What do these statistics tell you? Do they reflect a reality found in North America and other countries with which you may be familiar?

• **Les allocations familiales.** To help families with the high cost of raising children and to encourage demographic growth in a country where the fertility rate is 2.02 children per woman (vs. 2.06 in the United States), the French government offers subsidies to families. This assistance is part of the large program of **la Sécurité Sociale,** which is divided into four branches: illness, old age, family, and recovery. **La Sécu** is financed by the payments of French employees and their employers. Families with two children or more, regardless of their income, receive **des allocations familiales** through the eighteenth birthday of each child. This amounts to the equivalent of $150 per month for two children, $360 for three children, $560 for four, and $760 for five. Families are also helped financially when school resumes or when a child is handicapped. In Canada, the government allocates **des prestations fiscales pour enfants** (tax-free benefits for children) of up to $1,280 per month to low-income families. How do you feel about such programs?

• **Des enfants «bien élevés».** Americans often find French parents quite strict with their children about manners. By two and a half or three, French children shake hands with grown-ups and say **Bonjour, monsieur** or **Bonjour, madame.** By five or six, they are expected to sit with their families at restaurants for hours at a time. Should children be caught running wild through a restaurant or a store, the parents are expected to immediately inflict punishment, ranging from verbal reprimands to facial slaps or spanking in public. That's all part of being **bien élevé,** or well brought up. Proper behavior will often take precedence over a child's ego or "blossoming self-expression." How do you feel about disciplining children? Should a five-year-old be allowed to "run wild" in a public place or should he be expected to sit still for hours? What qualities and/or problems do the two types of upbringing foster?

Bloguez! iLrn

What do the **allocations familiales** say about French attitudes toward families and children? And what about the French style of discipline? Share an example illustrating the value *your* culture places on families and children—either the culture as a whole through government benefits, for example, or individual families in how they raise their children.

À l'écoute **Quel âge avez-vous?**

CD 1-23

As you listen to the Text Audio track, you will hear six people giving their age **(âge)** and a brief description of themselves.

Pensez

1 If the people in the following pictures were talking about their age, what numbers would they be likely to mention? Match the approximate age with the letter of the correct picture.

A

B

C

D

E

F

Âge approximatif

_____ 4–6 ans (quatre à six ans)
_____ 15–16 ans
_____ 20–25 ans
_____ 30–35 ans
_____ 40–50 ans
_____ 60–65 ans

Observez et déduisez

CD 1-23

2 Listen first to identify which description corresponds to which picture in **Pensez.** Fill in the letter of the picture in the following chart, and add the name of each person (Renaud, Brigitte, Driss, Nathalie, Marguerite, or Léon).

description	image	nom
1		
2		
3		
4		
5		
6		

3 Listen again, paying attention to the people's descriptions of their hair and eyes **(les cheveux et les yeux).** Number the following words to show the order in which they are mentioned. If a word is mentioned several times, account for it the first time only.

a. les cheveux
- _____ blonds
- __1__ bruns
- _____ roux
- _____ noirs
- _____ gris
- _____ longs
- _____ courts

b. les yeux
- _____ bleus
- _____ verts
- __5__ bruns

Vocabulaire actif

l'âge: (avoir) _____ ans
la description physique
(avoir) les cheveux blonds, bruns, roux, noirs, gris, (assez) longs, (très) courts
(avoir) les yeux bleus, verts, bruns
être de taille moyenne

4 From memory, or after an additional listening, recap the age and physical attributes of each person. Who is of average size **(de taille moyenne)**? Who doesn't have much hair **(pas beaucoup de cheveux)**? Whose birthday **(anniversaire)** is it today?

nom	âge	cheveux	yeux
Nathalie			
Brigitte			
Marguerite			
Renaud			
Driss			
Léon			

Prononciation L'intonation

Intonation refers to the rising (↗) and the falling (↘) of the voice.

Observez et déduisez

CD 1-23

Look at the five sentences that follow. On the audio segment, listen again to **À l'écoute: Quel âge avez-vous?** Notice the intonation patterns for each sentence, and circle the letter of the option that best represents the pattern you hear. Then, turn off the audio.

1. a. Quel âge avez-vous? ↗
   b. Quel âge avez-vous? ↘
2. a. J'ai cinq ans. ↗
   b. J'ai cinq ans. ↘
3. a. J'ai les cheveux bruns ↘ et les yeux bleus, ↘ comme ma maman. ↘
   b. J'ai les cheveux bruns ↗ et les yeux bleus, ↗ comme ma maman. ↗
   c. J'ai les cheveux bruns ↗ et les yeux bleus, ↗ comme ma maman. ↘
4. a. Mon âge? ↘
   b. Mon âge? ↗
5. a. Aujourd'hui, ↗ c'est mon anniversaire. ↘
   b. Aujourd'hui, ↗ c'est mon anniversaire. ↗

As you can hear, French intonation patterns are determined by the length of word groups (short sentences or single ideas within longer sentences) and by the type of utterance (question or declarative statement). Such patterns can be summarized as follows.

1. Short statements have a falling intonation.
   → Practice saying sentence 2b in **Observez et déduisez.**
2. In longer declarative sentences
   a. each word group before the last one has a rising intonation (indicates that the sentence is not over).
   b. the last word group has falling intonation (marks the end of the sentence).
   → Practice saying sentences 3c and 5a in **Observez et déduisez.**

Information questions (starting with an interrogative word, such as **quel, comment, qui, qu'est-ce que,** etc.) have a falling intonation.

→ Practice saying sentence 1b in **Observez et déduisez.**

Yes/no questions (those starting with **est-ce que** or anything but an interrogative word) have a rising intonation.

→ Practice saying sentence 4b in **Observez et déduisez.**

Confirmez

CD 1-24

Read the following sentences aloud with the proper intonation. Then listen to them on the audio segment to verify your pronunciation.

1. Tu connais Marguerite Folin?
2. Elle a les yeux bleus et les cheveux gris.
3. Comment est-elle?
4. Est-ce qu'elle est sympathique?
5. Elle aime beaucoup la musique.
6. Elle aime aussi le cinéma, les romans historiques et les sorties en famille.
7. Et vous? Comment êtes-vous? Quel âge avez-vous?

Structures Discussing age and appearance

Grammar Podcasts, Grammar Tutorials

Le verbe *avoir* • L'adjectif interrogatif *quel*

Observez et déduisez

— Quel âge avez-vous?
— J'ai vingt et un ans.
— Et votre mère, quel âge a-t-elle?
— Ma mère a quarante-sept ans. Mon beau-père, lui, a cinquante-quatre ans, je crois.
— Et vos grands-parents? Quel âge ont-ils?
— Ben, mes grands-pères sont décédés, mais j'ai une grand-mère qui a soixante-quatorze ans et l'autre qui a quatre-vingts ans.

Owen Franken/Corbis

Quel âge ont-ils?

Vocabulaire actif

quel(le)(s)
Quel âge as-tu? / avez-vous?

- Based on the preceding dialogue, what verb is used in French to express age? What forms of the verb do you see? What new interrogative word do you notice? What type of word does it precede: a verb? a noun? a pronoun? What do you notice about the inversion form with **elle**? How would you say *My father is forty*?

Confirmez

Le verbe *avoir*

j' ai	nous avons
tu as	vous avez
il/elle/on a	ils/elles ont

1. Use the verb **avoir** *(to have)*, not **être,** to express age in French. **An(s)** must be stated after the number.

   Elle **a** treize **ans.** Nous **avons** trente et un **ans.**

2. **Avoir** is also used with a definite article to state eye and hair color.

   Ils **ont les** cheveux noirs et **les** yeux bruns.

3. Use the verb **avoir** to express possession. To say you do *not* have something, the indefinite article **(un, une, des)** becomes **de/d'** in the negative.

   J'ai **une** sœur; je n'ai pas **de** frère.
   Tu as **un** fils? Non, je n'ai pas **d'**enfants.

4. Notice that in questions with inversion, **-t-** is inserted between any verb form ending with a vowel and the subject pronouns **il, elle,** or **on.**

   Quel âge a-**t**-il/elle/on? Aime-**t**-il les enfants?

L'adjectif interrogatif *quel*

Quel means *which* or *what.* It is used to clarify or to ask for a choice. It is an interrogative adjective and agrees in number and gender with the noun it modifies.

A B

Quel homme n'a pas beaucoup de cheveux?

A B

Quelle femme a quarante ans?

A B C

Quels garçons ont les cheveux noirs?

A B C D

Quelles filles ont les yeux bruns?

Activités

CD 1-25

Q **Quel âge ont-ils?** Écoutez et décidez si les phrases correspondent à la scène. Écrivez **possible** ou **pas possible.**

Maintenant, à votre avis, quel âge ont-ils?

➡ 1. *Il a peut-être 16 ans.*

R **Et vous?** Calculez l'âge des personnes suivantes... ensemble!

➡ *Ma sœur a 32 ans et moi, j'ai 24 ans. Ça fait* (That comes to) *56 ans.*

1. votre frère ou votre sœur
2. deux camarades de classe
3. le professeur
4. un grand-parent
5. un copain / une copine
6. votre père ou votre mère (ou votre fils / fille)

S **Descriptions.** Regardez les images à la page 70. Comment sont ces personnes? Imaginez leur taille. Quel âge ont-elles? De quelle couleur sont leurs yeux? leurs cheveux?

T **Et votre famille?** Décrivez deux membres de votre famille—ou d'une famille célèbre, si vous préférez—selon l'exemple.

➡ *Ma grand-mère a 82 ans. Elle a les cheveux courts et gris et les yeux verts. Elle est de taille moyenne. Je ressemble à ma grand-mère. Mamie a un demi-frère, mais elle n'a pas de sœur.*

U **Cherchez quelqu'un *(Find someone).*** Prenez une feuille de papier et numérotez de 1 à 8. Ensuite, posez les questions suivantes à des camarades de classe. La personne qui répond «oui» va signer.

➡ *— Tu as des cousins?*
— Bien sûr! / — Non, je n'ai pas de cousins.

1. Tu as un frère qui s'appelle Matt?
2. Tu ressembles à ton père?
3. Tu as des grands-parents?
4. Tu as les cheveux longs et (vraiment) blonds?
5. Tu as les yeux verts?
6. Tu as 24 ans?
7. Tu as trois sœurs?
8. ?

V **Précisons.** Interviewez votre partenaire au sujet des préférences de sa famille ou de ses copains, selon l'exemple. Répondez à ses questions.

➡ *— Ta famille aime les films? / Tes copains aiment les films?*
— Quels films?
— Les films d'aventure?
— Non, nous préférons les comédies. / Oui, nous aimons beaucoup les films d'aventure.

1. le sport (le tennis, le foot, le basket...)
2. la musique (le rap, le rock, la musique classique, la musique de Willie Nelson...)
3. les sorties (en ville, au restaurant, en famille...)
4. la cuisine (chinoise, française, américaine, italienne...)
5. les romans (d'amour, historiques, policiers, de Steven King...)

Jeu de rôle

Quelle coïncidence! As you and your classmate discuss your new boyfriends or girlfriends (physical appearance, personalities, age, family) and their favorite pastimes, you discover that they are remarkably similar. Is it possible you are dating the same person?! Role-play the scene with a partner.

iLrn Complete the diagnostic tests to check your knowledge of the vocabulary and grammar structures presented in this chapter.

Quatrième étape: Intégration

Littérature L'homme qui te ressemble

Courtesy of Aija Bjornson

Many fine literary works come from the former French colonies. Writers from these countries choose to write in French for a variety of reasons: their countries have a multitude of languages, but French is still the official language of schools and administrations, the writers themselves have been educated in French schools, or they want to address a larger audience than would be possible in their native tongue. The poem you are about to read was written by a man who comes from Cameroon **(le Cameroun),** a country in Equatorial Africa that was colonized first by the Germans, then by the British and the French. It became an independent republic in 1960.

When René Philombe (1930–2001) took up writing in 1956 after a short career in the colonial police administration in Yaoundé, **le mouvement de la Négritude** was sending tremors throughout Black Africa. Begun by a group of African students in Paris in the 1930s (including Léopold Sédar Senghor, the future president of Senegal), this movement was an affirmation of the cultural heritage and values of the Black African civilization. It encompassed a sense of pride in one's race and background, a protest against being attributed second-class status, and a rebellious refusal to conform to the norms of colonial powers. Imprisoned on several occasions for his subversive writings, René Philombe published tales, short stories, plays, and poems. The following poem is a hymn to the human family.

Pensez

1 «L'homme qui te ressemble»—*The man who looks like you.* Within the human family, what are resemblances and differences based on? Check the factors that are most commonly used to compare people from different parts of the world, and add other ideas as needed.

_____ la race et la couleur de la peau *(skin)*

_____ les traits physiques: les cheveux, les yeux, le nez *(nose),* la bouche *(mouth)*

_____ les caractéristiques universelles (la nécessité d'aimer et d'être aimé, etc.)

_____ la taille (grand, petit)

_____ la langue

_____ la nationalité

_____ la religion

_____ le statut économique et social

_____ le caractère, le cœur *(heart)*

_____ ?

Observez et déduisez: en général

2 Skim the poem briefly to determine how the poet approaches his subject.

a. as a prayer to God **(Dieu)**

b. as a prayer to his fellow man

c. as an accusation in a court of law

3 Among the categories of resemblances and differences listed in **Avant de lire,** which ones are actually mentioned in the poem?

L'homme qui te ressemble

J'ai frappé à ta porte
j'ai frappé à ton cœur
pour avoir bon lit° (bon... *good bedding*)
pour avoir bon feu° (*fire*)
pourquoi me repousser?
Ouvre-moi mon frère!...

Pourquoi me demander
si je suis d'Afrique
si je suis d'Amérique
si je suis d'Asie
si je suis d'Europe?
Ouvre-moi mon frère!...

Pourquoi me demander
la longueur° de mon nez (*length*)
l'épaisseur° de ma bouche (*thickness*)
la couleur de ma peau
et le nom de mes dieux?
Ouvre-moi mon frère!...

Je ne suis pas un noir
je ne suis pas un rouge
je ne suis pas un jaune
je ne suis pas un blanc
mais je ne suis qu'°un homme (ne... que *only*)
Ouvre-moi mon frère!...

Ouvre-moi ta porte
Ouvre-moi ton cœur
car je suis un homme
L'homme de tous les temps° (de tous... *of all times*)
L'homme de tous les cieux° (*all heavens*)
L'homme qui te ressemble!...

René Philombe, *Petites gouttes de chant pour créer l'homme* © Éditions Nouvelles du Sud

Déduisez et confirmez: en détail

4 Les mots. Using the context and logic, infer the meaning of the words in bold.

1. **J'ai frappé** à ta porte
   a. I closed
   b. I knocked on
2. **pour** avoir
   a. in order to
   b. even though
3. pourquoi **me repousser**
   a. push me away
   b. invite me in
4. pourquoi **me demander si**
   a. ask me if
   b. insist that
5. **car** je suis un homme
   a. for
   b. whereas

5 Le texte. Vrai ou faux?

1. Le poète demande à son «frère» d'ouvrir sa porte et son cœur.
2. Le «frère» ouvre immédiatement sa porte.
3. Le poète pense que la nationalité n'est pas importante.
4. Il pense que les traits physiques ne sont pas importants.
5. Il pense que la religion justifie la discrimination.
6. Il pense que tous les hommes sont frères.

Explorez

1. **Un dialogue.** Imaginez un dialogue entre le poète et son «frère».
   — *Bonjour, mon frère. Ouvre-moi ta porte...*
   — *Es-tu d'Afrique?*
   — *Pourquoi demandes-tu?*
   — *Es-tu noir?*, etc.
   Continuez!

2. Poetry is the music of literature, and to enjoy the full impact of a poem, it should be read aloud. With a partner, prepare a unique reading of Philombe's poem, then present it to the class.

Par écrit To be or not to be the same

Avant d'écrire

A Strategy: Visualizing relationships.
In order to compare two people, you need to describe them not only as individuals but also as they relate to each other. One way of visualizing this relationship is through the use of a Venn diagram, a pair of overlapping circles that can be used to compare and contrast characteristics.

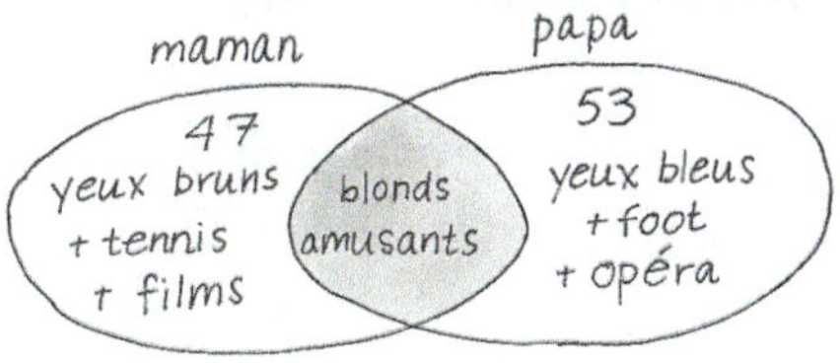

Application. Choose two people you know well and draw your own Venn diagram to help you organize your ideas. In the left circle, list traits and preferences exclusive to one of the people; in the right circle, the other. In the middle where the circles overlap, list traits and preferences shared by both people.

B Strategy: Contrasting. The following expressions may be useful when expressing a contrast: **mais** *(but)*, **par contre** *(on the other hand)*, **plutôt** *(instead, rather)*, **alors que** *(whereas)*.

> Maman aime les sports, **mais** tante Marie aime **plutôt** les livres.
> Paul est brun. Pierre, **par contre**, est blond.
> Paul ressemble à maman **alors que** Pierre ressemble **plutôt** à papa.

Application. Write three sentences contrasting the same two people you described in Activity A, using **mais, par contre, plutôt,** and **alors que.**

Vocabulaire actif

alors que
par contre
plutôt

Écrivez

1. Using the Venn diagram you constructed for the first strategy, write a paragraph comparing and contrasting the two people you selected. Tell about their physical characteristics, ages, professions, personality traits, and their likes and dislikes. Remember to use appropriate expressions to avoid repetition and to show contrast.
2. Review *L'accent grave,* page 46. Write a paragraph comparing and contrasting Hamlet and his teacher. Begin with a Venn diagram. Physical contrasts may be obvious (**grand / petit,** etc.), but what about personality traits? preferred activities? Use your imagination and appropriate expressions to enhance your writing style.

➡ *Le professeur aime étudier, mais Hamlet préfère jouer au foot...*

Synthèse culturelle

La famille

Pensez

The word "family" brings to mind a variety of different images based on our personal experiences. What images come to your mind when you hear the word? What experiences do you associate most closely with "family"? Keep those images in mind as you watch the video where Fatim, Camille, and Fatou describe their families. As you watch, go to the corresponding section of your Student Activities Manual and complete the comprehension activities which will help you understand what you are hearing. Then do **Explorez** and **Bloguez!** below.

Qu'est-ce qui constitue une «famille» pour vous? Quelles sont les composantes principales? Pourriez-vous nous faire un portrait de votre famille?

Camille: Je pense que dans une famille, il y a aussi, en tout cas pour moi, mes amis. C'est la famille que j'ai choisie, ma famille de cœur, et ils sont très importants pour moi.

Fatou: ...je viens d'une culture où la notion de la famille est assez élargie.

Fatim: Je suis issue d'une famille nombreuse, j'ai quatre frères et deux sœurs, donc je suis le numéro sept dans la liste.

© Heinle, Cengage Learning

Explorez

Interview three people who share your culture about their families. Make a list of all the items/images they mention. Were there any aspects they mentioned that surprised you?

Bloguez! iLrn

List the most important facets of family for you, and explain why. How many of these aspects did you hear mentioned in the video? Enhance your blog post by uploading photos of your family or photos that represent "family" for you.

Vocabulaire actif

La famille

le beau-frère *brother-in-law*
le beau-père *father-in-law, stepfather*
la belle-mère *mother-in-law, stepmother*
la belle-sœur *sister-in-law*
le cousin / la cousine *cousin*
les enfants *children*
la fille *daughter*
le fils *son*
le frère, le demi-frère *brother, half-brother*
la grand-mère *grandmother*
le grand-père *grandfather*
les grands-parents *grandparents*
le mari *husband*
la mère *mother*
le neveu *nephew*
la nièce *niece*
l'oncle (m.) *uncle*
les parents (m.) *parents, relatives*
le père *father*
la petite-fille *granddaughter*
le petit-fils *grandson*
la sœur, la demi-sœur *sister, half-sister*
la tante *aunt*

Les amis

un ami / une amie *a friend*
un(e) camarade de chambre *a roommate*

La description physique

avoir... ans *to be . . . years old*
avoir les cheveux blonds / bruns / roux / noirs / gris *to have blond / brown / red / black / gray hair*
avoir les cheveux assez / très longs / courts *to have rather / very long / short hair*
avoir les yeux bleus / bruns / verts *to have blue / brown / green eyes*
pas beaucoup de cheveux *not much hair*
être de taille moyenne *to be of average size*

Les loisirs / Le temps libre *(Free time)*

un CD
le cinéma *movies*
une comédie *a comedy*
un concert *a concert*
une discothèque
un DVD
en ligne *on line*
une fête *a party*
un film d'amour *a romantic film*
un film d'aventure *an action film*
Internet (m.)
un iPod
un jeu vidéo (la Wii, la XBox)
le jogging
un journal *a newspaper*
la littérature: un roman (historique / policier) *literature: a novel (historical / detective)*
un magazine
un mail *an email*
un match de foot *a soccer game*
la musique: le jazz, la musique classique, le rock
une promenade *a walk*
la radio
un restaurant
du shopping
une soirée (entre amis, en famille) *an evening with friends / with family*
le sport: le basket, le base-ball, le foot(ball), le tennis, le volley
la télévision (la télé)
un texto *a text message*
le théâtre
des vêtements (m.) *clothing:* un jean, un tee-shirt
une vidéo

Les verbes

acheter *to buy*
admirer *to admire*
adorer *to adore*
aimer *to like, to love*
avoir (irrég.) *to have*
bloguer *to blog*
chanter *to sing*
danser *to dance*
détester *to detest, to hate*
dîner *to have dinner*
donner *to give*
écouter *to listen (to)*
envoyer *to send*
étudier *to study (a subject)*
habiter *to live (in, at)*
inviter *to invite*
jouer *to play*
manger *to eat*
parler *to speak, to talk*
passer (une soirée) *to spend an evening*
penser (à) *to think (about)*
préférer *to prefer*
regarder *to look at, to watch*
ressembler (à) *to look like, to resemble*
retrouver (des amis) *to meet (with friends)*
surfer sur Internet *to surf the Internet*
téléphoner
travailler *to work, to study*
voyager *to travel*

Infinitives only:
aller *(to go)*
faire *(to make / do)*
lire *(to read)*
sortir ensemble *(to go out together)*

il y a *there is, there are*

Les questions

Combien... ? *How much . . . / How many . . . ?*
Quel(s)/Quelle(s)... ? *Which . . . ?*
Quel âge avez-vous / as-tu? *How old are you?*
Qu'est-ce que... ? *What . . . ?*
Qui est-ce que... ? *Who . . . ?*

Les adjectifs possessifs

mon, ma, mes *my*
ton, ta, tes *your (familiar)*
son, sa, ses *his/her*
notre, nos *our*
votre, vos *your (formal, plural)*
leur, leurs *their*

Les adverbes de quantité et de qualité

beaucoup / pas beaucoup *much (many) / not much (not many)*

Les adverbes de fréquence

jamais *never*
peu *not much, not very*
quelquefois *sometimes*
rarement *rarely*
souvent *often*
toujours *always*
tous les jours *every day*

Les expressions pour nuancer la pensée

alors que *whereas*
par contre *on the other hand*
plutôt *rather*
surtout *especially*

Expressions pour hésiter

Bon, alors / Bon, ben / Eh bien... *Well . . .*
Et puis *And then*
quoi / hein *you know*
Tu sais / Vous savez *You know*
Voyons *Let's see*

EXPRESSIONS POUR LA CLASSE

un(e) autre *another*
cherchez quelqu'un *find someone*
un choix *a choice*
comparez
complétez
les deux *both*
employez *use*
entendez *hear*
essayez *try*
expliquez *explain*
ni l'un(e) ni l'autre *neither one*
participez *participate*
semblable *similar*
si *if*
du temps libre *free time*

chapitre 3

La maison et la ville

bobphillipsimages.com

This chapter will enable you to

- inquire about and discuss lodging options
- use the telephone in French and ask for, give, and receive street directions
- talk about what you are going to do
- understand native speakers having a phone conversation and asking for directions
- read a survey about housing in France and a humorous text about a young man from the Ivory Coast who discovers Paris

Quel type de logement est-ce? Où se trouve ce logement? Imaginez les pièces. Et vous? Quel type de logement avez-vous? Comment est votre chambre?

Chapter resources

- iLrn Heinle Learning Center
- Text Audio Program
- Video
- Premium Website

Première étape

À l'écoute Allô?

Vous allez écouter une conversation téléphonique entre une personne qui désire **louer** *(rent)* un appartement et **le propriétaire** *(landlord)* de cet appartement. Faites les Activités 1 et 2 avant d'écouter, puis écoutez en suivant les instructions données.

Vocabulaire actif

- un(e) colocataire (coloc)
- le centre-ville
- les charges (comprises)
- une douche
- un euro
- un lavabo
- un logement
  - un appartement
  - une maison
  - une résidence universitaire
  - un studio
  - meublé(e) / non meublé(e)
- louer
- une petite annonce
- une pièce
  - une chambre
  - une cuisine
  - une entrée
  - une salle à manger
  - une salle de bains
  - un salon / un séjour
  - les toilettes (f.) / les W.C. (m.)
- un(e) propriétaire
- un numéro de téléphone
- une ville
- voir (infinitif)

Pensez

1 Imaginez que vous êtes étudiant(e) à Aix-en-Provence, une ville située dans le sud *(south)* de la France. Bien sûr, il est nécessaire de trouver un logement. Quelle sorte de logement préférez-vous? Encerclez vos choix.

1. Le type de logement idéal pour un(e) étudiant(e):

   un appartement meublé / non meublé *(furnished / unfurnished)*
   un studio   une maison   une résidence universitaire

2. Les pièces que vous désirez dans votre logement:

   une chambre
   une cuisine
   une entrée
   une salle à manger
   un salon / un séjour
   une salle de bains
   les W.C.

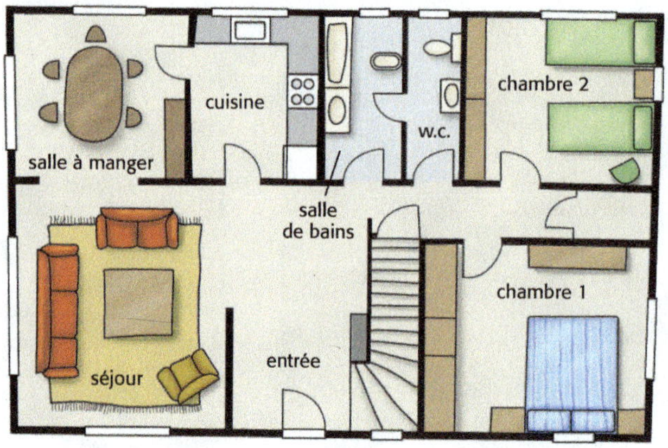

2 Maintenant regardez les petites annonces *(classified ads)* suivantes.

a. Aix centre. 2 pièces, cuisine, s.d.b., W.C. séparés, terrasse, garage, 800 €/mois + charges. Tél. 04.42.39.06.58

b. Aix centre. Studio tout confort, cuisine, salle de bains, 490 €/mois charges comprises. Tél. 04.42.26.09.11.

c. Avenue Victor Hugo. Studio meublé, idéal étudiant(e), 430 €/mois + charges. Tél. 06.42.20.11.65

d. Boulevard Carnot. Chambre meublée dans villa, entrée indépendante. 350 €/mois + électricité. Tél. 04.42.38.64.29

1. En utilisant le contexte et la logique, déduisez le sens des expressions et abréviations suivantes.

   s.d.b.   W.C. séparés   €/mois   charges comprises   Tél.

2. Qu'est-ce que vous remarquez sur les numéros de téléphone français? 06 est l'indicatif des téléphones portables, mais quels sont les deux premiers chiffres des autres numéros qui indiquent le code régional pour le sud de la France? Quel est le code pour la ville d'Aix-en-Provence?

3. Où préférez-vous habiter? Lequel des quatre logements décrits dans les petites annonces préférez-vous? Pourquoi?
4. Pour trouver un appartement... Maintenant, imaginez que vous téléphonez au propriétaire du logement que vous avez sélectionné. Formulez en français trois ou quatre questions que vous pouvez poser.

➡ *Est-ce que l'appartement est meublé?*

Notes culturelles

Les W.C. En France, dans la majorité des maisons et des appartements, les toilettes, ou les W.C. (prononcé les vécé ou les double vécé), sont dans une petite pièce séparée de la salle de bains. Comme synonyme de W.C., le mot «toilettes» est toujours pluriel en France, mais au Québec, on dit «la toilette».

Les logements étudiants. Beaucoup d'étudiants vont à l'université à proximité de chez eux et donc continuent à habiter dans la maison familiale. Si ce n'est pas le cas, ils peuvent habiter dans des résidences universitaires subventionnées *(subsidized)* par le gouvernement, mais les places sont limitées. L'option la plus commune est de louer une chambre chez un particulier *(in someone's house)* ou de louer un petit studio. Mais les étudiants peuvent aussi partager un appartement avec des colocataires (ou «colocs»). Ce système de colocation, convivial et économique, est de plus en plus populaire. Et vous? Préférez-vous habiter avec des camarades de chambre, des colocataires ou seul(e) *(alone)*? Faites un petit sondage pour comparer les préférences de vos camarades de classe.

Bloguez! iLrn
Quels logements étudiants sont populaires chez vous? Expliquez l'option que vous préférez et pourquoi.

Observez et déduisez

CD 1-26

3 Écoutez une première (1ère) fois pour identifier la petite annonce (page 86) en question dans cette conversation téléphonique.

C'est l'annonce _____ pour les raisons suivantes:	
Ce n'est pas l'annonce...	parce que les éléments suivants sont différents:
_____	
_____	
_____	

4 Écoutez la conversation une dernière fois. En utilisant le contexte et la logique, déduisez le sens des quatre expressions suivantes. Choisissez la bonne réponse (a.–f.) et justifiez votre choix.

_____ 1. une douche	a. *downtown*	d. *a shower*
_____ 2. un lavabo	b. *a sink*	e. *to see*
_____ 3. le centre-ville	c. *a refrigerator*	f. *to walk*
_____ 4. voir		

5 Dans la conversation, quelle expression est utilisée pour confirmer que c'est le bon numéro *(the right number)*?

a. C'est bien le... b. Voilà... c. Est-ce que j'ai...

Prononciation Les voyelles nasales

Nasal vowels are produced by diverting air into the nose. There are three nasal vowels in French, represented by the following phonetic symbols.

[ɑ̃] as in **étudiant, parents**
[ɔ̃] as in **bonjour, nom**
[ɛ̃] as in **américain, bien, mince, un**

Observez et déduisez

CD 1-27

Listen to the following words twice on the audio track. Pay close attention to the way they are pronounced, and in the chart check the nasal sounds you hear.

	[ɑ̃]	[ɔ̃]	[ɛ̃]
quarante	✔		
vingt-six			
onze			
l'annonce			
non			
comment			
chambre			
salle de bains			
sont			
comprises			
vraiment			
centre			

Using the examples in the chart, can you complete the following summary of spellings that correspond to each nasal vowel?

[ɑ̃] an, am, ______ [ɔ̃] on, ______ [ɛ̃] ain, ien, un, ______

Note that these spellings correspond to a nasal sound only when they are followed by a consonant or occur at the end of a word. If the **n** or the **m** is followed by a vowel or another **n** or **m**, the vowel is not nasal.

nasal: un canadien annonce
not nasal: une canadienne télépho**ne**

Exception: ennuyeux *(nasal)*

Confirmez

CD 1-28

Underline the nasal vowels in the following expressions.

1. un appartement intéressant
2. une salle à manger française
3. un salon marocain
4. une famille marocaine
5. un politicien ennuyeux à la télévision
6. la salle de bains des enfants
7. la maison de mon oncle et de ma tante
8. les chambres de mes cousins et de mes cousines

Now practice saying each expression aloud, then listen to the expressions on the audio track to verify your pronunciation.

Stratégie de communication

Telephone courtesy

Observez et déduisez

Certain expressions are routinely used to make phone calls. Study the following dialogues and find the words or expressions used in French to answer the phone, identify oneself, politely request to speak with someone or to leave a message.

Au téléphone (1)

— Allô?
— Allô, bonjour, madame. Je voudrais parler à Madame Cacharel, s'il vous plaît.
— Qui est à l'appareil?
— Sylvie Dupont. Je téléphone au sujet de l'annonce.
— Un moment, s'il vous plaît. Ne quittez pas.

Au téléphone (2)

— Allô?
— Allô, bonjour, madame. Ici Sylvie Dupont. Je téléphone au sujet de l'appartement. Est-ce que je pourrais parler à Monsieur Picard, s'il vous plaît?
— Je suis désolée. Monsieur Picard n'est pas là *(isn't in)*. Est-ce que vous pouvez téléphoner plus tard *(later)*?
— Oui, ou bien... Est-ce que je pourrais laisser un message?
— Bien sûr!

Confirmez

Des expressions utiles pour parler au téléphone

pour commencer	
Allô?	Allô, bonjour...
pour demander qui c'est	**pour s'identifier**
Qui est à l'appareil, s'il vous plaît? C'est de la part de qui?	Ici Sylvie Dupont. C'est Sylvie Dupont. De Sylvie Dupont.
pour demander quelqu'un	**pour répondre**
Je voudrais parler à... Est-ce que je pourrais parler à...	Un moment, s'il vous plaît. Ne quittez pas. Je suis désolé(e). Il n'est pas là. Est-ce que vous pouvez téléphoner plus tard?
pour expliquer pourquoi vous téléphonez	
Je téléphone au sujet de...	
pour laisser un message	
Est-ce que je pourrais laisser *(leave)* un message, s'il vous plaît?	

Although **allô** is the equivalent of *hello*, it is used only when answering the phone, not when greeting people in person. The expressions **je voudrais** *(I would like)* and **est-ce que je pourrais** *(could I)* are the most common ways to make a polite request. Both are generally followed by infinitives.

Est-ce que je pourrais *parler à Monsieur Picard?*
Je voudrais *laisser un message.*

Notes culturelles

Les télécommunications*. Pour téléphoner d'une cabine téléphonique en France, il faut acheter une télécarte à la poste ou dans un bureau de tabac (où on achète des magazines et des cigarettes). À la maison, les Français utilisent des répondeurs ou des messageries et des téléphones sans fil *(cordless)*, mais les téléphones portables sont omniprésents. Huit Français sur dix ont un portable; parmi les jeunes, c'est 9 sur 10 (99%) qui utilisent leur portable pour des textos (messages écrits, SMS), des photos et des jeux vidéo. Ceux qui ont un Smartphone (téléphone intelligent, intelliphone, BlackBerry®, iPhone®) peuvent surfer sur Internet et envoyer des mails (emails, courriels) aussi.

Les appareils électroniques. Selon un sondage récent, 96% des jeunes Français ont accès à un ordinateur connecté à Internet à la maison, 85% à un appareil photo numérique *(digital)* et 83% à une console de jeu. 80% ont leur propre *(own)* lecteur MP3 ou iPod® et 73% leur propre portable. À votre avis, est-ce que les réponses à un sondage des Américains et des Canadiens seraient pareilles *(the same)*? Quels appareils électroniques avez-vous? Faites un sondage parmi vos camarades de classe et comparez les résultats.

Elaine Phillips

*Due to rapid advances in technology, some new terms have not been definitively established in French, and the English equivalent is often used by French-speakers. Several terms you might hear are presented in the **Note culturelle.** Your book uses **mail** for *email*, **texto** for *text message*, and **portable** for *cell phone.*

Bloguez!

Regardez la vidéo pour découvrir comment Camille préfère communiquer avec ses copains, puis expliquez comment vous préférez communiquer avec vos copains à vous. Est-ce que vous employez les mêmes *(same)* modes de communication que Camille? Lesquels? Ajoutez un lien *(Add a link)* vers votre page Facebook si vous en avez une.

Vocabulaire actif

un répondeur
une télécarte
un téléphone
un portable

Activités

A **Dialogues.** Complétez le dialogue en choisissant parmi les expressions de la liste **Pour parler au téléphone,** à la page 89.

— Allô?
— ____________. Je voudrais ________________.
— C'est de la part de qui?
— ________________. Je téléphone ________________.
— Un moment, s'il vous plaît. ________________.

Maintenant, inventez un dialogue original avec un(e) partenaire. À qui est-ce que vous téléphonez? (À votre colocataire? À votre professeur? À Madame Cacharel?) Au sujet de quoi téléphonez-vous? (D'un studio à louer? De votre classe de français? D'une fête?) Imaginez la situation.

B **Je voudrais...** Indiquez vos préférences en matière de logement. Écrivez huit phrases avec les mots et les expressions des colonnes ci-dessous.

➡ *Je voudrais... / Je ne voudrais pas...*

avoir	une maison	avec une petite (grande) cuisine
louer	un appartement	au centre-ville
habiter	un studio	avec une entrée indépendante
	une chambre	meublé(e) / non meublé(e)
		dans une résidence universitaire
		avec un(e) camarade de chambre
		avec des colocataires sympathiques
		?

Vocabulaire Les meubles et les objets personnels

Observez et déduisez

Voici l'appartement de Marie. Dans sa chambre, il y a un lit, une commode et un ordinateur.

Dans le salon, il y a un canapé, un fauteuil, un lecteur de CD et un lecteur MP3.

Quels autres objets est-ce qu'il y a dans son appartement? Trouvez au moins cinq autres choses dans la chambre et trouvez cinq autres choses dans le salon.

Activités

C **Chambres d'étudiants.** Trouvez les chambres ci-dessous qui correspondent aux cinq descriptions suivantes. Quelle description ne correspond pas à une image? Quels sont les objets qui sont communs à toutes *(all)* les chambres?

_____ Dans la chambre d'Anne, il y a un lit, des rideaux, un poster, une lampe, une chaise, un lecteur de CD et une radio.

_____ Dans la chambre de Babette, il y a un lit, un placard, une commode, un tapis, un fauteuil, un téléphone portable et des étagères.

_____ Dans la chambre de Robert, il y a un lit, un ordinateur portable, une table, un tapis et un lecteur de CD.

_____ Dans la chambre de Georges, il y a un lit, des rideaux, un poster, une lampe, une chaise, un ordinateur et un lecteur MP3

_____ Dans la chambre de Paul, il y a un lit, un placard, une lampe, un fauteuil, un poster, une console vidéo et une radio.

1.

2.

3.

4.

D **Dans ma chambre.** Préparez une liste des objets personnels que vous avez dans votre chambre ou appartement. Ensuite, interviewez trois camarades de classe et comparez vos possessions.

➡ — *J'ai un ordinateur portable dans ma chambre.*
— *Moi, je n'ai pas d'ordinateur, mais j'ai un lecteur MP3.*

Maintenant, notez des objets personnels que vous n'avez pas mais que vous voudriez avoir, puis comparez vos réponses avec la classe. Quels objets l'étudiant typique a-t-il? Qu'est-ce qu'il voudrait avoir? Êtes-vous «typique»?

➡ *L'étudiant typique de la classe a un(e)...*
Il voudrait avoir...

E **Un logement à louer.** Vous avez un logement à louer. (1) Écrivez une petite annonce pour ce logement «idéal». (Regardez les exemples à la page 86.) (2) Décrivez le logement à vos camarades de classe. (Quels sont les avantages? Combien de pièces est-ce qu'il y a? Quels meubles est-ce qu'il y a?, etc.) (3) Écoutez les descriptions de vos camarades de classe. Quel logement préférez-vous? Pourquoi?

➡ *Je préfère le logement de Matt. Il y a trois chambres; c'est idéal pour trois personnes.*

Structure Asking information questions

Grammar Podcasts, Grammar Tutorials

Les adverbes interrogatifs

Observez et déduisez

— Pourquoi est-ce que tu regardes les petites annonces?
— Ben, je cherche un nouvel appartement.
— C'est vrai? Où est-ce que tu voudrais habiter?
— Dans un quartier animé.
— Moi aussi! Et combien de pièces est-ce que tu voudrais avoir?
— Deux pièces, salon et chambre, avec cuisine et salle de bains.
— Alors quand est-ce que tu penses déménager (*move*)?
— Très bientôt!

Vocabulaire actif

animé(e)
Comment... ?
... confortable
déménager
Où... ?
un quartier
Pourquoi... ?
... parce que...
Quand... ?
... aujourd'hui
... demain
... plus tard
visiter

- What are the questions words used in the preceding dialogue? Which word refers to
an amount? A place? A time? A reason?

Confirmez

1. Information questions with interrogative adverbs like **où, quand, combien de..., comment,** and **pourquoi** usually follow this pattern:

   interrogative word + est-ce que + subject + verb
   Où est-ce que tu habites?
   Quand est-ce que tu déménages?
   Combien de chambres est-ce que tu as?

2. These adverbs can also be used with inversion.

   interrogative word + verb + subject pronoun
   Combien de CD as-tu?
   Pourquoi déménages-tu?

3. **Où** and **comment** can be followed directly by **être** + a noun subject.

   Où est ton appartement? **Comment** est ton colocataire?

4. To answer a question with **pourquoi,** you will often begin with **parce que** or **pour.**

   — **Pourquoi** est-ce que tu n'as pas de DVD?
   — **Parce que** je n'ai pas de lecteur de DVD!

   — **Pourquoi** est-ce que tu regardes les petites annonces?
   — **Pour** trouver un studio au centre-ville.

5. To answer a question with **quand,** the following adverbs are useful: **aujourd'hui** (*today*), **demain** (*tomorrow*), **maintenant, plus tard.**

   — **Quand** est-ce que je pourrais visiter l'appartement?
   — **Maintenant...** ou **plus tard** si vous préférez.

Activités

CD 1-29

F **Je cherche un appartement.** Voici des questions que vous posez au sujet d'une petite annonce. Écoutez les réponses et choisissez la bonne question.

➡ (1. Oui, il y a des lits, des tables, un canapé, des rideaux, etc.)

__1__ L'appartement est meublé?
_____ Combien de pièces est-ce qu'il y a?
_____ Où est l'appartement?
_____ Quand est-ce que je pourrais voir l'appartement?
_____ Est-ce que l'appartement est loué?
_____ Comment est l'appartement?

G **Curiosité.** D'abord complétez les questions suivantes en employant les mots interrogatifs: **comment, où, quand, pourquoi, combien de.** Ensuite, reliez les questions et les réponses d'une façon logique.

_____ 1. _________ est-ce que tu habites maintenant?
_____ 2. _________ est-ce que tu cherches un appartement?
_____ 3. _________ colocataires as-tu?
_____ 4. _________ est-il?
_____ 5. Et _________ est l'appartement idéal?
_____ 6. _________ chambres est-ce que tu voudrais avoir?
_____ 7. _________ est-ce que tu préfères habiter?
_____ 8. _________ est-ce que tu pourrais aller voir l'appartement?
_____ 9. Et _________ est-ce que tu voudrais déménager?

a. Plus tard aujourd'hui. Ou demain, peut-être.
b. Dans un quartier animé avec beaucoup de restaurants.
c. C'est un coloc idéal: généreux et patient!
d. J'ai *un* colocataire pour le moment.
e. C'est parce que mon studio est trop petit.
f. Je voudrais deux grandes chambres.
g. Dans un tout petit studio loin du *(far from)* centre-ville.
h. Une fois que je trouve l'appartement idéal qui n'est pas trop cher!
i. Meublé. Pas trop cher!

David Young-Wolff/PhotoEdit

H **Curiosité.** Est-ce qu'une chambre reflète la vie de la personne qui y habite? Posez des questions au sujet de la personne qui habite la chambre sur la photo.

➡ *Où est-ce qu'elle travaille (étudie)? Comment... Qui... Qu'est-ce que...*

Jeu de rôle

You've rented a room near the university, and you're discussing your ideas with the landlord. Tell him things you'd like to do and ask if you are allowed to do other things **(Je voudrais..., Est-ce que je pourrais... ?).** The landlord is very curious (or nosy!) and asks many questions (**Où... ? Quand... ? Qui... ?,** etc.).

Lecture Ma maison, mon paradis

Pensez

1 Est-ce que votre maison est votre paradis? Votre logement actuel n'est peut-être pas paradisiaque, mais pensez à votre future maison. Quels sont les éléments nécessaires pour transformer votre maison en paradis? Cochez (✓) ce qui vous semble approprié et ajoutez d'autres éléments.

_____ un espace fermé *(closed)*, réservé à la famille
_____ un espace ouvert *(open)* aux copains et aux voisins *(neighbors)*
_____ un lieu *(place)* où la décoration reflète ma personnalité
_____ un appartement au centre-ville
_____ une maison dans la banlieue (une petite ville dans la périphérie d'une grande ville)
_____ une maison à la campagne (dans une zone rurale)
_____ une maison avec un jardin *(garden)* ou une terrasse
_____ une priorité dans mon budget
_____ une priorité dans mon temps *(time)*
_____ ?

Observez et déduisez: en général

Ce texte contient beaucoup de mots inconnus, mais ne vous inquiétez pas *(don't worry)*! Il n'est pas nécessaire de tout comprendre. Faites les activités pour comprendre ce qui est important.

2 **Les idées principales**

Le texte: Ma maison, mon paradis.
Quelle est l'idée principale de ce texte? Cochez la réponse correcte.

_____ a. l'évolution de la perspective des Français sur leur maison
_____ b. une description de la maison parfaite
_____ c. une comparaison entre les maisons et les appartements

Le tableau: Comment les Français s'investissent dans leur maison
Les pourcentages et les chiffres (les nombres)...

a. donnent des informations variées concernant les Français et leur maison.
b. comparent le budget-maison des Français et des autres Européens.
c. concernent exclusivement l'investissement financier impliqué dans une maison.

Ma maison, mon paradis

En 2009, une maison, un appartement ne peuvent plus se contenter d'offrir le gîte et le couvert°. Les Français en veulent plus, bien plus. On veut, dans un même espace, pouvoir travailler, faire de la gym, recevoir les copains des enfants pour un anniversaire, se dorloter° comme dans un spa ou cuisiner comme un chef.

food and shelter / *pamper oneself*

Nos maisons reflètent notre époque. Jusque dans les années 70, le domicile est un lieu fermé, réservé à la famille : les visiteurs sont accueillis dans des pièces «de réception», et montrer sa chambre est très indécent. Aujourd'hui, les portes sont grandes ouvertes : on reçoit dans la cuisine, on fait visiter sa chambre, mais on se réserve toujours des espaces privés pour se ressourcer°. À l'image de la famille, la maison se «recompose» en permanence.

to recharge one's batteries

Les Français placent désormais la maison parmi leurs priorités, à égalité avec leur santé° ou la réussite° de leurs enfants. Quand on demande aux Français sur quoi ils pensent investir dès que la situation économique s'améliore, ils placent leur intérieur en tête, devant les voyages ou une nouvelle voiture°. Plus que jamais, l'adage «montre-moi ta maison, je te dirai qui tu es» se vérifie.

health / le succès / *automobile*

Comment les Français s'investissent dans leur maison

80%
estiment, dans un sondage* : «Ma maison est un havre de paix pour moi et mes proches»

71% affirment : «Décorer ma maison est une façon d'exprimer ma personnalité»

81% des 35-49 ans déclarent que la déco est le pivot du bienêtre à la maison.

17h50 : c'est le temps que nous passons en moyenne chez nous chaque jour, ce qui nous place au-dessus de la moyenne européenne.

3 Français sur 4 déclarent disposer d'un jardin ou d'une terrasse.

63%
aiment passer de plus en plus de temps chez eux

42% des Français disent que le logement est avant tout «un lieu ouvert où toute la famille, les amis, les gens du quartier sont toujours les bienvenus». Ils ne sont que 14% à estimer que c'est avant tout «un lieu qui met à l'abri des agressions extérieures».

59% des Français, interrogés sur leur poste de dépense principale, citent l'aménagement de la maison, sa décoration et le gros œuvre. Devant les vacances, les loisirs, la voiture.

43% des consommateurs comptent profiter de leurs congés d'été pour s'occuper de leur maison.

26,7% des Français envisagent de faire des travaux dans leur maison et 22,6% de réaménager leur intérieur.

91 m^2 : c'est la surface moyenne des logements français. Elle était de 77 m^2 il y a trente ans.

56% des Français sont propriétaires de leur logement, soit 14 millions de ménages. C'est beaucoup moins qu'en Espagne (85%) ou en Grande-Bretagne (74%).

47%
des locataires voudraient accéder à la propriété

31% du budget des Français est consacré à la maison (logement, éclairage, chauffage, équipement).

1 228 euros : c'est la somme que nous dépensons en moyenne par an en meubles et objets de décoration.

N° 1 : le salon. C'est la pièce préférée des Français, devant le jardin, puis la cuisine. A rapprocher de cette tendance, notée par Etienne Cochet, directeur, du Salon Maison et Objet : «Les dernières années ont entériné la disparition d'une pièce qui était essentielle dans la maison de nos parents : la salle à manger.»

*Source: Adapted from Francoscopie.

91 m^2 = 980 square feet; 77 m^2 = 830 square feet.

Source: Adapted from *Ça m'intéresse*

Vocabulaire actif
- la banlieue
- la campagne
- de plus en plus
- les gens
- un immeuble
- un jardin
- montrer
- ouvert / fermé
- recevoir (infinitif + on reçoit)
- un(e) voisin(e)
- vouloir (infinitif + on veut)

Déduisez et confirmez: en détail

3 Les mots. En utilisant le contexte et la logique, déduisez le sens des mots ou des expressions **en caractères gras**. Est-ce **a** ou **b**?

Le texte: Ma maison, mon paradis

1. Les français **veulent** plus [...] On **veut,** dans un même espace,...
   a. to want b. to be able to
2. On veut [...] **pouvoir** travailler...
   a. to want b. to be able to
3. **montrer** sa chambre est très indécent
   a. to clean b. to show
4. **recevoir** des copains / on **reçoit** dans la cuisine
   a. to receive b. to see

5. dès que la situation économique **s'améliore,** ils placent leur intérieur **en tête**
   a. to deteriorate / in their head   b. to improve / ahead (at the top)

Le tableau: Comment les Français s'investissent dans leur maison

1. Ma maison est **un havre de paix** pour moi et **mes proches.**
   a. haven of peace / my loved ones   b. a meeting place / my colleagues
2. La déco (décoration) est le pivot (facteur essentiel) du **bien-être.**
   a. well-being   b. welcome
3. le temps que nous passons **en moyenne / la moyenne** européenne
   a. minimum   b. average
4. [ils] aiment passer **de plus en plus** de temps chez eux (à la maison)
   a. more and more   b. less and less
5. **les gens du quartier** sont toujours **les bienvenus**
   a. people in the neighborhood / welcome   b. strangers / tolerated

4 Les textes

Ma maison, mon paradis

Qu'est-ce que les Français veulent? Cochez les réponses correctes selon le texte.

La maison française traditionnelle (1979)	____ un espace ouvert aux gens du quartier ____ un espace fermé, réservé à la famille ____ des pièces séparées pour recevoir les visiteurs ____ on montre facilement la cuisine et les chambres
La maison d'aujourd'hui	____ un espace pour toutes les activités (travailler, jouer, faire de la gym, cuisiner comme un chef, etc.) ____ un espace ouvert aux copains et aux voisins (des portes grandes ouvertes) ____ un espace qui ne change pas ____ montrer sa chambre est indécent ____ une priorité, comme la santé *(health)* et la réussite / le succès des enfants

Le tableau: Comment les Français s'investissent dans leur maison

1. **Les pourcentages.** Répondez selon le modèle.

   Quel est le pourcentage des Français qui pensent que la maison est un refuge pour la famille et les amis?

   ➡ *80% («un havre de paix pour moi et mes proches»)*

   Quel est le pourcentage des Français…

   a. qui pensent que la maison est un espace ouvert à la famille, aux amis et aux voisins?
   b. qui aiment passer plus de temps à la maison?
   c. qui pensent que la décoration détermine le bien-être dans la maison?
   d. qui disent que la maison représente l'investissement financier principal?
   e. qui veulent utiliser leurs congés / vacances *(vacation)* pour améliorer leur maison?
   f. qui sont propriétaires de leur logement?
   g. qui veulent devenir *(become)* propriétaires?
   h. qui ont un jardin ou une terrasse?

2. **Répondez!**

   a. Quelles sont les 3 «pièces» préférées des Français d'aujourd'hui?
   b. Quelle est la pièce qui disparaît *(disappears)* dans les maisons françaises?

Explorez

1. Est-ce qu'il y a une différence entre la maison américaine traditionnelle et la maison américaine d'aujourd'hui? En utilisant le vocabulaire des questions à la page précédente, faites une comparaison.
2. Les Français «placent la maison parmi leurs priorités, à égalité avec leur santé ou la réussite de leurs enfants [...] devant l'alimentation (manger)». Et vous, dans quel ordre mettez-vous ces priorités: la maison, la santé, la réussite, l'alimentation (manger)?
3. Beaucoup de Français pensent que la décoration est très importante: c'est «une façon d'exprimer sa personnalité» et c'est «le pivot du bien-être». Êtes-vous d'accord? Comment exprimez-vous votre personnalité dans votre logement?
4. Comparez les pièces préférées des Français et vos pièces préférées. Pourquoi aimez-vous ces pièces?
5. Comment expliquez-vous la disparition de la salle à manger formelle? Qu'est-ce qui remplace cette pièce?
6. Imaginez que vous faites un sondage dans votre pays d'origine. Choisissez 4 catégories (comme «les gens qui pensent que la maison est un havre de paix» ou «1 228 euros par an en meubles et objets de décoration»): Les résultats sont-ils différents? Imaginez! Avec un(e) partenaire, préparez un tableau de 4 pourcentages ou chiffres, puis présentez votre tableau à la classe.
7. Décrivez votre «paradis»: Est-ce une maison ou un appartement? Est-ce au centre-ville, à la campagne, en banlieue? Y a-t-il un jardin? Quelles sont les pièces? Est-ce un espace ouvert ou fermé? Expliquez!

Notes culturelles

Le logement et la ville. Plus de trois Français sur quatre habitent dans une zone urbaine. Les jeunes quittent souvent les villages pour faire leurs études ou chercher du travail dans les villes, mais de plus en plus d'adultes cherchent à déménager à la campagne pour avoir un style de vie plus calme et ne pas avoir à supporter le bruit *(noise)*, la pollution et la délinquance. La hausse des prix de l'immobilier contribue aussi à ce changement. Les Français essayent d'habiter près de leur lieu de travail, mais ils veulent aussi un «éco-logis», c'est-à-dire un logement qui respecte le plus possible l'environnement.

Les banlieues. Beaucoup de banlieues consistent principalement de maisons individuelles avec un petit jardin. D'autres banlieues, surtout dans les grandes agglomérations, incluent des HLM (habitations à loyer modéré), c'est-à-dire des logements sociaux subventionnés *(subsidized)* par le gouvernement, dans de grands immeubles collectifs.

Les résidences secondaires. La France détient le record du monde avec plus de 3 millions de résidences secondaires, c'est-à-dire que 10% des ménages français possèdent une deuxième maison, à la campagne ou au bord de la mer. Certains préfèrent louer leur résidence principale et acheter leur petit paradis secondaire, avec l'espoir d'en faire leur seule résidence un jour.

Chantal Thompson

Des HLM (Habitations à Loyer Modéré)

Et chez vous? Quelles sont les tendances actuelles: on déménage vers les villes ou, au contraire, on quitte les villes pour habiter à la campagne? Comment sont les banlieues des grandes villes?

Bloguez! iLrn

Expliquez pourquoi vous préférez la ville, la banlieue ou la campagne. Téléchargez des photos du quartier où vous habitez.

Structures Describing people and things

Grammar Podcasts, Grammar Tutorials

La place des adjectifs • Quelques adjectifs irréguliers

bobphillipsimages.com

Observez et déduisez

Nous sommes propriétaires d'une belle maison à la campagne. Notre maison, c'est notre petit paradis. C'est un endroit calme et agréable, pas trop loin d'une grande ville touristique. Pour nous, c'est un logement idéal.

- You were introduced to the notion of adjective agreement in **Chapitre 2.** Here you encounter more adjectives and learn about their placement in a sentence. First, find several noun-adjective combinations in the preceding paragraph, e.g., **un logement idéal.** Based on the examples that you find, what can you infer about the placement of adjectives in relationship to the nouns they modify? You have already seen that some adjectives are irregular, for example, **fou/folle.** Based on what you know about adjective agreement, can you complete the chart of irregular adjectives below?

Masculin singulier	Masculin pluriel	Féminin singulier	Féminin pluriel
beau	beaux	belle	belles
nouveau			
	bons	bonne	
vieux			vieilles

Confirmez

1. In general, adjectives follow the nouns they modify.

   un endroit agréable — des rideaux rouges

2. However, a few adjectives *precede* the nouns they modify.

beau *(good-looking; lovely)*	un beau quartier
joli *(pretty)*	une jolie maison
jeune *(young)*	un jeune voisin
vieux *(old)*	un vieux propriétaire
nouveau *(new)*	un nouveau studio
mauvais *(bad)*	une mauvaise banlieue
bon *(good)*	un bon prix *(price)*
petit	un petit appartement
grand	un grand immeuble
autre *(other)*	un autre logement

3. In careful speech, the indefinite article **des** becomes **de** before a plural adjective *preceding* a noun.

   des maisons **confortables** BUT **de** (or **des**) **belles** maisons

   This change is mandatory with **autres.**

   d'autres maisons

4. The same noun can be preceded *and* followed by adjectives.

   une **petite** maison **blanche*** — un **vieux** tapis **jaune**

Vocabulaire actif

agréable
autre
beau (belle)
blanc (blanche)
bon(ne)
un endroit
jaune
jeune
joli(e)
mauvais(e)
nouveau (nouvelle)
un prix
rouge
vieux (vieille)

* **Blanc** is the masculine form: **un tapis blanc.**

5. In addition to the patterns you identified earlier, three adjectives have special forms for the masculine singular. These forms are used before words beginning with a vowel or a silent **h:**

   un **bel** immeuble un **vieil** hôtel un **nouvel** appartement

   The plural form of these adjectives is regular.

   de **beaux** appartements les **vieux** hôtels de **nouveaux** immeubles

Activités

I **Une description.** Regardez la forme des adjectifs suivants et choisissez le mot auquel ils se réfèrent.

1. nouvel: la maison *ou* l'appartement?
2. mauvais: le quartier *ou* la salle de bains?
3. grands et vieux: les chambres *ou* les fauteuils?
4. petite mais agréable: le salon *ou* la cuisine?
5. jolies: les pièces *ou* les endroits?
6. jeune et beau: la voisine *ou* le propriétaire?
7. nouveaux: propriétaire *ou* colocataires?
8. vieil: étagère *ou* ordinateur?

J **Des préférences différentes.** Complétez les phrases avec les adjectifs suivants. Attention à l'accord et au placement!

calme	vieux	nouvel	vieilles
sympathique	grande	confortable	intéressante
petite	beaux	jeune	joli
chinois	agréables	agréable	

1. Moi, je préfère les ______________ maisons ______________.
2. J'habite une ______________ banlieue ______________ au Québec.
3. Je préfère un endroit ______________ et ______________.
4. Ma copine, par contre, a un ______________ appartement dans une ______________ ville.
5. Dans l'appartement, elle a de ______________ meubles et un ______________ tapis ______________.
6. Elle a un ______________ propriétaire ______________ aussi.

K **Comparaisons.** Prenez une feuille de papier et notez les adjectifs qui décrivent votre logement—ou ajoutez-en un autre si vous préférez.

1. ma maison: blanche, vieille, idéale, belle, ?
2. mon fauteuil: bleu, bon, vieux, confortable, ?
3. mon salon: meublé, typique, agréable, grand, ?
4. ma chambre: petite, bonne, belle, intéressante, ?
5. mes voisins: jeunes, patients, beaux, optimistes, ?

Maintenant, interviewez un(e) camarade de classe et répondez à ses questions en notant les adjectifs qui décrivent son logement.

➡ — *Comment est ta maison?*
— *Elle est belle. C'est une maison idéale.*

Finalement, écrivez deux ou trois phrases où vous comparez vos logements.

➡ *J'ai une vieille maison blanche, mais Jason a... Sa maison est plutôt grande alors que ma maison est...*

L **Où habite la famille Arnaud?** Aidez les Arnaud à décrire leur domicile en employant la bonne forme des adjectifs indiqués—*s'ils sont logiques!*

➡ *C'est une jolie maison / une maison agréable. Il y a des jeunes voisins / des voisins agréables.*

Comment est...

1. la maison? (beau, vieux, intéressant, idéaliste)
2. le quartier? (idéal, jaune, grand, calme)
3. l'hôtel? (agréable, beau, petit, typique)

Comment sont...

4. les appartements? (nouveau, petit, sociable, confortable)
5. les voisins? (vieux, meublé, intéressant, bon)

M **Imaginons.** Décrivez un logement idéal pour les personnes suivantes, selon leur personnalité.

les gens qui aiment le calme	votre professeur
Picasso	le président des États-Unis

Vocabulaire Les nombres

Observez et déduisez

Combien coûtent *(cost)* ces logements?

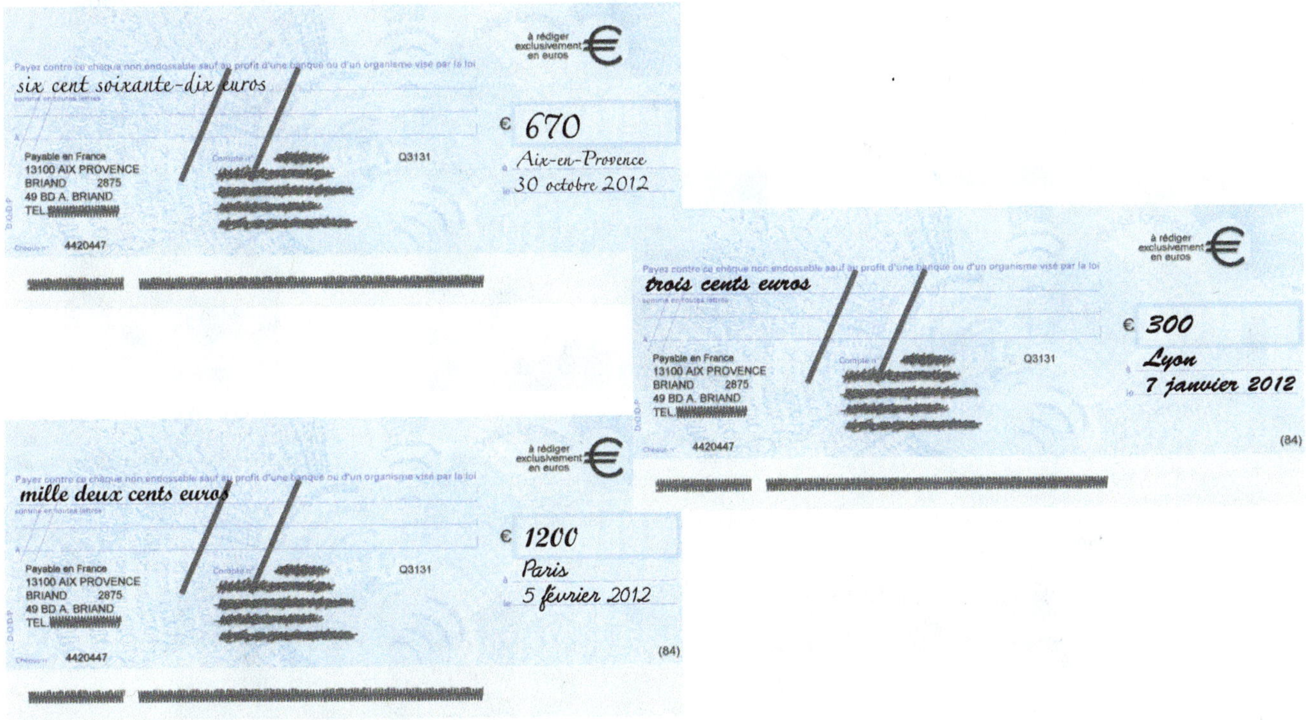

Other than when writing checks, one seldom writes out large numbers. Still, there are certain writing conventions that you should notice. Study the checks above, then formulate a rule for forming the plural of **vingt** and **cent.**

Notice that a space or a period may be used to separate groups of thousands: **1 000** *or* **1.000.**

Numbers above 100 follow a simple pattern.

100	cent	200	deux cents
101	cent un	301	trois cent un
102	cent deux	402	quatre cent deux
1 000*	mille	1 500	mille cinq cents
1 001	mille un	1 515	mille cinq cent quinze
2 000*	deux mille	3 625	trois mille six cent vingt-cinq
10 000	dix mille	100 000	cent mille
1 000 000	un million	1 000 000 000	un milliard

*Notez que mille est invariable (jamais d's), mais million et milliard prennent un s: deux millions, 3 milliards.

Activités

CD 1-30

N **Quel logement?** Écoutez et identifiez les villas ci-dessous selon le prix. Numérotez-les dans l'ordre que vous entendez.

________ villa en Auvergne

________ ferme en Midi-Pyrénées

________ maison dans le Poitou

________ maison en Normandie

________ maison en Savoie

CHÂTEAU DANS LE NORD
D'une superficie de 1500m^2 composé de 52 pièces,
Construit sur un terrain de 9717 m^2, arboré avec un plan d'eau.
Prévoir gros travaux au 2ème étage ainsi que sur la toiture.
Tél: 03-20-74-07-63
780 000 €

VILLA DANS L'EST
VILLA DE 300 M^2
Villa de 300 m^2, salon salle à manger 60 m^2,
5 chambres, salle d'eau, w.c., petit salon, grenier, salle de musculation, garage, w.c., douche, chauffage central.
Parc clos et arboré 4200m^2,
piscine 10 x 5m. *Tél: 03-29-25-47-86*
1 200 000 €

MAISON EN SAVOIE
MAISON DE STANDING 250 M^2
Sur 750 m^2 de terrain plat, clos et arboré
Sur 2 niveaux. Cheminée, cuisine équipée.
Terrasse 100m^2. Chauffage central.
Vue exceptionnelle. Proche toutes commodités.
Calme et tranquillité assurés. *Tél: 06-79-38-14-02*
485 000 €

MAISON EN MIDI-PYRÉNÉES
PROPRIÉTÉ EXPLOITÉE
EN GÎTES DE 560 M^2
Dans région touristique Exploitation de 4 gîtes sur 560 m^2 habitables, 320 m^2 supplémentaires Plan d'eau à proximité (pêche, canoë, baignade surveillée).
Sur 1200 m^2 environ de terrain. *Tél: 05-61-11-87-94*
703 000 €

VILLA EN AUVERGNE
VILLA DE 305 M^2 HABITABLES
Sur 1913 m^2 de terrain plat clos et arboré,
Comprenant: 3 chambres, grand salon séjour de 42 M^2, cuisine équipée. Terrasse couverte de 15 M^2. Environnement calme, nature, avec vue sur montagnes. *Tél: 04-73-36-52-45*
168 000 €

MAISON DANS LE POITOU
GRANDE MAISON DE 160 M^2 HABITABLES
Sur 800 m^2 de terrain. Salon salle à manger avec cheminée, cuisine américaine equipée, w/c douche, 3 chambres avec placard, bureau avec placard, 2 salles d'eau avec douche et baignoire.
Un wc à l'étage, garage, cave. *Tél: 06-46-16-98-63*
545 000 €

MAISON DANS LA DRÔME
MAISON DE 145 M^2 HABITABLES
avec piscine, sous-sol : studio loué 360 € par mois, garage, buanderie et cave. Étage : hall, cuisine équipée, salle à manger, 2 chambres, salle de bains. *Tél: 06-75-19-84-27*
310 000 €

CHAUMIÈRE EN NORMANDIE
BELLE CHAUMIÈRE AUTHENTIQUE FIN 19ÈME
Sur 2000 m^2 de terrain arboré. Entrée, cuisine équipée et aménagée, petit cellier, salle à manger, séjour avec cheminée d'époque, salle de bains, 3 chambres, garage, grenier et cave, petite terrasse.
Excellent état. Au calme. Dans un site champêtre. *Tél: 02-33-51-64-08*
293 500 €

Stockxpert

O **On déménage?** Vous abandonnez votre ville pour habiter à la campagne. (1) Choisissez le logement que vous préférez parmi les petites annonces à la page précédente. (2) Dites à votre partenaire combien coûte le logement en euros et quel est le numéro de téléphone. (3) Votre partenaire écrit les nombres et identifie votre choix.

➡ — *Ça coûte... Je téléphone au numéro...*
— *Ah bon. C'est le logement (en Savoie, etc.)...*

Maintenant, changez de rôles et répétez.

P **Les prix.** Vous voudriez des meubles pour votre nouvelle maison à la campagne. Regardez les objets du catalogue ci-dessous. Combien coûtent les objets que vous voudriez acheter? En tout *(For everything)*, ça coûte combien?

➡ *Je voudrais avoir* ______________ *et* ______________. ______________ *coûte* ______________ *euros et* ______________ *coûte* ______________ *euros. En tout, ça coûte* ______________ *euros.*

Q **Une maison de vacances.** D'abord imaginez que vous habitez à Paris et que vous voudriez passer vos vacances «en province». (1) Trouvez les villes mentionnées ci-dessous sur la carte de France, (2) puis calculez les distances entre ces villes et Paris en employant le tableau suivant.

➡ *Montpellier est à 766 kilomètres de Paris.*

Dijon								
293	**Grenoble**							
578	668	**La Rochelle**						
249	317	839	**Marseille**					
493	302	683	156	**Montpellier**				
661	336	992	190	309	**Nice**			
310	566	468	771	766	934	**Paris**		
450	711	467	910	905	1073	139	**Rouen**	
312	507	875	756	741	909	455	576	**Strasbourg**

Maintenant, décidez dans quelle ville vous voudriez passer vos vacances et cherchez des camarades de classe qui désirent passer leurs vacances dans la même ville.

Jeu de rôle

You are an interior decorator helping your client (your partner) with a new home. Ask questions to understand his or her needs (family, pastimes), personality, and color preferences. Your client is also interested in the cost! Offer decorating suggestions until your client is satisfied.

John Ferro Sims / Alamy

La vie privée, c'est sacré!

Observez et déduisez

Regardez cette maison typiquement française avec ses volets[1] aux fenêtres et son mur autour du jardin. Qu'est-ce que cela révèle sur l'attitude traditionnelle des Français vis-à-vis de la vie privée[2]?

Confirmez et explorez

- **Fenêtres, portes et murs.** Pour préserver la vie privée, les fenêtres des maisons et des appartements en France sont généralement garnies de volets que l'on ferme le soir. Un Français qui se trouve dans une maison sans volets le soir a l'impression d'être comme un poisson[3] dans un aquarium, exposé au public, sans protection! À l'intérieur de la maison, comme vous l'avez lu dans le texte *Ma maison, mon paradis*, les attitudes commencent à changer et la tendance est aux portes «grandes ouvertes», mais certaines portes restent fermées, surtout[4] la porte du «petit coin» (les W.C.) qui n'est jamais en position ouverte, même[5] pour indiquer que ce n'est pas occupé. À l'extérieur de la maison, des murs entourent la propriété, marquant une séparation bien distincte avec les voisins et la rue. Quelle est votre conception de l'espace privé: Est-ce qu'il y a des volets aux fenêtres des maisons et des murs autour des jardins là où vous habitez? Est-ce que vous fermez généralement vos rideaux le soir? Est-ce que vous fermez régulièrement la porte de certaines pièces dans votre maison ou appartement? Lesquelles?
- **Communauté et vie privée au Sénégal.** La vie traditionnelle africaine est une vie communautaire: Les familles élargies[6] habitent ensemble dans des concessions, c'est-à-dire un groupe de cases (des petites maisons) séparées, mais avec des espaces communs pour cuisiner, pour manger, pour faire sa toilette, pour discuter, etc. Si les concessions existent toujours dans les campagnes, les villes reflètent les tendances modernes, avec des immeubles et des maisons individuelles, mais aussi des «keur gou mag», une expression en langue wolof qui veut dire «une grande maison»: Les familles élargies partagent une cour[7], parfois les toilettes, mais le reste est privé, et chaque famille a son autonomie. Cette évolution est-elle une bonne chose, selon vous? Quels sont les avantages et les désavantages de la vie communautaire?

Ariadne Van Zandbergen/Lonely Planet/Getty Images

Des maisons urbaines au Sénégal

Bloguez! iLrn

Pensez à la conception de l'espace privé dans votre culture. Comment est-ce que les habitudes des Français ou des Sénégalais sont semblables ou différentes de chez vous? Donnez un exemple.

1. *shutters* 2. *private life* 3. *fish* 4. *especially* 5. *even* 6. *extended* 7. *courtyard*

Troisième étape

À l'écoute Je cherche la rue...

Pour survivre dans un pays étranger *(a foreign country)*, il est absolument nécessaire de savoir demander et donner des renseignements pour trouver son chemin.

Pensez

1 Imaginez que vous arrivez par le train à Aix-en-Provence. Vous êtes à la gare SNCF (là où arrivent les trains) et vous cherchez un endroit spécifique. D'abord, regardez le plan de la ville, page 107. Que veut dire le mot **rue**? Quelles sont les abréviations pour **boulevard, avenue** et **place**?

2 Quand vous demandez votre chemin, vous dites **Je cherche...** Quelles expressions est-ce que vous anticipez quand on *indique* le chemin? En utilisant le contexte et la logique, identifiez l'expression appropriée pour chaque image.

1.

2.

3.

4.

a. Allez tout droit.
b. Traversez la rue.
c. Tournez à droite dans la rue Louis Pasteur.
d. Tournez à gauche dans la rue Espariat.

Observez et déduisez

CD 1-31

3 Écoutez la conversation une première fois et identifiez sur le plan de la ville les rues ou les lieux mentionnés. Écoutez encore et suivez avec votre doigt *(finger)* le trajet (la route) de la dame. Le point de départ est la gare SNCF. Quel est le point d'arrivée?

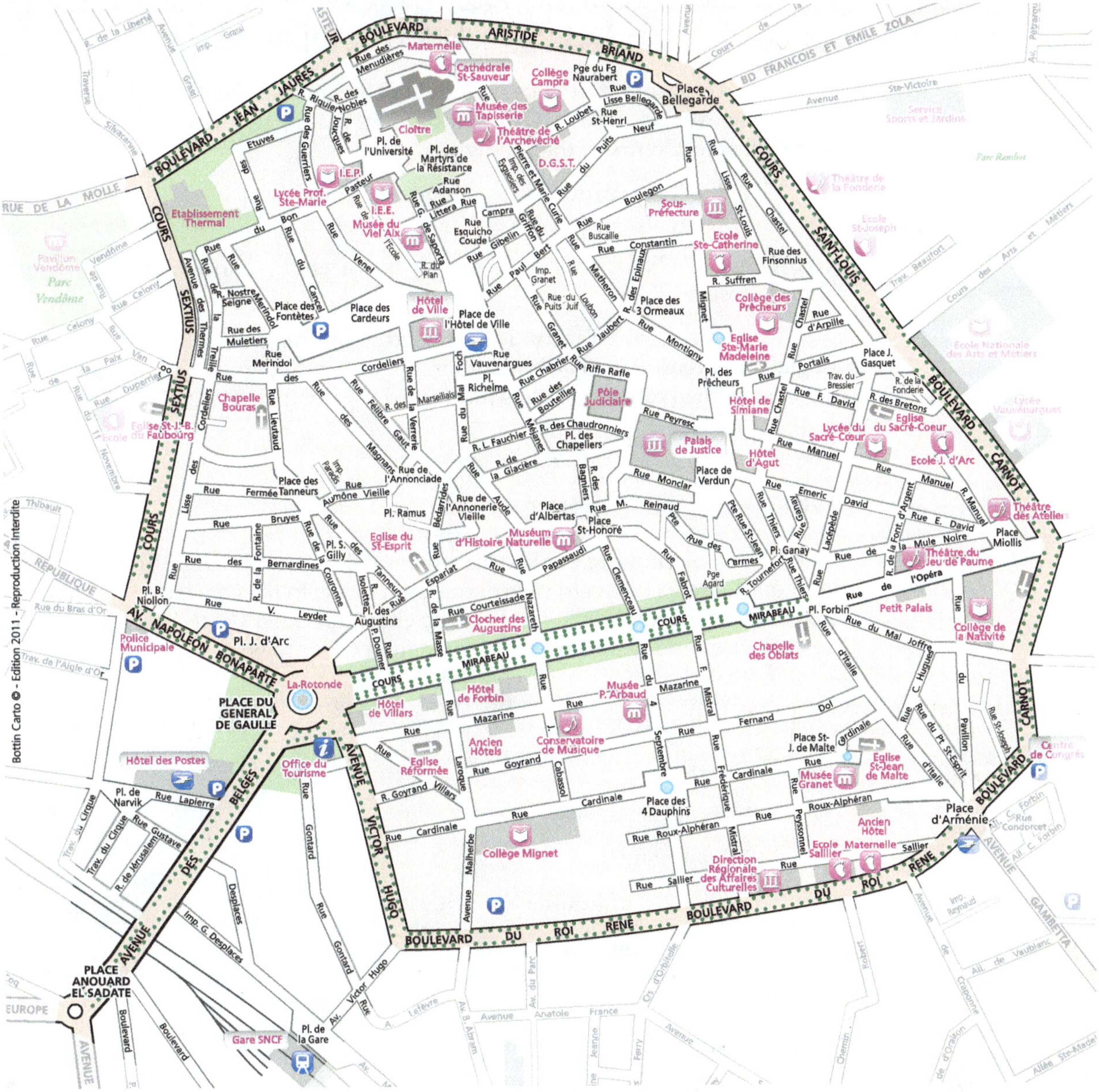

4 Écoutez la conversation une dernière fois en faisant attention aux deux mots suivants. Selon le contexte et le plan de la ville, qu'est-ce que ces mots veulent dire? Choisissez la bonne réponse.

1. devant	a. *to, until*	c. *behind*
2. jusqu'à	b. *from*	d. *in front of*

5 Selon le plan de la ville, est-ce **la troisième** ou **la quatrième** rue que la dame cherche? Pouvez-vous déduire comment former un nombre ordinal? Complétez le tableau suivant. (Les formes irrégulières sont déjà données.)

un →	premier/première	six →	sixième
deux →	deuxième	sept →	septième
trois →	troisième	huit →	huitième
quatre →	quatrième	neuf →	neuvième
cinq →	cinquième	dix →	dixième

Vocabulaire actif

- aller
- chercher
- devant
- les directions
  - à droite
  - à gauche
  - tout droit
  - jusqu'à
- les nombres ordinaux
  - premier, deuxième, etc.
- tourner
- traverser
- la ville
  - une avenue
  - un boulevard
  - la gare
  - une place
  - un plan de la ville
  - une rue

Prononciation Les sons [u] et [y]

[u] is the vowel sound in **vous.** It is spelled **ou,** and unlike its English counterpart, it is never pronounced as a diphthong, that is, two vowel sounds in the same syllable. Compare the following:

English:	new [nuʷ]	*French:*	nous [nu]
	two [tuʷ]		tout [tu]

To pronounce a French [u] correctly, say it as a single sound, with your mouth almost closed.

[y] is the vowel sound in **tu.** It is spelled u and has no equivalent sound in English. To produce it, say [i] with your tongue pressed firmly against your lower front teeth, then round your lips like for [u]. Again, there is no diphthong.

tu sal**ut**

Observez et déduisez

CD 1-32

Listen to the following expressions from **À l'écoute: Je cherche la rue...** on your audio track. Listen to each expression twice. In the chart, write the words that contain the sounds [u] or [y]. The chart has been started for you. If you need to, turn off the audio after each item in order to write your answers.

		[u]	[y]
1.	la rue Clémenceau		
2.	comment vous expliquer		
3.	l'avenue Victor Hugo		
4.	vous allez tout droit jusqu'à La Rotonde	vous, tout	jusqu'à
5.	une grande avenue qui s'appelle le cours Mirabeau		
6.	vous tournez à droite sur le cours Mirabeau		
7.	c'est la troisième ou quatrième rue à gauche		

Confirmez

CD 1-33

1. **Prononcez.** Practice saying the expressions in the **Observez et déduisez** section aloud. Then listen to the expressions on the audio track to verify your pronunciation.
2. **[u] et [y].** For additional practice, say the following pairs of words aloud. Then listen to the words on the audio track to verify your pronunciation.

a. vous / vu
b. tout / tu
c. nous / nu
d. roux / rue
e. rousse / russe
f. cours / cure
g. rouge / mur
h. beaucoup / bureau

Structures Getting around town

Grammar Podcasts, Grammar Tutorials

Le verbe *aller* et les contractions

La Rotonde (la place du Général Gaulle)

Chantal Thompson

Observez et déduisez

— Pardon, monsieur, pourriez-vous me dire où se trouve (où est) le boulevard de la République?

— Euh, voyons, vous allez tout droit dans l'avenue Victor Hugo jusqu'à la place du Général de Gaulle. Tournez à gauche sur la place. Le boulevard de la République est la deuxième rue à gauche.

— Alors, je vais tout droit jusqu'au coin, puis je tourne à gauche sur la place du Général de Gaulle?

— C'est ça!

- Find a polite expression in the dialogue for asking directions. Can you identify two forms of the verb **aller**? The dialogue also shows two forms of **jusque: jusqu'à** and **jusqu'au**. What do you think accounts for the difference in these two forms?

Vocabulaire actif

continuer
dans
une église
un magasin
un musée
un parc
Pardon, monsieur...
la poste
Pourriez-vous me dire... ?
prenez
près de
se trouver
sur

Confirmez

Le verbe *aller*

je vais	nous allons
tu vas	vous allez
il/elle/on va	ils/elles vont

1. The verb **aller** *(to go)* is irregular. You have seen it used to say or ask how someone is doing.

   Comment allez-vous? Ça va bien.

2. Note the following imperative forms for **aller.**

   Nous **allons** à la Rotonde. > **Allons** à la Rotonde!
   Vous **allez** tout droit. > **Allez** tout droit!
   Tu **vas** à la maison? > **Va** à la maison!

3. **Aller** is frequently followed by the preposition **à** to indicate movement toward a place.

   Vous **allez à** la Rotonde et vous tournez à gauche.

   Use the preposition **dans** with **avenue** and **rue.** Use **sur** with **place** and **boulevard.**

   Vous allez **dans** l'avenue des Belges (**dans** la rue d'Italie).
   Vous allez **sur** le boulevard du Roi René (**sur** la place Jeanne d'Arc).

Les contractions

4. The prepositions **à** and **de** contract with **le** and **les** as follows:

   Elles vont **au** musée *(museum)* près **du** théâtre et **du** parc.
   Nous allons **aux** magasins *(shops)* près **des** restaurants.

   There is no contraction with **la** or **l'.**

   Les étudiants sont **à l'**hôtel près **de la** poste.

Les contractions

à + le = **au**	de + le = **du**
à + les = **aux**	de + les = **des**

Activités

R **Vrai ou faux?** Décidez si les phrases suivantes sont vraies ou fausses selon le plan d'Aix, page 107.

1. Le Palais de Justice est sur la place de Verdun.
2. Vous êtes à la Rotonde. Pour aller à la chapelle des Oblats, vous allez dans l'avenue Victor Hugo.
3. Vous êtes au musée Granet. Pour aller à la place des Quatre-Dauphins, vous tournez à droite dans la rue Cardinale.
4. Si vous êtes à la gare, le cours Mirabeau est tout droit devant vous.
5. La Cathédrale St.-Sauveur se trouve sur la place de l'Université.
6. Si vous allez de l'Office de Tourisme à la place Jeanne d'Arc, vous traversez la place de Verdun.
7. Vous êtes à la Rotonde et vous prenez le cours Mirabeau. La rue Fabrot est la quatrième rue à droite.

bobphillipsimages.com
La Cathédrale St.-Sauveur

S **Où va-t-on?** Vous êtes à Aix avec votre professeur et vos camarades de classe. Où allez-vous? Choisissez les endroits appropriés dans la liste ci-dessous.

➡ Je cherche l'Institut d'Études Politiques (IEP).
Je vais sur la place de l'Université.

l'avenue Victor Hugo	la place de l'Hôtel de Ville	la place de l'Université
la rue Espariat	la Rotonde	la place de Verdun
la rue de l'Opéra		la rue Cabassol

1. Le professeur aime beaucoup les sciences naturelles.
2. Deux étudiantes s'intéressent au système judiciaire.
3. Vous cherchez des renseignements touristiques.
4. Une copine et moi, nous aimons bien les édifices religieux.
5. Je voudrais voyager en train.
6. Tu voudrais poster une lettre.
7. Les étudiants voudraient prendre des leçons de musique.
8. Nous aimons les pièces de Molière.

T **Projets.** Aujourd'hui vous faites du tourisme à Aix. Choisissez six endroits que vous voudriez visiter. Ensuite, trouvez un(e) partenaire parmi vos camarades de classe pour aller avec vous à chaque endroit.

➡ — *Tu vas à l'Hôtel de Ville?*
— *Oui, je vais à l'Hôtel de Ville. / — Non, mais je vais au musée Granet. Et toi?*

l'église (f.) de la Madeleine	le Palais de Justice
la chapelle des Oblats	le musée Vieil Aix
l'Hôtel de Ville	le Théâtre du Jeu de Paume
la Rotonde	le muséum d'Histoire naturelle
la gare SNCF	l'Office (m.) de Tourisme
le musée des Tapisseries	le Conservatoire National de Musique

U **Comment y aller?** Complétez les phrases pour expliquer comment aller d'un endroit à l'autre en employant la banque de mots.

bobphillipsimages.com

Le musée Granet

Banque de mots

prenez	à gauche
rue	troisième
tout droit	traversez
premier	cours
allez	à droite
boulevard	dans
jusqu'à	continuez
deuxième	place
tournez	près de
avenue	sur

1. Gare → Clocher des Augustins

   __________ dans l'avenue Victor Hugo __________ boulevard du Roi René. Tournez __________ et allez jusqu'à __________ Malherbe, puis __________ à __________. Continuez __________ dans la rue Laroque, __________ le __________ Mirabeau et le Clocher est à droite __________ la rue de la Masse.

2. Théâtre du Jeu de Paume → Musée Granet

   __________ la __________ de l'Opéra __________ la __________ Forbin, puis tournez à gauche à la __________ rue, la rue d'Italie. __________ jusqu'à la rue Cardinale où vous __________ à droite. Allez __________. Vous allez voir l'église St.-Jean de Malte. Le musée Granet est __________ l'église __________ la place St.-Jean de Malte.

3. Muséum d'Histoire Naturelle → Église de la Madeleine

   D'abord __________ la place Albertas, puis __________ la __________ M. Reinaud jusqu'au bout *(end)*. Tournez à __________ et traversez __________ de Verdun. __________ tout droit et vous allez voir l'église de la Madeleine qui est __________ la place des Prêcheurs.

V **Devinez!** Choisissez un endroit sur le plan d'Aix à la page 107. Indiquez le chemin pour aller à cet endroit à un(e) camarade de classe. Il/Elle va deviner le nom de l'endroit. Commencez à la Rotonde!

Vocabulaire La ville et les prépositions de lieu

Observez et déduisez

Hélène est sur la place Bonaparte devant l'église. Elle cherche le cinéma qui est au coin de la rue Victor Hugo et de la rue Mazarin, à côté du restaurant La Bonne Cuisine. La banque est en face du musée, entre le café et l'hôtel Crécy. Hélène est près de l'école mais loin de l'université. Plus tard, elle va aller au parc derrière la pharmacie.

Based on the clues in the paragraph and the map, first match the prepositions on the left with the terms on the right. Then identify the following buildings **(bâtiments)** on the map: **le supermarché, le bureau de tabac, l'hôpital, le magasin, la poste,** and **la gare.**

_____ 1. entre	a. *in front of*
_____ 2. derrière	b. *beside*
_____ 3. en face de	c. *far from*
_____ 4. loin de	d. *facing*
_____ 5. devant	e. *at the corner of*
_____ 6. près de	f. *behind*
_____ 7. à côté de	g. *near*
_____ 8. au coin de	h. *between*

Activités

CD 1-34

W **Bâtiments.** Écoutez le professeur expliquer où il/elle est. Numérotez les bâtiments dans l'ordre où vous les entendez.

➡ (1. Je suis derrière le magasin. Où suis-je?)

_____ au restaurant
_____ à la pharmacie
_____ à l'école
_____ au bureau de tabac
_____ à l'hôpital
_____ au musée
_____ à l'université
_____ au supermarché

X **Les endroits.** Situez cinq bâtiments de la liste de l'Activité W d'après le plan de la page 112.

➡ *Le supermarché? Il est au coin de... / près de (du)... / loin de (du)...*

Structure Saying what you're going to do

Grammar Podcasts, Grammar Tutorials

Le futur proche

Observez et déduisez

Je vais traverser la Rotonde pour aller à la poste dans l'avenue des Belges. Ensuite, je vais aller aux magasins du cours Mirabeau pour acheter des DVD et des livres. Finalement, je vais manger au café près du cinéma.

- What do you notice about the form of the verbs that immediately follow **vais** in the preceding paragraph?

Confirmez

1. The verb **aller** is frequently followed by an infinitive to say what one is *going to do*. This is called the **futur proche,** the *near* future.

   Le professeur **va chercher** des renseignements touristiques.
   Les étudiants **vont visiter** le musée Granet.
   Après, nous **allons manger** à la terrasse d'un café sur le cours Mirabeau.
   Et moi, je **vais acheter** des calissons, une spécialité d'Aix.

2. In the negative, place **ne... pas** around the conjugated form of **aller.** The infinitive follows.

   Nous **n'allons pas visiter** l'Hôtel de Ville.
   Je **ne vais pas voir** le Palais de Justice, non plus.
   Tu **ne vas pas aller** au cinéma sans moi, n'est-ce pas?

Activités

Y **Une famille aixoise (d'Aix).** Les membres de la famille ont des destinations différentes. Qu'est-ce qu'ils vont y faire, à votre avis? Employez la banque de mots pour compléter vos réponses.

➡ Maman / poste
Maman va aller à la poste. Elle va acheter une télécarte...

1. Maman / parc
2. Papa et moi, nous / restaurant
3. Moi, je /centre-ville
4. Mes sœurs / cinéma
5. Mon frère / discothèque
6. Mes grands-parents / gare

iLrn *Complete the diagnostic tests to check your knowledge of the vocabulary and grammar structures presented in this chapter.*

Z **Le week-end.** Est-ce que vos camarades de classe ont des projets pour le week-end? Travaillez en groupes et demandez ce que vos camarades de classe vont faire et ne pas faire. Où vont-ils aller pour ces activités? Quelles activités sont les plus populaires? Les moins populaires?

➡ — *Vous allez voir un film?*
— *Non, mais je vais retrouver mes copains au café.*

Banque de mots

travailler
manger
dîner
acheter
voir (un film)
lire (un livre)
danser
visiter
téléphoner à...
retrouver des copains
jouer (au tennis)
voyager
aller à...
?

A2 **La semaine prochaine.** Qu'est-ce que les personnes suivantes vont faire la semaine prochaine? Qu'est-ce qu'elles ne vont pas faire? Si vous n'êtes pas sûr(e), imaginez!

Bill Gates
votre (vos) chanteur(s) / chanteuse(s) préféré(e)(s)
le président
vos professeurs

Jeu de rôle

You and your classmates are bragging about your hometowns. Mention the various places of interest and their locations relative to one another. Ask your partners where various sites are located in their hometowns.

Chantal Thompson

Le marché d'Aix-en-Provence. Y a-t-il un marché dans votre ville natale?

Quatrième étape: Intégration

Littérature Un Nègre à Paris

archivio SMA

Imagine you have grown up in a French colony in West Africa. You have been educated in the French school system; you know more about France than about your own country. All of your life you have dreamed of seeing Paris, and all of a sudden someone gives you a plane ticket **(un billet d'avion)** to Paris and your dream comes true! Filled with wonder, you discover **la Ville Lumière,** and your seemingly naive observations shed some slightly ironic light on both the French world and your native Ivory Coast. This is the story of *Un Nègre à Paris,* written by Bernard Dadié in 1959 in the last year of French colonial rule in Africa, when over twenty countries on that continent were still French colonies.

Born in 1916 in the Ivory Coast **(la Côte d'Ivoire),** Dadié has been a prominent political figure in his country. Imprisoned for sixteen months for his involvement in a nationalist demonstration in 1949, Dadié then went on to serve for over twenty-five years in the Ministry of Education and the Ministry of Culture and Information of the Ivory Coast. Concurrent with his political activity, he has been a prolific writer. He is the author of six volumes of poetry, collections of tales and short stories, five major novels, and several award-winning plays. Bernard Dadié is known for his satirical tone, exemplified in *Un Nègre à Paris.*

Pensez

1 Imaginez que vous allez visiter Paris pour la première fois! Qu'est-ce que vous désirez voir? Cochez vos choix et ajoutez d'autres possibilités.

_____ les monuments (la Tour Eiffel, l'Arc de Triomphe, Notre-Dame de Paris, le Châtelet, etc.)

_____ les musées, comme le Louvre, le musée d'Orsay, etc.

_____ les grands boulevards et les petites rues

_____ les parcs et les squares avec leurs arbres *(trees),* leurs fleurs *(flowers)* et leurs bancs *(benches)*

_____ les quartiers chics (élégants), comme le 16e arrondissement, et les quartiers populaires, comme Pigalle

_____ le métro avec ses grands escaliers *(staircases),* ses escaliers roulants *(escalators)* et ses longs couloirs *(hallways)*

_____ les magasins et les restaurants

_____ les Parisiens!

bobphillipsimages.com

2 Maintenant imaginez «un Nègre à Paris» dans les années 50. Qu'est-ce qui va l'impressionner dans cette grande ville européenne? Cochez les possibilités qui semblent appropriées.

_____ l'architecture et le travail de la pierre *(stone)*
_____ les piétons (les gens qui marchent dans les rues)
_____ les voitures (les automobiles)
_____ le rythme rapide de la vie: les gens qui marchent vite *(fast)*, qui courent *(run)* et qui semblent toujours pressés *(in a hurry)*
_____ le climat: la grisaille *(grayness)*, le soleil
_____ l'ordre et la discipline
_____ le désordre (le chaos)
_____ le contraste entre l'ancien et le moderne
_____ les contradictions

Observez et déduisez: en général

3 Parcourez le texte une première fois pour confirmer si ce que vous aviez anticipé dans **Pensez** est véritablement mentionné. Cochez ces possibilités une deuxième fois dans les Activités 1 et 2.

4 Parcourez le texte une deuxième fois et choisissez un titre *(title)* pour chacune des cinq parties du texte. Remarquez qu'il y a un titre supplémentaire qui n'est pas approprié.

Paragraphe	Titre
1. «La bonne nouvelle *(news)*... »	a. Le métro
2. «Voilà, je suis... »	b. L'attitude des Français vis-à-vis des touristes
3. «Me voici... »	c. L'anticipation
4. «Je vais faire rire les touristes *(make the tourists laugh)*... »	d. La difficulté de découvrir Paris
5. «Visiter Paris... »	e. Les automobilistes et les piétons
	f. Une évidence paradoxale de la patience des Français

bobphillipsimages.com

Un Nègre à Paris

1 La bonne nouvelle, mon ami! La bonne nouvelle! J'ai un billet pour Paris, oui, Paris! Je vais voir Paris, moi aussi, avec mes yeux. Je vais toucher les murs, les arbres, croiser les hommes. Le Châtelet, l'Arc de Triomphe... Je vais voir le Paris vivant, le Paris qui parle, chante, danse, gronde°, s'amuse° et pense.
[...]

rumbles
has fun

2 Voilà, je suis à Paris! Je regarde... Des autos passent qui semblent glisser, tant elles vont vite, et pas un seul coup de klaxon°. C'est défendu. Chacun obéit à la règle.° C'est bien défendu chez nous aussi, mais c'est un plaisir pour chacun de violer la règle, de klaxonner. L'animation augmente à mesure qu'on approche du centre-ville. Du monde° dans les rues, les cafés, les restaurants. On se croirait un jour de fête° chez nous. Une circulation intense, disciplinée. Les piétons sont les plus pressés. Il faut° les voir se faufiler à travers° les voitures et s'arrêter tout d'un coup°. N'auraient-ils pas des ressorts dans les jambes, ressorts remontés chaque matin?° La grisaille des murs aurait dû° influer sur le caractère des habitants. Erreur! Ils ont du soleil en réserve. Un peuple consultant la montre° à tout instant. Une ville prodigieuse qui vous prend, vous capte, vous emporte° malgré vous dans son courant impétueux. Ici il faut marcher vite, suivre.
[...]

pas un... *not a single horn sound* / Chacun... *Each one obeys the rule.*
Des gens
jour... *holiday*
Il faut... Il est nécessaire de / se... *slip through* / s'arrêter... *stop suddenly* / N'auraient... *Don't they have springs in their legs, wound up each morning?* / *should have* / *their watch* / vous... *carries you along*

3 Me voici à Notre-Dame, un lieu où les Parisiens se réunissent pour prier° Dieu. C'est la plus grande de leurs églises. Une merveille d'architecture. Les hommes ont dans la pierre gravé leur foi°. Pour te faire une idée de la majesté de l'édifice, figure-toi qu'ils ont mis° deux cents ans pour l'achever. Des êtres incompréhensibles, pleins de contradictions! Tiens les voilà qui regardent la montre, courent, sautent° du bus, dégringolent° l'escalier du métro, s'arrêtent à peine pour saluer un ami, et ces mêmes hommes, avec une patience diabolique, mettent deux cents ans pour bâtir une maison à leur dieu.
[...]

pray
ont gravé... *have engraved their faith* / *have taken*
jump / *run down*

4 Je vais faire rire les nombreux touristes hissés sur° la Tour Eiffel ou l'Arc de Triomphe, mais de toutes les clartés de Paris, c'est le métro qui m'a ébloui° le plus. Ce réseau° fait de couloirs, d'escaliers roulants, de stations, est un enchevêtrement de lignes menant° à tous les coins de Paris. [Si vous vous perdez° dans] cette toile d'araignée coloriée°, un conseil: regardez bien le plan, puis résolument, vous rangez° votre amour-propre et au premier employé venu, vous demandez: «Pardon, pour aller à... Pigalle... » L'employé va vous regarder avec un petit sourire dans les yeux. Soyez digne° en serrant votre amour-propre à la gorge° et attendez la réponse. Elle suit toujours le sourire et le regard: «vous prenez Charenton des Écoles et vous changez à Madeleine». Ce n'est pas toujours l'itinéraire le plus court°, mais c'est toujours le chemin le plus sûr°.
[...]

hissés... *atop*
m'a... *has dazzled me* / *network* / un... *a tangle of lines leading to* / vous... *you get lost* / toile... *colored cobweb* / *tuck away*
Soyez... Conservez votre dignité / à... *in your throat*
the shortest / le chemin... *the surest way*

5 Visiter Paris n'est pas une petite besogne°. Rues, avenues, boulevards, quartiers, chacun a un visage°, ses habitudes, une histoire. Des hommes depuis des siècles s'y relaient en laissant° des traces. Combien de rêves° sont nés° sur les bancs des squares? Tout cela ne se revit° pas en quelques jours...

travail
face
s'y... *have been taking turns leaving* / *dreams* / *were born* / ne se... *can't be relived*

Bernard Dadié, *Un Nègre à Paris* © Éditions Présence Africaine

Déduisez et confirmez: en détail

5 Les mots. En utilisant le contexte et la logique, déduisez le sens des mots en caractères gras. Choisissez **a** ou **b**.

Paragraphe 2

[Les autos] semblent **glisser...**	a. glide	b. move in slow motion
C'est **défendu...**	a. allowed	b. forbidden
... malgré vous...	a. thanks to you	b. against your will
... [il faut] **suivre...**	a. stay behind	b. follow along

Paragraphe 3

... les Parisiens **se réunissent...**	a. meet, gather	b. reminisce
... deux cents ans pour **l'achever...**	a. complete it	b. achieve it
... deux cents ans pour **bâtir...**	a. build	b. tear down

Paragraphe 4

... rangez votre **amour-propre...**	a. pride, self-respect	b. love
... un petit **sourire...**	a. mouse	b. smile

Paragraphe 5

... depuis des siècles...	a. for centuries	b. since recently

6 Le texte. Vrai ou faux? Si c'est faux, corrigez.

1. Le vrai Paris est le Paris des livres et des films.
2. Les automobilistes parisiens klaxonnent constamment.
3. Les Africains aiment klaxonner pour le plaisir de violer les règles.
4. Dadié implique que les Français sont plus disciplinés que les Africains.
5. On a l'impression que les piétons ont des ressorts dans les jambes.
6. Les Français ont le caractère gris comme les murs.
7. Le rythme de Paris est contagieux.
8. Notre-Dame de Paris est un symbole de foi et de patience.
9. Les Parisiens sont contradictoires parce qu'ils sont toujours pressés mais ils mettent deux cents ans à bâtir une cathédrale.
10. La chose que le narrateur préfère à Paris est la Tour Eiffel.
11. Le plan du métro est comme une toile d'araignée.
12. Pour demander son chemin, il faut avoir beaucoup d'amour-propre.
13. Chaque quartier de Paris a des caractéristiques différentes.

Explorez

1. **La bonne nouvelle!** Vous avez un billet pour... votre ville natale! C'est votre première visite dans cette ville, alors vous la regardez avec des yeux naïfs. À la manière de Dadié, décrivez la ville.

   ➡ *Je regarde... Il y a un petit / grand centre-ville. Je vais tout droit dans la rue principale et voilà une grande église... Je regarde les gens: Ils sont... Je regarde les autos: Elles (ne) vont (pas) vite...*

2. **Le métro.** Regardez le plan du métro de Paris (page 120). C'est comme une toile d'araignée, n'est-ce pas? Imaginez que vous êtes au Châtelet, au centre de Paris. Vous désirez aller à la place de l'Étoile, où se trouve l'Arc de Triomphe. C'est très facile! Vous cherchez la ligne jaune, qui va de Château de Vincennes à Grande Arche de La Défense. Vous prenez la direction La Défense, jusqu'à la station Charles de Gaulle-Étoile et voilà: Vous êtes à l'Arc de Triomphe. Maintenant, imaginez que vous êtes à Pigalle et vous désirez aller à la Tour Eiffel. Vous avez deux options: Vous prenez la ligne bleue, direction Porte Dauphine, vous changez à Charles de Gaulle-Étoile, vous prenez la ligne vert clair *(light green)*, direction Nation, et vous allez jusqu'à la station Champ de Mars-Tour Eiffel. Ou bien vous prenez la ligne vert foncé *(dark green)*, direction Mairie d'Issy, jusqu'à Montparnasse-Bienvenüe; là, vous prenez la ligne vert clair, direction Charles de Gaulle-Étoile, jusqu'à la station Champ de Mars-Tour Eiffel.

Do not confuse subway lines with the thicker RER lines for trains that run between Paris and its suburbs.

Ljupco Smokovski/Shutterstock.com

kosam/Shutterstock

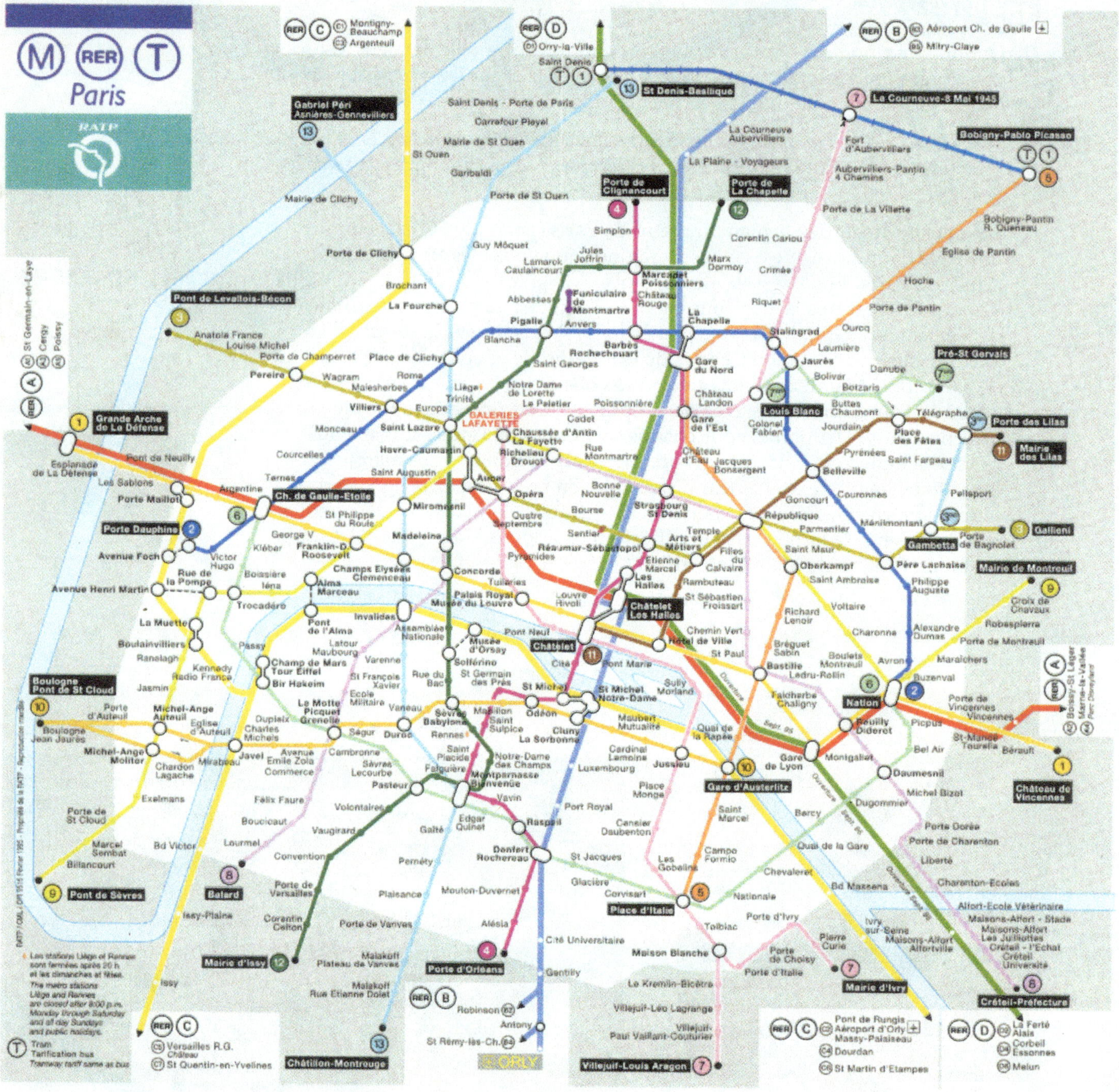

RATP (France)

À vous de pratiquer!

a. Vous êtes au musée du Louvre; vous désirez aller à la Gare de l'Est. Quelle ligne allez-vous prendre? Quelle direction? Combien de stations y a-t-il entre votre point de départ et votre destination?

b. Vous êtes à Notre-Dame de Paris; vous désirez aller à l'Opéra. Donnez les lignes, les directions et le nombre de stations.

Par écrit Well worth the money!

Avant d'écrire

A Strategy: Listing. Listing is a common prewriting activity. If you wanted to describe your house, for example, you might first make a list of the rooms and then add some descriptive words beside each one. However, your writing may become predictable if your lists are always sequential or "logical." Developing lists in unexpected ways may lead you to surprising or provocative ideas.

Application. Prepare to write a description of your home by developing a list in a unique way: Group rooms by adjective, by mood, by activity. Or think of each room as a painting or a musical composition—who is the artist or composer? Or develop your own method for bringing out the uniqueness of your house or apartment.

B Strategy: Adding variety. Improve a choppy writing style by varying sentence construction. For example, use adjectives or a sentence with **qui** to describe.

➡ J'ai une maison. La maison est confortable et belle.
J'ai une maison qui est confortable et belle. / J'ai une belle maison confortable.

Je voudrais un appartement qui est grand. J'aime les quartiers animés.
Je voudrais un grand appartement dans un quartier animé.

Application. Write two sentences describing your house or room. Use an adjective in one and a clause with **qui** in the other.

Écrivez

1. Would you like to exchange lodging for the summer with a person in southern France? In Martinique? Send an email describing your house / apartment / studio that would entice someone to make the exchange. Provide as many details as possible to convince the other party your place is ideal. Begin the email with **Bonjour Monsieur/Madame, Je vous écris au sujet de...** Conclude with **Cordialement,...**
2. You have an apartment in Montreal that you want to exchange or rent out for the semester. Using the ads to the right as a model, write an ad for the local newspaper to try to rent your apartment.

CANNES/SUQUET, bordure mer : living, 2 chambres, 2 sdb, grande terrasse/jardinet, cuisine, téléphone, TV. Août-sept. 1.530/ 1.060 quinzaine. 4/6 personnes. 33 (0)1 46.28.23.13 soir.

ECHANGE JUILLET ou août, appt. 120 m^2, très grand standing, Avenue Montaigne, 1 chambre, 1 très grand salon, 1 bureau, grande cuisine complètement équipée, contre maison avec piscine à Los Angeles, de Beverly Hills à Malibu. 04.47.23.41.28.

JH FRANÇAIS, 23, cherche à partager studio avec jeune Américaine à Los Angeles ou Miami pour apprendre anglais et visite à partir du mois d'août et pour plusieurs mois. Sérieux, merci. FUSAC réf : 4405.

ARTISTE peintre cherche à louer pour 6 mois atelier avec appt à New York, loyer raisonnable, possibilité échange en France. Tél Strasbourg : 33 (0)3 88.36.60.30/Fax 33 (0)3 88.36.70.24.

Synthèse culturelle

Chez moi

Pensez

Qu'est-ce que votre logement représente pour vous? Est-ce simplement l'endroit *(place)* où vous habitez, ou est-ce un refuge? Est-ce l'endroit où vous êtes le plus à l'aise *(at ease)*? Où vous travaillez dur? Où vous invitez vos copains? Pensez-y en regardant la vidéo. Les exercices se rapportant à la synthèse culturelle du Chapitre 3 dans votre manuel vont vous aider à comprendre ce que vous entendez. Ensuite, faites **Explorez** et **Bloguez!** ci-dessous.

Pourriez-vous décrire votre logement? Comment est-ce que votre logement reflète votre personnalité, votre style?

Camille: C'est très rangé et bien organisé en apparence parce que ça, c'est ma personnalité. Mais quand on regarde à l'intérieur des placards et à l'intérieur des tiroirs, c'est plutôt... le désordre. Et donc ça reflète bien ce que je suis: rangée à l'extérieur et en désordre à l'intérieur.

Fatim: (Il) y a beaucoup de lumière qui entre dans l'appartement. Et, c'est assez spacieux, donc ça c'était important pour nous.

Greg: Si je dois me concentrer sur mon travail, j'aime bien avoir un endroit où je peux m'isoler.

© Heinle, Cengage Learning

Explorez

En décrivant leurs logements, Camille, Fatim et Gregory mentionnent plusieurs qualités, comme l'ordre et le désordre, le confort et le côté pratique, la décoration simple et pas frou-frou, etc. Faites une liste des qualités mentionnées, puis sondez vos camarades de classe pour savoir quelles caractéristiques sont les plus importantes pour eux.

Bloguez! iLrn

Est-ce que votre logement ressemble le plus au logement de Camille, de Fatim ou de Gregory? Expliquez comment votre logement reflète votre personnalité, votre style. Téléchargez des photos pour montrer votre style.

Vocabulaire actif

Le logement

une petite annonce *a classified ad*
un appartement
une banlieue *a suburb*
un bâtiment *a building*
la campagne, à la campagne *the countryside, in the countryside*
les charges (f.) *utilities*
un(e) colocataire / un(e) coloc *appartment mate*
un endroit *a place, location*
un euro
les gens *people*
un immeuble *an apartment building*
un jardin *a garden / a yard*
une maison *a house*
le prix *the price*
un(e) propriétaire *a landlord, landlady*
un quartier *a neighborhood, community*
une résidence universitaire *a dorm*
un studio
un voisin / une voisine *a neighbor*

Les pièces (f.) et les meubles (m.)

une chambre *a bedroom*
la cuisine *the kitchen*
la douche *the shower*
l'entrée (f.) *the entry*
le lavabo *the bathroom sink*
la salle à manger *the dining room*
la salle de bains *the bathroom*
le salon / le séjour *the living room*
les toilettes (f.) / les W.C. (m.) *the restroom*
un canapé *a couch, sofa*
une commode *a chest of drawers*
des étagères (f.) *(book)shelves*
un fauteuil *an armchair*
une lampe *a lamp*
un lit *a bed*
un placard *a closet*
des rideaux (m.) *curtains, drapes*
un tapis *a rug*

Les objets (m.) personnels

une console vidéo *a video game console*
un lecteur de CD / de DVD *a CD / DVD player*
un lecteur MP3 *an MP3 player*
un portable *a cell phone*
un poster
un répondeur *an answering machine*
une télécarte *a phone card*
un téléphone

La ville

une avenue
une banque *a bank*
un boulevard
un bureau de tabac *a tobacco / magazine shop*
un café
le centre-ville *downtown*
une église *a church*
la gare *the train station*
un hôpital (des hôpitaux) *a hospital*
un hôtel
un magasin *a store*
un musée *a museum*
un parc *a park*
une pharmacie *a pharmacy / drugstore*
une place *a city square*
un plan (de la ville) *a city map*
la poste *the post office*
une rue *a street*
un supermarché *a supermarket*

Les directions (f.)

à côté de *next to*
à droite *to (on) the right*
à gauche *to (on) the left*
au coin de *at the corner of*
dans *in (on)*
derrière *behind*
devant *in front of*
en face de *across from*
entre *between*
jusqu'à *to, until*
loin de *far from*
près de *close to*
sur *on (in)*
tout droit *straight ahead*

Pour demander des renseignements ou pour trouver son chemin

Pardon, monsieur/madame... *Excuse me, sir/ma'am . . .*
Je cherche... *I'm looking for . . .*
Pourriez-vous me dire... ? *Could you tell me . . . ?*
Où se trouve... ? / Où est... ? *Where is . . . ?*

Au téléphone

Allô? *Hello?*
Qui est à l'appareil? / C'est de la part de qui? *May I ask who's calling?*
Ici... *This is . . .*
Je voudrais... *I would like . . .*
Est-ce que je pourrais... ? *Could I . . . ?*
Je téléphone au sujet de... *I'm calling about . . .*
Un moment, s'il vous plaît. / Ne quittez pas. *Just a minute, please. / Hold on.*
Je suis désolé(e). *I'm sorry.*
Il (Elle) est là / n'est pas là. *He (She) is in / isn't in.*
Est-ce que vous pouvez téléphoner plus tard? *Can you call later?*
un numéro de téléphone *telephone number*

Questions

comment? *how?*
où? *where?*
parce que *because*
pourquoi? *why?*
quand? *when?*

Adjectifs

agréable *nice*
animé *lively*
beau (bel, belle, beaux, belles) *beautiful*
blanc (blanche) *white*
bon(ne) *good*
compris(e) *included*
confortable *comfortable*
jaune *yellow*
jeune *young*
joli(e) *pretty*
mauvais(e) *bad*
meublé(e) / non meublé(e) *furnished / unfurnished*
nouveau (nouvel, nouvelle, nouveaux, nouvelles) *new*
ouvert / fermé *open / closed*
rouge *red*
vieux (vieil, vieille, vieux, vieilles) *old*

Verbes

aller *to go*
chercher *to look for*
continuer *to continue*
coûter *to cost*
déménager *to move*
laisser un message *to leave a message*
louer *to rent*
montrer *to show*
prendre (prenez) *to take*
recevoir (inf. + on reçoit) *to receive*
tourner *to turn*
traverser *to cross*
se trouver *to be located*
visiter *to visit (a place)*
voir (infinitif) *to see*
vouloir (infinitif + on veut) *to want*

Adverbes

aujourd'hui *today*
demain *tomorrow*
de plus en plus *more and more*
plus tard *later*

Les nombres de 101 à un milliard (See p. 102.)

101 → un milliard *(a billion)*
Les nombres ordinaux: premier, deuxième, etc. *(first, second, etc.)*

EXPRESSIONS POUR LA CLASSE

ajoutez *add*
au moins *at least*
la bonne réponse *the right answer*
cochez *check*
une colonne *a column*
dites *say*
en matière de *regarding*
imaginez *imagine*
inventez *invent, make up*
moins *less*
numérotez *number*
parcourez *skim*
plus *more*
reliez *link, connect*
remarquez *note, notice*
Voici / Voilà *Here are / There are*

chapitre 4

L'école

Stevens Frederic/Sipa

À quel genre d'école vont ces jeunes gens? Quel diplôme est-ce qu'ils préparent? Et après, qu'est-ce qu'ils vont faire? Et vous? Qu'est-ce que vous étudiez? Comment sont vos cours?

This chapter will enable you to

- talk about studies, schedules, and activities you enjoy
- express your personal reactions
- understand French students speaking about their school program
- read an article about the school week in France and a well-known literary text about a little boy who learns to read

Chapter resources

- iLrn Heinle Learning Center
- Text Audio Program
- Video
- Premium Website

Première étape

À l'écoute

Un emploi du temps chargé

Vous allez entendre une conversation avec une étudiante française, Marina, qui parle de l'emploi du temps *(schedule)* dans les classes préparatoires pour les grandes écoles. Comme vous allez voir, c'est un emploi du temps très chargé *(busy)*. Les activités suivantes vont vous aider à comprendre la conversation.

Chantal Thompson

Marina parle de son emploi du temps.

Note culturelle

Les grandes écoles. L'enseignement supérieur en France est plus diversifié qu'aux États-Unis. L'université est une option, bien sûr, mais l'option la plus prestigieuse est ce qu'on appelle les grandes écoles. Ce sont des institutions réservées à l'élite intellectuelle, où l'on prépare des diplômes d'ingénieurs, d'administrateurs, etc. Pour préparer l'entrée à ces grandes écoles, après l'école secondaire, on fait deux ans de classes préparatoires (les «prépas»), puis on passe des concours (des examens compétitifs) très difficiles. Chaque grande école accepte un nombre très limité d'étudiants (par exemple, 50 étudiants par an, pour 800 candidats). Les études dans les grandes écoles durent *(last)* trois ans et garantissent un très bon placement professionnel. L'École polytechnique, HEC (École des hautes études commerciales) et l'ÉNA (École normale d'administration) sont trois des grandes écoles les plus réputées. Que pensez-vous du concept des grandes écoles?

Bloguez! iLrn

Est-ce que le système des grandes écoles existe dans votre pays? Sous quelle forme? Ajoutez un lien vers la page d'accueil d'une de ces «grandes écoles».

Pensez

1 Dans une conversation sur l'emploi du temps des étudiants, de quoi va-t-on parler? Cochez les catégories que vous anticipez.

_____ les matières qu'on étudie: les maths, l'histoire, etc.
_____ le nombre de cours *(classes)* par jour
_____ la durée des cours (50 minutes? une heure?)
_____ l'heure des cours (Quand est-ce que ça commence?)
_____ le nombre d'heures de cours par semaine *(per week)*
_____ les devoirs
_____ les professeurs (Comment sont-ils?)
_____ la vie sociale

Observez et déduisez

CD 2-2

2 Écoute globale. Écoutez la conversation une première fois pour confirmer les sujets discutés.

1. **Sujets anticipés.** Dans l'Activité 1, page 126, cochez une deuxième fois les sujets qui sont mentionnés.
2. **Sujets supplémentaires.** Parmi les sujets suivants, lesquels sont mentionnés?

__✓__ les pauses (pour manger, etc.)
__✓__ les colles (interrogations orales)
_____ le logement des étudiants
_____ les matières au programme dans les écoles d'ingénieurs

3 Les heures. Écoutez une deuxième fois en faisant attention aux heures mentionnées.

1. À quelle heure commencent les cours?

huit heures

huit heures et quart

huit heures et demie

2. À quelle heure finit la session du matin *(morning)*?

midi

midi moins le quart

midi et quart

3. À quelle heure commencent les cours de l'après-midi *(afternoon)*?

une heure vingt

deux heures moins dix

deux heures

Vocabulaire actif

- à quelle heure
- l'après-midi
- combien de temps?
- commencer
- un emploi du temps chargé
  - un cours
  - un diplôme
  - les études (f.)
  - un examen
- finir *(infinitive only)*
- l'heure (f.)
  - une demi-heure
  - et demi(e)
  - et quart
  - midi
  - minuit
  - une minute
  - moins le quart
  - un quart d'heure
- un jour / par jour
- les matières (f.)
  - la biologie, les maths, etc.
- le matin
- préparer
- une semaine / par semaine
- le soir

4. À quelle heure finissent les cours de l'après-midi?

six heures

cinq heures et demie

quatre heures

5. Combien de temps les cours durent-ils?
   50 minutes   une heure   deux heures ou plus

6. Combien de temps la première pause dure-t-elle?
   10 minutes   un quart d'heure   une demi-heure

7. Combien de temps les colles durent-elles?
   une demi-heure   une heure   une heure et demie

8. Jusqu'à quelle heure Marina travaille-t-elle le soir *(evening)*?

10h / 10h30

11h / 11h30

minuit / minuit et demi

4 Les matières. Écoutez une troisième fois. Cochez les matières mentionnées et indiquez le nombre d'heures par semaine pour chaque matière: 1h, 2h, etc.

__8__ les maths (mathématiques)
__2__ le français
__2__ l'anglais
_____ l'espagnol
_____ l'histoire
__8__ la physique
_____ la sociologie
_____ les sciences économiques
_____ l'informatique *(computer science)*
_____ l'art / la peinture
__8__ la biologie
__2__ la philo (philosophie)
__2__ l'allemand
_____ une autre langue étrangère
__2__ la géographie
_____ la chimie *(chemistry)*
_____ la psychologie
_____ les sciences politiques (sciences po)
_____ la littérature
_____ l'éducation physique / la gymnastique

5 Les colles. D'après cette conversation, qu'est-ce que c'est qu'une colle? Cochez toutes les réponses appropriées.

__✓__ une préparation pour les concours
_____ un tête-à-tête *(face-to-face conversation)* entre un(e) étudiant(e) et deux ou trois professeurs
__✓__ un tête-à-tête entre deux ou trois étudiants et un professeur
_____ une présentation orale préparée à l'avance
__✓__ une présentation orale impromptue

6 **Comparaison culturelle.** Comparez cet emploi du temps avec un emploi du temps typique de première année *(first year)* dans une université américaine. Est-ce plus ou moins chargé? Qu'est-ce qui est différent?

Prononciation Les sons [e] et [ɛ]

- **[e]** is the sound in et or étudier; it is pronounced with your mouth almost closed and your lips stretched like for an [i].
- **[ɛ]** is the sound in elle or aime; it is a more open sound, similar to the vowel in the English word *bet*.

Observez et déduisez

CD 2-3

Listen to the following excerpts from **À l'écoute: Un emploi du temps chargé** on the Text Audio Track, and in the chart, write the words that contain the sounds [e] or [ɛ]. You will hear each excerpt twice. The first excerpt has been done for you. If you need to, turn off the audio after each item in order to write your answers.

	[e]	[ɛ]
Quel est l'emploi du temps des étudiants?	des, étudiants	Quel, est
... un emploi du temps très chargé, plus chargé même que dans les écoles d'ingénieurs...		
C'est un tête-à-tête avec un professeur et deux ou trois étudiants.		
On doit faire une présentation orale sur le sujet.		
... deux heures d'anglais l'après-midi...		
Et quelles sont les matières au programme?		
... deux heures de géographie par semaine...		

Confirmez

CD 2-4

1. **Prononcez.** Practice saying the following words aloud, paying particular attention to the highlighted sounds. Then listen to them on the Text Audio Track to verify your pronunciation.

   a. [e] **répétez, enchanté, à côté, café, musée, téléphoner, désolé**
   allez, ouvrez, fermez, lisez, écoutez, écrivez
   trouver, habiter, donner, papier
   les, mes, tes, ces

b. [ɛ] mère, père, frère, derrière, deuxième, très, être, fenêtre, fête
mais, s'il vous plaît, chaise, craie, anglais, japonaise, propriétaire
merci, serviette, professeur, hôtel, canadienne, cher, un poster

2. **[e] ou [ɛ]?** In the following sentences, underline the [e] sounds with one line, and the [ɛ] sounds with two lines.
   a. La belle Hélène préfère regarder la télévision.
   b. La secrétaire de l'architecte est américaine.
   c. Je vais faire des études de sciences économiques, mais ma matière préférée est le français!

Now practice saying the sentences aloud, then listen to them on the Text Audio Track to verify your pronunciation.

Structure Talking about course schedules

L'heure

Observez et déduisez

— Ça te plaît, tes cours?
— Ben, oui, ça me plaît beaucoup. Pourtant, mon emploi du temps n'est pas facile. Je suis occupée de 8h du matin jusqu'à 8h du soir. Donc, je quitte la maison tôt le matin, et le soir, je rentre assez tard, vers 9h.

Vocabulaire actif

après
avant
ça me plaît
ça te plaît
occupé(e)
Quelle heure est-il?
  de l'après-midi
  du matin
  du soir
quitter
rentrer
tard
tôt
vers

- Examine the preceding dialogue and the clocks on pages 127–128, then infer the correct way to state the following times. How do you distinguish between A.M. and P.M.?

Quelle heure est-il? Il est...

6h30 (A.M.)	6h30 (P.M.)	7h25 (A.M.)
12h15 (A.M.)	9h50 (P.M.)	3h35 (P.M.)
10h45 (A.M.)	8h20 (P.M.)	12h (A.M.)

Confirmez

1. Use **Quelle heure est-il?** to ask the current time and **À quelle heure... ?** to ask when something will happen in the future.

   À quelle heure est-ce que tu rentres *(come home)*?
   Tu quittes *(leave)* la maison **à quelle heure,** d'habitude?

2. Use **de** and **à** to indicate the time frame *(from . . . to . . .).*

   J'ai mon cours de biologie **de** neuf heures **à** dix heures et demie.
   Aujourd'hui, j'ai un examen **de** onze heures **à** midi.

3. When necessary to distinguish A.M. from P.M., use **du matin, de l'après-midi,** and **du soir** to denote *morning, afternoon,* and *evening.*

   Marina est occupée de sept heures **du matin** à huit heures **du soir.**

4. Several expressions can be used to add nuance when referring to time: **tôt / tard** *(early / late),* **avant / après** *(before / after)* and **vers** to express approximation.

   Je quitte la maison très **tôt, vers** 7h20, 7h30.
   J'ai deux cours **avant** midi et j'ai trois cours **après.**

5. If you want to say something occurs regularly in the morning / afternoon / evening, use the definite article with the appropriate expression.

   J'ai mon cours de maths **le matin** et mon cours de français tard **l'après-midi** vers 4h. **Le soir,** je travaille jusqu'à minuit.

6. In addition to the way one refers to time conventionally, **l'heure officielle** is routinely used in public transportation and event schedules (bus, train, movies, museums, sporting events, etc). It eliminates the need to distinguish A.M. from P.M. To express official time (military time in the U.S.) from noon to midnight, simply add 12 hours so that, for example, **2h30 de l'après-midi** becomes **14h30.** Do *not* use the expressions **et demie, et quart, moins le quart, moins dix,** etc. with official time.

8h30 du matin	→	8h30	→	(huit heures trente)
8h30 du soir	→	20h30	→	(vingt heures trente)
5 h moins 10 de l'après midi	→	16h50	→	(seize heures cinquante)

Activités

A **Catégories.** Classez les matières mentionnées à la page 128 en trois catégories de votre invention: les cours qu'on aime ou n'aime pas, qui sont faciles ou difficiles, etc.

B **Ça me plaît. Ça te plaît?** Posez des questions à votre partenaire sur les matières qu'il/elle préfère.

➡ — *La chimie, ça te plaît?*
— *Mais oui, ça me plaît (un peu / beaucoup). / Non, ça ne me plaît pas (beaucoup / du tout).*

CD 2-5

C **Qui est-ce?** Regardez les emplois du temps qui suivent. Prenez une feuille de papier et numérotez de 1 à 8, puis écoutez et notez de qui on parle: (a) Catherine, (b) Malick, (c) ni l'un ni l'autre.

Catherine	
8	8h30 maths
9	
10	histoire
11	11h45 géo
12	12h45 café avec Hélène
13	13h45 français
14	
15	pause café
16	16h15 gymnastique
17	

Malick	
8	
9	histoire
10	10h30 géo
11	
12	Resto-U avec Mariama
13	
14	14h45 français
15	
16	maths
17	17h30 gymnastique

Maintenant, parlez de l'emploi du temps de Catherine en mélangeant *(mixing)* des phrases vraies et des phrases fausses. Votre partenaire va corriger vos «erreurs».

➡ — *Catherine a son cours de... à... h.*
— *Oui, c'est vrai. / Mais non. Son cours de... est à... h.*

Finalement, changez de rôle et répétez l'activité avec l'emploi du temps de Malick.

D **Quelle heure est-ce?** Indiquez l'heure selon le modèle, puis dites où vous êtes, d'habitude, à cette heure-là.

(21h30) *Vingt et une heures trente, c'est neuf heures et demie du soir. Je rentre de la bibliothèque.*

1. 10h45
2. 13h20
3. 01h05
4. 17h00
5. 19h30
6. 22h15
7. 12h
8. 00h00

E **Cherchez quelqu'un.** Consultez la banque de mots, puis choisissez six activités et indiquez sur une feuille de papier quand vous faites ces activités: le matin? l'après-midi? tous les jours? le soir vers... heures? avant / après mon cours de... ?, etc. Ensuite, trouvez un(e) camarade de classe qui participe à ces activités au même moment que vous.

➡ — *D'habitude je retrouve mes copains l'après-midi après mes cours. Et toi?*
— *Moi aussi! / Moi, je retrouve mes copains le soir au café.*

Banque de mots

surfer sur Internet
arriver en classe
manger
parler au téléphone
quitter la maison
envoyer des mails
préparer ses cours
aller à la bibliothèque
regarder (la télé, un DVD)
jouer (au tennis, à des jeux vidéo)
retrouver ses copains
écouter son iPod
aller au cinéma
acheter des vêtements
rentrer

F **Imaginez.** Décrivez une journée idéale pour vous. Qu'est-ce que vous allez faire? Qu'est-ce que vous n'allez pas faire? Parlez-en avec un(e) partenaire. Quelles activités avez-vous en commun?

➡ *Aujourd'hui, je n'ai pas cours. Ma journée commence vers 11h...*

Stratégie de communication

Reacting to news and information

Observez et déduisez

People often react in different ways to the same news. These students found a note on the door indicating that their class had been canceled and their test postponed until next week. Study the examples. What expressions can be used to express surprise? Indifference? Pleasure? Irritation?

Formidable! Quelle chance! Maintenant je vais aller au cinéma.

222
Mes chers étudiants,
La classe est annulée aujourd'hui.
Vous allez passer l'examen la semaine prochaine.
Mme Lafarge

C'est incroyable! Mme Lafarge n'annule jamais la classe!

Zut, alors! C'est embêtant! J'ai déjà deux autres examens à préparer pour la semaine prochaine.

Je m'en fiche, moi. Je ne fais pas mes devoirs de toute façon *(anyway)*.

Confirm your answers in the chart on page 134. What can you say about the attitude of these students toward the test, the teacher, or the class, based on their reactions?

Confirmez

La gamme d'émotions

l'intérêt	l'indifférence	la surprise
Ah bon?	Et alors?	C'est pas vrai!
Vraiment?	Tant pis!	Tu plaisantes!
Ah oui?	Bof!	Tu rigoles?
C'est vrai?	Je m'en fiche!	Sérieux?

l'irritation	l'enthousiasme
Mince!	C'est génial!
J'en ai marre!*	Super!
C'est pas possible!	C'est énorme!
C'est nul!	Quelle chance!
Ça m'énerve!	

***J'en ai marre** is the equivalent of *I've had it!*

Practice using these expressions in classroom activities and interactions with classmates as appropriate.

Activités

G **Quoi de neuf? *(What's happening?)*** Vous avez un compte *Twitter* et un copain qui envoie des messages tous les jours. Lisez les «tweets» de la colonne de gauche et choisissez une expression convenable de la colonne de droite pour réagir.

1. Je suis en train d'acheter un nouveau Smartphone.
2. Je regarde un documentaire fascinant sur les écoles françaises.
3. Trois examens à préparer pour demain.
4. Cours de science po est ennuyeux.
5. Grand-père a 96 ans aujourd'hui.
6. Je suis dans un restaurant chinois avec des copains.
7. Surfé Internet jusqu'à 3h du matin. Super fatigué!
8. Famille voyage bientôt en Afrique.
9. Cherche appartement confortable dans un bel immeuble.
10. Colocataire est un peu fou.

a. Tant pis!
b. Bof!
c. Tu rigoles!
d. Sérieux?
e. Vraiment?
f. Ça m'énerve.
g. C'est génial!
h. Et alors?
i. Quelle chance!
j. C'est pas vrai!
k. C'est vrai?
l. Super!
m. ?

Note culturelle

L'art de la conversation. Selon Raymonde Carroll, dans son livre *Évidences invisibles*, la conversation américaine typique «ressemble... à une séance de jazz» tandis qu'une conversation française peut ressembler plutôt—pour l'observateur américain—à «un feu d'artifice *(fireworks)*». Carroll explique que dans une conversation à la française, les interjections et les expressions pour réagir sont «une preuve de spontanéité, d'enthousiasme et de chaleur. [...] Pour un Américain non averti *(unsuspecting)*, la rapidité de l'échange peut être interprétée comme une série d'interruptions et donc une expression d'agressivité [ou même] de colère *(anger)*», mais en fait, il faut se rappeler que pour les Français, «les conversations très animées... sont une source de plaisir et de vitalité». Est-ce que vos conversations avec vos amis ou avec les membres de votre famille sont plutôt comme des «séances de jazz» (c'est-à-dire une série de solos) ou plutôt comme un feu d'artifice?

Bloguez!

Quelles sont les expressions que vous utilisez le plus souvent pour exprimer l'intérêt, l'enthousiasme et la surprise? Est-ce que ces expressions changent selon l'interlocuteur? Comment?

H **Les réactions.** Employez la gamme d'émotions à la page 134 pour réagir aux situations suivantes.

1. Votre professeur de français dit:
   a. La classe est annulée demain.
   b. Vous allez avoir un examen la semaine prochaine.
   c. Aujourd'hui nous étudions les matières et l'heure.
   d. Tous les étudiants ont un A à l'examen.
2. Une camarade de classe qui n'aime pas travailler dit:
   a. Moi, j'adore travailler.
   b. Nous n'avons pas d'exercices à préparer aujourd'hui.
   c. Moi, j'ai beaucoup de cours difficiles.
   d. Je déteste mes cours.
3. Votre nouveau (nouvelle) camarade de chambre dit:
   a. Ce semestre, j'ai cours à huit heures du matin tous les jours.
   b. Je ne vais pas en cours aujourd'hui.
   c. J'ai un nouvel iPod.
   d. Je préfère écouter de la musique classique.

Jeu de rôle

You and two friends discuss your busy schedules, exaggerating quite a bit! Say when you have classes, study, work, etc. Use expressions for reacting to your classmates' comments.

Deuxième étape

Lecture Aménager le temps scolaire

Pensez

1 **Le calendrier**

1. **C'est différent?** Voici le calendrier pour l'année scolaire 2011–2012. En quoi ce calendrier est-il différent d'un calendrier américain?

2011

Septembre

07 h 07 à 20 h 34

1	J	Gilles	
2	V	Ingrid	
3	S	Grégoire	
4	D	Rosalie	☽
5	L	Raïssa	36
6	M	Bertrand	
7	M	Reine	
8	J	Nativité Notre-Dame	
9	V	Alain	
10	S	Inès	
11	D	Adelphe	
12	L	Apollinaire	○
13	M	Aimé	37
14	M	Croix Glorieuse	
15	J	Roland	
16	V	Edith	
17	S	Renaud	
18	D	Nadège	
19	L	Emilie	38
20	M	Davy	☾
21	M	Matthieu	
22	J	Maurice	
23	V	AUTOMNE	
24	S	Thècle	
25	D	Hermann	
26	L	Côme, Damien	39
27	M	Vincent de Paul	●
28	M	Venceslas	
29	J	Michel	
30	V	Jérôme	

Octobre

07 h 49 à 19 h 31

1	S	Thérèse de l'E.-J.	
2	D	Léger	
3	L	Gérard	40
4	M	Fr. d'Assise	☽
5	M	Fleur	
6	J	Bruno	
7	V	Serge	
8	S	Pélagie	
9	D	Denis	
10	L	Ghislain	41
11	M	Firmin	
12	M	Wilfried	○
13	J	Géraud	
14	V	Juste	
15	S	Thérèse d'Avila	
16	D	Edwige	
17	L	Baudouin	42
18	M	Luc	
19	M	René	
20	J	Adeline	☾
21	V	Céline	
22	S	Elodie	
23	D	Jean de Capistran	
24	L	Florentin	43
25	M	Enguerran	
26	M	Dimitri	●
27	J	Emeline	
28	V	Simon, Jude	
29	S	Narcisse	
30	D	Bienvenu	
31	L	Quentin	44

Novembre

07 h 37 à 17 h 31

1	M	TOUSSAINT	
2	M	Défunts	☽
3	J	Hubert	
4	V	Charles	
5	S	Sylvie	
6	D	Léonard	
7	L	Carine	45
8	M	Geoffroy	
9	M	Théodore	
10	J	Léon	○
11	V	ARMISTICE 1918	
12	S	Christian	
13	D	Brice	
14	L	Sidoine	46
15	M	Albert	
16	M	Marguerite	
17	J	Elisabeth	
18	V	Aude	☾
19	S	Tanguy	
20	D	Christ Roi	
21	L	Prés. de Marie	47
22	M	Cécile	
23	M	Clément	
24	J	Flora	
25	V	Catherine	●
26	S	Delphine	
27	D	Avent	
28	L	J. de la Marche	48
29	M	Saturnin	
30	M	André	

Décembre

08 h 22 à 16 h 57

1	J	Florence	
2	V	Viviane	☽
3	S	Xavier	
4	D	Barbara	
5	L	Gérald	49
6	M	Nicolas	
7	M	Ambroise	
8	J	Imm. Conception	
9	V	Pierre Fourier	
10	S	Romaric	○
11	D	Daniel	
12	L	Corentin	50
13	M	Lucie	
14	M	Odile	
15	J	Ninon	
16	V	Alice	
17	S	Judicaël, Gaël	
18	D	Gatien	☾
19	L	Urbain	51
20	M	Théophile	
21	M	Pierre Canisius	
22	J	HIVER	
23	V	Armand	
24	S	Adèle	●
25	D	NOËL	
26	L	Etienne	52
27	M	Jean	
28	M	Innocents	
29	J	David	
30	V	Sainte Famille	
31	S	Sylvestre	

2012

Janvier

08 h 44 à 17 h 04

1	D	NOUVEL AN	☽
2	L	Basile	1
3	M	Geneviève	
4	M	Odilon	
5	J	Edouard	
6	V	Mélaine	
7	S	Raymond	
8	D	Epiphanie	
9	L	Alix	○
10	M	Guillaume	2
11	M	Paulin	
12	J	Tatiana	
13	V	Yvette	
14	S	Nina	
15	D	Rémi	
16	L	Marcel	☾
17	M	Roseline	3
18	M	Prisca	
19	J	Marius	
20	V	Sébastien	
21	S	Agnès	
22	D	Vincent	
23	L	Barnard	●
24	M	Fr. de Sales	4
25	M	Conversion S. Paul	
26	J	Paule	
27	V	Angèle	
28	S	Thomas d'Aquin	
29	D	Gildas	
30	L	Martine	5
31	M	Marcelle	☽

Février

2012

08 h 21 à 17 h 47

1	M	Ella	
2	J	Prés. du Seigneur	
3	V	Blaise	
4	S	Véronique	
5	D	Agathe	
6	L	Gaston	6
7	M	Eugénie	○
8	M	Jacqueline	
9	J	Apolline	
10	V	Arnaud	
11	S	N.-D. de Lourdes	
12	D	Félix	
13	L	Béatrice	7
14	M	Valentin	☾
15	M	Claude	
16	J	Julienne	
17	V	Alexis	
18	S	Bernadette	
19	D	Gabin	
20	L	Aimée	8
21	M	Mardi-Gras	●
22	M	Cendres	
23	J	Lazare	
24	V	Modeste	
25	S	Roméo	
26	D	1er Dim. de Carême	
27	L	Honorine	9
28	M	Romain	
29	M	Auguste	

2012

Mars

07 h 32 à 18 h 35

1	J	Aubin	☽
2	V	Charles le Bon	
3	S	Guénolé	
4	D	F. des Grands-Mères	
5	L	Olivia	10
6	M	Colette	
7	M	Félicité	
8	J	Jean de Dieu	○
9	V	Françoise	
10	S	Vivien	
11	D	Rosine	
12	L	Justine	11
13	M	Rodrigue	
14	M	Mathilde	
15	J	Mi-Carême	☾
16	V	Bénédicte	
17	S	Patrice	
18	D	Cyrille	
19	L	Joseph	12
20	M	PRINTEMPS	
21	M	Clémence	
22	J	Léa	●
23	V	Victorien	
24	S	Catherine de Suède	
25	D	Humbert	
26	L	Annonciation	13
27	M	Habib	
28	M	Gontran	
29	J	Gwladys	
30	V	Amédée	☽
31	S	Benjamin	

Avril

07 h 28 à 20 h 22

1	D	Rameaux	
2	L	Sandrine	14
3	M	Richard	
4	M	Isidore	
5	J	Irène	
6	V	Vendredi Saint	○
7	S	J.-B. de la Salle	
8	D	PÂQUES	
9	L	DE PÂQUES	15
10	M	Fulbert	
11	M	Stanislas	
12	J	Jules	
13	V	Ida	☾
14	S	Maxime	
15	D	Paterne	
16	L	Benoît-Joseph	16
17	M	Anicet	
18	M	Parfait	
19	J	Emma	
20	V	Odette	
21	S	Anselme	●
22	D	Alexandre	
23	L	Georges	17
24	M	Fidèle	
25	M	Marc	
26	J	Alida	
27	V	Zita	
28	S	Valérie	
29	D	Souv. Déportés	☽
30	L	Robert	18

Mai

06 h 30 à 21 h 07

1	M	FÊTE DU TRAVAIL	
2	M	Boris	
3	J	Philippe, Jacques	
4	V	Sylvain	
5	S	Judith	
6	D	Prudence	○
7	L	Gisèle	19
8	M	VICTOIRE 1945	
9	M	Pacôme	
10	J	Solange	
11	V	Estelle	
12	S	Achille	☾
13	D	Rolande	
14	L	Matthias	20
15	M	Denise	
16	M	Honoré	
17	J	ASCENSION	
18	V	Eric	
19	S	Yves	
20	D	Bernardin	●
21	L	Constantin	21
22	M	Emile	
23	M	Didier	
24	J	Donatien	
25	V	Sophie	
26	S	Bérenger	
27	D	PENTECÔTE	
28	L	DE PENTECÔTE	☽
29	M	Aymard	22
30	M	Ferdinand	
31	J	Visitation	

Juin

05 h 51 à 21 h 46

1	V	Justin	
2	S	Blandine	
3	D	Trinité/F. des Mères	
4	L	Clotilde	○
5	M	Igor	23
6	M	Norbert	
7	J	Gilbert	
8	V	Médard	
9	S	Diane	
10	D	F. du St Sacrement	
11	L	Barnabé	☾
12	M	Guy	24
13	M	Antoine de Padoue	
14	J	Elisée	
15	V	Germaine	
16	S	J.-François Régis	
17	D	Fête des Pères	
18	L	Léonce	25
19	M	Romuald	●
20	M	ÉTÉ	
21	J	Rodolphe	
22	V	Alban	
23	S	Audrey	
24	D	Jean-Baptiste	
25	L	Eléonore	26
26	M	Anthelme	
27	M	Fernand	☽
28	J	Irénée	
29	V	Pierre, Paul	
30	S	Martial	

Juillet

05 h 51 à 21 h 58

1	D	Thierry	
2	L	Martinien	27
3	M	Thomas	○
4	M	Florent	
5	J	Antoine	
6	V	Mariette	
7	S	Raoul	
8	D	Thibaut	
9	L	Amandine	28
10	M	Ulrich	
11	M	Benoît	☾
12	J	Olivier	
13	V	Henri, Joël	
14	S	FÊTE NATIONALE	
15	D	Donald	
16	L	N.-D. du Mt-Carmel	
17	M	Charlotte	29
18	M	Frédéric	
19	J	Arsène	●
20	V	Marina	
21	S	Victor	
22	D	Marie-Madeleine	
23	L	Brigitte	30
24	M	Christine	
25	M	Jacques	
26	J	Anne, Joachim	☽
27	V	Nathalie	
28	S	Samson	
29	D	Marthe	
30	L	Juliette	31
31	M	Ignace de Loyola	

Août

2012

06 h 24 à 21 h 29

1	M	Alphonse	
2	J	Julien Eymard	○
3	V	Lydie	
4	S	Jean-Marie Vianney	
5	D	Abel	
6	L	Transfiguration	32
7	M	Gaétan	
8	M	Dominique	
9	J	Amour	☾
10	V	Laurent	
11	S	Claire	
12	D	J.-F. de Chantal	
13	L	Hippolyte	33
14	M	Evrard	
15	M	ASSOMPTION	
16	J	Armel	
17	V	Hyacinthe	●
18	S	Hélène	
19	D	Jean-Eudes	
20	L	Bernard	34
21	M	Christophe	
22	M	Fabrice	
23	J	Rose de Lima	
24	V	Barthélemy	☽
25	S	Louis	
26	D	Natacha	
27	L	Monique	35
28	M	Augustin	
29	M	Sabine	
30	J	Fiacre	
31	V	Aristide	○

2. **La fête.** Chaque date du calendrier français est la fête d'un saint ou d'une sainte. Le 19 septembre, par exemple, est la Sainte Émilie, et donc, si vous vous appelez Émilie, le 19 septembre est une occasion de faire la fête. Quelles sont les fêtes pour les dates suivantes?

➡ Le 6 décembre? *Le 6 décembre est la Saint Nicolas.*

a. le 29 septembre
b. le 18 octobre
c. le 17 novembre
d. le 13 janvier
e. le 25 février
f. le 5 mars
g. le 8 avril
h. le 15 mai
i. le 20 juillet

Est-ce que vous trouvez votre nom ou le nom d'un membre de votre famille dans ce calendrier? Quel jour?

CD 2-6

3. **Les jours, les semaines, les mois et les années**

le 14	juillet	2012
↑	↑	↑
le jour	le mois	l'année

a. Répétez les mois de l'année après votre professeur ou écoutez l'audio, puis répondez.
    1. Quel est le troisième mois de l'année? Quels sont les mois de l'année qui ont 31 jours?
    2. Combien de semaines complètes y a-t-il au mois de février?
    3. Quel est votre mois préféré? Pourquoi?

b. Quelle est la date de votre anniversaire *(birthday)*?

2 **Anticipation.** Le texte que vous allez lire examine l'aménagement (l'organisation) du temps scolaire en France, du point de vue d'un psychologue spécialiste en chronobiologie (l'étude des rythmes biologiques humains). Sachant que le Ministère de l'Éducation nationale permet aux écoles primaires de fonctionner sur quatre *ou* cinq jours, et que la grande majorité des écoles françaises a choisi de fonctionner sur quatre jours, quelles observations et recommandations anticipez-vous de la part de ce psychologue? Va-t-il être pour ou contre la semaine de quatre jours? À votre avis, est-ce une bonne idée d'avoir des semaines de quatre jours dans les écoles?

Observez et déduisez: en général

3 Parcourez rapidement le texte pour identifier les idées principales. Cochez celles qui sont mentionnées.

_✓_ Rôle des adultes dans la formulation des emplois du temps scolaires.

_____ Influence de Jules Ferry, fondateur de l'école publique en France, sur les calendriers scolaires actuels.

_____ Les différentes formules pour l'emploi du temps scolaire en France.

_____ Les questions qui se posent aux enseignants (professeurs) et autres responsables des calendriers scolaires.

_____ Rapport sur le travail de coopération entre le Ministère de l'Éducation nationale et les experts en chronobiologie.

_____ Attitude des parents vis-à-vis des rythmes journaliers (de chaque jour) de leurs enfants.

_✓_ Définition par la chronobiologie des bons moments et des mauvais moments de la journée scolaire.

_____ Recommandations du Ministère de l'Éducation nationale sur les différentes formules.

_✓_ Recommandations des experts en chronobiologie et chronopsychologie.

Aménager le temps scolaire—pour qui?

François Testu, Psychologue

Si nous étudions les emplois du temps et calendriers scolaires français, nous constatons qu'ils ont été conçus par et pour les adultes. La mise en place de la coupure du mercredi, des vacances d'été, des vacances de février et de la semaine de quatre jours illustre bien l'incidence des facteurs politiques et économiques sur le fonctionnement de l'école. Trois principaux emplois du temps hebdomadaires se sont succédés en fonction de l'évolution du contexte sociopolitique:

- La semaine traditionnelle a permis de libérer le mercredi pour que les enfants puissent aller au catéchisme.
- Le second emploi du temps autorisé permet de déplacer les trois heures de classe du samedi matin au mercredi matin. Les vingt-six heures d'enseignement par semaine sont ainsi distribuées sur quatre jours et demi, mais le week-end dure deux jours.
- Enfin, dans la semaine de quatre jours, l'enseignement est concentré sur les lundi, mardi, jeudi et vendredi. Douze jours doivent être «récupérés» sur les vacances.

Deux questions se posent aux enseignants, aux parents et aux décideurs:

- Vaut-il mieux° aller à l'école primaire le samedi matin ou le mercredi matin?
- Peut-on opter pour° la semaine de quatre jours sans porter préjudice° à l'enfant?

Vaut-il... *Is it better . . .*
opter... *choose* / porter... causer des problèmes

Respecter les rythmes journaliers

L'aménagement du temps scolaire (pour les petits comme pour les grands) ne peut être modifié sans tenir compte des travaux de chronobiologie et de chronopsychologie qui montrent qu'au cours de la journée scolaire, il existe de bons moments et de mauvais moments. Aux bons moments, l'organisme résiste mieux aux agressions de l'environnement, la fatigue est moindre°, l'attention est plus élevée, la compréhension est plus rapide—alors qu'aux mauvais moments, c'est l'inverse°. Aujourd'hui, nous savons scientifiquement que le début de la matinée et l'après-déjeuner sont de mauvais moments, tandis que° le milieu et la fin de la matinée (de 9h à 11h30) sont de bons moments.

lessened
l'opposé
whereas

Janine Wiedel Photolibrary/Alamy

Classe le samedi matin ou le mercredi matin?

Nous préconisons° la classe le mercredi matin plutôt que le samedi matin, avec une rentrée plus tardive vers neuf heures ou dix heures pour leur offrir la possibilité de dormir un peu plus dans la nuit du mardi au mercredi. C'est l'emploi du temps qui est le plus adapté aux rythmes de vie des enfants et qui permet aux parents, dont le week-end dure deux jours, d'être plus présents auprès de leurs enfants.

° recommandons

La semaine de quatre jours: un choix contestable

La mise en place de la semaine de quatre jours, non seulement ne respecte pas les rythmes biologiques et psychologiques de l'élève, mais surtout, elle contribue à l'inadaptation° à l'école. Les effets perturbateurs du week-end sont encore plus marqués et se manifestent du vendredi après-midi au mardi matin. Il ne reste aux enseignants, dans ce cas, que° deux jours complets pour profiter de la pleine attention des élèves, et par là même, les surcharger des disciplines dites fondamentales.

° *difficulty in adjusting*

° ne... que *only*

Source: www.cairn.info/article/2006

Déduisez et confirmez: en détail

4 Les jours de la semaine

1. Selon la première formule, dans la semaine traditionnelle, quel est le jour de la semaine qui a été libéré *(freed up)* pour permettre aux enfants d'aller au catéchisme?
2. Selon la deuxième formule, quel jour de la semaine commençant par un **s** est un demi-jour d'école qui a la possibilité d'être déplacé?
3. Maintenant, étudiez la troisième formule. En utilisant le contexte des trois formules, la logique et les abréviations du calendrier, complétez la liste des jours de la semaine.

L = Lundi	J = Jeudi	S = Samedi
M = Mardi	V = Vendredi	D = dimanche
M = Mercredi		

5 Le texte

1. **Vrai ou faux?** Si c'est faux, corrigez.
   a. Les calendriers scolaires français sont conçus (formulés) par des adultes mais avec le bien des enfants comme première priorité.
   b. Il y a plusieurs formules pour distribuer les heures d'enseignement obligatoires *(mandatory)*: quatre jours + samedi matin; quatre jours + mercredi matin; ou quatre jours par semaine mais douze jours de vacances de moins.
   c. Les experts en chronobiologie et chronopsychologie préconisent d'étudier les rythmes biologiques avant de modifier les calendriers scolaires.
   d. Selon les experts, les «bons moments» de la journée sont le début (le commencement) de la matinée (tôt le matin) et le début de l'après-midi.
   e. Selon les psychologues, le mercredi matin est préférable au samedi matin, principalement pour permettre plus d'interaction entre les parents et les enfants.
   f. Le week-end a des effets perturbateurs sur le lundi et le vendredi.

Vocabulaire actif

un an, une année
un anniversaire
le calendrier
le collège
la date
le début / le milieu / la fin
l'école maternelle
l'école primaire
facultatif(-ve)
une journée
les jours de la semaine
  lundi, mardi, etc.
le lycée
les mois
  janvier, février, etc.
obligatoire
le week-end

2. **Le calendrier scolaire.** Répondez selon le texte.
   a. Comment voit-on que les calendriers scolaires sont formulés par et pour les adultes?
   b. Quelle est la définition des «bons moments» de la journée scolaire?
   c. «Peut-on opter pour la semaine de quatre jours sans porter préjudice aux enfants?» Expliquez comment le texte répond à cette question.

Explorez

1. Que pensez-vous de la semaine de quatre jours pour les écoles publiques? Pour les universités? Pour le monde professionnel? Justifiez vos réponses.
2. Quels sont les bons moments et les mauvais moments de votre journée scolaire? Expliquez.
3. Est-ce vrai que le week-end a des effets perturbateurs sur certains jours de la semaine? Quels sont les autres facteurs qui «perturbent» votre semaine? Quels sont les jours qui ont le maximum de «bons moments», selon vous? Quel emploi du temps recommandez-vous à l'administration de votre école?

Note culturelle

L'école en France. L'école en France commence par l'école maternelle, qui est facultative *(optional)* pour les enfants de deux à six ans. L'école devient obligatoire à l'âge de six ans, quand les enfants entrent à l'école primaire, pour cinq ans. À l'âge de onze ans, on entre au collège, pour quatre ans, puis on va au lycée pour trois ans. On peut choisir le lycée général (académique), le lycée technique ou le lycée professionnel. À l'école primaire, au collège et au lycée, les apprenants *(learners)* s'appellent des «élèves». Le terme «étudiant» est réservé à l'enseignement supérieur (l'université). Il n'y a pas d'étudiants au niveau primaire ou secondaire! Les enseignants de l'école primaire s'appellent des instituteurs / institutrices ou des professeurs des écoles; au collège, au lycée et à l'université, ce sont des professeurs. Imaginez maintenant que vous faites une petite présentation à des Français sur le système scolaire (primaire et secondaire) dans votre pays (ou un autre pays que vous connaissez bien). Qu'allez-vous leur dire?

Till Jacket/Photononstop/Photolibrary

Bloguez! iLrn

Regardez la vidéo pour découvrir le système scolaire belge selon Gregory, puis décrivez le système scolaire (primaire et secondaire) dans votre pays. Ressemble-t-il au système scolaire en Belgique? Par exemple: Comment s'appellent les différentes écoles? À quel âge est-ce qu'on entre à chaque école?...

Structure Talking about days and dates

Articles et prépositions avec le jour et la date

Vocabulaire actif

un cadeau
des projets (m.)
la rentrée

Observez et déduisez

Dans mon collège, on a la semaine de quatre jours. Ça me plaît beaucoup parce que le mercredi est libre pour nos passe-temps préférés et le samedi on fait des choses en famille. Voici mes projets pour la semaine: mercredi je vais au gymnase avec mes copines et samedi je vais acheter un cadeau pour l'anniversaire de maman—le 14 novembre. Mon anniversaire est en novembre aussi—le 29.

Robert Fried/Alamy

- Which of the preceding sentences refers to a specific Wednesday and Saturday? Which one refers to Wednesdays and Saturdays in general? In which case is the day preceded by the definite article? What preposition is used to express *in* with the name of a month?

Confirmez

1. Use an article with a weekday to talk about what you do *every* week on that day, e.g., **le samedi** *(Saturdays, on Saturdays).*

   Le dimanche est consacré à la vie de famille, mais **le samedi,** je travaille.

   Do *not* use an article with a weekday if it refers to one specific day.

   Nous avons des projets pour **samedi** après-midi. *(this coming Saturday)*

2. To say in what month (e.g., in January), use **en** or **au mois de.**

   Le début de l'année scolaire (la rentrée) est **en septembre (au mois de septembre).**

   Notice that in French the names of months and days are not capitalized.

3. To express dates, use **le premier** for the first day of the month, but use cardinal numbers for all other dates.

   le premier avril   le **23** (vingt-trois) avril

Attention! When expressing the date numerically in French, place the day before the month, and do not use the preposition **de.**

02/07 → le 2 juillet

4. The year can be expressed as follows:

   1999 → mille neuf cent quatre-vingt-dix-neuf *or*
   dix-neuf cent quatre-vingt-dix-neuf
   2012 → l'an deux mille douze

5. Express the complete date as follows:

   05/09/2012 → le cinq septembre deux mille douze

Activités

CD 2-7

I **L'année scolaire.** Regardez le calendrier de l'année scolaire 2012–2013 pour la Zone B (une grande partie de la France) indiquant la date de la rentrée scolaire—le premier jour de classe—et les dates des différentes vacances. Écoutez et indiquez la date qui correspond à l'occasion mentionnée.

➡ — *Le début des vacances de Noël?* *C'est le 22 décembre 2012.*

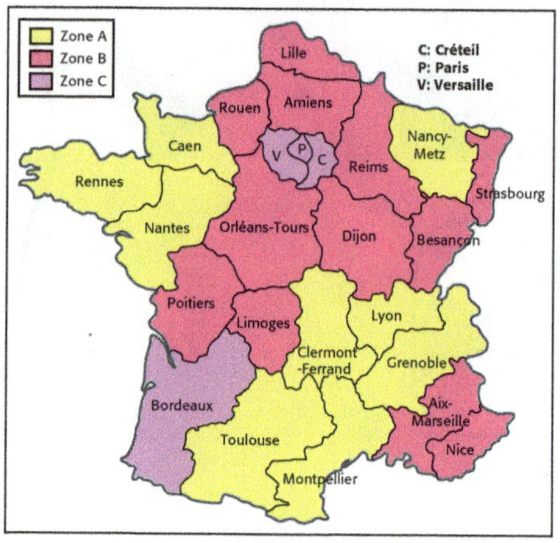

Ministère de l'éducation nationale, de la jeunesse et de la vie associative

ZONE B

Aix-Marseille–Amiens–Besançon–Dijon–Lille–Limoges–Nice–Orléans-Tours–Poitiers–Reims–Rouen–Strasbourg

Rentrée scolaire des enseignants	Rentrée scolaire des élèves	Toussaint	Noël	Hiver	Printemps	Début des vacances d'été
Lundi 3 septembre 2012	Mardi 4 septembre 2012	Du samedi 27 octobre 2012 au jeudi 8 novembre 2012	Du samedi 22 décembre 2012 au lundi 7 janvier 2013	Du samedi 16 février 2013 au lundi 4 mars 2013	du samedi 13 avril 2013 au lundi 29 avril 2013	Jeudi 4 juillet 2013

Toussaint *All Saints Day* hiver *winter* printemps *spring* été *summer*

Et vos vacances? Indiquez les dates suivantes: la rentrée chez vous, le début et la fin des vacances de Noël, le début et la fin des vacances de printemps, le début des vacances d'été.

J **Une date importante.** Quelle est la date de votre anniversaire? Et l'anniversaire de votre camarade de classe?

➡ — *Mon anniversaire est le 5 septembre. Et toi?*

K **2000 ans d'histoire.** Connaissez-vous l'histoire de la France et de l'Europe? Choisissez les dates que vous associez aux événements suivants, puis comparez avec vos camarades de classe. Qui est le plus fort en histoire?

1. Jeanne d'Arc délivre Orléans.
2. Les colonies françaises en Afrique noire deviennent indépendantes.
3. Prise de la Bastille marquant le commencement de la Révolution.
4. Début de la Première Guerre mondiale.
5. Signature du traité de Maastricht instituant l'Union européenne.
6. Mise en circulation de la monnaie en euros.
7. Conquête de la Gaule par les Romains.
8. Répression de la Commune de Paris (sujet du spectacle *Les Misérables*).

a. 51 av. J-C
b. 1429
c. 1789
d. 1871
e. 1914
f. 1960
g. 2002
h. 1992

L **La semaine de quatre jours.** Vous participez à la semaine scolaire de quatre jours. Avec vos camarades de classe, imaginez comment vous allez passer votre temps libre. Décrivez les bons moments de la semaine.

➡ *Samedi matin, nous allons...*

Structure Talking about activities

Grammar Podcasts, Grammar Tutorials

Le verbe *faire*

Observez et déduisez

Quels sont les bons moments pour ces gens?
Qu'est-ce qu'ils font quand ils ont du temps libre?

D'habitude Kofi fait de la natation.

Nathalie et Érica font souvent de la marche.

Quelquefois Hang fait la cuisine.

Geneviève fait toujours ses devoirs.

— Et vous? Qu'est-ce que vous faites quand vous avez du temps libre?
— Nous? Nous ne faisons jamais nos devoirs pendant les bons moments!

- In **Chapitre 2** you learned some expressions with the infinitive form of the verb **faire: faire du shopping, du jogging.** What different forms of the verb **faire** do you find in the preceding examples?

Confirmez

Le verbe *faire*

je fais	nous faisons
tu fais	vous faites
il/elle/on fait	ils/elles font

1. The verb **faire** *(to make, to do)* is used idiomatically with many different activities.

   Le dimanche, il **fait** toujours ses devoirs.
   Ils ne **font** jamais leur lit.
   Ils **font** la sieste ou ils **font** la grasse matinée *(sleep in)*.
   Il **fait** souvent du sport.
   Elle **fait** quelquefois du ski (du golf, du vélo, du foot, de la gymnastique, de l'exercice).*
   Elles **font** de la musique* (des courses, un voyage, la cuisine).
   Faisons une promenade!

2. Notice that questions with **faire** do not necessarily require an answer with **faire.**

   — Qu'est-ce que vous **faites** quand il fait beau? — Je **joue** au golf.
   — Qu'est-ce que vous **allez faire** demain? — Je **vais travailler.**

Vocabulaire actif

les expressions avec *faire*
d'habitude
du temps libre
ne... jamais

* The verb **jouer à** can also be used with games: Je **joue au** tennis et mon frère **joue au** basket. BUT: Je joue **du** piano, **de la** guitare, **d'**un instrument.

Activités

CD 2-8

M **Que font-ils?** Écoutez et notez qui fait les sept activités mentionnées: *Nora* ou *Thomas*.

1. Qui fait la grasse matinée?
2. Qui fait toujours ses devoirs?
3. Qui fait de la natation?
4. Qui fait de la marche?
5. Qui fait du foot?
6. Qui fait la cuisine?
7. Qui fait des courses?

Maintenant, dites si vous faites les mêmes activités. Qui est le plus actif parmi vos camarades de classe? Le plus paresseux?

N **Activités.** Dites ce que les personnes suivantes font et ne font pas en employant les expressions données.

➡ *Mon frère fait souvent du jogging, mais il fait rarement du vélo.*

Justin Bieber et Avril Lavigne		grasse matinée
Tony Parker		musique
Rachael Ray et Emeril Lagasse		courses
Michael Phelps	faire	lit
Mon/Ma colocataire et moi, nous	ne pas faire	basket
Moi, je...		exercice
Mes camarades de classe		natation
Ma sœur / Mon frère		cuisine
		vélo
		devoirs
		jogging
		promenade
		?

O **Réponses personnelles.** Lisez les phrases suivantes et indiquez si vous faites ces activités **toujours, souvent, quelquefois** ou **jamais,** selon vos habitudes personnelles.

1. Le matin, je fais mon lit.
2. Le mardi, je fais de la musique.
3. Le samedi, je fais des courses.
4. Le mercredi, mes amis font du vélo.
5. Le week-end, nous faisons une promenade.
6. Le soir, nous faisons nos devoirs.
7. Le..., je...

Maintenant, comparez vos réponses avec celles d'un(e) partenaire. Prenez des notes sur ses réponses et écrivez un paragraphe au sujet de ses habitudes.

➡ — *Tu fais ton lit le matin?*
— *Jamais! Je n'ai pas le temps. J'ai un cours à huit heures.*

Jeu de rôle

You and a prospective roommate have different interests and abilities. Discuss your pastime preferences using expressions with **faire** to talk about what you like or do not like to do. You may discover that the rooming arrangement would not work out!

David Frazier

Une des épreuves du bac

Observez et déduisez

Dans la province de Québec, on doit faire deux années de formation dans un Collège d'enseignement général et professionnel avant de pouvoir entrer à l'université. En France, il faut passer le bac, un examen national très rigoureux. Quels sont les avantages et les désavantages de critères aussi rigoureux pour déterminer l'accès aux études supérieures?

Confirmez et explorez

• **Le bac.** À la fin de leur dernière année de lycée, les jeunes Français passent[1] un grand examen national qui s'appelle le baccalauréat, ou le bac. Il y a plusieurs sortes de bacs: la série littéraire; la série scientifique; et le bac sciences économiques et sociales. Il existe aussi le bac technologique et le bac professionnel. L'examen dure plusieurs jours et comprend des épreuves (parties) écrites et orales. Les résultats au bac déterminent la possibilité de faire des études supérieures. Approximativement 80% des élèves qui passent le bac réussissent[2]. Les élèves qui ratent[3] l'examen peuvent refaire la dernière année de lycée et repasser le bac l'année suivante. Que pensez-vous de ce système? Préférez-vous un système de contrôle continu comme dans les lycées américains? À votre avis, quels sont les effets d'un grand examen national à la fin des études secondaires sur (a) la qualité des programmes scolaires, (b) l'attitude des élèves et des professeurs vis-à-vis de l'éducation?

• **Le cégep.** Au Québec, si on désire poursuivre des études universitaires, il faut avoir complété 13 années d'études pré-universitaires: six années de primaire, cinq années de secondaire et deux années d'études collégiales dans un collège d'enseignement général et professionnel (cégep). C'est une année de plus que dans les autres provinces canadiennes. Que pensez-vous de l'idée de faire votre formation «générale» (arts et lettres, sciences humaines, etc.) au niveau pré-universitaire, et après, de faire votre «baccalauréat» (l'équivalent anglo-saxon du bachelor's degree) dans votre domaine de spécialisation en trois ans?

• **Éducation et sacrifices.** Dans la majorité des pays africains francophones, le système scolaire est basé sur le modèle français. L'instruction est en français, qui est une deuxième ou troisième langue pour les élèves. Les ressources sont aussi très limitées. Imaginez une petite école dans un village du Sénégal, avec, dans une seule salle de classe, 60 à 70 enfants qui doivent se partager une douzaine[4] de livres! Environ 60% des enfants vont à l'école primaire, mais ce pourcentage varie en fonction des pays. Les collèges et les lycées sont peu nombreux et situés exclusivement dans les villes, ce qui défavorise les enfants qui n'habitent pas dans une zone urbaine. De plus en plus de jeunes vont à l'université, mais il n'y a pas assez de place pour tout le monde. L'éducation vient donc au prix de grands sacrifices. À votre avis, est-il justifié de demander à un enfant de quitter sa famille pour continuer ses études en ville? Est-ce que des sacrifices, financiers et autres, sont nécessaires pour obtenir une formation universitaire chez vous? Quels sacrifices faites-vous pour votre éducation?

Philippe Lissac/Godong/Corbis

Une école primaire au Sénégal

Bloguez! iLrn

Quel système de contrôle y a-t-il dans vos cours à la fac? Le contrôle continu? Un grand examen ou une dissertation *(term paper)* à la fin du semestre? Un autre système? Indiquez vos préférences et dites pourquoi.

1. *take* 2. *pass* 3. *fail* 4. *approx. 12*

Troisième étape

À l'écoute La fac

Décisions, décisions! La conversation que vous allez entendre illustre les décisions que les jeunes Français doivent prendre *(must make)* pour leurs études. Lisez **Pensez,** puis écoutez selon les instructions données.

Ulrike Welsch / PhotoEdit

Pensez

Vocabulaire actif

l'architecture
avoir peur (de)
la bibliothèque
une bourse
le campus
la comptabilité
le droit
une entreprise
la fac
gratuit(e)
la médecine
passer un examen
rater
le restaurant universitaire
réussir *(infinitive only)*
un stage

1 On dit qu'en France il n'y a «pas de fac sans bac». Comme l'explique la page culturelle (p. 145), il est nécessaire d'avoir le baccalauréat, ou le bac, pour entrer à l'université ou dans une école supérieure.

La fac est un autre terme pour l'université, qui se divise en facultés (facs).

Exemples de facs	*Pour les études de/d'*
la fac des lettres et sciences humaines	histoire, géographie, littérature, philosophie, langues étrangères, sociologie, psychologie
la fac des sciences	biologie, chimie, géologie, maths, physique
la fac de droit et sciences économiques	droit *(law)*, relations internationales, sciences politiques, économie, gestion *(business)*, commerce

Observez et déduisez

CD 2-9

2 Écoutez une première fois. Est-ce que Stéphane est...

a. au lycée? b. à la fac?

3 Écoutez encore et répondez aux questions suivantes.

1. **Passer, réussir** ou **rater:** Quel verbe est-ce que la dame utilise quand elle pose sa question à Stéphane sur le bac?
2. Quelles sont les intentions de Stéphane? Il va faire des études de ___________ à la fac ___________.
3. Stéphane **a peur** du bac, «parce que c'est un examen **vachement** important». En utilisant le contexte et la logique, déduisez le sens de **avoir peur** (**être nerveux** ou **calme**?) et **vachement** (**très** ou **un peu**?).

4 Quels diplômes est-ce que Stéphane va préparer? Écoutez encore et reliez les adverbes et les diplômes.

le master	d'abord
la licence	peut-être
le doctorat	sans doute

Déduisez: Quel est le terme français pour l'équivalent du *bachelor's degree*? Du *master's degree*? Du *Ph.D.*? Comment dit-on *first*? *Probably*?

5 Écoutez une dernière fois en faisant attention au contexte de **on peut pas** et **tu veux.** Quel verbe signifie *to want*? Quel verbe signifie *can / to be able to*?

Note culturelle

L'enseignement supérieur. Après le bac, l'enseignement supérieur offre bien sûr d'autres options que les grandes écoles.

- Les universités, avec 55% des étudiants, sont la filière la plus commune. On peut obtenir une licence en 6 semestres, un master en 4 semestres et un doctorat en 3 ans. C'est ce qu'on appelle en Europe le système LMD (licence / master / doctorat).
- Les instituts universitaires de technologie (IUT), avec 5% des étudiants, permettent de préparer en deux ans des diplômes de comptabilité *(accounting)*, d'informatique, etc. Ils offrent parfois des études en alternance, qui permettent d'alterner entre les cours et des stages en entreprises *(internships)*.
- Les instituts universitaires de formation des maîtres (IUFM), avec 3% des étudiants, préparent les professeurs d'écoles primaires.

L'enseignement supérieur public est gratuit. Les étudiants de licence paient environ 170 euros par an de frais administratifs et c'est tout! Les restaurants universitaires sont subventionnés *(subsidized)* par le gouvernement et offrent aux étudiants deux repas par jour pour un prix très modique. Les étudiants dont les parents ont des ressources insuffisantes peuvent bénéficier d'une bourse d'études qui paie une partie de leur logement.

En comparant les options ou conditions de l'enseignement supérieur en France et dans votre pays, quelles sont les différences que vous trouvez les plus intéressantes? Expliquez.

Bloguez! iLrn

Pourquoi avez-vous choisi votre université ou école? Expliquez quels sont les facteurs qui ont influencé votre décision. L'aspect financier? La proximité de votre famille? La qualité de l'instruction? Ajoutez un lien vers le site Web de votre école.

Prononciation Les sons [ø] et [œ]

- **[ø]** is the sound in **euh** and **deux.** To pronounce this vowel sound, say [e], then round your lips like for an [o], without moving your tongue or the opening of your mouth.
- **[œ]** is the sound in **heure** and **neuf.** To pronounce it, say [ɛ], then round your lips, again without moving your tongue or changing the opening of your mouth.

Observez et déduisez

CD 2-10

Listen to the following phrases from **À l'écoute: La fac** on the Text Audio Track, and in the chart, check the sounds you hear. Listen to each phrase twice.

	[ø]	[œ]
1. Tu as **peur**?		
2. un **peu**		
3. tu **veux**		
4. on **peut** pas		
5. des études supéri**eures**		
6. **peut**-être		

Now practice saying the phrases aloud. Then listen to the phrases again to verify your pronunciation.

Confirmez

CD 2-11

1. **Prononcez.** Practice saying the following words aloud, paying particular attention to the highlighted sounds. Then listen to the words on the Text Audio Track to verify your pronunciation.
   a. [ø] monsi**eu**r, paress**eu**x, paress**eu**se, séri**eu**x, séri**eu**se, ennuy**eu**x, ennuy**eu**se, h**eu**r**eu**x, h**eu**r**eu**se, vi**eu**x, les chev**eu**x, les y**eu**x, bl**eu**
   b. [œ] un profess**eu**r, un act**eu**r, un ingéni**eu**r, une f**eu**ille, un faut**eu**il, un ordinat**eu**r, les m**eu**bles, j**eu**ne, l**eu**r, s**œu**r
2. [ø] **et** [œ]. Now practice saying aloud the following sentences that contain both [ø] and [œ]. Then listen to them on the Text Audio Track to verify your pronunciation.
   a. C'est un monsieur paresseux aux yeux vraiment bleus qui a très peu de cheveux et n'est jamais heureux.
   b. C'est la sœur d'un acteur qui n'a pas peur d'être un jeune professeur qui n'est jamais à l'heure.
   c. Il est neuf heures moins deux: Les étudiants peuvent prendre une feuille et passer aux choses sérieuses.

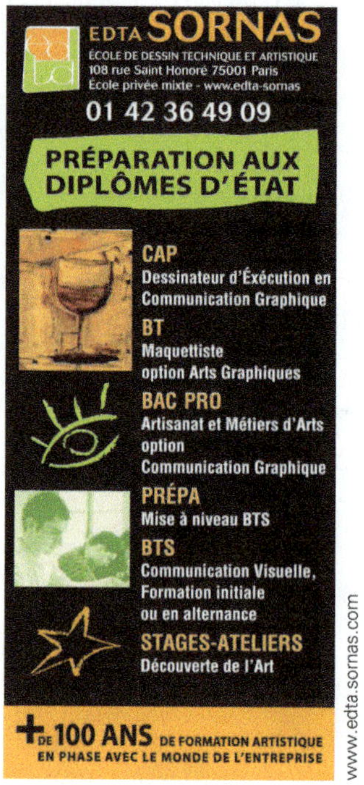

Structure Saying what you can and want to do

Grammar Podcasts, Grammar Tutorials

Les verbes *pouvoir* et *vouloir*

Observez et déduisez

— Tu vas passer ton bac cette année, n'est-ce pas?
— Bien sûr! Sans le bac, on ne peut pas entrer à la fac.
— Tu sais ce que tu veux faire après?
— Ben, je pense que je voudrais faire des études supérieures de chimie l'année prochaine.
— Ah, bon. Tu veux préparer la licence?
— Oui. Et le master et le doctorat si je peux.

Vocabulaire actif

avoir de l'argent
avoir le temps
entrer à la fac
prochain(e)
pouvoir
vouloir

- You learned to use the polite expressions **je voudrais** and **pourriez-vous** in **Chapitre 3.** What other forms of the verbs **vouloir** and **pouvoir** do you see in the dialogue above?

Confirmez

Les verbes *vouloir* et *pouvoir*

je veux	nous voulons
tu veux	vous voulez
il/elle/on veut	ils/elles veulent
je peux	nous pouvons
tu peux	vous pouvez
il/elle/on peut	ils/elles peuvent

1. The verb **vouloir** is used to express desire. It is often followed directly by another verb in the infinitive.

   Je ne **veux** pas **rater** le bac. Je **veux faire** des études supérieures.

2. The expression **vouloir bien** is used to accept an invitation or to express willingness.

   — Tu veux regarder un DVD avec moi?
   — Oui, je **veux bien.**

3. The verb **pouvoir** is used to express ability or permission and is commonly followed by an infinitive.

   Le prof est gentil. Nous **pouvons** toujours **poser** des questions.
   Claire et Lise ne **peuvent** pas **faire** leurs devoirs. Elles n'ont pas le temps *(time)*.
   Je ne **peux** pas **faire** de courses. Je n'ai pas d'argent *(money)*.

Activités

P **L'enseignement en France.** Complétez les phrases de la colonne de gauche avec une expression logique de la colonne de droite.

1. Alain n'a pas son bac. Il ne peut pas...
2. Tu veux aller dans une grande école? Tu vas...
3. Nous voulons être avocats. Nous allons...
4. Mes copains veulent étudier la physique. Ils vont...
5. J'étudie la littérature. Je suis...
6. Vous étudiez dans un IUT. Vous pouvez...

a. à la faculté des lettres.
b. faire un stage dans une entreprise.
c. faire la série scientifique.
d. entrer à la fac.
e. à la faculté de droit.
f. faire des classes préparatoires pendant deux ans.

Q **Possibilités.** Étant donné *(Given)* les conditions ci-dessous, quelles sont les options possibles? Choisissez parmi les possibilités à droite ou inventez-en d'autres!

➡ — *J'aime les maths et je veux travailler dans le domaine des finances.*
— *Alors, tu peux préparer un diplôme de comptabilité.*

Conditions

1. Jérôme veut aller à la fac, mais il n'a pas l'argent pour payer son logement.
2. Mes cousins veulent un très bon travail et ils sont très intelligents.
3. Votre copain et vous voulez aller à la fac et vous aimez surtout les langues et la littérature.
4. Les cours du matin finissent et j'ai très faim, mais je n'ai pas beaucoup d'argent.
5. Emma veut aller à la fac et après, elle veut travailler avec des enfants.
6. Nous ne voulons pas faire d'études supérieures; nous voulons travailler dans un bureau.
7. Je veux trouver une profession où je peux aider les gens.

Possibilités

a. aller au restaurant universitaire
b. aller dans une école paramédicale
c. bénéficier d'une bourse
d. être professeur des écoles
e. aller à la fac des lettres
f. faire des classes préparatoires
g. aller au lycée professionnel
h. préparer un diplôme
i. ?

R **Obligations / Préférences.** Qu'est-ce que ces gens ne veulent pas faire? Qu'est-ce qu'ils préfèrent faire?

➡ *Il ne veut pas... ; il veut...*

S **La permission.** C'est le premier jour de votre cours de français. Jouez le rôle du professeur. Dites aux étudiants ce qu'ils peuvent faire en classe et ce qu'ils ne peuvent pas faire.

➡ manger? *Ah non, vous ne pouvez pas manger en classe.*

1. regarder un DVD?
2. parler espagnol?
3. faire des exercices?
4. écouter votre iPod?
5. poser des questions?
6. envoyer des textos?
7. travailler en groupes?
8. faire la sieste
9. ?

Maintenant, expliquez au professeur ce que vous **voulez** et **ne voulez pas** faire en classe.

➡ *Nous voulons écouter de la musique française!*

T **Invitations.** Qu'est-ce que vous aimez faire quand vous avez du temps libre? Sur une feuille de papier, notez les activités qui vous intéressent et ajoutez trois autres activités.

___ faire des courses	___ faire du jogging	✓ jouer au tennis
✓ écouter un nouveau CD	✓ regarder un DVD	✓ dîner au restaurant
Lire un romans de fantaisie	Jouer au [illegible] Video	Surfer sur Internet

Maintenant, invitez votre partenaire à faire les activités qui vous intéressent. Il/Elle va accepter ou refuser.

➡ — *Tu veux faire des courses?*
— *Oui, je veux bien!* ou *Non, je ne peux pas.*

U **Ni le temps ni l'argent?** Qu'est-ce que vos amis et vous voulez faire ce week-end? Est-ce possible? Si ce n'est pas possible, dites pourquoi.

➡ *Mes amis et moi, nous voulons jouer au foot, mais nous ne pouvons pas parce que nous n'avons pas le temps.*

Structure Discussing your classes

Les verbes *prendre, apprendre* et *comprendre*

Observez et déduisez

Ces étudiants **prennent** des notes en classe.

Ces étudiants **apprennent** à parler français.

Cet étudiant ne **comprend** pas l'exercice.

Et vous? Vous apprenez le français aussi, n'est-ce pas? Est-ce que vous comprenez les exercices? Est-ce que vous prenez des notes en classe? Est-ce que vous prenez le temps de faire vos devoirs?

- **Apprendre** and **comprendre** are both compounds of **prendre.** You have seen some expressions with these verbs in previous chapters: **je ne comprends pas, prenez la rue Victor Hugo.** Using what you already know and the examples you have seen, can you infer the **tu** and **nous** forms of these verbs?

Vocabulaire actif

apprendre
comprendre
prendre...
 le temps de...
 une décision

Confirmez

Le verbe *prendre*

je pren**ds**	nous pren**ons**
tu pren**ds**	vous pren**ez**
il/elle/on pren**d**	ils/elles pren**nent**

1. The verb **prendre** can be used in a variety of contexts:

   Les étudiants **prennent** des notes en classe.
   Jean-Michel **prend** son vélo pour aller en classe.
   Pour aller à la fac, **prenez** la rue de l'Université.

   Note, however, that English and French usage do *not* always correspond.

   Stéphane **prend** une décision importante. (***makes** a decision*)
   Nous **passons** un examen important demain. (***take** a test*)

2. **Prendre un cours** is used for extracurricular or private lessons. To talk about taking classes at school, use **avoir un cours.**

   Hugo **prend un cours** de gymnastique. Il **a un cours** de maths.

3. **Prendre le temps de** + infinitive means *to take the time to* do something.

Je **prends le temps de** faire du sport tous les jours.
Je ne **prends** pas **le temps de** faire mes devoirs.

4. The verb **apprendre** may be followed by a noun or by the preposition **à** and an infinitive to say one is learning to do something:

Nous **apprenons** ***le vocabulaire.*** Nous **apprenons à** ***parler français.***

5. **Comprendre** may be followed by a direct object or may stand alone:

Manon **comprend** ***la grammaire.*** Les étudiants **comprennent** ***le professeur.***
Vous **comprenez**? Oui, je **comprends.**

Activités

V **Logique.** À quelles personnes associez-vous logiquement les expressions ci-dessous: **Le professeur? Vos grands-parents? Vos camarades de classe et vous?** Composez des phrases selon le modèle.

➡ (apprendre l'espagnol) *Mes grands-parents apprennent l'espagnol.*

1. prendre des notes en classe
2. comprendre comment surfer sur Internet
3. prendre un cours de gymnastique
4. prendre le temps de faire ses devoirs
5. apprendre à jouer de la guitare
6. prendre souvent son vélo
7. comprendre ses problèmes
8. apprendre le français

W **Interview.** Interviewez un(e) partenaire en vous posant *(asking each other)* les questions suivantes.

1. Tu comprends toujours le professeur de français?
2. Les étudiants dans la classe comprennent les chansons françaises?
3. Est-ce qu'ils prennent des notes en classe?
4. Tes copains apprennent l'espagnol?
5. Tes copains et toi, vous prenez des leçons de tennis?
6. Tu apprends la chimie?
7. Tu prends ton vélo pour aller en cours?

Banque de mots

étudier
parler
écouter
apprendre
comprendre
prendre le temps de
poser des questions
faire ses devoirs
préparer / passer des examens
la grammaire
le vocabulaire
le professeur
des notes
le cahier
des CD
la vidéo

X **Pour réussir en français, on...** Employez la banque de mots pour dire ce qui est nécessaire pour réussir en français.

➡ *Pour réussir en français… on apprend le vocabulaire.*

Jeu de rôle

An acquaintance with an annoying personality (your partner) is forever inviting you out. Prepare a skit in which he/she continues to insist—even though you refuse—and uses any pretext to get together. Offer several excuses because you have no desire to go anywhere with this person!

iLrn *Complete the diagnostic tests to check your knowledge of the vocabulary and grammar structures presented in this chapter.*

Littérature «Ils vont lui faire éclater le cerveau...»

Louis MONIER/Gamma-Rapho via Getty Images

Marcel Pagnol (1895–1974) is the author of *Jean de Florette* and *Manon des sources,* made famous in the late 1980s through the award-winning movies with Yves Montand. Born and raised in the south of France, Marcel Pagnol has immortalized both in print and on film the charm of the sun-drenched hills of Provence and the singing accent of its people. First a playwright with acclaimed plays such as *Topaze* (1928), *Marius* (1929), and *Fanny* (1931), Pagnol turned to the screen as early as 1936, when he wrote and directed *César,* which has become a classic in the world of film. Pagnol then devoted much of his life to filmmaking. In 1957, he published the first volume of his autobiography, *La Gloire de mon père,* followed in 1958 by *Le Château de ma mère,* which were both made into movies in 1990. Son of Joseph, a schoolteacher, and Augustine, a sweet-natured woman, Marcel recounts with much humor and tenderness the early days of a magical childhood in Provence. The following piece is an excerpt from *La Gloire de mon père.*

Pensez

1 Dans le texte, la concierge dit, «Ils vont lui faire éclater le cerveau...» *(They are going to make his brain burst . . .).* Quelle horreur! «Ils», ce sont les instituteurs d'une petite école primaire. La victime: le petit Marcel. À votre avis, quelles sont les causes possibles d'une «explosion cérébrale»? Cochez la réponse qui vous semble la plus probable.

_____ une expérience scientifique sur le cerveau des enfants

_____ une expérience psychologique sur les capacités cérébrales des enfants

_____ un enfant très intelligent encouragé à apprendre trop de choses *(too much)* trop vite *(too fast)*

_____ un enfant paresseux forcé d'étudier

_____ la punition d'un enfant qui n'est pas sage *(quiet, good)*

_____ une réaction causée par une grande peur *(fear)*

Observez et déduisez: en général

2 Parcourez le texte une première fois. Parmi *(Among)* les possibilités proposées dans **Pensez,** quelle est la réponse correcte?

3 Parcourez le texte une deuxième fois pour identifier les paragraphes qui correspondent aux titres suivants. Attention, il y a un titre supplémentaire qu'on ne peut pas utiliser!

Paragraphe

1 «Quand ma mère va faire...»
2 «Un beau matin...»
3 «Mon père se retourne...»
4 «Alors il va prendre...»
5 «Quand ma mère arrive...»
6 «Sur la porte de la classe...»
7 «À la maison...»
8 «Non je n'ai pas mal...»

Titre

a. Le papa comprend que Marcel sait lire.
b. Le papa confirme avec un livre que Marcel sait lire.
c. La maman appelle un docteur.
d. Marcel va souvent dans la classe de son père.
e. Le papa écrit une phrase sur un petit garçon qui a été puni.
f. La maman observe la condition physique de Marcel.
g. Marcel de quatre à six ans.
h. La réaction immédiate de la maman.
i. La réaction de la concierge.

Mary Evans/Ronald Grant/Everett Collection

«Ils vont lui faire éclater le cerveau...»

Quand ma mère va faire ses courses, elle me laisse° souvent dans la classe de mon père, qui apprend à lire à des enfants de six ou sept ans. Je reste assis°, bien sage, au premier rang° et j'admire mon père qui, avec une baguette° de bambou, montre les lettres et les mots qu'il écrit au tableau noir.

Un beau matin—j'ai à peine quatre ans à l'époque—ma mère me dépose à ma place pendant que mon père écrit magnifiquement sur le tableau: «La maman a puni° son petit garçon qui n'était pas sage.» Et moi de crier: «Non! Ce n'est pas vrai!»

Mon père se retourne soudain, me regarde stupéfait, et demande: «Qu'est-ce que tu dis?»

— Maman ne m'a pas puni! Ce n'est pas vrai!

Il s'avance vers moi:

— Qui dit qu'on t'a puni?

— C'est écrit.

Sa surprise est totale.

— Mais... mais... est-ce que tu sais lire?

— Oui.

— Voyons°, voyons...

Et puis il dirige° son bambou vers le tableau noir.

— Eh bien, lis°.

Et je lis la phrase à haute voix.

Alors il va prendre un livre, et je lis sans difficulté plusieurs° pages... La surprise initiale de mon père est vite remplacée par une grande joie et une grande fierté.

Quand ma mère arrive, elle me trouve au milieu de° quatre instituteurs, qui ont envoyé° leurs élèves dans la cour de récréation, et qui m'écoutent lire lentement° l'histoire du Petit Poucet°... Mais au lieu d'admirer cet exploit, elle pâlit°, ferme brusquement le livre, et me prend dans ses bras, en disant: «Mon Dieu°! mon Dieu!... »

Sur la porte de la classe, il y a la concierge, une vieille femme corse°, qui répète avec effroi°: «Ils vont lui faire éclater le cerveau.... Mon Dieu, ils vont lui faire éclater le cerveau...» C'est elle qui est allée chercher ma mère.

À la maison, mon père affirme que ce sont des superstitions ridicules, mais ma mère n'est pas convaincue, et de temps en temps elle pose sa main° sur mon front° et me demande: «Tu n'as pas mal à la tête°?»

Non, je n'ai pas mal à la tête, mais jusqu'à l'âge de six ans, je n'ai plus° la permission d'entrer dans une classe, ni d'ouvrir un livre, par crainte° d'une explosion cérébrale. Elle va être rassurée quand, à la fin de mon premier trimestre à l'école, mon institutrice va déclarer que j'ai une mémoire exceptionnelle, mais que j'ai la maturité d'un bébé.

- me... *leaves me*
- *seated* / *row*
- *stick*
- *punished*
- *Let's see*
- *points*
- du verbe **lire** (lisez)
- *several*
- avec
- *sent*
- *slowly* / *Tom Thumb*
- *turns pale*
- *God*
- *from Corsica*
- peur
- *hand*
- *forehead* / mal... *a headache*
- ne... plus: *no longer*
- peur

Extrait de *La Gloire de mon père* (Marcel Pagnol).

Observez et déduisez: en détail

4 Les mots. D'après le contexte, quel est le sens des mots suivants? Choisissez **a** ou **b**.

l. 2	apprendre (ici)	a. to learn	b. to teach
l. 5	à peine	a. painfully	b. barely
l. 21	à haute voix	a. quietly	b. aloud
l. 24	fierté	a. fear	b. pride
l. 26	cour de récréation	a. playground	b. principal's office
l. 34	convaincue	a. convinced	b. convalescent
l. 38	rassurée	a. worried	b. reassured

5 Le texte

1. **Vrai ou faux?** Indiquez si la phrase est vraie (V) ou fausse (F). Corrigez les phrases fausses.
   a. Marcel va généralement faire les courses avec sa mère.
   b. Quand Monsieur Pagnol écrit que «la maman a puni son petit garçon qui n'était pas sage», Marcel se sent visé.
   c. Monsieur Pagnol veut des preuves *(evidence)* supplémentaires que son fils sait lire.
   d. Après la surprise initiale, Monsieur Pagnol téléphone à sa femme.
   e. Les autres instituteurs veulent que leurs élèves écoutent Marcel lire.
   f. La vieille concierge est superstitieuse.
   g. Madame Pagnol a peur pour son fils.
2. **Pourquoi?** Pourquoi Madame Pagnol est-elle «rassurée» quand elle apprend que son fils, à l'âge de six ans, a la maturité d'un bébé?

Explorez

1. Imaginez que Marcel est votre fils de quatre ans. Vous apprenez avec surprise qu'il sait lire! Qu'est-ce que vous allez faire? Est-ce que vous allez être content(e), comme le père de Marcel, ou est-ce que vous allez avoir peur, comme sa mère? Est-ce que vous allez encourager Marcel à lire?
2. Est-ce que vous avez parfois l'impression que votre cerveau va éclater? Dans quelles circonstances? Avec un(e) partenaire, faites une liste de ces circonstances.

Par écrit I like school but I'm so busy!

Avant d'écrire

A **Strategy: Brainstorming.** To prepare a writing assignment, begin brainstorming by jotting down lists of ideas and vocabulary related to the proposed task. For instance, what ideas would you be likely to use in a letter discussing your weekly activities? What would you tell a prospective student about your university?

Application. To prepare for the writing assignments that follow, develop two lists: (1) your activities and classes in an average week, and (2) opportunities for students at your university.

B **Strategy: Writing to a friend.** Begin a friendly letter with a salutation such as:

Cher Pierre, Chère Nathalie, Salut les amis!

Close letters to friends with an expression like:

Bien amicalement, Amitiés,

More familiar expressions (similar to "hugs and kisses") used with family and close friends include:

Grosses bises! Je t'embrasse, / Je vous embrasse,

Écrivez

1. En vous basant sur les listes 1 et 2 dans **Avant d'écrire A,** écrivez une lettre à votre ami(e) suisse au sujet de votre vie à l'université. Parlez d'une semaine typique—vos cours, votre emploi du temps, vos activités. Qu'est-ce que vous faites pendant la semaine? Et le week-end?, etc.

   ➡ *Cher/Chère...*
   La vie à l'université est très fatigante mais aussi très intéressante...

2. Vous aidez votre université à préparer de la publicité destinée aux étudiants francophones. Écrivez un paragraphe où vous décrivez les avantages d'être étudiant(e) dans votre institution. Parlez des cours et des emplois du temps, des professeurs, des activités et du campus.

Souvenirs

Pensez

Quelles sont vos matières préférées: les sciences? la littérature? l'économie? Avez-vous toujours aimé ces matières, ou est-ce que vos préférences ont changé au fil des années? Est-ce que quelqu'un (un parent? un ami?) vous a influencé, ou s'agit-il simplement d'une aptitude naturelle? Pensez-y en regardant la vidéo. Les exercices se rapportant à la synthèse culturelle du Chapitre 4 dans votre manuel vont vous aider à comprendre ce que vous entendez. Ensuite, faites **Explorez** et **Bloguez!** ci-dessous.

Dans le système scolaire français, il faut choisir son domaine de spécialisation avant d'entrer dans l'enseignement supérieur. Quel domaine de spécialisation avez-vous choisi et pourquoi?

Camille: Quand j'étais au lycée, je ne savais pas exactement ce que je voulais faire…

Fatou: J'adore les mathématiques et j'adore surtout l'influence, ou bien disons «l'impact», que les mathématiques ont dans notre vie de tous les jours. Et c'est la raison pour laquelle j'ai choisi cette matière.

Fatim: Personne ne m'a jamais vraiment influencée dans mon choix, c'était vraiment personnel.

Explorez

Faites un sondage des étudiants de votre entourage. Demandez quand et comment ces étudiants ont sélectionné leur domaine d'études.

Bloguez! iLrn

Ressemblez-vous plutôt à Camille, qui a eu des difficultés à choisir une spécialisation, ou à Fatou et Fatim, pour qui la décision a été facile? Avez-vous déjà choisi votre domaine de spécialisation? Si oui, ajoutez un lien vers la section pertinente du site web de votre école. Sinon, créez un tableau des avantages et des inconvénients des spécialisations que vous envisagez et téléchargez-le.

Vocabulaire actif

Le temps

un an, une année *a year*
le calendrier *the calendar*
la date
le début *the beginning*
un emploi du temps *a schedule*
la fin *the end*
le milieu *the middle*
du temps libre *free time*

Les mois (m.)

janvier
février
mars
avril
mai
juin
juillet
août
septembre
octobre
novembre
décembre

Les jours (m.) et la semaine

lundi *Monday*
mardi *Tuesday*
mercredi *Wednesday*
jeudi *Thursday*
vendredi *Friday*
samedi *Saturday*
dimanche *Sunday*
par jour *per day, daily*
une journée *a day*
par semaine *per week, weekly*
le matin *morning*
l'après-midi (m.) *afternoon*
le soir *evening*
le week-end

L'heure (f.)

Quelle heure est-il? *What time is it?*
À quelle heure? *At what time?*
neuf heures du matin *9:00 A.M. / 9:00 in the morning*
deux heures de l'après-midi *2:00 P.M. / 2:00 in the afternoon*
du soir *P.M. / in the evening*
... et quart *a quarter after*
... moins le quart *a quarter to*
... et demie *-thirty, half past*
midi *noon*
minuit *midnight*
une minute
un quart d'heure *fifteen minutes*
une demi-heure *a half hour*

Les matières (f.) / Les études (f.)

l'allemand (m.) *German*
l'anglais (m.)
l'architecture (f.)
l'art (m.)
la biologie
la chimie *chemistry*
la comptabilité *accounting*
le droit *law*
l'espagnol (m.) *Spanish*
le français
la géographie
la gymnastique / l'éducation physique (f.) *physical education, gym*
l'histoire (f.) *history*
l'informatique (f.) *computer science*
les langues (f.) étrangères *foreign languages*
la littérature *literature*
les maths (f.)
la médecine *medicine*
la peinture *painting*
la philosophie
la physique *physics*
la psychologie
les sciences (f.) (économiques)
les sciences politiques (sciences po) *political science*
la sociologie

Les écoles (f.)

l'école maternelle *kindergarten*
l'école primaire *elementary school*
le collège *junior high / middle school*
le lycée *high school*
la fac / l'université *college / university*
la bibliothèque *the library*
une bourse *a scholarship*
un campus
un cours *a class*
un diplôme *a diploma, degree*
un examen *an exam, a test*
passer un examen *to take an exam*
rater un examen *to fail an exam*
la rentrée *back to school*
le restaurant universitaire *the university cafeteria*
réussir à un examen *(infinitive only) to pass an exam*
un stage *an internship*

Verbes

apprendre *to learn*
commencer *to begin*
comprendre *to understand*
entrer (à la fac) *to enter*
faire *to do, to make*
finir *(infinitive only) to finish*
pouvoir *to be able to, can*
prendre *to take*
préparer *to prepare*
quitter *to leave*
rentrer *to return home*
vouloir *to want*

Expressions avec *faire*

faire des courses *to go shopping*
faire la cuisine *to cook*
faire ses devoirs *to do homework*
faire la grasse matinée *to sleep in*
faire de la gymnastique / de l'exercice *to exercise*
faire son lit *to make one's bed*
faire de la marche / une promenade *to go for a walk*
faire de la musique *to practice music*
faire de la natation *to swim*
faire la sieste *to take a nap*
faire du sport (du vélo, du ski, etc.) *to play sports (to bike, ski, etc.)*
faire un voyage *to go on a trip*

Expressions verbales

avoir le temps (de) *to have the time (to)*
avoir peur (de) *to be afraid (of)*
Ça me plaît. *I like it.*
Ça te plaît? *Do you like it?*
prendre une décision *to make a decision*
prendre le temps (de) *to take the time (to)*

Expressions pour réagir

Ah bon? Vraiment? *Oh really?*
Bof... *Well . . .*
Ça m'énerve! *That's annoying!*
C'est génial / énorme! *That's cool!*
C'est nul! *That's too bad!*
C'est pas possible! *Impossible!*
C'est pas vrai! *No! / I can't believe it!*
C'est vrai? *Is that right?*
Et alors? *So what?*
J'en ai marre! *I'm fed up!*
Je m'en fiche! *I don't give a darn!*
Mince! *Darn it!*
Quelle chance! *How lucky!*
Sérieux? *Seriously?*
Super! *Great!*
Tant pis! *Too bad!*
Tu plaisantes! / Tu rigoles! *You're kidding!*

Adverbes de temps

après *after*
avant *before*
d'habitude *usually*
ne... jamais *never*
tard *late*
tôt *early*
vers *about, around*

Adjectifs

chargé(e) *busy*
facultatif(-ve) *optional*
gratuit(e) *free (no charge)*
obligatoire *required*
occupé(e) *busy*
prochain(e) *next*

Divers

un anniversaire *birthday*
l'argent (m.) *money*
un cadeau *a gift*
une entreprise *a company, a business*
des projets (m.) *plans*

EXPRESSIONS POUR LA CLASSE

aider *to help*
associer *to associate*
classer *classify*
en vous posant *asking each other*
étant donné(e) *given*
Quel est le sens de... ? *What is the meaning of . . . ?*

chapitre 5

À table!

bobphillipsimages.com

Les Français achètent souvent une baguette toute chaude pour le petit déjeuner. Et vous? Préférez-vous du pain grillé? Un croissant? Qu'est-ce qui est meilleur à votre avis?

This chapter will enable you to

- say what you like to eat or drink and order in a restaurant
- compare people and things and ask for and give explanations
- talk about what happened
- understand conversations about food, an article about eating habits in France, and an excerpt from an African play

Chapter resources

- iLrn Heinle Learning Center
- Text Audio Program
- Video
- Premium Website

À l'écoute Vous désirez?

La conversation de cette étape a lieu *(takes place)* dans un café-snack-bar à Aix-en-Provence. Faites d'abord l'Activité 1, **Pensez,** puis écoutez en suivant les instructions données.

Pensez

1 Voici une page du menu (ou de la carte) de La Belle Époque. Avec un(e) partenaire, examinez les photos et les descriptions, puis déduisez le sens des mots suivants.

SNACKS
spécialités chaudes
La Niçoise
salade, tomates, thon, œuf
6,50 €
Hamburger
Œuf à cheval
6,50 €
La Louisiane
salade, tomates, maïs, jambon
6,50 €
Coppacabana
Saucisse, Tomate, Avocat
4,80 €
Sandwich
Brochette viande
4,10 €

de la salade
une tomate
un œuf
du maïs
du jambon
une saucisse
un avocat
de la viande (bœuf, porc, etc.)

Observez et déduisez

CD 2-12

2 Écoutez une première fois pour déterminer qui parle.

a. deux clients et une serveuse *(waitress)*
b. deux clients et un serveur *(waiter)*
c. trois clients

3 Écoutez une deuxième fois en regardant le menu et notez sur une feuille:

les plats *(dishes)* mentionnés
les plats commandés *(ordered)*

4 Qu'est-ce que le jeune homme commande en supplément?

a. une salade
b. des frites
c. de la soupe

5 Quel est le sens de **j'ai faim** et **j'ai soif**? Complétez les phrases de gauche avec les explications à droite.

1. Quand on a faim...	a. on prend une boisson.
2. Quand on a soif...	b. on mange.

6 Écoutez encore une fois et identifiez les boissons commandées.

Boissons froides

Boissons chaudes

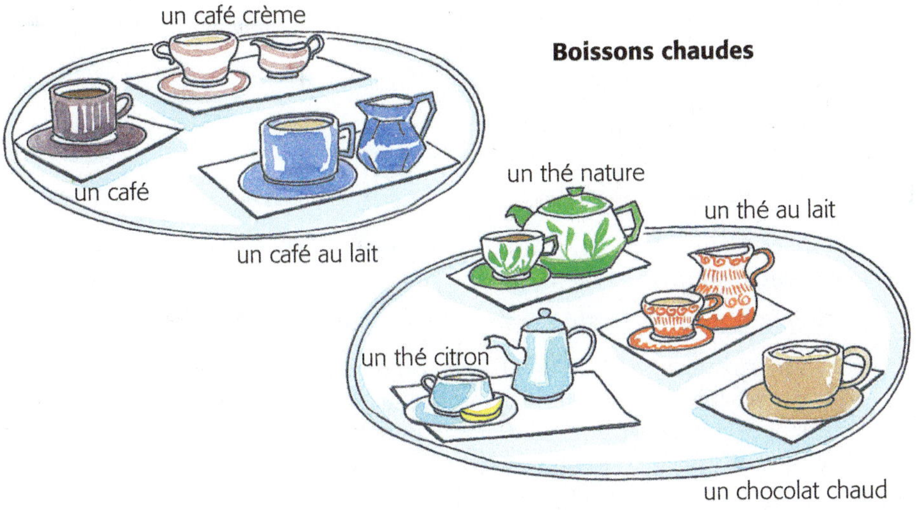

Vocabulaire actif

les aliments (m.)
- une baguette
- le bœuf
- la confiture
- un croissant
- des frites (f.)
- le fromage
- une glace
- du jambon
- du jus d'orange
- un légume
- du maïs
- la mousse au chocolat
- un œuf
- le pain (grillé)
- une pizza
- le porc
- une quiche
- un sandwich
- une saucisse
- le sucre
- le thon
- une tomate
- la viande
- un yaourt

avoir faim / soif

les boissons (f.)
- froides: un jus de fruits, etc.
- chaudes: un café, etc.

la carte / le menu

un(e) client(e)

commander

le fast-food

frais (fraîche)

léger (légère)

ordinaire

les plats (m.)
- le dessert
- un hors-d'œuvre
- le plat garni
- une salade
- la soupe

les repas (m.)
- le petit déjeuner
- le déjeuner
- le dîner
- le souper

un serveur / une serveuse

Notes culturelles

Les boissons. Dans la majorité des cafés et des restaurants, si vous commandez de l'eau, on va vous apporter une bouteille d'eau minérale. Si vous voulez de l'eau du robinet gratuite *(free tap water)*, il faut demander une carafe d'eau ou de l'eau ordinaire. Un citron pressé est un mélange d'eau, de jus de citron frais *(fresh lemon juice)* et de sucre *(sugar)*. Une limonade est une boisson gazeuse *(carbonated)* très semblable au 7-Up.

Les repas *(meals)*. Le matin, le petit déjeuner comprend généralement du café au lait, du thé ou du chocolat chaud avec du pain (une baguette toute chaude), du beurre et de la confiture *(jam)*, du pain grillé *(toast)* ou un croissant. La plupart des adultes mangent cette version «continentale» du petit déjeuner, tandis que les jeunes et les enfants préfèrent la version «anglaise» avec du jus de fruit et des céréales. Ceux qui sont pressés se contentent d'une boisson (café ou jus d'orange) et d'un yaourt.

Entre midi et 14 heures, le déjeuner traditionnel est un repas complet avec un hors-d'œuvre ou une entrée (par exemple, une salade de tomates), puis un plat garni ou plat principal *(main dish)* avec de la viande et des légumes *(vegetables)*, du fromage (du camembert, du roquefort, etc.) et un dessert (de la mousse au chocolat, de la glace à la vanille…). Cependant, comme vous le verrez dans la lecture p. 175, les habitudes des Français en ce qui concerne le repas de midi sont en train de changer.

Vers la fin de l'après-midi, les enfants mangent le goûter, c'est-à-dire des gâteaux ou du pain avec une boisson, afin de pouvoir patienter jusqu'au dîner, qui n'est pas avant 19 ou 20 heures. Le dîner est un autre repas complet mais plus léger, avec de la soupe, un plat garni (par exemple une quiche avec un légume), de la salade verte avec de la vinaigrette, du fromage et, comme dessert, un fruit ou un yaourt. Le dîner est le moment privilégié pour se retrouver en famille, et deux tiers des familles regardent la télévision pendant le dîner. Au Québec, le repas du soir s'appelle le souper.

En quoi consistent vos repas? Est-ce qu'il vous arrive souvent de manger «sur le pouce» *(on the run)*? Quand? Que mangez-vous quand vous êtes pressé(e) *(in a hurry)*? **Culture et réflexion** à la page 184 va vous faire réfléchir davantage au rôle des repas dans la vie.

Bloguez! iLrn

Indiquez quel repas est le plus important de la journée pour vous et expliquez pourquoi. Téléchargez quelques images des aliments que vous mangez souvent à ce repas.

Prononciation Le *e* caduc

- An unaccented **e** is not pronounced at the end of words. This type of **e** is called **le *e* muet,** or mute **e.**

  une̸ serveuse̸   cette̸ bière̸   elle̸ mange̸

- But in monosyllables such as **je, que, le, ne,** and other words in which the unaccented **e** is not in final position **(demain, samedi),** the **e** is called **le *e* caduc,** or unstable **e,** because sometimes it is pronounced, and sometimes not.

Observez et déduisez

CD 2-13

Listen to the following excerpts from **À l'écoute: Vous désirez?** on the Text Audio Track, paying close attention to the ***e* caducs** in bold. How are these expressions pronounced by native speakers? Indicate which pronunciation you hear, a or b. An underlined **e** represents a pronounced **e;** an **e** with a slash through it represents a silent **e.** You will hear each item twice.

1. a. Qu'est-ce̸ que̲ tu vas prendre?
   b. Qu'est-ce̸ que̸ tu vas prendre?
2. a. il n'y a pas de̲ frites avec...
   b. il n'y a pas de̸ frites avec...
3. a. Ben moi, je̲ vais prendre une salade niçoise.
   b. Ben moi, je̸ vais prendre une salade niçoise.
4. a. mais je̲ voudrais aussi des frites.
   b. mais je̸ voudrais aussi des frites.
5. a. et pour made̲moiselle?
   b. et pour made̸moiselle?

The *e* **caduc** is usually not pronounced if you can drop it without bringing too many consonant sounds together.

je̸ vais prendre...   made̸moiselle   same̸di

When there are two *e* **caducs** in a row, usually the second one is dropped, except in the case of **que,** which is normally retained.

Je̲ n~~e~~ comprends pas.
Qu'est-c~~e~~ que̲ tu veux?

The *e* **caduc** is pronounced when it is preceded by two or more consonant sounds.

vendre̲di (d, r)   une brochette de̲ bœuf (t, d)

Confirmez

CD 2-14

1. **Prononcez.** Practice saying the following sentences aloud, dropping the **e** when it is crossed out and retaining it when it is underlined. Then listen to the sentences on the Text Audio Track to verify your pronunciation.
   a. Qu'est-c~~e~~ que̲ tu r~~e~~gardes?
   b. J~~e~~ n'aime pas l~~e~~ coca; j~~e~~ préfère les jus d~~e~~ fruits.
   c. Nous n~~e~~ pre̲nons pas d~~e~~ café cette se̲maine.
   d. Elle de̲mande de̲ l'eau minérale; moi, j~~e~~ vais d~~e~~mander d~~e~~ l'eau ordinaire.

2. **Le *e* caduc.** In the following sentences, cross out the *e* **caducs** that would normally be dropped, and underline the ones that must be pronounced.
   a. Vous êtes **de** Paris?
   b. **J**e̲ **ne** suis pas **de** Paris, mais **je** viens d'une **pe**tite ville à côté **de** Paris.
   c. Il y a **de** bons **pe**tits restaurants près **de** chez moi.

   Now practice saying the sentences aloud. Then listen to them on the Text Audio Track to verify your pronunciation.

Vocabulaire Pour commander au restaurant

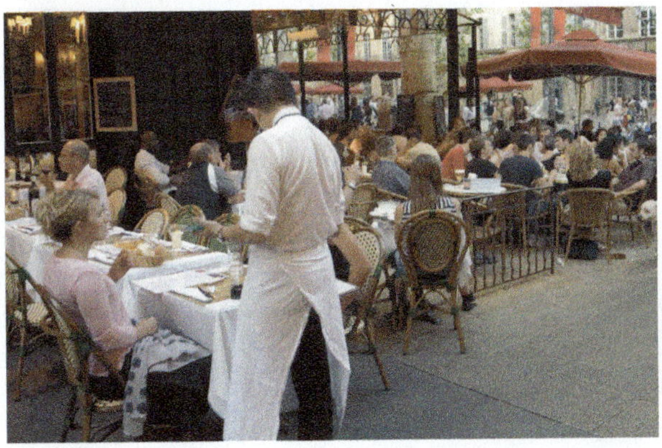

Travel Shots/Photolibrary

— Monsieur, s'il vous plaît.
— Oui, madame. Vous désirez?
— Je voudrais un sandwich au jambon et un citron pressé.
— Moi, je vais prendre* une pizza et un coca.
— Et pour moi, un steak-frites et une bière, s'il vous plaît.

Plus tard...

— Monsieur, l'addition, s'il vous plaît.

Si vous voulez parler au serveur ou à la serveuse, qu'est-ce que vous dites? Quelles sont les expressions pour commander? Pour demander de payer? Qu'est-ce que vous allez commander?

*The verb **prendre** is often used to express the idea of having something to eat or drink. **Prendre** (not **manger**) is used with meals, e.g., **Quand je *prends* le petit déjeuner, je *prends* du pain et du café.**

Vocabulaire

L'alimentation: ce qu'on achète au magasin

Fruits et légumes

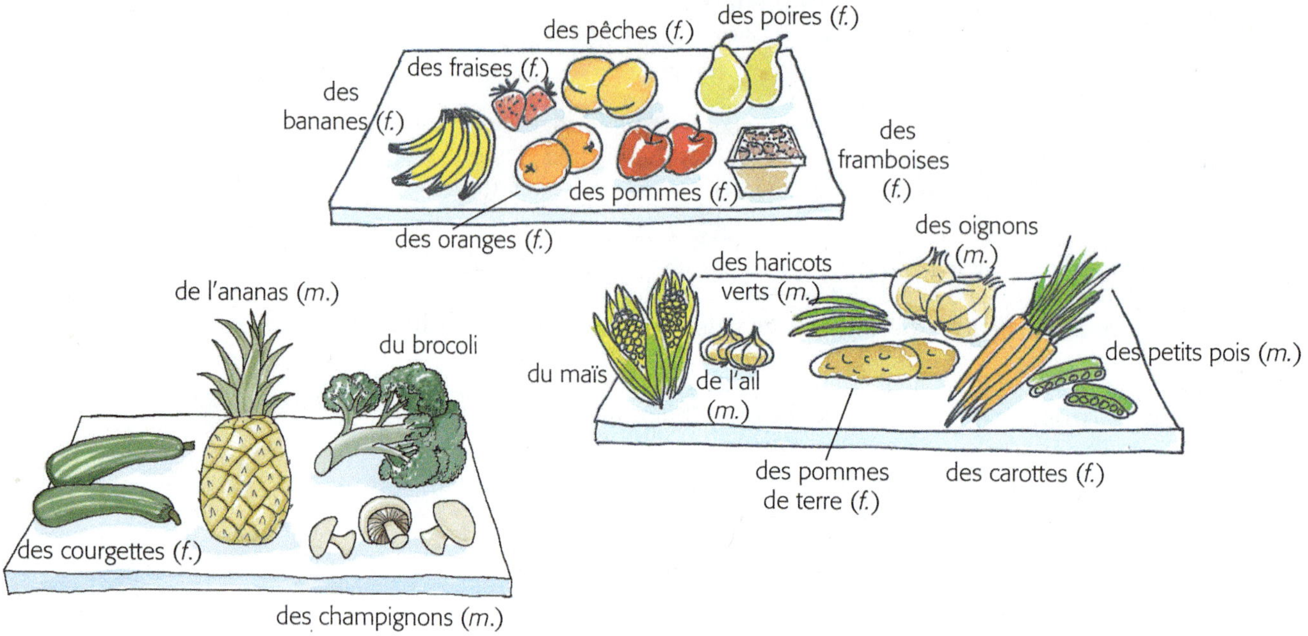

Charcuterie

Produits laitiers

Pains et pâtisseries

Produits énergétiques

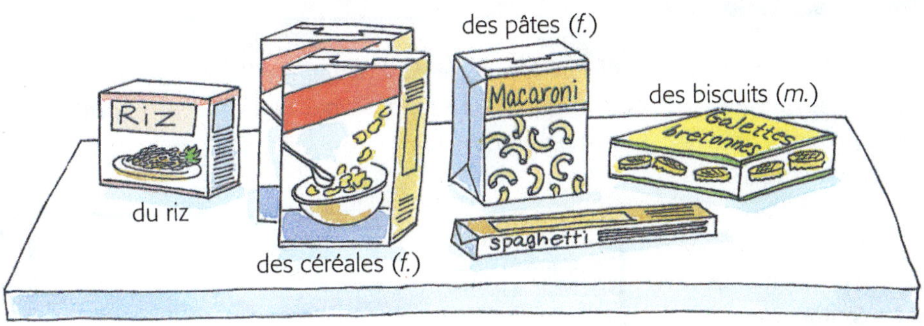

Poissons et fruits de mer

Viandes

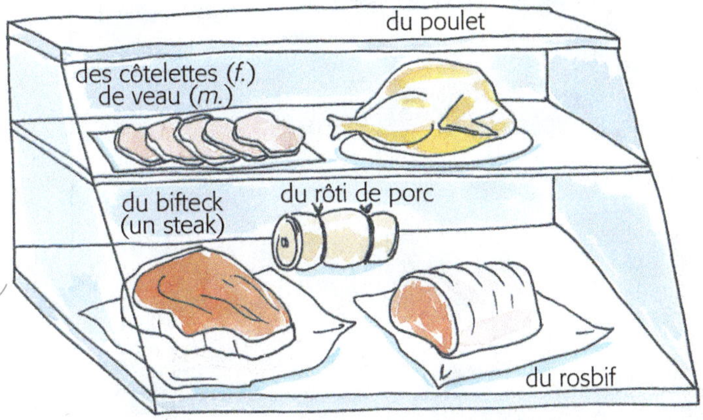

Pour manger à la maison: le couvert

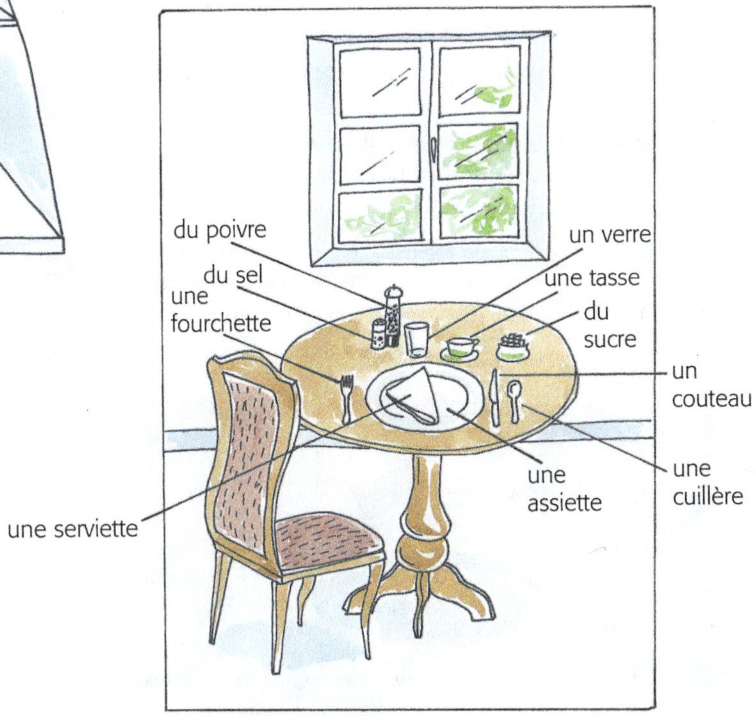

Pour chaque catégorie d'aliments, indiquez: le produit que vous aimez beaucoup, que vous n'aimez pas du tout, que vous mangez très souvent et que vous mangez rarement. Qu'est-ce que vous allez acheter pour préparer votre sandwich favori?

Notes culturelles

Les magasins d'alimentation. Les Français aiment manger frais et les petits magasins du quartier garantissent la fraîcheur de leurs produits. Le pain et les gâteaux sont plus frais à la boulangerie-pâtisserie du coin et la viande est coupée devant vous à la boucherie du quartier. Les autres petits magasins sont la poissonnerie pour le poisson et les fruits de mer, la charcuterie pour les salamis, les saucissons et une multitude de plats préparés frais. La proximité de l'épicerie du coin permet d'y acheter deux ou trois articles (du lait, de la salade) et de passer quelques minutes agréables à bavarder (parler) avec le propriétaire et les voisins. Pourtant, faire ses achats dans les supermarchés et hypermarchés devient la norme en France. Plus de 80% des ménages y font au moins une partie de leurs achats alimentaires chaque semaine. Ces grandes surfaces ressemblent aux supermarchés en Amérique du Nord, avec une variété de rayons (rayon boucherie, rayon boulangerie, rayon fruits et légumes...), mais il y a quelques différences: le rayon fromages est beaucoup plus grand; le rayon de produits surgelés *(frozen foods)* est un peu plus petit et il y a un plus grand choix de vins et d'eaux minérales.

Le marché en plein air. Beaucoup de Français font toujours leurs courses, surtout le samedi, au marché en plein air. Les agriculteurs de la région viennent vendre *(sell)* leurs produits sur les places de la ville. Ces marchés sont généralement très colorés et très animés; on y trouve des fruits, des légumes, des fromages, de la charcuterie, des fleurs *(flowers)*, des produits artisanaux—et beaucoup de conversation! Au Sénégal, ancienne colonie française en Afrique de l'Ouest, les marchés en plein air sont permanents et remplacent les magasins.

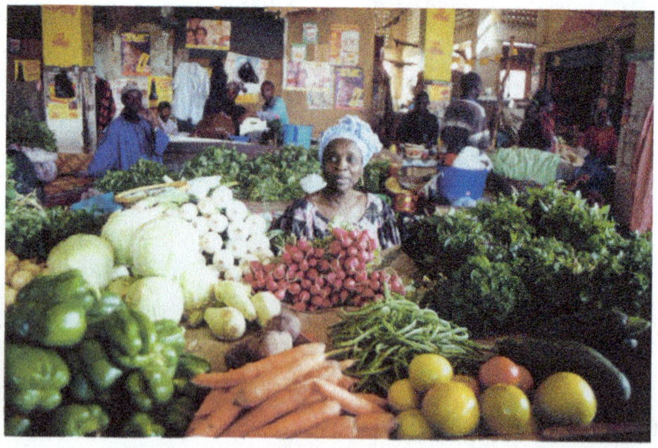
Chantal Thompson

Le marché Sandaga à Dakar

Vocabulaire actif

les grandes surfaces
les petits magasins
  la boucherie du coin...
les produits surgelés
le rayon... fromages, etc.
le supermarché

bobphillipsimages.com

Une boutique pour les gourmands

bobphillipsimages.com

Des saucissons de premier choix

Bloguez!

Regardez la vidéo pour découvrir où Fatou fait ses courses généralement. Est-ce que vous faites vos courses dans les mêmes endroits qu'elle? Expliquez où vous préférez faire les courses, puis ajoutez des liens vers les sites Web de vos magasins préférés.

Activités

CD 2-15

A **Quel magasin?** Écoutez et dites dans quels magasins on trouve les produits mentionnés: à la boucherie, la boulangerie-pâtisserie, la charcuterie, la poissonnerie, l'épicerie?

B **Traditions culinaires.** Est-ce que les habitudes suivantes caractérisent plutôt les Français ou les Nord-Américains?

1. Ils prennent des œufs, du bacon et du pain grillé au petit déjeuner.
2. En général, à midi, ils prennent un repas complet avec une entrée, un plat principal, du fromage et un dessert.
3. Ils achètent du pain tous les jours.
4. Ils commencent le repas par une salade verte.
5. En général, ils vont faire leurs courses uniquement au supermarché.
6. Ils mangent fréquemment dans un fast-food.
7. Ils achètent peu de produits surgelés.
8. Ils terminent souvent le repas par du fromage.
9. Ils boivent du lait au déjeuner.
10. Ils préfèrent les petits magasins du coin.
11. Ils vont souvent au marché en plein air.

C **Chassez l'intrus.** Dans chaque groupe, trouvez le mot qui ne va pas et expliquez pourquoi.

➡ du homard, du brie, du thon, des crevettes
Du brie, parce que ce n'est pas un poisson et ce n'est pas un fruit de mer, non plus.

1. du maïs, des haricots verts, des pommes, des petits pois
2. de la glace, de la mousse au chocolat, de la tarte, de la quiche
3. du bifteck, du veau, du poulet, des poires
4. de l'eau minérale, de la bière, du poivre, du café
5. des saucisses, du jambon, du pâté, du beurre
6. des tomates, des céréales, du riz, des pâtes

D **Au supermarché.** Indiquez ce que vous allez acheter pour les occasions suivantes: un pique-nique, une fête d'anniversaire, un petit déjeuner, un dîner en famille.

➡ *Pour un pique-nique, je vais acheter...*

E **Devinez!** Nommez les ingrédients principaux d'un de vos plats préférés. Vos camarades de classe vont deviner ce que c'est.

Structures Discussing food and drink

Grammar Podcasts, Grammar Tutorials

Le verbe *boire* • Les articles partitifs

Observez et déduisez

Quand j'ai soif et que je veux boire quelque chose, je bois généralement de l'eau minérale ou de la limonade. Mon copain boit du coca, mais il ne boit pas d'eau. Et vous, qu'est-ce que vous buvez le plus souvent? Du jus de fruits? Du café? De la bière?

Carrefour, France

- What forms of the verb **boire** do you see in the preceding paragraph? What do you think the verb means? Calling to mind other irregular verbs you know, infer the following forms of **boire:**
- tu ______________; nous ______________
- In the paragraph, there are four different ways of expressing an indefinite quantity (the idea of *some, any*). What are they?

Confirmez

1. The verb **boire** *(to drink)* is irregular.

Le verbe *boire*

je bois	nous buvons
tu bois	vous buvez
il/elle/on boit	ils/elles boivent

Les articles partitifs

2. A partitive article is used before mass (uncountable) nouns to refer to an unspecified amount, a part or portion of the whole *(some, any)*. It agrees in number and gender with the noun.

   Je prends du café
   ... de la tarte
   ... de l'eau
   } (*some* coffee / pie / water; an unspecified amount)

3. Note that the partitive article is often used after verbs such as **manger, boire, prendre, vouloir,** and **avoir,** since one frequently uses these verbs to refer to portions or unspecified amounts.

   — Tu veux **du** chocolat? — Do you want *any* chocolate?
   — Non, je prends **de la** tarte au citron. — No, I'll have *some* lemon pie.

4. The partitive article is always expressed in French, even though at times no article at all is used in English, as in "Mineral water for me, please." (You do not need to say "some" mineral water.)

   Pour moi, **de l'**eau minérale, s'il vous plaît. Water for me, please.

5. After a negative expression, the partitive article is **de/d'**.

   Paul boit du café, mais il **ne** boit **pas d'**eau minérale ni *(nor)* **de** thé.

Les articles

	masculin	**féminin**	**m./f. pluriel**	**après un verbe négatif**
article défini	le, l'	la, l'	les	le, la, les, l'
article indéfini	un	une	des	de, d'
article partitif	du, de l'	de la, de l'	—	de, d'

L'usage des articles

partitive article du, de la, de l'	**de**	**definite article le, la, l', les**	**indefinite article un, une, des**
manger, boire, prendre, etc. in *affirmative* form with non-countable items	• **manger, boire, prendre**, etc. in *negative* form, and • after expressions of quantity*	• **aimer, préférer, détester** in affirmative *or* negative, and • to refer to specific objects or persons *(the)*	**manger, boire, prendre**, etc., with items you can count

* These expressions are introduced on page 179.

Vocabulaire actif

les articles partitifs
du, de la, etc.
boire
ni

Activités

F **Logique? Pas logique?** Complétez les phrases suivantes avec la forme convenable du verbe **boire,** puis dites si la phrase est logique ou pas logique.

1. Mes copains et moi, nous... du lait quand nous allons au café le week-end.
2. Je vais travailler tard ce soir, alors je... du café cet après-midi.
3. Ton colocataire et toi, vous... du chocolat chaud en hiver *(winter).*
4. Tu... de la bière au petit déjeuner, n'est-ce pas?
5. Mes camarades de classe... du vin quand ils vont au restaurant français.
6. Quand elle a très soif, ma petite sœur... de la limonade.
7. Parce que j'aime beaucoup les fruits, je... beaucoup de thé.
8. Maman n'aime pas la caféine, alors elle ne... pas de café.

Banque de mots

jus d'orange
citron pressé
eau minérale
chocolat chaud
thé nature
vin rouge
bière
café crème
?

G **Les boissons.** Complétez les phrases avec des boissons logiques de la banque de mots et l'article convenable.

1. Mon frère ne prend pas de caféine, alors il ne boit pas... ni ...
2. Mes parents n'aiment pas les boissons alcoolisées, alors ils ne boivent pas... ni ...
3. Je préfère les boissons froides et je bois souvent... et ...
4. Dans ma famille, nous détestons les fruits; nous ne buvons pas... ni ...
5. Mes sœurs sont allergiques au lait, alors elles boivent... et ...
6. Vous aimez bien les boissons chaudes, alors vous buvez souvent... et ...

H **Des goûts différents.** Nathalie est allergique aux produits laitiers, Papa est au régime, Maman est végétarienne et Nicolas a vraiment faim! Identifiez leurs plats (ci-dessous) et décrivez ce qu'ils mangent et boivent au déjeuner.

➡ *Maman prend..* *Nicolas prend...*
Papa mange... *Nathalie boit...*

1.

2.

3.

4.

Maintenant, nommez trois choses que chaque personne ne mange pas.

➡ *Maman est végétarienne, alors elle ne mange pas de...*

Et vos camarades de classe et vous, qu'est-ce que vous mangez et ne mangez pas?

I **On mange ce qu'on aime.** Indiquez les préférences des personnes mentionnées, selon les indications (+/–). Ensuite, dites ce qu'elles vont ou ne vont pas prendre en employant des articles définis et partitifs.

➡ Roger / viande +
Roger aime la viande, alors il mange... du porc.
Roger / boissons alcoolisées –
Roger n'aime pas les boissons alcoolisées, alors il ne boit pas... de vin.

1. Philippe / desserts +
2. Babette / caféine –
3. Simon / boissons froides +
4. Paul / viande –
5. Claire / légumes –
6. Olivia / œufs +
7. Marc / fruits –
8. Et vous? +/–

J **Chez vous?** Expliquez à un(e) camarade de classe ce que vous prenez en général pour les occasions suivantes.

1. au petit déjeuner, à boire et à manger
2. quand vous dînez dans un restaurant italien, à boire et à manger
3. l'après-midi quand vous avez soif ou faim
4. au dîner à la maison, à manger comme dessert
5. à boire quand vous retrouvez vos copains le week-end
6. à boire dans un restaurant chinois
7. à manger quand il fait très froid *(when it's really cold)*
8. à manger pour un grand repas de fête

(Toutes nos pizzas sont garnies d'herbes et d'olives.)
NOS PIZZAS
Huile pimentée offerte sur demande
Ø 30cm
REINE 7,50
tomate, jambon, champignons, fromage
4 SAISONS 7,50
tomate, cœurs d'artichauts, maïs, champignons, fromage
4 FROMAGES 7,50
tomate, cantal, chèvre, roquefort, fromage
PARISIENNE 6,90
tomate, champignons, fromage
NAPOLITAINE 6,90
tomate, anchois, fromage
ROYALE 7,50
tomate, poivrons, chorizo, fromage
NEPTUNE 7,50
tomate, thon, champignons, fromage
MARGUERITE 6,20
tomate, fromage
ORIENTALE 7,50
tomate, merguez, champignons, fromage
PROVENÇALE 7,90
tomate, aubergines, ail, persil, lardons, fromage
Tout Supplément 1,00
Ø 30cm
MARINIERE 7,50
crème, thon, poivrons, fromage
CHICKEN 7,60
crème, poulet, champignons, fromage
NORVEGIENNE 8,40
crème, saumon, fromage, citron
NORMANDE 7,50
crème, jambon, champignons, fromage
EXTRA 6,90
crème fraîche, oignons, fromage
ALSACIENNE 7,90
crème, lardons, oignons, fromage
CANNIBALE 7,90
tomate, steack haché, oignons, fromage
SICILIENNE 6,20
tomate, anchois, câpres
HAWAIENNE 7,50
tomate, jambon, ananas, fromage
CAMPAGNARDE 7,50
tomate, lardons, poivrons, fromage
SUPER 7,90
tomate, steack haché, poivrons, fromage
NOS BOISSONS
Coca, Fanta, Ice Tea, Oasis, Orangina, Bière (33cl) 1,50
Vin Pays du Var Rouge-Rosé (75cl) 4,00
La livraison d'une pizza offerte devra être accompagnée d'une autre pizza. Minimum de commande en livraison 6 €
Tickets restaurant acceptés
Pizza Jean-Jean

Jeu de rôle

You and some friends are having lunch at Pizza Jean-Jean. Prepare a skit in which you consider the various pizzas and their ingredients, then use the menu to order. Vary the polite expressions for ordering and asking for the bill. (See p. 165.)

Deuxième étape

Lecture Snacking ou néorestauration?

Pensez

1 Les Français ont la réputation de «vivre pour manger» et non de «manger pour vivre», mais le fait que les termes «snacking» et «fast-food» se sont déjà introduits dans la langue française, indique une évolution dans les habitudes (ou comportements) culinaires des Français. On parle aussi de «néorestauration». Qu'est-ce que ce terme évoque pour vous? Cochez les réponses qui vous semblent appropriées et ajoutez-en d'autres.

_____ des produits plus naturels (organiques, biologiques)
_____ plus de produits surgelés
_____ plus de produits en boîte *(canned, boxed)*
_____ des produits traiteurs *(deli)*
_____ une restauration rapide
_____ des repas pris (mangés) hors domicile (à l'extérieur de la maison)
_____ une cuisine de haute (très bonne) qualité
_____ une cuisine plus saine *(healthy)*
_____ une cuisine adaptée aux régimes amincissants (pour être plus mince)
_____ des repas moins chers
_____ ?

Observez et déduisez: en général

2 **Les idées principales.** Le texte que vous allez lire est en fait un éditorial d'un grand chef français, Yves Thuriès, auteur d'une *Encyclopédie de la gastronomie française* en 12 volumes, qui est considérée comme «la Bible des professionnels». Il est aussi propriétaire de plusieurs hôtels-restaurants, dont Le Grand Écuyer, un restaurant gastronomique à 4 étoiles. Son magazine, *Thuriès Gastronomie Magazine,* propose chaque mois des recettes *(recipes)* de haute cuisine et commence par un éditorial. Ici, il parle donc de «Snacking ou néorestauration». Parcourez le texte pour identifier les idées principales et cochez celles qui sont mentionnées.

Dave Bartruff/DanitaDelimont.com

Un restaurant haute cuisine

_____ a. définition de la nouvelle restauration commerciale
_____ b. exemples de produits populaires
_____ c. recettes de quelques produits traiteurs
_____ d. explication sociologique des nouvelles habitudes culinaires
_____ e. origine de la loi des 35 heures (la semaine de travail en France)
_____ f. durée (longueur) moyenne du repas de midi
_____ g. durée moyenne du repas du soir
_____ h. catégories de prix
_____ i. la nouvelle mentalité française

Snacking ou néorestauration?

bobphillipsimages.com

La néorestauration?

Sous ces termes-là, on englobe toute la nouvelle restauration commerciale: cafétéria, pizzeria, saladerie, tartinerie, crêperie, croissanterie et autres fast-foods ou restauration à thème…

Le développement des repas pris hors domicile a, depuis une vingtaine d'années, favorisé ce marché qui tous les ans se développe de 5%. Au bureau, dans l'entreprise, au lycée ou dans la rue, le snacking prend de plus en plus d'importance; gain de temps, changements de modes de vie et temps consacré aux repas de plus en plus court.

Le traditionnel jambon-beurre remporte toujours beaucoup de succès, mais avec les soupes, les salades et tous les produits traiteurs que l'on trouve en frais ou congelé°, la gamme des snackings est devenue aujourd'hui très attractive sur ce marché en constant développement.

surgelé

Les sociologues nous expliquent ce phénomène par l'importance que prend le travail de la femme dans notre société, ainsi pour les familles où la femme travaille, la part budgétaire des repas pris à l'extérieur peut dépasser les 20%, contre 10% au plus dans les familles où la femme ne travaille pas. L'augmentation du temps libre, la part des loisirs ou la généralisation de la journée continue constituent d'autres causes de ce développement. À la réduction du temps de travail s'est superposée la réduction du temps passé à table, une tendance qui s'est amorcée avec l'avènement° des fast-foods et s'est accentuée depuis les 35 heures. Il y a 30 ans, le repas de midi prenait en moyenne 1h30; aujourd'hui, il prend moins de 30 minutes, d'où la nécessité d'adapter la restauration à ces nouvelles tendances. En 1980, c'étaient 10% des personnes qui prenaient leur repas de midi à l'extérieur, et aujourd'hui, ce sont plus de 20%. [C'est donc] un marché en constant développement, où le consommateur peut trouver des formules de restauration qui lui coûteront souvent moins cher que les repas pris au foyer.

s'est… a commencé avec
l'arrivée

Manger à moins de 10 € boisson comprise, c'est ce que nous appelons le snacking, qui représente plus de 50% des repas pris le midi. Entre 10 à 15 euros, les formules sont qualifiées de petite restauration; on y recherche, là, le bon rapport qualité-prix. De 15 à 25 euros, une bonne restauration où le client aura déjà ses exigences°. De 25 à 50 euros, le client fait le choix d'une «grande table» et il est en droit d'attendre° une certaine qualité. Au-delà de 50 euros, nous sommes dans une cuisine qui se veut gastronomique et qui ne peut décevoir°, c'est une formule généralement destinée aux repas d'affaires.

expectations
est… *has the right to expect*
to disappoint

Oui, les nouveaux comportements culinaires sont à l'image de la mentalité française; on voudrait avoir tout facilement et pour pas cher:

- Faire du sport pour se maintenir en forme, mais sans se fatiguer;
- Faire un régime pour maigrir, mais sans se priver;
- Bien manger en peu de temps, et pour un petit prix.

Aujourd'hui, manger au restaurant est à la portée d'un très grand nombre; il y a 25 ans, c'était un privilège qui était réservé aux plus riches!

Editorial par Yves Thuriès, *Thuriès Gastronomie Magazine.*

Chantal Thompson

Une formule facile: des poulets rôtis tout chauds

Déduisez et confirmez: en détail

3 Les mots. En utilisant le contexte et la logique, trouvez les termes qui ont le sens suivant.

1. un restaurant qui sert des sandwichs sur des tranches *(slices)* de pain ou des tartines
2. un restaurant qui sert des crêpes
3. une journée de travail qui ne permet pas de rentrer à la maison pour le déjeuner
4. un repas (généralement de bonne qualité) payé par l'employeur
5. une expression idiomatique qui veut dire «être accessible»

4 Le texte. Selon M. Thuriès…

1. Qu'est-ce que la néorestauration englobe (inclut)?
2. Où est-ce que le snacking devient de plus en plus commun?
3. Quel est le sandwich traditionnel français qui garde sa popularité? Quels sont les autres produits qui sont populaires?
4. Quels sont les facteurs qui expliquent l'évolution des habitudes culinaires des Français?
5. Quel est le pourcentage a) du développement annuel du marché de la néorestauration? et b) des personnes qui prennent le repas de midi à l'extérieur aujourd'hui?
6. Quels sont les types de restauration auxquels chaque catégorie de prix correspond?
7. Quelles sont les choses contradictoires que la nouvelle mentalité française veut?

Explorez

1. Imaginez que cet éditorial est écrit par un grand chef américain au sujet de l'évolution des habitudes américaines. À votre avis, quelles différences et similarités va-t-il y avoir? Pouvez-vous expliquer les différences?
2. La néorestauration et vous: Combien de repas par semaine prenez-vous en dehors (à l'extérieur) de chez vous? Qualifiez-vous ces repas de «snacking», «petite restauration» ou «bonne restauration»? Qu'est-ce que c'est que «la bonne restauration» pour vous? Interviewez trois ou quatre camarades de classe et comparez vos réponses.
3. Comment imaginez-vous l'évolution de la restauration et des habitudes culinaires dans 20 ans? Qu'est-ce qui va être semblable ou différent? Est-ce que le risque d'être en surpoids *(overweight)* va augmenter ou diminuer? Expliquez.

Vocabulaire actif

biologique (bio)
cher (chère)
en boîte
grignoter, le grignotage
une habitude
naturel(le)
une recette
sain(e)

Note culturelle

Le grignotage. Le snacking, dans le sens où M. Thuriès l'utilise, est un repas rapide et pas cher. Le grignotage, ou la tendance à manger *entre* les repas, est une autre pratique qui devient de plus en plus commune. Que ce soit devant la télévision, chez des amis, au travail, dans la rue, dans les transports ou ailleurs, 92% des Français sont concernés (impliqués). Ici encore, les mentalités changent: on mange où on veut, quand on veut et l'alimentation devient nomade. Au total, le nombre quotidien de prises alimentaires *(daily food intakes)* des Français est aujourd'hui de 6, ce qui reste inférieur à celui mesuré aux États-Unis: 13.

Bloguez! iLrn

Et vous? Est-ce que vous grignotez? Quand? Où? Quoi? Est-ce que l'alimentation nomade est une bonne chose?

Structure Describing eating and drinking preferences

Grammar Podcasts, Grammar Tutorials

Les expressions *ne... plus; ne... jamais; ne... que*

Observez et déduisez

DU 16 AU 24 AOÛT
PROMOLIBRE
sur le rayon fruits et légumes
Choisissez librement vos 3 produits on vous en rembourse 1*
le moins cher des 3
6 produits de votre choix achetés = les 2 moins chers remboursés*
9 produits de votre choix achetés = les 3 moins chers remboursés*
...30 produits de votre choix achetés = les 10 moins chers remboursés*
PÊCHES, FRAISES, POMMES, POIRES, TOMATES, COURGETTES, SALADES, CONCOMBRES, RADIS, POMMES DE TERRE, CAROTTES...
*Crédités sur votre Compte Fidélité
Pour tout savoir sur Promolibre rendez-vous sur carrefour.fr

Carrefour, France

Des produits naturels en promotion

Tiens! On dit que les Français ne mangent plus comme avant. C'est vrai dans ma famille aussi. Nous pensons à notre santé *(health)*. Nous ne mangeons plus de porc ou de glace et nous ne mangeons jamais de produits surgelés ou en boîte. Nous n'achetons que des produits naturels qui sont délicieux!

- Where are **ne... plus, ne... jamais** and **ne... que** placed in relation to the verbs? What article follows the first two expressions? Why do you think **ne... que** is different? How would you say *I never eat fish*? *I only eat fish*?

Vocabulaire actif

délicieux / délicieuse
être au régime
ne... jamais
ne... plus
ne... que
la santé

Confirmez

1. In **Chapitre 1,** you learned to make a statement negative using **ne... pas.** The negative expressions **ne... plus** *(no longer, not . . . anymore)* and **ne... jamais** *(never)* are treated similarly; that is, **ne** precedes the verb and **plus** or **jamais** follows the verb.

   Nous sommes au régime, alors nous **ne** mangeons **plus** de porc et nous **ne** mangeons **jamais** de dessert.

2. To talk about the future, place the negative expression around **aller.**

   Demain je commence mon régime. Je **ne** vais **plus** grignoter.

3. Remember that the partitive article following a negative expression—including **ne... plus** and **ne... jamais**—is **de/d'** (see page 171).

   Les bébés ne boivent **jamais de** vin.
   Moi, je ne bois **plus de** lait!

4. The expression **ne... que** *(only)* is restrictive rather than negative, but it is formed in the same way as **ne... plus** and **ne... jamais** in the present tense.

   Je suis végétarien; je **ne** mange **que** des légumes.

   In the **futur proche, que** precedes the item referred to.

   Pour mon dîner je **ne** vais prendre **que** des légumes.

   Because it is not truly a negative expression, the partitive and indefinite articles that follow **ne... que** do *not* become **de.**

   Je ne mange jamais **de** légumes. BUT: Je ne mange que **des** légumes.

Activités

K **Jamais!** Donnez des conseils *(advice)* aux personnes suivantes selon le modèle.

➡ une personne qui déteste les fruits de mer...
Ne mangez jamais de crevettes ni de homard. Mangez du poulet.

1. un(e) végétarien(ne)
2. une personne qui n'aime pas le bœuf
3. un enfant de quatre ans
4. une personne qui est allergique au sucre
5. une personne qui ne veut manger que des produits naturels

Maintenant, jouez le rôle de la personne mentionnée. Dites ce que vous mangez selon le modèle.

➡ *Je déteste la viande rouge. Je ne mange que du poulet ou du poisson.*

L **De mauvaises habitudes.** Dites ce que vous n'allez plus manger *ni* boire dans les circonstances suivantes.

➡ Vous voulez participer au Tour de France.
Je ne vais plus boire de vin ou de café et je ne vais plus manger de gâteaux ou de glace. Je ne vais manger que des produits naturels.

1. Vous voulez être en très bonne santé.
2. Vous êtes au régime.
3. Vous êtes très nerveux (nerveuse).
4. Vous apprenez que votre cholestérol est trop élevé *(high).*
5. Vous apprenez que vous êtes diabétique.
6. Vous voulez modifier vos habitudes alimentaires.

M **Des goûts incompatibles.** Votre copain (copine) et vous allez manger ensemble, mais vous avez des goûts différents. Chaque fois que vous proposez quelque chose, votre partenaire refuse et vice versa. Expliquez pourquoi vous refusez.

➡ — *On peut manger un hamburger?*
— *Non, je ne mange plus de hamburgers. Je n'aime pas les sandwichs. /*
— *Non, je ne mange jamais de viande. Je ne mange que des légumes.*

Observez et déduisez

The majority of French-speaking countries around the world use the metric system of weights and measures. When grocery shopping, it is useful to understand some equivalents with the imperial system used in the U.S.

➡ 28,5 grammes	*1 ounce*
1 kilogramme (1 000 grammes)	*2.2 pounds*
½ kilogramme (500 grammes, une livre)	*1.1 pound*
1 litre	*1.057 quart*
4 litres	*1.057 gallons*

Questions about quantity **(Combien de...)** can be answered with numbers or more general expressions such as **beaucoup de** or **un peu de.** Note that the article following any expression of quantity is always **de/d'.**

➡ Les Français mangent **beaucoup de** pain.

Use the following expressions of quantity to make statements based on the illustration:

trop de *(too much)*	trop peu de *(too little, too few)*	beaucoup de
un peu de	pas du tout de	(ne... pas) assez *(enough)* de

Tout ce que nous mangeons dans une vie

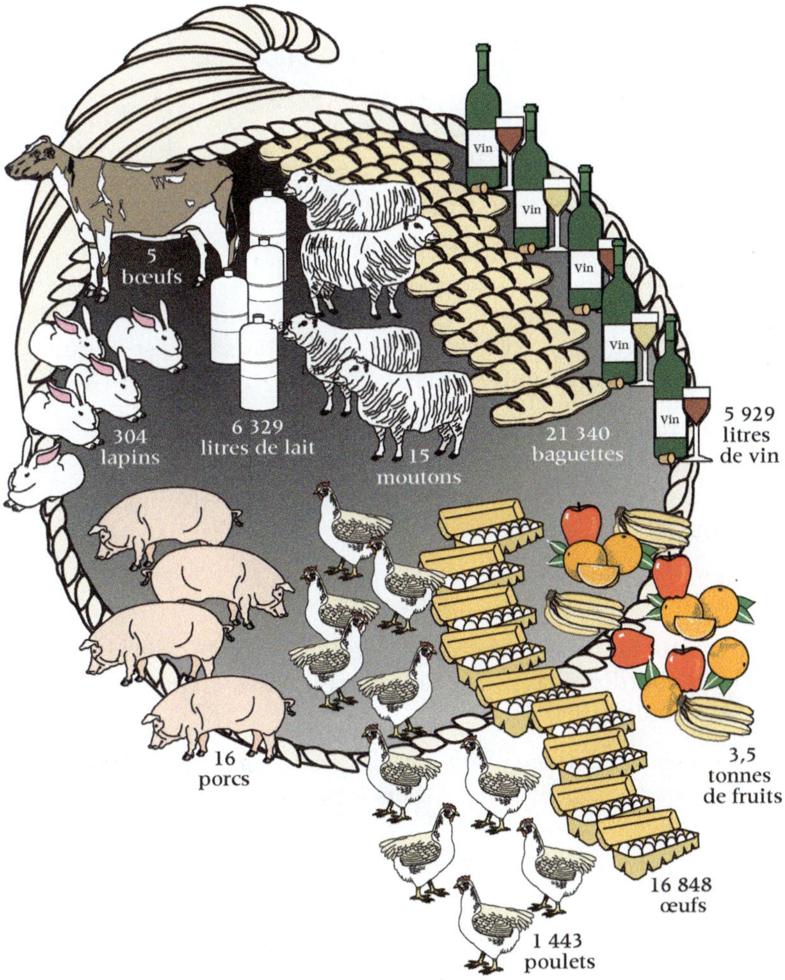

What kinds of food items do you associate with the following quantities?

➡ un bol *(bowl)* de.. *céréales, riz, glace, etc.*

une assiette de...	une bouteille de...	100 grammes de...
une tasse de...	une carafe de...	un litre de...
un verre de...	une douzaine de...	une livre de...
une boîte *(box / can)* de...	un kilo de...	une tranche *(slice)* de...
un morceau *(piece)* de...		

Activités

N **Un repas délicieux.** Lola invite six amis à dîner chez elle. Regardez sa liste d'achats et dites si elle a assez (trop, trop peu, etc.) pour sept personnes.

➡ *Elle achète trop peu de pâté pour sept personnes.*

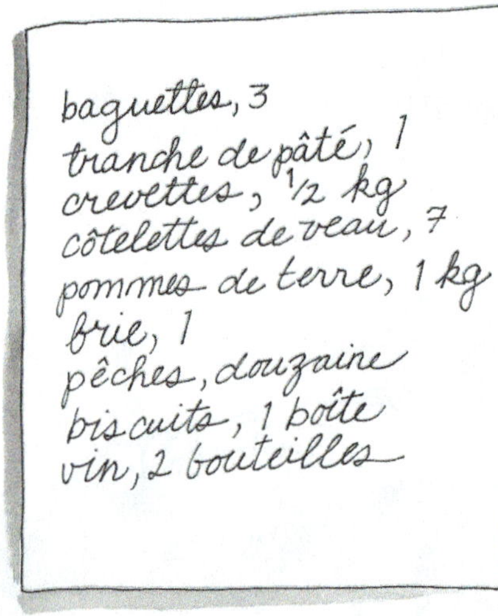

Maintenant, préparez votre propre liste d'achats. Qu'est-ce que vous allez acheter pour un dîner entre amis?

➡ *Je vais acheter trois tranches de pâté...*

O **Le frigo parfait.** Qu'est-ce qu'il y a dans le frigo (réfrigérateur) parfait selon vous?

➡ *Il y a un litre de..., un morceau de..., beaucoup de...*, etc.

P **Votre recette favorite.** Vous préparez votre recette favorite pour votre famille. D'abord préparez une liste des ingrédients, puis calculez les quantités nécessaires.

➡ *Je vais préparer un beau rosbif avec des pommes de terre et des carottes. Il y a sept personnes dans ma famille, alors je vais acheter un kilo de rosbif...*

Structure Comparing eating and drinking habits

Le comparatif

Observez et déduisez

Selon le tableau ci-dessous qui mange plus de fruits et de légumes? Qui prend probablement moins de soda et de desserts? Qui pense moins à sa santé? Qui pense plus aux aliments traditionnels? Est-ce que les femmes mangent autant de steaks que les hommes, à votre avis?

McDonalds

Que signifie «bien manger»?

Pour les jeunes:
se rassasier, sodas, se régaler, pâtes, desserts…

Pour les personnes âgées:
sans excès, traditionnel, bon pour la santé, poisson…

Pour les femmes:
vitamines, varié, légumes, fruits, équilibré, eau, kilos…

Pour les hommes:
steak, bon, convivialité, charcuterie, qualité, vin…

What expression is used above to make a comparison of superiority *(more)*? What expression is used to make a comparison of inferiority *(less)*? How would you say *I eat more fruit; I eat less cheese*?

Confirmez

1. When comparing with *nouns*, use **plus de... que** to indicate superiority, **moins de... que** to indicate inferiority, and **autant de... que** to indicate equivalency.

   Les jeunes boivent **plus de** soda **que** les personnes âgées.
   Les femmes mangent **moins de** steak **que** les hommes.
   Les hommes mangent **autant de** desserts **que** les femmes.

2. When comparing with *adjectives* or *adverbs*, use the expressions **plus... que, moins... que,** and **aussi... que.**

   Les fruits sont **plus** sucrés **que** les légumes.
   Le riz est **moins** gras **que** les frites. Et moins salé aussi!
   La quiche est **aussi** bonne **que** la pizza.

   Les jeunes grignotent **plus** souvent **que** les personnes âgées.
   Quelquefois les hommes mangent **moins** bien **que** les femmes.
   Les femmes mangent **aussi** sain **que** les personnes âgées.

   Note that the second element of the comparison is not always expressed if it is understood within the context of the conversation.

   Les femmes grignotent plus (... que les hommes).
   Les hommes mangent moins bien (... que les femmes).

3. **Bon,** an adjective, has an irregular comparison of superiority: **meilleur(e)(s)** *(better).*

   Le poulet est **meilleur que** le bœuf.

4. **Bien,** an adverb, has an irregular comparison of superiority: **mieux** *(better).*

   En général, les adultes mangent **mieux que** les jeunes.

Vocabulaire actif

aussi... que
moins... que
plus... que
autant de... que
moins de... que
plus de... que
gras(se)
meilleur(e)
mieux
salé(e)
sucré(e)

Les comparaisons

Adjectifs

+ supériorité:	**plus**	+	**adj**	+	**que**	plus cher que
– infériorité:	**moins**	+	**adj**	+	**que**	moins sucré que
= égalité:	**aussi**	+	**adj**	+	**que**	aussi gras que

Le homard est **moins** gras **que** le saucisson.

Adverbes

+ supériorité	**plus**	+	**adv**	+	**que**	plus souvent que
– infériorité:	**moins**	+	**adv**	+	**que**	moins bien que
= égalité:	**aussi**	+	**adv**	+	**que**	aussi rarement que

Les personnes âgées mangent **plus** sain **que** les jeunes.

Noms

+ supériorité:	**plus de**	+	**nom**	+	**que**	plus de riz que
– infériorité:	**moins de**	+	**nom**	+	**que**	moins de bœuf que
= égalité:	**autant de**	+	**nom**	+	**que**	autant de desserts que

Je mange **autant de** fromage **que** ma copine.

Activités

Q **Comparons.** Employez la publicité de McDonald's à la page 181 pour faire des comparaisons.

1. Le Menu enfant a… de calories que…
2. Le Menu gourmand a… de protéines que…
3. Le Menu Big Mac a… de… que le menu Boîte-à-Salade.
4. Le Menu boîte à salade a… de… que le menu Enfant
5. ?

R **Selon moi.** Choisissez parmi les éléments ci-dessous pour comparer les aliments des deux groupes.

➡ *Les haricots verts sont plus sains que les frites.*

Aliments Groupe 1: la viande, les gâteaux, le rosbif, les haricots verts, le poisson, le pain, le yaourt, le fast-food, la pizza

pour comparer: plus, moins, aussi

Aliments Groupe 2: la glace, les pâtes, les carottes, les saucisses, les tartes aux pommes, les crevettes, les frites, le brie, la mousse au chocolat

adjectifs: salé, bon, cher, gras, sain, sucré, délicieux, léger

S **Habitudes.** Dites à votre partenaire si les phrases suivantes sont vraies ou fausses pour vous et expliquez pourquoi.

➡ Je mange moins de viande que mes parents.
C'est vrai. Mes parents aiment beaucoup le bœuf, et moi, je suis végétarien. / Non. Moi, je mange plus de viande que mes parents. Ils préfèrent le poisson.

1. Je mange mieux que mes copains.
2. Je grignote moins que mes copines.
3. Je prends plus de produits bio que ma sœur (mon frère).
4. Je mange aussi souvent que mon/ma camarade de chambre.
5. Mes camarades de chambre boivent autant de coca que moi.
6. Les légumes sont meilleurs que les fruits.
7. Le riz est moins bon que les pâtes.

Maintenant, faites une liste des habitudes que vous avez en commun et parlez-en avec vos camarades de classe.

Banque de mots

grignoter	un plat garni	plats préparés
avoir faim / soif	le souper	pain
commander	manger	beaucoup
être au régime	prendre	en boîte
être pressé(e)	boire	la santé
le fast-food	ne... pas	trop
sain	ne... jamais	assez
léger (légère)	plus de... que	ne... plus
meilleur(e) / mieux	autant de... que	peu
sucré(e)	moins de... que	?
gras(se)	naturel(le)	

T **Bien manger.** Que signifie «bien manger» pour vous? Employez la banque de mots pour décrire vos préférences et vos habitudes alimentaires.

➡ *Pour moi, «bien manger» signifie manger sain. Je ne grignote plus et je ne prends jamais de fast-food. Je mange moins de sucre et plus de légumes...*

Jeu de rôle

You and a couple of friends are preparing a dinner. One of you is a vegetarian; another is on a diet; another is allergic to dairy products. Discuss what you want and don't want to eat and why. Compare your preferences and come to a consensus about what you're going to prepare.

IPA/The Image Works

La présentation, c'est la moitié du goût.

Observez et déduisez

Qu'est-ce qui est «typiquement français» dans la présentation de l'assiette ci-dessus? Trouvez au moins trois traits caractéristiques.

Confirmez et explorez

- **L'art de manger.** Un proverbe français dit que «la présentation, c'est la moitié du goût» *(presentation is half the taste)*. La disposition des aliments sur les plats est donc un art où les mélanges[1] de couleurs et de goûts ont une valeur esthétique autant que nutritive. C'est pourquoi on ne sert qu'une ou deux choses à la fois[2] et on ne mélange jamais les hors-d'œuvre et le plat principal! Est-ce qu'il vous arrive de mettre la salade et le plat principal en même temps sur votre assiette? La présentation des plats est-elle importante pour vous?
- **Les repas.** Un autre proverbe français dit qu'«il faut manger pour vivre et non vivre pour manger» mais pour les Français, les repas sont très importants! Malgré les habitudes qui changent, ils passent encore environ deux heures par jour à table et la grande majorité des repas sont pris «accompagnés», c'est-à-dire avec la famille, des amis ou des collègues. Les repas sont-ils importants pour vous? Combien de temps dure[3] un repas typique dans votre famille? Y a-t-il une relation entre la durée des repas et l'attitude des gens vis-à-vis de la famille ou de la vie en général?
- **Les boulettes *(balls)*.** «Le plaisir de la main accroît le plaisir du palais» *(The pleasure of the hand increases the pleasure of the palate)*, disent les Africains qui mangent avec les doigts[4]. Dans beaucoup de pays francophones d'Afrique, en effet, le repas traditionnel est un grand bol de riz ou de couscous avec du bouillon de viande et des légumes. Les membres de la famille sont assis par terre[5] autour de ce bol commun et chacun fait des «boulettes» avec sa portion. Parfois les hommes mangent séparément des femmes et des enfants, mais l'acte de manger est considéré comme un acte de communion avec la nature et avec ceux qui partagent[6] le repas. À votre avis, quels sont les avantages et les désavantages de manger de cette façon?
- **Des révélations...** «Dis-moi ce que tu manges et je te dirai qui tu es» *(Tell me what you eat and I'll tell you who you are)*. Est-ce vrai? Trouvez des exemples pour illustrer votre opinion.

J. Boisberranger/Getty Images

Le couscous se mange avec la main droite.

Bloguez! iLrn

Qu'est-ce qui caractérise un «bon» repas selon vous? Manger avec la famille ou les copains? Dîner dans un restaurant élégant? Manger des produits régionaux?...

1. *mixtures* 2. *at a time* 3. *lasts* 4. *fingers* 5. *on the ground* 6. *share*

À l'écoute Les courses

Vous allez écouter une conversation entre un mari et une femme qui font l'inventaire de leurs courses. Faites d'abord l'Activité 1, **Pensez,** puis écoutez en suivant les instructions données.

Chantal Thompson

Pensez

1 Où est-ce que vous faites vos courses, dans un supermarché ou dans des petits magasins? Préférez-vous les supermarchés ou les petits magasins spécialisés quand vous êtes pressé(e)? Et quand vous cherchez un produit exotique?

Observez et déduisez

CD 2-16

2 Écoutez d'abord en fonction des questions suivantes.

1. Où est-ce que le monsieur a fait ses courses? Dans un supermarché ou dans des petits magasins?
2. Il a «oublié» quelque chose. D'après le contexte, que veut dire **oublier**?
   a. prendre b. ne pas prendre
3. Qu'est-ce qu'il a oublié?
   a. le lait b. le pain c. une spécialité mexicaine
4. Qu'est-ce qui est exotique, selon la dame?

3 Écoutez encore en faisant particulièrement attention aux magasins mentionnés. Qu'est-ce que le monsieur a acheté dans chaque magasin?

magasins	produits
la boulangerie	
l'épicerie	
la boucherie	
la charcuterie	

Vocabulaire actif

faire les courses
oublier
pressé(e)

4 Écoutez encore en faisant attention aux expressions communicatives.

1. Quels sont les mots utilisés dans la conversation pour...
   - demander une explication:
     a. Quelle chose?
     b. Qu'est-ce que c'est que ça?
     c. Quelque chose?
   - donner une explication:
     a. C'est ça.
     b. C'est quelque chose que...
     c. Ça me semble...
2. Selon la conversation, qu'est-ce que c'est que des tacos? Et comment s'appelle la sauce mexicaine à la tomate et au piment?

5 **Le passé.** Écoutez une dernière fois en faisant attention aux verbes. Encerclez les formes que vous entendez. Quel est l'infinitif de **pris**?

j'ai fait	j'ai acheté	j'ai trouvé
tu as fait	tu as acheté	tu as trouvé
j'ai pris	j'ai oublié	je n'ai pas oublié
tu as pris	tu as oublié	tu n'as pas oublié

L'infinitif de pris est ______.

Prononciation Les articles et l'articulation

Because it is so common in English to reduce unstressed vowels to an *uh* sound (for example, VISta, proFESsor, CApital), Anglophones often have the tendency to reduce the vowels in French articles to a brief **e**, thus making **le** and **la**, or **du** and **de** sound alike. It is important to remember that in French, only the ***e* caduc** can be reduced or dropped; all other vowels must be pronounced distinctly, with equal stress.

Observez et déduisez

CD 2-17

Listen to the following sentences from **À l'écoute: Les courses** on the Text Audio Track, and fill in the articles you hear. Then cross out the ***e* caducs** that are not pronounced in the articles or in boldface in other words. You will hear each sentence twice.

1. Il n'y a plus _____ lait?
2. Mince! J'ai fait _____ courses mais j'ai complètement oublié _____ lait!
3. Tu as pris _____ pain?
4. Oui, oui, j'ai pris deux baguettes à _____ boulangerie, et puis à _____ épicerie j'ai acheté _____ légumes, _____ fruits, _____ pâtes, _____ fromage et _____ beurre.
5. Et _____ viande, tu n'as pas oublié _____ viande?
6. Non, non, j'ai acheté du bifteck à _____ boucherie, et puis j'ai pris _____ jambon et _____ pâté à _____ charcuterie.

Confirmez

CD 2-18

Practice saying the sentences in **Observez et déduisez** at fluent speed, making sure you drop the ***e* caducs** where necessary, and pronounce all other vowels distinctly. Then listen to the sentences to verify your pronunciation.

Structure Saying what happened

Grammar Podcasts, Grammar Tutorials

Le passé composé

Observez et déduisez

— Mince! J'ai fait les courses mais j'ai oublié le lait.
— Et la viande, tu n'as pas oublié la viande?
— Non, j'ai acheté du bifteck à la boucherie.

Based on the examples, can you infer how to form the past tense in French? How would you say "*We forgot the ice cream*"?

Vocabulaire actif

déjà
dernier / dernière
hier
payer
récemment

Confirmez

1. This common past tense is used in French for narrating—telling what happened. It has several English equivalents.

   — Tu as déjà mangé? *(Did you already eat? / Have you already eaten?)*
   — Oui, j'ai mangé dans un restaurant récemment. *(Yes, I ate / I've eaten in a restaurant recently.)*

2. The **passé composé** is called a compound tense because it is composed of two parts—an auxiliary (helping) verb and a past participle. The auxiliary verb (**avoir** usually) is conjugated in the present. To form the past participle of **-er** verbs, drop the final **r (aimer̸)** and add an **accent aigu** to the **e (aimé).**

   Tu **as** déjà *(already, ever)* **dîné** dans un restaurant français?
   Bien, sûr. Mes parents **ont payé** mon dîner!

3. Note that many adverbs (including negative expressions) come between the auxiliary verb and the past participle.

   Nous avons **bien** mangé dans ce restaurant.
   Claude **n'**a **pas** oublié les baguettes.
   Ses enfants ont **déjà** mangé des chips et de la salsita.

4. Irregular verbs have irregular past participles that must be learned as they are introduced.

   Elle n'**a** pas **pris** de pain hier *(yesterday)*.
   J'**ai fait** les courses la semaine dernière *(last week)*.

Le passé composé avec *avoir*

manger

j'ai mangé	nous avons mangé
tu as mangé	vous avez mangé
il/elle/on a mangé	ils/elles ont mangé

prendre

j'ai pris	nous avons pris
tu as pris	vous avez pris
il/elle/on a pris	ils/elles ont pris

regular participles: acheté, oublié, payé, cherché, voyagé, étudié, travaillé, etc.
irregular participles: fait (faire), pris (prendre), appris, compris, bu (boire)

Activités

CD 2-16

U **Une histoire.** Numérotez les phrases suivantes dans l'ordre chronologique selon **À l'écoute: Les courses.**

_____ Le monsieur a acheté du jambon à la charcuterie.
_____ Il dit qu'il a fait les courses.
_____ Il a expliqué ce que c'est que la salsita et les tacos à sa femme.
_____ Il a acheté du pain à la boulangerie.
_____ Il a acheté du bifteck.
_____ Il a pris des fruits et des légumes à l'épicerie.
_____ Il a oublié le lait.
_____ Il a trouvé des tacos aussi.

V **Hier.** Notez si vous avez fait les activités suivantes hier: **oui** ou **non**?

1. J'ai dîné au restaurant universitaire.
2. J'ai acheté des baguettes.
3. J'ai oublié quelque chose.
4. J'ai envoyé des mails.
5. J'ai travaillé à la bibliothèque.
6. J'ai écouté mon iPod.

Maintenant, sondez vos camarades de classe. À quelles activités est-ce que tout le monde a participé?

➡ *Tu as envoyé des mails hier?*

W **La semaine dernière?** Qu'est-ce que vous avez fait la semaine dernière avec vos copains ou votre camarade de chambre? Complétez les phrases suivantes selon vos expériences personnelles.

➡ *Nous avons fait la grasse matinée, mais nous n'avons pas fait la cuisine.*
Nous avons / Nous n'avons pas...

acheté	a. des (de) produits bio	b. des (de) tacos	c. ?
fait	a. les courses	b. la cuisine	c. ?
bu	a. de l' (d') eau minérale	b. du (de) lait	c. ?
mangé	a. au restaurant	b. au café	c. ?
pris	a. du (de) vin	b. une (de) décision importante	c. ?

Maintenant, comparez vos réponses avec celles d'un(e) partenaire. Dites si vous avez fait les mêmes choses la semaine dernière.

➡ *Nous avons fait les courses, Sandra et moi.*
Moi, j'ai acheté des produits bio, mais Sandra a acheté du fromage...

X **Une journée chargée.** Éva, étudiante à la fac, a fait beaucoup de choses hier. Regardez les images ci-dessous et à la page 189 et parlez de ses activités.

1.

2.

3.

4.

5.

6.

Y **Et le prof?** En groupes de 3 ou 4, imaginez ce que votre professeur a fait récemment. Écrivez au moins cinq phrases, puis posez-lui des questions pour vérifier vos suppositions.

Z **La semaine dernière?** Qu'est-ce que les personnes suivantes ont fait la semaine dernière? Qu'est-ce qu'elles n'ont pas fait? Si vous n'êtes pas sûr(e), imaginez!

➡ *Ma camarade de chambre a envoyé des textos, mais elle n'a pas surfé sur Internet. Elle a mangé au restaurant et elle a pris du bifteck.*

mon/ma colocataire	ma mère / mon père
mes copains	le président des États-Unis

Stratégie de communication

Asking for clarification and explaining

Observez et déduisez

As you learn a language and explore other cultures, you will undoubtedly find yourself asking what something is or inquiring about unfamiliar words. Study the dialogues below and answer the following questions.

What expressions are used to ask what something is?

What expressions are used to give explanations about things, people, or places **(endroits)**?

— **Qu'est-ce que c'est que ça?**
— **C'est quelque chose que** j'ai trouvé à l'épicerie: **ça s'appelle** des tacos. **Ce sont** des chips de maïs. **C'est** une spécialité mexicaine qu'on mange avec de la salsita.
— **De la quoi?**
— De la salsita. **C'est une espèce de** sauce mexicaine à la tomate et au piment.

— **Qu'est-ce que c'est qu'**un boucher?
— **C'est quelqu'un qui** travaille dans une boucherie.
— **Une quoi?**
— Une boucherie. **C'est là où** on achète de la viande.

Confirm your answers in the chart that follows.

Confirmez

Des expressions utiles

pour demander une explication

Qu'est-ce que c'est qu'un (qu'une)... ?
Qu'est-ce que c'est que ça?
Qui est-ce?
Un quoi? Une quoi?
De la quoi? Du quoi? Des quoi?

pour donner des explications sur

une personne
C'est quelqu'un qui...
C'est une personne qui...

un endroit
C'est là où...

une chose
C'est... / Ce sont...
C'est quelque chose que...
C'est une espèce de...
Ça s'appelle...

Activités

A2 **Les Martiens sont arrivés!** Vous discutez de la vie terrestre *(life on earth)* avec des Martiens. Selon votre expérience ou les photos ci-dessous, expliquez ce que sont ces endroits et ces aliments à vos amis de Mars! (où on le mange, où on l'achète, ses ingrédients, ce qu'on peut y acheter, etc.)

➡ un hamburger
— *Qu'est-ce que c'est que ça?*
— *Ça s'appelle un hamburger. C'est quelque chose qu'on peut manger vite, et c'est meilleur qu'une pizza et moins gras. C'est un sandwich avec de la viande, de la tomate et de la salade. C'est une spécialité américaine.*

1. une poissonnerie
2. une quiche
3. une pizza
4. un dessert
5. une boulangerie
6. des légumes sautés
7. une salade du chef
8. le taboulé
9. un sandwich club
10. des lasagnes

des lasagnes

un sandwich club

des légumes sautés

le taboulé

une salade du chef

B2 **Les humains.** Maintenant expliquez ce que sont ces personnes à vos nouveaux amis extraterrestres.

➡ un(e) étudiant(e)
— *Qu'est-ce que c'est qu'un étudiant ou une étudiante?*
— *C'est une personne qui va à l'université pour étudier. Elle a des cours de maths, de science et de philosophie, par exemple.*

1. une mère
2. un(e) colocataire
3. un(e) ami(e)
4. un cuisinier
5. une actrice
6. un professeur

C2 **Devinez!** Choisissez 5 mots du vocabulaire actif du Chapitre 5, et écrivez-les sur une feuille de papier. Décrivez un de vos mots à votre partenaire qui va essayer de deviner le mot. Ensuite, changez de rôle et répétez.

➡ *C'est une boisson chaude pour le petit déjeuner; ce n'est pas le café et ce n'est pas le thé.*

Menu Méditerranée

Entrée + Plat **ou** ***Plat + Dessert***

18,20 €

Entrée au choix

Salade de haricots verts et volaille aux champignons confits
Émincé de blanc de poulet mariné, mozzarella, haricots verts, tomates et champignons des bois confits, salades mélangées aux herbes fraîches

Noix de Saint Jacques marinées à l'aneth et au citron
Noix de Saint Jacques marinées, frittata aux fines herbes et méli-mélo de salade aux herbes fraîches

Tomates mozzarella à la vinaigrette balsamique
Tomates, mozzarella parfumées à l'huile d'olive extra vierge, vinaigre balsamique et basilic

Plat au choix

Penne à la sicilienne
Des pâtes cuisinées comme en Sicile avec du thon, des tomates confites, des olives noires, et basilic frais

Carpaccio de bœuf au basilic servi à volonté
Fines tranches de bœuf cru au basilic et à l'huile d'olive

Magret de canard au jus de sauge
Accompagné de frites fraîches ou haricots verts

Dessert au choix

Crème brûlée à la Catalane
Fromage blanc et sa crème fraîche à volonté
Fondant au chocolat maison

Jeu de rôle

You've just returned from a vacation spot where you ate in several wonderful restaurants. Using the **Menu Méditerranée,** tell your partner about the unusual dishes you had to eat. He or she will ask you questions about the foods that you mention. Do your best to describe them, using the expressions in the **Stratégies de communication.**

Quatrième étape: Intégration

Littérature Du camembert, chéri...

Sergii Korshun/Shutterstock

The literary excerpt you are about to read comes from Cameroon **(le Cameroun),** West Africa. Although Cameroon has been an independent republic since 1960, its colonial past, first German, then both British and French, has left an indelible mark. The language of most of Cameroon is French; French culture and French products are present everywhere. Caught between ancestral traditions and the commercial and social appeal of foreign modernism, small countries such as Cameroon have struggled over the years to define their national identity. Writer Guillaume Oyônô Mbia has portrayed this struggle.

Born in 1939 in Cameroon, Guillaume Oyônô Mbia studied in England and France before becoming a professor at the University of Yaoundé, the capital of Cameroon. He is known for his tales, his plays, and his sense of humor.

The following scene, taken from *Notre fille ne se mariera pas (Our daughter won't get married),* a play first performed on the French radio network in 1971, portrays a "modern" family in Yaoundé. Colette Atangana is trying to educate her ten-year-old son, Jean-Pierre, but experiences a few frustrations, which she expresses to a friend, Charlotte.

Pensez

1 Qu'est-ce qu'on fait au nom des bonnes manières à table? Cochez toutes les réponses qui vous semblent appropriées.

_____ On accepte de manger des choses qu'on n'aime pas.

_____ On mange avec le couteau dans la main droite et la fourchette dans la main gauche.

_____ On ne parle pas quand on mange.

_____ On refuse de manger des produits qui sont nouveaux ou exotiques.

_____ ?

Observez et déduisez: en général

2 Parcourez le texte une première fois en fonction des questions suivantes.

1. *Du camembert, chéri...* c'est l'histoire d'une mère qui
   a. demande à son fils d'aller chercher du camembert.
   b. demande à son fils de manger moins de camembert parce que ça coûte cher.
   c. veut forcer son fils à manger du camembert.
   d. ne veut pas que son fils mange du camembert parce que c'est réservé aux adultes.
2. Parmi les bonnes manières mentionnées dans **Pensez,** laquelle/lesquelles Colette veut-elle apprendre à son fils?

Du camembert, chéri...

COLETTE:	C'est vrai que tu refuses de manger ton camembert, chéri?	
JEAN-PIERRE:	Je n'aime pas le camembert!	
COLETTE:	La question n'est pas là! Il ne s'agit pas° d'aimer le camembert: il s'agit de le manger comme un bon petit garçon! *(L'entraînant° de force vers la table)* Viens!	Il... Ce n'est pas une question *Dragging him*
JEAN-PIERRE:	*(qui commence à pleurer)* J'aime pas le camembert!	
COLETTE:	*(tendre mais ferme)* Il faut° le manger, chéri! Apprends à manger le camembert pendant que° tu es encore jeune! C'est comme ça qu'on acquiert° du goût°! Onambelé!	Il est nécessaire de quand développe / *taste*
ONAMBELÉ:	Madame?	
COLETTE:	Apporte-nous un couvert! Apporte-nous aussi la bouteille de Châteauneuf-du-Pape° que nous avons commencée! *(Onambelé apporte le couvert et le vin.)*	vin français
JEAN-PIERRE:	*(pleurant toujours)* J'veux pas de camembert!	
COLETTE:	*(toujours tendre et ferme)* Il faut vouloir le manger, chéri! C'est la culture!	
JEAN-PIERRE:	*(obstiné)* J'veux pas manger de culture! *(Tous les adultes éclatent de rire°.)*	*burst out laughing*
COLETTE:	Dis donc, Charlotte, pourquoi est-ce qu'il n'a pas de goût, cet enfant? Je fais pourtant tout ce que je peux pour lui apprendre à vivre°! Le chauffeur va le déposer° à l'école urbaine chaque matin pour éviter° que les autres enfants ne lui parlent une langue vernaculaire. J'ai déjà renvoyé trois ou quatre maîtres d'hôtel parce qu'ils servaient des mangues, des ananas et d'autres fruits du pays au lieu de lui donner des produits importés d'Europe, ou, à la rigueur, des fruits africains mis en conserve en Europe, et réimportés. Je ne l'autorise presque° jamais à aller rendre visite à la famille de son père, parce que les gens de la brousse° boivent de l'eau non filtrée. Enfin, je fais tout ce qu'une Africaine moderne peut faire pour éduquer son enfant, et il refuse de manger du camembert! Écoute, mon chéri! Tu vas manger ton camembert!	*to live / drop him off* *avoid* *almost* *bush country*
JEAN-PIERRE:	*(criant)* Mais puisque je te dis que j'aime pas le camembert!	
COLETTE:	*(doucement°)* Je te répète qu'on ne te demande pas de l'aimer. On te demande de le manger!... Comme ceci, regarde! *(Elle prend un peu de camembert et de pain, et commence à le manger.)* Je le mange! Je le... *(Elle s'étrangle° un peu.)* Zut!... Donne-moi un verre de vin, Onambelé! *(Colette boit le vin et tousse°.)* Tu as vu? Tu crois que j'aime le camembert, moi?	*softly* *chokes* *coughs*
JEAN-PIERRE:	*(naïvement)* Pourquoi tu le manges, alors?	

Extrait de *Notre fille ne se mariera pas* (Guillaume Oyônô Mbia).

Observez et confirmez: en détail

3 Les mots. Pouvez-vous déduire le sens des mots en caractères gras dans le contexte suivant?

> J'ai déjà **renvoyé** trois ou quatre **maîtres d'hôtel** parce qu'ils servaient des **mangues,** des ananas et d'autres fruits du pays **au lieu de** lui donner des produits importés d'Europe, ou, **à la rigueur,** des fruits africains **mis en conserve** en Europe, et réimportés.

1. renvoyé	a. canned, processed
2. un maître d'hôtel	b. instead of
3. une mangue	c. if need be
4. au lieu de	d. mango
5. à la rigueur	e. type of servant
6. mis en conserve	f. fired, dismissed

4 Le texte

1. **Vrai ou faux?** Si c'est faux, corrigez.
   a. Colette veut que son fils *aime* le camembert.
   b. Selon Colette, c'est plus facile d'acquérir du goût quand on est jeune.
   c. Jean-Pierre pense que la culture, c'est quelque chose à manger.
   d. Jean-Pierre a l'occasion de parler en langue africaine avec les autres enfants quand il va à l'école.
   e. Selon Colette, les produits importés d'Europe sont meilleurs que les produits africains.
   f. Jean-Pierre va souvent rendre visite à la famille de son père.
   g. Colette a besoin d'un verre de vin pour cacher *(hide)* le goût du camembert.
   h. Jean-Pierre ne comprend pas sa mère.
2. **L'éducation de Jean-Pierre.** Qu'est-ce qu'il faut ou ne faut pas faire, selon Colette? Complétez le tableau.

Il faut	Il ne faut pas
manger du camembert	*manger des mangues fraîches*

3. **Le symbolisme.** Qu'est-ce que le camembert symbolise dans ce texte? Et les produits africains?

Explorez

1. Quel est le message de ce texte pour vous? Est-ce un message positif? Négatif?
2. Est-ce que Colette Atangana existe dans la société américaine? Décrivez-la.
3. Avec un(e) partenaire, préparez un petit sketch où une maman veut forcer son enfant à manger quelque chose. Déterminez d'abord le produit alimentaire que vous allez utiliser et les raisons de la mère (c'est bon pour la santé, c'est la culture, tout le monde le fait *[everybody does it]*, quand on a de bonnes manières..., etc.). Ensuite, en imitant le style de Guillaume Oyônô Mbia, écrivez votre sketch, puis jouez-le devant la classe!

Par écrit Eat, drink, and be merry!

Avant d'écrire

A Strategy: Anticipating readers' questions. Written communication is more difficult than oral communication because the other party is not present to ask for clarification or elaboration. You must anticipate the questions that your reader will likely have about the topic you are discussing. Try jotting down possible questions before you begin writing to help you better organize your thoughts.

Application. First, examine carefully the menu from Al Fassia, below. Write down several questions your family might have about your dining experience if you sent the menu to them.

Menu Gastronomique
190 dhs

Assortiment de Salades Marocaines
Sélection de Briouates
Tagine de Poulet M'charmal
Salade d'Oranges à la Cannelle
Thé à la Menthe

Menu Gastronomique
230 dhs

Assortiment de Salades Marocaines
Pastilla aux Fruits de Mer
Couscous au choix
Corbeille Fruits de Saison
Pâtisseries Marocaines
Thé à la Menthe

Menu Dégustation
360 dhs (par personne)

Harira Traditionnelle aux Dattes et Citron
Assortiment de Salades Marocaines
Sélection de Briouates
Pastilla aux Pigeons et Amandes
Tagine de Loup de Mer farci au Riz et aux Dattes
Couscous au choix
Corbeille Fruits de saison
Pâtisseries Marocaines
Thé à la Menthe

Vocabulaire actif

d'abord
enfin
finalement
premièrement

B Strategy: Organizing a narrative. Use transitional words when describing a sequence of events to avoid a choppy writing style.

to introduce a sequence:	premièrement, d'abord
to connect the events:	puis, ensuite, après
to show contrast:	mais, par contre
to conclude:	enfin, finalement

Application. Use the first set of questions you prepared in **A** to help you imagine how you might describe your dinner at Al Fassia. Write four sentences that you could use in your letter, beginning each sentence with a transitional word from among those listed above.

Écrivez

1. Vous avez mangé hier soir au restaurant Al Fassia avec vos amis marocains. Le repas? Magnifique! Écrivez une lettre à votre famille en vous inspirant des menus de 190 dhs (*dirhams* = la monnaie marocaine), 230 dhs ou 360 dhs, selon votre préférence et votre situation financière! Parlez de ce que vous avez mangé et bu. Décrivez les plats à l'aide de circonlocutions—et d'imagination! Rappelez-vous les questions que votre famille va avoir en lisant le menu. N'oubliez pas d'employer des expressions de transition.

   ➡ *Chers tous,*
   Hier soir, j'ai mangé un repas magnifique au restaurant Al Fassia... J'ai pris... Le couscous, c'est un plat typiquement marocain avec... Les salades marocaines ressemblent à... J'ai appris qu'un tagine, c'est un plat...

2. Votre camarade de chambre et vous invitez des amis à dîner ce soir. Vous allez préparer le repas, et votre camarade va faire les courses. Écrivez-lui un message en anticipant ses questions et en expliquant ce qu'il/elle a besoin *(needs)* d'acheter et où. (Structure utile: l'impératif, **Chapitre 2,** page 66.)

© bobphillipsimages.com

Des épices marocaines

Synthèse culturelle

Habitudes alimentaires

Pensez

Quelles sont vos habitudes se rapportant au manger? Prenez-vous le temps de vous asseoir *(sit down)* autour de la table avec votre famille ou des amis? Est-ce que vous mangez toujours des produits locaux, bio ou en saison? Et au restaurant, est-ce que l'ambiance est aussi importante que la nourriture? Pensez-y en regardant la vidéo. Les exercices se rapportant à la synthèse culturelle du Chapitre 5 dans votre manuel vont vous aider à comprendre ce que vous entendez. Ensuite, faites **Explorez** et **Bloguez!** ci-dessous.

Avez-vous des habitudes alimentaires qui sont importantes pour vous? Quels sont les facteurs qui influencent votre choix de restaurant, par exemple? Pour vous, qu'est-ce que c'est qu'un bon repas?

Camille: Quand je vais au restaurant, je regarde bien sûr la qualité et la fraîcheur des aliments, si c'est un type de nourriture que j'aime ou pas, mais j'aime bien aussi porter attention au cadre: Est-ce que c'est calme? Est-ce qu'on s'entend parler?

Fatou: Au Sénégal, nous mangeons du riz presque tous les jours.

Fatim: Vraiment mon repas préféré, c'est le couscous car, faut pas oublier, je suis d'origine marocaine.

© Heinle, Cengage Learning

Explorez

Demandez à plusieurs ami(e)s et camarades de classe quels facteurs influencent leur choix d'un restaurant, puis demandez quels sont leurs trois restaurants favoris. Préparez un petit résumé: facteurs importants / restaurants préférés.

Bloguez! iLrn

Camille décrit les facteurs qui influencent son choix d'un restaurant. Est-ce que vos ami(e)s et camarades de classe sont d'accord avec elle? Présentez leurs restaurants préférés à des amis francophones. Ajoutez un lien vers le site Web de deux ou trois restaurants populaires dans votre ville ou région.

Vocabulaire actif

Au restaurant / au café

un client / une cliente *a customer*
le fast-food
le menu / la carte *the menu*
un serveur / une serveuse *a waiter / a waitress*

Pour commander

Monsieur / Mademoiselle, s'il vous plaît? *Sir / Miss, please?*
Vous désirez? *Are you ready to order?*
Je voudrais... *I would like . . .*
Je vais prendre... *I'm going to have . . .*
Et pour moi... *For me . . .*
L'addition, s'il vous plaît. *The check, please.*

Les boissons froides

une bière *a beer*
une bouteille d'eau minérale *a bottle of mineral water*
une carafe d'eau *a pitcher of water*
un citron pressé *fresh lemonade*
un coca *a Coke*
un jus de fruits *fruit juice*
du jus d'orange *orange juice*
une limonade *lemon soda*
du vin rouge / blanc *red / white wine*

Les boissons chaudes

un café *coffee*
un café crème *coffee with cream*
du café au lait *coffee with milk*
un chocolat chaud *hot chocolate*
un thé nature *tea*
un thé au lait *tea with milk*
un thé citron *tea with lemon*

Les repas (m.)

le petit déjeuner *breakfast*
le déjeuner *lunch*
le dîner *dinner*
le grignotage *snacking*
le souper *dinner*

Les plats (m.)

un hors-d'œuvre *starter, hors d'oeuvre*
la soupe *soup*
un plat garni *main dish, entrée*
la salade *salad*
le dessert *dessert*

Les aliments (m.)

Les fruits (m.)

de l'ananas (m.) *pineapple*
une banane *a banana*
une fraise *a strawberry*
une framboise *a raspberry*
une orange *an orange*
une pêche *a peach*
une poire *a pear*
une pomme *an apple*

Les légumes (m.)

de l'ail (m.) *garlic*
du brocoli
une carotte *a carrot*
des champignons (m.) *mushrooms*
des courgettes (f.) *squash*
des haricots (m.) verts *green beans*
du maïs *corn*
un oignon *an onion*
des petits pois (m.) *peas*
une pomme de terre *a potato*
une tomate *a tomato*

La viande

un bifteck / un steak *a steak*
du bœuf *beef*
une côtelette de veau *a veal chop*
du jambon *ham*
du porc *pork*
du poulet *chicken*
du rosbif *roast beef*
du rôti de porc *pork roast*

Le poisson et les fruits de mer

des crevettes (f.) *shrimp*
du homard *lobster*
des huîtres (f.) *oysters*
du thon *tuna*

Les plats préparés

des frites (f.) *French fries*
du pâté
une pizza
un produit surgelé *frozen food*
une quiche
un sandwich
une saucisse *a sausage*
du saucisson *hard salami*

Les fromages (m.)

le brie
le camembert
le roquefort

Les desserts (m.)

un gâteau *a cake*
une glace (à la vanille, au chocolat) *ice cream*
la mousse au chocolat *chocolate mousse*
une tarte (aux pommes, aux fraises) *a tart / pie*
un yaourt *a yogurt*

Divers

une baguette
du beurre *butter*
des biscuits (m.) *cookies*
des céréales (f.) *cereal*
la confiture *jam*
un croissant
du lait *milk*
un œuf *an egg*
le pain *bread*
du pain grillé *toast*
des pâtes *pasta*
du poivre *pepper*
une recette *a recipe*
du riz *rice*
la santé *health*
du sel *salt*
du sucre *sugar*
les habitudes (f.) *habits*

Les rayons (m.) et les magasins (m.)

la boucherie (du coin)
the (neighborhood) butcher shop
la boulangerie *the bakery*
la charcuterie *the deli*
l'épicerie *the grocery store*
les grandes surfaces (f.) *super stores*
la pâtisserie *the pastry shop*
la poissonnerie *the fish market*
le rayon (fromages, etc.) *the (cheese) section*
le supermarché *the supermarket*

Le couvert

une assiette *a plate*
un couteau *a knife*
une cuillère *a spoon*
une fourchette *a fork*
une serviette *a napkin*
une tasse *a cup*
un verre *a glass*

Adjectifs

biologique (bio) *organic*
cher (chère) *expensive*
délicieux (délicieuse) *delicious*
en boîte *canned*
frais (fraîche) *fresh*
gras (grasse) *fatty, greasy*
léger (légère) *light*
naturel(le) *natural*
ordinaire *ordinary*
sain(e) *healthy*
salé(e) *salty*
sucré(e) *sweet*

Verbes et expressions verbales

avoir faim *to be hungry*
avoir soif *to be thirsty*
boire *to drink*
commander *to order*
être au régime (m.) *to be on a diet*
être pressé(e) *to be in a hurry*
faire les courses *to go grocery shopping*
grignoter *to snack*
oublier *to forget*
payer *to pay*

Expressions négatives / restrictives

ne... jamais *never*
ne... ni *neither . . . nor*
ne... plus *not . . . anymore, no longer*
ne... que *only*

Expressions de quantité

assez (de) *enough*
une boîte (de) *a can, a box*
une douzaine (de) *a dozen*
100 grammes (de)
un kilo (de) *a kilo (2.2 lbs)*
un litre (de) *a liter*
une livre (de) *a pound*
un morceau (de) *a piece*
pas du tout (de) *not at all*
un peu (de) *a little*
une tranche (de) *a slice*
trop (de) *too much*
trop peu (de) *too little*

Expressions de comparaison

aussi... que *as . . . as*
moins... que *less . . . than*
plus... que *more . . . than*
meilleur(e) *better (adj.)*
mieux *better (adv.)*
autant de... que *as much / as many (+ noun) as*
moins de... que *less (+ noun) than*
plus de... que *more (+ noun) than*

Pour demander ou donner une explication

Qu'est-ce que c'est que ça? *What's that?*
Qu'est-ce que c'est que... ? *What is . . . ?*
C'est quelque chose que... *It's something that . . .*
C'est quelqu'un qui... *It's someone who . . .*
C'est une espèce de... *It's a kind of . . .*
C'est là où... *It's where . . .*
De la (Du) quoi? *Some what?*
Un(e) quoi? *A what?*
Ça s'appelle... *It's called . . .*

Mots de transition / Adverbes de temps

d'abord, premièrement *first*
déjà *already, ever*
enfin, finalement *finally*
hier *yesterday*
récemment *recently*
la semaine dernière *last week*

chapitre 6

Le temps et les passe-temps

Henry Georgi/Comstock

This chapter will enable you to

- describe the weather and your favorite seasonal pastimes
- extend, accept, and decline invitations
- avoid repetition through the use of pronouns
- understand a weather report and a conversation about climate and sports
- read humorous texts about people's reactions to television and to the weather

Où le patinage sur glace est-il un passe-temps favori?
Et vous: Quels sont vos passe-temps préférés aux différentes saisons? Est-ce que vous aimez lire? Regarder la télévision?

Chapter resources

- iLrn Heinle Learning Center
- Text Audio Program
- Video
- Premium Website

À l'écoute Le bulletin météo

Les passe-temps dépendent souvent du temps, n'est-ce pas? S'il fait beau, on peut sortir; s'il fait mauvais, il est peut-être préférable de rester à l'intérieur. Imaginez que vous écoutez la radio, et voici le bulletin météorologique! Pour bien le comprendre, faites les Activités 1 et 2 avant d'écouter, puis écoutez en suivant les instructions données.

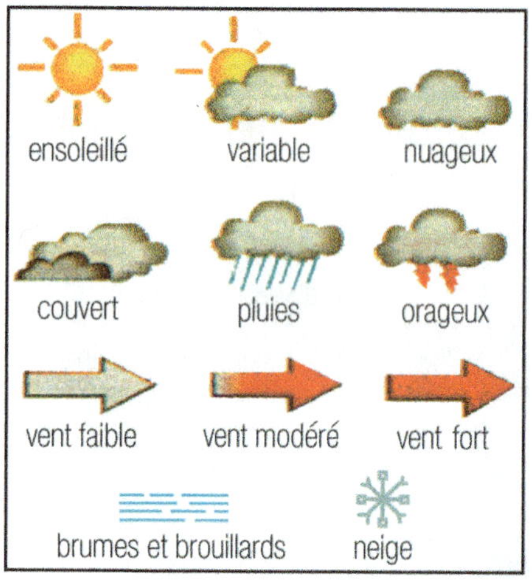

Pensez

1 Quel temps fait-il? Voici les possibilités utilisées dans le langage des bulletins météo.

En langage ordinaire, les expressions suivantes sont plus communes. Avec quels symboles peut-on les associer?

Il fait du vent → *vent faible, vent modéré ou vent fort*

Il fait du soleil.	Il pleut.
Le ciel est couvert.	Il neige.
Il fait du brouillard.	Il fait beau.
Il y a des nuages. / Le temps est nuageux.	Il fait mauvais.

En matière de températures, c'est une question de degrés, n'est-ce pas? Dans le monde francophone, les températures sont en degrés Celsius ou centigrades. 0° Celsius = 32° Fahrenheit; 10° C = 50° F; 20° C = 68° F; 30° C = 86° F; 37° C = 98° F (température du corps humain); 40° C = 104° F. En regardant les températures, pouvez-vous déduire la signification des expressions suivantes?

1. 35°C	Il fait chaud.	3. 10°C	Il fait frais.
2. 20°C	Il fait bon.	4. 0°C	Il fait froid.

2 Vous allez entendre un bulletin météo du mois de juillet. En regardant la carte ci-dessous, qu'est-ce que vous anticipez pour la plus grande partie de l'Europe? Où est-ce qu'il pleut? Où est-ce qu'il fait du soleil? Où y a-t-il des orages? Où y a-t-il une période de canicule (plus chaude que la normale)?

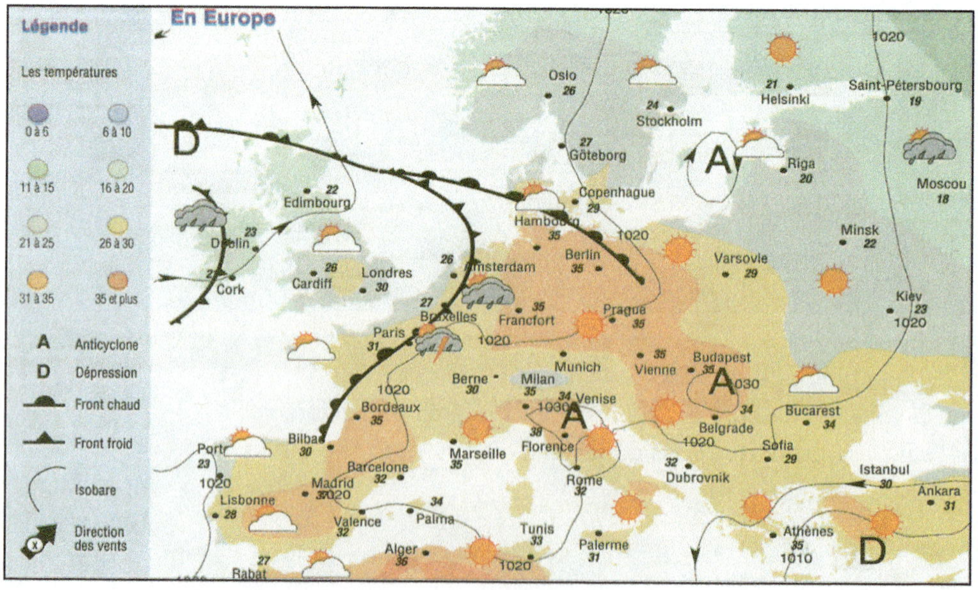

Le Figaro

Observez et déduisez

CD 2-18

3 Écoutez une ou deux fois en regardant les possibilités météorologiques données dans **Pensez.** Lesquelles sont mentionnées dans ce bulletin météo?

4 Quelles sont les températures mentionnées dans ce bulletin météo pour la plus grande partie de l'Europe? Est-ce que ce sont des températures normales pour la saison? Qu'est-ce qui va rafraîchir certaines régions? Quelles sont les prévisions pour demain?

5 **L'Europe.** Écoutez encore pour identifier les pays, villes ou régions qui sont mentionnés. Encerclez les pays ou régions concernés.

Les pays:
- l'Allemagne (Berlin, Hambourg)
- l'Autriche (Vienne)
- la Belgique (Bruxelles)
- l'Espagne (Madrid)
- la France (Paris)
- la Grèce (Athènes)
- les Îles Britanniques (Londres)
- l'Italie (Rome, Florence)
- les Pays-Bas (Amsterdam)
- la Pologne (Varsovie)
- la Scandinavie (Stockholm, etc.)
- la Suisse (Genève)

Les régions de France:
- l'Alsace
- la Bourgogne
- la Bretagne
- l'Île-de-France (région parisienne)
- la Normandie
- la Provence

Vocabulaire actif

le temps
- Le ciel est couvert
- Il fait beau, mauvais...
- Il fait du brouillard
- Il fait du soleil
- Il fait du vent
- Il neige (la neige)
- Il pleut (la pluie)
- la température
- Le temps est
  ensoleillé, variable, nuageux (un nuage), orageux (un orage)...
- nord, sud, est, ouest
- un pays

6 Écoutez une dernière fois pour identifier les points cardinaux qui sont mentionnés.

«Une zone de perturbation s'étirant de l'Atlantique au __________ de la Scandinavie va rafraîchir __________ et __________ de la France.»

Quel est le point cardinal qui n'est pas mentionné?

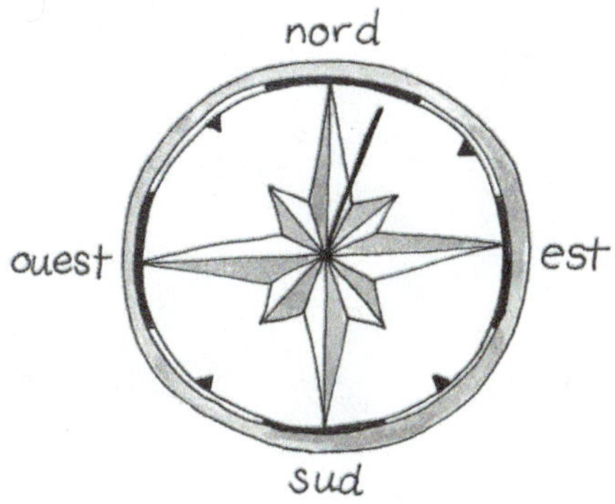

Prononciation Les sons [o] et [ɔ]

[o] is the closed *o* sound in **météo** and **beau.**

[ɔ] is the open *o* sound in **alors** and **comme.**

Observez et déduisez

CD 2-19

Listen to the following expressions from **À l'écoute: Le bulletin météo** on the Text Audio Track, and in the chart, indicate the *o* sounds you hear. You will hear each expression twice. The first expression has been done for you.

	[o]	[ɔ]
1. une grande partie de l'Europe		✓
2. le nord de l'Allemagne		
3. il fait aussi chaud		
4. une zone de perturbation		
5. des orages		
6. en Normandie		
7. le soleil		
8. la forte chaleur		

Now practice saying the expressions aloud. Then listen to the expressions again to verify your pronunciation.

As you can tell, the open [ɔ] is more common in French. The closed [o] occurs only in the following cases:

as the final sound in a word	mot, stylo
when followed by a [z] sound	chose, poser
when spelled **ô**	hôtel, diplôme
when spelled **au** or **eau***	chaud, beaucoup
in a few isolated words	zone

*Exception: **au** + [r] = [ɔ] restaurant, **au** revoir

Confirmez

CD 2-20

Practice saying and contrasting the following pairs of *o* sounds. Then listen to them on the Text Audio Track to verify your pronunciation.

1. Prononcez.

[o]	[ɔ]
nos	notre
vos	votre
allô	alors
beau	bonne
faux	folle

2. [o] **ou** [ɔ]? In the following sentences, underline the [o] sounds with one line, and the [ɔ] sounds with two lines.

a. Zut alors! Il fait si chaud que mon chocolat a fondu *(melted)* sur les côtelettes de veau et sur mon morceau de roquefort!
b. Nicole et Claude écoutent le bulletin météo à la radio.
c. Il ne fait pas trop chaud en octobre.
d. Le climat de la Normandie favorise la production des pommes et des fromages.
e. Quand il fait beau, on joue au golf ou on fait du vélo.

Now practice saying the sentences aloud, then listen to them on the Text Audio Track to verify your pronunciation.

Vocabulaire Le temps et les saisons

PAUL NEVIN/Photolibrary

Observez et déduisez

Comment est le climat au Québec?

En hiver, il fait très froid (entre –10°C et –30°C), et le temps est souvent nuageux.

Au printemps, il fait bon, mais le temps est variable.

En été, les températures varient entre 20°C et 35°C.

En automne, les arbres sont magnifiques avec leurs feuilles jaunes et rouges.

À quelle phrase correspond la photo?

Note culturelle

Carnaval de Québec.

Festivals québécois. Les Québécois fêtent la beauté et les plaisirs de l'hiver chaque année en février avec un festival dominé par des activités culturelles, sportives et artistiques, y compris des courses de traîneaux à chiens *(dogsled races)*, des courses en canot *(canoe)*, des défilés *(parades)* et des bals. La vedette *(star)* de la fête? L'ambassadeur du Carnaval: Bonhomme Carnaval. Le Carnaval de Québec est le plus grand carnaval d'hiver du monde.

En été, la ville vous offre le Festival international d'été de Québec, le plus grand événement culturel francophone en Amérique du Nord. Le festival comprend des centaines de spectacles en salle et à ciel ouvert, y compris des cirques, de la musique et du théâtre.

Bloguez!

Regardez la vidéo pour découvrir la fête nationale belge, selon Gregory. Expliquez comment elle ressemble —ou ne ressemble pas —à la fête nationale de votre pays. Décrivez la fête chez vous ou un autre festival qui a lieu *(takes place)* dans votre région. Téléchargez *(upload)* des photos que vous avez prises au festival ou un vidéoclip des festivités.

Activités

A **Le temps au Canada.** Regardez la carte météorologique ci-dessous, puis complétez les phrases avec le nom d'une ville logique.

1. Le ciel est couvert à ______________.
2. Il neige à ______________.
3. À ______________ il fait du soleil, mais il ne fait pas chaud.
4. Il pleut à ______________.
5. Le temps est variable à ______________.
6. Il fait assez frais à ______________.
7. Il fait beau à ______________.
8. La température est de –18 degrés Celsius à ______________.

Maintenant, choisissez deux villes et parlez du temps qu'il y fait.

➡ *À Whitehorse il fait très froid, mais le temps est variable avec un peu de soleil. La température est de –10 degrés.*

Le Figaro

B **Le climat chez vous.** Expliquez à votre partenaire le temps qu'il fait chez vous selon les indications.

➡ Au mois d'avril... *il fait du soleil et il fait très bon. Il ne pleut pas souvent.*

1. aujourd'hui
2. au printemps
3. en été
4. en automne
5. en hiver
6. le jour de votre anniversaire

C **Et demain?** Regardez les images et dites quel temps il *va* faire cette semaine.

➡ *Aujourd'hui le temps est variable mais il va faire bon.*

Prévisions à long terme pour Québec

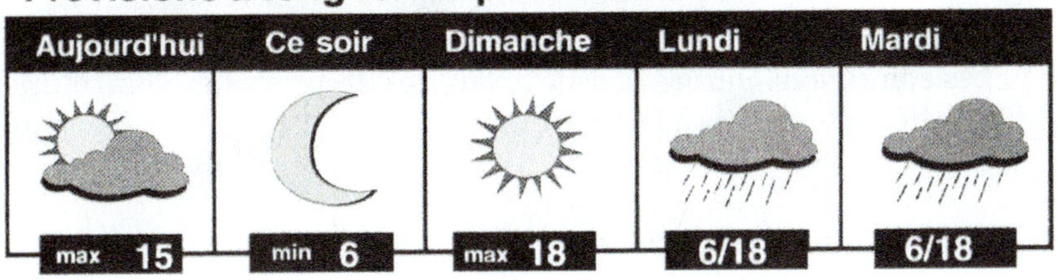
Aujourd'hui
Ce soir
Dimanche
Lundi
Mardi
max 15
min 6
max 18
6/18
6/18

D **Un bulletin météorologique.** Préparez un bulletin météorologique pour votre ville d'origine. Parlez du temps qu'il fait aujourd'hui et du temps qu'il va faire demain chez vous, puis donnez vos prédictions pour le reste de la semaine.

Structure Narrating past actions

Le passé composé avec *être*

Observez et déduisez

Anne et sa famille sont allées à Québec pour participer au Carnaval d'hiver. La famille est arrivée sous un ciel ensoleillé, et tout le monde est allé voir le célèbre défilé avec l'ambassadeur de la fête, Bonhomme Carnaval. Après, Anne et sa sœur sont entrées dans le Palais de Glace de Bonhomme pour voir le spectacle multimédia. Ses frères sont allés regarder la course en canot et ses parents sont montés dans un traîneau à chiens pour faire une promenade. Vers minuit, la famille est retournée à l'hôtel—très fatiguée après une belle journée à Québec.

Carnaval de Québec

- In **Chapitre 5,** you learned how to form the **passé composé** of certain verbs to say what happened in the past. How does the past tense of verbs in the paragraph above differ from those previously studied?
- Look at the past participles of the verbs in the preceding paragraph: **allées, arrivée, allé, entrées, allés, montés, retournée.** Can you formulate a rule that would explain the differences in the endings of these participles?

Vocabulaire actif

arriver
entrer dans
monter dans
passer par / à
rester
retourner
tomber

Confirmez

1. A few common verbs like **aller** use **être** as the auxiliary in the **passé composé.**

— Il est allé à Montréal?	— *Did he go to Montreal?* — *Has he gone to Montreal?*
— Non, il est allé à Québec.	— *No, he went to Quebec.* — *No, he's gone to Quebec.*

2. Some other verbs requiring **être** in the **passé composé** include **arriver, entrer dans, monter dans** *(to go up, get on or in)*, **passer par / à, rentrer, rester** *(to stay)*, **retourner,** and **tomber** *(to fall)*.
3. The past participles of verbs conjugated with **être** agree in number and gender with the *subject* of the verb.

La famille est arriv**ée** sous un ciel ensoleillé.	(féminin, singulier)
Les sœurs sont entr**ées** dans le Palais de Glace.	(féminin, pluriel)
Les frères sont all**és** à la course en canot.	(masculin, pluriel)
Papa est tomb**é** dans la neige!	(masculin, singulier)

Le passé composé avec *être*

je suis allé(e)	nous sommes allé(e)s
tu es allé(e)	vous êtes allé(e)(s)
il est allé	ils sont allés
elle est allée	elles sont allées

Activités

CD 2-21

E **Voyages.** La famille Napesh fait beaucoup de voyages en été. Préparez 6 lignes sur une feuille de papier, numérotées de 1 à 6, puis écoutez et écrivez la bonne destination pour chaque personne. Ensuite, indiquez si le voyage est **présent, passé** ou **futur.**

Destinations: Halifax, Whitehorse, Québec, Iqaluit, Montréal, Winnipeg
Personnes: (1) Siméon, (2) Marie + Élisabeth, (3) Maman, (4) Joseph, (5) Papa + Angélique, (6) les garçons

Maintenant, parlez du temps qu'il fait à chaque destination selon la carte météorologique à la page 206.

F **Pas de voyage pour Zoë!** Zoë n'a pas voyagé. Mais elle a passé une journée agréable quand même! Qu'est-ce qu'elle a fait? Complétez les phrases de la colonne de gauche avec une expression qui convient de la colonne de droite. Ensuite, organisez les phrases d'une manière logique en vous inspirant des images à la page 209.

1. Il a fait si beau,...
2. Vers 3h elle est rentrée à la maison...
3. Zoë n'a pas de voiture alors...
4. Les trois copains sont entrés dans le musée...
5. Puis, Zoë est retournée au café...
6. Zoë n'a pas remarqué...
7. Après le café, Zoë et Lola sont allées à l'épicerie...
8. Elle est arrivée au musée vers 10h...
9. Après, ils sont passés par le café...

a. où elle a retrouvé ses copains Lola et Yanis.
b. pour voir une nouvelle exposition.
c. où elles ont fait les courses.
d. que son portable est tombé par terre.
e. où elle a préparé le dîner.
f. elle est montée dans l'autobus pour aller en ville.
g. pour prendre une boisson.
h. qu'ils sont restés à la terrasse pendant une heure.
i. pour chercher son portable.

G **Et moi.** Jouez le rôle de Lola ou Yanis. En vous inspirant encore des images ci-dessus, décrivez ce que vos copains et vous avez fait—ou n'avez pas fait—hier.

➡ **Verbes:** arriver, entrer, monter, passer, rentrer, rester, retourner, tomber

➡ **Copains:** Zoë... Lola (Yanis) et moi, nous... Lola et Zoë... Zoë et moi... *Je ne suis pas... Nous sommes arrivés... Elles sont allées...*

H ***Être* ou *avoir*.** Employez le passé composé (avec **être** *ou* **avoir** selon le cas) pour décrire la journée de Lola et sa cousine. Faites attention à l'accord du participe passé.

Hier Lola (aller) en ville où elle (retrouver) sa cousine, Léa. Léa (arriver) un peu en retard, alors les cousines (entrer) tout de suite dans un café où elles (prendre) le déjeuner. Elles (rester) au café pendant une heure, puis elles (faire) des courses. Lola (acheter) un nouvel iPod et Léa (trouver) un jean en solde *(on sale)*. Les deux filles (rentrer) vers 6h30.

Maintenant, imaginez ce qu'elles ont fait ce soir-là. Écrivez au moins trois phrases.

I **Devinez.** Est-ce que vous connaissez bien vos camarades de classe? Lisez les questions suivantes, puis écrivez sur une feuille de papier le nom de l'étudiant(e) qui, selon vous, va répondre **oui** à chaque question. Ensuite, sondez vos camarades pour vérifier vos suppositions—ou pour trouver un(e) autre étudiant(e) qui répond **oui.**

➡ *Est-ce que tu es... ?* *Oui, je suis... / Non, je ne suis pas...*

1. Qui est allé(e) à la bibliothèque hier?
2. Qui est arrivé(e) tôt en classe aujourd'hui?
3. Qui est resté(e) à la maison ce matin?
4. Qui est allé(e) au cinéma la semaine dernière?
5. Qui est rentré(e) après minuit samedi?
6. Qui est monté(e) dans un taxi récemment?
7. Qui est déjà tombé(e) de son lit?

Maintenant, imaginez comment le professeur va répondre aux questions. Posez-lui des questions pour vérifier vos suppositions.

➡ *Madame / Monsieur, est-ce que vous êtes...*

Vocabulaire

Pour parler du passé, du futur et de la ponctualité

Observez et déduisez

The following adverbial expressions may be used with the **passé composé** or the **futur proche** to add nuance when sequencing events in time. They generally appear at the beginning or end of the sentence. Complete the chart by studying the expression used in the opposite column and indicating its counterpart for expressing the past or future as required.

hier lundi le 8	aujourd'hui mardi le 9 ←→	demain mercredi le 10
		demain matin
hier après-midi		
		demain soir
vendredi (dernier)		vendredi (prochain)
		la semaine (prochaine)
le mois dernier		
l'année dernière		

Read the following paragraph and examine the time line. Then, using context and cognates, infer the meaning of the words in boldface type.

Anne a un rendez-vous à 9h30 ce matin, alors elle a pris le train **il y a** une heure et demie (à 8h). Si elle arrive au bureau à 9h30, elle est **à l'heure.** Si elle arrive à 10h, elle est **en retard.** Si elle arrive à 9h, elle est **en avance.**

8h	9h	9h30	10h
(il y a une heure et demie)	(en avance)	(à l'heure)	(en retard)

Match the expressions in the two lines.

1. il y a	2. à l'heure	3. en retard	4. en avance
a. on time	b. early	c. ago	d. late

Activités

J **Il y a longtemps?** Dites la dernière fois *(time)* que vous avez fait les activités suivantes.

➡ (aller en vacances)
Je suis allé(e) en vacances il y a 7 mois. (le mois dernier, etc.)

aller à un carnaval	rester au lit jusqu'à midi
arriver en classe en avance	envoyer des textos
rentrer à 9h un samedi soir	manger au restaurant
surfer sur Internet	passer à la poste

Maintenant, mentionnez trois choses que vous **allez** faire et expliquez quand.

➡ *Demain soir, je vais jouer à la Wii avec mes copains. (Mardi..., etc.)*

K **Calendrier.** Nous sommes aujourd'hui le 8 juin... Dites ce que Charles a fait récemment et ce qu'il **va** faire en employant le calendrier ci-dessous.

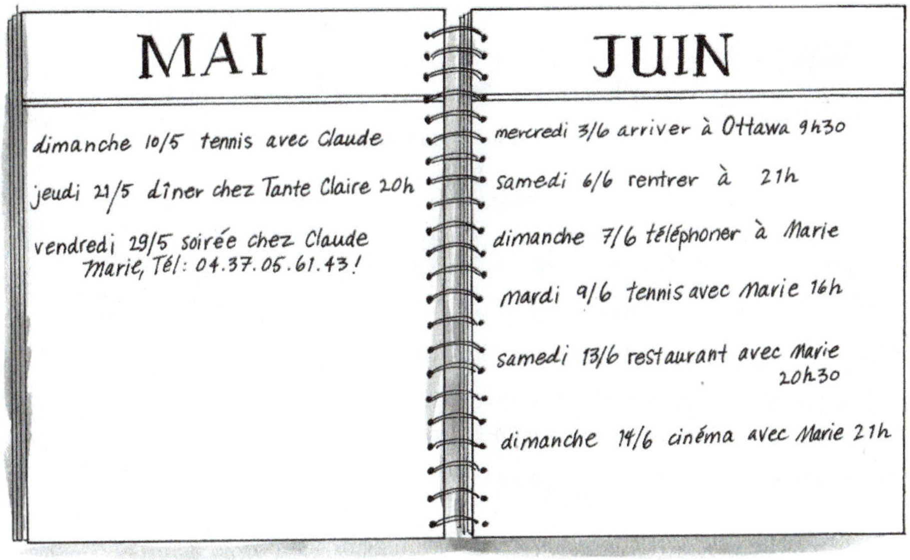
MAI
dimanche 10/5 tennis avec Claude
jeudi 21/5 dîner chez Tante Claire 20h
vendredi 29/5 soirée chez Claude
Marie, Tél: 04.37.05.61.43!
JUIN
mercredi 3/6 arriver à Ottawa 9h30
samedi 6/6 rentrer à 21h
dimanche 7/6 téléphoner à Marie
mardi 9/6 tennis avec Marie 16h
samedi 13/6 restaurant avec Marie 20h30
dimanche 14/6 cinéma avec Marie 21h

L **Discussion.** Discutez, avec un(e) partenaire, d'un voyage mémorable que vous avez fait. Où est-ce que vous êtes allé(e)? Est-ce qu'il a fait beau? Mauvais? Combien de temps est-ce que vous êtes resté(e) là-bas? Qu'est-ce que vous avez fait?, etc.

➡ *L'été dernier, je suis allé(e) au Festival international d'été à Québec...*

Jeu de rôle

With two classmates, play the roles of three friends who have different preferences (sports? movies? museums?). Discuss what you each did last weekend, then agree on a common activity for this weekend. Make two sets of plans: What will you do if the weather's nice? What will you do if it rains?

Deuxième étape

Lecture La télévision

Pensez

1 On ne peut pas parler de passe-temps sans parler de télévision, n'est-ce pas? Est-ce que vous regardez plus ou moins de télévision les jours où il fait beau? Quelles sortes d'émissions aimez-vous regarder à la télévision? Numérotez les émissions suivantes dans l'ordre de vos préférences (de 1 à 9).

_____ les films
_____ les jeux télévisés (comme *La Roue de la Fortune*)
_____ le journal télévisé (les informations)
_____ les magazines et documentaires
_____ les sports
_____ la téléréalité
_____ les divertissements (musique, comédie, etc.)
_____ les dessins animés (comme *Dora l'exploratrice*)
_____ les feuilletons (les séries en épisodes, comme *Glee*)

2 Chez vous, qui contrôle la télécommande *(remote control)*? Êtes-vous un «zappeur» (une «zappeuse»)? Quand changez-vous de chaîne *(channel)*? Cochez les réponses appropriées et ajoutez d'autres possibilités.

_____ quand il y a des pubs (publicités)
_____ quand il y a deux émissions intéressantes en même temps
_____ quand il n'y a rien *(nothing)* d'intéressant à voir
_____ quand les nouvelles sont trop déprimantes *(depressing)*
_____ quand vous êtes morose (triste)
_____ ?

Observez et déduisez: en général

3 Le texte que vous allez lire est une bande dessinée. Parcourez la bande dessinée une première fois pour identifier l'idée principale. *Les zappeurs*, c'est l'histoire d'une famille qui...

a. achète une nouvelle télévision et la regarde pour la première fois.
b. n'est pas contente parce que la nouvelle télé ne fonctionne pas bien.
c. regarde une nouvelle chaîne de télé et ne l'aime pas.
d. aime beaucoup la chaîne «anti-morosité».

Album ZAPPEURS No 5, planche no 213, p. 20

Observez et confirmez: en détail

4 Les images et le texte. Les paraphrases suivantes sont-elles vraies ou fausses selon les images? Corrigez les phrases fausses, puis indiquez à quelle(s) image(s) elles correspondent.

	image(s)
1. Le programme de télé annonce une nouvelle chaîne.	________
2. La réaction à l'idée d'une chaîne «anti-morosité» est très positive chez les enfants et très négative chez les parents.	________
3. La nouvelle chaîne donne seulement de mauvaises nouvelles.	________
4. Le père veut «zapper» mais le fils ne veut pas.	________
5. Les nouvelles traditionnelles sont plus intéressantes!	________

Vocabulaire actif

une bande dessinée
une chaîne
changer de chaîne
un dessin animé
le divertissement
une émission
un feuilleton
un jeu télévisé
le journal télévisé (les informations)
un programme
une pub
la télécommande
la téléréalité
zapper
un zappeur

5 Les mots. D'après le contexte, quel est le sens des mots suivants? Choisissez **a** ou **b.**

1. génial!	a. cool!	b. too bad!
2. je me réjouis	a. I rejoice, I'm happy	b. I fear, I'm afraid
3. manquer	a. to watch	b. to miss
4. Bienvenue	a. Welcome	b. Hello again
5. aucun (embouteillage)	a. no (traffic jams)	b. many (traffic jams)
6. se porte bien	a. is being carried	b. is doing well
7. un biberon	a. a glass	b. a baby bottle
8. nul!	a. no good!	b. none!

6 L'histoire. Résumez en trois ou quatre phrases l'histoire des zappeurs.

Explorez

1. **Qu'en pensez-vous?** Discutez avec deux ou trois camarades de classe.
   a. Les médias semblent nous bombarder de mauvaises nouvelles. À votre avis, pourquoi les mauvaises nouvelles sont-elles plus populaires que les bonnes nouvelles? Qu'est-ce que cela indique au sujet de notre société?
   b. Les bonnes nouvelles peuvent-elles être intéressantes? Préparez un journal télévisé «anti-morosité» avec au moins quatre bonnes nouvelles se rapportant à l'actualité locale, nationale ou internationale. Comment allez-vous présenter ces nouvelles pour garder l'intérêt de votre public? Essayez vos techniques devant la classe!

2. **La télé en France.** Regardez l'extrait d'un programme de télé à la page 215.
   a. Que remarquez-vous de différent dans la programmation de la télévision en France?
   b. Avec un(e) partenaire, cherchez dans ce programme de télé les renseignements nécessaires pour compléter le tableau.

TF1 1

6.30 TFou. **11.10** Beverly Hills, 90210. La victoire. ♥ **12.00 Attention à la marche !** Spécial parents/ados. ■ **13.00** Journal. **13.55 Julie Lescaut.** Téléfilm. Ecart de conduite. **15.35 Le cœur chocolat.** Téléfilm. Une femme hérite d'une maison à Bruges et se rend sur place pour la vendre au plus vite. Mais elle découvre que la ville flamande est pleine de surprises. **17.35** Monk. Monk se cache. **18.30** A prendre ou à laisser. **19.05** Le juste prix. ■ **20.00** Journal.

20.45

♥ **New York, section criminelle**
Série policière. Ambition dévorante (Saison 8, 10/16). Avec Jeff Goldblum, Eric Bogosian, Julianne Nicholson.
La compagne d'un célèbre chef cuisinier meurt assassinée. *21.30 Autopsie d'un meurtre (14/16).* Nichols reçoit l'aide de Eames dans son enquête sur la mort d'une jeune adolescente droguée. *22.15 Une révolution en marche (16/16).* Le directeur d'une banque est assassiné. Le responsable est un vieux révolutionnaire allemand qui entend prendre pour cible le système bancaire.

FRANCE 2 2

6.30 Télématin. **9.05** Des jours et des vies. **9.30** Amour, gloire et beauté. **9.55** C'est au programme. **11.00** Motus. **11.30** Les Z'amours. ♥ **12.00 Tout le monde veut prendre sa place.** ■ **13.00** Journal. **13.50** Consomag. Sel et substituts au sel. ♥ **14.00 Toute une histoire.** **15.10** Comment ça va bien ! **16.15** Le Renard. **17.25** Rex. Un ange à quatre pattes. **18.15** En toutes lettres. **19.00** N'oubliez pas les paroles. ■ **20.00** Journal.

20.35

♥ **Chateaubriand**
Téléfilm français de Pierre Aknine (2009). Avec Frédéric Diefenthal, Armelle Deutsch, Aurélia Petit.
François-René de Chateaubriand est à Saint-Malo, pour décider de ce que sera sa future sépulture. Il se penche sur son passé, sa jeunesse à Combourg, sa rencontre avec le Paris de la Révolution, son voyage en Amérique. Plus tard, après l'armée des Princes viendra l'interminable exil à Londres. De retour en France, sous le Consulat, l'exécution du duc d'Enghien le brouille avec Bonaparte. LIRE NOTRE ARTICLE.

FRANCE 3 3

■ **6.00** EuroNews. **6.45** Ludo. **11.10** Plus belle la vie. ■ **11.40** Le 12/13. **13.00** Nous nous sommes tant aimés. **13.30** En course sur France 3. EN DIRECT d'Agen. **13.45** Inspecteur Derrick. **15.00** Questions au gouvernement. ♥ **16.05 C'est pas sorcier.** Rencontre avec les gorilles. **16.40** Slam. **17.15** Des chiffres et des lettres. ♥ **17.50 Questions pour un champion.** **18.30** 18:30 aujourd'hui. ■ **18.45** Le 19/20. **20.00** Tout le sport. **20.10** Plus belle la vie.

20.35

♥♥ **Des racines et des ailes**
Magazine. Présenté par Louis Laforge. Spécial Tunisie.
A l'occasion du 265ᵉ numéro de l'émission, Louis Laforge installe son plateau au musée du Bardo, à Tunis, puis dans le palais du baron d'Erlanger à Sidi Bou Saïd. Au sommaire : «L'héritage de Carthage». Fethi Bejaoui, directeur du site archéologique de Carthage, fait revivre cette grande cité antique. - «Au cœur de la Médina». - «Tunis, Art Nouveau». - «Entre oasis et désert». LIRE NOTRE ARTICLE.
■ **22.25** Soir 3.

M6 6

6.00 M6 Music. ♥ **6.35** M6 Kid. **7.30** Disney Kid Club. **9.05** M6 boutique. **10.00** Absolument stars. ♥ **11.10 Un gars, une fille.** **11.40** Charmed. Le pacte. - Le triangle maléfique. **13.45 Vol 714 : au bout de l'enfer.** Téléfilm de Thomas Jauch (2009). **15.45 Maman à 16 ans.** Téléfilm dramatique de Didier Bivel (2001). **17.20** Malcolm. La jambe de grand-mère. **17.50** Un dîner presque parfait. ♥ **18.50** 100 % Mag. ■ **19.45** Le 19.45. ♥ **20.05 Un gars, une fille.**

20.40

Nouvelle star
Divertissement. Présenté par Virginie Guilhaume.
Les neuf candidats encore en lice espèrent bien être celui ou celle qui succédera à Soan, vainqueur de l'édition 2009. Pour cela, tous ont continué à travailler au cours d'une semaine bien remplie. Comme pour chaque prime, ils ne devront pas se tromper dans le choix du titre qu'ils interpréteront devant les mille personnes présentes au Pavillon Baltard, sans compter que les téléspectateurs ne manquertont pas de faire connaître leur approbation pour tel ou tel artiste.

CANAL+ 4

10.40 NBA Time. **12.10** Les Guignols. ❑ **12.20** L'édition spéciale. **14.05 Bienvenue chez les Robinson.** De Stephen Anderson (2007). **15.40** Les petits explorateurs à travers l'Afrique. **16.25 Confessions d'une accro du shopping.** De PJ Hogan (2008). ❑ **18.10** Album de la semaine. ❑ **18.20** Les Simpson. ❑ ■ **18.45** Le JT. ❑ **19.05** Le grand journal. ❑ **19.55** Les Guignols. ❑ **20.10** Le grand journal, la suite. ❑ **20.30** La grande soirée Champions League.

LE CHOIX DE TÉLÉOBS

♥♥ **20.45 Football**
FC Barcelone (Esp)/Inter Milan (Ita). Ligue des champions. Demi-finale retour. EN DIRECT.
L'Inter Milan de Wesley Sneijder a assuré l'essentiel en quart de finale, en s'imposant petitement face au CSKA Moscou, l'équipe surprise de cette phase finale. Mais c'est un tout autre défi qui attend les hommes de José Mourinho, confrontés au redoutable FC Barcelone, dont le jeu basé sur la vitesse d'exécution et la maîtrise technique a fait tourner bien des têtes au sein des défenses adverses.
♥ **22.45 Jour de foot.**

type d'émission ou titre	chaîne	heure
Film, Chateaubriand	France 2	20.35
Journal		20.00
	Canal+	20.45
Nouvelle Star		
Série policière		20.45
Magazine sur la Tunisie		
	Canal+	18.20
		17.15

c. Maintenant imaginez qu'on est le mercredi 28 avril. Qu'est-ce que vous allez regarder à la télé? Avec un(e) partenaire, discutez de ce qui vous intéresse et faites une liste des émissions que vous considérez pour (1) l'après-midi et (2) le soir.

Note culturelle

La télévision en France. 98% des Français déclarent avoir un téléviseur et la moitié des ménages déclarent en avoir au moins deux. L'équipement des foyers se poursuit car de plus en plus de personnes achètent des écrans plats (LCD ou plasma) et des systèmes de home cinéma. Les téléspectateurs ont maintenant accès à des centaines de chaînes grâce au câble, au satellite et à Internet.

Les Français de 4 ans et plus passent en moyenne 3h24 par jour devant la télévision. Les programmes les plus populaires sont les émissions de fiction, puis les magazines et documentaires et les journaux télévisés. Les émissions de téléréalité, très regardées par les jeunes, touchent à tous les domaines de la vie: il y a par exemple *Nouvelle Star**, une émission musicale, et *Koh Lanta**, une émission d'aventures avec des épreuves pour les participants. Les pubs interrompent généralement moins les émissions en France qu'aux États-Unis—elles apparaissent plus souvent avant et après. Que pensez-vous des interruptions publicitaires? Combien de temps passez-vous devant la télé pendant l'année scolaire et pendant les vacances? Quelles sont vos chaînes préférées? Pour quelles raisons?

**version française:* American Idol; *version française:* Survivor

Bloguez!

Préférez-vous regarder des émissions à la télé ou sur votre ordinateur? Ajoutez des liens vers les sites Web de vos émissions préférées et dites pourquoi vous les aimez bien.

Structure Talking about favorite pastimes

Les verbes *lire, dire,* voir et *écrire*

Observez et déduisez

D'habitude je passe mon temps libre à lire et à regarder des films. Hier, par exemple, j'ai lu des bandes dessinées le matin, et l'après-midi je suis allée au cinéma avec mes copains. Nous avons vu *Inception* avec Marion Cotillard. Patrick a dit que c'est un excellent film, et moi, je suis d'accord. J'aime les drames et les films de science-fiction, mais pas les films d'épouvante.

Et vous? Comment passez-vous votre temps? Complétez mon sondage:

Quand j'ai du temps libre, j'aime lire:

_____ un blog
_____ des magazines
_____ des bandes dessinées
_____ des journaux
_____ des romans d'amour

J'écris souvent:

_____ des lettres
_____ des mails
_____ des rapports pour mes cours
_____ sur ma page perso
_____ des tweets

Chantal Thompson

Vocabulaire actif

des bêtises
un blog
un clip vidéo
dire
un drame
écrire
un film
 d'épouvante
 de science-fiction
le genre
une histoire
une lettre
lire
un mensonge
une page perso
un rapport
la vérité

Pour m'amuser, j'aime voir:

_____ des divertissements musicaux
_____ des documentaires à la télé
_____ des films étrangers en version originale
_____ des films d'aventure
_____ *Nouvelle Star*

Je dis souvent / toujours / ne... jamais

_____ «merci» et «s'il vous plaît»
_____ la vérité
_____ des bêtises
_____ des mensonges
_____ «Jamais!»

- From the context, what do you think the verbs **lire, écrire, dire,** and **voir** mean? What are the past participles of **voir, lire,** and **dire**? How would you say: *Twilight Chapitre 3* and *Madame Bovary*?

Confirmez

You have already learned several verbs that have irregular past participles in the **passé composé** (see p. 187). **Lire, dire, voir,** and **écrire** all have irregular past participles and all are conjugated in the **passé composé** with **avoir.**

— Tu **as vu** *Inception*?
— Non, mais Claire **a dit** que c'est bien et elle dit toujours la vérité.

— Tu **as lu** les histoires *(stories)* de Pierre?
— Il **a écrit** des histoires?!

Les verbes *lire, écrire, dire, voir*

je lis	j' écris
tu lis	tu écris
il/elle/on lit	il/elle/on écrit
nous lisons	nous écrivons
vous lisez	vous écrivez
ils/elles lisent	ils/elles écrivent
je dis	je vois
tu dis	tu vois
il/elle/on dit	il/elle/on voit
nous disons	nous voyons
vous dites*	vous voyez
ils/elles disent	ils/elles voient

Participes passés: lu, écrit, dit, vu

*Note irregular form.

Note culturelle

Passe-temps contemporains. De plus en plus, les nouvelles technologies transforment les loisirs à travers le monde francophone, surtout parmi les jeunes internautes qui aiment surfer sur Internet, créer leur propre site Internet (une page perso), monter leurs propres vidéos et albums photos, télécharger des vidéos et de la musique, etc. Un nombre croissant de Français sont actifs sur des réseaux sociaux comme *Facebook* où ils jouent régulièrement à des jeux comme *Paf le chien* ou communiquent «mur à mur», échangent des photos et participent aux forums. Au Québec, les activités Internet les plus populaires sont le visionnement de vidéos et de la télévision suivi de jeux auxquels participent 30% des internautes québécois. D'autres outils de communication populaires parmi les jeunes Francophones sont le micro-blogging à la *Twitter* et les messageries instantanées comme *Skype* ou *AIM*. En plus, les jeunes passent du temps à regarder et à partager des vidéo-clips sur *YouTube*, par exemple, et à consulter et à monter des billets de blog.

Bloguez! iLrn

Expliquez le rôle que la technologie joue dans votre vie. Combien de temps est-ce que vous passez à surfer sur Internet? Pour quelles raisons? Pour faire de la recherche? Pour communiquer avec la famille et les copains? Pour vous informer? Pour faire des achats?, etc.

Activités

M Associations. Quels verbes (**lire, dire, écrire** ou **voir**) associez-vous aux mots qui suivent?

un clip vidéo	des bêtises	un spectacle	un roman
un film d'épouvante	la vérité	des mensonges	un documentaire
un magazine	un blog	un mail	une page perso

N Logique. Complétez les phrases suivantes avec le verbe logique.

1. Les étudiants _____________ (écrire / lire) des bandes dessinées.
2. Je/J' _____________ (écrire / dire) quelquefois des histoires.
3. La classe _____________ (lire / voir) le professeur trois jours par semaine.
4. Hier, nous _____________ (écrire / voir) une lettre à nos copains.
5. Et toi, tu _____________ (voir / dire) toujours la vérité?
6. Mon frère _____________ (lire / dire) souvent des bêtises.

Banque de mots

un film d'épouvante
un rapport
«Faites vos devoirs»
des B.D.
le professeur au parc
des romans historiques
«bonjour» aux étudiants
des magazines
des choses intéressantes
une lettre
la téléréalité
un match de foot
des bêtises
des mensonges

O Préférences. Complétez les phrases de façon originale. Inspirez-vous de la banque de mots.

➡ *Mes parents lisent des magazines. Ils ne lisent pas mon blog.*

Mes parents lisent souvent / ne lisent pas...
Mon ami(e) écrit quelquefois... / Une fois, il/elle a écrit...
Hier, mes camarades de chambre ont vu...
Le professeur dit toujours / ne dit jamais...

P Pour s'amuser. Écrivez vos préférences pour les catégories suivantes sur une feuille de papier: **genre de films, genre d'émissions, genre de lectures, ce que j'aime écrire.**

Ensuite, sondez vos camarades de classe et notez les préférences du groupe.

➡ *Moi, j'aime les films policiers. Quel genre de films est-ce que tu aimes voir? / Moi, je n'aime pas lire. Et toi? Qu'est-ce que tu lis le plus souvent?*

Maintenant, identifiez les genres les plus populaires parmi les étudiants, puis posez des questions au professeur. Ses réponses, ressemblent-elles aux réponses des étudiants? Parlez-en avec vos camarades de classe. Finalement, comparez vos réponses avec les réponses des Français dans le tableau ci-dessous.

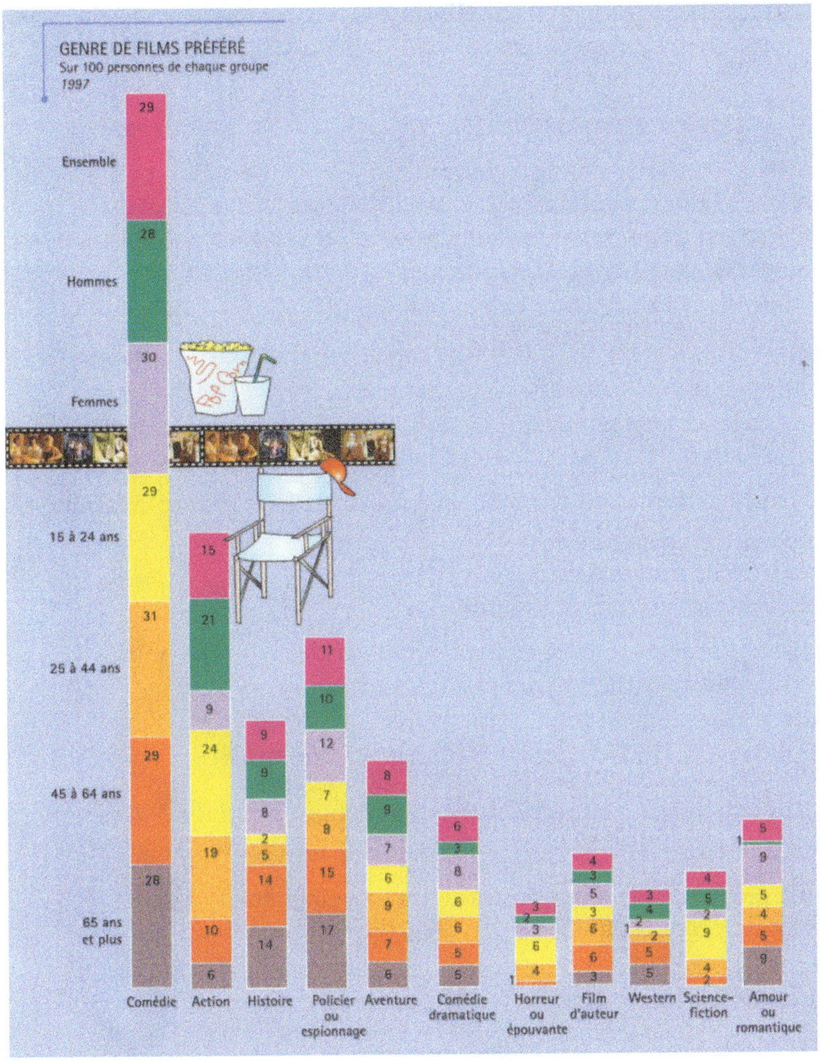

Courtesy of Écran total. Reprinted with permission

Structure Avoiding repetition

Grammar Podcasts, Grammar Tutorials

Les pronoms d'objet direct

Observez et déduisez

— Dis, Éva **m'**a retrouvé après les cours, et elle **nous** a invités chez elle pour regarder la nouvelle chaîne anti-morosité. Tu **l'**as déjà vue, cette chaîne?
— Pas encore, mais je voudrais **la** voir. On dit que les émissions sont géniales!
— Pas du tout! Je **les** trouve ennuyeuses. Moi, je préfère la réalité.
— Eh oui, je **te** comprends!

Vocabulaire actif

aider
chez
pronoms d'objet direct
me, te...

- To whom or what do the boldfaced pronouns in the preceding dialogue refer? Where is the pronoun placed when the verb is in the present tense? When the verb is in the **passé composé**? When there are two verbs?

Confirmez

Les pronoms d'objet direct

singulier	pluriel
me / m' + voyelle	nous
te / t' + voyelle	vous
le / la / l' + voyelle	les

1. A direct object is a noun that follows and "receives" the action of the verb. It answers the question *whom* or *what* and comes immediately after the verb.

   J'ai regardé **la chaîne anti-morosité** hier soir. (watched *what*?)
   Je vais retrouver **Éva** après les cours. (going to meet *whom*?)

2. A direct object *pronoun* is used to avoid repeating the noun if the direct object has already been mentioned.

   — Tu as vu **le journal télévisé**?
   — Oui, je l'ai vu.

   — Éva invite **Lucas et moi** chez elle.
   — Elle **nous** trouve sympas.

3. Certain French verbs require a direct object, unlike their English equivalents.

   Je cherche **la télécommande.**
   Je regarde **le documentaire sur Haïti.**
   J'écoute **les informations à la radio.**

4. Direct object pronouns agree in number and gender with the nouns they replace, and they directly *precede* the verb.

   — Tu vois **mon journal**?
   — Oui, je **le** vois.

   — Tu retrouves **Éva et moi** à 3h?
   — Oui, je **vous** retrouve au café.

   In a negative sentence, **ne** precedes the direct object pronoun.

   — Tu vois **mes amis**?
   — Non, je **ne les** vois pas.

5. In the **futur proche** or a sentence with a verb and an infinitive, the direct object pronoun precedes the *infinitive.* (It is the object of the infinitive.)

   — Tu veux aider Chloé et moi?
   — Oui, je veux **vous** aider.

   —Le prof va corriger nos devoirs?
   —Oui, il va **les** corriger.

6. In the **passé composé,** the pronoun directly precedes the *auxiliary* verb.

   — Tu as vu le film?
   — Oui, je **l'**ai vu.

   —Tu **m'**as vu à la bibliothèque hier?
   —Non, je ne **t'**ai pas vu!

   Note that in the **passé composé,** the past participle agrees in number and gender with the preceding direct object pronoun.

   — Tu as vu la chaîne anti-morosité?
   — Oui, je **l'**ai vu**e.** (la chaîne)

   — Tu as vu mes amis?
   — Oui, je **les** ai vu**s.** (les amis)

Le placement des pronoms d'objet direct

présent	— Sarah regarde les jeux télévisés? — Oui, elle **les** regarde souvent.	— Vous aimez la téléréalité? — Nous ne l'aimons pas du tout.
futur proche or two verbs	— Tu veux lire mon blog? — Bien sûr, je veux **le** lire.	— Tu vas faire tes devoirs? — Je vais **les** faire ce soir.
passé composé	— Ils ont dit la vérité? — Ils l'ont dite!	— Vous avez écrit ton rapport? — Non, je ne **l'**ai pas écrit.

Activités

CD 2-22

Q **Toujours «oui».** Écoutez les questions et complétez les réponses avec le pronom d'objet direct qui convient: **le, la, l', les, me te, nous, vous.**

➡ (Tu aimes les histoires comiques?) *Oui, je les aime.*

1. Oui, je _______ vois souvent.
2. Oui, je _______ regarde.
3. Oui, je _______ ai lus.
4. Oui, je _______ ai vue.
5. Oui, je _______ invite au café.
6. Oui, je _______ aide à faire tes devoirs.
7. Oui, tu _______ retrouves à 4 h.
8. Oui, tu vas _______ voir au concert.

R **Préférences des téléspectateurs.** De quoi parle-t-on logiquement dans les phrases de gauche? Choisissez parmi les expressions de la colonne de droite.

➡ «Je vais le regarder ce soir.» *le journal télévisé*

1. «Je les regarde souvent.»
2. «Je la regarde tous les jours.»
3. «Je ne le regarde jamais.»
4. «Je les ai regardés hier.»
5. «Je ne l'ai pas vue.»
6. «Je ne l'ai pas aimé.»

a. la télécommande
b. la chaîne anti-morosité
c. le programme de télévision
d. les sports
e. le journal télévisé
f. *Nouvelle Star*
g. les informations
h. le magazine télévisé sur la Tunisie

S **Interview.** À tour de rôle, posez des questions à un(e) partenaire sur ses préférences en matière de passe-temps en demandant ce qu'il/elle a fait récemment (1–4) et ce qu'il/elle va *ou* veut faire (5–10). Répondez selon le modèle.

➡ Tu as vu le match de foot samedi dernier?
Oui, je l'ai vu.

Tu veux voir le match de foot samedi?
Oui, je veux le voir. / Non, je ne veux pas le voir.

1. Tu as vu ... récemment?
(le nouveau film de Johnny Depp ou de Nathalie Portman? la chaîne anti-morosité? *Koh Lanta?*...)
2. Tu as écouté...
(la nouvelle chanson de Carrie Underwood ou de Beyoncé? ton MP3? la chaîne NPR à la radio?...)
3. Tu as regardé ... à la télé?
(les informations? le tournoi de Roland-Garros*? ton feuilleton favori?...)
4. Tu as lu ... ce matin?
(les bandes dessinées dans le journal? le nouveau roman de John Grisham? les textos de tes copains?...)
5. Tu vas retrouver ... au café / au stade / au théâtre?
(moi? tes camarades de classe? ton (ta) colocataire?...)
6. Tu vas inviter... chez toi ce week-end?
(le professeur? beaucoup d'amis? nos camarades de classe et moi?...)
7. Tu vas écouter...
(la radio? les infos à la télé? de la musique?...)
8. Tu veux faire...
(les courses? la grasse matinée? du sport?...)
9. Tu veux lire...
(le journal? les mails de tes ami(e)s? les best-sellers?...)
10. Tu veux aider... à faire les devoirs?
(_____ et moi? tes petits frères? ta copine?...)

* French Open Tennis Tournament

Maintenant, analysez les réponses et présentez votre partenaire à la classe.

CINEMA

LA FÊTE DES VOISINS, LE FILM

de David Haddad
(Comédie, France, 1h22)
avec David Haddad, Marie Lorna Vaconsin, Philippe Stellaire

A l'occasion de la Fête des Voisins, Pierrot un jeune gardien d'immeuble, concocte dans la cour un apéro de dernière minute avec buffet, ballons et banderole. Les voisins vont ainsi pouvoir se retrouver dans une ambiance plus conviviale que celle d'un ascenseur, d'une cage d'escaliers ou d'une tempétueuse réunion de copropriétaires. Mais Monsieur Le Maire, pensant que la pilule passerait mieux avec une coupe de champagne, s'invite à la Fête des Voisins pour annoncer aux habitants de l'immeuble une mauvaise nouvelle. L'apéro va alors très vite partir en cacahuète...

» Actuellement

PRINCE OF PERSIA : LES SABLES DU TEMPS

de Mike Newell
(Aventure, fantastique, USA, 1h56)
avec Jake Gyllenhaal, Gemma Arterton, Ben Kingsley

Dastan, un jeune prince de la Perse du VIe siècle va devoir unir ses forces à celles de la belle et courageuse princesse Tamina pour empêcher un redoutable noble de s'emparer des Sables du Temps, un don des dieux capable d'inverser le cours du temps et qui lui permettrait de régner en maître absolu sur le monde.

» Actuellement

STREETDANCE 3D

de Max Giwa, Dania Pasquini
(Danse, B-B, 1h35)
avec Nichola Burley, Richard Winsor, Ukweli Roach

Alors que Carly et son groupe de street dance viennent de se qualifier pour la finale des championnats anglais, le départ de Jay, son partenaire et petit ami, remet tout en cause. Même si la jeune fille s'efforce d'y croire encore, les chances sont compromises, d'autant que le sort s'acharne jusqu'à leur faire perdre leur salle de répétition. C'est alors qu'Helena, une prof de danse classique leur propose un marché : ils pourront répéter dans le luxueux studio de danse de l'Académie de Ballet si Carly accepte de partager sa passion avec ses élèves. Entre les deux univers, le choc est violent. Pendant que Carly et Tomas, un séduisant danseur de ballet, se rapprochent, les deux groupes tentent d'affronter ensemble la finale et les auditions qui se profilent...

» Actuellement

CA COMMENCE PAR LA FIN

de Michaël Cohen
(Drame Passionnel, France, 1h28)
Avec Emmanuelle Béart, Michaël Cohen

Une femme, un homme, un été à Paris. La passion, la rupture, les retrouvailles. Une histoire d'amour dans le désordre.

» Actuellement

AMÉLIE AU PAYS DES BODIN'S

de Eric Le Roch
(Comédie, France, 1h20)
avec Vincent Dubois, Jean-Christian Fraiscinet, Muriel Dubois

Amélie aurait bien voulu naître à Paris, dans un quartier chic. Sa maman aurait été belle comme une princesse et son papa aurait eu un beau costume et une belle cravate, comme un Président de la République. Ils auraient habité dans une belle maison, grande comme un château, avec des lumières partout et de beaux rideaux rouges, mais bon... On ne lui a pas demandé son avis... Elle s'appelle Amélie Bodin, elle est née dans les champs, au milieu des abeilles et sa vie à elle, ça va pas être un conte de fées !...

» Actuellement

LES COLTS DE L'OR NOIR

de Pierre Romanello
(Western, France, 1h45)
avec Frédéric Ferrer, Romain Bertrand, Lionel Tavera

Fin du 19ème siècle. L'or noir va transformer la ville de Fort River en un nouvel Eldorado. Premier homme d'affaires arrivé sur les lieux, M. Trevis, aussi vénal que peu scrupuleux, entend devenir le seul exploitant des alentours. Il charge John, son "bras armé", de convaincre les fermiers de lui céder leurs terres. Après l'assassinat de sa femme, Mike s'est reconverti en chasseur de prime. Sa poursuite l'amène à intégrer le groupe de John. Jack Mc Candle, légitime héritier de la ferme de son père, premier de la famille à avoir foulé le sol américain, refuse les offres récurrentes de M. Trevis qui, aveuglé par sa soif de richesse, est prêt à tout pour obtenir ce qu'il veut.

» A partir du 2 juin

RABIA

de Sebastián Cordero
(Drame, Espagne/Colombie, 1h35)
avec Gustavo Sanchez Parra, Martina García, Iciar Bollain

Madrid. Rosa et José-Maria, immigrés sud-américains viennent de se rencontrer lorsque ce dernier provoque la mort de son chef de chantier. Il doit alors se cacher et trouve refuge, à l'insu de tous, dans la grande maison bourgeoise où Rosa est employée comme domestique. Rosa malgré elle va devenir le centre de tous les fantasmes.

» A partir du 2 juin

SEX AND THE CITY 2

de Michael Patrick King
(Comédie, USA)
avec Sarah Jessica Parker, Kim Cattrall, Kristin Davis

Humour, amour, glamour... Carrie, Samantha , Charlotte et Miranda s'éloignent encore plus de la Grosse Pomme, emportant dans leurs bagages leurs vies mouvementées et leurs amours.

» A partir du 2 juin

SWEET VALENTINE

de Emma Luchini
(Comédie dramatique, France, 1h25)
avec Vincent Elbaz, Vanessa David, Gilles Cohen

© Mars Distribution

Ivan, bandit sans envergure, croise le chemin de Sonia, jeune provinciale fraîchement arrivée à Paris. Dès le premier regard, il la déteste. Dès le premier regard, elle s'entiche follement de lui. C'est décidé : cet homme cruel sera son prince charmant, son héros, l'homme de sa vie. Et si Ivan a la haine tenace, Sonia a la patience d'un ange. Ou celle d'un démon.

» A partir du 2 juin

LA TÊTE EN FRICHE

de Jean Becker
(Comédie, France, 1h22)
avec Gérard Depardieu, Gisèle Casadesus, Maurane

© StudioCanal

C'est l'histoire d'une de ces rencontres improbables qui peuvent changer le cours d'une vie, entre Germain, la cinquantaine, presque analphabète, et Marguerite, une petite vieille passionnée de lecture. Un jour, Germain vient s'asseoir par hasard à côté d'elle dans le square. Marguerite lui lit des extraits de romans et lui fait découvrir la magie des livres, dont Germain se croyait exclu à jamais. Alors, pour son entourage, pour ses copains de bistrot qui jusque-là le prenaient pour un imbécile, la bêtise va changer de côté ! Mais Marguerite perd la vue, et Germain veut lui montrer qu'il sera capable de lui faire la lecture lorsqu'elle ne pourra plus le faire.

» A partir du 2 juin

LES AMOURS SECRÈTES

de Franck Phelizon
(Drame, France, 1h28)
avec Anémone, Grégory Barboza, Déborah Durand

Un vieil homme relit le journal intime d'une jeune fille juive écrit sous l'Occupation 60 ans plus tôt... Sarah Rosemblum avait 25 ans. Elle était jeune, belle, amoureuse. Il s'appelait Hans, un officier SS rebuté par l'idéologie nazie, de ceux qui méprisent leur uniforme et utilisent leur fonction pour fournir de faux papiers aux Juifs. Un couple improbable sur le point de vivre son idylle... Mais la guerre rattrape ceux qui s'aiment, et il faudra bientôt fuir, jusqu'au moment où il n'y aura plus de fuite possible. Qui est ce vieil homme qui s'est plongé dans l'histoire de Sarah...

» A partir du 9 juin

NANNERL, LA SOEUR DE MOZART

de René Féret
(Drame, France, 2h)
avec Marie Féret, Marc Barbé, Delphine Chuillot

Mozart avait une sœur aînée surnommée Nannerl. Enfant prodige, elle est présentée avec son frère à toutes les cours européennes. A l'issue d'un voyage familial de trois années, elle rencontre à Versailles le fils de Louis XV qui l'incite à écrire de la musique. Mais Nannerl est une fille et une fille n'a pas le droit de composer.

» A partir du 9 juin

THE WORLD IS BIG

de Stephan Komandarev
(Comédie dramatique, Bulgarie/Allemagne/Slovénie/Hongrie, 1h45)
avec Carlo Ljubek, Miki Manojlovic, Hristo Mutafchiev

© Epicentre Films

Après un accident de voiture, Alex, un jeune Bulgare élevé en Allemagne, devient amnésique. Pour tenter de le guérir, son grand père organise son retour dans son pays d'origine, la Bulgarie. Ce périple initiatique à travers l'Europe permettra à Alex de retrouver sa mémoire et son identité.

» A partir du 9 juin

www.Spectacles-publication.com

Jeu de rôle

You and your "family" want to see a movie, but each person likes a different kind of film. Examine the page from the movie guide above, and discuss possibilities. Each person explains why his or her choice is the best. Who will be the most convincing? Which movie will you see?

Culture et réflexion

Les vacances sont sacrées.

Observez et déduisez

«Fermeture annuelle». C'est ce qu'on voit en France sur les portes de beaucoup de magasins ou d'entreprises pendant les mois de juillet et août. Une fermeture totale de quinze jours à trois semaines! Qu'est-ce que cela révèle sur les Français?

Confirmez et explorez

Quand on parle de temps et de passe-temps dans le monde francophone, plusieurs sujets s'imposent.

- **Les congés payés[1].** Savez-vous que l'activité économique française baisse (diminue) de 25% en été? Parce que ce sont les vacances, et pour les Français, les vacances sont sacrées! La loi[2] française garantit cinq semaines de congés payés par an et les Français sont prêts à faire toutes sortes de sacrifices pour avoir de bonnes vacances. Le fait que les congés payés sont généralement moins longs aux États-Unis est-il révélateur? De quoi?

- **Les loisirs et l'école.** Pour les jeunes Français, la vie sportive et sociale occupe une grande partie des passe-temps, mais elle est, en général, séparée de la vie scolaire. Si certains lycées ont des équipes[3] sportives, les universités n'en ont pas et n'organisent pas de bals[4] pour les jeunes. Les sports et les activités sociales sont considérés comme des loisirs et se font, le plus souvent, à l'extérieur de l'école, car l'école est considérée comme une institution purement académique. À votre avis, quels sont les avantages et les désavantages de cette séparation?

- **Sports individuels ou collectifs?** Comme passe-temps, un Français sur trois pratique un sport individuel (le jogging, l'aérobic, le ski, le cyclisme) mais seulement un sur quinze pratique un sport collectif (le football, le volley-ball, le rugby). Trouvez-vous ces statistiques surprenantes? Comment les expliquez-vous?

- **L'influence du temps.** Le temps et le climat influencent les passe-temps et la vie en général, n'est-ce pas? Au Québec, où les hivers sont très longs et rigoureux, on dit que les familles sont très proches[5] et quand on parle de famille, il s'agit de la famille nucléaire. Mais en Polynésie, où il fait entre 21 et 32° C toute l'année, la «famille» qui assume la responsabilité des enfants inclut les grands-parents, les oncles, les tantes et même les voisins! Comment expliquez-vous cela? Dans un pays comme la France, où les climats sont variés, on dit aussi que les gens du Nord sont plus froids et plus fermés que les gens du Midi (le Sud), qui sont plus ouverts, plus gais. Est-ce la même chose aux États-Unis? Donnez des exemples de différences culturelles qui peuvent être liées (associées) au climat.

1. *paid vacation* 2. *law* 3. *teams* 4. *dances* 5. *close*

Soleil et sourires en Polynésie française

Bloguez!

Décrivez le rôle que les sports jouent dans votre culture. Lesquels sont les plus populaires dans votre région? S'agit-il de sports individuels ou collectifs? Si ce sont des sports collectifs, s'agit-il d'équipes professionnelles ou universitaires? Ajoutez un lien vers la page Web de votre équipe favorite.

À l'écoute Sport et culture

Le sport comme passe-temps ou comme profession est-il le reflet d'une culture ou du climat? La conversation que vous allez écouter dans cette étape va proposer des idées très intéressantes. Pour bien les comprendre, faites **Pensez 1** avant d'écouter, puis écoutez en suivant les instructions données.

Pensez

1 On associe traditionnellement certains sports à certains pays. Regardez les photos, puis reliez les sports et les pays suivants.

Stu Forster/Getty Images

Bob Daemmrich/Stock Boston

Reuters NewMedia Inc./Corbis

les pays d'Europe de l'Ouest	le judo
le Canada	le football
le Japon	le football américain
les États-Unis	la gymnastique
l'Afrique	le hockey
les pays d'Europe de l'Est	la course

À quel(s) pays associez-vous les sports suivants: le patinage sur glace *(ice skating)*? le cyclisme? le ski? le baseball? Est-ce qu'il y a d'autres sports liés à des pays particuliers?

Observez et déduisez

CD 2-23

2 Écoutez d'abord pour identifier les sports qui sont mentionnés.

3 Écoutez encore et complétez.

1. Le _____________ est caractéristique du climat du _____________: rigoureux et _____________.
2. Le _____________ est une conquête progressive du territoire par la tactique et la force, comme la conquête de _____________.
3. Ce sont les spectateurs qui sont violents aux matchs de _____________ en _____________.

4 Vrai ou faux? Si c'est faux, corrigez.

1. Selon cette conversation, la société canadienne est de plus en plus violente.
2. Hier, il y a eu un incident de violence entre spectateurs au match entre l'Allemagne et la Belgique.

5 Est-ce que vous êtes d'accord avec les idées exprimées dans cette conversation sur le hockey et le football américain? Est-ce que les sports sont vraiment le reflet des cultures? Donnez votre opinion.

Vocabulaire actif

la course
le cyclisme
le hockey
le judo
le patinage

Prononciation Les consonnes *s* et *c*

Observez et déduisez

CD 2-24

The letter **s** can be pronounced [s] or [z] in French.

1. **[s] ou [z]** Listen to the following sentences from **À l'écoute: Sport et culture** on the Text Audio Track, underlining the [s] sounds with one line and the [z] sounds with two lines. Listen to each sentence twice.

   a. J'ai lu quelque chose d'intéressant sur le sport.
   b. Ils disent aussi que c'est caractéristique d'une société de plus en plus violente.

   Now can you infer when the s is pronounced [z]? Check the following chart.

	[s]	[z]
a single **s** between two vowels		
s in a liaison		
s at the beginning of words		
s between a vowel and a consonant		
spelled **-ss-**		

The letter **c** can be pronounced [s] or [k] in French.

2. **[s] ou [k]?** Listen to the following words from **À l'écoute: Sport et culture** on the Text Audio Track, and in the chart, indicate which sound corresponds to each letter combination.

le climat	c'est
la tactique	la force
le Canada	la société
la conquête	un incident
la culture	ça

	[s]	[k]
c + consonant		
c + a, o, u		
c + e, i		
ç + a, o, u		

Confirmez

CD 2-25

Practice saying the following words aloud, then listen to them on the Text Audio Track to verify your pronunciation.

1. inversion; maison; saison; conversion; télévision; émission
2. ils lisent; nous disons; vous dansez; on traverse; tu plaisantes
3. les loisirs; le cyclisme; un musée; un dessin; la philosophie
4. une bicyclette; de toute façon; un concert; les vacances; le cœur; un morceau
5. J'espère qu'il n'y a pas de poison dans le poisson.
6. Mon cousin est assis sur un coussin *(cushion)*.
7. Un chien de chasse *(hunting dog)* qui ne sait pas chasser n'est pas un bon chien de chasse.

Note culturelle

- **Zinedine Zidane** (photo p. 224) est un des sportifs préférés des Français. Vainqueur de la Coupe du Monde de football en 1998 et du Championnat d'Europe des Nations en 2000, il a été élu meilleur joueur européen de l'Histoire par la BBC. La famille de «Zizou» est originaire d'Algérie, mais le célèbre numéro 10 a grandi à Marseille. Il a notamment joué pour la Juventus de Turin et le Real Madrid. Maintenant à la retraite, il parraine *(sponsors)* la Danone Nations Cup, une mini coupe du monde pour les enfants.
- **Justine Henin** est une joueuse professionnelle de tennis. Originaire de Belgique, elle a gagné 7 tournois du Grand Chelem: Roland Garros, l'US Open et l'Open d'Australie. Elle a aussi gagné une médaille d'or aux Jeux olympiques et a été numéro 1 mondial.

© Neale Cousland/Shutterstock.com

Bloguez!

Qui sont vos athlètes professionnels favoris? Expliquez pourquoi et ajoutez un lien vers leur page perso.

Structure Talking about choices

Grammar Podcasts, Grammar Tutorials

Les verbes comme *choisir*

Observez et déduisez

— Je ne comprends pas. J'ai grossi pendant les vacances, et maintenant je ne réussis pas à maigrir.

— Ben, tu n'es pas discipliné, Thomas! Tu ne réfléchis pas à ce que tu manges et tu ne fais jamais d'exercice.

— Mais tu vois bien que je choisis des plats sains: des légumes, du poisson...

— Et tu finis par un gros morceau de gâteau!

— Mais je fais du sport! Mon passe-temps préféré, c'est le foot.

— Oui, à la télé! Choisir des émissions sportives à la télé et faire du sport, ce n'est pas exactement la même chose!

— N'oublie pas que je joue au foot le week-end...

— S'il ne pleut pas. Ou s'il ne fait pas trop froid ou trop chaud. Ou s'il n'y a pas trop de vent...

- Several new verbs are being introduced in the preceding conversation. Using the context and your knowledge of cognates, can you match the verbs with their meaning?

1. grossir	a. to lose weight
2. réussir à	b. to finish
3. maigrir	c. to gain weight
4. finir	d. to choose
5. choisir	e. to succeed in
6. réfléchir à	f. to think about/reflect on

- Can you infer the **je** and **tu** forms of **grossir, maigrir,** and **réfléchir**? Based on the example of **grossir** in the conversation, how would you form the **passé composé** of the other new verbs?

Vocabulaire actif

choisir
discipliné(e)
finir
grossir
maigrir
réfléchir à
réussir à

Confirmez

1. Verbs conjugated like **choisir** are known as regular **-ir** verbs.
2. The stem of these verbs is formed by dropping the **-ir (choisir: chois-)** and adding the endings shown in the following chart. Add **i** to the singular stem to form the past participle.

Le verbe *choisir*

je chois**is**	nous chois**issons**
tu chois**is**	vous chois**issez**
il/elle/on chois**it**	ils/elles chois**issent**

Passé composé: j'ai choisi

3. Some of these **-ir** verbs require a preposition when followed by an infinitive or by a complement.

Thomas a fini **de** manger.
Il a choisi **d'**oublier son régime.

Bien sûr, il ne réussit* pas **à** maigrir.
Il ne réfléchit jamais **aux** conséquences de ses actes.

*__Réussir à un examen__ means to *pass* an exam. (Remember that **passer un examen** means to *take* an exam.)

Activités

T **Logique? Pas logique?** Complétez les phrases suivantes avec la forme convenable du verbe entre parenthèses, puis dites si la phrase est logique ou pas logique.

1. Vous (grossir) parce que vous faites souvent la course avec des copains.
2. Thomas (ne pas réussir) à maigrir parce qu'il fait rarement de l'exercice.
3. Mon coloc et moi, nous (choisir) de faire du cyclisme pour être en bonne forme.
4. Je (maigrir) facilement parce que je suis fan de basket.
5. Tu (réfléchir) à ta santé, alors tu regardes beaucoup d'émissions sportives à la télé.
6. Quand mes sœurs (finir) leur match de tennis, elles ont soif.

U **En bonne forme.** D'abord, lisez les phrases ci-dessous et décidez si elles sont vraies ou fausses pour vous.

1. Je veux être en bonne forme, donc je réfléchis souvent à ma santé.
2. Je suis sportif (sportive) et je maigris facilement.
3. S'il ne fait pas mauvais, je choisis de faire de l'exercice tous les jours.
4. Quand je finis de faire de l'exercice, je bois de l'eau.
5. D'habitude je ne grossis pas pendant les vacances.
6. Je choisis des plats sains au restaurant.
7. Je finis mon dîner par un fruit—pas du gâteau.
8. Normalement, je réussis à dormir huit heures par nuit.

Maintenant, interviewez un(e) camarade de classe et faites une liste des habitudes que vous avez en commun. Parlez des résultats avec la classe. Comment est l'étudiant(e) «typique»? Est-il/elle en bonne forme? Discipliné(e)? Expliquez.

➡ *Tu bois de l'eau quand tu finis de faire de l'exercice?*

V **Un test psychologique.** Quel genre de personne êtes-vous? Complétez les phrases suivantes. Est-ce que vos réponses sont révélatrices? Êtes-vous optimiste? Sportif (Sportive)? Bavard(e)? Calme? Discipliné(e)?

1. Hier, j'ai (je n'ai pas) fini (de)...
2. D'habitude, mes copains et moi, nous réussissons toujours (ne réussissons jamais) à... et en plus...
3. Je choisis souvent (de)... alors que mes parents...
4. J'ai maigri (grossi) parce que... Quand je (maigris) grossis...
5. Je réfléchis souvent (ne réfléchis jamais) à...

Stratégie de communication

Inviting and responding to invitations

Observez et déduisez

Thomas Craig/Photolibrary

Every speech act carries with it an implied ritual that is understood by all the parties involved. With invitations, for example, first the invitation is extended, then if it is accepted, details (time, place, etc.) are negotiated and confirmed. If the invitation is declined, an excuse is made, and regrets are expressed. Study the following dialogues and identify the expressions used to invite, accept or decline an invitation, suggest, confirm, make excuses, and express regret.

— J'ai envie *(feel like)* d'aller au match de foot cet après-midi. Ça t'intéresse?
— Oui, je veux bien! À quelle heure?
— Rendez-vous devant le stade à trois heures, d'accord?
— Entendu! À trois heures!

— J'ai une idée. Allons manger au restaurant! Je t'invite.
— Oh, c'est gentil, mais je ne peux pas. J'ai des courses à faire.
— Dommage. Une autre fois, alors.

— Veux-tu aller au cinéma avec moi? Je t'invite!
— Volontiers! C'est génial!

Now verify your answers in the table that follows.

Confirmez

Pour inviter	
J'ai envie de... J'ai une idée! Je voudrais...	Tu veux aller avec moi? (Vous voulez aller... ?) Ça t'intéresse? (Ça vous intéresse?) Je t'invite. (Je vous invite.) Ça te dit? (Ça vous dit?) Veux-tu... ? (Voulez-vous... ?)
Pour accepter	
Bonne idée! Je veux bien.	C'est gentil, volontiers! Avec plaisir. C'est génial!
Pour refuser	
Malheureusement, je n'ai pas le temps. C'est gentil, mais je ne peux pas... Je suis désolé(e), mais je ne suis pas libre.	
Pour confirmer	
Entendu. D'accord.	Ça va. C'est parfait!

Activités

W **Dialogues.** Complétez les dialogues en employant des expressions pour inviter, refuser, accepter et confirmer.

1. — J'ai une idée! Allons jouer au tennis.
   — ____________________
   — À trois heures?
   — ____________________

2. — Tu veux déjeuner au restaurant?
   — ____________________
   — Dommage.

3. — ____________________
   — Avec plaisir. C'est gentil.
   — Rendez-vous devant le stade?
   — ____________________

4. — ____________________.
   Ça t'intéresse?
   — ____________________

LES SPECTACLES DE L'ÉTÉ

Châteauneuf-le-Rouge

Festival de la gastronomie provençale du Pays d'Aix

Le 4 juillet

«L'art en bouche»
Dix Chefs de renom offrent aux visiteurs de déguster les mets raffinés qu'ils concoctent dans leur cuisine d'un jour, à prix doux. Grâce aux tickets de dégustation, chacun peut composer le menu de son choix, en allant de chef en chef, ou de producteurs à vignerons. Des tables, dressées à l'ombre dans tout le village, permettent de déjeuner, goûter, dîner, en toute quiétude.

■ place du village
■ **Mairie,** 04 42 58 62 01 – www.chateauneuf-le-rouge.fr
Tarifs : entrée libre. Vente de carnets de dégustation de 20€ (10 tickets de 2€ ou 20 tickets de 1€)

Soirées d'été

Les 9 et 10 juillet

Piano classique : Chopin
Marc Laforêt donne un récital entièrement dédié à Chopin vendredi, en interprétant la célèbre Sonate funèbre, des valses et des mazurkas. François Chaplin lui rend hommage en jouant samedi les Nocturnes, la Barcarolle et d'autres valses.

■ cour pavée du château à 21h.
■ **Mairie,** 04 42 58 62 01 – www.chateauneuf-le-rouge.fr
Tarif : 20€.

Coudoux

8e édition des Estivales

Les 3 et 4 juillet

Deux soirées en musique dans le parc du château
Un concert de piano à quatre mains ouvre les Estivales le 3 à 18h. Il est suivi à 21h du Très grand groupe de Gospel. Jazz Parade New Orleans rend hommage à Sydney Bechet le 4, suivi à 21h de l'orchestre philharmonique du Pays d'Aix. La MJC présente une exposition de peinture et assure une petite restauration rapide sur place.

■ parc du château de Garidel à partir de 18h.
■ **Direction animations,** 04 42 52 19 37 ou 04 42 52 07 97 - www.coudoux.fr
Tarifs : 5€ le 3 juillet (TGGG) et 9€ le 4 juillet (concert Jazz parade)

Eguilles

Les 6e Estivales

Les 7 et 8 juillet

Danses et musiques folkloriques du monde
Cette année, soixante-cinq artistes se produisent sur les deux soirées. Des défilés et des animations ont lieu au cœur du village à partir de 17h30. Spectacle de chants et danses traditionnelles de Colombie mercredi et de chants et danses russes jeudi. Renseignements, 04 42 92 60 80.

■ espace Georges Duby à 21h.
■ **Office du tourisme,** 04 42 92 49 15 – www.mairie-eguilles.fr
Tarifs : 15€ et 10€ (moins de 18 ans) ; pass deux soirées : 25€ et 15€ (moins de 18 ans).

Fête nationale

Le 14 juillet

Feu d'artifice et bal
Une fête foraine se tient sur la place de la Poste. Apéritif-concert de l'Harmonie municipale place de la mairie à 11h30 et soirée dansante à partir de 22h : discours du maire, feu d'artifice pyrotechnique et grand bal avec l'orchestre «Contact Emoi» de Louis Lorente. Pizzas et boissons sur place.

■ place de la poste et place de la mairie
■ **Office du tourisme,** 04 42 92 49 15 – www.mairie-eguilles.fr
Tarifs : entrée libre.

Eguilles

Fête de la Saint-Julien

Les 27, 28 et 29 août

Fête médiévale et bénédiction des chevaux
Marché médiéval samedi et dimanche de 9h30 à 19h. La bénédiction des chevaux a lieu samedi à 11h devant l'église après un grand défilé costumé. Banquet médiéval samedi à 20h salle Duby. Jeux anciens et animations pour les enfants : mât de cocagne, pont levis, chevaux de bois ...

■ cœur du village
■ **Office du tourisme,** 04 42 92 49 15 – www.mairie-eguilles.fr
Tarifs : entrée libre.

Fuveau

Exposition

Du 25 au 27 juin

Peintures et sculptures
L'association Créart expose les œuvres réalisées tout au long de l'année par ses élèves autour d'un peintre renommé : cette année, «Regard sur Renoir». Vernissage **le 25 à 18h30.**
Renseignements, 04 42 58 77 84 ou 06 32 77 20 89.

■ la Galerie
■ **Office de tourisme,** 04 42 50 49 77 - www.fuveau-tourisme.com
Tarifs : entrée libre.

Fête votive

Du 10 au 14 juillet

Concert, fête foraine et feu d'artifice
La fête se déroule autour des jeux traditionnels (bague à bogheï, course d'ânes) et de la fête foraine. Tremplin de jeunes musiciens samedi, finale de foot sur grand écran dimanche, concert du groupe Gold lundi et feu d'artifice à la tombée de la nuit suivi d'un bal mardi.

■ centre du village
■ **Office de tourisme,** 04 42 50 49 77 – www.fuveau-tourisme.com
Tarifs : entrée libre.

Fête médiévale

Du 23 au 25 juillet

Retour au temps du Roy René
Marché médiéval à la chapelle Saint-Michel de 15h à 18h et exposition d'instruments de musique, campement avec combats de chevaliers et démonstration de dressage d'aigles. Un banquet et un grand spectacle médiéval sur «la vie du roi René» ont lieu les trois soirs à partir de 20h. Le groupe Saltabraz assure l'animation musicale du repas.

■ chapelle Saint-Michel
■ **Cercle Saint-Michel,** 04 42 58 77 73 – www.fuveau-tourisme.com
Tarifs : entrée libre, sauf banquet, spectacle et dressage d'aigles.

Lambesc

10e Festival international de guitare

Du 27 juin au 3 juillet

Ecrins raffinés pour guitares du monde
Le public retrouve Juan Falu, l'un des représentants de l'âme argentine, le flamenco de Pedro Soler, la guitare baroque d'Antonello Lixi, sans oublier Valérie Duchâteau qui rend hommage à Django Reinhardt. Jorge Cardoso joue en duo avec Juan Falu, Sylvie Dagnac et la chanteuse argentine Guadalupe Larzabal. Une soirée spéciale le 3 juillet fête le 10e anniversaire avec trois concertos pour orchestre à cordes.

■ Château de Valmousse du 27 au 30 juin
■ Château Pontet Bagatelle du 1er au 3 juillet
■ **Aguira,** 04 42 92 44 51 – www.festivalguitare-lambesc.com
Tarifs : 20€ et 10€ (demandeurs d'emploi, étudiants). Soirée du 3 juillet : 30€ et 15€. Pass 6 jours : 50€, pass 7 jours (incluant le 3 juilet) : 70€.
Réservations en points de vente habituels.

Communauté du Pays d'Aix

Jeu de rôle

Look over the entertainment possibilities listed above and decide which ones interest you the most, then invite your partner to attend an event with you. Discuss which activity you want to attend and when you can meet. If you don't agree on the event or time, try to find a compromise.

Quatrième étape: Intégration

Littérature M. Bordenave n'aime pas le soleil

Vous connaissez déjà le petit Nicolas, n'est-ce pas? Voici une histoire très chouette *(cool)* sur les récréations *(recess)* à l'école du petit Nicolas...

Pensez

1 Regardez l'illustration qui accompagne cette histoire. Le monsieur en noir est M. Bordenave. Son travail? Il est surveillant, c'est-à-dire qu'il surveille *(watches)* et discipline les enfants à la récréation. À votre avis, pourquoi n'aime-t-il pas le soleil?

2 Les mots suivants sont des mots-clés dans l'histoire.

- la cour de récréation *(school playground)*
- se battre *(to fight)*
- crier *(to yell)*
- mettre au piquet *(to put someone in the corner, as a punishment)*
- un sandwich à la confiture
- une balle
- l'infirmerie *(nurse's office)*
- boiter *(to limp)*
- jouer
- tomber par terre *(to fall on the ground)*
- pleurer
- se fâcher *(to get mad)*
- pousser *(to push)*
- glisser *(to slip)*
- désespéré *(desperate)*

D'après ces mots-clés, qu'est-ce que vous anticipez comme histoire?

Attention! In this text, you will see verbs in another past tense, **l'imparfait,** or the imperfect (**il parlait, ils jouaient,** etc.). This tense indicates past circumstances or actions in progress (*he was speaking, they were playing,* etc.). **C'était** is the imperfect of **c'est.**

Observez et déduisez: en général

3 Parcourez le texte une première fois pour vérifier vos prédictions.

4 Parcourez le texte une deuxième fois pour identifier les paragraphes qui correspondent aux titres suivants. Attention, il y a un titre supplémentaire qu'on ne peut pas utiliser!

Paragraphe	*Titre*
1. «Moi, je ne comprends pas... »	a. Nicolas, la balle et M. Bordenave
2. «Aujourd'hui, par exemple... »	b. La fin de la récréation
3. «Et mon sandwich... »	c. Comment Alceste a perdu *(lost)* son sandwich
4. «Et alors, qu'est-ce qu'on fait... »	d. Les avantages et les désavantages de la pluie
5. «Pendant l'absence... »	e. L'accident d'Agnan
6. «M. Bordenave s'est relevé... »	f. La tragédie à l'infirmerie
7. «Alors, mon vieux... »	g. La bataille *(fight)* avec les grands
	h. Dialogue entre les deux surveillants

M. Bordenave n'aime pas le soleil

1 Moi, je ne comprends pas monsieur Bordenave quand il dit qu'il n'aime pas le beau temps. C'est vrai que la pluie ce n'est pas chouette. Bien sûr, on peut s'amuser aussi quand il pleut. On peut marcher dans l'eau, on peut boire la pluie, et à la maison c'est bien, parce qu'il fait chaud et on joue avec le train électrique et maman fait du chocolat avec des gâteaux. Mais quand il pleut, on n'a pas de récré° à l'école, parce qu'on ne peut pas descendre dans la cour. C'est pour ça que je ne comprends pas M. Bordenave, puisque° lui aussi profite du beau temps, c'est lui qui nous surveille à la récré.

récréation
parce que

2 Aujourd'hui, par exemple, il a fait très beau, avec beaucoup de soleil et on a eu une récré terrible°. Après trois jours de pluie, c'était vraiment chouette. On est arrivés dans la cour et Rufus et Eudes ont commencé à se battre. Rufus est tombé sur Alceste qui était en train de manger un sandwich à la confiture et le sandwich est tombé par terre et Alceste a commencé à crier. Monsieur Bordenave est arrivé en courant°, il a séparé Eudes et Rufus et il les a mis au piquet.

(ici) formidable
running

3 «Et mon sandwich, a demandé Alceste, qui va me le rendre°?» —«Tu veux aller au piquet aussi?» a dit monsieur Bordenave. «Non, moi je veux mon sandwich à la confiture», a dit Alceste qui mangeait un autre sandwich à la confiture. «Mais tu es en train d'en manger un!» a dit monsieur Bordenave. «Ce n'est pas une raison, a crié Alceste, j'apporte quatre sandwichs pour la récré et je veux manger quatre sandwichs!» Monsieur Bordenave n'a pas eu le temps de se fâcher, parce qu'il a reçu une balle sur la tête, pof! «Qui a fait ça?» a crié monsieur Bordenave. «C'est Nicolas, monsieur, je l'ai vu!» a dit Agnan. Agnan c'est le meilleur élève de la classe et le chouchou de la maîtresse°, nous, on ne l'aime pas trop, mais il a des lunettes° et on ne peut pas le battre aussi souvent qu'on veut. «Je confisque la balle! Et toi, tu vas au piquet!» il m'a dit, monsieur Bordenave. Moi je lui ai dit que c'était injuste parce que c'était un accident. Agnan a eu l'air tout content et il est parti avec son livre. Agnan ne joue pas pendant la récré, il lit. Il est fou, Agnan!

donner
l'institutrice
glasses

4 «Et alors, qu'est-ce qu'on fait pour le sandwich à la confiture?» a demandé Alceste. Il n'a pas pu répondre parce qu'Agnan était par terre et poussait des cris terribles. «Quoi encore?» a demandé monsieur Bordenave. «C'est Geoffroy! Il m'a poussé! Mes lunettes! Je meurs°!» a dit Agnan qui saignait du nez° et qui pleurait. M. Bordenave l'a emmené à l'infirmerie, suivi d'Alceste qui lui parlait de son sandwich à la confiture.

I'm dying / qui... *whose nose was bleeding*

5 Pendant l'absence de monsieur Bordenave, nous on a décidé de jouer au foot. Le problème c'est que les grands jouaient déjà au foot dans la cour et on a commencé à se battre. M. Bordenave qui revenait de l'infirmerie avec Agnan et Alceste est venu en courant mais il n'est pas arrivé, parce qu'il a glissé sur le sandwich à la confiture d'Alceste et il est tombé. «Bravo, a dit Alceste, marchez-lui dessus°, à mon sandwich à la confiture!»

marchez... *step on it*

6 Monsieur Bordenave s'est relevé et il s'est frotté le pantalon° et il s'est mis plein de° confiture sur la main. Nous on avait recommencé à se battre et c'était une récré vraiment chouette, mais monsieur Bordenave a regardé sa montre° et il est allé en boitant sonner la cloche°. La récré était finie.

s'est... *brushed his pants off*
mis... *put lots of*
watch / sonner... *ring the bell*

7 «Alors, mon vieux Bordenave, a dit un autre surveillant, ça s'est bien passé°? —Comme d'habitude, a dit monsieur Bordenave, qu'est-ce que tu veux, moi, je prie pour la pluie, et quand je me lève le matin et que je vois qu'il fait beau, je suis désespéré!»

ça... *did it go well?*

8 Non, vraiment, moi je ne comprends pas monsieur Bordenave, quand il dit qu'il n'aime pas le soleil!

Goscinny/Sempé, M. Bordenave n'aime pas le soleil in *Le Petit Nicolas* © Éditions Denoël, 1960, 2002

Observez et confirmez: en détail

5 Les mots. D'après le contexte, quel est le sens des mots suivants? Choisissez **a** ou **b.**

1. s'amuser	a. to have fun	b. to be bored
profiter (de)	a. to take advantage (of)	b. to suffer (from)
2. en train de	a. on a train	b. in the process of
3. le chouchou	a. teacher's pet	b. class clown
avoir l'air	a. to breathe	b. to seem
4. emmener	a. to call	b. to take
5. revenir (revenait)	a. to go back	b. to come back
6. se relever (s'est relevé)	a. to pick oneself up	b. to lie down
7. comme d'habitude	a. as usual	b. for once
prier	a. to pray	b. to choose
se lever (je me lève)	a. to go to bed	b. to get up

6 Le texte. Complétez selon l'histoire avec le ou les mots qui conviennent.

1. Quand il pleut, on peut ______________, ______________ et ______________, mais on ne peut pas ______________.
2. Alors M. Bordenave a puni *(punished)* ______________ et ______________.
3. Alceste a trois autres ______________ mais il insiste pour en avoir ______________.
4. Nicolas et ses copains n'aiment pas beaucoup ______________ mais ils ne peuvent pas le battre aussi souvent qu'ils veulent parce qu'il a des ______________—peut-être aussi parce que c'est ______________ de la maîtresse.
5. Agnan a dit à M. Bordenave que c'est ______________ qui lui a jeté une balle sur la tête.
6. Agnan est fou parce qu'il ______________ pendant la récré.
7. ______________ a besoin d'aller à l'infirmerie parce que ______________ l'a poussé et il est tombé par terre.
8. Alceste, qui continue à parler de son ______________, accompagne ______________ et ______________ à l'infirmerie.
9. Quand Nicolas et ses copains ont décidé de jouer au ______________, ils ont commencé à se battre avec ______________.
10. M. Bordenave a glissé sur ______________. Après, il avait ______________ sur son pantalon et sur sa main.
11. Nicolas et ses copains pensent qu'une récré est vraiment ______________ quand on peut se battre.
12. ______________ est désespéré quand ______________.

Explorez

1. Est-ce que vous comprenez M. Bordenave quand il dit qu'il n'aime pas le soleil? Expliquez.
2. Imaginez que M. Bordenave fait un rapport au directeur de l'école sur cette récréation. Écrivez ce rapport, selon le point de vue de M. Bordenave, avec tous les détails nécessaires.

Par écrit It depends on your point of view . . .

Avant d'écrire

A Strategy: Taking a point of view. The stories of **le petit Nicolas** are recognized and loved worldwide, in part because their commentary on the adult world is presented from the naive (hence humorous) viewpoint of a child. Differences in point of view occur because different narrators focus on different aspects of an event, and sometimes a single narrator's viewpoint changes because of circumstances.

Application. (1) Imagine the story, *M. Bordenave n'aime pas le soleil,* as told by the **surveillant** years later, after Nicolas has become an internationally known celebrity. How would the story differ? (2) Think back to a memorable vacation or day trip you took as a small child and make some notes. What events were most memorable to you? Would your parents answer in the same way? Were your feelings about the trip any different after it than they were before?

B Strategy: Expressing time. When you talk about the future in a present context, for instance when you state your plans, you use the **futur proche.** When you talk about the future in a past context, for instance when you tell a story, you use the past tense. The adverbial time expressions for each instance vary. See the following table.

To talk about the future

in a present context	in a past context
demain	le lendemain *(the next day)*
dans une semaine	une semaine après *(a week later)*
samedi prochain	le samedi suivant *(the next Saturday)*

Application. Write three pairs of sentences, using the preceding expressions to talk about the future in a present and then a past context.

➡ *Samedi prochain nous allons voir un match de hockey.*
Le samedi suivant nous sommes allés voir un match de hockey.

Vocabulaire actif

dans une semaine
le lendemain
suivant(e)

Écrivez

1. Racontez l'histoire, *M. Bordenave n'aime pas le soleil,* selon le point de vue d'un copain de Nicolas—Alceste ou Agnan, par exemple.
2. Regardez les images à droite. Selon vous, qu'est-ce qui s'est passé *(what happened)* pendant les vacances de cette famille? Mettez-vous *(Put yourself)* à la place d'un des enfants ou d'un des parents, puis écrivez deux paragraphes de son point de vue: le premier «avant les vacances»; le deuxième «après les vacances». N'oubliez pas d'employer des expressions de transition et, pour éviter la répétition, des pronoms d'objet direct. À mentionner: destination, temps, activités et réactions pour chaque personne, autres détails.

➡ (Avant) *Nous allons passer des vacances... (vraiment chouettes? intéressantes?)*
(Après) *Nous avons passé des vacances... (horribles? vraiment chouettes?)*

Synthèse culturelle

Temps et passe-temps

Pensez

À quelles activités participez-vous quand il fait beau? Quand il fait froid? S'il pleut? Est-ce que vos sentiments ou votre humeur *(mood)* changent selon le temps? Pensez-y en regardant la vidéo. Les exercices se rapportant à la synthèse culturelle du Chapitre 6 dans votre manuel vont vous aider à comprendre ce que vous entendez. Ensuite, faites **Explorez** et **Bloguez!** ci-dessous.

Quelle influence le temps et le climat ont-ils sur vous? Quels sont vos passe-temps préférés?

Camille: C'est vrai que c'est quand il fait mauvais, qu'il fait froid, que je me sens plus déprimée alors que quand il fait beau, et chaud, j'ai tendance à être plutôt joyeuse. Donc, de ce point de vue-là, sur mon humeur, oui, le temps a une influence.

Fatou: J'aime aussi nager, quand je suis à la maison particulièrement, parce que la mer est à dix minutes de là où je vis.

Greg: J'suis quelqu'un qui fait énormément de sport et donc j'aime bien qu'il fasse beau.

© Heinle, Cengage Learning

Explorez

Sondez quelques étudiants dans votre institution. Demandez-leur à quelles activités de loisirs ils participent régulièrement, puis groupez les réponses par catégories: sports, cinéma/théâtre, musique, autres clubs ou groupes, etc.

Bloguez!

Quels sont les passe-temps préférés selon votre sondage? Est-ce que ces préférences ressemblent à celles de Camille, Fatou et Gregory? Créez un tableau pour illustrer les réponses de votre sondage et des jeunes Francophones, puis téléchargez-le sur votre blog.

Vocabulaire actif

Le climat et le temps

Il fait du soleil / du vent / du brouillard. *It is sunny / windy / foggy.*
Il fait beau / bon / mauvais / chaud / frais / froid. *The weather is nice / pleasant / bad / hot / cool / cold.*
Le temps est ensoleillé / variable / nuageux / orageux. *The weather is sunny / variable / cloudy / stormy.*
Le ciel est couvert. *It's cloudy, overcast.*
Il pleut. *It's raining.*
Il neige. *It's snowing.*
la neige *snow*
un nuage *a cloud*
un orage *a thunderstorm*
la pluie *rain*
la température

Les points cardinaux et la géographie

le nord *north*
le sud *south*
l'est (m.) *east*
l'ouest (m.) *west*
un pays *a country*

Les saisons (f.)

le printemps *spring*
l'été (m.) *summer*
l'automne (m.) *fall*
l'hiver (m.) *winter*

Les passe-temps (m.)

La lecture

une bande dessinée / une B.D. *a cartoon, a comic strip*
un blog
une histoire *a story*
une lettre *a letter*
une page perso (personnelle) *a personal Web page*
un rapport *a report*

La télévision

une chaîne *a channel*
changer de chaîne *to change the channel*
un dessin animé *a cartoon*
le divertissement *entertainment*
une émission *a show, a program*
un feuilleton *a soap opera, a series*
un jeu télévisé *a game show*
le journal télévisé (les informations [f.]) *the news*
un programme *a TV guide*
une pub *a commercial*
la télécommande *the remote control*
la téléréalité *reality television*
zapper *to channel surf*
un zappeur

Le cinéma

un clip vidéo
un drame *a drama*
un film d'épouvante / de science-fiction *a horror / science fiction movie*
le genre (de films) *the kind (of films)*

Les sports

la course *running*
le cyclisme *cycling*
le hockey
le judo
le patinage *skating*
le stade *a stadium*

Vocabulaire actif *(continued)*

Verbes et expressions verbales

aider *to help*
arriver *to arrive*
avoir envie (de) *to feel like*
choisir *to choose*
dire (des bêtises, des mensonges) *to say (talk) nonsense, to tell lies*
écrire *to write*
entrer (dans) *to enter, to come in*
être discipliné(e) *to have self-control*
finir *to finish*
grossir *to gain weight, to get fat*
lire *to read*
maigrir *to lose weight*
monter (dans) *to go up, to get on*
passer par / à *to pass through (by)*
réfléchir à *to think about, to reflect on*
rester *to stay*
retourner *to go back*
réussir à *to succeed, to pass (a test)*
tomber *to fall*
voir *to see*

Expressions de temps

à l'heure *on time*
l'année prochaine / dernière *next year / last year*
dans une semaine *in a week*
demain matin / après-midi / soir *tomorrow morning / afternoon / evening*
hier matin / après-midi / soir *yesterday morning / afternoon / evening*
en avance *early*
en retard *late*
il y a (trois jours) *(three days) ago*
le lendemain *the next day*
le samedi suivant *the following Saturday*
une semaine après *a week later*
la semaine prochaine / dernière *next week / last week*

Les invitations

Pour inviter

Ça t'intéresse? / Ça te dit? / Ça vous intéresse? *Are you interested?*
Je t'invite. / Je vous invite. *I'm inviting you. (My treat!)*
Tu veux... ? / Voudriez-vous... ? *Would you like to . . . ?*

Pour accepter

Avec plaisir. *I'd love to.*
Bonne idée! *Good idea!*
C'est génial! *That's cool!*
C'est parfait! *It's perfect!*
D'accord. *Okay.*
Entendu! *Good!*
Je veux bien. *I'd be glad to.*
Volontiers. *Gladly.*

Pour s'excuser

C'est gentil, mais je ne peux pas. *It's very nice of you, but I can't.*
Je suis désolé(e), mais je ne suis pas libre. *I'm sorry, but I'm not available.*
Malheureusement, je n'ai pas le temps. *Unfortunately, I don't have time.*

Les pronoms d'objet direct

le, la, l' *him/it, her/it, him/her/it*
me, te, nous, vous *me, you, us, you*
les *them*

Divers

des bêtises *nonsense*
chez elle / moi, etc. *at her / my, etc. place*
un mensonge *a fib, lie*
la vérité *the truth*

chapitre 7

Voyages et transports

Ghislain & Marie David de Lossy/Photolibrary

This chapter will enable you to

- talk about places you've been or would like to visit
- discuss vacation activities and ask for information or help
- understand conversations related to travel
- read travel brochures and an excerpt from *Le Petit Prince*

Ces gens reviennent de vacances. Où sont-ils allés? Qu'ont-ils fait? Et vous? Quand allez-vous partir en vacances? Où voulez-vous aller? Pendant combien de temps allez-vous y rester? Comment allez-vous voyager?

Chapter resources

- iLrn Heinle Learning Center
- Text Audio Program
- Video
- Premium Website

À l'écoute À l'hôtel

Dans cette étape, vous allez entendre une conversation qui a lieu dans un hôtel de Quimper, en Bretagne.

Pensez

1 Imaginez que vous voyagez en Bretagne, une province de l'ouest de la France. Vous arrivez à Quimper, une ville touristique connue pour sa cathédrale et ses vieux quartiers, et vous cherchez un hôtel. Vous consultez donc un guide. Avec un(e) partenaire, étudiez ce guide et remplissez le tableau à la page suivante. (Note: FA = fermeture annuelle)

Les Hôtels Restaurants de Quimper Communauté

Best Western Hôtel Kregenn***
Tél. 02 98 95 08 70
32 chambres de 100 à 220 € - Pdj. 13 € - Accès handicapés - Ascenseur - Parking privé payant - Animaux acceptés - Connexion ADSL gratuite (cable fourni)
13, rue des Réguaires - Fax : 02 98 53 85 12 - www.hotel-kregenn.fr

Gradlon***
Tél. 02 98 95 04 39
Hôtel de charme et de caractère en Bretagne - Relais du Silence - 20 chambres de 92 à 160 € - Pdj. 12 € - FA : du 18/12/10 au 10/01/11 - Accès handicapés - Garage privé payant sur réservation - Animaux acceptés - Wifi gratuit.
30, rue de Brest - Fax : 02 98 95 61 25 - www.hotel-gradlon.com

Manoir Hôtel des Indes***
Tél. 02 98 55 48 40
Châteaux Hôtels Collection - 14 chambres de 120 à 260 € - Pdj. 12 € - Table d'hôte menu unique - Piscine intérieure - Accès handicapés - Ascenseur - Parking privé - Animaux acceptés - Wifi gratuit.
1, allée de Prad Ar C'hras - Fax : 02 98 64 82 58 - www.manoir-hoteldesindes.com

Mercure Quimper***
Tél. 02 98 90 31 71
83 chambres de 72 à 149 € - Pdj. 12 € - Accès Handicapés - Ascenseur - Parking et garage privés payants - Animaux acceptés - Wifi payant (pass à acheter à l'accueil).
21 Bis, avenue de la Gare - Fax : 02 98 53 09 81 - www.mercure.com

Océania***
Tél. 02 98 90 46 26
92 chambres de 78 à 135 € - Pdj. 12,50 € - Menus de 20 à 25 € - Piscine extérieure ouverte en saison estivale - Accès Handicapés - Ascenseur - Parking privé - Animaux acceptés - Accès Wifi gratuit.
17, rue du Poher - Fax : 02 98 53 01 96 - www.oceaniahotels.com

Hôtel Dupleix**
Tél. 02 98 90 53 35
Contact Hotel - 29 chambres de 55 à 88 € - Pdj. 9 € - FA : du 17/12/10 au 16/01/11 - Accès handicapés - Ascenseur - Parking et Garage privés - Accès Wifi gratuit.
34, boulevard Dupleix - Fax : 02 98 52 05 31 - www.hotel-dupleix.com

Escale Océania**
Tél. 02 98 53 37 37
63 chambres de 55 à 89 € - Pdj. 9 € - Restaurant du lundi au jeudi inclus : Menus de 17 à 25 € - Accès handicapés - Ascenseur - Animaux acceptés - Accès Wifi gratuit.
6, rue Théodore Le Hars - Fax : 02 98 90 31 51 - www.oceaniahotels.com

Hôtel Ibis**
Tél. 02 98 90 53 80
72 chambres de 49 à 92 € - Pdj. 7.50 € - Menus de 10.50 à 22 € - Accès handicapés - Parking privé - Animaux acceptés (sauf dans le restaurant) - Accès Wifi gratuit.
1 bis, rue Gustave Eiffel - Quartier de l'Hippodrome - Fax : 02 98 52 18 41
www.ibishotel.com

La Coudraie**
Tél. 02 98 94 31 26
11 chambres de 52 à 68 € - Pdj. 8 € - FA : du 07/11/10 au 21/11/10 - Parking privé - Accès Wifi gratuit.
7, rue du Stade - 29700 Pluguffan - Fax : 02 98 94 01 73 - www.lacoudraie.fr

L'Orée du Bois**
Tél. 02 98 59 53 81
L'Hôtellerie Familiale - 13 chambres de 48 à 55 € - Pdj. 7 € - Menus de 10.60 à 40 € - FA : du 25/12/10 au 03/01/11 - Parking privé - Animaux acceptés - Accès Wifi gratuit.
Odet-Lestonan - 29500 Ergué Gabéric - Fax : 02 98 59 58 83 - www.oreedubois29.com

B&B Quimper Nord*
Tél. 0892 78 80 84
62 chambres de 37 à 60 € - Pdj. 5,95 € - Accès Handicapés - Parking privé gratuit Animaux acceptés - Accès Wifi gratuit.
33, rue Jacques Anquetil - Fax : 02 98 64 13 10 - www.hotelbb.com

Le Derby
Tél. 02 98 52 06 91
10 chambres de 28 à 31 € - Pdj. 5,90 € - Accès Wifi gratuit
13, avenue de la Gare - Fax : 02 98 53 39 04 - www.hotel-le-derby.fr

TGV
Tél/Fax : 02 98 90 54 00
22 chambres à 38 € - Pdj. 5,90 € - Accès Wifi gratuit.
4, rue de Concarneau - www.hoteltgv.com

Hôtel Première Classe
Tél. 02 98 53 07 16
68 chambres de 36 à 45 € - Pdj. 4,80 € - Accès handicapés - Parking privé - Animaux acceptés - Accès Wifi gratuit.
2, allée Louis Jouvet - ZI Ty Douar - Fax : 02 98 90 54 88 - www.premiereclasse.fr

All Seasons Quimper
Tél. 02 98 52 10 15
44 chambres de 69 à 94 €, petit déjeuner inclus - Menus de 10 à 17 € - Accès Handicapés - Parking privé gratuit - Animaux acceptés - Accès Wifi gratuit.
6, allée de Kernénez - ZA de Créach Gwen - Fax : 02 98 53 09 35
www.all-seasons-hotels.com

Etap Hôtel
Tél. 0892 680 763
48 chambres de 41 à 50 € - Pdj. : 4,70 € - Accès Handicapés - Parking privé - Animaux acceptés - Accès Wifi gratuit.
4, allée Georges Lacombe - ZA du Guélen - Fax : 02 98 94 68 91 - www.etaphotel.com

Office de tourisme de Quimper en Cornouaille

Vous préférez un hôtel...	Vos choix possibles sont... (nom des hôtels)
trois étoiles, animaux acceptés (chiens, chats), accès wifi gratuit (non payant)	
deux étoiles, avec parking et garage privés	
deux étoiles avec ascenseur *(elevator)*	
où les chambres les moins chères coûtent moins de 30 €	
où le petit déjeuner (pdj) est inclus dans le prix de la chambre	
avec piscine *(swimming pool)* intérieure	
avec piscine extérieure	
avec un restaurant qui offre des menus à moins de 15 €	

Observez et déduisez

CD 3-2

2 Écoutez une ou deux fois pour savoir si chaque phrase ci-dessous est vraie ou fausse. Si c'est faux, corrigez.

1. La réceptionniste demande au client...
   a. combien de temps il veut rester à l'hôtel.
   b. s'il a des bagages.
   c. de remplir une fiche d'enregistrement
2. Le client veut...
   a. rester seulement une nuit *(one night only)*.
   b. une chambre pour une personne. F
   c. payer avec une carte de crédit. V

3 Écoutez encore et répondez aux questions suivantes.

1. Combien coûte la chambre que prend le monsieur?
2. Comment s'appelle le monsieur? Alan Chanelle
3. Quel est le numéro de sa chambre? 17

4 Écoutez une dernière fois et complétez les phrases suivantes, puis déduisez le sens des mots en caractères gras.

1. Quand on entre dans un hôtel, on demande: « pardon, madame (monsieur), vous avez chambre **libre,** s'il vous plaît?»
2. La chambre avec **baignoire** est située côté rue; la chambre avec douche est située côté **jardin.**
3. La dame lui dit que l'accès wifi et _______ sont compris.
4. Il demande si le petit déjeuner est **compris** (ou **inclus**).
5. La dame lui donne sa **clé** et lui indique que sa chambre est au premier **étage.**

5 Maintenant consultez encore le guide des hôtels de Quimper. De quel hôtel s'agit-il? Justifiez votre réponse.

6 Imaginez que vous voulez réserver une chambre dans un hôtel de Quimper. Jouez les rôles suivants avec un(e) partenaire: L'un(e) de vous est le/la touriste, l'autre le/la réceptionniste. D'abord, sélectionnez ensemble un hôtel qui vous plaît, puis jouez la situation au téléphone. «Allô? C'est bien le 02.98 (etc.)...»

Vocabulaire actif

l'accès wifi
un animal (des animaux)
  un chat
  un chien
un ascenseur
les bagages (m.)
une baignoire
une carte de crédit
(une chambre) libre
une clé
le couloir
  au bout du couloir
un escalier
une étoile
un garage
gratuit ≠ payant
un jardin
la nuit
le petit déjeuner compris / inclus
une piscine
le premier étage, etc.
un(e) réceptionniste
le rez-de-chaussée

Mike Mazzaschi/Stock Boston

La rue Kéréon à Quimper.

Note culturelle

Le logement des vacances. Les hôtels sont classés par nombre d'étoiles. Les hôtels à quatre étoiles (****) sont les plus luxueux. Les hôtels à une étoile (*) sont les moins chers mais si les chambres sont équipées d'un lavabo, les W.C. et la douche sont généralement au bout du couloir *(down the hall)*. Les chaînes d'hôtels à prix modérés, comme Formule 1 ou Nuit d'Hôtel, se multiplient en France près des sorties d'autoroutes; les chambres sont petites mais coûtent moins de 30 € la nuit. Les apart'hôtels, comme la chaîne des Citadines (***), offrent des studios et des appartements qu'on peut louer à la nuit, à la semaine ou au mois. Les gîtes ruraux sont des fermes réaménagées pour les touristes, avec tout le confort (y compris des bicyclettes!) qu'on peut louer à la campagne à la semaine ou au mois. Les chambres d'hôtes sont comme les *bed and breakfast*—des chambres de charme dans des maisons particulières.

Si l'on vous donne une chambre au premier étage dans un hôtel, ne soyez pas surpris si l'employé vous montre l'escalier *(stairs)* ou l'ascenseur. En France, l'étage qui est au niveau de la rue s'appelle le rez-de-chaussée et le premier étage est ce qu'on appelle *second floor* dans le monde anglophone. Imaginez que vous désirez une chambre au dernier étage pour avoir une vue panoramique de la ville; l'hôtel a sept étages, y compris le rez-de-chaussée. Quel étage allez-vous demander? Maintenant, imaginez que toute votre famille a décidé de passer quinze jours en France l'été prochain. Quelle formule allez-vous choisir: un hôtel? un apart'hôtel? un gîte rural? une chambre d'hôtes? Quels sont les avantages de chaque formule?

Bloguez! iLrn

Expliquez comment vous préférez vous loger quand vous êtes en vacances. Qu'est-ce qui compte le plus: Le prix? L'emplacement? Le confort?...

Prononciation Les semi-voyelles [w] et [ɥ]

A semi-vowel is a short vowel sound that is combined with another vowel in the same syllable.

[w] is the initial sound in **oui** [wi]; it is a short [u] sound that is also found in **soir** [swar].

[ɥ] is the initial sound in **huit** [ɥit]; it is a short [y] sound that glides into the following vowel, in this case [i].

Observez et déduisez

CD 3-3

Listen to the following expressions from **À l'écoute: À l'hôtel** on the Text Audio Track, and in the following chart check the [w] and [ɥ] sounds you hear. The first expression is done for you. You will hear each expression twice.

	[w]	[ɥ]
pour aujourd'**hui**		
Je ne **suis** pas sûr		
Combien de **nuits**		
au m**oins**		
avec baign**oire**		
l'accès **wi**fi		
grat**uit**		
v**oi**ci		

Now draw a line to match the following spelling combinations with the appropriate phonetic symbols.

ou / w / + vowel	[ɥ]
oi / oy	[w]
u + vowel*	

Confirmez

CD 3-4

1. **Prononcez.** Practice pronouncing and contrasting the sounds [w] and [ɥ] in the following pairs. Then listen to them on the Text Audio Track to verify your pronunciation.

	[w]	[ɥ]
a.	oui	huit
b.	Louis	lui
c.	moins	juin

2. [w] **ou** [ɥ]? In the following sentences, underline the [w] sounds with one line, and the [ɥ] sounds with two lines.
   a. Quand Marie-Louise voyage, elle prend toujours des fruits et des biscuits.
   b. L'Hôtel des Trois Suisses? Continuez jusqu'au coin de la rue, puis tournez à droite.
   c. Chouette! Il n'y a pas de nuages aujourd'hui. C'est ennuyeux, des vacances sous la pluie.
   d. Je suis fatigué; bonne nuit!

Now practice saying the sentences aloud, then listen to them on the Text Audio Track to verify your pronunciation.

---

*Exception: After a **q** or a **g**, the **u** is generally not pronounced: **qui** [ki]; **quel** [kɛl]; **Guy** [gi]; **guerre** *(war)* [gɛr].

Structure Talking about coming and going

Les verbes comme *sortir*

Owen Franken/Corbis

Observez et déduisez

Quand je suis en vacances, je sors tous les soirs, mais pendant une semaine ordinaire, je sors uniquement le week-end. En vacances, je dors jusqu'à midi, si je veux, et à l'hôtel on me sert un bon petit déjeuner dans ma chambre. Ce matin, par contre, j'ai dormi jusqu'à 7h seulement parce que j'ai cours à 8h et d'habitude je pars à 7h45. À la fac, si je veux un petit déjeuner, c'est moi qui me le sers! Disons que je préfère les vacances...

Vocabulaire actif

dormir
partir
servir
sortir
tout de suite

- Look at the present tense forms of the verbs **dormir, sortir, servir,** and **partir** in the preceding paragraph. What would be the third-person singular form of the verbs **dormir, sortir,** and **partir**? Look at the past participle of **dormir** and infer the past participles of **partir, servir,** and **sortir.**

Confirmez

1. In **Chapitre 6,** you were introduced to a group of **-ir** verbs conjugated like **choisir** (page 227). Another group of **-ir** verbs like **sortir** follow a different pattern:

Les verbes comme *sortir*

servir	dormir	partir	sortir
je sers	je dors	je pars	je sors
tu sers	tu dors	tu pars	tu sors
il/elle/on sert	il/elle/on dort	il/elle/on part	il/elle/on sort
nous servons	nous dormons	nous partons	nous sortons
vous servez	vous dormez	vous partez	vous sortez
ils/elles servent	ils/elles dorment	ils/elles partent	ils/elles sortent
Passé composé			
j'ai servi	j'ai dormi	je **suis** parti(e)	je **suis** sorti(e)

2. Verbs like **sortir** have two stems. The plural stem is formed by dropping the **-ir** of the infinitive.

   nous **sort**-ons   vous **sort**-ez   ils/elles **sort**-ent

   The singular stem drops the consonant preceding the **-ir** as well.

   je **sor**-s   tu **sor**-s   il/elle **sor**-t

3. In the **passé composé, sortir** and **partir** are conjugated with **être.** This means that the past participle must agree with the subject in gender and number.

   Après le petit déjeuner, Angèle **est sortie** tout de suite *(immediately).*

   Les filles ont fait la grasse matinée; elles **sont parties** vers 11h.

4. Both **sortir** *(to go out)* and **partir** *(to leave)* can be used alone, with a time expression, or with a preposition. Use **de** to convey the idea of leaving a particular place.

   Je sors **de** l'hôtel.
   avec mes copines.
   à 9h15.

   Je pars **de** Quimper.
   aujourd'hui.
   pour mes cours.

Activités

A **Comment sont vos vacances?** Complétez les phrases suivantes en choisissant parmi les options données ou en ajoutant une autre. Comparez vos réponses avec celles de deux camarades de classe.

➡ *Ma famille part généralement en avril—pas en été.*

1. Ma famille part… (en été / en décembre / ?)
2. Nous partons… (dans un parc national / à la campagne / ?)
3. Les employés de l'hôtel servent le petit déjeuner… (dans notre chambre / sur la terrasse / ?)
4. On nous sert… (des plats exotiques / des plats traditionnels / ?)
5. Mes frères sortent du lit… (très tôt le matin / vers 9h / ?)
6. Moi, je sors… (tous les soirs / avec des copains / ?)
7. Ma sœur dort… (tard / jusqu'à midi / ?)
8. Moi, je dors… (devant la télé / beaucoup / ?)

Maintenant, travaillez ensemble pour imaginer d'autres options pour chaque phrase.

B **Comparaisons.** Employez le vocabulaire ci-dessous pour comparer vos vacances et votre vie de tous les jours.

➡ *Normalement nous sortons du lit à 7h, mais pendant les vacances, nous dormons jusqu'à midi!*

Pendant les vacances...	je	(ne pas) / dormir	bien (mal)
Normalement...	tu	(ne pas) / partir	avec des copains
	mon (ma) colocataire	(ne pas) / servir	pour Tahiti
	ma famille et moi, nous	(ne pas) / sortir	des repas exotiques
	vos copains et vous		à / jusqu'à ? h
	mes camarades de classe		ensemble
			devant la télé
			chez sa famille
			en classe
			tous les soirs
			de la pizza
			?

C **Après les vacances...** La vie ordinaire recommence! Pour chaque question ci-dessous, trouvez un(e) camarade de classe différent(e) qui répond affirmativement. Posez une question complémentaire *(follow-up)*—même si la personne répond négativement.

➡ *Tu es sorti(e) hier soir? Oui? Où est-ce que tu es allé(e)? / Non? Pourquoi pas?*

1. Tu es sorti(e) avec tes copains le week-end dernier?
2. Tu as bien dormi hier soir?
3. Tu as servi le petit déjeuner à ton (ta) coloc ce matin?
4. Tu es parti(e) pour tes cours très tôt aujourd'hui?
5. Tu as dormi en classe?
6. Tu as servi du gâteau au professeur?

Structures Situating events in time

Depuis / Il y a / Pendant

Trianon
HÔTEL
★★
ACCUEIL,
QUALITÉ,
PRESTATIONS
Situé en centre-ville
Entièrement rénové
Garages fermés
Accès Wifi gratuit
Location de vélos
HOTEL TRIANON
57 avenue de Grammont
37000 TOURS
Tél. : 02.47.05.35.27
Fax : 02.47.64.22.45
contact@hoteltrianontours.com
www.hoteltrianontours.com
Hôtel Trianon, Tours

Observez et déduisez

Angèle Martin est partie en vacances il y a une semaine pour un voyage en France. Elle a voyagé pendant onze heures pour arriver à Tours. Maintenant, elle est à l'Hôtel Trianon depuis huit jours.

- Three "time expressions" are used in the preceding paragraph. Which one suggests how long an activity *has been going on*? Which one is used to state *how long ago* something happened? Which one indicates how long an activity *lasted*?

Confirmez

Depuis

1. Use **depuis** and an expression of time to indicate *how long something has been going on.* Although the activity began in the past, it is still going on, so use the *present* tense of the verb.

   On sert le petit déjeuner **depuis** une heure.
   Nous sommes dans la salle à manger **depuis** un quart d'heure.
   Angèle est à Tours **depuis** ce matin. Elle est à l'hôtel **depuis** une heure.

   To ask when an activity or situation began, use the expression **depuis quand**? To ask *for how long* something has been going on (a period of time), use the expression **depuis combien de temps**? (In the spoken language, **depuis quand** is often used in both instances.)

   Depuis quand est-elle à l'hôtel? **Depuis** ce matin. / Depuis le 29. / Depuis jeudi dernier.
   Depuis combien de temps est-ce qu'elle est à Tours? **Depuis** une semaine. / **Depuis** deux ans.

Il y a

2. You learned in **Chapitre 6** (p. 210) that **il y a** can be used with a period of time to say *how long ago something happened.* Since the activity has been completed, use the past tense.

   Elle est arrivée **il y a** huit jours. (trois minutes, un an, etc.)

   To ask how long ago something happened, use **quand**?

   — **Quand** est-ce qu'elle est arrivée?
   — Il y a une heure.

   — **Quand** est-ce que tes parents sont partis?
   — Il y a deux semaines.

Pendant

3. Use **pendant** to indicate *the duration of an event* in the past, present, or future.

   Après son voyage, elle a dormi **pendant** dix heures.
   L'hôtel sert le petit déjeuner **pendant** deux heures, de 7h à 9h.
   Elle va voyager **pendant** toute la nuit / **pendant** trois jours.

To ask about the duration of an event or activity, use the interrogative expression **pendant combien de temps**?

Pendant combien de temps est-ce qu'il a dormi hier? (Pendant cinq heures.)
est-ce qu'il dort d'habitude? (Pendant huit heures.)
est-ce qu'il va dormir cette nuit? (Pendant dix heures.)

Résumé des expressions de temps

question	réponse
Depuis quand est-il à l'hôtel?	**Depuis** hier. (**Depuis** 15h.)
Depuis combien de temps est-il à l'hôtel?	**Depuis** deux jours. (**Depuis** vingt minutes.)
Quand est-ce qu'il est arrivé à l'hôtel?	Il est arrivé **il y a** vingt minutes. (... **il y a** trois jours.)
Pendant combien de temps va-t-il rester à l'hôtel?	**Pendant** une semaine. (**Pendant** deux jours.)

Vocabulaire actif

depuis
Depuis combien de temps... ?
Depuis quand... ?
pendant
Pendant combien de temps... ?

Activités

D **Clients.** Indiquez de qui on parle selon le registre de l'Hôtel Trianon. (Aujourd'hui, c'est le mardi 15 mai.)

1. Cette personne est à l'hôtel depuis deux jours. C'est ____________.
2. Cette personne est restée à l'hôtel pendant dix jours. C'est ____________.
3. Cette personne est arrivée il y a neuf jours. C'est ____________.
4. Cette personne est partie il y a trois jours. C'est ____________.
5. Cette personne part aujourd'hui. C'est ____________.
6. Cette personne est restée à Tours pendant une semaine. C'est ____________.

Hôtel Trianon *Réservations enregistrées*			
Client	**Arrivée**	**Départ**	**Chambre N°**
Tessonier, Cyril	1er mai	11 mai	8
Grimmer, Claudine	6 mai	15 mai	21
Bonal, Antoine	5 mai	12 mai	17
Duclos, Nancy	13 mai	19 mai	12
Charfi, Nouradine			
Bonnet, Pierre			

Maintenant, complétez le registre avec les dates d'arrivée et de départ prévues pour les deux autres clients: (1) Nouradine Charfi est à l'hôtel depuis une semaine. Il va être à Tours pendant dix jours. (2) Pierre Bonnet est arrivé à Tours il y a deux jours. Il va rester à l'hôtel pendant une semaine.

E **Observations.** Employez les éléments des colonnes ci-dessous pour parler des clients de l'Hôtel Trianon selon le modèle et en consultant le registre. (Nous sommes toujours le 15 mai.)

➡ *M. Tessonier est arrivé il y a quinze jours. Il est parti il y a quatre jours.*

M. Bonnet		
M. Charfi	est arrivé(e)	il y a
Mme Grimmer	est parti(e)	pendant
M. Bonal	est à l'hôtel	depuis
Mlle Duclos	va rester à l'hôtel	
M. Tessonier		

F **Un jeu.** Imaginez que vous travaillez à l'Hôtel Trianon. D'abord, inventez tous les renseignements pour compléter le premier registre ci-dessous («mon registre»). Votre partenaire va faire la même chose dans son manuel de classe. Ensuite, à tour de rôle, posez-vous des questions pour compléter le deuxième registre («registre de mon/ma partenaire») avec les renseignements de votre partenaire.

➡ *Comment s'appelle le client numéro... ?*
Depuis combien de temps est-ce qu'il/elle est à l'hôtel?
Pendant combien de temps est-ce qu'il/elle va rester à l'hôtel?

Hôtel Trianon *Réservations enregistrées*			
Client	**Arrivée**	**Départ**	**Chambre N°**
1.			
2.			
3.			
4.			

mon registre

Hôtel Trianon *Réservations enregistrées*			
Client	**Arrivée**	**Départ**	**Chambre N°**
1.			
2.			
3.			
4.			

le registre de mon/ma partenaire

Maintenant, comparez vos registres. Avez-vous bien noté les renseignements?

Jeu de rôle

You're a guest at the Hôtel Trianon, and you're spending a few moments visiting with two other guests as you wait for breakfast. Make polite conversation, asking one another the reasons for your visit (**vacances? études? voyage d'affaires** *[business trip]*?), when you arrived, how long you've been there, how long you're staying, when you're leaving, etc.

Lecture Un voyage en Afrique

Pensez

1 Qu'est-ce que vous aimez faire pour vous amuser pendant les vacances? Regardez les deux illustrations, puis cochez les activités que vous aimez et ajoutez d'autres options si vous le désirez.

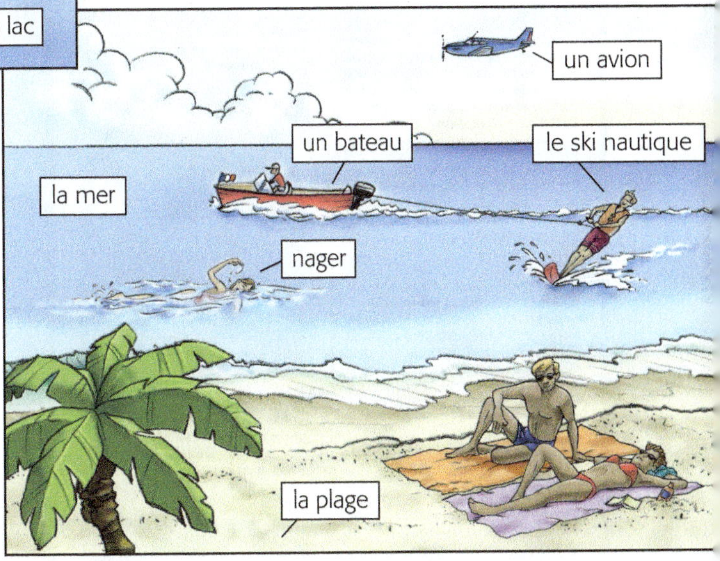

_____ voyager en train
_____ voyager en avion
_____ voyager en bus
_____ découvrir une région en voiture
_____ faire des promenades (ou des balades) à pied ou en vélo
_____ explorer la nature—la montagne, le désert, la forêt
_____ faire du camping
_____ aller à la pêche ou à la chasse
_____ aller à la plage
_____ nager dans la mer, dans un lac ou dans une piscine
_____ faire du bateau ou du ski nautique
_____ visiter des villes historiques avec leurs vieux quartiers et leurs monuments
_____ visiter des châteaux, des musées, des églises et des cathédrales
_____ acheter des souvenirs
_____ manger des plats exotiques
_____ danser dans une discothèque
_____ ?

2 Regardez la carte de l'Afrique au début du livre. Quels sont les trois pays francophones du Maghreb (d'Afrique du Nord)? Quels sont les pays francophones de l'Afrique occidentale (de l'Ouest)?

3 Place à l'imagination! Avec quel pays associez-vous les particularités suivantes? Indiquez **T** pour la Tunisie ou **S** pour le Sénégal.

1. _____ des ruines romaines
2. _____ une réserve d'animaux
3. _____ un musée nommé «La Maison des esclaves *(slaves)*»
4. _____ un «souk» (marché arabe)
5. _____ un village médiéval
6. _____ la brousse *(the bush)*
7. _____ une oasis
8. _____ une forêt de baobabs

À partir de **1120€**

Découverte de la Tunisie

1er jour. Départ Marseille
Journée en Méditerranée au départ de Marseille. Pension complète à bord du bateau.

2e j. Arrivée à Tunis
Débarquement, formalités douanières et accueil par votre guide tunisien. L'après-midi, visite du célèbre musée du Bardo et de la médina, cœur historique de Tunis. Soirée détendue à l'hôtel dans environs de Tunis.

3e j. Carthage et Sidi Bou Saïd
En matinée, découverte des ruines de Carthage, cité légendaire depuis 3000 ans. L'après-midi, visite du village médiéval de Sidi Bou Saïd, petit paradis méditerranéen.

4e j. Kairouan et Sbeitla
Départ pour Kairouan, la ville blanche avec ses magnifiques murailles. Visite guidée de l'ancienne capitale islamique du Maghreb: mosquée du Barbier, bassins des Aghlabides, Grande Mosquée. Temps libre dans les souks. Départ pour Sbeitla et visite des ruines romaines. Soirée à l'hôtel à Tozeur.

5e j. Tozeur
Le matin, promenade en calèche. Visite du zoo et de la palmeraie, havre de verdure à l'entrée du désert. Temps libre dans les souks de Tozeur. Retour à l'hôtel. Après-midi libre.

6e j. Douz et Matmata
Départ pour Douz, célèbre oasis tunisienne. Visite des oasis sahariennes de Nouiel et de Zaafrane. L'après-midi, visite de Matmata, village troglodytique avec ses habitations souterraines. Départ pour Tataouine.

7e j. Chenini et Djerba
Visite de Chenini, village berbère creusé dans la montagne. Continuation par la chaussée romaine en direction de Djerba la douce avec ses magnifiques plages de sable blanc. Temps libre dans les souks. Traversée en bateau et départ pour Sfax.

8e j. El Jem, Monastir et Sousse
Départ pour El Jem. Visite de son grand amphithéâtre romain. Visite de Monastir, la belle ville de Bourguiba, Visite de Sousse, ancienne ville romaine avec ses remparts. Départ pour Hammamet.

9e j. Hammamet et Tunis
Promenade dans Hammamet avec sa médina, ses rues pittoresques et ses plages. Départ pour Tunis. Embarquement pour traversée de la Méditerranée en bateau en pension complète.

10e j. Retour à Marseille
Débarquement à Marseille.

Dates:
3 au 12 novembre 1120€
6 au 15 mars. 1290€

À partir de **1520€**

Découverte du Sénégal

1er j. Départ pour Dakar
Aide aux formalités d'enregistrement et vol à destination de Dakar. Accueil par votre guide à Dakar et installation à l'hôtel.

2e j. Excursion en brousse
Départ en véhicules tout terrain pour une excursion en brousse. Visite de villages peulhs et wolofs et découverte des modes de vie des populations locales. Visite d'une école et d'un dispensaire de santé. Après-midi libre.

3e j. Lac Rose
Départ en 4x4 ou en bus climatisé pour le célèbre lac Rose. Rencontre avec les femmes peuhles de la région qui extraient le sel du lac. Soirée à l'hôtel.

4e j. Région du Sine Saloum
Départ en véhicules tout terrain pour la région du Sine Saloum. Visite d'un marché riche en couleurs, puis embarquement dans des pirogues pour une promenade dans le delta du Sine-Saloum où vous pourrez voir pélicans, hérons, aigrettes, etc. Retour par Joal et visite de la maison natale de Léopold Sédar Senghor et d'un des plus grands ports de pêche artisanale du Sénégal. Soirée à l'hôtel.

5e j. Dakar et l'île de Gorée
Départ en bus climatisé pour la capitale. Visite de Dakar, palais présidentiel, cathédrale du Souvenir Africain, place de l'Indépendance, marché Kermel, centre d'affaires de Dakar, grande mosquée de Dakar avec ses minarets. Visite du village artisanal de Soumbédioune. Départ en bateau pour la célèbre île de

Gorée, lieu historique associé à la triste traite des esclaves. Visite du fort d'Estrées et de son musée historique. Visite de la maison des esclaves et promenade sur l'île. Retour à l'hôtel à Saly.

6e j. Réserve de Bandia
Départ en véhicules tout terrain et visite guidée de la réserve de Bandia où les animaux évoluent en toute liberté dans une forêt de baobabs. Vous pourrez y observer girafes, rhinocéros, oryx, élans, phacochères, buffles, crocodiles, chacals, singes, etc. Retour à l'hôtel et après-midi libre

7e j. Saly
Plage et repos en pension complète à l'hôtel.

8e j. Retour
Aide aux formalités d'enregistrement et retour vers la France.

Hôtel Le Domaine de Nianing
À quelques 80 km au sud de Dakar, cet hôtel est situé dans un cadre de verdure magnifique entre brousse et océan.

Dates:
2 au 29 octobre Lyon: 1520€ Marseille 1520€
20 au 27 février. Lyon: 1550€. Marseille: 1550€

Observez et déduisez: en général

4 Ces deux textes sont visiblement extraits d'une brochure d'une agence de voyages qui offre des voyages organisés. Parcourez les textes et cochez les catégories de renseignements incluses.

_____ types de transports
_____ heures des départs et arrivées
_____ prix des voyages
_____ noms de tous les hôtels
_____ noms des endroits visités
_____ dates des voyages
_____ climat anticipé
_____ emploi du temps pour chaque jour
_____ classement (nombre d'étoiles) des hôtels
_____ renseignements sur les endroits visités

5 Parmi les activités touristiques mentionnées dans **Pensez,** lesquelles, à votre avis, peut-on faire dans ces deux pays?

Observez et confirmez: en détail

6 **Les mots.** En utilisant les mots apparentés, le contexte et la logique, trouvez dans les textes **(T = Tunisie, S = Sénégal, TS = les deux)** les mots ou expressions qui ont la signification suivante.

1. TS logement et repas inclus
2. TS un lieu de culte islamique
3. S un 4 × 4 (type de voiture)
4. S [un moyen de transport] avec air conditionné
5. TS une partie du pays séparée du continent, encerclée par la mer

7 **Les textes.** Complétez les tableaux suivants selon les renseignements donnés dans les textes.

1. En Tunisie

jour	lieu *(place)*	activité
2e jour		Visite du cœur ❤ historique de Tunis
		Visite de ruines datant de 3 000 ans
3e jour	Sidi Bou Saïd	
	Kairouan	
7e jour		Plages de sable blanc sur une île touristique
5e, 7e		Temps libre dans les souks
	El Jem, Sousse	

2. Au Sénégal

jour	Lieu	activité
2e jour	Villages peulhs et wolofs (groupes ethniques)	
		Balade en pirogue (petit bateau)
	L'île de Gorée	
		Visite de marchés
	Bandia	
	Saly / Domaine de Nianing (plage et brousse)	Temps libre

Vocabulaire actif

les moyens de transport
- à pied, en avion, en bateau, en bus, en train, en vélo, en voiture
- l'aéroport
- un vol

la nature
- le désert, la forêt, une île, un lac, la mer, la plage

les vacances
- acheter des souvenirs
- une agence de voyages
- aller à la chasse / à la pêche
- faire du bateau, du camping, du ski nautique
- nager
- passer (une semaine, ses vacances)
- un séjour
- visiter une cathédrale, un château, un monument, des vieux quartiers, une mosquée
- un voyage organisé

Explorez

1. Quel circuit préférez-vous? Pourquoi?
2. Imaginez que ce voyage en Afrique est un fait accompli. En groupes de deux, racontez ce que vous avez fait chaque jour en Tunisie (étudiant[e] A) et au Sénégal (étudiant[e] B). Comparez vos aventures, posez des questions, ajoutez des détails—et n'hésitez pas à exagérer!

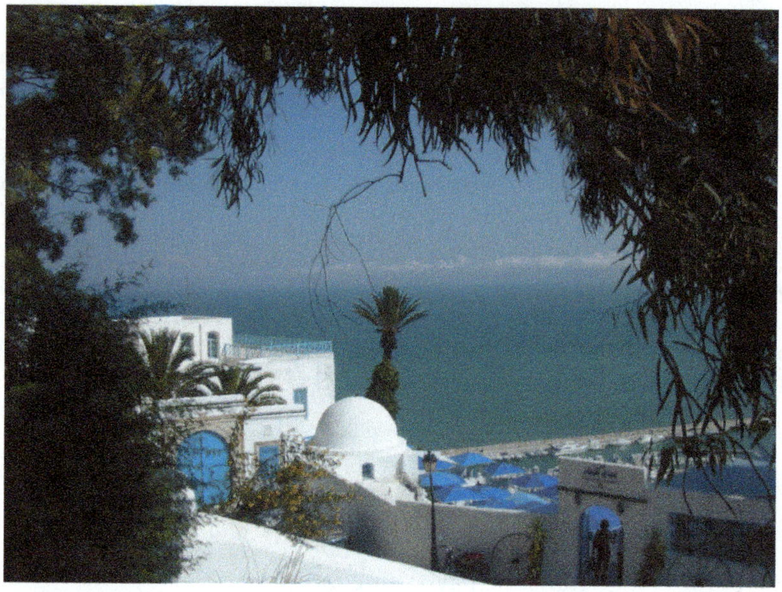
Chantal Thompson

Sidi Bou Saïd, en Tunisie.

Notes culturelles

La Tunisie. La Tunisie, l'Algérie et le Maroc constituent le Maghreb, la région arabe de l'Afrique du Nord qui a été colonisée par la France. La majorité de la population de la Tunisie habite dans la partie nord du pays qui bénéficie d'un climat méditerranéen; le sud du pays est occupé par le désert du Sahara. L'histoire de la Tunisie remonte au IXe siècle avant Jésus-Christ, à l'époque où les Phéniciens ont fondé la ville de Carthage près de Tunis, la capitale actuelle de la Tunisie. Carthage a fait partie de l'Empire romain de 146 av. J.-C. jusqu'au Ve siècle apr. J.-C., ce qui explique la présence d'importantes ruines romaines. La Tunisie était un protectorat français de 1881 à 1956 et l'influence française est encore très présente. L'arabe est la langue officielle de la Tunisie, mais le français reste la langue de l'éducation supérieure, de l'administration et des affaires.

Le Sénégal. La colonisation française de l'Afrique noire a commencé au Sénégal avec la création de la ville de Saint-Louis, au nord du Sénégal, en 1659. De 1902 à 1960, la ville de Dakar a servi de capitale à l'Afrique Occidentale Française (l'AOF), la fédération des huit territoires français de l'Afrique de l'Ouest. En 1960, le Sénégal est devenu une république indépendante avec le poète Léopold Sédar Senghor comme président. Le Sénégal est un pays principalement musulman *(Muslim)* avec six langues nationales, y compris le wolof, mais le français est resté la langue officielle.

Quels sont les renseignements que vous trouvez les plus intéressants sur la Tunisie et le Sénégal? Qu'est-ce que vous aimeriez savoir d'autre? Faites des recherches sur Internet, puis partagez ce que vous avez appris!

Bloguez! iLrn

Il y a d'autres pays francophones en Afrique, comme le Maroc et le Mali. Faites des recherches sur Internet et proposez un voyage différent. Où voudriez-vous aller et à quelles activités voudriez-vous participer? Ajoutez des liens vers quelques sites Web que vous trouvez intéressants.

Structures Talking about travel

Le verbe *(re)venir* • Les prépositions avec les noms géographiques

bobphillipsimages.com

Ils reviennent du Luxembourg.

© Gerhard Steiner/Corbis

Il revient de Tunisie.

Observez et déduisez

Pour entendre parler français, on peut voyager en France, bien sûr. Mais on peut aller aussi au Maroc, au Mali ou même aux États-Unis, par exemple, en Louisiane.

Regardez les cartes au début du livre. Quel pays ou région du monde francophone voudriez-vous visiter? La Guyane? Le Sénégal? Les Antilles?

- If the verb **venir** means *to come*, what do you think **revenir** means? What three prepositions do you notice in the preceding paragraph that express the idea of being *in* or going *to* a country or region? Can you think of a reason why the prepositions are different?
- Geographical names, like all nouns, have a gender. **France** is feminine. Can you find the other feminine names in **Observez et déduisez**? What is the last letter in each of those names? Which names are masculine?
- From the preceding paragraph and the following examples, infer which prepositions to use in the blanks below?

Je suis **en** Suisse, mais je pars **au** Mali la semaine prochaine et ensuite je vais **aux** Antilles.

Nous allons... _____ Espagne _____ Tunisie _____ Philippines
_____ Portugal _____ Canada _____ Allemagne

Confirmez

Les verbes venir / revenir	
je (re)viens	nous (re)venons
tu (re)viens	vous (re)venez
il/elle/on (re)vient	ils/elles (re)viennent
Passé composé	
il/elle/on est (re)venu(e)	nous sommes (re)venu(e)s

1. Both **venir** and **revenir** *(to come back)* require **être** in the **passé composé,** as do several other verbs you have already studied. Below is a summary chart of these verbs.

Résumé: Quelques verbes avec *être* au passé composé			
aller	partir	rester	sortir
arriver	passer	retourner	tomber
entrer	rentrer	revenir	venir
monter			

Les prépositions avec les noms géographiques

2. You have already seen that **de** means *from* when referring to cities (page 23) and that **à** is used to express the idea of being *in* or going *to* a city (page 109).

— D'où es-tu?
— Je suis **de** Dakar.

— Où est-elle allée?
— Elle est allée **à** Bruxelles.

3. Most countries with names ending in **e** are feminine*, and those ending in other letters are usually masculine: **la Belgique** **le Maroc.**
4. The choice of preposition to express *going to* or *being in* a place or *coming from* a place depends on gender, on number, and on whether the place name begins with a vowel. Study the examples in the chart below.

Les prépositions avec les noms géographiques

	going *to* / being *in*	coming *from*
names of cities	**à** je vais... / je suis... à Dakar	**de / d'** je viens... d'Alger
feminine names & masculine names beginning with a vowel	**en** je vais... / je suis... en Suisse en Irak	**de / d'** je viens... de Suisse d'Irak
all other masculine place names	**au** je vais... / je suis... au Canada	**du** je viens... du Portugal
all plural place names	**aux** je vais... / je suis... aux Antilles	**des** je viens... des États-Unis

*__Le Mexique__ is an exception to this rule.

5. The same rules for choosing prepositions apply to continents (e.g., **en Asie**) and to regions (e.g., **en Provence, au Québec**). Most states also follow these rules (**au** Texas, **en** Floride), although usage varies. **Dans l'état de...** can be used with any state.

   Il habite **dans l'état de** New York. Elle habite **dans l'état d'**Ohio.

6. When no preposition is indicated, use a definite article to refer to countries, continents, and regions.

   L'Algérie est le pays voisin *(neighboring)* du Maroc.
   Avez-vous visité **l'**Algérie ou **le** Maroc?

Des noms géographiques

l'Afrique	**l'Amérique du Nord**	**l'Europe**	**l'Asie**
l'Afrique du Sud	le Canada	l'Allemagne	la Chine
l'Algérie	les États-Unis	l'Angleterre	la Corée
le Cameroun	le Mexique	l'Autriche	l'Inde
la Côte d'Ivoire		la Belgique	le Japon
la Libye	**l'Amérique du Sud**	le Danemark	le Viêt Nam
le Mali	l'Argentine	l'Espagne	
le Maroc	le Brésil	la France	**l'Océanie**
la Mauritanie	le Chili	l'Italie	l'Australie
le Sénégal	la Colombie	le Luxembourg	la Nouvelle-Zélande
la Tunisie	la Guyane	les Pays-Bas	les Philippines
	le Venezuela	le Portugal	
le Moyen-Orient		la Russie	
l'Égypte	**Les Antilles**	la Suisse	
l'Irak	la Guadeloupe	la Turquie	
l'Iran	Haïti (m.)		
Israël	la Martinique		

Vocabulaire actif

le monde
les pays
 l'Algérie, le Japon, etc.
revenir
venir

Activités

G **Agent de voyages.** Vous organisez des voyages selon les préférences de vos client(e)s. Quel pays est-ce que vous recommandez pour...

➡ une personne qui aime aller à la chasse?
Je recommande l'Afrique du Sud ou bien le/la...

Quel pays est-ce que vous recommandez pour...

une personne qui veut aller à la plage?
une personne qui aime faire du bateau et du ski nautique?
une personne qui s'intéresse aux châteaux?
une personne qui adore manger des plats exotiques?
une personne qui veut faire des promenades à pied en montagne?
une personne qui s'intéresse à l'histoire ancienne?
une personne qui parle couramment l'espagnol?
une personne qui s'intéresse à l'art de la Renaissance?
une personne qui étudie la forêt tropicale?

H **Arrivée à Tunis.** Vous êtes guide d'un voyage organisé en Tunisie. Selon les indications ci-dessous, d'où viennent les membres du groupe? (Surfez sur Internet au besoin.)

➡ M. Fischer (Vienne) *Ce passager vient d'Autriche.*

M. Johnson (Toronto)
Mme Sardou (Fort-de-France)
Mlle Pérez-Silva (Santiago)
M. et Mme Jensen (Copenhague)
Mme Kumar (Mumbai)
M. Al Hassani (Rabat)
M. Sharon (Jérusalem)
M. Erdogan (Istanbul)
M. Valdés (Mexico)
Mlle VanDyke (Amsterdam)
Mme al-Maliki (Bagdad)
M. Yeong (Séoul)

I **Des stages linguistiques.** Plusieurs étudiants veulent faire des stages linguistiques. Où vont-ils aller pour apprendre les langues suivantes? Vous êtes chargé(e) des réservations!

➡ l'espagnol? *Ils vont aller en Espagne ou...*

l'anglais?
le français?
l'arabe?
le chinois?
le portugais?

J **Les sites touristiques.** Testez vos connaissances culturelles. Dites où se trouvent les sites touristiques suivants. (Surfez sur Internet au besoin.)

➡ *L'abbaye de Westminster se trouve à Londres.*

Sites	***Villes***
le palais de Buckingham	Québec
le Louvre	Gizeh (Égypte)
le Kremlin	Âgrâ (Inde)
le Parthénon	Londres
les Grandes Pyramides	Moscou
le Taj Mahal	Paris
le château Frontenac	Athènes

Maintenant, en travaillant avec un(e) partenaire, écrivez d'autres exemples de sites touristiques et testez les connaissances de vos camarades de classe.

➡ *Où se trouve l'Alamo?*

Stratégie de communication

Asking for information or help

Observez et déduisez

When you travel, you will certainly need to ask strangers for help or information. Doing so politely makes a good impression and facilitates the task. Study the examples below and find polite expressions French speakers use in these situations.

— Pardon, madame. Je voudrais savoir à quelle heure arrive l'avion de Dakar, s'il vous plaît.
— Je suis désolée, madame. Je ne sais pas. Demandez au bureau de renseignements *(information)*.

— Excusez-moi de vous déranger, monsieur. Est-ce que vous pourriez m'aider à descendre ma valise?
— Avec plaisir.

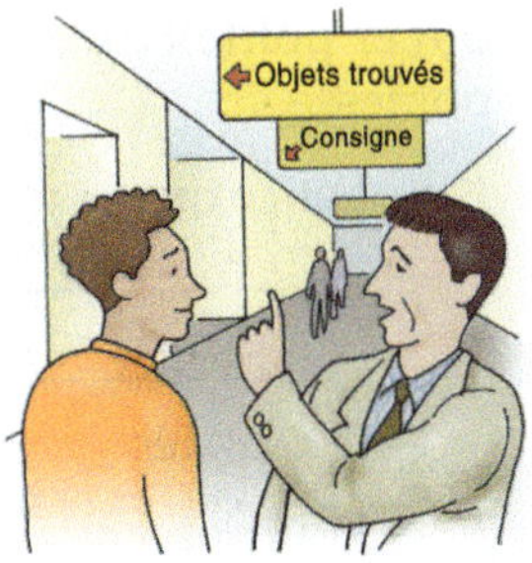

— Pardon, monsieur. Pourriez-vous m'indiquer la sortie?
— Bien sûr. Vous continuez tout droit. C'est à gauche, juste après le bureau des objets trouvés.

Now verify your answers in the chart that follows.

Confirmez

Pour demander de l'aide / des renseignements

Pour attirer l'attention

Pardon, madame.
Excusez-moi de vous déranger, monsieur.

Pour demander

Pourriez-vous...
  m'indiquer... la sortie (le bureau de renseignements)?
  m'aider... à descendre ma valise (à trouver l'ascenseur)?
Je voudrais savoir... s'il vous plaît.
  l'heure
  à quelle heure arrive le train (l'avion)
  où se trouve(nt)... la sortie, les toilettes, le restaurant

Pour accepter

Avec plaisir.
Bien sûr. / Certainement.
Volontiers.

Pour refuser

Je regrette, mais...
Je suis désolé(e)...

Note culturelle

La politesse. Le français est une langue moins directe que l'anglais. En anglais, par exemple, on peut demander des renseignements ou de l'aide aux étrangers avec peu de mots: *Would you help me . . . ?* ou *Can you tell me where to find . . . ?* Un Français, par contre, emploie beaucoup plus de mots pour dire la même chose. Dans son livre *French or Foe,* Polly Platt prétend *(claims)* que les cinq mots les plus importants de la langue française sont: «Excusez-moi de vous déranger...» Et les cinq autres mots importants sont: «mais j'ai un petit problème». L'emploi de ces dix mots, selon Platt, garantit une réponse rapide et complète à la demande. Essayez-les! Comment demandez-vous un petit service ou de l'aide si vous voulez être particulièrement poli(e) en anglais?

Bloguez! iLrn

Expliquez ce que vous dites de différent quand vous demandez de l'aide à un copain et à quelqu'un que vous ne connaissez pas bien.

Activités

K **Soyez poli(e)!** Complétez les dialogues suivants avec des expressions de politesse.

1. — Est-ce que vous pourriez m'aider à trouver mes valises?
   — ______________________________
2. — ______________________________
   — Je suis désolé. Je n'ai pas de montre *(wristwatch).*
3. — Pourriez-vous me dire où sont les toilettes?
   — ______________________________
4. — ______________________________
   — Avec plaisir, monsieur.

L **Des petits problèmes.** Imaginez-vous dans les situations suivantes. Comment allez-vous demander poliment de l'aide ou des renseignements? Développez les scènes avec un(e) partenaire.

1. Vous faites un voyage organisé en Tunisie. Vous êtes en retard ce matin et votre groupe est déjà parti pour faire le tour de la ville. Vous voulez prendre un taxi pour rattraper le groupe. Qu'est-ce que vous demandez au concierge?
2. Votre amie de Dakar arrive à l'aéroport de Marseille. Vous voulez la retrouver, mais vous ne savez pas l'heure ou le numéro de son vol. Qu'est-ce que vous demandez à l'employé de la ligne aérienne?
3. Vous êtes un(e) touriste à Paris. Malheureusement, vous ne pouvez pas trouver votre passeport. Vous allez à l'Ambassade pour demander de l'aide.
4. Vous avez un voyage d'affaires imprévu *(unexpected),* alors vous allez dans une agence de voyages pour avoir des renseignements au sujet des vols de Bruxelles à New York. Vous voulez partir demain matin le plus tôt possible.

Jeu de rôle

Think of an exciting trip you have taken or would like to take. Describe the trip to your partner, giving details about activities, hotels, and so on. Ask each other questions to make sure you have the whole story, then guess if the trip was real or **une pure invention**!

Chantal Thompson

Observez et déduisez

Qu'est-ce que ce tee-shirt révèle sur les Français? Selon expedia.com, le Français moyen, qui a droit à[1] 39 jours de vacances par an, en utilise 37. L'Américain moyen a droit à 14 jours et en utilise 11. Que veut dire «rater» ses vacances, selon vous? Qu'est-ce que ces chiffres révèlent sur chacune des deux cultures?

Confirmez et explorez

• **Les vacances des Français.** Pour la majorité des Français, les «vraies vacances» restent celles de l'été, mais la tendance actuelle est d'étaler[2] ses vacances au cours de l'année. Quatre Français sur dix partent en vacances d'hiver pour au moins quatre ou cinq jours et la durée moyenne[3] des vacances d'été est maintenant de neuf ou dix jours. La plage reste le lieu privilégié des vacances d'été et l'on préfère rester dans un seul endroit plutôt que[4] de visiter une série de sites. La formule des week-ends prolongés complète le profil des vacances des Français. Cette tendance au fractionnement s'explique par le désir de diversifier les expériences et par des facteurs économiques. Imaginez que vous avez cinq semaines de congés payés garanties par la loi. Est-ce que vous allez les prendre d'un seul coup[5] ou les étaler au cours de l'année? Pourquoi?

• **Les Français en voiture.** Un écrivain satirique français, Pierre Daninos, compare ainsi les Anglais et les Français «au volant[6]»: «Les Anglais conduisent[7] plutôt mal, mais prudemment. Les Français conduisent plutôt bien, mais follement. La proportion des accidents est à peu près la même dans les deux pays», mais est-on «plus tranquille avec des gens qui font mal des choses bien» ou «avec ceux qui font bien de mauvaises choses»? (*Les Carnets du Major Thompson*, p. 198.) Voilà donc la réputation des Français! Il est vrai que la limite de vitesse[8] sur les autoroutes[9] françaises est de 130 km/h (81 miles/h), mais le permis de conduire[10] n'est pas facile à obtenir en France: Il faut avoir dix-huit ans, investir environ 650 € en leçons d'auto-école (données non pas dans les écoles mais par des entreprises privées) et passer un examen de conduite très rigoureux. Par mesure de sécurité, les enfants de moins de dix ans ne peuvent pas s'asseoir à l'avant du véhicule. Que pensez-vous de tout cela? Est-ce une bonne idée d'avoir une limite de vitesse de 130 km/h sur les autoroutes? De passer le permis de conduire à dix-huit ans au lieu de seize? De ne pas permettre aux écoles secondaires de donner des leçons d'auto-école? De ne pas permettre aux jeunes enfants de s'asseoir à l'avant d'une voiture? Donnez votre opinion et proposez une réforme possible du code de la route dans votre pays—ou en France!

Hervé DE GUELTZL/Photolibrary

Une leçon d'auto-école.

Bloguez!

Fatim préfère étaler ses vacances au cours de l'année. Êtes-vous d'accord? Expliquez comment vous allez passer vos cinq semaines de congés payés! Qu'est-ce que vous allez faire? Allez-vous voyager? Préférez-vous rester dans un seul endroit ou visiter une série de sites touristiques? Téléchargez des photos de vos vacances préférées, ou ajoutez des liens vers les vacances de vos rêves.

1. *is entitled to* 2. *spread out* 3. *average duration* 4. *stay in one place rather than* 5. *all at once* 6. *at the wheel* 7. *drive* 8. *speed* 9. *freeways* 10. *driver's license*

À l'écoute À la gare

Vous allez entendre deux petites conversations qui ont lieu dans une gare de Paris. Pour vous préparer, faites les Activités 1 et 2, puis écoutez en suivant les instructions données.

Pensez

1 La façon la plus facile de réserver un billet de train est de consulter le site Internet de la SNCF (Société nationale des chemins de fer), où l'on peut voir les horaires, le type de train et les tarifs (prix). Si vous voulez voyager de Paris à Marseille entre 13h et 17h30, par exemple, quelles sont vos options? Consultez le tableau ci-dessous pour répondre aux questions qui suivent.

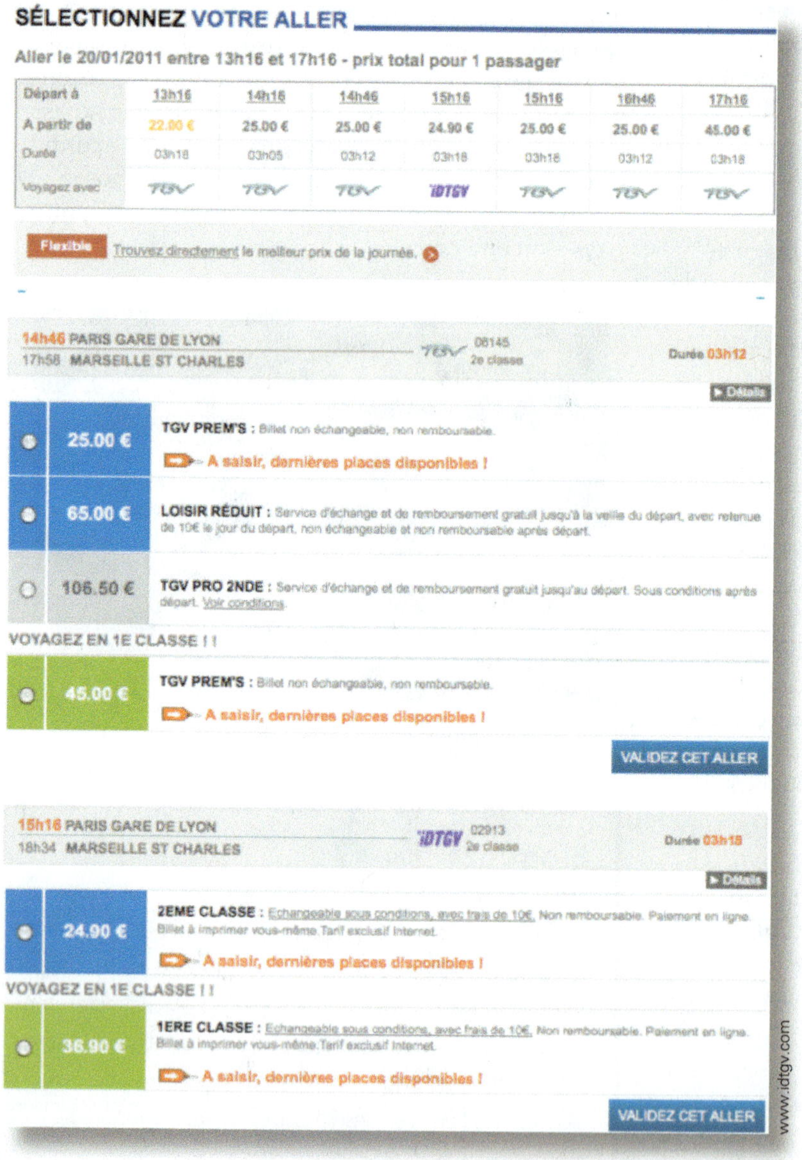

SÉLECTIONNEZ VOTRE ALLER

Aller le 20/01/2011 entre 13h16 et 17h16 - prix total pour 1 passager

Départ à	13h16	14h16	14h46	15h16	15h16	16h46	17h16
A partir de	22.00 €	25.00 €	25.00 €	24.90 €	25.00 €	25.00 €	45.00 €
Durée	03h18	03h05	03h12	03h18	03h18	03h12	03h18
Voyagez avec	TGV	TGV	TGV	iDTGV	TGV	TGV	TGV

Flexible Trouvez directement le meilleur prix de la journée.

14h46 PARIS GARE DE LYON
17h58 MARSEILLE ST CHARLES
TGV 06145 2e classe Durée 03h12

Détails

25.00 €	TGV PREM'S : Billet non échangeable, non remboursable. A saisir, dernières places disponibles !
65.00 €	LOISIR RÉDUIT : Service d'échange et de remboursement gratuit jusqu'à la veille du départ, avec retenue de 10€ le jour du départ, non échangeable et non remboursable après départ.
106.50 €	TGV PRO 2NDE : Service d'échange et de remboursement gratuit jusqu'au départ. Sous conditions après départ. Voir conditions.

VOYAGEZ EN 1E CLASSE ! !

45.00 €	TGV PREM'S : Billet non échangeable, non remboursable. A saisir, dernières places disponibles !

VALIDEZ CET ALLER

15h16 PARIS GARE DE LYON
18h34 MARSEILLE ST CHARLES
iDTGV 02913 2e classe Durée 03h18

Détails

24.90 €	2EME CLASSE : Echangeable sous conditions, avec frais de 10€. Non remboursable. Paiement en ligne. Billet à imprimer vous-même. Tarif exclusif Internet. A saisir, dernières places disponibles !

VOYAGEZ EN 1E CLASSE ! !

36.90 €	1ERE CLASSE : Echangeable sous conditions, avec frais de 10€. Non remboursable. Paiement en ligne. Billet à imprimer vous-même. Tarif exclusif Internet. A saisir, dernières places disponibles !

VALIDEZ CET ALLER

www.idtgv.com

1. Regardez la première partie du tableau: Pourquoi, à votre avis, le prix du TGV (train à grande vitesse) de 13h16 est-il indiqué en jaune?
2. Maintenant, regardez la deuxième partie du tableau, le train de 14h46: Quel tarif allez-vous choisir...
   a. si vous voulez avoir le maximum de facilités d'échange et de services?
   b. si vous pouvez vous permettre d'acheter un billet de première classe, mais bien à l'avance (car le nombre de places est limité) et sans facilité d'échange ni de remboursement?
   c. si vous voulez un billet de seconde classe avec une réduction et des facilités d'échange?
3. Le train de 15h16: Quelle est la particularité de ce TGV?
4. Comment s'appelle la gare de départ à Paris? Et la gare d'arrivée à Marseille?
5. À quelle heure le train de 15h16 arrive-t-il à Marseille?

Notes culturelles

www.idtgv.com

Les trains en France. Le Français moyen prend le train 15 fois par an. Le train est donc un mode de transport très utilisé en France mais aussi dans le reste de l'Europe. La SNCF est réputée pour sa ponctualité, et le TGV, qui circule à des vitesses allant jusqu'à 300 km/h, a révolutionné le monde des transports en France. Sur des distances inférieures à 1 000 km, le TGV est plus rapide que l'avion, moins cher et plus confortable. Il existe aussi un TGV spécial appelé iDTGV qui permet aux passagers de choisir l'ambiance de leur wagon: Ils peuvent s'installer dans une zone calme (iDzen) ou dans une zone où chacun peut parler et rire à son gré (iDzap).

Renseignements utiles. Vous pouvez acheter vos billets sur Internet ou par téléphone, aux guichets de la gare ou aux billetteries automatiques, etc. Pour les voyages de nuit, vous pouvez réserver une couchette (un lit). Les étudiants bénéficient de réductions *(discounts)* sur les tarifs des trains! Avant de monter dans le train, n'oubliez pas de composter *(validate)* votre billet dans une machine de couleur jaune à l'entrée du quai *(platform)*. Si vous oubliez de composter votre billet, le contrôleur peut vous faire payer une amende *(fine)*.

Quels sont les renseignements sur les trains en France que vous trouvez les plus intéressants? Avez-vous déjà voyagé en train? Où?

Bloguez! iLrn
Regardez les renseignements sur l'iDTGV et dites quelle option vous préférez. Expliquez pourquoi.

MON TRAIN SUR MON IPHONE

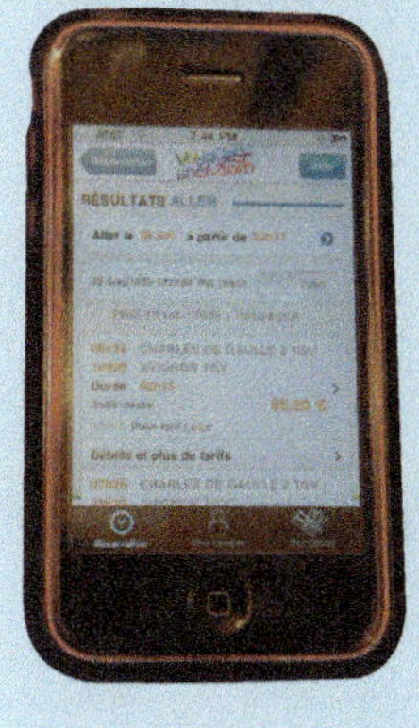
Elaine Phillips

Le site mobile de la SNCF était déjà- accessible depuis l'iPhone, mais la SNCF va plus loin et propose, désormais, une application pratique et adaptée. Avec l'application iPhone, le voyageur effleure son écran et peut obtenir toutes les informations en temps réel qui vont lui faciliter son voyage avant, pendant et après: voir le tableau des trains au départ et à l'arrivée, se repérer dans les gares (les gares à fort trafic et les gares Transilien), être alerté dès que la voie de son train est affichée, connaître les gares les plus proches et obtenir le plan pour y accéder, et, enfin, tout savoir sur le trafic en temps réel!

2 Les conversations que vous allez entendre incluent les mots suivants (en caractères gras). Pouvez-vous déduire leur sens d'après le contexte?

— Il est 10h. Mon train est à 10h30. Alors je vais **attendre** 30 minutes.
— Il est 10h35. Mince! Mon train est déjà parti. **J'ai raté** mon train!

Vocabulaire actif

- à la gare
  - un aller simple
  - un aller-retour
  - l'arrivée (f.)
  - attendre
  - un billet
  - une couchette
  - le départ
  - le guichet
  - un horaire
  - le (la) même
  - le quai
  - une réduction
- une place...
  - en première ou deuxième classe
  - fumeurs / non-fumeurs
- le prochain train
- pu (j'ai pu)
- rater le train
- le TGV
- un voyage d'affaires

Observez et déduisez

CD 3-5 / 3-6

3 Écoutez les *deux* conversations une première fois pour déterminer qui fait les choses suivantes: Monsieur Godot ou Monsieur Estragon? Cochez la colonne appropriée.

	M. Godot	M. Estragon
Il attend le prochain train parce qu'il a raté le premier.		
Il part en voyage d'affaires.		
Il consulte son iPhone.		
Il aime la formule iDTGV.	✓	
Il a une petite maison à Cassis.		
Il va retrouver sa femme et ses enfants pour quelques jours.		
Il n'a pas pu° prendre son billet à l'avance.	✓	
Il va revenir demain soir.		

4 Écoutez encore, cette fois-ci en faisant attention aux expressions utilisées pour prendre un billet de train. Complétez et déduisez le sens des mots en caractères gras.

—Un billet ___________ Marseille, ___________. Vous avez toujours des **places**?

—**Un aller-retour** ou un ___________ **simple**?

—___________ ou ___________ **classe**?

—**Fumeurs** ou ___________ **-fumeurs**?

Monsieur Estragon va être dans **le même** ___________ que Monsieur Godot.

5 Écoutez une dernière fois pour répondre aux questions suivantes.

1. Quel train le premier voyageur a-t-il raté?
2. Pourquoi le deuxième voyageur n'a-t-il pas pu prendre son billet à l'avance?
3. À quelle heure le train du retour va-t-il quitter Marseille et arriver à Paris?
4. Quelle formule de l'iDTGV M. Estragon choisit-il? Pourquoi?

6 Imaginez que vous êtes à la gare de Lyon, à Paris. Jouez les rôles suivants avec un(e) partenaire: L'un de vous est le voyageur / la voyageuse qui demande des renseignements et prend un billet; l'autre est l'employé(e) de la SNCF. D'abord, sélectionnez ensemble une destination, puis jouez la situation au guichet. N'oubliez pas la possibilité d'une réduction!

°Participe passé du verbe **pouvoir**.

Prononciation La lettre l

The French [l] is fairly close to the [l] sound at the beginning of English words such as *list* or *love*. But it is never pronounced like the final [l] of English words, such as *pull* or *shell*. To say a French [l], remember to keep the tip of your tongue close to your top front teeth.

Quelle surprise!
Un aller-retour, s'il vous plaît.

The spelling **-ll-** is sometimes pronounced [j], i.e., like the *y* in *yes*.

Marseille
un billet

Observez et déduisez

CD 3-7

Listen to the following phrases from the two **À l'écoute** conversations. When is the **-ll-** pronounced like [j]? In the chart, check the pronunciation you hear, then infer which vowel must precede the **-ll-** to create the *y* sound.

	[l]	[j]
Quelle surprise!		
un billet pour Marseille		
un aller-retour		

→ Vowel ____**ll** = [j] sound*

Confirmez

CD 3-8

In the following sentences, underline each **-ill** that is pronounced like a [j].

1. La famille Godot aime les villages tranquilles.
2. On a passé le mois de juillet à Deauville.
3. La fille dans le train mange une glace à la vanille.
4. Monsieur Estragon travaille à Versailles.
5. Quel train prenez-vous pour aller à Chantilly?

Now practice saying the sentences aloud, paying special attention to the **l**'s. Then listen to the sentences on the Text Audio Track to verify your pronunciation.

*Exceptions: **ville, mille, tranquille,** and their derivatives keep the [l] sound.

Structure Traveling by train

Les verbes en *-re*

Observez et déduisez

Qu'est-ce qui se passe à Paris, gare de Lyon? ...

Monsieur Estragon attend depuis 15 minutes au guichet où on vend des billets.

L'employée au service d'accueil répond poliment aux questions de la famille Paumé.

Thomas va au bureau des objets trouvés parce qu'il a perdu son billet pour Caen.

Hélène descend du train. Elle vient à Paris pour rendre visite à sa grand-mère.

Monsieur Godot n'a pas entendu l'annonce de son train parce qu'il dort. Il va rater son train.

- Read about the scene at the **gare de Lyon** in Paris and try to locate, in the drawing above, the people mentioned in the sentences. Can you infer the meaning of the verbs from context? Look at the verbs used in the sentences. Can you infer the **il/elle** forms of the present tense for **perdre, rendre visite,** and **entendre**? Can you conjugate **répondre** in the **passé composé**?

Vocabulaire actif

descendre
entendre
perdre
rendre visite à
répondre
vendre

Confirmez

Le verbe *attendre*

j' attends	nous atten**dons**
tu attends	vous atten**dez**
il/elle/on attend	ils/elles atten**dent**

Passé composé: j'ai **attendu**

1. The following verbs are conjugated like **attendre:**

descendre*	*to get off / out of; to go downstairs*
entendre	*to hear*
perdre	*to lose*
rendre visite (à)**	*to visit (a person)*
répondre (à)	*to answer*
vendre	*to sell*

2. Verbs conjugated like **attendre** (also known as **-re** verbs) follow a regular pattern. The stem is formed by dropping the **-re** of the infinitive and adding the endings: **-s, -s, —, -ons, -ez, -ent.**

   je **perd**-s   vous **vend**-ez

3. **Descendre** is conjugated in the **passé composé** with **être.** The other **-re** verbs are conjugated in the **passé composé** with **avoir.**

   Claudine **est descendue** du train à Paris.
   Marie **a rendu visite à** son amie.
   Elle **a entendu** des nouvelles *(news)* intéressantes.

*__Descendre à__ can also be used to express the idea of staying at a hotel: **Ils sont descendus à l'Hôtel Dupleix.**

__Rendre visite (à)__ is used with people and **visiter with places or things.

Activités

CD 3-5 / 3-6

M **Vrai ou faux?** Dites si les phrases suivantes sont vraies ou fausses selon l'histoire de Monsieur Godot et de Monsieur Estragon.

1. Monsieur Godot attend le train.
2. Il est probable qu'il n'a pas entendu l'annonce du train de 16h46.
3. Il descend à Marseille.
4. Monsieur et Madame Godot vendent leur petite maison à Cassis.
5. Monsieur Estragon a perdu son iPhone.
6. Monsieur Estragon rend visite à son cousin à Avignon.
7. L'employée répond poliment à Monsieur Estragon.

Maintenant, corrigez les phrases fausses.

N **Le «voyage» de Monsieur Ronfle.** Composez des phrases au présent avec les éléments indiqués. Ensuite, organisez les phrases de façon logique pour raconter l'histoire de M. Ronfle. Ajoutez des mots-liens et une phrase supplémentaire pour terminer l'histoire.

➡ Monsieur Ronfle / sortir de / maison / huit heures
Monsieur Ronfle sort de la maison à huit heures.

train / partir / dans une heure
Il / rendre visite / petits-enfants
Il / perdre / patience*
Il / rater / train
Il / attendre / dix minutes / guichet
Monsieur Ronfle / dormir / pendant que / attendre
employé / répondre poliment / questions / Monsieur Ronfle / et / lui vendre / billet
Il / ne pas entendre / annonce
Il / aller / gare / pour prendre / train
?

O **Tout s'est mal passé.** Imaginez une situation à la gare (ou à l'aéroport) où tout s'est mal passé. Avec un(e) camarade de classe, inventez une histoire au passé en vous servant des questions suivantes.

Quel moyen de transport avez-vous pris? Est-ce que le train (l'avion) est parti à l'heure (en retard)? Avez-vous attendu longtemps le départ du train (de l'avion)? Est-ce que vous avez raté le train (l'avion)? Une fois dans le train (l'avion), avez-vous répondu à beaucoup de questions posées par la personne à côté de vous? Est-ce que cette personne a pris votre place réservée à côté de la fenêtre? Est-ce que vous avez entendu beaucoup de conversations (ou de bébés qui ont pleuré)? Vous a-t-on servi un mauvais repas (ou pas de repas du tout!)? Est-ce que le train (l'avion) est arrivé à l'heure? Vos valises sont-elles arrivées avec vous? Dans quelle condition? Est-ce que vous avez perdu patience?

Maintenant, écoutez les histoires de vos camarades de classe. Qui a eu le voyage le plus désagréable?

---

*No article is required before the noun in the expression **perdre patience.**

Structure Referring to someone already mentioned

Les pronoms d'objet indirect

Observez et déduisez

Ernst Wrba/Age Fotostock

Pauvre Maxime…

«Je n'ai pas vu mes parents depuis quelques mois, alors je leur téléphone pour dire que je vais leur rendre visite. À la gare, l'employé au guichet me demande où je vais et quand je voudrais partir. Je lui réponds et l'employé me vend mon billet de train. Après, j'achète un gâteau pour mes parents, mais quand je descends du train je l'oublie sur mon siège *(seat)*.»

- Find the pronoun **l'** in the last sentence of the preceding paragraph. To whom or what does it refer? (What is the antecedent?) Now find the pronouns **leur, lui,** and **me** and determine the antecedent in each instance. What can you infer about the placement of those pronouns based on the paragraph and what you learned about the placement of direct object pronouns in **Chapitre 6** (page 220)?

Confirmez

1. In **Chapitre 6,** you saw that a direct object "receives" the action of the verb and comes immediately after it. The *in*direct object also follows the verb but is preceded by the preposition **à.**

objet direct	**objet indirect**
L'employée a vendu **le billet.**	Elle a vendu le billet **à M. Estragon.**
L'étudiant a posé **sa question.**	Il a posé sa question **au professeur.**

An indirect object *pronoun* refers to a person already mentioned (the antecedent) and is used to avoid repeating the noun.

— Lola a envoyé un message instantané **à Nathan et moi.**
— Ah bon? Elle va **vous** rendre visite?
— Non. Elle **nous** a parlé de ses vacances.

Comparaison: Les pronoms d'objet direct et les pronoms d'objet indirect

pronoms d'objet direct	pronoms d'objet indirect
me	me
te	te
le, la, l'	lui
nous	nous
vous	vous
les	leur

2. The pronouns **lui** and **leur** agree in number with the nouns they replace, and **lui** *(him/her)* and **leur** *(them)* refer to both males and females.

J'ai écrit un mail à ma mère (à mon père). Je ne **lui** ai pas écrit de lettre. Je veux parler à mes copains (à mes copines). Je vais **leur** téléphoner demain.

3. Verbs that reflect an exchange of objects or information with another person often require an indirect object:
   Les voyageurs téléphonent **à** l'agent de voyage.
   Les touristes posent des questions **au** guide.

demander quelque chose **à** quelqu'un
parler de quelque chose **à** quelqu'un
emprunter *(borrow)* quelque chose **à** quelqu'un
lire quelque chose **à** quelqu'un
donner quelque chose **à** quelqu'un
servir quelque chose **à** quelqu'un
dire quelque chose **à** quelqu'un
écrire quelque chose **à** quelqu'un
prêter *(lend)* quelque chose **à** quelqu'un
montrer quelque chose **à** quelqu'un
envoyer quelque chose **à** quelqu'un
vendre quelque chose **à** quelqu'un

4. The placement of indirect object pronouns is like that of direct object pronouns in the **présent, passé composé,** and **futur proche,** but there is no agreement of the past participle with *indirect* object pronouns.

Le placement des pronoms d'objet direct et indirect

	objet direct	objet indirect
présent	Paul? Je **le** vois rarement.	Je **lui** téléphone ce soir.
passé composé	Mes cousins? Je **les** ai vu<u>s</u> hier.	Je ne **leur** ai pas téléphoné.
futur proche	Mes amies? Je vais **les** voir mardi.	Je ne vais pas **leur** téléphoner ce matin.

Vocabulaire actif

demander des conseils
emprunter
montrer
prêter
les pronoms d'objet indirect
me, te...
raconter

Activités

CD 3-9

P **Avec plaisir.** Écoutez les questions et complétez les réponses avec le pronom d'objet indirect qui convient: **me te, nous, vous, lui, leur.**

➡ (Tu me racontes des histoires? / Tu racontes des histoires au professeur?)
Oui, je <u>te</u> raconte des histoires. / Oui, je <u>lui</u> raconte des histoires.

1. Oui, je _______ parle souvent.
2. Oui, je vais _______ envoyer un texto.
3. Oui, je _______ rends souvent visite.
4. Oui, je _______ emprunte de l'argent.
5. Oui, je _______ écris un mail.
6. Oui, je _______ pose des questions.
7. Oui, je _______ prête mon CD.
8. Oui, vous pouvez _______ demander conseil.
9. Oui, tu peux _______ téléphoner plus tard.
10. Oui, tu peux _______ montrer tes photos.

Q **À qui?** Quand vous lisez ces phrases, à qui pensez-vous?

➡ Je ne lui prête jamais d'argent.
Je ne prête jamais d'argent à mon camarade de chambre!

1. Je lui écris souvent des mails.
2. Il me rend rarement visite.
3. Elle ne me parle jamais de ses cours.
4. Je ne lui téléphone pas pour discuter de mes problèmes.
5. Je leur emprunte de l'argent.
6. Elles me posent beaucoup de questions.
7. Je leur dis toujours la vérité.
8. Ils m'achètent toujours des cadeaux d'anniversaire.

R **Est-ce logique?** Votre coloc, Noah, et vous voyagez en France pour rendre visite à ses cousins. Qu'est-ce que vous faites dans les circonstances suivantes? Répondez logiquement en employant **lui, leur, me** ou **nous.**

➡ Tu empruntes de l'argent *à ton prof? / Mais non, je ne lui emprunte pas d'argent!*

1. Tous les deux, vous avez beaucoup à faire avant de partir.

   Votre coloc et vous téléphonez *à l'agent de voyage*? Vous envoyez des mails *à ses cousins*? Toi, tu prêtes ta voiture *à ta sœur*? Ta copine *t'*emprunte une valise? Vos parents *vous* disent «au revoir»?
2. Vous voyagez en avion.

   Vous donnez vos billets *au pilote*? Vous répondez poliment *aux employés de la ligne aérienne*? Vous servez un repas *aux autres voyageurs*?
3. Vous arrivez à l'aéroport en France.

   Le douanier *(customs agent) vous* montre son passeport? Noah téléphone *à ses cousins*? Ses cousins viennent *vous* chercher en voiture?

S **Interview.** Interviewez un(e) partenaire et répondez à ses questions en employant un pronom d'objet indirect **(lui, leur, me, te).**

➡ Tu parles de tes vacances à tes copains?
Mais oui, je leur parle de mes vacances.

Qui te parle de politique?
Mon père me parle de politique.

1. Tu dis toujours la vérité à tes amis? (à tes parents, au professeur, ?)
2. Tu envoies des mails ou des textos à ta cousine? (à tes profs, au Président des États-Unis, ?)
3. Tu me prêtes tes CD (ton iPod, ta voiture)? (à tes copains, à ta sœur ou à ton frère? à ton/ta coloc, ?)
4. Qui te demande des conseils quelquefois?
5. Qui te raconte beaucoup d'histoires amusantes?
6. Qui ne t'écrit pas de messages sur Facebook?

Maintenant, analysez les réponses de votre partenaire. Avez-vous des points communs?

T **Partons enfin!** C'est la première fois que Claudine part toute seule en vacances. Papa n'a pas cessé de lui poser des questions au sujet de ses préparatifs. Jouez le rôle de Claudine et répondez à Papa en ajoutant une explication. Employez un pronom d'objet direct **(le, la, les, l')** *ou* indirect **(lui, leur)** selon le cas pour remplacer les termes en italiques.

➡ — Tu as téléphoné *à l'agent de voyage?*
— *Mais oui, je lui ai téléphoné hier. Je lui ai parlé pendant une heure.*

1. Tu vas chercher *ton billet d'avion* aujourd'hui?
2. Tu as donné *ton itinéraire* à maman?
3. Tu rends visite *à tante Carole*, n'est-ce pas?
4. Tu vas faire un petit cadeau *à tes cousins*?
5. Tu vas inviter *tes cousins* à manger au restaurant n'est-ce pas?
6. Tu vas voir le Louvre et l'Opéra?
7. Tu écris une carte postale de Paris *à tes grands-parents*?

Jeu de rôle

In groups of four or five, play the role of a family planning their first vacation by train. The children are full of questions about what to expect, and the parents explain what everyone needs to do to get ready and what is going to happen on the way.

Quatrième étape: Intégration

Littérature Le voyage du petit prince

Antoine de Saint-Exupéry, born in 1900, was a pilot by profession. He flew mail planes from France to Senegal and then pioneered air routes to Brazil and Chile. The trips he made in the early days of aviation inspired *Courrier sud* (1928), *Vol de nuit* (1931), and *Terre des hommes* (1939), three novels that tell of dangerous encounters with the elements, action and responsibility, solitary struggles and human bonds. During World War II, Saint-Exupéry was sent to New York to appeal for aid for the Free French. While in New York, he published *Pilote de guerre* (1942) and *Le Petit Prince* (1943). In 1943, he returned to combat and volunteered for a number of dangerous missions. In July 1944, his plane crashed off the coast of Marseilles, and he was presumed dead.

Le Petit Prince is a classic for both children and adults. The setting for most of the book is the Sahara Desert, where Saint-Exupéry himself almost died after a forced landing in 1935. In real life, Saint-Exupéry was rescued by some Bedouins. In *Le Petit Prince,* the pilot is rescued by an extraordinary little guy **(«un petit bonhomme tout à fait extraordinaire»)** who comes from another planet **(l'astéroïde B-612).** He lives alone on that planet until a beautiful rose appears, a rose who is really quite insecure and seeks attention in all the wrong ways. After a few misunderstandings with his rose, **le petit prince** decides to look for friends elsewhere. In the following excerpts, he travels to a number of small planets, each inhabited by a single person, and finally arrives on Earth.

Pensez

1 Le petit prince va visiter plusieurs petites planètes, chacune habitée par une seule personne. Il va ainsi rencontrer un buveur (une personne qui boit trop) et un businessman. Quelle personne pensez-vous que les expressions suivantes décrivent—le buveur ou le businessman?

1. un homme très occupé
2. un homme qui a honte *(is ashamed)*
3. un homme qui veut oublier quelque chose
4. un homme très sérieux

Enfin, le petit prince va arriver sur la Terre—dans le désert du Sahara, où il va parler avec un serpent. Puis il va traverser le désert et arriver dans une gare, où il va parler avec un aiguilleur, c'est-à-dire un homme qui contrôle la direction des trains. À votre avis, dans quel contexte—le désert ou la gare—le petit prince va-t-il dire les choses suivantes?

5. «Il n'y a donc personne *(no one)* sur la Terre?»
6. «On est un peu seul *(alone, lonely)* ici... »
7. «Ils sont bien pressés. Que cherchent-ils?»

2 Dans ce texte, vous allez voir des verbes comme **il fit** ou **il pensa.** Ces verbes sont au passé simple, qui est l'équivalent littéraire du passé composé.

il fit = il a fait   il pensa = il a pensé

Pouvez-vous donner le passé composé des verbes suivants?

il demanda   il répondit   il partit

Observez et déduisez: en général

3 Parcourez le texte une première fois pour trouver les phrases données dans **Pensez.** Est-ce que vos prédictions étaient correctes?

1. Qui est très occupé?
2. Qui a honte de ce qu'il fait?
3. Qui veut oublier quelque chose?
4. Qui pense qu'il est sérieux?
5. Où est-ce que le petit prince demande: «Il n'y a donc personne sur la Terre?»
6. Où est-on «un peu seul»?
7. De qui parle le petit prince quand il dit: «Ils sont bien pressés»?

Le voyage du petit prince

La planète suivante était habitée par un buveur, installé en silence devant une collection de bouteilles.

— Que fais-tu là? dit le petit prince au buveur.

— Je bois, répondit le buveur.

— Pourquoi bois-tu? lui demanda le petit prince.

— Pour oublier, répondit le buveur.

— Pour oublier quoi?

— Pour oublier que j'ai honte, avoua le buveur.

— Honte de quoi? demanda le petit prince.

— Honte de boire!

Et le petit prince partit, perplexe.

Les grandes personnes sont décidément très très bizarres, se disait-il en lui-même durant le voyage.

La quatrième planète était celle du businessman. Cet homme était si occupé qu'il ne leva même pas la tête° à l'arrivée du petit prince.

ne... *didn't even look up*

— Bonjour, dit le petit prince.

— Trois et deux font cinq. Cinq et sept douze. Douze et trois quinze. Bonjour. Quinze et sept vingt-deux. Vingt-deux et six vingt-huit. Vingt-six et cinq trente et un. Ouf! Ça fait donc cinq cent un millions six cent vingt-deux mille sept cent trente et un.

— Cinq cent un millions de quoi?

— Hein? Tu es toujours là? Cinq cent un millions de... je ne sais plus... j'ai tellement de travail! Je suis sérieux, moi! Je disais donc cinq cent un millions...

— Millions de quoi?

— Millions de ces petites choses que l'on voit quelquefois dans le ciel.
— Des mouches°? *flies*
— Mais non, des petites choses qui brillent°. *shine*
— Ah! des étoiles?
— C'est bien ça. Des étoiles.
— Et que fais-tu de ces étoiles?
— Rien. Je les possède.
— Et à quoi cela te sert-il° de posséder les étoiles? à quoi... *what's the use*
— Ça me sert à être riche.
— Et à quoi cela te sert-il d'être riche?
— À acheter d'autres étoiles.

Celui-là°, pensa le petit prince, il raisonne un peu comme le buveur. Les grandes personnes sont vraiment extraordinaires... cet homme-là

[En continuant son voyage, le petit prince arrive enfin sur la Terre, et voit un serpent.]

— Sur quelle planète suis-je tombé°? demanda le petit prince. suis... *did I fall*
— Sur la Terre, en Afrique, répondit le serpent.
— Ah!... Il n'y a donc personne sur la Terre?
— Ici c'est le désert. Il n'y a personne dans les déserts. La Terre est grande, dit le serpent.
— Où sont les hommes? demanda le petit prince. On est un peu seul dans le désert...
— On est seul aussi chez les hommes, dit le serpent.

[Le petit prince traverse le désert et arrive finalement dans une gare.]

— Bonjour, dit le petit prince.
— Bonjour, dit l'aiguilleur.
— Que fais-tu ici? dit le petit prince.
— J'expédie° les trains qui emportent° les voyageurs, tantôt vers la droite, tantôt vers la gauche, dit l'aiguilleur. *send / take away*

Et un rapide° illuminé, grondant comme le tonnerre°, fit trembler la cabine d'aiguillage°. train / grondant... *rumbling like thunder* / de contrôle

— Ils sont bien pressés, dit le petit prince. Que cherchent-ils?
— L'homme de la locomotive l'ignore lui-même, dit l'aiguilleur.

Et un second rapide illuminé gronda en sens inverse°. en... dans la direction opposée

— Ils reviennent déjà? demanda le petit prince.
— Ce ne sont pas les mêmes, dit l'aiguilleur.
— Ils n'étaient° pas contents, là où ils étaient? *were*
— On n'est jamais content là où l'on est, dit l'aiguilleur.

Et gronda le tonnerre d'un troisième rapide.

— Ils poursuivent° les premiers voyageurs? demanda le petit prince. *pursue*
— Ils ne poursuivent rien du tout, dit l'aiguilleur. Ils dorment là-dedans, ou bien ils bâillent°. Les enfants seuls écrasent leur nez contre les vitres°. *yawn* / écrasent... *press their noses to the windows*
— Les enfants seuls savent ce qu'ils cherchent, dit le petit prince. Ils perdent du temps pour une poupée de chiffons°, et elle devient très importante, et si on la leur enlève°, ils pleurent... poupée... *rag doll* / *take it away*
— Ils ont de la chance°, dit l'aiguilleur. ont... *are lucky*

Observez et confirmez: en détail

4 **Les mots.** En utilisant les mots apparentés, le contexte et la logique, pouvez-vous déduire le sens des mots en caractères gras?

1. Sur la planète du businessman:

   — Et que fais-tu de ces étoiles?

   — **Rien**, je les **possède**.

   ... il **raisonne** un peu comme le buveur.

2. Sur la Terre, à la gare:

   J'expédie les trains... **tantôt vers** la droite, **tantôt vers** la gauche... Ils perdent du temps pour une poupée de chiffons, et elle **devient** très importante...

5 **Le texte**

1. **Vrai ou faux?** Si les phrases suivantes sont vraies, expliquez-les. Si elles sont fausses, corrigez-les.
   a. Le buveur veut sortir de sa situation.
   b. Le businessman ne sait pas comment s'appellent les choses qu'il compte.
   c. Le businessman est très matérialiste.
   d. Selon le serpent, il y a des problèmes de communication et de solitude chez les hommes.
   e. L'aiguilleur pense que les voyageurs savent ce qu'ils cherchent.
   f. Les voyageurs du premier train reviennent déjà dans le second train.
   g. Les voyageurs lisent et parlent dans les trains.
   h. Les enfants savent regarder avec le cœur.

2. **Répondez.**
   a. Pourquoi le petit prince pense-t-il que le businessman raisonne un peu comme le buveur?
   b. Le buveur et le businessman sont seuls dans leur petit monde avec leurs problèmes ou leurs illusions. Est-ce que la situation des voyageurs dans les trains est différente? Expliquez.
   c. Qu'est-ce que les enfants savent faire pour une poupée de chiffons?

Explorez

Discutez avec un(e) partenaire.

1. Les petites planètes que le petit prince visite sont habitées par une seule personne. Puis quand il arrive sur la Terre, c'est dans un désert. Quel est le symbolisme commun?
2. «On n'est jamais content là où l'on est.» Une autre expression dit que «l'herbe *(grass)* est toujours plus verte de l'autre côté». Est-ce vrai? Pourquoi? Donnez des exemples.
3. Imaginez que vous aussi, vous avez voyagé sur deux petites planètes, chacune habitée par une seule personne. Qui avez-vous vu sur chaque planète? Créez, pour chaque personne, une identité qui illustre un trait typiquement humain et inventez un petit dialogue avec cette personne.

Par écrit Wish you were here!

Avant d'écrire

A Strategy: Taking audience into account. What you write depends largely on your intended audience. A tourist brochure for your state appealing to a twenty-something crowd would differ considerably from one designed to entice young families with children.

Application. Jot down two lists: (1) leisure activities and amenities in your state likely to interest college students, and (2) those that would appeal to families with children. Remember, your lists need not be mutually exclusive!

B Strategy: Using the Internet. French websites such as www.google.fr, fr.yahoo.com, and fr.wikipedia.org provide information about Francophone countries *and* the vocabulary you need to write about a topic in French.

Application. Using strategies you have learned for understanding texts in French, examine the brochures to determine the topic and intended audience. Use a French search engine to research further.

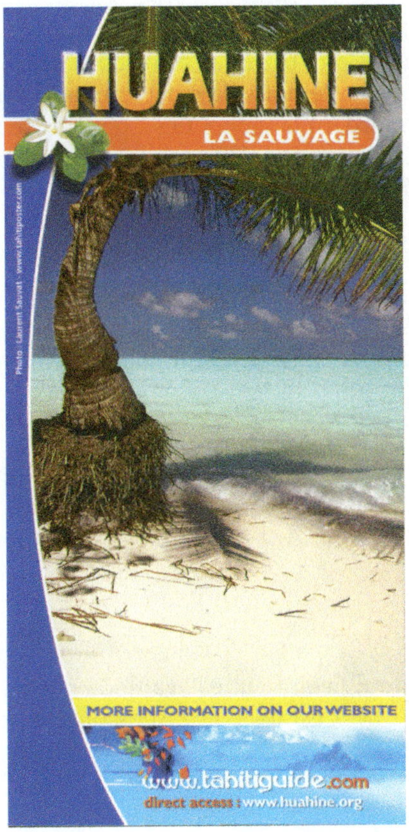

Huahine La Sauvage, textes de www.tahitiguide.com

Écrivez

1. Vous allez écrire une publicité touristique! D'abord, choisissez une région, par exemple votre état, ou une région francophone que vous avez visitée ou voudriez visiter. Décidez quel groupe de touristes vous allez viser *(target)*, puis recherchez les sites touristiques et les agréments *(amenities)* en ligne qui vont intéresser ce groupe.
2. Imaginez que vous êtes en vacances dans la région pour laquelle vous avez écrit une publicité. Écrivez un message à vos amis de Facebook et aux membres de votre famille. Qu'est-ce que vous avez vu? Qu'est-ce que vous avez fait? Comment allez-vous décrire la région?
3. Le petit prince, lui, a fait un voyage dans la solitude. Imaginez qu'après son voyage sur la planète Terre, il écrit une carte à son amie, la rose. Qu'est-ce qu'il va lui dire?

➡ *Ma chère rose...*

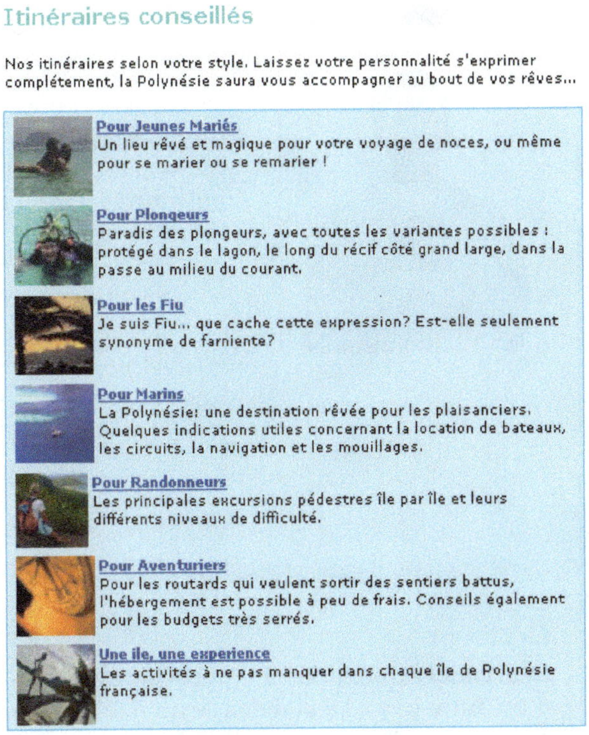
Itinéraires conseillés
Nos itinéraires selon votre style. Laissez votre personnalité s'exprimer complétement, la Polynésie saura vous accompagner au bout de vos rêves...
Pour Jeunes Mariés
Un lieu rêvé et magique pour votre voyage de noces, ou même pour se marier ou se remarier !
Pour Plongeurs
Paradis des plongeurs, avec toutes les variantes possibles : protégé dans le lagon, le long du récif côté grand large, dans la passe au milieu du courant.
Pour les Fiu
Je suis Fiu... que cache cette expression? Est-elle seulement synonyme de farniente?
Pour Marins
La Polynésie: une destination rêvée pour les plaisanciers. Quelques indications utiles concernant la location de bateaux, les circuits, la navigation et les mouillages.
Pour Randonneurs
Les principales excursions pédestres île par île et leurs différents niveaux de difficulté.
Pour Aventuriers
Pour les routards qui veulent sortir des sentiers battus, l'hébergement est possible à peu de frais. Conseils également pour les budgets très serrés.
Une ile, une experience
Les activités à ne pas manquer dans chaque île de Polynésie française.

Huahine La Sauvage, textes de www.tahitiguide.com

Synthèse culturelle

Voyages et découvertes

Pensez

Pourquoi voyager à l'étranger, selon vous? Par pur plaisir? Pour mieux connaître d'autres cultures? Pour rencontrer de nouvelles personnes? Pour s'exposer à d'autres points de vue? Pensez-y en regardant la vidéo. Les exercices se rapportant à la synthèse culturelle du Chapitre 7 dans votre manuel vont vous aider à comprendre ce que vous entendez. Ensuite, faites **Explorez** et **Bloguez!** ci-dessous.

Quels sont les avantages principaux de voyager à l'étranger, à votre avis?

Fatim: J'pense qu'(il) y a d'autres moyens de s'ouvrir à d'autres cultures

Fatou: Je dirais que l'avantage que les voyages ont eu sur ma vie, c'est de m'exposer à plus de tolérance.

Greg: En français, il y a une expression qui dit «Les voyages forment la jeunesse», et j'pense que c'est une expression qui est très vraie.

© Heinle, Cengage Learning

Explorez

Interviewez quelqu'un à votre école qui vient d'un autre pays. Demandez ce qu'il (elle) a appris sur son propre pays (sa culture) en voyageant aux États-Unis, au Canada ou ailleurs.

Bloguez!

Si on ne peut pas voyager, Fatim dit qu'on peut apprendre des gens qui ont voyagé et des étrangers ou des immigrés dans son propre pays. Êtes-vous d'accord? Est-ce que le voyage virtuel (Internet, documentaires, livres, etc.) peut aussi remplacer le voyage littéral? Expliquez votre point de vue, puis ajoutez un lien vers un site Web qui offre beaucoup de renseignements sur d'autres pays (comme National Geographic, par exemple).

Vocabulaire actif

À l'hôtel

l'accès wifi *wireless access*
un animal (des animaux)
les bagages (m.) *luggage*
une baignoire *a bathtub*
une carte de crédit *a credit card*
(une chambre) libre *(a room) available*
un chat *a cat*
un chien *a dog*
la clé *the key*
une étoile *a star*
un garage *a garage, covered parking*
gratuit / payant *free / fee-based*
un jardin *a garden*
la nuit *the night / per night*
(petit déjeuner) compris ou inclus *(breakfast) included*
une piscine *a swimming pool*
un(e) réceptionniste *a desk clerk*

Les étages *(floors)*

un ascenseur *an elevator*
le couloir *the hallway*
  au bout du couloir *down the hall*
un escalier *the stairs*
le premier étage *the second floor*
le rez-de-chaussée *the ground (first) floor*

Les vacances

acheter des souvenirs *to buy souvenirs*
une agence de voyages *a travel agency*
aller à la chasse *to go hunting*
aller à la pêche *to go fishing*
une cathédrale
un château *a castle*
faire du bateau *to go boating*
faire du camping *to go camping*
faire du ski nautique *to water-ski*
un monument
une mosquée *a mosque*
nager *to swim*
un séjour *a stay*
un vieux quartier *an old quarter / part of town*
un voyage organisé *a tour*

La nature

le désert *the desert*
la forêt *the forest*
une île *an island*
un lac *a lake*
la mer *the sea*
la plage *the beach*

Les moyens de transport *(means of transportation)*

à pied *on foot*
en avion *by plane*
en bateau *by boat*
en bus *by bus*
en train *by train*
en vélo *on bicycle*
en voiture *by car*

À la gare

un aller-retour *a round-trip ticket*
un aller simple *a one-way ticket*
l'arrivée (f.) *the arrival*
un billet *a ticket*
une couchette *a couchette / berth*
le départ *the departure*
en première ou deuxième classe *first or second class*
fumeurs / non-fumeurs *smoking / nonsmoking*
le guichet *the ticket window*
un horaire *a schedule*
une place *a seat*
le prochain train *the next train*
le quai *the platform*
une réduction *a discount*
la sortie *the exit*
le TGV (train à grande vitesse) *high-speed train*
une valise *a suitcase*
un voyage d'affaires *a business trip*

À l'aéroport

un avion *an airplane*
un vol *a flight*

Les pays (Voir le tableau p. 255)

le monde *the world*

Verbes

attendre *to wait (for)*
demander (des conseils) *to ask (for advice)*
descendre *to go down, to get off, to stay in a hotel*
dormir *to sleep*
emprunter *to borrow*
entendre *to hear*
montrer *to show*
partir *to leave*
perdre *to lose*
prêter *to lend*
pu (j'ai pu) *I've been able to*
raconter *to tell (a story)*
rater (le train) *to miss (the train)*
rendre visite (à) *to visit (someone)*
répondre *to answer*
revenir *to come back*
servir *to serve*
sortir *to go out*
vendre *to sell*
venir *to come*
visiter *to visit (a place)*

Expressions de temps

depuis *since*
depuis combien de temps? / depuis quand?
how long? / since when?
pendant *for / during*
pendant combien de temps? *for how long?*
tout de suite *right away*

Pour demander et donner des renseignements / de l'aide

Avec plaisir. *With pleasure. (My pleasure.)*
un bureau de renseignements *an information bureau / desk*
Est-ce que vous pourriez... *Could you please . . .*
m'aider à... *help me . . .*
Excusez-moi de vous déranger. *I'm sorry to bother you.*
Je regrette... *I'm sorry . . .*
Pourriez-vous m'indiquer... *Could you tell me . . .*

Divers

le (la) même *the same*

Pronoms d'objet indirect

me
te
nous
vous
leur
lui

chapitre 8

Les relations humaines

Lee Snider/The Image Works

This chapter will enable you to

- talk about your relationships with others and discuss how things used to be
- make suggestions or give advice
- link ideas when describing people and things
- understand the gist of discussions on abstract topics such as friendship and happiness
- read an article on romantic relationships and a literary classic about friendship

Ces amis se sont connus au lycée. Qu'est-ce qu'ils faisaient ensemble à cette époque-là? Quel était leur concept du bonheur? Et vous? Qu'est-ce que vous aimiez faire quand vous étiez plus jeune?

Chapter resources

- iLrn Heinle Learning Center
- Text Audio Program
- Video
- Premium Website

Première étape

À l'écoute L'amitié

L'amitié est une des plus belles formes de relations humaines. Ici, vous allez penser à vos amis d'enfance et entendre un monsieur parler de son meilleur ami.

Pensez

1 Quand vous pensez à l'amitié, quelles sont les images qui vous viennent à l'esprit? Cochez les suggestions appropriées, puis complétez la liste selon votre expérience personnelle.

L'amitié, c'est...

- __✓__ parler de tout
- _____ communiquer sans parler
- _____ savoir écouter
- __✓__ rire* ensemble *(to laugh together)*
- __✓__ s'amuser ensemble
- _____ pleurer ensemble
- _____ passer des heures au téléphone
- _____ s'envoyer des mails ou des textos
- __✓__ raconter des blagues *(jokes)*
- _____ prêter des vêtements, des livres, des CD, etc.
- _____ partager des idées, des secrets, etc.
- _____ demander et donner des conseils
- __✓__ faire des choses ensemble: sortir, aller en boîte *(to nightclubs)*, au ciné (cinéma), à une soirée (fête), etc.
- _____ avoir les mêmes goûts *(same tastes)*
- _____ ?

2 Dans la liste qui précède, quelles sont les choses qu'on fait avec un(e) ami(e) mais pas avec un copain ou une copine? (Voir la note culturelle ci-dessous.)

3 Est-ce que vous voyez encore des ami(e)s d'enfance? Pensez à un(e) ami(e) d'enfance. Où et quand avez-vous fait sa connaissance *(did you meet)*?

Note culturelle

Ami? Copain? Les nuances de l'amitié se traduisent en nuances de vocabulaire. Un(e) ami(e) est quelqu'un avec qui on partage une amitié profonde; un copain (une copine) est plutôt un(e) camarade, un(e) ami(e) plus superficiel(le). Parfois on utilise le mot copain (copine) dans le sens de petit(e) ami(e), c'est-à-dire quelqu'un avec qui on partage une relation romantique. Au Québec, un(e) chum est l'équivalent d'un copain ou d'une copine; «*mon* chum» (avec l'adjectif possessif) est l'équivalent de «mon petit ami» et «ma blonde» ou «ma chum» veut dire «ma petite amie». Est-ce que vous faites la distinction entre *close friends* (des amis) et *casual friends* (des copains) quand vous parlez de vos «amis»?

Bloguez!

Regardez la vidéo pour savoir ce que Camille dit de son amie Laura. À votre avis, quelle est la différence entre un ami et un copain? Définissez cette différence à votre façon: Un ami, c'est quelqu'un avec qui je... / Un copain, c'est quelqu'un avec qui je... Téléchargez des images de quelques ami(e)s ou copains (copines).

*__Rire__ se conjugue comme **dire** aux trois personnes du singulier **(je ris, tu ris, il/elle/on rit)** et comme **étudier** aux trois personnes du pluriel **(nous rions, vous riez, ils/elles rient).** Passé composé: **j'ai ri.**

Observez et déduisez

CD 3-10

4 Écoutez une première fois les réflexions du monsieur en regardant la liste dans **Pensez.** Quelles activités de cette liste mentionne-t-il? Écoutez une deuxième fois et cochez-les.

5 Écoutez encore pour trouver la bonne réponse à chacune des questions suivantes.

1. Quand le monsieur a-t-il fait la connaissance de son meilleur ami?
   a. au lycée
   b. dans son enfance
2. Où est-ce que son ami habitait?
   a. à côté de chez lui
   b. en face de l'école
3. Qu'est-ce qu'ils ne faisaient *pas* ensemble?
   a. jouer au basket
   b. jouer aux cow-boys et aux Indiens
4. Qu'est-ce qu'ils faisaient «quelquefois»?
   a. ils achetaient des glaces à la vanille
   b. ils avaient des petites disputes
5. Quand ils étaient étudiants, où allaient-ils le samedi soir?
   a. au café et au ciné
   b. en boîte
6. Comment leurs activités se résumaient-elles?
   a. «On s'amusait, quoi.»
   b. «On se voyait souvent, quoi.»
7. Qu'est-ce qui est différent maintenant?
   a. la vie les a séparés
   b. ils ne racontent plus de blagues

Vocabulaire actif

l'amitié (f.)
s'amuser
une blague
une boîte (de nuit)
communiquer
les goûts (m.)
pareil(le)
partager
un(e) petit(e) ami(e)
pleurer
une relation
rire
un secret
un tas de
de temps en temps

6 Écoutez encore la dernière partie du segment sonore, à partir de «Plus tard...». En utilisant le contexte et la logique, pouvez-vous déduire le sens des mots suivants? Reliez les mots en caractères gras à leurs synonymes.

1. on faisait **un tas** de choses...	a. quelquefois
2. ce n'est plus **pareil**	b. l'un l'autre
3. on continue à se voir **de temps en temps**	c. beaucoup
	d. la même chose

Prononciation La lettre *g*

You have seen that sometimes the letter **g** is pronounced [ʒ] as in **partager;** sometimes it is pronounced [g] as in **regarder;** sometimes it is pronounced [ɲ] as in **baignoire.**

Observez et déduisez

CD 3-11

Look at the words below, which are all familiar to you, and listen to their pronunciation on the Text Audio Track. As you listen, try to infer when the letter **g** is pronounced [ʒ], [g], or [ɲ], checking the appropriate boxes in the chart on page 280.

1. gentil, énergique, gymnastique
2. garçon, golf, légume
3. renseignement, Allemagne
4. église, grand

	[ʒ]	[g]	[ɲ]
g + e, i, y	✓		
g + a, o, u		✓	
g + n			✓
g + other consonant	✓		

To retain the [ʒ] sound in some forms of verbs like **manger** or **partager,** a silent **e** is added after the **g** before an **o** or an **a.**

nous parta**geo**ns　　　je parta**gea**is

To retain the [g] sound, a silent **u** is added after the **g** before an **e** or an **i.**

une bla**gue**　　　le **gui**chet

Confirmez

CD 3-12

Practice saying the following sentences aloud, then listen to them on the Text Audio Track to verify your pronunciation.

1. Mes amis aiment les voyages; après un séjour à la plage en Bretagne, ils veulent passer par la Bourgogne puis aller en montagne.
2. J'ai mis mes bagages à la consigne avant d'aller voir un copain dans sa maison de campagne.
3. Georges et moi, nous avons les mêmes goûts—nous ne mangeons jamais d'oignons!

Structure Describing how things used to be

L'imparfait

Observez et déduisez

Patrick est mon meilleur ami d'enfance. Il habitait à côté de chez moi et nous faisions tout ensemble. On allait à l'école ensemble; on racontait des blagues; on riait beaucoup. Quelquefois nous avions des disputes—quand il voulait faire du vélo alors que moi, je voulais jouer au foot, par exemple—mais pas souvent.

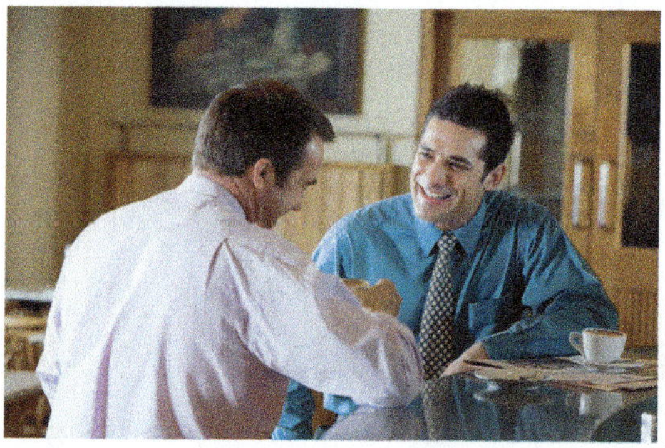

Image Source/Alamy

Des amis d'enfance se retrouvent.

Vocabulaire actif

autrefois

- In the preceding paragraph, Alexandre uses verbs in the imperfect tense to talk about his best friend, Patrick, and the things they used to do together. What forms of the imperfect can you identify? Jot down the endings for the following forms: **il, nous, on,** and **je.** Can you predict the endings for the **tu** and **vous** forms of the verb?

Confirmez

1. The formation of the imperfect is regular for all verbs except **être***. To form the imperfect, take the **nous** form of the present tense, drop the **-ons,** and add the endings **-ais, -ais, -ait, -ions, -iez, -aient.**

   nous **parl~~ons~~**   nous **sort~~ons~~**   nous **ri~~ons~~**

L'imparfait

je parlais	je sortais	je riais	je faisais
tu parlais	tu sortais	tu riais	tu faisais
il/elle/on parlait	il/elle/on sortait	il/elle/on riait	il/elle/on faisait
nous parlions	nous sortions	nous r**ii**ons*	nous faisions
vous parliez	vous sortiez	vous r**ii**ez*	vous faisiez
ils/elles parlaient	ils/elles sortaient	ils/elles riaient	ils/elles faisaient

*Note that verbs like **rire** have an uncommon **ii** in the **nous** and **vous** forms.

2. The stem for **être** is **ét-.** The endings are regular.

   j'étais   nous étions

3. The imperfect is used to describe what things were like in the past, the way things used to be.

   Autrefois, quand nous **étions** petits, nous **faisions** un tas de choses ensemble.

   Nous **regardions** la télé; nous **jouions** avec notre chien et notre chat; nous **riions** beaucoup.

*As you learned in **Chapitre 2,** verbs ending in **-ger** add an **e** to the stem before endings beginning with **a.** Likewise, verbs ending in **-cer** add a cedilla to the **c** in the same cases: je mang**e**ais BUT nous mangions; je commen**ç**ais BUT nous commencions.

Activités

A **Une enfance française: Patrick.** Comparez votre enfance avec l'enfance de Patrick pendant les années 90. Quelles phrases sont vraies pour vous aussi?

1. J'avais un ami qui m'invitait souvent à manger un petit goûter *(afternoon snack)* chez lui, en revenant de l'école.
2. Quelquefois, on jouait au foot ou on faisait du vélo dans le parc.
3. Nous riions toujours ensemble et nous avions rarement des disputes.
4. Moi, j'étais un bon élève et je passais beaucoup de temps à faire mes devoirs.
5. Je lisais beaucoup aussi, surtout les aventures d'Astérix dans les bandes dessinées.
6. Pendant l'été, ma famille fermait la maison pendant trois semaines et on partait en vacances.
7. Quelquefois on louait une cabane à la montagne ou au bord de la mer ou on faisait du camping.
8. Chaque été, nous passions aussi quelques jours chez ma grand-mère.

B **Quand j'étais petit: Alexandre.** Cette fois-ci, aidez Alexandre à décrire sa vie d'autrefois. Choisissez un verbe qui convient pour compléter les phrases suivantes à l'imparfait.

partager, servir, habiter, aller, faire, passer, jouer, avoir, aimer, dormir, finir, retrouver, lire, raconter

Je / J' __________ loin de mes grands-parents, mais en été, ma famille __________ en Alsace pour leur rendre visite. Le samedi matin, Patrick et moi, nous __________ des heures à regarder des dessins animés à la télé et Patrick __________ ses bandes dessinées avec moi. Il __________ beaucoup me raconter des blagues! Autrement, nos copains nous __________ au parc où nous __________ tous au basket.

À la maison, je __________ mon lit le matin avant l'école. L'après-midi, mes sœurs et moi, nous __________ nos devoirs avant de sortir. Bien sûr, ma famille (ne pas) __________ d'ordinateur à cette époque et les enfants __________ beaucoup au lieu de *(instead of)* jouer à des jeux vidéo. Le soir avant de dormir, maman me __________ un chocolat chaud et me __________ une histoire. Après ça, je __________ comme un ange *(angel)*!

C **Autrefois et aujourd'hui: vous.** Est-ce que votre vie aujourd'hui ressemble à votre vie d'autrefois? Comparez les deux en employant les expressions suivantes.

➡ *Autrefois je faisais beaucoup de sport, mais je ne jouais pas au Nintendo. Aujourd'hui j'étudie beaucoup; je ne fais jamais la grasse matinée.*

Autrefois je... ma famille... mes parents... mon copain / ma copine...

regarder souvent la télévision	jouer au Monopoly / à la Wii
aller au cinéma le samedi après-midi	vouloir être pompier *(firefighter)*
habiter avec mes (ses / leurs) parents	prêter des vêtements (des livres, des DVD)
aimer faire la sieste	aimer mes (ses / leurs) professeurs
voyager en été	raconter des blagues
surfer sur Internet	lire (des bandes dessinées, un blog)
rire beaucoup	faire (la grasse matinée, la cuisine)
manger	boire
?	?

Maintenant, interviewez un(e) partenaire et comparez vos souvenirs.

➡ *Est-ce que ta famille regardait souvent la télé autrefois? Et aujourd'hui?*

D **De mon temps.** En groupes, préparez des questions à poser au professeur pour savoir comment était sa vie quand il/elle avait dix ans—mais ne soyez pas trop indiscrets! Écoutez ses réponses et devinez quelles réponses sont vraies et lesquelles sont fausses.

➡ *Est-ce que vous aviez un chat? Où est-ce que vous habitiez?*

E **Le portrait d'un(e) ami(e).** Imaginez que vous êtes psychologue et que vous interrogez un client au sujet de son (sa) meilleur(e) ami(e) d'enfance. Avec un(e) partenaire, écrivez six questions que vous allez lui poser.

➡ *Comment était votre meilleur(e) ami(e)? Qu'est-ce que vous faisiez ensemble?*

Ensuite, à tour de rôle, assumez l'identité du client et décrivez votre meilleur(e) ami(e) d'enfance à votre partenaire, le (la) psychologue, en répondant aux questions que vous avez préparées.

Structure Talking about friendships

Les verbes pronominaux

Observez et déduisez

Mes meilleurs amis n'habitent plus à côté de chez moi, mais on continue à se voir de temps en temps et chaque fois qu'on se retrouve, on s'amuse! Nous nous comprenons aussi bien aujourd'hui qu'auparavant—même si nous nous voyons rarement!

- If the verb **se voir** in the preceding paragraph means *to see each other,* what would the following verbs mean?

  se parler — se comprendre
  se téléphoner — se disputer

- Study the forms of the pronominal verbs in the paragraph, and fill in the following chart with the appropriate pronouns: **me (m'), te (t'), se (s'), vous.**

s'amuser	
je ________ amuse	nous nous amusons
tu ________ amuses	vous ________ amusez
il/elle/on s'amuse	ils/elles ________ amusent

Vocabulaire actif

les verbes pronominaux
se comprendre, se retrouver, etc.

Confirmez

1. You are already familiar with the verb **s'appeler** which is a pronominal verb, and you saw the verb **s'amuser** in **À l'écoute** (p. 278). Pronominal verbs are conjugated in the same way as other verbs except that a pronoun is also required.

Le verbe *se souvenir*

je **me** souviens	nous **nous** souvenons
tu **te** souviens	vous **vous** souvenez
il/elle/on **se** souvient	ils/elles **se** souviennent

2. The pronouns maintain the same placement in the sentence as do direct and indirect object pronouns, that is, directly before the verb.

   Je **m'**appelle Hélène et ma sœur **s'**appelle Claudine.

   Nous ne **nous** disputons jamais.

   Nous is often replaced by **on,** especially with pronominal verbs.

   On se téléphone souvent, mes copains et moi.

3. Some pronominal verbs are used to indicate a *reciprocal* action, an action two or more subjects do *to* or *with* one another.

   Autrefois ma sœur et moi, **nous nous disputions** assez souvent.
   Maintenant **nous nous comprenons** bien et **nous nous téléphonons** tous les jours.

s'aimer (bien)	*to love (like) each other*
se comprendre	*to understand each other*
se disputer	*to argue (with each other)*
s'écrire	*to write (each other)*
se parler	*to talk (to each other)*
se retrouver	*to meet (each other), to get together*
se (re)voir	*to see each other (again)*
se téléphoner	*to phone (each other)*

   Note that these verbs may have both a pronominal *and* a non-pronominal form with a slight change in meaning:

   Éva et Louis **se retrouvent** au café. *(They are meeting each other.)*
   Éva **retrouve** Louis au café. *(She is meeting him.)*

4. Many pronominal verbs do not express reciprocity but are used idiomatically in their pronominal form.

   Lucas et son meilleur ami du lycée **s'entendaient** bien.
   Ils **s'amusaient** beaucoup tous les week-ends.

s'amuser	*to have fun*
s'ennuyer*	*to be bored*
s'entendre bien/mal	*to get along well / poorly (with each other)*
s'intéresser (à)	*to be interested in (someone or something)*
s'inquiéter (de)	*to worry about (someone or something)*
se souvenir (de)	*to remember (someone or something)*

*__S'ennuyer__ is conjugated like **envoyer: je m'ennuie, tu t'ennuies, nous nous ennuyons,** etc.

Activités

CD 3-13

F **Relations.** Prenez une feuille de papier et numérotez de 1 à 8. Ensuite écoutez et écrivez le nom de la personne à qui vous pensez pour chaque phrase.

➡ On se téléphone tous les jours.
ma sœur

Maintenant, comparez vos réponses à celles de vos camarades de classe.

G **Ce qu'on fait.** Lisez les conditions de la colonne de gauche, puis choisissez un verbe de la colonne de droite pour expliquer la situation selon le modèle.

➡ Maman va chez ma sœur chaque vendredi.
Maman et ma sœur se retrouvent chaque vendredi.

1. Mon frère et moi, nous ne sommes pas d'accord.	s'entendre bien
2. Mon coloc aime beaucoup les langues étrangères.	s'amuser
3. Mes deux sœurs partagent leurs idées et leurs secrets.	se disputer
4. Tu joues au foot et après tu regardes un film d'aventure.	s'ennuyer
5. Le professeur et les étudiants ont rendez-vous à 19h au restaurant français.	se retrouver
6. Votre copine et vous n'avez jamais de problèmes.	s'intéresser à
7. Moi, je ne veux ni lire, ni faire de sport, ni aller au cinéma, ni surfer sur Internet...	se comprendre

H **De bonnes relations?** Hélène parle de ses souvenirs d'enfance en regardant son album de photos ci-dessous. Imaginez ce qu'elle va dire en employant autant de verbes pronominaux que possible.

➡ *Je me souviens que...*

1. Mes amis et moi, on se retrouvait souvent au café et on se parlait pendant des heures.

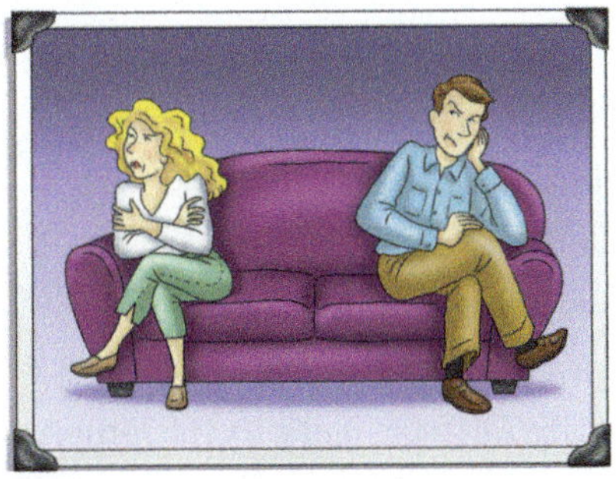
2. Ma tante Carole et son mari Jean…

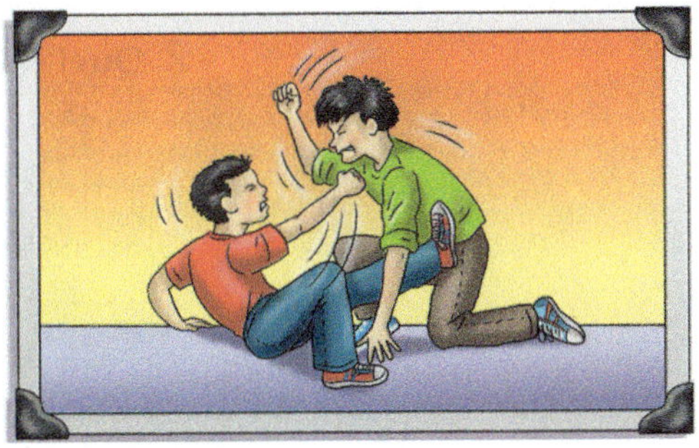
3. Mes cousins…

4. Ma sœur et sa meilleure amie…

5. … et moi, nous…

Jeu de rôle

It's the year 2055. You've aged and the world has changed a lot! With a partner, play the role of a grandparent and grandchild. The grandchild describes what his/her life is like "now"—in 2055—and asks if the grandparent did the same things as a young person. The grandparent talks about life fifty years ago, and explains what he/she did differently.

Deuxième étape

Lecture Il n'était pas mon genre, et pourtant...

On ne peut guère parler de relations humaines sans mentionner l'amour, n'est-ce pas?

Pensez

1 L'amour est-il rationnel?
Le philosophe français du 17e siècle, Pascal, est connu pour sa phrase **«Le cœur a ses raisons que la raison ne connaît point.»** Qu'est-ce que cette phrase veut dire? Déduisez.

1. Le cœur sait raisonner.
2. On ne peut pas toujours expliquer ce que le cœur ressent *(feels)*.
3. La raison connaît bien le cœur.

Est-ce qu'il nous arrive de **tomber amoureux de** quelqu'un qui «**n'est pas notre genre**» (notre type)? Donnez des exemples dans la littérature, dans les contes de fées (les histoires pour les enfants), dans le cinéma.

2 Quel est «votre genre»? Cochez et ajoutez les réponses qui s'appliquent à vous. «Mon genre», c'est quelqu'un...

_____ qui est intelligent, qui réfléchit
_____ qui aime discuter
_____ que je peux taquiner *(tease)*
_____ qui est pragmatique
_____ qui m'attire *(attracts me)* physiquement
_____ avec qui je me sens toujours à l'aise *(feel comfortable)*
_____ qui est sensible *(sensitive)* à mes besoins *(needs)*
_____ qui est casanier (aime rester à la maison)
_____ qui aime l'aventure et le voyage
_____ qui a les mêmes repères et valeurs que moi
_____ que je respecte
_____ ?

Observez et déduisez: en général

3 L'article que vous allez lire présente le témoignage (l'expérience personnelle) de trois femmes qui sont tombées amoureuses de quelqu'un qui n'était pas leur genre. Dans quel témoignage les idées générales suivantes se trouvent-elles? Indiquez **a**, **b** ou **c**.

le témoignage: **a.** de Nadia **b.** de Mireille **c.** de Nathalie

____ Un homme qui s'est porté volontaire pour aider une femme qu'il ne connaissait pas.
____ Un homme de statut social différent mais très attentionné *(considerate)*.
____ Un homme qui a fait preuve de persévérance et d'originalité pour attirer l'attention de quelqu'un qu'il connaissait depuis quelque temps.
____ Une femme qui, inconsciemment, avait besoin de se sentir protégée.
____ Une relation qui a commencé par un pari *(bet)*.

Il n'était pas mon genre, et pourtant...

Pourquoi l'amour bouleverse-t-il, parfois, nos repères? Parce que, comme le disait Pascal, le cœur a ses raisons que la raison ne connaît point.

Depuis les contes de fées qui marient le prince à la bergère° et «la belle» à «la bête», le grand amour en a surpris plus d'un. «L'amour est enfant de bohème, il n'a jamais connu de loi», chantait la Carmen de Bizet. Dans *À la recherche du temps perdu*°, Swann, un homme du monde, tombe éperdument amoureux d'Odette de Crécy, une demi-mondaine, avant de s'en détacher douloureusement: «Dire que j'ai gâché des années de ma vie, que j'ai voulu mourir, que j'ai eu mon plus grand amour pour une femme qui n'était pas mon genre!»

shepherdess

In Search of Lost Time, roman très célèbre en France de l'écrivain français Marcel Proust

Les plus belles romances commencent, souvent, dans l'incompréhension

[...] La vraie vie rejoint la littérature. De couples «improbables» que tout sépare, naissent° souvent les plus belles histoires, comme le démontrent les témoignages que nous avons recueillis.

«La plupart des grandes passions commencent souvent, en effet, par de l'incompréhension», constate le psychanalyste Jean-Pierre Winter. On sait aujourd'hui, grâce à la psychanalyse, que l'alchimie amoureuse naît de deux inconscients qui se choisissent. [...] Toutes les explications rationnelles mises en avant° par les amoureux (je l'aime parce qu'il est grand, brun, intelligent, parce que nous partageons les mêmes valeurs) ne sont que des justifications rassurantes°. [...]

viennent

mises... : proposées

qui rassurent ou réconfortent

«Je suis attirée par les artistes, c'est un mathématicien introverti»

Hill Street Studios/age fotostock

adia, traductrice, depuis huit s avec Olivier.

J'ai perdu ma mère à l'âge de 8 ans. C'est mon père qui m'a élevée. Un sociologue très cultivé, ancien guitariste. J'ai toujours baigné dans la culture, d'où mon goût pour les artistes. Notre histoire a commencé prosaïquement. J'avais perdu mes clés°, et Olivier, qui fréquentait le café qui était devenu mon Q.G.°, m'a proposé de m'héberger°. Je ne l'avais jamais remarqué avant. Très réservé, et pas du tout mon type d'homme: trapu°, habillé sportif. J'étais gênée d'accepter sa proposition. [... Mais] je me suis sentie immédiatement à l'aise avec lui. [...] Pourtant tout nous sépare. J'aime sortir, il est casanier. Je suis athée, il est mystique. J'adore discuter autour de grandes tablées, il préfère dîner à deux devant la télé. Je joue de la flûte, je peins°, j'écris, cela ne l'intéresse pas. Au bout de huit ans, je reste incapable d'expliquer quel est son métier. Et pourtant, on aime être ensemble. Ce n'est pas raisonné. Nous sommes un couple atypique. C'est sûrement ce que j'aime.

keys

quartier général *(headquarters)* / me loger, m'ouvrir sa maison / *stocky*

paint

«J'aimais les blonds babas cool°, je me suis mariée avec un grand brun hyperactif»
Mireille, professeur des écoles, depuis 20 ans avec Fred

baba cool: genre hippy

A l'École normale°, nous faisions partie du même groupe d'amis. Fred avait le béguin° pour moi. Moi, cela m'arrangeait de faire comme si de rien n'était° car il ne m'attirait pas, même si je l'aimais bien. Pour me séduire, il a utilisé les grands moyens. Il a subtilisé mon adresse au secrétariat et a adressé à mon père une demande en mariage très drôle, accompagnée d'une photo de lui avec un nœud papillon°, un certificat médical et ses bulletins de paie°. Cela ne m'a pas laissée insensible. Mais j'étais déjà prise°. «Pas grave, je peux attendre», m'a-t-il répondu! Quelques mois plus tard, comme je ne parvenais pas à

école de formation des instituteurs ou professeurs d'école primaire / *had a crush* / rester indifférente

nœud... : *bow tie* / évidence de salaire / j'avais déjà un copain rédiger mon mémoire°, il m'a proposé un marché°: sortir avec lui s'il réussissait à le boucler° en un jour, avant 20h. Pari tenu. J'étais scotchée°. J'ai craqué le soir même. Aujourd'hui, je suis toujours aussi sensible à son humour, son dynamisme. Il est tout l'inverse de moi: je vis dans le présent, je suis une contemplative angoissée°, lui est actif, volontaire et n'a pas peur de prendre des décisions. Mais nous avons la même sensibilité. Et surtout, Fred est un incroyable intuitif. Il s'adapte à ce que je suis et respecte ma liberté comme nul autre.

écrire ma thèse de master / un accord / finir / je ne pouvais pas résister

anxious, who worries easily

«Je me vantais d'être indépendante; avec lui, j'ai découvert l'amour fusionnel»

Mon père a toujours été à cheval° sur le principe de l'égalité homme-femme. Il me disait: «Travaille bien à l'école car il ne faut pas que tu dépendes d'un homme plus tard.» C'est ce que j'ai fait. À 38 ans, j'avais un bon boulot, un joli appart et une vie sentimentale… décevante. À chaque fois que je tombais amoureuse, c'était toujours un homme qui me faisait toujours passer après [ses autres intérêts]. Je me persuadais que cela m'arrangeait, moi la femme [indépendante]. Jusqu'au jour où j'ai rencontré Karim, dans une discothèque. Physiquement, il n'était pas mon genre. Et il était agent de sécurité… Mais il s'est adressé à moi d'une façon très protectrice qui m'a d'abord fait rire, puis fondre°. Une semaine après notre rencontre, il a posé ses conditions: «Je ne veux pas que tu dînes avec un homme que je ne connais pas»; «envoie-moi un texto pour me dire que tu es bien rentrée»… D'un côté, je trouvais cela ridicule, mais de l'autre, charmant et viril. Cela ne me déplaisait pas d'être sa petite chose fragile, son «bébé». Aujourd'hui, je suis totalement accro à toutes ses attentions. On est rarement d'accord quand on parle de religion ou d'éducation. Je nage parfois en pleine contradiction, mais j'assume°, car pour la première fois, je me sens «sous protection».

strict

melt

j'accepte la réalité

Fuse/Getty Images

Nathalie, directrice marketing, depuis trois ans avec Karim.

© *Femme Actuelle* - 2010

Observez et confirmez: en détail

4 Les mots. En utilisant le contexte et la logique, pouvez-vous déduire le sens des mots en caractères gras? Reliez-les à leur signification.

Introduction

1. _____ «Dire que **j'ai gâché** des années de ma vie…» **(gâcher)**

3ᵉ paragraphe

2. _____ «**La plupart des** grandes passions…»

Nadia

3. _____ «**J'étais gênée** d'accepter sa proposition.» **(être gêné)**

Mireille

4. _____ «Pas **grave,** je peux attendre.»
5. _____ «**J'ai craqué** le soir même...» **(craquer)**
6. _____ «Il est tout **l'inverse** de moi...»

Nathalie

7. _____ «J'avais un bon **boulot...**»
8. _____ «… une vie sentimentale **décevante.**»
9. _____ «Je **suis** totalement **accro** à toutes ses attentions...»

a. être embarrassé
b. avoir une addiction pour
c. gaspiller *(to waste)*
d. tomber sous le charme de quelqu'un
e. un travail, un métier
f. le contraire
g. la majorité
h. qui ne correspond pas aux attentes *(disappointing)*
i. important

5 Le texte. Répondez aux questions suivantes.

Introduction

1. Qu'est-ce que Swann, le héros de *À la recherche du temps perdu*, regrettait?

«Les plus belles romances…»

2. Selon les psychanalystes, par quoi la plupart des grandes passions commencent-elles? Comment naît (commence) l'alchimie amoureuse? Quel est le rôle des explications rationnelles?

Nadia

3. Pourquoi Nadia était-elle attirée par les artistes?
4. Comment son histoire avec Olivier a-t-elle commencé?
5. Pourquoi n'avait-elle jamais remarqué Olivier?
6. Pourquoi n'était-il pas son genre? Donnez toutes les raisons indiquées dans le texte.

Mireille

7. Comment Mireille et Fred se sont-ils connus (rencontrés)?
8. Quels étaient les sentiments de Mireille pour Fred au début? Était-ce réciproque?
9. Qu'est-ce que Fred a fait la première fois pour «séduire» Mireille? Quel a été le résultat de cette tentative? Pourquoi?
10. Qu'est-ce qu'il a fait la deuxième fois? Quelle a été la réaction de Mireille?
11. Pourquoi Fred n'est-il pas son genre?

Nathalie

12. Pourquoi Nathalie pensait-elle que l'indépendance était une priorité pour elle?
13. Pourquoi sa vie sentimentale était-elle décevante?
14. Comment a-t-elle rencontré Karim? Pourquoi n'était-il pas son genre?
15. À quoi est-elle «accro»? Pourquoi?

Explorez

1. Est-ce vrai que «les contraires s'attirent»? Pensez à votre famille et vos amis: Les exemples qui vous viennent à l'esprit confirment-ils cette déclaration?
2. Selon le psychanalyste Jean-Pierre Winter, «toutes les explications rationnelles ne sont que des justifications rassurantes». Qu'en pensez-vous? Quelles sont les «explications rationnelles» que vous trouvez quand votre cœur et votre raison ne sont pas d'accord?
3. Votre première romance (ou une romance mémorable): Comment a-t-elle commencé? Cette personne était-elle votre genre? Expliquez.
4. Certains disent que les bergères qui épousent (se marient avec) des princes sont l'exception à la règle, et que dans la réalité, les princes épousent des princesses et les bergères épousent des bergers. Qu'en pensez-vous? Le milieu social joue-t-il un rôle important dans l'harmonie du couple? Quels sont les facteurs qui, selon vous, contribuent à cette harmonie? Faites une liste puis comparez-la avec celles de quelques camarades de classe.

Vocabulaire actif

«accro» (un accro, être accro)
l'amour (m.)
attirer / être attiré par
un boulot (fam.), un métier
le contraire
un couple
épouser quelqu'un, se marier avec quelqu'un
le mariage
«pas grave!»
la plupart (de)
sensible
un sentiment
se sentir* à l'aise, heureux, etc.
taquiner
tomber amoureux (amoureuse) de quelqu'un

*(Se) **sentir** se conjugue comme **partir**.

Note culturelle

Le mariage et le PACS. Comme c'est le cas dans bien des pays du monde occidental, le nombre de mariages est en baisse en France. Le taux de nuptialité, qui était de 8,1 mariages pour 1 000 habitants en 1972, est aujourd'hui de 4,3 (contre 7,5 aux États-Unis). Les Français se marient aussi de plus en plus tard: L'âge moyen du premier mariage est de 29 ans pour les femmes et 31 ans pour les hommes. L'union libre, ou la cohabitation, est donc très commune: 15% des couples français ne sont pas mariés et depuis 2006, plus de la moitié des enfants naissent hors mariage.

Le PACS, ou pacte civil de solidarité, est un contrat qui permet à deux personnes habitant ensemble de s'unir pour recevoir des bénéfices sociaux ressemblant aux bénéfices d'un couple marié.

From: INED, INSEE, CDC

Le mariage homosexuel (ou «mariage pour tous») a été légalisé en France le 18 mai 2013, mais le PACS reste une option pour les couples homosexuels aussi bien qu'hétérosexuels. En fait la plupart des couples qui contractent cette union sont des personnes de sexe différent. Pour 3 mariages célébrés, il y a 2 PACS conclus.

Que pensez-vous de cette alternative au mariage?

Bloguez! iLrn

Quel est l'âge idéal pour se marier, selon vous? Pourquoi? Est-il préférable de ne pas se marier du tout? Pourquoi? S'il y a une chanson qui décrit parfaitement vos idées sur le mariage, téléchargez un fichier audio ou ajoutez un lien vers la chanson.

Structure Linking ideas

Les pronoms relatifs *qui* et *que (qu')*

Observez et déduisez

Un jour, on tombe amoureux; le suivant, on se marie, et le jour après... il faut faire le ménage! Selon l'INSEE, «le partage inégal du travail domestique et familial est la norme dans les couples de salariés». Étudiez le tableau ci-dessous, puis répondez aux questions.

Répartition des tâches domestiques dans les couples (en minutes par jour)

	femmes	hommes
faire la cuisine / la vaisselle[1]	72 min.	22 min.
faire le ménage[2] (passer l'aspirateur[3], etc.)	51 min.	11 min.
faire le linge[4] (faire la lessive[5], repasser[6], etc.)	31 min.	3 min.
faire du bricolage[7] ou faire du jardinage[8]	8 min.	45 min.
faire les courses	22 min.	33 min.

1. *dishes* 2. *house cleaning* 3. *vacuuming* 4. *do the washing and ironing* 5. *do the laundry* 6. *iron* 7. *puttering* 8. *gardening*

Données sociales: La société française, INSEE.

Monika Graff/The Image Works

Selon le tableau, c'est la femme qui fait le plus souvent le linge. Quelles sont les tâches que les hommes font plus souvent que les femmes? Et dans votre famille, quelles sont les tâches que vous faites?

- In the preceding paragraph, what kind of word follows the pronoun **qui:** A subject or a verb? What kind of word follows the pronoun **que (qu')**?

Vocabulaire actif

faire
- du bricolage
- du jardinage
- la lessive
- le ménage
- la vaisselle

passer l'aspirateur
ranger (une chambre)
repasser
une tâche

Confirmez

1. Relative pronouns are used to relate (link) two sentences and to avoid repetition.

   Ce sont les femmes. + Elles font la vaisselle.
   → Ce sont les femmes **qui** font la vaisselle.

   Ranger ma chambre est une tâche. + Je n'aime pas cette tâche.
   → Ranger ma chambre est une tâche **que** je n'aime pas.

   Note that, in each sentence, the second noun or pronoun reference **(elles, tâche)** is deleted.

2. Both **qui** and **que** can refer to either people or things; the difference in these pronouns is their grammatical function. The pronoun **qui** is used as a *subject* and is usually followed directly by a verb.

   D'habitude c'est l'homme **qui** fait le jardinage.

   The pronoun **que** is an *object* and is followed by a subject *and* a verb.

   Repasser est une tâche **que** les hommes font rarement.

Pronoms relatifs

qui + verb

Ce sont les femmes **qui** font la vaisselle.
C'est la routine quotidienne *(daily)* **qui** est ennuyeuse.

que + subject + verb

Ranger ma chambre est la tâche **que** je n'aime pas.
Les couples **que** tu connais partagent-ils les mêmes valeurs?

3. Although the words *that, whom,* or *which* may be omitted in English, **que** may *not* be omitted in French.

les couples **que** je connais	*the couples (that) I know*
les tâches **que** je n'aime pas	*the chores (that) I don't like*

Activités

I **Les tâches domestiques.** Complétez les phrases suivantes selon vos expériences personnelles.

ma mère / mon père	les enfants	moi (je)
mon/ma colocataire	les parents	?
mon mari / ma femme		

1. C'est (Ce sont) ______________ qui passe(nt) l'aspirateur chez moi.
2. C'est (Ce sont) ______________ qui (fais / fait / font) le linge.
3. C'est (Ce sont) ______________ qui repasse(nt) les vêtements.
4. C'est (Ce sont) ______________ qui (fais / fait / font) la vaisselle.
5. Faire le ménage est une tâche que ______________ aime(nt).
6. Faire la lessive est une tâche que ______________ déteste(nt).
7. Ranger la chambre est une tâche que ______________ déteste(nt).
8. Faire du jardinage est une tâche que ______________ aime(nt).

J **Et pourtant...** Voici quelques idées de la lecture des pages 287–288. Complétez les phrases avec **qui** ou **que,** puis indiquez si les phrases sont vraies ou fausses selon l'article.

1. Dans les contes de fées, c'est la bête ______tombe amoureuse de la bergère.
2. Ce sont souvent les contraires ______ s'attirent.
3. L'amour est un choix ______ le psychanalyste appelle «inconscient».
4. Ressentir de l'amour pour une personne ______ n'est pas son genre est difficile.
5. La compréhension est quelque chose ______ explique le commencement de toutes les belles romances.
6. L'amour est un sentiment mystérieux ______ l'on ne peut pas expliquer.
7. C'est le principe de l'égalité homme-femme ______ Nathalie trouve important.
8. Nadia a épousé Olivier ______ n'est pas du tout son type d'homme.
9. C'est au côté protecteur de son mari ______ Nathalie est accro.
10. Mireille est attirée par un homme ______ respecte son indépendance.

K **Préférences.** Indiquez vos préférences en matière d'amour en cochant *toutes* les réponses qui sont vraies pour vous—ou ajoutez des réponses originales.

1. Je préfère les hommes (les femmes) qui / que...
   _____ ont les mêmes goûts que moi.
   _____ respectent mon indépendance.
   _____ je peux taquiner.
   _____ sont sensibles à mes besoins *(needs)*.
   ____

2. Je veux épouser quelqu'un qui / que...
   _____ se sent à l'aise avec ma famille.
   _____ j'admire.
   _____ mes parents aiment bien aussi.
   _____ je comprends bien.
   ____

3. Je ne sors pas avec des hommes (des femmes) qui / que...
   _____ mes copains n'aiment pas.
   _____ s'ennuient facilement.
   _____ ne m'attirent pas physiquement.
   _____ n'ont pas de boulot.
   ____

4. Pour moi, l'homme / la femme idéal(e) c'est quelqu'un qui / que...
   _____ adore les tâches domestiques.
   _____ je connais bien.
   _____ se souvient des anniversaires importants.
   _____ préfère dîner à deux devant la télé.
   ____

Maintenant, interviewez plusieurs camarades de classe pour trouver la personne qui vous ressemble le plus concernant vos préférences en matière d'amour.

➡ — *Quel genre d'hommes / de femmes est-ce que tu préfères?*
— *Je préfère les hommes / les femmes* ***qui*** *respectent mon indépendance.*
... ***que*** *je rencontre dans mes cours.*

bobphillipsimages.com

Structure Describing relationships

Reprise: Les pronoms d'objet direct et indirect

Observez et déduisez

— Ah! Je l'adorais! Il m'écoutait; il me regardait avec amour.
— Il t'attendait tous les soirs; il ne te demandait rien. Il te comprenait.
— C'est vrai. Je lui parlais de tous mes problèmes. Si seulement je pouvais trouver un homme aussi fidèle que mon chien!

- You were introduced to object pronouns in **Chapitres 6** and **7.** Look at the preceding dialogue and identify which verbs require a *direct* object pronoun and which require an *indirect* object pronoun.

Confirmez

1. As explained previously, a direct object is a noun that "receives" the action of the verb and answers the question *whom / what*. The *in*direct object also follows the verb, but it is preceded by the preposition **à** and answers the question *to* or *for whom / to or for what*.

   objet direct: J'adore **mon chien.**
   objet indirect: Je ressemble **à mon chien.**

   Direct and indirect object pronouns replace these nouns and are used to avoid repetition.

   J'adore mon chien. Je **l'**aime parce qu'il me comprend.

   Nous invitons nos amis chez nous et nous **leur** rendons visite de temps en temps.

2. If the object of the verb is preceded by the preposition **à (au, à la,** etc.) use an *in*direct object pronoun. Many communication verbs (e.g., **téléphoner à**) and those indicating an exchange **(donner quelque chose à quelqu'un)** will take an indirect object. (See other examples on p. 267)

   Moi, je ressemble **à mon chien,** pas à mes enfants! / Je **lui** ressemble.

   Nathalie demande de la loyauté **à ses amis.** / Elle **leur** demande de la loyauté.

   Olivier a fait un cadeau d'anniversaire **à sa femme.** / Il **lui** a fait un cadeau romantique.

   Mireille envoie des textos **à Fred** pendant la journée. / Elle **lui** envoie des textos de l'école.

   Normalement Fred répond **à Mireille** avec un mail. / Il **lui** répond aussitôt que possible.

   Ils rendent visite **à Nadia et Olivier** samedi. / Ils **leur** rendent visite assez souvent.

3. First and second person direct and indirect object pronouns are the same **(me / te / nous / vous)** and thus should pose little difficulty. Only the third person pronouns differ. Compare all forms of direct and indirect object pronouns with subject pronouns in the chart below.

Résumé: Les pronoms

pronoms sujets	pronoms d'objet direct	pronoms d'objet indirect
je	me	me
tu	te	te
il/elle/on	le, la, l'	lui
nous	nous	nous
vous	vous	vous
ils/elles	les	leur

4. Remember that direct and indirect object pronouns precede the conjugated verb in the **présent** and **passé composé** and the infinitive in the **futur proche** or a sentence with two verbs.

   Mon ami **m'**a dit qu'il **m'**aime et qu'il veut **m'**épouser!

   In the **passé composé,** the past participle agrees in number and gender with the preceding direct (but not *in*direct) object pronoun.

   objet direct: Nos amis **nous** ont invité<u>s</u> à aller au café.
   (**inviter quelqu'un** → direct object → agreement of the past participle)

   objet indirect: Ils **nous** ont téléphoné la semaine dernière.
   (**téléphoner *à* quelqu'un** → indirect object → no agreement of past participle)

Activités

L **Ma fiancée.** Mathieu décrit sa fiancée. Est-ce qu'ils ont une bonne relation? Lisez les phrases et indiquez s'il s'agit d'un pronom objet direct **(OD)** ou indirect **(OI).**

1. Elle *me* comprend bien.
2. Elle *me* ressemble.
3. Elle *m'*aime beaucoup.
4. Elle *m'*écoute attentivement.
5. Elle *m'*écrit des mails tous les jours.
6. Elle *me* raconte beaucoup de blagues.
7. Elle *m'*invite souvent à manger au restaurant.
8. Elle *me* fait des cadeaux de temps en temps.

M **Encore de bonnes relations.** Employez les verbes suivants pour décrire vos relations avec les personnes indiquées. Employez un pronom convenable selon le modèle: **l', le, la, les, lui, leur.**

mes parents: *Je ne les retrouve pas au café, mais je leur téléphone souvent.*

mon (ma) petit(e) ami(e)	retrouver au café de temps en temps
mon (mes) colocataire(s)	téléphoner souvent
mes parents	envoyer des messages éléctroniques
	inviter à manger au restaurant
	acheter des cadeaux d'anniversaire
	aider à faire le ménage
	demander des conseils
	dire toujours la vérité
	voir régulièrement en classe

N **Un anxieux.** Le petit ami de Juliette est très anxieux *(insecure)*. Elle veut le rassurer. Imaginez les questions qu'il lui pose et les réponses mélodramatiques de Juliette.

➡ vouloir / téléphoner tous les soirs?
— *Tu veux me téléphoner tous les soirs?*
— *Mais oui, je veux te téléphoner tous les soirs!*

1. pouvoir / attendre après mes cours?
2. vouloir / retrouver au cinéma?
3. trouver irrésistible?
4. vouloir / écrire des lettres d'amour?
5. aimer?
6. aller / épouser?!

Quelles autres questions le petit ami peut-il poser?

O **S'il vous plaît!** Votre petit(e) ami(e) vient dîner chez vous, alors vous demandez à vos camarades de chambre de «libérer» l'appartement ce soir. Dites-leur tout ce que vous avez déjà fait pour eux/elles. Sont-ils/elles d'accord ou non?

➡ préparer des repas et prêter de l'argent
— *Je vous ai préparé des repas et je vous ai prêté de l'argent.*
— *C'est vrai que tu nous as préparé des repas, mais tu ne nous as jamais prêté d'argent.*

1. servir le petit déjeuner au lit
2. acheter des cadeaux d'anniversaire
3. prêter mon iPod
4. écouter leurs histoires à 1 heure du matin
5. aider à faire leurs devoirs
6. ?

P **Des relations personnelles.** Employez les éléments suivants pour décrire certaines relations, selon le modèle. Ensuite, dites si les descriptions sont vraies pour vous aussi.

➡ ma femme / adorer
Ma femme m'adore et je l'adore aussi!

mes copains / envoyer des mails
Mes copains m'envoient des mails et je leur envoie des mails aussi.

1. mes parents / écouter
2. mon (ma) petit(e) ami(e) / téléphoner tous les jours
3. mon mari (ma femme) / attirer
4. ma mère / admirer
5. mes meilleur(e)s ami(e)s / parler de tout
6. mon père / dire toujours la vérité
7. mes copains / demander des conseils
8. mes colocs / aider à faire la vaisselle

Q **Les plaintes *(Complaints)*.** On ne se comprend pas toujours. Composez des plaintes possibles formulées par les personnes suivantes.

➡ mes plaintes personnelles
Mes parents ne me comprennent pas. Mon petit ami ne m'écoute pas. Les professeurs nous donnent trop de devoirs…

1. mes plaintes personnelles
2. les plaintes de mes parents
3. les plaintes de mon (ma) chanteur (chanteuse) favori(te)
4. les plaintes de Bill Gates
5. les plaintes «des hommes» / «des femmes»

Jeu de rôle

Play the roles of a matrimonial agency employee and a client looking for an ideal mate. What kind of mate attracts you? (Men you meet in nightclubs? Women who are independent?) The client describes his/her ideal husband / wife. (A wife who buys me presents! A husband who likes to laugh.) Does this ideal mate exist?

Les Français sont comme une bonne baguette...

Observez et déduisez

En matière de relations personnelles, on dit souvent que les Français sont comme une bonne baguette. Pourquoi, à votre avis? (Pensez à la consistance de l'extérieur et de l'intérieur...)

Confirmez et explorez

• **L'amitié.** Eh oui, comme une baguette avec son extérieur un peu dur et son intérieur souple et tendre, à l'extérieur, les Français semblent parfois distants, réservés, froids, mais quand ils s'ouvrent, quand ils offrent leur amitié, c'est pour la vie. Un(e) ami(e), pour un Français, c'est quelqu'un qui n'a pas peur d'intervenir. Dans son livre *Évidences invisibles*, l'ethnologue Raymonde Carroll donne l'exemple d'une Française vivant aux États-Unis, une jeune maman qui traverse une période difficile. Son «amie-voisine» américaine, à qui elle mentionne qu'elle est très fatiguée, dit tout simplement: «*Let me know if there is anything I can do.*» Une amie française, à qui elle mentionne la même chose, propose tout de suite de garder ses enfants pendant quelques heures, pour lui permettre de se reposer[1]. Selon Raymonde Carroll, la différence de réaction est culturelle: Pour l'amie américaine, prendre la situation en main[2], c'est prononcer un jugement moral et dire en quelque sorte: «Tu n'es pas capable de contrôler ta vie.» Pour l'amie française, prendre la situation en main est une obligation, une des responsabilités de l'amitié. L'amitié, pour un Français, c'est dire ce qu'on pense, même si ce n'est pas toujours gentil. L'amitié, c'est s'engager[3], même si ce n'est pas toujours pratique. Les Français préfèrent avoir peu d'amis, mais de vrais amis, plutôt que beaucoup d'«amitiés» superficielles. Et vous? Préférez-vous avoir peu d'amis, mais de vrais amis? Quand un(e) ami(e) traverse une situation difficile, qu'est-ce que vous faites? Attendez-vous que votre ami(e) vous demande de l'aide ou prenez-vous la situation en main? Est-ce que vous êtes toujours honnête avec vos amis? Expliquez.

1. *rest* 2. *take charge* 3. *commit oneself*

Les jeunes sortent généralement en groupe.

• **Dating.** La France évoque toutes sortes d'images romantiques, n'est-ce pas? Ah, l'amour... Est-ce donc vrai qu'il n'y a pas de mot pour «dating» en français? Eh oui! Le concept des sorties en couple est totalement différent. Un jeune homme ne vient généralement pas chercher une jeune fille chez elle pour l'emmener au cinéma. Au contraire, les deux jeunes se donnent rendez-vous directement devant le cinéma et ils sortent avec un groupe d'amis à l'intérieur duquel les couples se forment. Le concept des «proms» n'existe pas non plus, mais récemment, les lycéens ont commencé à organiser des soirées pour célébrer la fin de la semaine du baccalauréat. De plus, les associations d'étudiants organisent souvent des soirées gala. Est-ce le rôle des écoles d'organiser des activités sociales? Expliquez votre point de vue.

Bloguez! iLrn

Décrivez les coutumes d'interaction sociale pour les jeunes dans votre culture. Quels sont les avantages et les désavantages de sortir en couple ou en groupe à votre avis?

Troisième étape

À l'écoute Le bonheur

Les relations humaines nous apportent bonheur et chagrin. Ici, vous allez entendre deux personnes donner leur définition du bonheur. Est-ce que ces définitions vont correspondre à votre concept du bonheur?

Pensez

1 Qu'est-ce que c'est que le bonheur pour vous? Cochez les suggestions que vous trouvez appropriées, puis ajoutez d'autres possibilités selon votre expérience personnelle.

Le bonheur, c'est...

être / se sentir* *(to feel)*	avoir	pouvoir
_____ aimé(e)	_____ une famille	_____ s'accepter
_____ accepté(e)	_____ des ami(e)s	_____ trouver son identité
_____ apprécié(e)	_____ de l'argent	_____ aimer les autres
_____ libre *(free)*	_____ le confort matériel	_____ apprécier ce qu'on a
_____ indépendant(e)	_____ la santé	_____ partager
_____ intelligent(e)	_____ un bon travail	_____ accumuler des choses matérielles
_____ beau (belle)	_____ confiance en soi *(self-confidence)*	_____ s'amuser
_____ ?	_____ ?	_____ arriver à ses objectifs
		_____ ?

*(se) **sentir** se conjugue comme **partir**.

Maintenant, choisissez dans ces listes les six éléments qui sont les plus importants pour vous et classez-les de 1 (le plus important) à 6 (le moins important).

Observez et déduisez

CD 3-14 / 3-15

2 Écoutez les conversations une première fois pour identifier le pays d'origine des deux personnes interviewées. Trouvez ces pays sur les cartes du monde francophone à la fin du livre.

1. Larmé vient de / du _______________.
2. Nayat est née *(was born)* en / au _______________, mais elle a grandi *(grew up)* en / au _______________.

3 Écoutez encore en regardant le tableau ci-dessus. Soulignez les définitions mentionnées par Larmé et encerclez celles que Nayat suggère.

4 Écoutez encore pour compléter les extraits suivants des conversations avec les mots donnés. Conjuguez les verbes si c'est nécessaire et déduisez le sens des mots en caractères gras. *Attention:* Chaque liste contient des mots supplémentaires; le même mot peut être utilisé plus d'une fois.

1. Larmé [**Mots:** partager, **se passer, avoir besoin,** heureux, pareil, individualiste, **tout le monde,** sa famille, voisins, amis, le village, son pays]

   On ______________ des autres pour être ______________. En Europe et aux États-Unis, c'est ______________; on est très ______________ ou bien quand on ______________, c'est avec ______________ ou quelques ______________. En Afrique, quand quelque chose ______________, tout ______________ le sait, ______________ participe.

2. Nayat [**Mots: se développer,** s'accepter, se sentir, **isolé(e), déchiré(e),** libre, amour, identité, héritage, richesse, monde(s), culture(s)]

   Quand j'étais petite, je ______________ inférieure parce que j'étais ______________ entre deux ______________. Maintenant, pour moi, le bonheur c'est de trouver mon ______________ dans ces deux ______________ et d'apprécier la ______________ d'un double ______________. Sans ______________, on est ______________ et on ne peut pas vraiment ______________.

Vocabulaire actif

apprécier
avoir besoin (de)
avoir confiance en soi
le bonheur
libre
se passer (quelque chose se passe)
tout le monde
(trouver) son identité

5 Écoutez une dernière fois et résumez...

1. la différence entre les relations humaines en Afrique et en Europe ou aux États-Unis, selon Larmé.
2. le problème de Nayat quand elle était petite.

Chantal Thompson

Le bonheur est dans l'œil de celui qui regarde.

Prononciation Les consonnes finales (suite)

You have learned that in French, most final consonants are silent unless they are followed by a mute **e**.

peti~~t~~ / petite
gran~~d~~ / grande
françai~~s~~ / française

Four consonants, however, are normally pronounced in final position—they are **c, r, f,** and **l,** all exemplified in the word CaReFuL.

avec sur neuf il

Exceptions:

1. The **r** is silent in most **-er** endings.

   parle~~r~~ premie~~r~~ papie~~r~~

2. Some words are individual exceptions. They are words in which a final **c, r, f,** or **l** is silent **(blan~~c~~, por~~c~~, genti~~l~~)**, or words in which other final consonants are pronounced **(tennis, cinq, sept, concept)**.

   Whether or not they are the last letter in the word, final consonant sounds must be pronounced clearly and completely. In American English, final consonant sounds are not always fully enunciated. In French, they are completely "released." Contrast:

English	*French*
intelligen**t**	intellige**nte**
lam**p**	lam**pe**
sou**p**	sou**pe**
fil**m**	fil**m**

Observez et déduisez

CD 3-16

On the Text Audio Track, listen to the following excerpts from the conversation with Larmé, and underline all the final consonants that are pronounced. Which ones follow the CaReFuL rule? Which are individual exceptions?

1. Je viens de Pala, un petit village au sud du Tchad.
2. Quel est votre concept du bonheur?
3. Le bonheur, ça dépend de l'individu. Pour moi, le bonheur c'est le fait de se sentir libre.
4. Dans quel sens?
5. En Afrique, quand quelque chose se passe, tout le village le sait, tout le monde participe.

Chantal Thompson

Cheikh Hamidou Kane, le grand écrivain africain, avec un de ses petits-fils—une image du bonheur?

Confirmez

CD 3-16

Practice saying the sentences in **Observez et déduisez** aloud, making sure you release all final consonant sounds clearly and completely. Then listen to the sentences again to verify your pronunciation.

Structure Expressing obligation and necessity

Le verbe *devoir*

Observez et déduisez

Ulrike Welsch

Je pense que pour être vraiment heureux, les jeunes doivent se sentir libres. On doit pouvoir décider ce qu'on veut faire dans la vie.

Dion Ogust/The Image Works

Moi, personnellement, je dois mon bonheur à la richesse d'un double héritage—français et algérien. Je dois beaucoup aux bons rapports avec ma famille.

- What forms of the verb **devoir** do you see in the preceding sentences? In which sentences does the verb mean *to owe*? In which sentences does it mean *must* or *to have to*?

Vocabulaire actif

devoir

Confirmez

1. The verb **devoir** is irregular.

Le verbe *devoir*

je dois	nous devons
tu dois	vous devez
il/elle/on doit	ils/elles doivent

Passé composé: j'ai dû

2. When followed by a noun, **devoir** means *to owe*.

   Nayat **doit** son identité à son double héritage.
   Mon camarade de chambre me **doit** de l'argent!

3. When followed by an infinitive, **devoir** expresses obligation or necessity, and its meaning varies according to the tense.

   present: *have to (must)*
   Pour être heureux, on **doit** se sentir accepté.

   passé composé: *had to*
   Pour arriver à mes objectifs, j'**ai dû** beaucoup travailler.

   imparfait: *was supposed to*
   Claire **devait** arriver à ses objectifs aussi, mais elle n'a pas travaillé.

   Note that the imperfect of **devoir** generally implies that the activity was *not* done: Claire was *supposed to meet her goals*, but . . .

Activités

CD 3-14 / 3-15

R **Le bonheur.** Lisez les phrases suivantes et notez si ce sont les opinions de Larmé ou de Nayat. (Écoutez encore **À l'écoute** si vous voulez.)

Pour être heureux...

1. On doit s'accepter. _____
2. On doit se sentir libre. _____
3. On doit arriver à ses objectifs. _____
4. On doit partager avec les autres. _____
5. On doit choisir ce qu'on veut faire dans la vie. _____
6. On doit trouver son identité. _____
7. On doit apprécier son héritage. _____
8. On doit se sentir aimé. _____

Que pensez-vous de ces opinions? Êtes-vous d'accord?

S **Obligations familiales.** Pour que le bonheur règne dans la famille, chacun doit s'occuper de ses obligations, n'est-ce pas? Parlez des obligations dans votre famille.

➡ *Tout le monde doit ranger sa chambre.*

Je	devoir	faire la lessive
Ma sœur / Mon frère		travailler beaucoup
Mes parents		faire les devoirs
Tout le monde		faire les courses
?		passer l'aspirateur
		laver la voiture
		ranger ma (sa / leur) chambre
		?

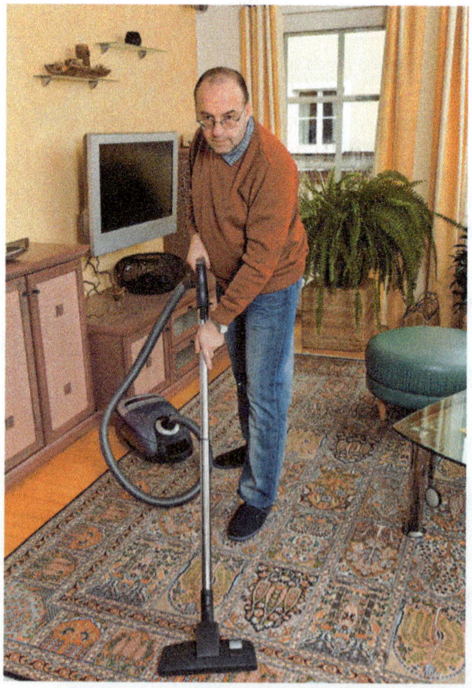

Gina Sanders / Shutterstock.com

Qui passe l'aspirateur chez vous?

T **La semaine dernière.** Prenez une feuille de papier et notez vos obligations de la semaine dernière. Indiquez au moins six choses de la liste suivante—ou bien ajoutez d'autres obligations qui vous sont particulières.

aller au supermarché
ranger ma chambre
écrire un rapport
laver ma voiture
passer un examen
faire mes devoirs
?

passer des heures à la bibliothèque
demander de l'argent à mes parents
répondre aux questions du professeur
travailler
lire un roman
prêter de l'argent à mon/ma coloc
?

Maintenant, cherchez le (la) camarade de classe qui vous ressemble le plus en ce qui concerne ses obligations.

➡ *Tu as dû ranger ta chambre?*

U **Zut alors!** Votre mémoire n'est pas trop bonne. Dites ce que vous deviez faire récemment que vous avez oublié de faire.

➡ *Mince! C'est pas possible! Je devais téléphoner à ma sœur…*

Stratégie de communication

Making suggestions and giving advice

Observez et déduisez

When friends and family complain to you about personal problems or difficulties, you may feel compelled to offer advice—whether it is requested or not! Look at the following dialogue, and identify some French expressions used for giving advice or making suggestions.

Elaine Phillips

— Tu as l'air triste, Patrick. Ça ne va pas?

— Ben, pas trop... Mes parents et moi, nous ne nous entendons pas très bien en ce moment. Et puis mes colocs sont toujours en train de se disputer. Et en plus, Béatrice ne veut plus sortir avec moi!

— Oh là là, pauvre Patrick! Il faut te changer les idées. Tu as besoin de sortir; tu devrais t'amuser un peu pour ne pas penser* à tes problèmes. Et si *(What if)* tu venais au cinéma avec Josée et moi ce soir?

*****Ne** and **pas** are placed together before the verb when negating an infinitive.

Confirmez

Expressions pour donner des conseils

Tu as besoin de... (Vous avez besoin de...)	+ infinitif
Tu dois... (Vous devez...)	+ infinitif
Tu devrais... (Vous devriez...)	+ infinitif
Il faut...	+ infinitif
Et si tu... (Et si vous...)	+ verbe à l'imparfait

Activités

V **Des conseils logiques?** Lisez les plaintes ci-dessous, puis écoutez et indiquez si les conseils que vous entendez sont *logiques* ou *pas logiques* selon la situation.

1. Ma meilleure amie a déménagé dans un autre état.
2. Mes professeurs ne m'apprécient pas suffisamment *(sufficiently)*.
3. Ma mère et moi, nous nous disputons souvent.
4. Mon coloc ne range jamais sa chambre.
5. J'ai besoin de trouver un boulot.
6. Je suis accro à la télévision.
7. Mon petit ami ne respecte pas mon indépendance.
8. Je m'ennuie.

W **Le bonheur.** En groupes, préparez des conseils pour une personne qui cherche le bonheur dans la vie: **(a)** une personne de votre âge, **(b)** une personne âgée.

1. Pour trouver le bonheur, il faut...
2. Pour trouver le bonheur, tu devrais / vous devriez...
3. Pour trouver le bonheur, tu as / vous avez besoin de...
4. Et si tu / vous...

Quelques dictons sur le bonheur

- L'argent ne fait pas le bonheur.
- Il n'est qu'un bonheur sur la terre, celui d'aimer et d'être aimé.
- Dans le bonheur d'autrui, je cherche mon bonheur.
- Le vrai bonheur n'est que dans la constance.

X **Soucis.** Votre camarade de chambre a beaucoup de soucis (de problèmes). Qu'est-ce que vous lui conseillez dans les situations suivantes?

«Je ne m'entends pas bien avec mon/ma petit(e) ami(e).»

«Mes parents ne me comprennent pas.»

«Mes copains ne me parlent plus.»

«J'ai de mauvaises notes.»

«Je veux perdre du poids *(lose weight)*.»

«Je veux être riche.»

«Ma voiture est tombée en panne *(broke down)* et je veux partir en vacances demain.»

«J'ai trois examens demain et je n'ai pas lu la plupart (la majorité) des livres sur la liste.»

«Je suis nouveau / nouvelle ici et je ne connais personne.»

Y **Le courrier du cœur.** Il y a des gens qui envoient des lettres aux journaux pour demander des conseils—à *Dear Abby*, par exemple. Patrick et Micheline sont deux jeunes Français qui ont écrit des lettres à «Chère Chantal». Lisez leurs lettres et préparez une réponse écrite à **une** de ces lettres avec un(e) partenaire.

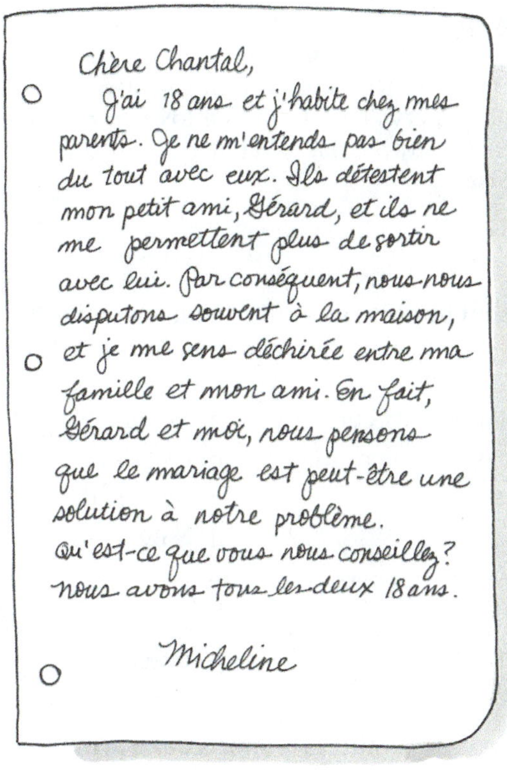
Chère Chantal,
J'ai 18 ans et j'habite chez mes parents. Je ne m'entends pas bien du tout avec eux. Ils détestent mon petit ami, Gérard, et ils ne me permettent plus de sortir avec lui. Par conséquent, nous nous disputons souvent à la maison, et je me sens déchirée entre ma famille et mon ami. En fait, Gérard et moi, nous pensons que le mariage est peut-être une solution à notre problème. Qu'est-ce que vous nous conseillez? Nous avons tous les deux 18 ans.
Micheline

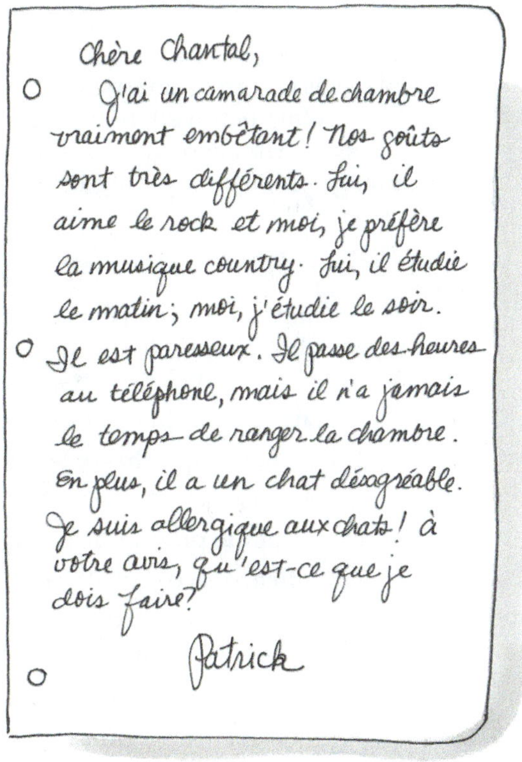
Chère Chantal,
J'ai un camarade de chambre vraiment embêtant! Nos goûts sont très différents. Lui, il aime le rock et moi, je préfère la musique country. Lui, il étudie le matin; moi, j'étudie le soir. Il est paresseux. Il passe des heures au téléphone, mais il n'a jamais le temps de ranger la chambre. En plus, il a un chat désagréable. Je suis allergique aux chats! À votre avis, qu'est-ce que je dois faire?
Patrick

Jeu de rôle

You and a couple of your childhood friends are reunited for the first time in many years. You reminisce about the way things used to be and share what is new in your lives, asking and giving advice, much as you did in the "good old days."

Quatrième étape: Intégration

Littérature Qu'est-ce que signifie «apprivoiser»?

We have seen **le petit prince** travel through the desert of loneliness. Here, he finds a road that leads him to a beautiful garden where, to his great surprise, he sees thousands of roses that look exactly like his rose—the rose back on his little planet, the one who had told him she was **«unique au monde»**. So, she had lied! She was just an ordinary flower! **«Je me croyais riche d'une fleur unique...»**

Feeling betrayed, **le petit prince** starts to cry. That's when a fox **(un renard)** appears. He is going to mention the word **apprivoiser**. What do you think it means? **Qu'est-ce que signifie «apprivoiser»?**

Pensez

1 Les mots suivants en caractères gras sont importants dans le texte que vous allez lire. D'après le contexte de chaque phrase, déduisez le sens de ces mots et trouvez l'équivalent anglais dans la liste donnée.

1. Je ne suis pas très populaire; je **n**'ai **que** deux copains.	a. fields
2. Un homme qui chasse les animaux est un **chasseur.**	b. chicken / hen
3. Les chasseurs chassent avec des **fusils.**	c. wheat
4. Une **poule** produit des œufs.	d. only
5. Un **lien,** c'est ce qui attache des choses ou des personnes.	e. gold / golden
6. Le **blé** est une céréale.	f. bond
7. À la campagne, il y a des **champs** de blé.	g. guns
8. Le blé est couleur d'**or,** ou **doré.**	h. hunter

2 Dans ce texte, vous allez encore voir des verbes au passé simple, mais vous allez voir aussi des verbes au futur. **Je pleurerai,** par exemple, signifie *I will cry*. Utilisez le contexte et la logique pour identifier l'infinitif qui correspond à chaque verbe en caractères gras.

1. Nous **aurons** besoin l'un de l'autre.	a. être
2. Tu **seras** pour moi unique au monde, je **serai** pour toi unique au monde.	b. revenir
3. Tu **reviendras** me dire adieu.	c. faire
4. Je te **ferai** cadeau d'un secret.	d. avoir

3 Qu'est-ce qu'il faut faire pour commencer une amitié? Cochez les suggestions qui vous semblent appropriées et ajoutez d'autres possibilités, selon votre expérience personnelle.

Il faut...

_____ parler

_____ s'observer sans parler d'abord

_____ s'ouvrir *(open oneself up)* immédiatement à l'autre personne

_____ s'ouvrir progressivement

_____ donner son temps

_____ faire des cadeaux

_____ savoir écouter

_____ faire des choses ensemble

_____ ?

Observez et déduisez: en général

4 Parcourez le texte une première fois. Dans quel ordre les idées générales suivantes sont-elles présentées? Classez-les de 1 à 8.

_____ Le renard donne la définition du mot «apprivoiser».

_____ Le renard pose des questions sur la planète du petit prince.

_____ Le renard explique pourquoi il ne peut pas jouer avec le petit prince.

_____ Le renard explique pourquoi les hommes n'ont pas d'amis.

_____ Le renard explique comment on devient *(becomes)* unique au monde.

_____ Le renard donne au petit prince son secret et des conseils très importants.

_____ Le renard compare les cheveux du petit prince et les champs de blé.

_____ Le renard explique qu'il va être triste quand le petit prince va partir.

Qu'est-ce que signifie «apprivoiser»?

— Bonjour, dit le renard.

— Bonjour, répondit poliment le petit prince. Qui es-tu?

— Je suis un renard, dit le renard.

— Viens jouer avec moi, lui proposa le petit prince. Je suis tellement° triste... *So*

— Je ne peux pas jouer avec toi, dit le renard. Je ne suis pas apprivoisé.

— Ah! pardon, fit le petit prince.

Mais après réflexion, il ajouta:

— Qu'est-ce que signifie «apprivoiser»?

— Tu n'es pas d'ici, dit le renard, que cherches-tu?

— Je cherche les hommes, dit le petit prince. Qu'est-ce que signifie «apprivoiser»?

— Les hommes, dit le renard, ils ont des fusils et ils chassent. C'est bien gênant. Ils élèvent° aussi des poules. C'est leur seul intérêt. Tu cherches des poules? *raise*

— Non, dit le petit prince. Je cherche des amis. Qu'est-ce que signifie «apprivoiser»?

— C'est une chose trop oubliée, dit le renard. Ça signifie «créer des liens». Tu n'es encore pour moi qu'un petit garçon tout semblable à cent mille petits garçons. Et je n'ai pas besoin de toi. Et tu n'as pas besoin de moi non plus. Mais si tu m'apprivoises, nous aurons besoin l'un de l'autre. Tu seras pour moi unique au monde. Je serai pour toi unique au monde.

— Je commence à comprendre, dit le petit prince. Il y a une fleur, je crois qu'elle m'a apprivoisé...

— C'est possible, dit le renard. On voit sur la Terre toutes sortes de choses...

— Oh, ce n'est pas sur la Terre, dit le petit prince.

Le renard parut intrigué.

— Sur une autre planète?

— Oui.

— Il y a des chasseurs sur cette planète?

— Non.

— Ça, c'est intéressant! Et des poules?

— Non.

— Rien n'est parfait, soupira° le renard. *sighed*

Mais le renard revint à son idée.

— Ma vie est monotone. Je chasse les poules, les hommes me chassent. Toutes les poules se ressemblent, et tous les hommes se ressemblent. Je m'ennuie donc un peu. Mais si tu m'apprivoises, ma vie sera comme ensoleillée. Et puis, regarde! Tu vois, là-bas, les champs de blé? Je ne mange pas de pain. Le blé pour moi est inutile°. *useless* Les champs de blé ne me rappellent rien. Et ça, c'est triste! Mais tu as des cheveux couleur d'or. Alors ce sera merveilleux quand tu m'auras apprivoisé! Le blé, qui est doré, me fera penser à toi. S'il te plaît... apprivoise-moi!

— Je veux bien, répondit le petit prince. Mais je n'ai pas beaucoup de temps. J'ai des amis à découvrir° et beaucoup de choses à connaître. trouver

— On ne connaît que les choses que l'on apprivoise, dit le renard. Les hommes n'ont plus le temps de rien connaître. Ils achètent des choses toutes faites chez les marchands. Mais comme il n'existe pas de marchands d'amis, les hommes n'ont plus d'amis. Si tu veux un ami, apprivoise-moi!

— Que faut-il faire? dit le petit prince.

— Il faut être très patient, répondit le renard.

[Le renard explique qu'il faut s'asseoir chaque jour un peu plus près, ne pas parler quelquefois parce que «le langage est source de malentendus°». *misunderstanding* Il faut s'ouvrir progressivement, et venir toujours à la même heure pour avoir le temps de se préparer le cœur, car l'anticipation est nécessaire au bonheur.]

Ainsi le petit prince apprivoisa le renard. Et quand l'heure du départ arriva:

— Ah, dit le renard... Je pleurerai.

— C'est ta faute, dit le petit prince. Tu as voulu que je t'apprivoise.

— Bien sûr, dit le renard.

— Mais tu vas pleurer! dit le petit prince.

— Bien sûr, dit le renard.

— Alors tu n'y gagnes rien°! *gain nothing*

— J'y gagne, dit le renard, à cause de la couleur du blé.

Puis il ajouta:

— Va revoir les roses. Tu comprendras que ta rose est unique au monde. Tu reviendras me dire adieu, et je te ferai cadeau d'un secret.

[Le petit prince va revoir les roses, comprend qu'elles ne sont pas du tout comme sa rose parce qu'elles ne sont pas apprivoisées. Sa rose est unique au monde parce que c'est pour elle qu'il a sacrifié son temps, c'est elle qu'il a servie, c'est elle qu'il a écoutée, c'est elle qu'il a aimée—c'est elle qu'il aime.]

Et il revint vers le renard.

— Adieu, dit-il...

— Adieu, dit le renard. Voici mon secret. Il est très simple. On ne voit bien qu'avec le cœur. L'essentiel est invisible pour les yeux.

— L'essentiel est invisible pour les yeux, répéta le petit prince, pour se souvenir.

— C'est le temps que tu as perdu pour ta rose qui fait ta rose si importante...

— C'est le temps que j'ai perdu pour ma rose... fit le petit prince, pour se souvenir.

— Les hommes ont oublié cette vérité°, dit le renard. Mais tu ne dois pas l'oublier. Tu es responsable pour toujours de ce que tu as apprivoisé. Tu es responsable de ta rose... *truth*

— Je suis responsable de ma rose... répéta le petit prince, pour se souvenir.

Observez et confirmez: en détail

5 Les mots. En utilisant le contexte et la logique, pouvez-vous déduire ce que signifient les mots en caractères gras? Trouvez les synonymes.

1. (Page 307, line 13) C'est bien **gênant.**
2. (Page 308, line 17) Ça signifie **créer** des liens...
3. (Page 308, line 18) Tu n'es encore pour moi qu'un petit garçon tout **semblable** à cent mille petits garçons.
4. (Page 308, line 41) Les champs de blé ne me **rappellent** rien.
5. (Page 309, line 64) J'y gagne, **à cause de** la couleur du blé.

a. pareil
b. parce qu'il y a
c. faire, fabriquer
d. problématique
e. font penser à

6 Le texte. Répondez aux questions suivantes, selon le texte.

1. Pourquoi le renard ne peut-il pas jouer avec le petit prince?
2. Quel est le seul intérêt des hommes, selon le renard?
3. Que signifie «apprivoiser»?
4. Pourquoi le renard dit-il que «rien n'est parfait» quand il parle de la planète du petit prince?
5. Pourquoi le renard veut-il que le petit prince l'apprivoise?
6. Pourquoi le petit prince n'a-t-il pas beaucoup de temps pour apprivoiser le renard? Est-ce ironique?
7. Pourquoi les champs de blé vont-ils être une consolation pour le renard après le départ du petit prince?
8. Qu'est-ce que le petit prince comprend quand il revoit les roses?
9. Quel est le secret du renard? Comment est-ce que l'expérience du petit prince avec les roses l'a préparé à comprendre ce secret?
10. Quelle vérité est-ce que les hommes ont oubliée, selon le renard?

Explorez

1. Est-ce que vous êtes d'accord avec le renard quand il dit que «les hommes n'ont plus le temps de rien connaître» et «n'ont plus d'amis»? Avec un(e) camarade de classe, faites une liste des obstacles aux relations humaines dans la société moderne, puis comparez votre liste avec celles des autres groupes.
2. Qu'est-ce qu'il faut faire pour apprivoiser quelqu'un? En groupes de deux ou trois, comparez la liste du renard **(«Selon le renard»)** et votre liste à vous **(«Selon nous»),** selon vos expériences personnelles. Ensuite présentez vos conclusions à la classe.
3. Est-ce que vous avez «des champs de blé» dans votre vie—des objets, des chansons *(songs)*, des parfums ou d'autres choses—qui vous rappellent des personnes que vous aimez? En groupes de deux ou trois, comparez vos «champs de blé».
4. «On ne voit bien qu'avec le cœur. L'essentiel est invisible pour les yeux.» Pensez à deux personnes que vous aimez. Qu'est-ce qu'on voit avec les yeux quand on regarde ces personnes? Et avec le cœur? Individuellement d'abord, complétez le tableau suivant, puis partagez vos observations avec un(e) partenaire.

nom ou initiales	avec les yeux	avec le cœur

Post scriptum After realizing that he is responsible for his rose, **le petit prince** decides to return to his planet to take care of her. The return will not be easy. **Le petit prince** will have to leave his body on Earth, because it will be too heavy to carry on the way up. The snake that he met when he arrived on Earth will help him make his ultimate sacrifice. The prince's death will be the supreme illustration of the fox's secret: It is only with the heart that one can truly see; what is essential is invisible to the eyes. The body is just a shell; the essential lives on. **On ne voit bien qu'avec le cœur. L'essentiel est invisible pour les yeux...**

Par écrit The way we were

Avant d'écrire

A Strategy: Using reporters' questions. The standard questions asked by reporters—who? what? where? when? why? and how?—can be used as an effective pre-writing tool to help generate ideas. The answers to some questions will, of course, be more important than others, depending upon the topic, but the process of *asking* questions will help clarify which items are most relevant.

Application. What questions would you ask a friend you hadn't seen in a long time? What would you ask someone who has lived a long time? List as many questions as you can in each category.

B Strategy: Talking about the way things were. These expressions can be used to introduce a discussion of the way things were in the past.

autrefois
à cette époque-là
en ce temps-là
} *back then* / *at that time*

Application. Use the preceding expressions to introduce three sentences about what life was like when you were ten years old.

Vocabulaire actif

à cette époque-là
en ce temps-là

Écrivez

1. Le petit prince se prépare à retourner sur sa planète. Il anticipe les questions que sa rose va lui poser **(«Questions de la rose»)** et, dans son journal de voyage, prépare les réponses qu'il va donner **(«Réponses du petit prince»)**, décrivant au passé ses impressions de la Terre. Qu'est-ce que le petit prince écrit dans son journal?
2. C'est l'an 2090. Vous fêtez votre centième anniversaire et un journaliste vous pose des questions pour un article qui va paraître dans le journal local. Comment allez-vous répondre à ses questions?

   Vous aviez une grande famille?

   Qu'est-ce que vous faisiez pour vous amuser quand vous étiez petit(e)?

   Vous aviez un(e) meilleur(e) ami(e) à cette époque-là? Comment était-il/elle?

   Est-ce que l'institution du mariage était différente autrefois?

   Et le concept du bonheur?

Synthèse culturelle

Qu'est-ce que le bonheur?

Pensez

Pour certains, le bonheur n'est pas un «objectif». C'est plutôt trouver l'équilibre entre les différents aspects de la vie. C'est apprécier sa vie et profiter des petits moments (le coucher du soleil, une bonne patisserie partagée entre amis…). Quels sont les moments où vous vous sentez le plus heureux? le plus équilibré? Pensez-y en regardant la vidéo. Les exercices se rapportant à la synthèse culturelle du Chapitre 8 dans votre manuel vont vous aider à comprendre ce que vous entendez. Ensuite, faites **Explorez** et **Bloguez!** ci-dessous.

Quelles sont les composantes principales du bonheur à votre avis?

Camille: Pour moi, c'est pas un objectif, c'est plutôt une manière de voir, de penser sa vie.

Fatim: Comme on dit : «Carpe diem», donc vivre l'instant présent, j'crois qu'c'est vraiment important.

© Heinle, Cengage Learning

Greg: ... avoir le soutien de sa famille et de ses amis est très important, tant dans les moments heureux que dans les moments malheureux.

Explorez

Faites une liste de six facteurs qui contribuent à votre bonheur, et organisez-les du plus important au moins important.

Bloguez!

Est-ce que les facteurs qui contribuent à votre bonheur ressemblent à ceux que Camille, Gregory et Fatim ont mentionnés? Présentez les trois facteurs contributifs les plus importants pour vous, et expliquez pourquoi vous les avez choisis. Téléchargez des photos ou des images qui représentent ces trois facteurs.

Vocabulaire actif

Verbes et expressions verbales

apprécier *to appreciate*
attirer / être attiré(e) par *to attract / be attracted by*
avoir besoin (de) *to need*
avoir confiance en soi *to be self-confident*
communiquer *to communicate*
devoir *to have to, to owe*
épouser *to marry (someone)*
être accro *to be addicted to*
partager *to share*
pleurer *to cry*
rire *to laugh*
taquiner *to tease*
tomber amoureux / amoureuse *to fall in love*

Verbes pronominaux

s'aimer *to love each other*
s'amuser *to have fun*
se comprendre *to understand one another*
se disputer *to fight, to argue*
s'écrire *to write one another*
s'ennuyer *to be bored*
s'entendre (bien ou mal) *to get along*
s'inquiéter (de) *to worry (about)*
s'intéresser à *to be interested in*
se marier (avec quelqu'un) *to get married*
se parler *to talk to one another*
se passer (quelque chose se passe) *to happen, to take place*
se retrouver *to meet (by previous arrangement)*
se (re)voir *to see each other (again)*
se sentir (à l'aise, libre) *to feel (at ease, free)*
se souvenir (de) *to remember (someone or something)*
se téléphoner *to phone one another*

L'amour

un couple *a couple*
le mariage *marriage*
un(e) petit(e) ami(e) *a boyfriend / a girlfriend*
une relation *a relationship*
sensible (aux besoins de quelqu'un) *sensitive (to someone's needs)*
un sentiment *a feeling*

Les tâches (f.) domestiques *(domestic chores)*

faire du bricolage *to putter, do-it-yourself*
faire du jardinage *to do gardening*
faire la lessive *to do the laundry*
faire le ménage *to do housework*
faire la vaisselle *to do the dishes*
passer l'aspirateur *to vacuum*
ranger (sa chambre) *to tidy up (one's bedroom)*
repasser *to iron*

Ce qu'on donne ou ce qu'on a

l'amitié (f.) *friendship*
le bonheur *happiness*
son identité (f.) *one's identity*
les (mêmes) goûts (m.) *(the same) tastes*

Ce qu'on dit ou ne dit pas

une blague *a joke*
un secret *a secret*

Vocabulaire actif *(continued)*

Expressions pour donner des conseils

Il faut... *It is necessary . . .*
Si tu / Si vous (+ imparfait)... *What if you . . .*
Tu as / Vous avez besoin de... *You need to . . .*
Tu dois / Vous devez... *You must . . . / have to . . .*
Tu devrais / Vous devriez... *You should . . .*

Divers

une boîte de nuit *a night club*
un boulot / un métier *a job*
le contraire *the opposite*
libre *free*
pareil(le) *the same*
Pas grave! *No big deal!*
la plupart (des gens, du temps) *most (people, of the time)*
un tas de *lots of*
tout le monde *everyone*

Adverbes de temps

à cette époque-là *at that time*
autrefois *in the past*
en ce temps-là *in those days*
de temps en temps *from time to time*

chapitre 9

Les souvenirs

Ghislain & Marie David de Lossy/Photolibrary

This chapter will enable you to

- distinguish between *the way things were* and *what happened* in the past
- handle social situations and simple discussions related to holidays and gift-giving
- understand extended past narrations and descriptions
- read texts about French holidays and traditions, and a literary passage about a young immigrant's struggles with French past tenses

Qu'est-ce que ces enfants ont fait aujourd'hui? Et vous? Est-ce que vous vous souvenez de votre premier jour d'école? Connaissiez-vous les autres enfants?

Chapter resources

- iLrn Heinle Learning Center
- Text Audio Program
- Video
- Premium Website

Première étape

À l'écoute Un souvenir d'école

Parmi les souvenirs, il y en a toujours qui sont associés à l'école. Ici une dame va vous raconter quelque chose qui s'est passé quand elle était à l'école maternelle.

Pensez

1 Étudiez les phrases suivantes pour déduire le sens des mots en caractères gras. Complétez ensuite le tableau donné.

l'idée	la façon de le dire en français
to call on someone for an answer	
to raise one's hand/finger	
to be mad or angry	
to be ashamed	
to be punished	
to beat	
pictures	
to remain standing	
to be seated	
to stop	
to whisper	

1. Quand il n'y a pas assez de chaises, certaines personnes **sont assises,** mais d'autres **restent debout.**
2. En France, quand on veut répondre en classe, on **lève le doigt** (non, ce n'est pas la main, mais seulement l'index!) en espérant que le professeur va nous **interroger.**
3. Dans les livres d'enfants, il y a beaucoup **d'images** ou d'illustrations.
4. Quand on est fatigué de faire quelque chose, on **arrête** de le faire; c'est le contraire de «commencer».
5. Si on ne veut pas que les autres entendent, on parle très doucement, on **murmure.**
6. Quand un enfant fait quelque chose de mal, il risque d'**être puni.** L'interdiction de regarder la télé est une forme de punition; **battre** quelqu'un est une punition corporelle. Si l'enfant regrette et se sent embarrassé, il **a honte** de sa mauvaise action.
7. Quand on **est fâché,** ou irrité, on perd quelquefois le contrôle de ses émotions.

2 L'école maternelle, la maîtresse (l'institutrice), une petite fille, interroger, lever le doigt, une réponse, une image, fâché, battre, puni, la honte... Tous ces mots sont des mots-clés dans le «souvenir d'école» que vous allez entendre. Quelle sorte d'histoire anticipez-vous?

Observez et déduisez

CD 3-17

3 Écoutez d'abord pour comprendre la progression des idées dans cette histoire. Classez les images suivantes dans l'ordre chronologique, de 1 à 4.

_____

_____

_____

_____

4 Écoutez encore et indiquez si les phrases suivantes sont vraies ou fausses. Si elles sont fausses, corrigez-les.

1. Solange était une bonne élève.
2. Joëlle faisait la collection d'images.
3. Un jour, la maîtresse a arrêté d'interroger Joëlle pour donner l'occasion aux autres de répondre.
4. Joëlle voulait aider Solange à avoir des images.
5. Chaque fois que Joëlle n'a pas été interrogée, elle a murmuré les réponses et sa voisine a entendu.
6. Joëlle a pensé qu'elle était victime d'une injustice.
7. Joëlle a battu* Solange.
8. Les autres élèves ont séparé Joëlle et Solange.
9. La punition de Joëlle a été de rester assise au coin de la classe pendant plus de deux heures.
10. Joëlle n'a plus jamais attaqué personne en classe!

Vocabulaire actif

arrêter
avoir honte
battre
être assis(e)
être fâché(e)
être puni(e)
une image
interroger
lever le doigt
la maîtresse
murmurer
rester debout

*Battre est un verbe irrégulier: je bats, tu bats, il/elle/on bat, nous battons, vous battez, ils/elles battent. Participe passé: battu

5 Écoutez encore et complétez les extraits suivants du segment sonore avec la forme appropriée des verbes au passé composé ou à l'imparfait.

1. Je crois que j'______________ cinq ans à l'époque, j'______________ donc à l'école maternelle.
2. Quand on ______________ bien, la maîtresse nous ______________ des images.
3. Cinq ou six fois de suite, Solange ______________ le doigt, la maîtresse ______________ Solange, et Solange ______________ des images, avec mes réponses.
4. J'______________ tellement fâchée que j'______________ à battre Solange.
5. Je n'______________ la honte et l'humiliation... mais ça m'______________ quelque chose.

Prononciation [e] ou [ɛ]?

Distinguishing between the closed [e] and the open [ɛ] is crucial when listening for and producing verbs in the **passé composé** and **imparfait.** Compare **j'ai été** [ʒe ete] and **j'étais** [ʒetɛ]. The open [ɛ] characterizes the **imparfait** ending, whereas the closed [e] is the hallmark of the **passé composé,** since many past participles end in **-é.**

Observez et déduisez

CD 3-18

Listen to the following words from **À l'écoute: Un souvenir d'école** on the Text Audio Track. Underline the closed [e] sounds with one line and the open [ɛ] sounds with two lines. Then draw some conclusions about the spelling indications for the two sounds.

1. Joëlle, **est**-ce que tu as un souvenir d'**é**cole à nous racont**er**?
2. J'**étais** assise à côté d'une petite fille qui s'appel**ait** Solange.
3. J'**aimais** bien r**é**pondre aux qu**es**tions de la m**aîtresse**.
4. Cinq ou six fois de suite, j'**ai** lev**é** le doigt, sans succ**è**s.
5. C'**était** moi qui sav**ais** **les** r**é**ponses **et** c'**était** à Solange qu'on donn**ait** **les** images!
6. J'**ai** dû r**es**t**er** debout, au coin de la classe, av**ec** la t**ê**te contre le mur.
7. **Mais** je n'**ai** plus jam**ais** attaqu**é** p**er**sonne!

Conclusions. Check the appropriate sound symbol in the chart below and give an example or two from the sentences above.

Orthographe (*spelling*)	[e]	[ɛ]
é	école, levé	
è		
ê, ë		
-er /-ez		
et (la conjonction)		
est (le verbe **être**)		
ai en position finale		
ai + autre lettre		

Orthographe (*spelling*)	[e]	[ɛ]
e + deux consonnes (**elle, rester,** etc.)		
les, des (articles)		
e + une consonne prononcée à la fin d'un mot **(cher)**		

*When the letter **e,** with no accent, is followed by a single consonant inside a word, it is pronounced [ə] **(*e* caduc): petite, premier, levé, debout.** You will review **le e caduc** in **Chapitre 10.**

Confirmez

CD 3-19

1. Pronounce the seven sentences in **Observez et déduisez**, distinguishing clearly between [e] and [ɛ].
2. In the following sentences, underline the closed [e] sounds with one line and the open [ɛ] sounds with two lines, then practice saying the sentences aloud. Listen to them on the Text Audio Track to verify your pronunciation.
   a. Appelle Marie-Thérèse; elle était dans la même classe que Joëlle et Solange cette année-là.
   b. Elle sait ce qui s'est passé!
   c. Quand elle a vu Joëlle au coin avec les mains derrière le dos, elle a eu pitié.
   d. Pendant le déjeuner, elle est allée lui acheter des caramels au lait et quand la maîtresse ne regardait pas, elle les lui a donnés.

Structure Telling a story about the past

Grammar Podcasts, Grammar Tutorials

L'imparfait et le passé composé

Observez et déduisez

J'aimais bien répondre aux questions de la maîtresse parce que, quand je répondais bien, elle me donnait des images.

Solange a levé le doigt, la maîtresse a interrogé Solange et Solange a eu des images avec *mes* réponses. Quelle injustice!

- In both of the preceding sentences, Joëlle is talking about the past. What verb tense is used in each sentence? Which sentence answers the question *What happened?* Which sentence answers the question *What were things like?*

Confirmez

1. Any occurrence in the past can be viewed from different perspectives. Two of these perspectives are expressed in French through the **imparfait** and the **passé composé.** The imperfect is used to say what was going on in the past. It answers the questions *What was it like? What were the circumstances?* **(Quelles étaient les circonstances?)**

2. There are two main instances in which you will use the imperfect. As you learned in **Chapitre 8,** the imperfect is used to tell *what it was like* in the past, *the way things used to be* (page 281).

   Quand **j'étais** petite, **j'adorais** l'école.

3. The imperfect is also used to "set the stage," to create a mood, to reveal the background conditions.

   Je crois que **j'avais** cinq ans à l'époque; **j'étais** donc à l'école maternelle. **J'étais** assise à côté d'une petite fille qui **s'appelait** Solange. Elle **n'aimait** pas l'école et elle ne **travaillait** pas trop bien.

   Conditions include all *physical* description.

   Moi, **j'avais** les cheveux courts et bouclés *(curly)* tandis que Solange **avait** les cheveux longs et noirs.

4. Verbs in the **passé composé,** on the other hand, answer the questions *What happened? What happened next?* **(Qu'est-ce qui s'est passé?)**

   La maîtresse **a arrêté** de m'interroger, mais j'**ai murmuré** les réponses et Solange les **a entendues.**

5. It is common to see the **passé composé** and the **imparfait** used together since the **imparfait** sets the stage (describes the circumstances) and the **passé composé** tells what happened (the results or reaction).

   J'étais tellement fâchée ce jour-là que j'**ai attrapé** *(grabbed)* Solange par les cheveux, et j'**ai commencé** à la battre.

   The choice between the **imparfait** and **passé composé** must be made *in context.* If you are unsure about your choice, ask yourself if—*in this context*—the verb answers the question *What were the circumstances?* (→ **imparfait**) or the question *What happened?* (→ **passé composé**).

   Joëlle **était** fâchée et elle **a attaqué** Solange. Par conséquent, elle **a été** punie.

L'imparfait et le passé composé: une comparaison

l'imparfait	le passé composé
What were the circumstances? What was it like?	What happened? What happened next?

Activités

CD 3-20

A **Un autre point de vue.** Sur une feuille de papier, préparez 2 colonnes *(les circonstances* et *ce qui s'est passé)* et 9 lignes numérotées de 1 à 9. Ensuite, écoutez l'histoire selon Solange. Décidez si les phrases indiquent *les circonstances* ou *ce qui s'est passé.*

➡ (Joëlle était la meilleure élève de la classe.) *les circonstances*

Maintenant, écoutez l'histoire encore une fois. Trouvez au moins une différence entre l'histoire de Solange et l'histoire de Joëlle.

B **Conclusions.** Quelles conclusions peut-on tirer de l'histoire de Joëlle? Complétez les phrases de la colonne de gauche avec une expression logique de la colonne de droite.

1. Solange était jalouse...	a. quand les filles ont commencé à se battre.
2. Joëlle était frustrée...	b. parce qu'elle a dû rester au coin.
3. La maîtresse a été surprise...	c. quand la maîtresse leur a raconté l'incident.
4. Les élèves ont ri...	d. parce que Joëlle recevait toujours des images.
5. Joëlle était humiliée...	e. parce que la maîtresse ne l'interrogeait plus.
6. Les parents de Joëlle n'étaient pas contents...	f. quand Joëlle a «attaqué» Solange.

C **Quels élèves!** La maîtresse a quitté la classe pendant quelques minutes. Décrivez la scène dans la salle quand elle est revenue. Quelles étaient les circonstances?

➡ Quand la maîtresse est revenue... (ne pas être contente)
... elle n'était pas contente.

D **La maîtresse se souvient.** Voici l'histoire de Joëlle et Solange, version «maîtresse». Racontez-la en choisissant le passé composé ou l'imparfait des verbes entre parenthèses.

Oui, c'est vrai. Joëlle (être) mon élève préférée. Elle (être) tellement intelligente, et elle (adorer) travailler. Elle (vouloir) répondre à toutes mes questions parce qu'elle (collectionner) les images que je (donner) comme récompense. Oui, elle (être) vraiment charmante—sauf ce jour-là... Une autre enfant, Solange, (répondre) à une de mes questions, et Joëlle (se fâcher)! Elle (attraper) Solange par les cheveux, et elle (commencer) à la battre. Quelle horreur! Les autres élèves, bien sûr, (rire) de voir «la bataille». Enfin, j(e) (réussir) à les séparer, et tout de suite Joëlle (être) punie. Elle (rester) debout dans le coin de la salle de classe pendant une demi-journée; elle (avoir) vraiment honte. Quand j(e) (raconter) ce qui (se passer) à ses parents, ils n(e) (être) pas du tout contents. Je pense qu'ils (punir) Joëlle, eux aussi, une fois à la maison. Mais à part cet incident imprévu, la petite fille aux cheveux bouclés (être) un ange.

E **Rêve ou cauchemar *(nightmare)*?** Après l'incident avec Joëlle, Solange est très troublée. Elle parle à une amie du rêve qu'elle a fait hier soir. Racontez le rêve en employant le passé composé et l'imparfait.

Je suis à l'école. J'ai peur et j'ai froid. La maîtresse est très grande. Elle a les cheveux bleus. Je parle à mon amie quand la maîtresse commence à nous interroger. Je lève le doigt et je réponds à sa question, mais la réponse est fausse. J'ai honte. Les autres élèves rient et moi, je pleure. Puis ils me battent, mais la maîtresse, elle ne regarde pas. Elle mange une pomme noire!

F **Un souvenir d'école.** Prenez une feuille de papier et préparez un tableau selon le modèle ci-dessous. D'abord, pensez à votre premier jour d'école. Comment était-il? Complétez les phrases de la colonne de gauche.

Quelles étaient les circonstances?	Qu'est-ce qui s'est passé?
La maîtresse (le maître) était...	
J'aimais (n'aimais pas)...	
Je voulais (ne voulais pas)...	
Les élèves étaient...	
Je pouvais (ne pouvais pas)...	
?	

Maintenant, pensez à *ce qui s'est passé* ce jour-là, et écrivez ce que vous avez fait—ou n'avez pas fait—dans la colonne de droite. (Par exemple: lever le doigt, répondre aux questions, avoir des images, apprendre beaucoup, s'amuser, rester debout, être puni[e], murmurer, se battre, etc.) Finalement, organisez les phrases dans l'ordre logique—Ajoutez des détails si vous le désirez!—et racontez votre expérience aux autres étudiants.

G **Imaginez.** Inventez votre propre histoire en regardant la séquence d'images ci-dessous et à la page 323. Travaillez avec un(e) partenaire.

Banque de mots

voir
faire beau
marcher
chercher quelqu'un
préparer un examen
une bonne/mauvaise note
réussir
rater
être gentil(le)/content(e)...
aider quelqu'un
(ne pas) devoir
(re)passer un examen
(ne pas) avoir honte/peur/envie
expliquer
(ne pas) comprendre
(ne pas) apprendre
oublier
(ne pas) vouloir
(ne pas) trouver
écouter
(ne pas) travailler

Jeu de rôle

Lately, unexpected circumstances have kept you from your obligations and assigned task (the library was closed . . . the computer "ate" your paper . . .), or other people have hindered your plans (a classmate who borrowed a book . . . a boss who had you work overtime . . .). Commiserate with classmates on your fate and your frustration.

Deuxième étape

Lecture Fêtes et souvenirs

Des occasions qui sont souvent riches en souvenirs sont les jours de fête. Ce sont des jours de congé (vacances), des occasions de s'amuser, de passer du temps en famille, de manger de bons repas, d'offrir ou de recevoir des cadeaux, etc.

Pensez

1 Quelles sont les fêtes que vous célébrez dans votre famille? Noël? le Ramadan? Hanoukka? le Jour d'action de grâces (ou le thanksgiving: fête américaine, le quatrième jeudi de novembre)? Comment est-ce que vous fêtez votre anniversaire? la fête nationale de votre pays? la fête des mères?

2 Avec quelles fêtes est-ce que vous associez les choses suivantes?

une dinde

un sapin

une bougie

des jouets

un ours en peluche

une poupée

un ballon

un jeu électronique

un défilé militaire

un bouquet de fleurs

un pique-nique

Observez et déduisez: en général

3 Parcourez rapidement le texte et indiquez quelle(s) partie(s) incluent les renseignements suivants. Cochez la/les colonne(s) appropriée(s).

	Le Carnaval	Le 14 juillet	Noël
Origine de la fête ou de certaines traditions			
Définition d'une fête en général			
Ce qu'on mange ce jour-là			
Activités traditionnelles			
Cadeaux			
Traditions particulières à la Provence (région du sud de la France)			

Trois fêtes bien françaises

Le carnaval

Le carnaval est un temps de réjouissance qui dure trois jours en février et se termine par le «mardi gras». C'est une survivance des Bacchanales romaines, des fêtes grecques en l'honneur de Dionysos, des fêtes d'Isis en Égypte ou des Sorts chez les Hébreux. Ces fêtes célébraient le passage de l'hiver au printemps, de la mort à la vie, le réveil° de la nature. Pendant quelques jours, les esclaves devenaient les maîtres, les maîtres prenaient la place des esclaves. C'était le règne provisoire de la fantaisie et de l'utopie.

awakening

Mardi gras: le défilé de Nice.

Comme toute fête au sens plein du terme, le carnaval est la négation du monde de tous les jours. Symbole même de la fête populaire, il instaure un temps joyeux pendant lequel il est possible de s'affranchir° des contraintes du quotidien°. Grâce aux déguisements, aux masques, à la joie populaire, le pauvre peut oublier pour quelque temps sa misère, le malade sa souffrance. Chacun peut changer de condition: les hommes se déguisent en femmes, les enfants se donnent les droits des adultes. En France, le carnaval est une tradition bien vivante, notamment à Granville, en Normandie, mais surtout à Nice, sur la Côte d'Azur, où les défilés et les bals costumés ont acquis une réputation internationale.

se libérer
la vie de tous les jours

Le 14 juillet: la fête nationale

Le 14 juillet 1789, le peuple de Paris s'est emparé de° la Bastille, une prison qui représentait le pouvoir royal. Un an plus tard, La Fayette et 14 000 délégués venus de toute la France ont prêté serment de fidélité à la nation. La fête nationale française a donc été instituée le 14 juillet 1790, pour commémorer l'unité du peuple. Aujourd'hui, le 14 juillet est l'occasion annuelle d'admirer le grand défilé militaire qui se déroule sur les Champs-Élysées. En 2007, des

pris par la force

EPA/MELANIE FREY/Corbis

soldats des 27 pays de l'Union Européenne faisaient partie du défilé. En 2008, l'invité d'honneur du défilé n'était autre que le secrétaire général de l'ONU, Ban Ki-Moon, qui a fait le déplacement pour célébrer la Déclaration Universelle des Droits de l'Homme, adoptée soixante ans plus tôt à Paris. À travers la France, le drapeau tricolore, né de l'union, sous la Révolution française, des couleurs du roi (blanc) et de la ville de Paris (bleu et rouge), flotte sur tous les édifices publics. Le soir, des bals populaires et des feux d'artifice° animent toutes les villes, grandes et petites.

fireworks

Le 14 juillet; Vive la France!

Noël

Depuis le Moyen Âge, la célébration de Noël commence le 24 décembre. Autrefois, une coutume familiale était de mettre dans la cheminée une bûche° assez grosse pour pouvoir brûler pendant trois jours, une représentation du temps qui s'est écoulé entre la mort et la résurrection du Christ. Cette tradition se retrouve dans «la bûche de Noël», qui est maintenant le gâteau privilégié des repas de Noël.

a log

Aujourd'hui, les symboles religieux restent présents dans la plupart des traditions de Noël, comme dans les crèches, qui sont souvent des œuvres d'art, et que l'on voit dans les églises, des vitrines de magasins et chez beaucoup de Français. En Provence, les crèches incluent des «santons», des petites figurines qui représentent non seulement la sainte famille, mais aussi les personnages de la vie de tous les jours: le boulanger, le boucher, la mère de famille, etc. Une autre tradition provençale est de servir, le soir du réveillon, un plat de lasagnes au beurre et au fromage, car les lasagnes, à l'origine, symbolisaient les langes° de l'enfant Jésus. Le repas se termine par «les treize desserts» qui représentent le Christ et ses douze apôtres°.

swaddling clothes
apostles

Si la tradition des treize desserts est particulière à la Provence, le repas du réveillon est un véritable festin à travers toute la France. Les menus varient, bien sûr, mais ils incluent souvent des huîtres, du foie gras°, une dinde farcie aux marrons°, et comme dessert, la bûche de Noël, dont les pâtisseries offrent des variations toutes plus artistiques les unes que les autres.

goose liver pâté
stuffed with chestnuts

Chantal Thompson

La bûche de Noël

Une tradition plus récente (importée du monde anglo-saxon) est celle du Père Noël, chère aux enfants qui rêvent de poupées, d'ours en peluche, de jeux électroniques et d'autres jouets.

Adapté de *Fêtes et traditions de France* (Alain-François Lesacher, Éditions Ouest-France, pp. 19, 59, 92–96) et *Noël en Provence* (Monique Granoux-Lansard, Editions S.A.E.P, pp. 7–9).

Déduisez et confirmez: en détail

4 **Les mots.** En utilisant le contexte et la logique, pouvez-vous déduire le sens des mots en caractères gras? Expliquez en français si vous le pouvez, ou traduisez.

Le carnaval

1. «Le carnaval est un temps de **réjouissance** qui dure trois jours...»
2. «Pendant quelques jours, **les esclaves devenaient les maîtres...**»
3. «... les enfants se donnent **les droits** des adultes.»
4. « ...où les défilés et **les bals** costumés...»

Le 14 juillet: la fête nationale

5. «une prison qui représentait **le pouvoir** royal»
6. «... **ont prêté serment** de fidélité à la nation»
7. «Le **drapeau** tricolore...»
8. «des bals populaires et des **feux d'artifice** animent toutes les villes...»

Noël

9. «Depuis le **Moyen Âge...**»
10. «**une coutume** familiale...»
11. «le soir/le repas du **réveillon**»

5 **Le texte.** Répondez aux questions suivantes selon le texte.

Le carnaval

1. Quelle est l'origine de cette fête? Qu'est-ce que les gens de l'Antiquité faisaient pour célébrer cette fête?
2. Quelle définition l'auteur donne-t-il des fêtes en général?
3. Qu'est-ce que les déguisements (les masques et les costumes) permettent de faire?
4. Qu'est-ce qui a acquis une réputation internationale à Nice et à Granville?

Le 14 juillet: la fête nationale

5. Qu'est-ce qui s'est passé le 14 juillet 1789 et le 14 juillet 1790? Quelle est l'origine des couleurs du drapeau français?
6. Qu'est-ce que les défilés de 2007 et de 2008 ont eu de particulier?
7. Quel autre anniversaire le 14 juillet 2008 a-t-il marqué?
8. Quelles sont les activités principales du 14 juillet en France?

Noël

9. Expliquez l'origine de la bûche de Noël.
10. Les crèches de Noël: Où les voit-on? Qu'est-ce qu'elles ont de particulier en Provence?
11. Quel est le symbolisme de deux des parties du repas traditionnel de Noël en Provence?
12. Qu'est-ce que le repas du réveillon inclut généralement dans le reste de la France?
13. Quelle est cette tradition récente importée du monde anglo-saxon?

Explorez

1. «Toute fête au sens plein du terme est la négation du monde.» Est-ce vrai? Expliquez votre point de vue, en donnant plusieurs exemples.
2. Imaginez qu'un(e) journaliste vous demande de décrire trois fêtes typiques de votre pays. Quelles fêtes allez-vous choisir? Que pouvez-vous dire sur leur origine et la façon de les célébrer?
3. Répondez aux questions suivantes concernant les jouets.
   a. À votre avis, quels sont les jouets le plus souvent offerts aux enfants dans votre pays? Quels étaient vos jouets préférés quand vous étiez enfant?
   b. Racontez un souvenir particulier associé à un jouet. Pour vous aider à distinguer entre le passé composé et l'imparfait, organisez d'abord vos pensées en utilisant le tableau suivant, puis comparez vos souvenirs.

Quelles étaient les circonstances? (conditions ou descriptions) (→ imparfait)	**Qu'est-ce qui s'est passé? (actions ou réactions) (→ passé composé)**
Comment était ce jouet?	Qui vous l'a donné? À quelle occasion?
	Quelle a été votre réaction? Avez-vous été surpris(e)?
Est-ce que vous saviez à l'avance?	
Est-ce que vous jouiez souvent avec ce jouet?	
	Quand avez-vous arrêté de jouer avec ce jouet?
Est-ce que vous le prêtiez?	Est-ce que ce jouet a causé une dispute un jour?
?	?

4. Changez de partenaire et racontez un souvenir particulier associé à un repas de fête.

Quelles étaient les circonstances? (imparfait)	**Qu'est-ce qui s'est passé? (passé composé)**
Qui était là?	Qu'est-ce que vous avez fait avant le repas?
Où est-ce que c'était? (Chez vous? Au restaurant?)	
	Qui a fait la cuisine?
	Qu'est-ce que vous avez mangé?
Comment étaient les plats?	
Comment étaient les gens?	De quoi est-ce que vous avez parlé?
?	?

Vocabulaire actif

un bal
un ballon
une bougie
un bouquet de fleurs
une coutume
un défilé
une dinde
un drapeau
une fête
  la fête nationale
  la fête des mères
un feu d'artifice
Hanoukka
un jeu électronique
un jouet
le Jour d'action de grâces
un jour de congé
Noël
offrir (inf.)
un ours en peluche
une peluche
le Père Noël
un pique-nique
une poupée
le Ramadan
un sapin
une tradition
traditionnel(le)

Note culturelle

Le Ramadan. Le Ramadan est une fête importante dans le monde francophone, parce que l'Islam est la deuxième religion de France et 50% de l'Afrique francophone est musulmane. Le Ramadan est un mois sacré pour les musulmans. Célébré le neuvième mois du calendrier islamique, il commémore le commencement de «la descente du Coran en tant que guidance pour les hommes», par l'intermédiaire du prophète Mahomet. Pendant un mois, les musulmans pratiquent le *jeûne*, c'est-à-dire qu'ils s'abstiennent de manger et de boire du matin jusqu'au soir. C'est un mois de purification, pendant lequel le musulman apprend à contrôler ses désirs physiques et à surmonter sa nature humaine. Est-ce que vous avez jamais pratiqué le jeûne? Dans quelles circonstances?

Bloguez! iLrn

Décrivez comment vous célébrez votre fête favorite. Y a-t-il de la musique associée à cette fête? Si oui, téléchargez un fichier audio—ou des photos.

Stratégie de communication

Expressing thanks, congratulations, and good wishes

Observez et déduisez

Birthdays, holidays, and other special events are often occasions for expressing good wishes or thanks to others and for acknowledging those wishes. Read the exchanges below and identify the expressions for wishing someone well, thanking, acknowledging and congratulating.

— Voici un petit cadeau d'anniversaire pour toi.
— Oh là là. Tu es trop gentil! Merci mille fois!
— Mais ce n'est rien.

— Joyeux Noël, Monsieur Tournier.
— Et bonne année, Madame Robert!

— Vous avez terminé vos études?! Félicitations!
— Merci. Je suis très content.

— Une bonne note en français? Chapeau, Nancy, bravo!
— Merci, c'est gentil. J'ai eu de la chance.

Now check your answers in the chart that follows.

Confirmez

Des formules de politesse

remercier	accepter des remerciements
Merci beaucoup / mille fois. C'est trop gentil / bien gentil. Tu es trop gentil(le) / bien aimable. Vous êtes trop gentil(le) / bien aimable.	Je vous en prie. / Je t'en prie. Ce n'est rien. De rien. Il n'y a pas de quoi.

féliciter	accepter des félicitations
Félicitations! / Bravo! / Chapeau!	Merci. C'est gentil.

souhaiter	
Joyeux Noël! Joyeuses fêtes! Bonne année! Bon anniversaire!	Bonne chance! Bon courage! Bon voyage! Bonnes vacances!

Activités

H **À vous!** Complétez les dialogues avec des expressions appropriées pour remercier, féliciter ou souhaiter.

1. — Je peux t'aider à préparer l'examen si tu veux.
   — ______________________________
   — ______________________________
2. — Vous avez acheté une nouvelle maison? ______________!
   — ______________________________
3. — Enfin, c'est le dernier jour de classe!
   — ______________________________
4. — Que je suis nerveux! Aujourd'hui j'ai un examen vachement important.
   — ______________________________

I **Félicitations! Remerciements! Souhaits!** Jouez le rôle des deux personnes dans les situations suivantes avec un(e) camarade de classe. Une personne va expliquer la situation; l'autre va réagir avec une expression appropriée.

➡ Vous avez eu la meilleure note de la classe à l'examen.
— *Quelle chance! J'ai eu une bonne note à l'examen!*
— *Chapeau!*

1. Vos amis ont un cadeau d'anniversaire pour vous.
2. Votre professeur va avoir 29 ans demain—encore!
3. Votre copain vous prête sa voiture.
4. Un ami de la famille vous invite à un concert de jazz.
5. Vos copains partent demain pour la France.
6. Votre cousine va se marier.

Structure Comparing traditions and holidays

Grammar Podcasts, Grammar Tutorials

Le superlatif

Observez et déduisez

Chez nous, les plus grandes dépenses pour les fêtes de fin d'année sont pour les achats de jouets et de nourriture. Les peluches et les jeux vidéo sont les cadeaux les plus populaires, même s'ils ne sont pas les moins chers. La dinde farcie aux marrons est le repas de fête que l'on sert le plus souvent.

- Find four examples of the superlative (e.g.: the *most* fun, the *least* expensive) in the preceding paragraph. What can you infer about the formation of the superlative?

Confirmez

1. You have already used comparative forms of adjectives and adverbs to describe people or things (p. 182). The superlative is used to express extremes in quality or quantity, both negative and positive, to distinguish *the most, the least, the best, the worst*, etc.

2. To form the superlative of an *adjective,* use this pattern:

le	+	plus	+	adjective
la		moins		
les				

Remember that both the article and the adjective must agree in number and gender with the noun.

Selon moi, Noël est **la fête la plus amusante.**
La fête nationale est **la moins importante** pour ma famille.

3. In the superlative, adjectives maintain their normal position before or after the noun. Notice that when the adjective follows the noun, *two* definite articles are used.

adjective *preceding* the noun:	les plus grandes dépenses
adjective *following* the noun:	**le** cadeau **le** plus populaire

4. A phrase beginning with **de** may be added to qualify the superlative.

les traditions les plus anciennes **de** toutes
le plus grand repas **de** l'année

5. To form the superlative of an *adverb,* simply insert **le** before **plus** or **moins. Le** is invariable.

Le repas de Noël dure *(lasts)* **le plus longtemps**—jusqu'à cinq heures même!

6. As in the comparative, **bon(ne)** and **bien** have irregular forms:

comparatif:	J'aime **mieux** le chocolat suisse. Il est **meilleur** que le chocolat américain.
superlatif:	Mais ce que j'aime **le mieux** comme chocolats? Les chocolats belges sont **les meilleurs** de tous!

Vocabulaire actif

une dépense
dépenser
longtemps
le/la meilleur(e)
le mieux
le moins
le plus

Activités

J **Traditions.** Complétez les phrases selon vos traditions et vos préférences.

1. Quand j'étais petit(e), la fête la plus importante, c'était...
   Noël / Hanoukka / le Ramadan / le Jour d'action de grâces / ?
2. Le plat le plus traditionnel pour les repas de fête chez nous, c'était...
   la dinde / le jambon / les huîtres / le poisson / ?
3. Le cadeau qu'on faisait le plus souvent aux enfants autrefois, c'était...
   une peluche / un ballon / un jeu vidéo / une poupée / ?
4. La *moins* grande dépense dans le budget des fêtes de fin d'année, c'était pour...
   les cadeaux / l'alimentation / les voyages / les décorations / ?
5. Pour la fête nationale, l'activité la plus commune de ma famille, c'était...
   un pique-nique / un défilé militaire / un feu d'artifice / ?
6. Aujourd'hui, le meilleur cadeau pour moi, c'est...
   de l'argent / des vêtements / un smartphone / des livres / ?

Maintenant, pour chaque phrase, trouvez un(e) camarade de classe qui a répondu comme vous. Quelles sont les réponses les plus communes de la classe?

➡ *Quelle était la fête la plus importante de ta famille?*

K **Insistez!** Les opinions suivantes sur les fêtes et les traditions ne sont pas très «passionnées». Exprimez votre propre opinion d'une manière plus enthousiaste, selon l'exemple—ou changez l'adjectif si vous préférez.

➡ Halloween? C'est une tradition bizarre.
Pour moi, c'est la tradition la plus bizarre / la plus amusante!

1. Noël? C'est une fête importante.
2. Le carnaval? C'est une tradition populaire chez nous.
3. Un CD? C'est un bon cadeau.
4. Le Père Noël? C'est un homme généreux.
5. La dinde farcie aux marrons? C'est un bon plat.
6. Les lasagnes au beurre et au fromage? C'est un plat symbolique.
7. Un défilé militaire? C'est une tradition patriotique.

Est-ce que vos camarades de classe partagent vos opinions?

Banque de mots

commun
cher
amusant
sérieux
intéressant
idéal
ennuyeux
important
traditionnel
bon
mauvais
?

L **Expériences d'autrefois.** Faites au moins deux comparaisons dans chaque catégorie ci-dessous, basées sur vos expériences personnelles en utilisant le comparatif *et* le superlatif. Employez des adjectifs de la banque de mots.

➡ *Quand j'étais petit, le carnaval était moins important que le Jour d'action de grâces. Hanoukka était la fête la plus importante.*

(fête)	mon anniversaire / le Jour d'action de grâces / Hanoukka / Noël
(cadeau)	un ordinateur / une peluche / un iPod / un ballon
(tradition)	un bal costumé / un défilé / un feu d'artifice / un pique-nique
(repas de fêtes)	des lasagnes au beurre et au fromage / de la dinde / des saucisses / des huîtres

M **Anniversaires.** Pensez à un de vos meilleurs anniversaires. Était-ce le jour où vous avez eu 10 ans? 18 ans? 25 ans? Expliquez pourquoi c'était votre anniversaire préféré: le gâteau? les cadeaux? les activités? la fête? les invités? Qu'est-ce qui s'est passé ce jour-là?

➡ *J'ai eu le meilleur gâteau pour mon 18ème anniversaire—aux noisettes et au chocolat noir—et j'ai eu les cadeaux les plus intéressants: un iPod et un téléphone portable! C'est aussi l'anniversaire où j'ai reçu le moins de cadeaux ennuyeux comme des vêtements…*

Jeu de rôle

You and your teammates are charged with inventing and promoting a new holiday with its own traditions. Decide how it's going to be celebrated and when; if there are gifts, activities, greetings and/or special foods associated with it; how it is going to be promoted in your culture (e.g., greeting cards), etc. Discuss the new holidays with your classmates, and decide which one you prefer. Which holiday has the best food? the least expense? the most fun activities, etc.

Culture et réflexion

Heldur Netocny/Panos Pictures

Un village du Mali écoute sa griotte.

Observez et déduisez

Dans les sociétés occidentales, l'écriture est essentielle à la perpétuation du souvenir et des traditions. Mais dans les sociétés africaines traditionnelles, où beaucoup de gens sont analphabètes (ne savent pas lire ni écrire), comment les traditions se perpétuent-elles? À votre avis, qu'est-ce que la «griotte» sur la photo est en train de raconter?

Confirmez et explorez

• **Le souvenir à travers les griots.** En Afrique de l'Ouest, les griots jouent un rôle très important: ils assurent le lien entre le passé et le présent. Spécialistes de généalogie, conteurs[1], poètes, musiciens, les griots sont présents à toutes les cérémonies familiales et communautaires. Par leurs paroles flatteuses, ils font revivre[2] les ancêtres et leurs légendes. Ils chantent le triomphe du bien sur le mal. Ils transmettent, de génération en génération, l'histoire, la morale et la culture du peuple. Dans les sociétés occidentales, la tradition orale existe-t-elle toujours? Est-ce important de connaître ses ancêtres? Pourquoi ou pourquoi pas?

• **Le souvenir à travers les devises.** La présence du passé se manifeste certainement dans la devise[3] officielle du Québec, «Je me souviens». De quoi les Québécois se souviennent-ils? De leurs origines françaises, d'un pays qui de 1535 à 1763 s'appelait la Nouvelle-France, de la domination anglaise (1763–1867), puis de la création de la Fédération du Canada permettant aux «Canadiens français» une certaine autonomie. Depuis 1974, la seule langue officielle du Québec est le français, mais les tensions linguistiques et culturelles entre les francophones et les anglophones continuent. Comment la devise «Je me souviens» peut-elle aider les Québécois à préparer leur avenir?

• **Le souvenir à travers la langue.** L'existence d'une institution nationale chargée de protéger la pureté de la langue—l'Académie française—démontre l'importance de la tradition dans la langue française! Fondée en 1634, cette institution se compose de 40 membres, élus à vie[4], presque tous des écrivains illustres. Ses fonctions incluent la rédaction d'un *Dictionnaire de la langue française* (1ère édition en 1694, 9e édition en 1986) et d'une *Grammaire de la langue française* (publiée en 1933), l'attribution annuelle de prix littéraires et la *Défense de la langue française*, une association officielle qui contrôle l'évolution de la langue et lutte contre l'invasion des mots étrangers, en particulier anglais. S'il existe un terme français pour désigner une nouvelle invention technologique, par exemple, défense[5] à tout document officiel d'utiliser le terme anglais. Exemple: «un courriel» pour un *mail*. Problème: la plupart des Français disent «un mail» ou «un email»... À votre avis, est-il important de parler *correctement* sa langue maternelle? Donnez des exemples de «fautes[6]» qui sont maintenant acceptées dans l'anglais parlé. Qu'est-ce que vous considérez comme une «corruption» de votre langue? Est-il important de préserver les traditions d'une langue?

Elaine Philips

Bloguez!

Regardez la vidéo pour savoir qui joue le rôle du «griot» dans la famille de Gregory. Et vous? Qui—ou qu'est-ce qui—joue ce rôle dans votre culture? Qui assure un lien entre le passé et le présent et transmet les valeurs de génération en génération? Donnez quelques exemples (membres de la famille? écoles? cérémonies commémoratives? documentaires? musiciens?) et expliquez votre point de vue.

1. *storytellers* 2. *bring to life* 3. *motto* 4. *elected for life* 5. *it is forbidden* 6. erreurs

Troisième étape

À l'écoute Un souvenir de voyage

En matière de souvenirs, nos voyages sont une véritable mine d'or! Ici, quelqu'un va vous raconter un souvenir de voyage—à Tahiti!

Pensez

1 Quand vous pensez à la Polynésie, qu'est-ce que vous imaginez? Cochez les images qui vous semblent appropriées et complétez la liste selon votre imagination.

_____ des plages magnifiques
_____ des fleurs exotiques
_____ des arbres exotiques: des palmiers, des cocotiers *(coconut trees)*, etc.
_____ des tableaux de Gauguin
_____ ?

2 Maintenant imaginez un repas tahitien. Cochez les plats qui, selon vous, vont figurer au menu, puis complétez la liste selon votre imagination.

_____ des poissons cuits *(cooked)*
_____ des poissons crus *(raw)*
_____ des fruits cuits
_____ des fruits crus
_____ du taro (ou «fruit de la terre», comme une pomme de terre)
_____ de la viande
_____ ?

Chantal Thompson

Les délices de la cuisine tahitienne.

Vocabulaire actif

des chaussures
cru(e) ≠ cuit(e)
frapper (ce qui m'a frappé[e])
magnifique
ouvert(e)
reconnaître
tahitien(ne)

Observez et déduisez

CD 3-21

3 Écoutez d'abord pour identifier au moins six choses que vous avez anticipées dans **Pensez** et qui sont mentionnées dans le passage (nature, aliments typiques, etc.). Cochez-les une deuxième fois.

4 Écoutez encore et indiquez si les phrases suivantes sont vraies ou fausses. Si elles sont fausses, corrigez-les.

1. Quand Édith est arrivée à Papeete, elle a pensé qu'il faisait chaud et humide.
2. En sortant de l'aéroport, elle est allée au cinéma.
3. Quand elle a fait le tour de la ville, elle a vu que les maisons des Tahitiens étaient généralement très modestes.
4. Il n'y avait pas de fenêtres aux maisons.
5. Le tama'ara'a est un repas tahitien.
6. Quand elle a été invitée dans une famille tahitienne, elle a dû retirer ses chaussures *(take off her shoes)* avant d'entrer dans la maison.
7. Édith ne savait pas identifier certains plats qu'il y avait sur la table.
8. Les hôtes *(hosts)* ont mangé avec les invités.
9. Il n'y avait pas d'assiettes pour les hôtes sur la table.
10. Un repas traditionnel tahitien se mange avec les doigts.

5 Écoutez encore la conversation pour pouvoir compléter le résumé suivant avec les verbes donnés, au passé composé ou à l'imparfait. (Pour les nouveaux verbes, une forme du passé composé et de l'imparfait vous est donnée.) Ensuite écoutez la conversation une dernière fois pour vérifier vos réponses (choix du verbe et temps). Pouvez-vous déduire le sens des mots en caractères gras?

avoir l'impression
reconnaître (a reconnu/reconnaissait)
être
frapper
manger (2 fois)
descendre
s'asseoir (s'est assis/ s'asseyait)

Quand elle ______________ de l'avion, ce qui l' ______________ c'était la chaleur et l'humidité. Elle ______________ d'être dans un sauna. Les portes ______________ **ouvertes** en permanence.

Sur la table, il y avait des œufs de **tortue** et d'autres choses qu'elle (ne... pas) ______________. Seuls les parents______________ à table avec les invités. **Plus** les invités ______________, **plus** les hôtes étaient contents. Les hôtes (ne... pas) ______________ devant les invités, pour **montrer** leur respect.

6 Imaginez que vous êtes parmi les invités à ce repas tahitien. Préparez trois ou quatre questions que vous aimeriez poser à vos hôtes sur les choses qui vous frappent.

Prononciation «C'est pur, c'est français!»

It is common in English to diphthongize vowel sounds, i.e., make two sounds out of one vowel, as in *so*. In French, however, there are no similar diphthongs of vowel sounds. Once your tongue and lips are in place to pronounce the vowel, they don't move any more. Another difference is the tension in your cheek muscles: for English, the muscles are quite relaxed, thus making diphthongs easy; for French, the muscles are much tighter, making for purer sounds. To experience this difference, place your thumb lightly on one cheek and your fingers on the other cheek, then contrast the tension in your muscles as you say the English word first, then the French. Can you also feel that for the English words, your mouth keeps moving while you say the vowel sound, whereas for the French words there is no such movement?

English	to	bow	tray
French	tout	beau	très

Another tendency of Anglophone speakers is to "swallow" some vowels while stressing others. In French, all vowels are equally stressed. Compare the following.

English	proFESsor	TaHIti	traDItional
French	professeur	Tahiti	traditionnel

Un accent étranger occurs when you transfer pronunciation habits from one language to another. Diphthongs and unequally stressed vowels are big culprits in giving Anglophone learners of French **un accent étranger.** When you speak French, remember to keep your vowel sounds pure and equally stressed. **C'est pur, c'est français!**

Observez et déduisez

CD 3-22

Listen to the following sentences on the Text Audio Track, paying close attention to the vowel sounds. As you listen, underline the vowels you might have felt inclined to diphthongize or "swallow."

1. Il faisait tellement chaud, c'était comme un sauna.
2. J'ai été invitée à manger dans une famille tahitienne très traditionnelle.
3. C'était un vrai festin! Il y avait du poisson cru, du poulet, des œufs de tortue et toutes sortes d'autres choses que je ne reconnaissais pas.

Confirmez

CD 3-23

1. Now practice repeating the three sentences above with pure, equally stressed vowel sounds, remembering that for nasal vowels, the **n** is not pronounced—**et voilà! C'est pur, c'est français!** Verify your pronunciation on the Text Audio Track as needed.
2. With the same instructions as in Activity 1, practice saying the following dialogue. Verify your pronunciation on the Text Audio Track.

— Je suis allée à Tahiti l'été dernier.
— Ah bon? Où ça?
— À Tahiti même, puis à Bora Bora.
— C'était beau?
— Magnifique! Dans les lagons, l'eau est transparente et le sable est comme un tapis sous les pieds. C'est un vrai paradis de couleurs: il y a le vert, le turquoise et le bleu marine de la mer, et puis le jaune, le rouge, le bleu, le noir et le multicolore des petits poissons qui dansent entre les coraux. Je n'ai jamais rien vu d'aussi beau!

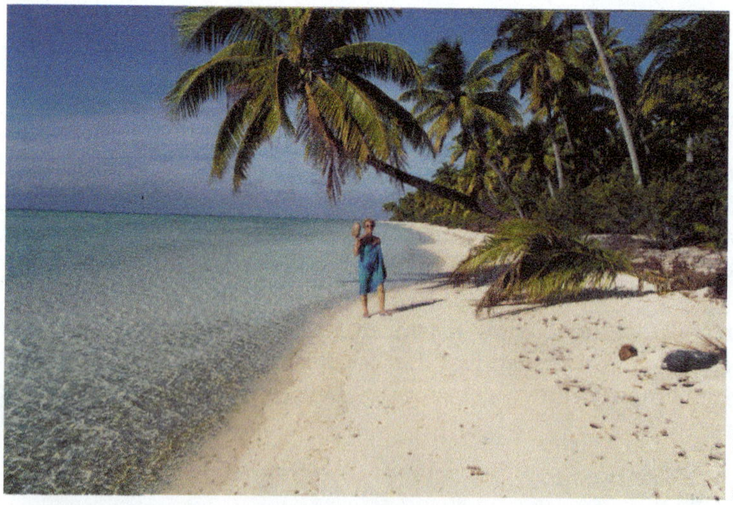

Chantal Thompson

Structure Saying you know someone or something

Les verbes *savoir* et *connaître*

Vocabulaire actif

connaître
se connaître
savoir

Observez et déduisez

Édith connaît une famille tahitienne et, depuis son voyage là-bas, elle connaît un peu Tahiti aussi. Maintenant elle sait préparer quelques plats tahitiens et a appris quelques coutumes du pays. Par exemple, elle sait que dans une famille traditionnelle on mange avec les doigts, et elle sait pourquoi la famille ne mange pas avec les invités.

- French has two verbs that mean *to know*, **savoir** and **connaître.** You have seen and used both of them in previous chapters **(Je ne sais pas, Tu connais Nicolas?).** Study the use of the two verbs in the paragraph above. Which verb means *to know a person*? Which one means *to know a fact or piece of information*? Which one means *to know of* or *to be familiar with* a place? Which one means *to know how to do something*?

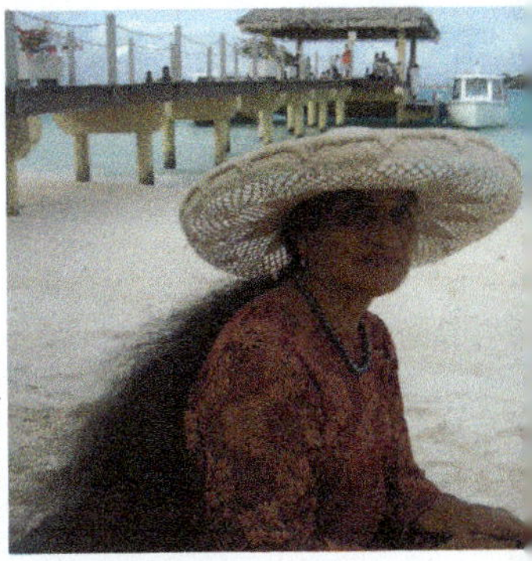

Chantal Thompson

Une grand-mère tahitienne.

Chantal Thompson

Jeunes Tahitiennes lors d'un mariage à Bora Bora.

Confirmez

Le verbe *savoir*

je sais	nous savons
tu sais	vous savez
il/elle/on sait	ils/elles savent

Passé composé: j'ai su

1. When followed by an infinitive, **savoir** means *to know how to do something.*

   Édith sait faire la cuisine tahitienne.

2. **Savoir** is also used to say one does or doesn't know how to speak a language...

   Elle ne sait pas le tahitien; elle sait le français et l'anglais.

   and to say one knows facts (things learned or memorized).

   Elle sait les noms des plats traditionnels.

3. **Savoir** can also be followed by a clause beginning with **que, où, pourquoi,** etc.

   Elle sait pourquoi la famille ne mange pas avec les invités.
   Elle sait qu'on mange avec les doigts.
   Elle sait où se trouvent des œufs de tortue.

Le verbe *connaître*

je connais	nous connaissons
tu connais	vous connaissez
il/elle/on connaît	ils/elles connaissent

Passé composé: j'ai connu

4. Use **connaître** to say you know a person...

   Édith connaît une famille tahitienne.

   or that you are familiar with a place or a topic through experience.

   Elle connaît bien Tahiti et son histoire.

   In the **passé composé, connaître** can also mean *met,* as well as *knew.*

   Édith **a connu** beaucoup d'amis de la famille tahitienne.

5. **Se connaître** means *to know each other* or, in the **passé composé,** *to have met.*

   Édith et la famille **se connaissent** depuis longtemps; ils **se sont connus** à Papeete.

   Reconnaître means to *recognize.*

   Il y avait des plats sur la table qu'Édith ne **reconnaissait** pas.

Activités

N ***Connaître* ou *savoir*?** Reliez les expressions de gauche avec des expressions logiques de droite. Ensuite indiquez si les phrases sont vraies pour vous aussi.

Je sais...	le tahitien
Je connais...	Papeete
	un restaurant tahitien
	préparer le taro
	où est Tahiti
	des tableaux de Gauguin
	une famille tahitienne
	pourquoi Édith est allée à Papeete
	le nom des amis d'Édith

O **Interviews.** Demandez à votre partenaire si les personnes indiquées connaissent ou savent les choses suivantes.

➡ Tu... (Tahiti, le tahitien)
— *Tu connais Tahiti?* — *Tu sais le tahitien?*
— *Oui, je connais Tahiti.* — *Non, je ne sais pas le tahitien.*

1. (des Français, le français, un bon restaurant français)
   Est-ce que tes amis...
2. (dessiner, les peintres impressionnistes, un grand musée)
   Est-ce que tu...
3. (s'amuser en vacances, les coutumes d'un autre pays, où aller en vacances)
   Est-ce que ta famille et toi, vous...
4. (pourquoi tu apprends le français, parler français, ton professeur de français)
   Est-ce que ton copain (ta copine)...

P **Que sait-on?** Partagez vos connaissances avec vos camarades de classe en groupes de trois ou quatre. Qu'est-ce que vous savez ou connaissez sur les sujets mentionnés?

➡ Tahiti
Je connais un bon hôtel à Tahiti. / Moi, je sais où se trouve une plage magnifique. / Et moi, je connais des gens qui habitent à Papeete.

1. les repas traditionnels tahitiens
2. le climat et la végétation à Tahiti
3. les coutumes dans un autre pays
4. ?

Structure Using negative expressions

Les expressions *ne... rien, ne... personne, ne... pas encore*

Observez et déduisez

Quel cauchemar! Thomas a participé à un dîner traditionnel tahitien chez les amis d'un ami, mais il ne connaissait pas encore les traditions du pays. Il ne connaissait personne parmi les invités et il ne reconnaissait rien dans son assiette. Il n'y avait pas de fourchette ou de couteau, et les hôtes n'ont rien mangé. En fait, ils l'ont regardé manger! Pauvre Thomas. Personne ne lui a expliqué les coutumes tahitiennes!

Vocabulaire actif
en fait
pas encore
personne
quelque chose
quelqu'un
rien

- You have already learned several ways to express negatives: *not* **(ne... pas),** *no longer* **(ne... plus),** and *never* **(ne... jamais).** Now look at **Observez et déduisez** and find three new negative expressions. Which expression means *nothing*? Which one means *no one*? Which one means *not yet*?

Confirmez

1. It is helpful to associate the negative expressions **ne... rien** *(nothing)*, **ne... personne** *(no one)*, and **ne... pas encore** *(not yet)* with their corresponding affirmative expressions.

   ne... rien ≠ quelque chose *(something)*
   ne... personne ≠ quelqu'un *(someone)*
   ne... pas encore ≠ déjà

2. Study the placement of **ne... rien, ne... pas encore** and **ne... personne** in the examples below. Note that **rien** and **pas encore** maintain the usual placement for negative expressions whereas **personne** follows the past participle and infinitive.

présent:	Thomas **ne** reconnaît **rien** sur la table. Il **ne** connaît **personne.** Il **ne** comprend **pas encore** le tahitien.
passé composé:	Thomas **n'**a **rien** mangé. Il **n'**a **pas encore** appris la langue. Il **n'**a vu **personne.**
futur proche:	Il **ne** va **rien** boire. Il **ne** va voir **personne.**

   Both **personne** and **rien** follow the preposition of verbs requiring a preposition.

   Parce qu'il était un peu timide, Thomas **n'**a parlé à **personne;** il **n'**avait besoin de **rien.**

3. **Rien** and **personne** may also be used as the subject of a sentence. In this case, both parts of the expression precede the verb.

   Personne ne lui a expliqué les coutumes, et il ne savait pas comment se comporter *(behave)*. **Rien ne** lui était familier.

4. Like **jamais, rien, pas encore** and **personne** can be used alone to answer a question.

   — Qui parle à Thomas? — Personne!

   — Qu'est-ce qu'il boit? — Rien!

   —Il a mangé du taro? —Pas encore.

Résumé: la négation

	temps simples (présent, imparfait)	temps composé (passé composé)	futur proche
pas encore	Il **ne** comprenait **pas encore** les coutumes.	Les hôtes **n'**ont **pas encore** mangé.	Il **ne** va **pas encore** partir.
plus	Il **ne** s'amuse **plus.**	Il **n'**a **plus** mangé de poisson cru.	Il **ne** va **plus** dîner avec eux.
jamais	Il **ne** mange **jamais** avec ses doigts.	Il **n'**a **jamais** mangé de taro en France.	Il **ne** va **jamais** retourner à Papeete.
rien	Il **ne** reconnaissait **rien** dans l'assiette.	Il **n'**a **rien** compris.	Il **ne** va **rien** dire.
personne	Il **ne** connaissait personne.	Il **n'**a compris **personne.**	Il **ne** va regarder **personne.**

Activités

Q **Vrai ou faux?** Écoutez encore **À l'écoute**, puis lisez les phrases suivantes et indiquez si elles sont vraies ou fausses selon Édith. Corrigez les phrases fausses en employant **quelqu'un** ou **quelque chose.**

Son voyage

1. Édith ne connaissait personne à Tahiti.
2. Rien à Tahiti ne lui plaisait.
3. Personne n'a invité Édith à manger.
4. Elle n'a rien appris d'intéressant au sujet de Tahiti.

Les traditions tahitiennes

5. Personne ne portait de chaussures dans la maison.
6. Personne ne fermait la porte de la maison.
7. Pendant le dîner, on n'a rien bu.
8. Les hôtes n'ont rien mangé.

R **Pauvre Thomas.** Après un voyage à Tahiti, les copains de Thomas lui ont posé beaucoup de questions. Jouez le rôle de Thomas, et répondez à leurs questions en employant **ne... rien, ne... pas encore** et **ne... personne.**

➡ Qu'est-ce que tu savais sur les coutumes tahitiennes avant d'y aller?
Malheureusement, je ne savais rien.

1. Alors une fois arrivé, qui t'a parlé des coutumes?
2. Qui est-ce que tu connaissais au dîner?
3. Qu'est-ce que tu as dit aux autres invités?
4. Qu'est-ce que tu as reconnu dans ton assiette?
5. Qu'est-ce que les hôtes ont mangé?
6. Qu'est-ce qu'ils ont bu?
7. Est-ce que tu savais déjà le tahitien?

S **En fait.** Lisez les phrases suivantes et indiquez si elles sont vraies ou fausses pour vous. Ensuite, corrigez les phrases fausses en employant des expressions négatives avec **rien, jamais, personne** et **pas encore**, selon le modèle.

➡ Je connais tout sur Tahiti.
Non, en fait, je ne connais rien sur Tahiti. / En fait, c'est vrai, parce que je suis tahitien!

1. J'ai déjà visité Tahiti.
2. Je connais quelqu'un qui vient de Tahiti.
3. Quand on me parle en tahitien, je comprends tout.
4. Je mange souvent du poisson cru.
5. J'ai déjà mangé des œufs de tortue.
6. Chez moi, tout le monde sait préparer le taro.
7. Chez moi, on mange tout avec les doigts.
8. Chez moi, on retire toujours ses chaussures avant d'entrer dans la maison.

T **Moi, non.** Faites une liste de tout ce que vous ne faites *pas* quand vous êtes en vacances. Employez les expressions **ne... rien, ne... pas (encore), ne... plus, ne... jamais** et **ne... personne.**

➡ *Je ne lis rien... Je ne téléphone à personne... Je ne regarde jamais la télé...*

U **Comparaison.** Avez-vous passé des vacances ou fait des voyages qui n'étaient pas très agréables? Décrivez-les, puis imaginez un voyage idéal que vous voudriez faire... à Tahiti ou ailleurs. Parlez de vos expériences et de vos rêves avec votre partenaire. Posez-lui des questions au sujet de ses expériences et comparez-les avec les vôtres.

Jeu de rôle

Having returned from a vacation in which everything seemed to go wrong (bad weather, missed flights, closed museums, etc.), you are complaining to your classmate who had to stay home and is unhappy about not having a vacation at all. Each describes the circumstances and events of their "miserable" experience.

iLrn Complete the diagnostic tests to check your knowledge of the vocabulary and grammar structures presented in this chapter.

Quatrième étape: Intégration

Littérature La concordance des temps

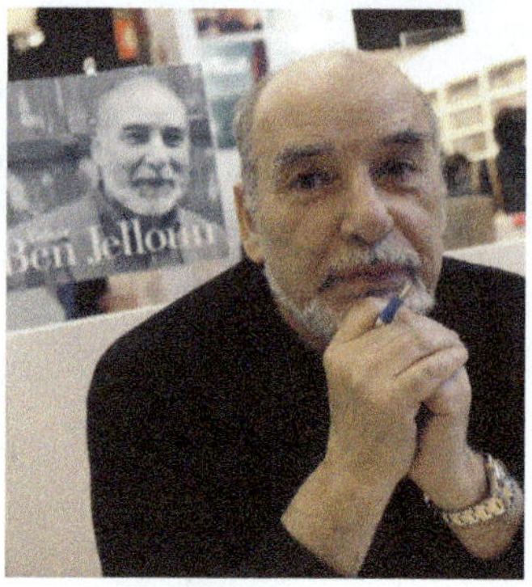

ETIENNE DE MALGLAIVE/AFP/Getty Images

Born in Fès, Morocco, in 1944, Tahar Ben Jelloun has become an important spokesman for French-speaking Arabs. Through his poems, his short stories, and most of all his novels, he has exposed the wounds and the scars of a people torn between past and present and between two cultures. In *Les yeux baissés* (With Lowered Eyes), a novel published in 1991, he shows the boring and oppressed life of a young shepherd girl **(une bergère)** who grows up in a very poor village in southern Morocco. When she is about eleven years old, she moves to Paris with her family and discovers a new world, one that seems to require a new identity, a new birth. If she is to survive in this world, she must learn the language. For her, the biggest problem with the French language is knowing which tense to use in the past! In the following excerpt, we learn that her struggle with past tenses is actually symbolic of the identity crisis she faces as she tries to adjust to a new and totally different culture. One day, she enters a church in Paris to be alone and sort out her frustrations.

Pensez

1 Voici quelques expressions que vous allez voir dans la lecture qui suit. Analysez d'abord le sens des mots en caractères gras, puis complétez les phrases qui suivent en choisissant parmi ces mots.

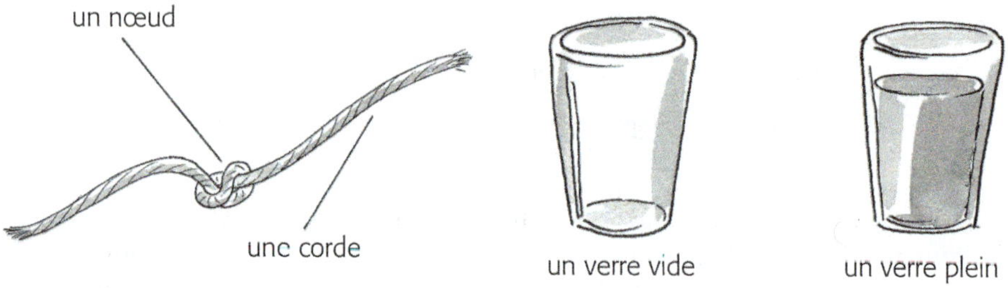

une faute **se tromper**	Quand on écrit quelque chose qui n'est pas correct, c'est une erreur ou **une faute.** **Se tromper,** c'est faire des fautes.
par cœur	Apprendre **par cœur,** c'est mémoriser.
sentir **une odeur** **un bruit** **l'essence**	Les parfums **sentent** bon; ils ont une bonne **odeur;** on sent les **odeurs.** On entend **les bruits.** Dans les villes on entend **le bruit** des voitures et on sent **l'odeur** de **l'essence.** **L'essence** est une forme de pétrole utilisée par les voitures.

1. Quand rien ne se passe, les journées sont ______________ et ennuyeuses. Quand les activités sont nombreuses, au contraire, les journées sont bien ______________.
2. Le temps peut être comparé à une ______________ avec des ______________qui représentent les événements importants.

3. Quand je pense au village de mon enfance, je peux encore ______________ les ______________ des arbres, des fleurs, des rues...
4. Les enfants dorment—ne faites pas trop de ______________, s'il vous plaît.
5. J'ai besoin de prendre de ______________ à la station-service.
6. J'ai appris ______________ mes conjugaisons, mais j'ai fait plusieurs ______________ à l'examen; je ______________ de temps—j'ai utilisé le passé composé au lieu de l'imparfait!

2 Voici des phrases-clés dans le texte que vous allez lire:

Je continuais à faire des fautes...
Je repensais alors au village...
Mon passé était vraiment simple...
J'ai compris qu'il fallait [était nécessaire de] se détacher complètement du pays natal.
... j'ai pu maîtriser [contrôler] la concordance des temps

D'après ces phrases-clés, quelle sorte d'histoire est-ce que vous anticipez pour cette petite bergère marocaine qui essaie de s'adapter à la vie à Paris?

Observez et déduisez: en général

3 Parcourez le texte une première fois puis classez (de 1 à 6) les idées générales suivantes dans l'ordre où elles sont présentées dans l'histoire.

_____ Le concept du temps dans le village de la jeune bergère
_____ Le concept du temps en France
_____ Le problème principal de la langue française
_____ La confrontation entre les verbes français et les souvenirs du village
_____ La nouvelle appréciation et perception de la ville et de la langue française
_____ Le souvenir particulier qui a causé la «libération» de la narratrice

La concordance des temps

1 Je continuais à faire des fautes en écrivant mais je lisais correctement. Mon handicap majeur était l'utilisation des temps. J'étais fâchée avec la concordance des temps. Je n'arrivais pas à distinguer toutes ces nuances du passé dans une langue que j'aimais mais qui ne m'aimait pas. Je butais contre° l'imparfait, le passé simple—simplicité toute illusoire—et le passé composé. Pour tout simplifier, je réduisais° l'ensemble au présent, ce qui était absurde.

butais... *stumbled against*
reduced

2 Je repensais alors au village, aux journées identiques où il ne se passait rien. Ces journées vides s'étiraient° comme une corde entre deux arbres. Le temps, c'était cette ligne droite°, marquée au début, au milieu et à l'autre bout par trois nœuds, trois moments où il se passait quelque chose: les états° du soleil. La vie était ces trois moments où il fallait penser à sortir les bêtes°, manger au moment où le soleil est au-dessus de la tête, rentrer les bêtes quand il se couchait°.

stretched
ligne... *straight line*
positions
animaux
quand... le soir

3 Mon passé était vraiment simple, fait de répétition, sans surprise. En arrivant en France j'ai su que la fameuse corde était une suite° de nœuds serrés° les uns aux autres, et que peu de gens avaient le loisir de s'arrêter sous l'arbre.

suite: série / serrés: *close together*

4 Je connaissais par cœur les conjugaisons des verbes «être» et «avoir», mais je me trompais tout le temps quand il s'agissait de les utiliser dans une longue phrase. J'ai compris qu'il fallait se détacher complètement du pays natal. Mais le village était toujours là; il rôdait autour° de moi. Je résistais. Je niais° cette présence. Je suis entrée un jour dans une église pour ne plus sentir les odeurs du village. Mais j'étais ramenée au village par une main magique et je revoyais la même corde avec les trois nœuds, et moi assise sous l'arbre, attendant... Dans cette église obscure, j'entendais la litanie° des enfants de l'école coranique°, et je voyais, par moments, la tête du vieux fqih° qui dormait. Sa bouche entrouverte° laissait passer un filet de salive° transparent.

rôdait... *prowled around* / *denied* / récitation / école religieuse arabe / instructeur du Coran / un peu ouverte / filet... *string of saliva*

5 Cette image venue de si loin m'a donné un frisson°: ç'a été le coup de fouet° dont j'avais besoin pour arrêter de perpétuer la présence du village.

shiver / coup... *whiplash*

6 Dehors, j'ai apprécié l'agitation de la ville, l'odeur de l'essence, le bruit du métro, et tout ce qui annulait° en moi le souvenir du village.

canceled

7 À partir de là, j'ai pu maîtriser la concordance des temps. J'ai fait des exercices et je n'ai plus utilisé le présent. Cela m'amusait, car je savais que le jour où je ne mélangerais plus° les temps, j'aurais réellement quitté° le village.

ne... *would no longer mix* / aurais... *would really have left*

Extrait de *Les Yeux baissés*, Tahar Ben Jelloun, © Éditions du Seuil, 1991, *Points*, 1997.

Déduisez et confirmez: en détail

4 Les mots. Trouvez dans le texte des synonymes pour les mots en caractères gras et substituez-les dans les phrases suivantes, qui sont des paraphrases du texte.

1. (2) Au village, les journées étaient toutes **pareilles.**
2. (2) Le temps était comme une corde, ou une ligne droite, marquée au début, au milieu et à l'autre **extrémité** par trois nœuds.
3. (4) La narratrice se trompait **constamment** quand **il était question d'**utiliser les verbes au passé dans des phrases.
4. (4) Elle voulait refuser la présence de son village, mais elle était toujours **transportée** dans son village par une force magique.

5 Le texte. Répondez aux questions du tableau, selon le texte.

Quelles étaient les circonstances?	Qu'est-ce qui s'est passé?
1. Quel était le handicap majeur de la narratrice?	
2. Combien de nœuds y avait-il dans la corde du temps de son village? Quels étaient ces nœuds?	

3. Comment était la corde du temps en France?	4. Qu'est-ce qu'elle a fait un jour pour essayer d'oublier son village?
5. Comment était l'image «venue de si loin»? Qu'est-ce qu'elle «entendait» dans sa mémoire? Qu'est-ce qu'elle «voyait»?	6. Quelle a été la réaction de la jeune Marocaine à cette image?
	7. Qu'est-ce qu'elle a pu apprécier en sortant de l'église?
	8. Qu'est-ce qui a changé pour elle dans la langue française?

Explorez

1. L'auteur présente le temps comme une corde avec des nœuds. Avec un(e) partenaire, comparez la corde du temps à différentes périodes de votre vie. Combien y avait-il de nœuds, c'est-à-dire de moments importants, dans chacune de ces cordes et quels étaient ces nœuds? (Le petit déjeuner? Le départ pour l'école? Une activité particulière? Une émission de télévision? Le repas du soir? etc.)
   a. Quand vous étiez à l'école primaire.
   b. Quand vous étiez au lycée.
   c. Aujourd'hui.
2. Considérez les problèmes de séparation et d'adaptation de la narratrice.
   a. Pourquoi la jeune Marocaine devait-elle arrêter de vivre mentalement dans son village pour pouvoir s'adapter à son nouveau monde?
   b. Pensez à un moment où vous avez dû vous adapter à une nouvelle situation (par exemple, quand vous avez quitté votre famille pour la première fois, ou la première semaine dans une nouvelle école). Organisez d'abord vos pensées selon le tableau, puis discutez avec un(e) camarade de classe.

Quelles étaient les circonstances?	**Qu'est-ce qui s'est passé?**
Où étiez-vous?	Qu'est-ce que quelqu'un a dit ou fait?
Avec qui étiez-vous?	Quelle a été votre réaction?
À quoi pensiez-vous?	Qu'est-ce que vous avez fait pour vous adapter à la nouvelle situation?
Qu'est-ce qui était familier/différent?	Qu'est-ce que vous avez appris?
Qu'est-ce qui était facile/difficile?	Qu'est-ce qui n'a pas changé? Pourquoi?
?	?

Par écrit I had so much fun!

Avant d'écrire

A Strategy: Using sentence cues. Sometimes getting an idea to write about is the most difficult aspect of a writing assignment. Sentence completions can serve as a stimulant to generate ideas. Completing a sentence that begins, "Last year while Christmas shopping . . . ," for example, could trigger memories about the sights, sounds, smells, and people associated with this moment in the past.

Application. What thoughts/impressions are brought to mind by the following topics? Jot down as many ideas as you can for each cue.

a. L'année dernière pendant les fêtes de fin d'année...
b. Une fois à l'école quand j'avais 8 (12, 16) ans...
c. Je me souviens bien de nos vacances en...

B Strategy: Organizing a story in the past. In this chapter you learned that, in French, you must distinguish between the **passé composé** and the **imparfait** when relating a memory from your past. You can use a diagram to visualize the relationship between what happened and what the conditions were.

Application. Choose a memorable moment from those you listed above and construct a diagram related to it using the example below. First write a name for the memory in the center of the page. In a column to the right, develop a list of verbs telling what happened. To the left, develop a list of circumstances, e.g., how you felt, what your attitude was, what the weather was like, who was there, and so on. You may have a "circumstance" for each "event"—or you may not. In order to make the story come alive as you tell it, however, it is important to balance the story narrative—what happened—with descriptive detail relating what it was like for you. Now draw the diagram showing the relationship between the circumstances (C) and the events (É).

circonstances	un souvenir	événements
C, C	⟷	É
	⟷	É
C	⟷	É
	⟷	É, É, É
C, C	⟷	É

Écrivez

1. C'est le jour de l'An *(New Year's Day)* et vous écrivez une carte de vœux à votre cousine que vous n'avez pas vue depuis des mois. Souhaitez-lui une bonne année et racontez-lui ce que vous avez fait pendant les fêtes de fin d'année.

2. Vous avez un souvenir amusant que vous voulez publier dans le journal du cercle français de votre école. Alors, il faut, bien sûr, être précis et bref—mais intéressant aussi. Vous devez raconter votre histoire en trois paragraphes. Choisissez votre titre (par exemple, «Humour à l'école», «Rire en famille», «S'amuser en voyage»...) et écrivez l'essentiel de ce qui s'est passé et quelles étaient les circonstances.

Synthèse culturelle

Souvenirs du passé

Pensez

Y-a-t-il dans votre famille des moments ou des expériences dont tout le monde se souvient? Est-ce que tout le monde est d'accord sur ce qui s'est passé, ou est-ce que les détails varient de personne en personne? Pensez-y en regardant la vidéo. Les exercices se rapportant à la synthèse culturelle du Chapitre 9 dans votre manuel vont vous aider à comprendre ce que vous entendez. Ensuite, faites **Explorez** et **Bloguez!** ci-dessous.

L'école et les fêtes familiales sont toujours des sources de souvenirs. Pourriez-vous raconter une expérience particulièrement mémorable?

Camille: Pour les adultes, les fêtes familiales, c'était pas très agréable, mais pour moi et mes cousines et ma sœur, c'était, au contraire, absolument génial.

Fatim: Et c'qu'on avait fait ensemble avec notre maîtresse, on avait créé notre propre déguisement....

Fatou: Donc, (il) y a un jour, jétais en train de parler le wolof à l'école avec une copine dans la classe, et soudainement...

© Heinle, Cengage Learning

Explorez

Pensez à un souvenir de famille de votre jeunesse (une fête, un mariage, etc.), puis demandez à un membre plus âgé de votre famille (grand-père, tantes, parents...) de raconter ce même souvenir de son point de vue.

Bloguez!

Camille parle des différences entre les points de vue des adultes et des enfants concernant une fête de famille. Maintenant, racontez votre souvenir de famille de votre propre point de vue en suivant son exemple. Comment est-ce que votre histoire ressemble ou varie de l'histoire racontée par votre parent *(relative)*? Téléchargez une photo de l'événement si vous en avez une.

Vocabulaire actif

Verbes

arrêter *to stop*
avoir honte (de) *to be ashamed (of)*
battre *to beat*
connaître *to know (someone)*
dépenser *to spend*
être assis(e) *to be seated*
être fâché(e) *to be mad, angry*
être puni(e) *to be punished*
féliciter *to congratulate*
frapper (Ce qui m'a frappé[e]...) *to strike (What struck me . . .)*
interroger (quelqu'un) *to call on / to question (someone)*
lever le doigt *to raise one's hand*
murmurer *to whisper*
offrir (inf.) *to offer, give (a gift)*
reconnaître *to recognize*
remercier *to thank*
rester debout *to remain standing*
savoir *to know* (something)
se connaître *to know one another, to meet*

Adjectifs

cuit(e) ≠ cru(e) *cooked ≠ raw*
magnifique *magnificent*
ouvert(e) *open*
tahitien(ne) *Tahitian*
traditionnel(le) *traditional*

Noms

un bal *a dance (ball)*
un ballon *a ball*
une bougie *a candle*
un bouquet de fleurs *a bouquet of flowers*
une coutume *a custom*
une chaussure *a shoe*
un défilé *a parade*
une dépense *an expense*
une dinde *a turkey*
un drapeau *a flag*
la fête des mères *Mother's Day*
la fête nationale *national holiday*
un feu d'artifice *fireworks*
Hanoukka
une image *a picture*
un jeu électronique *an electronic game*
un jouet *a toy*
le Jour d'action de grâces *Thanksgiving*
un jour de congé *a holiday*
la maîtresse *the (elementary school) teacher*
Noël *Christmas*
un ours en peluche *a teddy bear*
une peluche *a stuffed animal*
le Père Noël *Santa Claus*
un pique-nique *a picnic*
une poupée *a doll*
le Ramadan
un sapin *a fir tree / Christmas tree*
une tradition *a tradition*

Expressions pour remercier, féliciter, souhaiter

Bonne année! *Happy New Year!*
Bon anniversaire! *Happy birthday!*
Bonne chance! *Good luck!*
Bon courage! *Hang in there!*
Bonnes vacances! *Have a good vacation!*
Bon voyage! *Have a nice trip!*
Bravo!/Chapeau!/Félicitations! *Congratulations!*
Ce n'est rien. *Think nothing of it.*
Joyeux Noël *Merry Christmas*

Le superlatif

le moins... *the least . . .*
le plus... *the most . . .*
le (la) meilleur(e) (adj.) *the best*
le mieux (adv.) *the best*

Divers

en fait *actually*
longtemps *a long time*
pas encore *not yet*
personne *nobody*
quelque chose *something*
quelqu'un *someone*
rien *nothing*

chapitre 10

La vie de tous les jours

Chantal Thompson

La joie de manger ensemble. Quels sont les moments privilégiés de votre routine quotidienne?

This chapter will enable you to

- talk about your daily routine and the clothes you wear
- discuss choices related to health and exercise and respond to compliments in a French manner
- understand longer conversations about daily life and exercise
- read some fashion tips from a popular French magazine and a French-Canadian short story about a sweater—and hockey

Chapter resources

- iLrn Heinle Learning Center
- Text Audio Program
- Video
- Premium Website

Première étape

À l'écoute La routine quotidienne

Est-ce que vous vous souvenez de Larmé, le jeune homme du Tchad qui nous a parlé du bonheur (Chapitre 8)? Cette fois, il va vous parler de la vie de tous les jours dans son village. Avant de l'écouter, pensez à votre routine quotidienne.

Pensez

1 Regardez les illustrations et les verbes donnés et dites quand et dans quel ordre vous faites les actions suivantes le matin.

➡ *Je me réveille à/vers sept heures; je..., puis..., après ça je...*

se réveiller

se lever*

se laver / prendre une douche

se brosser les dents

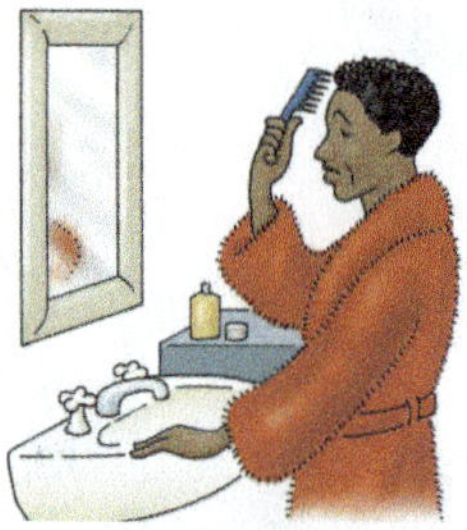
se peigner / se coiffer

se maquiller

se raser

s'habiller

prendre le petit déjeuner

2 Parlez de votre routine du soir. Quand vous êtes fatigué(e), qu'est-ce que vous faites pour **vous reposer**? Vous regardez la télé? Vous faites de l'exercice? Vous lisez? À quelle heure est-ce que **vous vous couchez** (allez au lit)?

*__Se lever__ se conjugue comme **acheter** (avec un accent grave devant une syllabe muette): je me l**è**ve, *mais* nous nous levons.

3 Maintenant, imaginez la vie dans un village africain. À quelle heure pensez-vous que la journée commence? Quelles sont les actions déjà mentionnées qui vont / ne vont pas faire partie de la routine quotidienne?

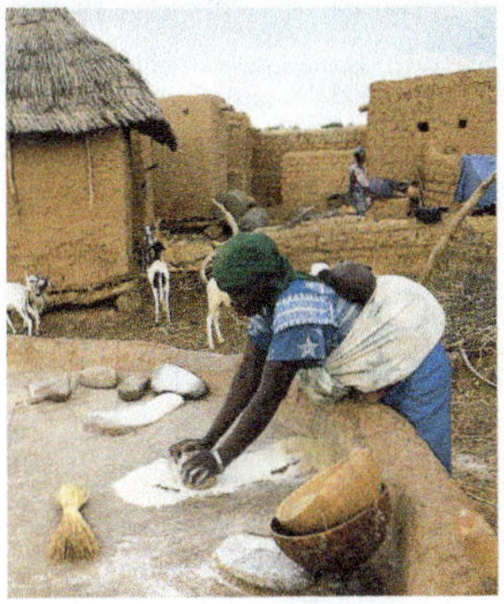
Jeremy Hartley/Panos Pictures

Quelle est la routine quotidienne de cette jeune maman? Imaginez!

Observez et déduisez

CD 4-2

4 Écoutez d'abord pour identifier les idées générales de la conversation. Cochez parmi les sujets ci-dessous ceux qui sont traités.

_____ la routine du matin
_____ la routine du soir
_____ les responsabilités des hommes
_____ les responsabilités des femmes
_____ les activités des enfants pendant la journée
_____ ce qu'on mange le matin
_____ ce qu'on mange le soir
_____ avec qui on mange le repas du soir

5 Écoutez encore en regardant les verbes donnés dans **Pensez.** Quelles sont les actions qui sont mentionnées dans la conversation?

6 Écoutez encore et indiquez si les phrases suivantes sont vraies ou fausses. Si elles sont fausses, corrigez-les.

1. Dans ce village du sud du Tchad, on se lève vers sept ou huit heures.
2. On mange avant d'aller aux champs.
3. Les femmes ne travaillent pas aux champs.
4. Après le travail aux champs, les hommes aident les femmes à préparer le repas du soir.
5. Les hommes ne mangent pas avec les femmes.
6. Les hommes et les femmes ont des causeries (conversations) différentes.
7. Les filles de plus de dix ou douze ans mangent séparément.
8. On se couche vers dix heures du soir.

7 Écoutez une dernière fois et complétez les phrases en utilisant les mots suivants. Pouvez-vous déduire le sens de ces mots?

noir   la lune   dur   du bois   le feu

1. Larmé dit que les femmes travaillent plus _____________ que les hommes. Après le travail des champs et avant de pouvoir préparer à manger, elles vont chercher _____________ pour _____________.
2. Quand est-ce qu'on se couche? Ça dépend de _____________. Comme il n'y a pas d'électricité, on se couche quand il fait trop _____________ pour y voir.

Vocabulaire actif

le bois
le feu
la lune
la routine quotidienne
- prendre une douche
- se brosser les dents
- se coiffer
- se coucher
- s'habiller
- se laver
- se lever
- se maquiller
- se peigner
- se raser
- se reposer
- se réveiller
- (travailler) dur

Prononciation Le *e* caduc

We have already seen in **Chapitre 5** (page 164) that an unaccented **e** at the end of words is called **un *e* muet,** or mute **e,** and is *not* pronounced.

la routin~~e~~ quotidienn~~e~~

Plural endings in **-es** and verb endings in **-es** or **-ent** are silent as well.

les homm~~es~~ parl~~ent~~

You have also seen in **Chapitre 9** that an unaccented **e** followed by two consonants inside a word is generally pronounced [ɛ], as in **p<u>e</u>rsonne** or **app<u>e</u>lle.** Most of the time, however, an unaccented **e** corresponds to the sound [ə], as in **l<u>e</u>** or **p<u>e</u>tit.** It is called **le *e* caduc,** or unstable **e,** because sometimes it is pronounced and sometimes it is not. In this **étape,** you learn to *recognize* **le *e* caduc** so as not to confuse it with [e] or [ɛ]. In the third **étape** of this chapter, you learn when you must pronounce **le *e* caduc** and when you may drop it in fluent speech.

Observez et déduisez

CD 4-3

As you listen to the following sentences based on **À l'écoute: La routine quotidienne** on the Text Audio Track, underline all the ***e* caducs** you hear. Ignore all mute (or final) **e**'s. The first sentence is already done for you, indicating what you should listen for.

1. J<u>e</u> vais t<u>e</u> parler d<u>e</u> la vie d<u>e</u> tous les jours dans mon p<u>e</u>tit village.
2. Ce n'est pas un secret: les femmes travaillent plus que les hommes!
3. Elles se lèvent plus tôt pour faire le feu et préparer le premier repas.
4. Elles restent aux champs toute la journée et quand elles reviennent au village le soir, elles ne peuvent pas se permettre de se reposer comme les hommes.
5. Elles appellent les enfants pour leur rappeler d'aller chercher du bois pour le feu.
6. Le bois est une ressource précieuse dans les régions désertiques.
7. Les enfants africains ressemblent aux enfants de partout: certains obéissent, d'autres se rebellent.
8. Après le repas du soir et les causeries, on se couche quand il fait trop noir pour y voir.

Looking at the **e**'s you have underlined, can you infer when an **e** is an ***e* caduc**? Check all the rules that apply.

_____ In monosyllabic words such as **je, te, se, le, que,** etc.

_____ In the body of a word, when **e** is followed by a single consonant: app**e**ler, r**e**belle

_____ In the body of a word, when **e** is followed by two identical consonants: app**e**lle, reb**e**lle, perm**e**ttent

_____ When a word begins with **ress-:** r**e**ssource, r**e**ssembler

_____ When **e** is followed by a consonant + **l** or **r:** s**e**cret, r**e**gret, r**e**fléter

_____ When **e** is followed by any two consonants other than the combination above: r**e**ster, p**e**rmettre

_____ When **e** is followed by **n** or **m** at the end of a word, or before another consonant: **e**n, **e**nfants, ress**e**mblent

Confirmez

CD 4-4

1. Pronounce the eight sentences in **Observez et déduisez,** reflecting on why each underlined **e** is an ***e* caduc.** Verify your pronunciation on the Text Audio Track as needed.
2. In the following sentences, identify and underline all the ***e* caducs.** Be prepared to give a rationale.

   a. Le secrétaire s'appelle René; j'ai un message à lui donner.
   b. Il ressemble à quelqu'un que je connais.
   c. A-t-il une Chevrolet? J'essaie de me rappeler.
   d. La lessive ne fait pas partie de ses responsabilités.
   e. Il s'intéresse au développement des pays africains.
   f. Il aime se lever tôt, sauf le samedi.

Structure Talking about daily routines

Grammar Podcasts, Grammar Tutorials

Les verbes réfléchis

Observez et déduisez

Aujourd'hui la maman de Larmé se fâche parce qu'il se réveille tard, et il ne veut pas se lever tout de suite. Son papa n'est pas content non plus parce qu'il ne se dépêche pas. «Larmé! Quand vas-tu t'habiller?»

- From the context, which verb in the preceding paragraph means *to hurry up*? Which one means *to get mad*? What happens to the pronoun when the pronominal verb is an infinitive?

Confirmez

1. Some pronominal verbs indicate a *reflexive* action, that is, an action that reflects back on the subject of the verb. The reflexive pronoun is often *not* expressed in English.

   Je me lève tôt le matin, et je me douche tout de suite.
   I get (myself) up *I shower (myself)*

2. Just as with the pronominal verbs you saw in **Chapitre 8,** the reflexive pronoun always precedes the verb directly, even in the interrogative:

   Vous couchez-vous tôt ou tard?

   and in the negative:

   Nous nous couchons ver 10h, mais nous ne **nous** endormons pas tout de suite.

3. The pronoun agrees with the subject when an infinitive is used.

   Je ne passe pas beaucoup de temps à **me** peigner.

4. Notice that some verbs have a pronominal *and* a nonpronominal form.

   D'abord le papa **se réveille,** puis il **réveille** les enfants.

Vocabulaire actif

se dépêcher
se doucher
s'endormir
se fâcher

Activités

A **Habitudes.** Lisez les phrases ci-dessous et choisissez l'expression qui correspond le mieux à vos habitudes ou ajoutez une autre qui vous convient mieux.

1. Je me réveille... (assez tôt / aussi tard que possible / facilement / ?)
2. Une fois réveillé(e), je me lève... (tout de suite / après quelques minutes / au dernier moment / ?)
3. Je me brosse les dents... (avant de prendre le petit déjeuner / après le petit déjeuner / si je m'en souviens / ?)
4. Je passe… (très peu de temps / quelques minutes / des heures / ?) à me coiffer.
5. Je m'habille selon... (le temps qu'il fait / la mode / mon humeur / ?)
6. Je me douche... (le matin / le soir / une fois par mois! / ?)
7. Quand je me couche, je m'endors... (tout de suite / difficilement / avec ma peluche préférée / ?)

Maintenant, comparez vos réponses avec celles d'un(e) partenaire. Sont-elles semblables?

➡ *Quand est-ce que tu te réveilles? Est-ce que tu t'habilles selon la mode?*

B **Stéréotypes.** Larmé est un jeune étudiant du Tchad. Imaginez un jeune étudiant de chez vous. Que va-t-il faire ce week-end, à votre avis?

➡ se réveiller à 9h? *Oui, il va se réveiller à 9h. / Non, il ne va pas se réveiller à 9h. Il va se réveiller à midi!*

1. se lever tôt?
2. passer des heures à se coiffer?
3. se raser?
4. se dépêcher?
5. s'amuser?
6. s'endormir tard?

Maintenant, dites si les personnes suivantes vont faire ces mêmes activités ce week-end ou pas:

Mes parents...
Le professeur (Vous...)
Mes copains et moi, nous...
Moi (Je...)

Structure Saying what you did

Les verbes réfléchis au passé composé

Observez et déduisez

J'habite au Texas, et non au Tchad, mais ma routine n'est pas très différente de celle de Larmé. Ce matin, je me suis levée assez tôt; je me suis brossé les dents; j'ai pris mon petit déjeuner; je me suis dépêchée d'aller au travail. Et vous? Vous vous êtes réveillés de bonne heure? Vous vous êtes lavé les cheveux?

- Which auxiliary is used in the **passé composé** of pronominal verbs? Is the author of the paragraph male or female? How do you know? Compare the past participles of the verbs in the preceding paragraph. Can you think of any reason why the past participles of **se brosser les dents** and **se laver les cheveux** are different from the others?

Confirmez

je me suis lavé(e)	nous nous sommes lavé(e)s
tu t'es lavé(e)	vous vous êtes lavé(e)(s)
il/elle s'est lavé(e)	ils/elles se sont lavé(e)s

but: Ils/Elles se sont lavé les cheveux.

1. All pronominal verbs require **être** as the auxiliary in the **passé composé.**

   Mon frère s'**est** levé à neuf heures aujourd'hui.

2. The reflexive pronoun comes directly before the auxiliary in the **passé composé.**

   Moi non plus, je ne **me** suis pas dépêché ce matin. Je **me** suis promené dans le parc.

   Et vous? **Vous** êtes-vous reposés aussi?

3. The past participle usually agrees in number and gender with the subject and reflexive pronouns.

   Ma sœur? **Elle** ne **s'**est pas peign**ée** ce matin.

However, the past participle does *not* agree if the verb is *followed* by a direct object.

Elle ne s'est pas brossé **les cheveux.** En plus, elle ne s'est pas brossé **les dents**!

It also does *not* agree if the reflexive pronoun serves as an *indirect* object, as is the case with verbs like **se parler** and **se téléphoner.** (On parle *à* quelqu'un. On téléphone *à* quelqu'un.)

Mes copains et moi, nous nous sommes téléphoné.

Vos copines et vous, vous vous êtes parlé aujourd'hui?

Activités

CD 4-5

C **Aujourd'hui.** Regardez les images. Qu'est-ce que cette étudiante a fait aujourd'hui? Écoutez et numérotez les images selon les descriptions que vous entendez.

___

___

1

___

___

___

___

___

D **Des esprits curieux.** Travaillez en petits groupes et imaginez ce que le professeur a fait hier. Notez vos suppositions sur une feuille de papier.

➡ se réveiller: tôt / tard
Elle s'est réveillée tôt.

1. se lever: tout de suite / dix minutes plus tard
2. se laver: hier matin / hier soir
3. s'habiller avant de se brosser les dents: oui / non
4. prendre / ne pas prendre le petit déjeuner
5. lire le journal: hier matin / hier soir
6. se dépêcher / ne pas se dépêcher hier matin
7. se promener: après le travail / avant le travail
8. se reposer devant la télé / travailler après le dîner
9. se coucher: tard / tôt?
10. ?

Maintenant, lisez vos listes au professeur, qui va vous dire si vous avez raison.

➡ — *Nous pensons que vous vous êtes réveillé(e) tôt.*
— *Vous avez raison. Je me suis réveillé(e) tôt. / Mais non! Je me suis réveillé(e) à midi, hier!*

E **Trouvez quelqu'un...** Qu'est-ce que vos camarades de classe ont fait hier? Pour chaque question que vous posez, trouvez une personne différente qui répond «oui». Écrivez le nom de la personne sur une feuille de papier.

➡ — *Tu t'es couché(e) avant neuf heures?*
— *Non, je me suis couché(e) à une heure et demie du matin!*

Trouvez quelqu'un qui...

1. s'est couché avant neuf heures.
2. s'est fâché contre un copain (une copine).
3. s'est reposé sous un arbre *(tree)*.
4. s'est réveillé avant six heures (du matin!).
5. a pris une douche après minuit.
6. s'est promené avec un(e) ami(e).
7. ne s'est pas brossé les dents.
8. s'est amusé en classe.
9. ?

Maintenant, discutez avec vos camarades de classe. Quelles sont les activités les plus communes? les moins communes?

➡ *Patrick et moi, nous nous sommes amusés en classe.*

F **Des excuses.** Vous avez promis d'aider votre colocataire hier, mais vous ne l'avez pas fait. Maintenant, faites vos excuses et expliquez tout ce que vous avez fait hier—du matin jusqu'au soir.

➡ *J'étais vraiment occupé(e) hier. D'abord, je me suis réveillé(e) à six heures et demie...*

Jeu de rôle

It's near the end of the semester, and you and your roommate are suffering from burnout. You've decided to change your routine as soon as the semester ends. Role-play a scene in which you discuss what you're going to do differently.

Lecture Denim, mode d'emploi

Le texte suivant est extrait de *Madame Figaro,* un magazine qui présente une variété d'actualités, en particulier les actualités de la mode. Si vous ne comprenez pas tous les mots, ne vous inquiétez pas! Les activités vont vous aider à comprendre ce qui est important.

Pensez

1 Regardez les photos et les titres. À votre avis, qu'est-ce qui va être mentionné dans cet article? Cochez toutes les possibilités qui vous semblent vraies.

_____ *le* mode d'emploi, c'est-à-dire diverses manières d'utiliser le denim, une toile (un tissu de coton) généralement associée au jean

_____ *la* mode estivale (des vacances d'été) avec le denim

_____ l'origine du mot «jean»

_____ le nom des vêtements qu'on peut fabriquer avec du denim

_____ la biographie des grands couturiers (comme Lanvin, L'Wren Scott, etc.) qui aiment utiliser le denim

_____ des exemples de grands couturiers qui utilisent le denim pour créer un style qui n'est pas seulement basique

_____ des stratégies pour créer un look cool (relaxe), habillé (chic), etc.

_____ un sondage sur la popularité du denim

_____ ?

Observez et déduisez: en général

2 Parcourez l'article pour confirmer vos prédictions. Quelles sont les catégories indiquées ci-dessus qui sont vraiment mentionnées? Cochez-les une deuxième fois.

3 Une organisation interne. Chaque description inclut quatre sections; que contiennent ces sections? Reliez le titre au contenu.

1. _____ Quoi?	a. Choses à ne pas faire
2. _____ Comment?	b. Combinaisons suggérées
3. _____ À éviter	c. Conseil supplémentaire
4. _____ Le truc en plus	d. Nature du vêtement

Observez et confirmez: en détail

4 Les vêtements et les accessoires. Dans quelles illustrations voyez-vous les vêtements ou accessoires suivants? Identifiez-les selon la lettre: a, b, c, d.

a. Notify/Nicole Richie
b. Lanvin/Eva Longoria
c. L'Wren Scott/Clémence Poésy
d. Dolce & Gabbana/Alexa Chung

1. ______ une chemise	6. ______ un pantalon
2. ______ un short	7. ______ des chaussures, des sandales
3. ______ un tee-shirt	8. ______ une jupe
4. ______ des bijoux en or	9. ______ une poche
5. ______ une robe	10. ______ une veste

Vocabulaire actif

basique
chic / habillé
foncé ≠ clair
la mode
moulant
porter
les accessoires (m.)
- des bijoux en or
- une casquette

les chaussures (f.)
- (à talons)
- des baskets (f.)
- des mocassins (m.)
- des sandales (f.)
- des tennis (f.)

les matières et les tissus
- en coton (m.)
- en denim
- en laine (f.)
- en polyester (m.)
- en soie (f.)

les vêtements
- des chaussettes
- une chemise
- un jean
- une jupe
- un pantalon
- une poche
- un polo
- un pull
- une robe
- un short
- un tailleur
- un tee-shirt à manches courtes/longues
- une veste

A

B

TAMTAM STYLE

Notify

Nicole Richie

Lanvin

Eva Longoria

EXPLICATION DE LOOK

DENIM, MODE D'EMPLOI

DEVENU LA TOILE À TOUT FAIRE DE LA MODE, LE JEAN N'A PLUS RIEN D'UN BASIQUE. FACE À SES VARIATIONS ESTIVALES, VOICI COMMENT ÉVITER LES DÉRAPAGES.

Par Carine Bizet

SHORT URBAIN COOL

Quoi ? Un modèle ample, classique avec l'ourlet joliment roulotté.

Comment ? Avec un tee-shirt ultra-fluide en voile de coton ou une chemise kaki façon saharienne, un foulard en soie et des sandales à talons pour un look de vraie fille mode mais pas surstylée.

À éviter : le moulant trop sexy, les chaussures trop fines et trop habillées.

Le truc en plus : essayer une version taille haute.

ROBE HABILLÉE

Quoi ? Une pièce sophistiquée et structurée : asymétrique, drapée et/ou à bustier, elle pourrait aussi bien être coupée dans la soie.

Comment ? Très tendance, elle se suffit presque à elle-même. Limiter les accessoires à des bijoux en or fin ou en résine pop pour casser le côté chic de la robe.

À éviter : le trop moulant. L'épaisseur de la toile a tendance à alourdir la silhouette. Et, à l'inverse, la robe de plage baggy à effet « enceinte de huit mois ».

Le truc en plus : jouer sur les couleurs, du bleu foncé saphir à l'azur très clair.

C

Clémence Poésy

L'Wren Scott

NÉOSLIM CHIC

Quoi ? Un skinny qui ressemble plus à un pantalon cigarette bien coupé qu'à une seconde peau.

Comment ? Le choisir en gris ou en noir, avec effets d'empiècements discrets en option. L'associer avec une veste de même couleur pour un effet tailleur et avec une chemise blanche pour le graphisme. Selon la longueur de vos jambes, porter le tout avec des derbys masculins ou des escarpins.

À éviter : les déchiquetages, usures, pseudo-salissures de fausses rebelles.

Le truc en plus : choisir un modèle très long qui descend bas sur le cou-de-pied.

D

Dolce & Gabbana

Alexa Chung

CHEMISE TAILLEUR

Quoi ? Coupée comme un vrai modèle homme, une version à vraies-fausses poches poitrines, toujours en denim bleu.

Comment ? Ample ou à carrure étroite, elle sert de contrepoint à des pièces plus habillées : une jupe ultra-féminine ou un tailleur-pantalon austère. Ne pas hésiter à la porter avec un sac griffé et des stilettos spectaculaires.

À éviter : porter un modèle ample en guise de veste qui fait négligé informe.

Le truc en plus : tenter le total look en camaïeu de bleu, avec un pantalon en denim.

5 **Les tissus (*fabrics*).** Cochez les tissus mentionnés.

_____ le coton _____ la laine (*wool*) _____ la soie (*silk*) _____ le polyester

6 En utilisant le contexte et la logique, déduisez le sens des mots suivants.

Introduction:

1. les dérapages — a. *wrong moves* — b. *useful pointers*

Short urbain cool:

2. des sandales **à talons** — a. *with high heels* — b. *with low heels*
3. des chaussures **habillées** — a. *casual* — b. *dressy*
4. moulant — a. *tight* — b. *loose, baggy*

Robe habillée:

5. bleu **foncé/clair** — a. *dark/light* — b. *light/dark*

Néoslim chic:

6. déchiquetages/usures/salissures — a. *distressed look* — b. *brand-new look*

Chemise tailleur:

7. un tailleur-pantalon — a. *2-piece pant suit* — b. *tailored pants*

7 **Qu'est-ce que c'est?** Identifiez le/les vêtement(s)

1. qui ne sont pas recommandés trop moulants ni trop amples
2. qui semblent masculins mais qui peuvent se combiner avec des éléments très féminins.
3. qui sont préférables longs
4. qui peuvent se porter avec des chaussures à talons
5. qui ne sont pas recommandés en style trop négligé ou rebelle

Explorez

1. **Le jean et vous.** Quand, où et comment portez-vous vos jeans? Décrivez plusieurs de vos looks quand vous portez un jean.
2. **Le tee-shirt, mode d'emploi!** Comme le jean, le tee-shirt peut être très versatile, n'est-ce pas? Avec un(e) camarade de classe, utilisez le tableau à la page suivante pour créer deux looks pour hommes et deux looks pour femmes qui montrent que le tee-shirt «n'a plus rien de basique». Vous pouvez choisir un look classique, négligé (relaxe), habillé (chic), extravagant, à vous de voir. Utilisez le vocabulaire que vous venez d'apprendre dans la lecture et le vocabulaire supplémentaire suivant.

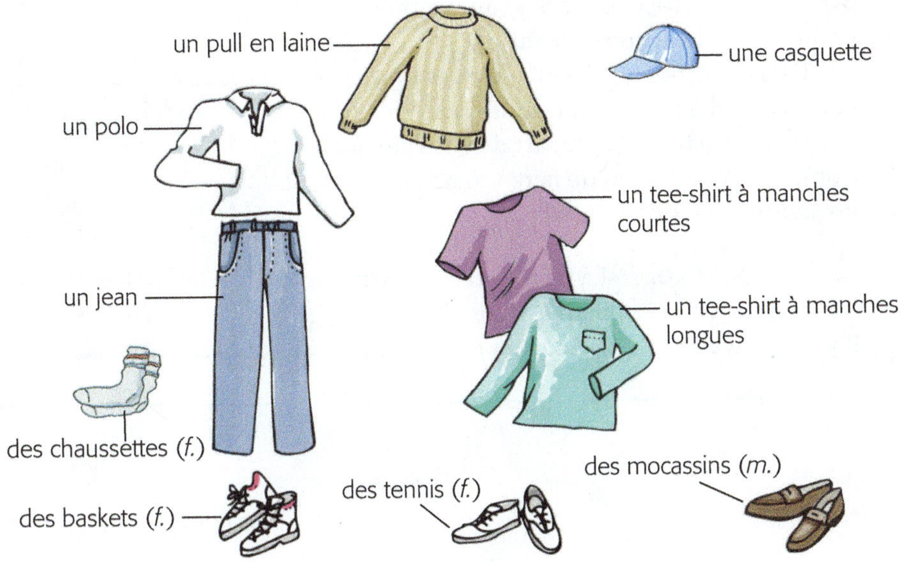

	Look homme n° 1	Look homme n° 2	Look femme n° 1	Look femme n° 2
Quoi?				
Comment?				
À éviter				
Le truc en plus				

Notes culturelles

Les soldes. Les Français adorent faire les soldes. Avec leur famille ou leurs amis, ils vont dans les magasins pour acheter vêtements, chaussures et autres articles «en solde», c'est-à-dire à prix réduit. C'est le gouvernement qui fixe la date du début des soldes d'hiver et des soldes d'été, qui durent respectivement cinq semaines. Depuis 2009, les commerçants peuvent aussi choisir deux semaines supplémentaires de réductions générales. Cette diminution des prix leur permet de vendre leur stock avant de présenter la collection de la nouvelle saison.

Est-ce une bonne idée d'avoir des dates fixes pour les soldes? Est-ce que vous attendez les soldes pour acheter la plupart de vos vêtements? Comparez votre façon de faire vos achats pendant les soldes et au prix normal.

La bienséance. «La bienséance» dicte notre conduite *(behavior)* publique. Dans chaque société, il y a certaines choses qui se font (comme dire «bonjour» ou «merci») et d'autres qui ne se font pas. C'est pour cette raison que les Français font attention à ce qu'ils portent en public: ils ne font jamais leurs courses en jogging et ne sortent jamais de leur maison en pyjama. Même les tenues décontractées sont raffinées grâce à un accessoire qui peut être simple mais qui fait aussi toute la différence. Et vous? Est-ce que vous faites attention à votre apparence quand vous sortez de votre domicile?

Bloguez!

Quelle est la définition d'*acceptable* en matière d'habillement dans votre pays? Téléchargez deux images de vêtements différents. Pour chaque image, expliquez où il est acceptable ou pas de porter ce vêtement et pourquoi.

Vocabulaire Les vêtements

Pour sortir

Pour la pluie et le froid

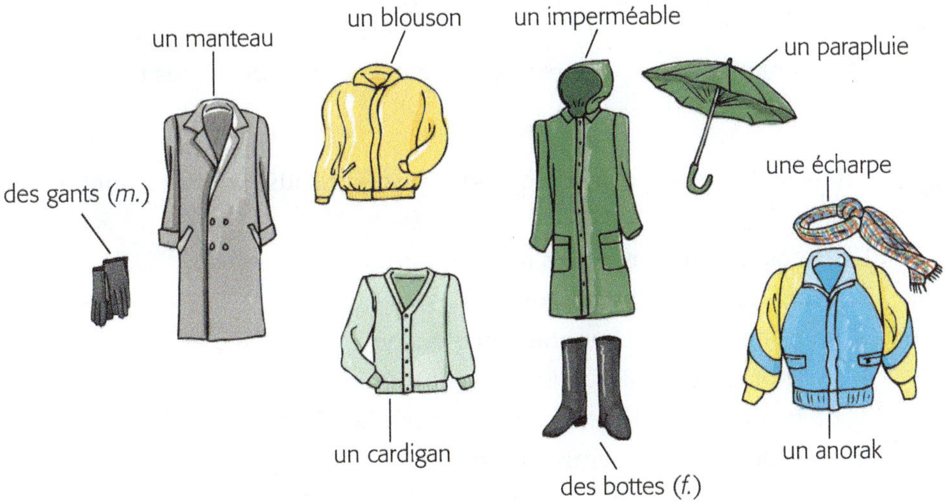

Pour la nuit

Pour le beau temps et le sport

Portez-vous un jogging pour aller en ville ou un smoking pour aller en cours? Vous habillez-vous avec chic pour faire des courses? Qu'est-ce que vous portez pour faire du shopping? pour vous reposer à la maison? pour aller aux fêtes de fin d'année?

Activités

CD 4-6

G **Masculin, féminin, unisexe?** Numérotez de 1 à 12 sur une feuille de papier, puis classez les mots que vous entendez. Est-ce que ce sont des vêtements pour hommes? pour femmes? ou des vêtements unisexes?

➡ **pour hommes** — *une cravate*; **pour femmes** — *une jupe*; **unisexe** — *des gants*

Maintenant, écoutez encore une fois et levez la main si vous portez le vêtement mentionné.

H **Chassez l'intrus.** Dans chaque groupe ci-dessous, trouvez le mot qui ne va pas et expliquez pourquoi.

1. un costume, une robe, un tailleur, une chemise de nuit
2. des tennis, des sandales, des bottes, des gants
3. un pull, un jean, un anorak, un blouson
4. un short, des tennis, un jogging, une jupe
5. un manteau, une veste, un pull, un maillot de bain
6. un pantalon, une chemise, un pyjama, une cravate

I **Que porte-t-on?** À votre avis, comment les personnes suivantes s'habillent-elles pour aller aux endroits mentionnés? (Si vous ne savez pas, imaginez!)

➡ Céline Dion / pour chanter à Caesar's Palace à Las Vegas
Elle porte une longue robe du soir en soie bleu marine avec des chaussures à talons.

1. le (la) président(e) de votre institution / pour travailler
2. votre camarade de chambre / pour aller en ville
3. vos professeurs / pour sortir le week-end
4. vous / pour voyager en avion
5. Robert Pattinson / pour se reposer à la maison
6. Kristen Stewart / pour aller dans une boîte de nuit

J **Quelle chance!** Vous avez gagné 500 euros à la loterie! Décrivez à un(e) partenaire les vêtements que vous voudriez acheter avec cet argent. Mentionnez l'occasion pour laquelle vous achetez les vêtements, la couleur, le tissu, etc. Il/Elle va essayer d'en faire un sketch!

➡ *D'abord, je vais m'acheter une robe imprimée en coton et des sandales noires pour sortir le week-end quand il fait chaud...*

Structures Saying what you wear and when

Le verbe *mettre* • Les pronoms avec l'impératif

Observez et déduisez

— Papa, qu'est-ce qu'on met pour faire du vélo cet après-midi?
— Selon la météo, il va faire beau. Mettez des shorts et des tee-shirts... Mais prenons nos blousons quand même. Au moins mettez-les dans la voiture—en cas de vent.

Vocabulaire actif

mettre

- **Mettre** is an irregular verb. Using the examples above and what you already know about verbs, what other forms of the present tense can you infer? What do you notice about the placement of the pronoun **les** in the preceding dialogue?

Beryl Goldberg

Confirmez

Le verbe *mettre**

je mets	nous mettons
tu mets	vous mettez
il/elle/on met	ils/elles mettent

Passé composé: j'ai mis

***Permettre** *(to permit, allow)* and **promettre** *(to promise)* are conjugated like **mettre.**

Les pronoms avec l'impératif

1. Object pronouns follow a verb in the imperative if the sentence is affirmative. Join the verb and pronoun with a hyphen.

   — Qu'est-ce que je fais de nos pulls?
   — Donne-**les** à maman. Ou bien, demande-**lui** ce qu'il faut faire.

   If the sentence is negative, the pronoun maintains its regular position in front of the verb.

   — Je donne les pulls à Anne et Monique?
   — Non, ne **leur** donne pas les pulls. Et ne **les** mets pas dans la valise, non plus.

2. The pronouns **me** and **te** become **moi** and **toi** when they follow the verb.

   Claire! Donne-**moi** ta valise... et dépêche-**toi.** Nous sommes en retard!

Activités

K **Ce qu'on met.** Est-ce que les phrases suivantes sont vraies ou fausses selon votre expérience personnelle? Discutez avec un(e) partenaire et corrigez les phrases qui sont fausses.

➡ Quand j'ai froid, je mets des vêtements en laine.
C'est faux. Je mets des vêtements en coton. Je n'aime pas la laine.

1. Quand j'ai chaud, je mets un jean et un tee-shirt à rayures.
2. Je mets souvent des vêtements moulants.
3. Quand j'étais petit(e), mes ami(e)s et moi, nous mettions toujours des shorts pour jouer dehors.
4. Pour aller à la plage, nous mettions un maillot de bain et des bottes.
5. Mes copains ont mis des chaussures habillées hier pour aller en cours.
6. Ils ne mettent jamais de costume pour aller en cours.
7. Le professeur a mis des vêtements à carreaux la semaine dernière.
8. Il/Elle ne met jamais de sandales.

L **Dans ma valise...** Reliez les personnes de la colonne de droite avec une situation de la colonne de gauche, et dites ce qu'elles mettent dans leurs valises pour faire le voyage indiqué.

➡ Pour aller en Floride, je... *mets des shorts, des chaussettes, des tee-shirts, des tennis, une robe chic, des sandales et un maillot de bain.*

Pour passer le week-end chez un copain	moi, je...
Pour passer une semaine à la montagne	mes copains et moi, nous...
Pour voyager au Sénégal en été	le professeur...
Pour aller en Alaska en hiver	mes parents...
Pour aller à New York	mon (ma) coloc...

M **Des cadeaux.** Daniel vous demande conseil pour ses achats de Noël. Dites-lui quels vêtements il devrait acheter pour les personnes suivantes.

➡ ses frères qui préfèrent les vêtements habillés
Donne-leur des cravates! Ne leur donne pas de casquettes.

1. son oncle Bernard qui aime le jogging
2. ses petites sœurs qui aiment nager
3. ses cousins qui vont faire un voyage en Alaska
4. son coloc et vous
5. pour vous (la personne qui donne des conseils)
6. Daniel (*Oui*, un petit quelque chose pour lui-même)

Note culturelle

Les compliments. Les formules de politesse ne se traduisent pas toujours très bien d'une culture à l'autre. En Amérique du Nord, par exemple, «*Thank you*» est la réponse attendue à un compliment. En France, par contre, «Merci» suggère une certaine fierté *(pride)*. C'est comme si on disait: «Je suis d'accord! Vous avez raison!» En français, il faut plutôt minimiser l'éloge *(praise)* en exprimant le doute—«Vraiment? Tu trouves?»—ou en partageant la gloire—«Mais Thomas m'a beaucoup aidé». On peut aussi reporter l'attention sur la gentillesse de l'autre personne—«Mais vous êtes trop gentille». Est-ce que vous avez jamais eu une réponse inattendue à un compliment que vous avez fait à quelqu'un?

Bloguez! iLrn

Expliquez comment il faut répondre à un compliment chez vous. Est-ce différent selon la personne? si c'est un(e) ami(e)? si c'est quelqu'un que vous ne connaissez pas bien?

Stratégie de communication

Giving and responding to compliments

Observez et déduisez

Study the mini-dialogues below, and find some examples of how compliments are given and how they are minimized.

Jen Petreshock/Getty Images

Elle est vraiment chic, cette robe.

— Elle est vraiment chic, cette robe.
— Vraiment? Vous pensez que ça me va *(fits me)*?
— Ah oui. Et la couleur vous va vraiment bien.
— Vous êtes bien gentille.

— J'aime beaucoup ta jupe! Elle est très jolie.
— Tu trouves? Je l'ai depuis longtemps.

— Quelle belle cravate!
— C'est ma femme qui me l'a achetée. Elle a bon goût, n'est-ce pas?

— Tu as vraiment fait du bon travail!
— Tu trouves? Ce n'était pas si difficile que ça.

Confirmez

Des expressions utiles

pour faire un compliment

C'est vraiment chic, votre... (robe, etc.)
Quelle belle cravate! (Quel beau pantalon!, etc.)
Cette couleur (Ce jogging) vous va bien.

pour répondre à un compliment

Vous trouvez? / Tu trouves?
Vous pensez que ça me va? / Tu penses que ça me va?
Vous êtes bien gentil(le).
Vraiment? Je ne sais pas.
C'est ma femme (mon père) qui...
Je l'ai depuis longtemps.

Activités

N **Des compliments.** Avec un(e) partenaire, jouez les scénarios suivants. À tour de rôle, faites un compliment ou acceptez le compliment «à la française».

1. Vous aimez beaucoup la coiffure d'une copine.
2. Vous admirez le pantalon de votre professeur.
3. Vous aimez les nouvelles chaussures d'un(e) camarade de classe.
4. Votre petite sœur vous fait un compliment sur votre nouveau pull (et non, vous ne voulez pas le lui prêter).
5. Vous complimentez votre camarade de chambre sur le dîner qu'il (elle) a préparé.
6. Vous pensez que la veste de votre meilleur(e) ami(e) lui va très bien.

Jeu de rôle

Prepare a fashion show with your classmates. Each student takes a turn as the announcer, describing and complimenting the clothes of another student. In addition, each student plays the role of the fashion model on the runway as the announcer describes the clothes.

Culture et réflexion

Richard Bord/WireImage/Getty Images

La haute couture—pas tout à fait du prêt-à-porter!

Rick Smocan/Stock Boston

Un costume breton de la région de Pont L'Abbé, dans le Finistère. Pas très pratique pour monter en voiture!

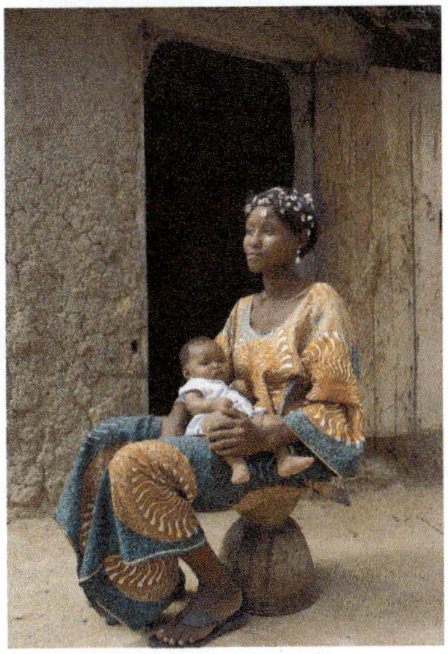

SEUX Paule/Photolibrary

Le boubou africain—léger et confortable.

Observez et déduisez

Regardez les trois photos sur cette page. S'il est vrai que «l'habit ne fait pas le moine» (c'est-à-dire qu'on ne peut pas juger les gens par ce qu'ils portent), l'apparence mène quand même à certaines conclusions. Qu'est-ce que ces vêtements vous disent sur le monde de la haute couture en France et sur l'identité régionale à travers la Francophonie? À votre avis, dans quelle mesure «l'habit fait-il le moine»?

Confirmez et explorez

• **La haute couture.** C'est au grand Louis XIV que nous devons la tradition française de haute couture. Roi de France de 1643 à 1715, le «Roi-Soleil» installe sa cour[1] à Versailles, qui devient le centre de la vie politique, sociale et artistique de l'époque. C'est Louis XIV qui établit «l'étiquette», c'est-à-dire les conventions dictant comment les gens se comportent[2] et s'habillent. Que porte-t-on pour aller au théâtre? à la chasse? aux «salons» sociaux? La cour de Versailles devient le modèle de la mode pour toute l'Europe. Les styles ont beaucoup changé depuis l'époque de Louis XIV, mais le règne de la haute couture française continue dans les boutiques de l'Avenue Montaigne à Paris, avec des noms comme Christian Dior, Coco Chanel, Yves Saint-Laurent, Christian Lacroix, Jean-Paul Gaultier, etc. Évidemment, la haute couture a une clientèle assez limitée, mais son influence se fait sentir dans le prêt-à-porter[3], accessible à tous. Qu'est-ce qui influence le plus votre choix quand vous achetez des vêtements: le style? le prix? la marque *(brand)*? Quelles sont vos marques préférées? Pourquoi? Est-ce qu'une grande marque assure la qualité du vêtement? Pourquoi les gens suivent-ils la mode, à votre avis? Est-ce du snobisme ou autre chose? Expliquez.

• **Les costumes régionaux.** La coiffe[4] bretonne, la jupe provençale, le boubou africain—ces costumes sont depuis des siècles une façon d'indiquer sa région d'origine. On porte, littéralement, son identité culturelle. Si ces traditions restent fortes dans certaines régions, beaucoup de costumes régionaux sont maintenant réservés aux jours de fêtes, ou disparaissent complètement. Les vêtements se standardisent, comme les modes de vie. À votre avis, est-ce une bonne chose de remplacer l'identité régionale par une identité globale? Y a-t-il un style de vêtements particulier à votre région? Décrivez-le.

1. *court* 2. *behave* 3. *ready-to-wear* 4. *headdress*

Bloguez!

Regardez la vidéo pour découvrir les deux styles préférés de Gregory. Quel est votre «look» préféré à vous? Expliquez ce qui compte le plus pour vous en ce qui concerne la mode: le style le plus récent ou le confort? une grande marque ou un bon prix? Téléchargez quelques images qui montrent votre style.

Troisième étape

À l'écoute La forme

Pour être en forme, il faut faire de l'exercice, n'est-ce pas? Avant d'écouter la conversation, une mise en train *(warm-up)* linguistique et psychologique s'impose...

Pensez

1 Voici, extraits du magazine français *Vital*, deux exercices très simples: des pompes et un exercice de raffermissement du haut du corps *(upper body firming)*. Lisez la description de ces exercices—et essayez-les à la maison si vous le désirez!

Photodisc/Getty Images

A. Effectuez des pompes à plat ventre (1), les mains (2) placées sous les épaules (3). Les genoux (4) sont pliés *(bent)*, les pieds (5) en l'air pour assurer une bonne position du dos (6). Tendez *(Straighten)* les bras (7), puis repliez-les alternativement.

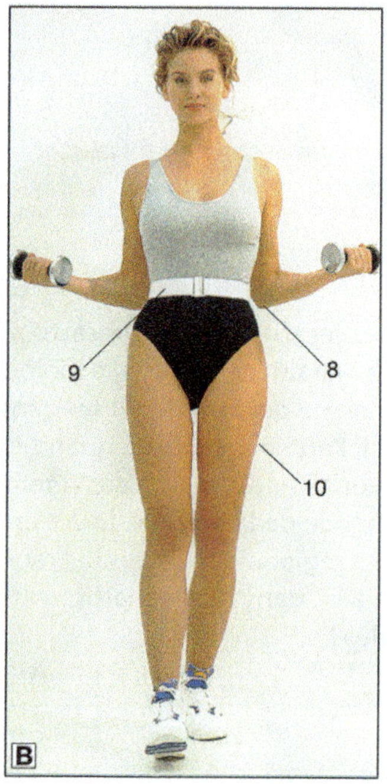

Photodisc/Getty Images

B. Debout, les coudes (8) contre la taille (9), un haltère dans chaque main. Levez (↑) et abaissez (↓) les haltères sans bouger les coudes. En même temps, montez et descendez sur les demi-pointes *(balls)* des pieds, sans plier les jambes (10).

2 Maintenant un autre genre d'exercice—un petit exercice de mémoire! Sans regarder le texte, est-ce que vous pouvez nommer toutes les parties du corps indiquées par des numéros sur les photos?

3 Quel genre d'exercice est-ce que vous faites? Du tennis? Du vélo? Du jogging? De l'aérobic? De la musculation *(weight lifting)*? Combien de fois par semaine faites-vous de l'exercice? Où est-ce que ça fait mal *(hurt)* après?

4 Vous allez écouter deux petits entretiens avec David et Nathalie, un jeune couple français. David est sorti de l'École des mines, une grande école d'ingénieurs très prestigieuse, et maintenant il travaille à Paris où il fait du consulting pour une entreprise multinationale. Nathalie a une maîtrise d'allemand, mais elle s'occupe surtout de leurs deux jeunes enfants, et elle est mannequin pour des magazines de mode. À votre avis, quel genre d'exercice vont-ils faire pour rester en forme? Imaginez d'abord le cas de Nathalie, la jeune maman et mannequin, puis le cas de David, le jeune ingénieur.

Observez et déduisez

CD 4-7

5 Écoutez une première fois pour voir à qui s'appliquent (ou s'appliquaient) les pratiques suivantes. Cochez la case appropriée.

	Nathalie	David	Les deux
manger des produits bio (biologiques)			
faire de la marche			
faire du fitness			
faire du step			
faire du cardiotraining			
faire de la muscu (musculation)			
faire des abdos (abdominaux)			

Vocabulaire actif

le corps
- les bras (m.)
- les coudes (m.)
- le dos
- les épaules (f.)
- les genoux (m.)
- les jambes (f.)
- les mains (f.)
- les pieds (m.)
- la taille
- le ventre

l'exercice (physique)
- un club de fitness
- être/rester en forme
- faire de l'aérobic, de la marche, de la musculation
- faire mal à
- un gymnase
- marcher

des produits bio (m.)

6 Réécoutez la conversation avec Nathalie pour voir si les phrases suivantes sont vraies ou fausses. Si elles sont fausses, corrigez-les.

1. David et Nathalie font très attention à ce qu'ils mangent.
2. Nathalie achète des produits bio pour toute leur alimentation.
3. Quand Nathalie a besoin d'aller quelque part avec les enfants, même si c'est près, elle prend la voiture parce que c'est trop compliqué de mettre les enfants dans la poussette *(stroller)*.
4. David et Nathalie ont un chien qu'il faut promener.
5. Nathalie n'a jamais été membre d'un club de fitness.

7 Maintenant, réécoutez la conversation avec David pour voir si les phrases suivantes sont vraies ou fausses. Si elles sont fausses, corrigez-les.

1. David fait du fitness trois fois par semaine.
2. Il va d'abord à la cantine (cafétéria), puis il va au gymnase.
3. Le gymnase se trouve près de l'immeuble où il travaille.
4. Le Gymnase Club offre des cours de step et d'aérobic.
5. Il y a une piscine, un sauna, des appareils de musculation et de cardiotraining.
6. La cible (l'objectif) de David est de prendre de la masse musculaire.
7. David s'est fait un programme tout seul, sans entraîneur.
8. David suit son programme à la lettre et non «au feeling».
9. David est un des rares employés de son entreprise à faire du fitness.
10. Le gymnase appartient *(belongs)* à l'entreprise et donc ce n'est pas cher d'être membre du club.

Prononciation Le *e* caduc (suite)

Now that you know how to *recognize* an *e* **caduc** (see **Première étape**), let's learn when it must be pronounced and when it may be dropped in fluent speech.

Observez et déduisez

CD 4-8

As you listen to the following sentences based on **À l'écoute: La forme** on the Text Audio Track, pay close attention to the *e* **caducs.** Underline the ones that are pronounced, and cross out the ones that are not. Pay attention also to the way the **j** in **je** is pronounced when the **e** is dropped. How is that **j** pronounced at times?

1. Je fais beaucoup de marche; si je peux aller à pied, je prends pas la voiture.
2. On promène le chien, on fait le tour du parc.
3. C'est ce que je fais le plus, marcher.
4. Moi je prends une heure le midi pour faire un peu de muscu.
5. Au lieu de manger à la cantine, je prends un sandwich et je vais faire du sport.
6. Je sais pas combien d'employés font du fitness dans mon entreprise, mais je pense que c'est peut-être la moitié.

As you analyze what you have just heard, what conclusions can you draw about the pronunciation of **je** when the **e** is dropped? Check all the rules that apply and provide examples from the sentences above. The first one is done for you as a model.

Je is pronounced like **ch** when the following word starts with:

_✓_ s	je sais = ch'(s)ais [This explains the **"chais pas"** you've been hearing!]
____ f	__________
____ p	__________
____ any other consonant	__________

Now look at the **e**'s you underlined or crossed out in 1-6 above. Can you infer when **le** *e* **caduc** must be pronounced and when it may be dropped in fluent speech? The answer lies in the number of consonant *sounds* that *precede* the **e.**

On promène l**e** chien.
How many consonant *sounds* precede the **e** of **le** before you see another vowel?

There is the **l** of **le** and the **n** of **promène,** therefore two consonant sounds. If you tried to drop the **e** of **le,** you would have to pronounce **n** + **l** + **ch (chien)** all in one mouthful. That's too many consonants for the French! In this case, you *must* keep the *e* **caduc.**

On fait l**e** tour du parc.
How many consonant sounds precede the **e** of **le** before you see another vowel?

There is the **l** of **le** and that's it, because the **t** of **fait** is silent. There is one consonant sound, so it's okay to drop the **e.**

C'est c**e** que j**e** fais.
Here we have three *e* **caducs** in a row. What happens?
You drop every other one.

Recap these principles in the chart below by checking the appropriate column and giving some different examples from the sentences in **Observez et déduisez.**

Cases	Keep the e	Drop the e
When **e** is preceded by **one** consonant **sound** (silent consonants do not count)		
When **e** is preceded by **two** consonant **sounds**		

Confirmez

CD 4-9

1. With the **e**'s crossed out or underlined as need be, you are now ready to pronounce the six sentences in **Observez et déduisez** just like French people would! Remember to pronounce the **je** as **ch** when appropriate, and try not to stop before each syllable containing an ***e* caduc**—if you lose the fluency, it no longer makes sense to drop those **e**'s! Verify your pronunciation on the Text Audio Track as needed.

2. Here are a few more sentences. First identify the ***e* caducs;** underline the ones that must be pronounced, and cross out the ones that would be dropped in fluent speech. Then practice saying those sentences just like French people would. Verify your pronunciation on the Text Audio Track. Don't worry if you can't do it consistently in your own speech at this point. Now that you understand how it works, try to do it *some* of the time!

   a. Avant, je faisais de la muscu, mais j'ai plus le temps.
   b. Ce que je préfère, c'est la marche et le vélo.
   c. Je fais aussi attention à ce que je mange.
   d. Si je peux me permettre d'acheter du bio, je le fais.
   e. L'important c'est de manger des choses fraîches—beaucoup de légumes, beaucoup de fruits—et de faire de l'exercice régulièrement.
   f. La semaine dernière, j'ai fait de l'exercice tous les jours; cette semaine, je sais pas...

Vocabulaire Les traits du visage

Observez et déduisez

Étudiez la photo à droite, puis essayez d'identifier les traits du visage décrits ci-dessous. Lesquels sont visibles sur la photo? Lesquels ne le sont pas?

La **tête** est la partie supérieure du corps.
Le **cou** est entre la tête et le corps.
La petite fille voit avec les **yeux** (un **œil**).
Elle entend avec les **oreilles.**
Elle sent les odeurs et les parfums avec le **nez.**
Les **joues** sont de chaque côté de son nez.
Elle fait une bise avec les **lèvres.**
La nourriture entre par la **bouche** et passe par la **gorge** en allant vers l'estomac.
Quand elle ouvre la bouche, on voit ses belles **dents.**
Le **front** est entre les yeux et les cheveux.

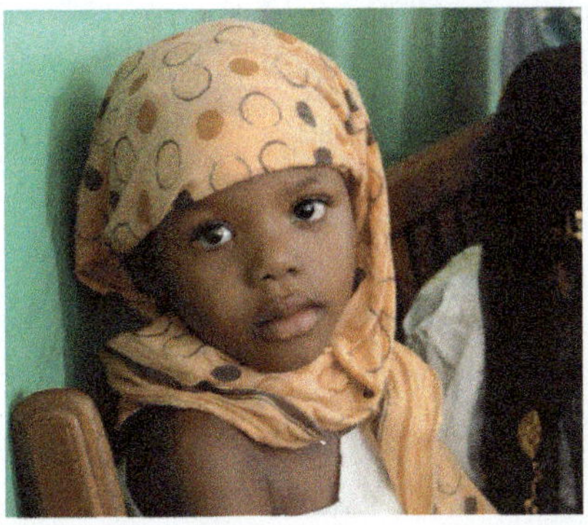

Natalie Young

Activités

CD 4-10

O **Montrez** *(Point to)*... Écoutez. Montrez la partie du corps que vous entendez.

➡ Montrez la tête! (Point to your head.)

P **Avez-vous une bonne mémoire?** Avec un(e) partenaire et sans regarder votre manuel, composez trois listes des parties du corps.

➡ *On a un(e)...; on a deux...; on a plusieurs...*

Q **Où est-ce que ça fait mal?** Dites où ça fait mal selon la situation indiquée.

➡ Quand on fait trop de musculation... *ça fait mal aux bras, au dos...*

1. Quand on mange trop...
2. Quand on fait trop de jogging...
3. Quand on met des chaussures qui sont trop petites...
4. Quand on fait de l'aérobic pendant des heures...
5. Quand on regarde trop de vidéos de fitness...
6. Quand le volume est trop fort à la radio...
7. Quand on fait de la musculation tous les jours...

Maintenant, dites dans quelles circonstances on a mal aux autres parties du corps.

➡ *On a mal aux dents quand on mange trop de sucre.*

Structure Discussing health and exercise

Le pronom *y*

Chantal Thompson

Une famille qui reste en forme!

Observez et déduisez

— Qu'est-ce que vous faites dans votre famille pour rester en forme?
— Eh bien, moi, je vais au club de fitness à midi. J'y vais presque tous les jours pour faire de la muscu. Et ma femme, elle marche souvent dans le parc avec les petits. Par exemple, hier ils y sont allés pendant une heure pour promener le chien. Et quand elle a des courses à faire, elle préfère y aller à pied si possible.

- Examine how the pronoun **y** is used in the preceding conversation. To what does it refer each time it is used? Where is **y** placed in relation to a verb in the present tense? to a verb in the **passé composé**? Where is it placed when there is more than one verb, as in the last sentence?

Confirmez

1. The pronoun **y** can be used to avoid repeating the name of a place. It can substitute for a prepositional phrase beginning with **à, en, sur, dans,** or another preposition of location.

   David aime aller **au gymnase** à midi.
   Il **y** va pour faire de la musculation.

   Sa femme préfère se promener **dans le parc.**
   Elle **y** va avec les petits et le chien.

2. **Y** takes the same place in the sentence as do direct and indirect object pronouns: directly before the verb in the present:

   Au gymnase? J'**y** vais quand j'ai le temps.

   before the auxiliary verb in the **passé composé:**

   La dernière fois que j'**y** suis allé? Euh... le mois dernier, je crois.

   and before the infinitive in sentences with a verb followed by an infinitive:

   ... mais je voudrais bien **y** aller plus régulièrement!

le pronom y	**au gymnase**
au présent:	Elle **y** va trois fois par semaine.
au passé composé:	Elle **y** a fait de la muscu hier.
avec un infinitif:	Elle aime **y** faire du cardiotraining aussi.

Vocabulaire actif

se promener
y

Activités

R **Mais où?** Dites où sont (où vont) David et Nathalie.

➡ Le matin, David y est. *Le matin, il est au bureau.*

1. À midi, David y va pour rester en forme.
2. S'il ne va pas au gymnase à midi, il y mange.
3. Le Gymnase Club s'y trouve.
4. Autrefois Nathalie y faisait du step.
5. Maintenant Nathalie y promène le chien.
6. Elle préfère y acheter des produits bio.

Et vous? Où êtes-vous?

7. J'y fais de la musculation.
8. J'y fais mes devoirs.
9. J'y mange tous les jours.
10. J'y habite.
11. J'y fais du sport.
12. J'y fais des courses.
13. J'y retrouve mes copains.
14. J'y achète mes vêtements.

CD 4-11

S **Y ou *lui*?** Pour chaque question posée, choisissez la bonne réponse.

1. Oui, il (y / lui) est.
2. Oui, il (y / lui) va tous les jours.
3. Oui, il (y / lui) pose quelquefois des questions.
4. Oui, il (y / lui) a fait un programme de training.
5. Oui, elle (y / lui) sert des produits bio.
6. Oui, elle (y / lui) parle de ses activités.
7. Oui, elle (y / lui) fait de la marche.
8. Oui, elle (y / lui) va à pied.

T **Questionnaire.** La réceptionniste du club de fitness vous pose des questions sur votre mode de vie et vos préférences. Répondez en employant un pronom: **y, le, l', les** ou **lui,** selon le cas.

1. Venez-vous *au club* tous les jours?
2. Connaissez-vous *les appareils de musculation*?
3. Avez-vous déjà parlé *à l'entraîneur*?
4. Aimez-vous *le cardiotraining*?
5. Avez-vous déjà fait du step *dans ce club*?
6. D'habitude, faites-vous *votre exercice* le matin?
7. Faites-vous de l'exercice *chez vous* aussi?
8. Voudriez-vous nager *dans notre piscine*?

U **Où va-t-on pour... ?** Employez la banque de mots pour compléter les phrases suivantes avec le nom d'un endroit logique et la préposition qui convient.

Banque de mots

un gymnase
un parc
un stade
un club de fitness
à la plage
à la campagne
à la montagne
à la piscine
?

1. Normalement, je fais du ski...
2. Pour faire du cardiotraining, mes copains et moi, nous allons...
3. Cet après-midi, je vais faire du step...
4. Mes camarades de chambre aiment faire de la musculation...
5. Ma sœur/Mon frère fait de la marche...
6. Pour faire du vélo, on peut aller...
7. Dans ma famille, nous préférons nager...

Maintenant, interviewez un(e) camarade de classe et faites une liste des réponses que vous avez en commun.

➡ — *Tes copains et toi, vous allez au stade pour faire du cardiotraining?*
— *Oui, nous y allons tous les jours. / Non, nous allons dans un club de fitness pour y faire du cardiotraining.*

V **Destination bonne forme!** Où voudriez-vous aller pour passer des vacances sportives? Avec quelques camarades de classe, choisissez la meilleure destination pour rester en bonne forme. Notez toutes les activités de fitness qu'on peut y faire, puis comparez votre liste avec celles des autres groupes.

➡ — *Choisissons Tahiti. On peut y nager dans la mer et faire du jogging sur la plage.*
— *Mais il fait trop chaud pour faire du fitness. Moi, je préfère la montagne. On peut y faire du ski et de la marche, et on peut y faire des promenades à vélo aussi.*
— *Et nager dans un lac...*

iLrn *Complete the diagnostic tests to check your knowledge of the vocabulary and grammar structures presented in this chapter.*

Jeu de rôle

You're feeling really out of shape and unhealthy. Discuss the problem with your "fitness trainer" and determine how you will get back into shape and be healthier.

Littérature

Une abominable feuille d'érable sur la glace

Roch Carrier

Born near Montreal in 1937, Roch Carrier belongs to the generation of Quebecois writers who have sought to express the unique identity of the French-Canadian people, their intense attachment to their native land, and their rejection of the political and cultural domination by the English-speaking minority in the predominantly French-speaking province of Quebec. In the 1960s and '70s, a growing secessionist movement formed **le Parti québécois,** a political party that won a large majority in the provincial assembly in the 1976 elections. In 1980, Quebec's voters turned down a referendum to secede from Canada, but French separatism remained strong. It was right at that time—1979—that Roch Carrier published *Les enfants du Bonhomme dans la lune,* a collection of tales that received **le Grand Prix littéraire de la ville de Montréal** in 1980. In that collection, *Une abominable feuille d'érable sur la glace (An abominable maple leaf on the ice)* is about a boy, hockey, a sweater **(un chandail),** and a very symbolic maple leaf.

Pensez

1 Que faut-il pour jouer au hockey?

2 Vous avez déjà vu dans vos lectures des verbes au passé simple. Pouvez-vous reconnaître les verbes suivants? Trouvez l'équivalent au passé composé.

il/elle fit	a pris
commença	a eu
prit	est venu
écrivit	a fait
eut	a commencé
vint	a sauté
sauta *(jumped)*	a écrit

3 Voici quelques expressions-clés du texte:

... le chandail bleu, blanc, rouge des Canadiens de Montréal...
... un chandail bleu et blanc, avec la feuille d'érable au devant, le chandail des Maple Leafs de Toronto.
... une des plus grandes déceptions *(disappointments)* de ma vie!
À la troisième période, je n'avais pas encore joué *(I hadn't played yet)*...
C'est de la persécution!

D'après ces expressions, quelle sorte d'histoire est-ce que vous anticipez?

Observez et déduisez: en général

4 Parcourez le texte une première fois, simplement pour identifier l'idée générale. Ce texte est l'histoire d'un garçon qui

a. est fatigué de porter toujours le même uniforme de hockey et demande à sa mère de lui acheter un chandail complètement différent.

b. est invité à jouer pour l'équipe des Maple Leafs de Toronto.

c. fait partie d'une équipe de jeunes fanatiques des Canadiens de Montréal mais est obligé de porter le chandail des Maple Leafs de Toronto.

Une abominable feuille d'érable sur la glace

Les hivers de mon enfance étaient des saisons longues, longues. Nous vivions en trois lieux: l'école, l'église et la patinoire; mais la vraie vie était sur la patinoire.

Tous, nous portions le même costume que Maurice Richard, notre héros, ce costume bleu, blanc, rouge des Canadiens de Montréal, la meilleure équipe de hockey au monde; tous, nous peignions nos cheveux à la manière de Maurice Richard. Nous lacions° nos patins à la manière de Maurice Richard. Nous découpions° dans les journaux toutes ses photographies. Sur la glace, nous étions cinq Maurice Richard contre cinq autres Maurice Richard; nous étions dix joueurs qui portions, avec le même enthousiasme, l'uniforme des Canadiens de Montréal. Tous nous avions au dos le très célèbre numéro 9.

Un jour, mon chandail des Canadiens de Montréal était devenu trop petit; puis il était déchiré° ici et là. Ma mère me dit: «Avec ce vieux chandail, tu vas nous faire passer pour pauvres!» Elle fit ce qu'elle faisait chaque fois que nous avions besoin de vêtements. Elle commença de feuilleter° le catalogue que la compagnie Eaton° nous envoyait par la poste chaque année. Ma mère était fière°. Elle n'a jamais voulu nous habiller au magasin général; seule la dernière mode du catalogue Eaton était acceptable. Pour commander mon chandail de hockey, elle prit son papier à lettres et elle écrivit: «Cher Monsieur Eaton, auriez-vous l'amabilité de m'envoyer un chandail de hockey des Canadiens pour mon garçon qui a dix ans et qui est un peu trop grand pour son âge, et que le docteur Robitaille trouve un peu trop mince? Je vous envoie trois piastres° et retournez-moi le reste s'il en reste.»

Monsieur Eaton répondit rapidement à la lettre de ma mère. Deux semaines plus tard, nous recevions le chandail. Ce jour-là, j'eus l'une des plus grandes déceptions de ma vie! Au lieu du° chandail bleu, blanc, rouge des Canadiens de Montréal, M. Eaton nous avait envoyé un chandail bleu et blanc, avec la feuille d'érable au devant, le chandail des Maple Leafs de Toronto. J'avais toujours porté le chandail bleu, blanc, rouge des Canadiens de Montréal; tous mes amis portaient le chandail bleu, blanc, rouge; jamais dans mon village on n'avait vu un chandail des Maple Leafs de Toronto. De plus,

laced
cut out
torn
regarder
grand magasin canadien
proud
vieille monnaie québécoise
Instead of

l'équipe de Toronto se faisait battre régulièrement par les triomphants Canadiens. Les larmes° aux yeux, je trouvai assez de force pour dire: *tears*

— J'porterai° jamais cet uniforme-là. (Je) / futur de **porter**

— Mon garçon, tu vas d'abord l'essayer! Si tu te fais une idée sur les choses avant de les essayer, mon garçon, tu n'iras° pas loin dans la vie... Elle tira° le chandail sur moi. Je pleurais. futur d'**aller** / a mis

— J'pourrai jamais porter ça.

— Pourquoi? Ce chandail te va très bien... Comme un gant...

— Maurice Richard se mettrait jamais ça sur le dos...

— T'es° pas Maurice Richard. Puis, c'est pas ce qu'on se met sur le dos qui compte, c'est ce qu'on se met dans la tête... Si tu gardes pas ce chandail, il va falloir écrire à M. Eaton pour lui expliquer que tu veux pas porter le chandail de Toronto. M. Eaton, c'est un Anglais; il va être insulté parce que lui, il aime les Maple Leafs de Toronto. S'il est insulté, penses-tu qu'il va nous répondre très vite? Le printemps va arriver et tu auras pas joué° une seule partie° parce que tu auras pas voulu porter le beau chandail bleu que tu as sur le dos. Tu n'es / *won't have played* / un match

Je fus donc obligé de porter le chandail des Maple Leafs. Quand j'arrivai à la patinoire, tous les Maurice Richard en bleu, blanc, rouge s'approchèrent° un à un pour regarder ça. Au coup de sifflet° de l'arbitre, je partis prendre mon poste habituel. Le chandail des Maple Leafs pesait° sur mes épaules comme une montagne. Le chef d'équipe vint me dire d'attendre. Il aurait besoin de moi à la défense, plus tard. À la troisième période, je n'avais pas encore joué; un des joueurs de défense reçut un coup de bâton° sur le nez, il saignait°; je sautai sur la glace: mon heure était venue! L'arbitre m'arrêta. Il prétendait° que j'avais sauté sur la glace quand il y avait encore cinq joueurs. C'était trop injuste! sont venus / *whistle* / *weighed* / *was hit* / *was bleeding* / *claimed*

C'est de la persécution! C'est à cause de mon chandail bleu! Je frappai mon bâton sur la glace si fort qu'il se brisa°. Le vicaire°, en patins, vint tout de suite vers moi. *broke* / *priest*

— Mon enfant, un bon jeune homme ne se fâche pas comme ça. Enlève tes patins et va à l'église demander pardon à Dieu.

Avec mon chandail des Maple Leafs de Toronto, j'allai à l'église, je priai Dieu; je lui demandai qu'il envoie au plus vite des mites° qui viendraient dévorer mon chandail des Maple Leafs de Toronto. *moths*

Extrait adapté de Roch Carrier, "Une abominable feuille d'érable sur la glace" *Les enfants du bonhomme dans la lune*, Stanké, coll. 10/10, Montréal, 2007, pp. 59–63.

Déduisez et confirmez: en détail

5 Le texte. Lisez plus attentivement et indiquez si les phrases suivantes sont vraies ou fausses. Si elles sont fausses, corrigez-les.

1. Maurice Richard était un des garçons qui jouaient dans l'équipe du narrateur.
2. Les joueurs des deux équipes portaient tous le même uniforme et tous les joueurs avaient le même numéro sur le dos.
3. Dans sa lettre à M. Eaton, la mère du narrateur a oublié de spécifier le nom de l'équipe (les Canadiens).
4. L'équipe des Maple Leafs de Toronto était la meilleure équipe du Canada.
5. La maman a expliqué que pour réussir dans la vie, il faut essayer les choses avant de les juger.

6. La maman pensait que si elle demandait à M. Eaton d'échanger *(exchange)* le chandail, M. Eaton allait le faire très vite.
7. Quand le narrateur est arrivé à la patinoire avec son nouveau chandail, les autres joueurs sont tous venus lui faire des compliments.
8. Le chef d'équipe n'a pas voulu donner au narrateur son poste habituel.
9. Le narrateur a utilisé son bâton pour frapper *(hit)* l'arbitre.
10. Le vicaire a demandé au narrateur d'aller prier *(pray)* à l'église.
11. La prière du narrateur montrait une vraie repentance!

6 Les mots. En utilisant le contexte et la logique, pouvez-vous déduire le sens des mots suivants?

1. **recevoir** («Deux semaines plus tard, nous **recevions** le chandail.»)
2. **enlever** («**Enlève** tes patins et va à l'église...»)
3. **dévorer** («... des mites qui viendraient **dévorer** mon chandail...»)

Explorez

1. En groupes de deux, préparez un résumé de l'histoire du chandail. L'un(e) de vous va être responsable des circonstances/conditions (comment étaient les choses?); l'autre va donner les actions (qu'est-ce qui s'est passé?). Sur une feuille de papier, faites deux colonnes comme dans le tableau suivant, puis remplissez chaque colonne avec les détails importants. Ensuite, soyez prêt(e)s à lire votre résumé à la classe.

Étudiant(e) A **Comment étaient les choses?**	**Étudiant(e) B** **Qu'est-ce qui s'est passé?**
Quand le narrateur avait 10 ans...	
	Un jour, sa mère a décidé de lui acheter un nouveau chandail.
Etc.	
	Etc.

2. On peut lire cette histoire à un niveau littéral, mais on peut aussi y voir des symboles. Complétez le tableau suivant selon votre interprétation. Relisez l'introduction sur Roch Carrier au besoin.

	littéralement	**figurativement**
le chandail bleu, blanc, rouge	uniforme des Canadiens de Montréal	
le chandail bleu et blanc avec la feuille d'érable		
Monsieur Eaton		les «Anglais»
L'erreur de M. Eaton	une simple erreur?	les anglophones...
Maurice Richard		

Par écrit Close encounters

Avant d'écrire

A **Strategy: Viewing different facets of an object.** To use this strategy, you are going to answer a series of questions that will lead you to examine a topic from a variety of viewpoints before you begin writing. When you do begin to write, you do *not* need to describe your topic from all perspectives. You can focus on only one or blend two or more together. Choose the ones that best spark your imagination.

Application. Imagine you wish to describe an article of clothing that has some special significance for you. The garment may be new or old, elegant or ugly, yours or someone else's. It may evoke memories of pleasant or unpleasant circumstances, or it may remind you of someone else. Whatever the case, think about the article of clothing as you try to answer the following questions.

How would you describe the garment to someone who is not in the room?

Does it remind you of someone, something, or some event?

What can you do with the article besides wear it?

How would you divide the garment into its constituent parts?

What other garment is similar? different? Explain.

Do you like the article of clothing? Why or why not?

B **Strategy: Making descriptions vivid.** Descriptions become memorable when details appeal to the senses and sharp images are produced. Study the following example from *Une abominable feuille d'érable sur la glace:*

> ... un chandail bleu et blanc, avec la feuille d'érable au devant, le chandail des Maple Leafs de Toronto.

Application. Now try completing the following sentence in a way that depicts an old sweater in an evocative and vivid manner.

J'ai un vieux chandail...

Écrivez

1. Le narrateur dans le conte de Carrier raconte un souvenir de sa jeunesse associé à un chandail. Vous souvenez-vous d'un vêtement particulier de votre passé? Votre premier costume, par exemple, ou votre première robe du soir? Ou vous souvenez-vous du jour où votre tante vous a acheté ce grand manteau à carreaux (orange!)? Écrivez un paragraphe où vous décrivez le vêtement. Pourquoi est-ce que vous vous souvenez de ce vêtement? Pourquoi est-il mémorable?
2. Quelle chance! En vous promenant hier soir, vous avez rencontré un extraterrestre avec qui vous avez parlé! Maintenant vos copains pensent que vous avez perdu la boule *(your marbles)*. Alors il faut décrire le bonhomme en détail. Comment était-il (description physique, portrait moral)? À quoi ressemblait-il? Vous a-t-il fait une bonne impression? Pourquoi? / Pourquoi pas?
3. Vous avez décidé de faire peau neuve *(turn over a new leaf)*. Vous allez être plus discipliné(e) en ce qui concerne votre routine quotidienne, vous voulez faire plus attention à ce que vous mangez et vous avez un nouvel objectif: être en très bonne forme! Développez une liste de changements que vous allez faire dans votre vie. Ensuite, pour ne pas oublier, écrivez-vous un petit mot en expliquant tout ce que vous allez faire de différent et les bénéfices que vous attendez de ces changements.

Synthèse culturelle

Apparences et impressions

Pensez

On dit que «l'apparence est trompeuse *(deceptive)*». Êtes-vous d'accord? Qu'est-ce que vous remarquez surtout, la première fois que vous faites la connaissance de quelqu'un? Est-ce la personnalité, les traits physiques ou leur manière de s'habiller? Pensez-y en regardant la vidéo. Les exercices se rapportant à la synthèse culturelle du Chapitre 10 dans votre manuel vont vous aider à comprendre ce que vous entendez. Ensuite, faites **Explorez** et **Bloguez!** ci-dessous.

L'apparence peut jouer un rôle important dans nos premières impressions des gens. Dans quelle mesure est-ce que l'apparence influence vos premières impressions des gens?

Camille: L'apparence, pour moi, c'est important. Ça montre qu'on a fait un effort et c'est un effort de politesse.

Fatou: J'aime bien un look simple, décent et confortable.

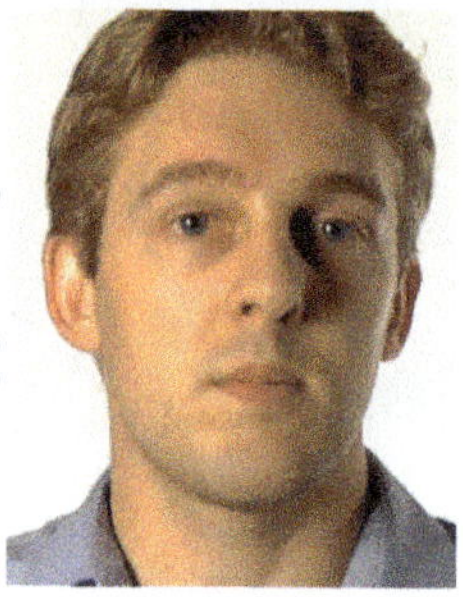

Greg: Il est très important de faire bonne impression et cela veut dire s'habiller en fonction des coutumes ou en fonction du cadre dans lequel on est.

© Heinle, Cengage Learning

Explorez

Est-ce qu'il vous est jamais arrivé de juger selon l'apparence? Par exemple, quelles sont vos premières impressions en regardant la photo du jeune homme à la page 303? Imaginez sa profession. Où est-ce qu'il habite? Quels sont ses passe-temps préférés? Quel genre de musique aime-t-il? etc.

Bloguez!

Quand Camille était aux États-Unis, elle a été plutôt choquée par les vêtements que certains étudiants portaient en cours. Comment lui expliquer ce phénomène? Décrivez ce que votre manière de vous habiller révèle sur vous. Téléchargez une photo pour le démontrer.

Vocabulaire actif

Les vêtements (m.)

un anorak *ski jacket, parka*
un blouson *a short jacket*
un cardigan *a button-up sweater*
des chaussettes (f.) *socks*
une chemise *a man's shirt*
une chemise de nuit *a nightgown*
un costume *a man's suit*
une cravate *a tie*
un imperméable *a raincoat*
un jean *jeans*
un jogging *a jogging suit*
une jupe *a skirt*
un maillot de bain *a swimsuit*
un manteau *a coat*
un pantalon *(a pair of) pants*
une poche *a pocket*
un polo *a polo shirt*
un pull *a sweater (generic term)*
un pyjama *pajamas*
une robe *a dress*
une robe de chambre *a bathrobe*
une robe du soir *an evening gown*
un short *shorts*
un smoking *a tuxedo*
un tailleur *a woman's suit*
un tee-shirt *a tee-shirt*
une veste *a jacket (generic)*

Les chaussures (f.)

à talons *high-heeled*
des baskets (f.) *basketball shoes*
des bottes (f.) *boots*
des chaussures habillées (f.) *dress shoes*
des mocassins (m.) *moccasins*
des pantoufles (f.) *slippers*
des sandales (f.) *sandals*
des tennis (f.) *tennis shoes*

Les accessoires (m.)

des bijoux (m.) en or *gold jewelry*
une casquette *a cap*
une ceinture *a belt*
une écharpe *a winter scarf*
des gants (m.) *gloves*
des lunettes (f.) de soleil *sunglasses*
un parapluie *an umbrella*
un sac *bag, purse*

Les matières (f.) et les tissus (m.)

en coton (m.) *cotton*
en denim
en laine (f.) *wool*
en polyester (m.)
en soie (f.) *silk*
à carreaux *plaid*
à fleurs *flowered*
à pois *polka dot*
à rayures *striped*

La mode et les couleurs

à manches courtes/longues *short-sleeved/long-sleeved*
basique *basic*
chic
habillé *dressy*
moulant *tight-fitting*
uni *solid (color)*
(gris) clair *light (gray)*
(gris) foncé *dark (gray)*
bordeaux *burgundy*
marron *brown*
rose *pink*

Pour faire ou répondre à un compliment

Pour faire un compliment

C'est vraiment chic, votre... (robe, etc.) *Your . . . (dress) is really chic*
Quelle belle cravate (Quel beau pantalon, etc.)! *What a beautiful tie (pants, etc.)!*
Cette couleur (Ce jogging) vous va bien. *That color (jogging outfit) looks good on you.*

Pour répondre à un compliment

Vous trouvez?/Tu trouves? *Do you think so?*
Vous pensez que ça me va?/Tu penses que ça me va? *Do you think this fits (suits) me?*
Vous êtes bien gentil(le).
Vraiment? Je ne sais pas.
C'est ma femme (mon père) qui...
Je l'ai depuis longtemps. *I've had it a long time.*

Les traits du visage

la bouche *mouth*
le cou *neck*
les dents (f.) *teeth*
le front *forehead*
la gorge *throat*
la joue *cheek*
les lèvres (f.) *lips*
le nez *nose*
un œil / les yeux (m.) *eye / eyes*
les oreilles (f.) *ears*
la tête *head*

Le corps

le bras *arm*
le coude *elbow*
le dos *back*
l'épaule (f.) *shoulder*
le genou *knee*
la jambe *leg*
la main *hand*
le pied *foot*
la taille *waist*
le ventre *stomach*

La forme

un club de fitness *a health club*
être/rester en (bonne) forme *to be/stay in good shape*
l'exercice (physique) (m.) *exercise*
un gymnase *a gym*
la musculation *weight training*
un produit bio *an organic product*

Verbes

se brosser les dents/les cheveux *to brush one's teeth/hair*
se coiffer *to do one's hair*
se coucher *to go to bed*
se dépêcher *to hurry*
se doucher *to shower*
s'endormir *to fall asleep*
se fâcher *to get mad*
faire de l'aérobic, de la marche
faire de la musculation *to do weight training*
faire mal (à) *to hurt*
s'habiller *to get dressed*
se laver *to wash (oneself)*
se lever *to get up*
se maquiller *to put on makeup*
marcher *to walk*
mettre *to put (on)*
se peigner *to comb one's hair*
porter *to wear*
prendre une douche *to take a shower*
se promener *to go for a walk*
se raser *to shave*
se reposer *to rest*
se réveiller *to wake up*

Divers

le bois *wood*
(travailler) dur *(to work) hard*
le feu *fire*
la lune *the moon*
y *it, there*

chapitre 11

Plans et projets

Monkey Business Images/Shutterstock

This chapter will enable you to

- talk about the future and discuss careers and other issues related to the professional world
- use turn-taking strategies in a conversation
- understand a phone conversation about a prospective job, and an excerpt from a radio interview between two French political figures
- read an article on innovative professionals in France, and a literary text about a Senegalese woman

Qu'est-ce que cette jeune femme fera dans l'avenir? Quelle profession choisira-t-elle? Et sur le plan personnel, que fera-t-elle? Sera-t-elle heureuse? Et vous? Qu'est-ce que vous ferez dans vingt ans? Où serez-vous?

Chapter resources

- iLrn Heinle Learning Center
- Text Audio Program
- Video
- Premium Website

Première étape

À l'écoute Le monde du travail

Comment se passe une conversation téléphonique entre quelqu'un qui cherche du travail et un employeur en France? Cette étape vous propose un exemple d'une telle conversation.

Pensez

Imaginez que vous cherchez du travail dans la région parisienne. Les annonces à la page 385 attirent votre attention.

1 Avec un(e) camarade de classe, trouvez dans les annonces les mots donnés dans la colonne de gauche. En utilisant le contexte et la logique, pouvez-vous relier ces mots à leur définition (à droite)?

1. _____ un(e) comptable
2. _____ un(e) débutant(e)
3. _____ un gagneur/une gagneuse
4. _____ un vendeur/une vendeuse
5. _____ le salaire
6. _____ de haut niveau
7. _____ exigé(e)
8. _____ juridique
9. _____ un infirmier/une infirmière
10. _____ le bloc opératoire

a. quelqu'un qui vend quelque chose dans un magasin
b. quelqu'un qui travaille avec les nombres, les budgets, etc.
c. quelqu'un qui aide un médecin dans un hôpital
d. quelqu'un qui aime la compétition et qui veut être le premier
e. quelqu'un qui commence (dans le monde du travail ou autre chose)
f. un synonyme de «nécessaire» ou d'«obligatoire»
g. un adjectif qui se rapporte à la justice
h. la partie d'un hôpital où on fait les opérations
i. l'argent qu'on gagne par mois ou de l'heure quand on travaille
j. compliqué, sophistiqué

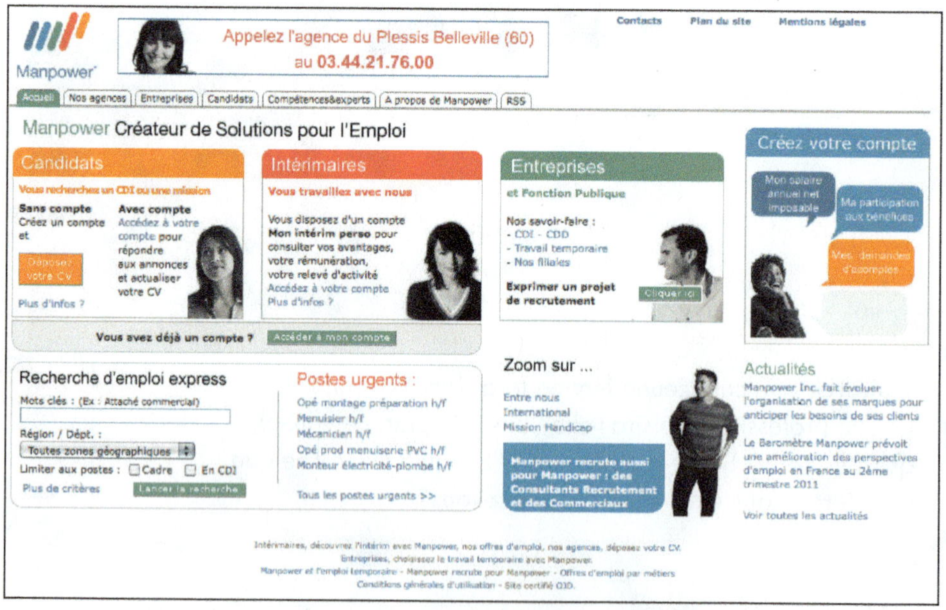

2 Maintenant, avec votre partenaire, parlez de chaque annonce et dites pourquoi ces postes vous intéressent ou non, soit comme emplois temporaires ou comme carrières. Comparez-les avec des emplois que vous avez déjà eus et avec la profession que vous voulez exercer.

CENTRE HOSPITALIER
recherche
INFIRMIERS(IÈRES)
D.É. BLOC OPÉRATOIRE
salaire intéressant
Tél: 01.49.11.60.53

HOTEL
cherche Assistant(e) de Direction
- *Bilingue anglais*
- *Formation hôtelière*
- *Référ. exigées*

Tél: 01.42.56.88.44

Agence de Publicité Financière
recherche
COMPTABLE
connaissance informatique
Tél: 01.40.26.55.50

SECRÉTAIRE BILINGUE ANGLAIS
Expérience service juridique.
Très bon salaire.
Poste stable.
Tél: 01.43.71.89.89

VENDEUSE
vêtements femmes.
Qualifiée, bonne présentation, anglais si possible.
Âge min. 25 ans. Référ. récentes.
Tél: 01.40.06.57.52

Important Groupe de Presse
recrute
Superviseurs
pour grande campagne de télémarketing
Vous avez 20 à 30 ans.
Vous avez le sens de l'animation et l'expérience du télémarketing.
Appelez dès maintenant de 9 heures à 18 heures.
Tél: 01.43.87.03.00

Société Communication
recherche
Conseillers Commerciaux
- débutant(e)s accepté(e)s
- tempérament de gagneur
- capables négociations de haut niveau
- formation assurée
- promotion rapide possible

Tél: 01.48.98.55.00

ÉCOLE INTERNATIONALE
recrute
RESPONSABLE DÉPARTEMENT BILINGUE ANGLAIS
Expérience pédagogique obligatoire universitaire ou secondaire
39h minimum par semaine
Logement
Tél: 01.43.07.86.06

Observez et déduisez

CD 4-12

3 Écoutez une première fois pour identifier:

1. la petite annonce qui a occasionné cette conversation
2. l'expérience professionnelle de la jeune fille (Quelles sont les phrases qui décrivent sa situation?)

_____ Elle n'a pas encore fini ses études.
_____ Elle a déjà son diplôme.
_____ Elle a travaillé pendant trois mois.
_____ Elle a trois ans d'expérience professionnelle.

Vocabulaire actif

une carrière
un(e) comptable
un curriculum vitae / un CV
un(e) débutant(e)
embaucher / être embauché(e)
un emploi
un(e) employé(e)
un employeur
un entretien
(faire) une demande d'emploi
gagner
un infirmier / une infirmière
un poste à mi-temps / à plein temps
prendre rendez-vous
professionnel(le)
remplir un formulaire
le salaire
un vendeur / une vendeuse
venir de (+ infinitive)

4 Écoutez encore pour déduire d'après le contexte le sens des mots dans la colonne de gauche. Reliez-les à leur définition dans la colonne de droite. (Attention, il y a deux définitions supplémentaires.)

1. _f_ un stage
2. _b_ un poste
3. _a_ à plein temps
4. _g_ à mi-temps
5. _d_ un curriculum vitae
6. _j_ prendre rendez-vous
7. _e_ un entretien
8. _k_ remplir une demande d'emploi
9. _i_ être embauché(e)

a. 35–40 heures par semaine
b. un travail
c. une période de vacances
d. un résumé de ses qualifications
e. une conversation officielle
f. une période de travail pratique dans un programme d'études
g. à temps partiel
h. perdre son travail
i. être choisi(e) comme employé(e)
j. décider d'une heure spécifique pour voir quelqu'un
k. compléter un formulaire *(form)* pour essayer d'avoir un travail

5 Écoutez encore en faisant particulièrement attention aux verbes.

1. D'après le contexte, quel est le sens de **je viens de...** (... sortir, etc.)?
   a. I've come to b. I have just
2. Plusieurs verbes dans cette conversation sont au futur. Cochez dans la liste suivante les formes que vous entendez.
   ____ vous chercherez
   ____ vous prendrez
   ____ vous viendrez
   ____ vous remplirez
   ____ il fera
   ____ il faudra
   ____ je commencerai
   ____ je pourrai

Maintenant, pouvez-vous identifier l'infinitif ou la forme correspondante du présent pour chacun des verbes de la liste ci-dessus? Quel est le futur de l'expression **il faut**? Quel est le futur du verbe **faire**? **pouvoir**? **venir**?

6 Écoutez la conversation une dernière fois pour répondre aux questions suivantes.

1. Quelles sont les trois choses que l'employeur veut savoir?
2. Quelles sont les trois choses que l'employeur dit à la jeune fille de faire?
3. La jeune fille ne pose qu'une seule question. Quelle est cette question? Quelle est la réponse?

7 Avec un(e) partenaire, choisissez une petite annonce qui vous intéresse et jouez le rôle d'un(e) postulant(e) (une personne qui fait une demande d'emploi) et de l'employeur(euse). Dans une conversation téléphonique semblable à celle que vous venez d'entendre, posez les questions appropriées—et improvisez les réponses!

Prononciation Le *s* français: [s] ou [z]?

You have already worked on the French **s** in **Chapitre 6,** but because the rules that govern the pronunciation of the letter **s** are not the same in English and in French, the French **s** often continues to be a trouble spot for English speakers. Once you understand how it works, however, you will see that **c'est facile comme bonjour**!

Observez et déduisez

CD 4-13

As you listen to the following conversation, pay close attention to each **s.** Underline with one line those that are pronounced [s] and underline with two lines the ones that are pronounced [z]. You will then draw some conclusions.

— Tu te spécialises en philosophie? Comment vas-tu réaliser tes rêves grandioses?

— Un philosophe sait penser et quelqu'un qui sait penser peut tout faire! J'ai déjà travaillé comme conseiller commercial dans‿une société de communication; j'ai aussi enseigné des cours de prononciation française où on parlait d'immersion, d'inversion, de conversion, d'observation...

— C'est très intéressant, tout ça, mais quelle carrière vas-tu choisir?

— Alors là, il faut que je réfléchisse...

Now can you infer how it works? Match the various cases with the appropriate sound, and give examples from the conversation above.

orthographe *(spelling)*	[s]	[z]
initial **s**	✓ sait, société	
-ss-		
intervocalic **s** (inside a word, between two vowels)		
inside a word, preceded or followed by a consonant		
final **s** (normally silent) in a **liaison**		

Confirmez

CD 4-14

1. Repeat the conversation in **Observez et déduisez,** distinguishing clearly between [s] and [z]. Verify your pronunciation on the Text Audio Track as needed.
2. **Un test d'embauche?** As part of the application process for a mysterious job, an employer wants to know what associations the following words trigger in your mind. Underline the [s] sounds with one line and the [z] sounds with two lines, then practice saying the words. Verify your pronunciation on the Text Audio Track, then give some word associations—**en français, bien sûr.**

a. la curiosité
b. l'hypocrisie
c. le désert du Sahara
d. un dessert
e. du poisson
f. du poison
g. un épisode
h. ressembler
i. l'immersion
j. le professionnalisme

Vocabulaire Pour parler du travail

Observez et déduisez

© Chamussy/SIPA

Elaine Philips

Tom Stewart/Flirt/Photolibrary

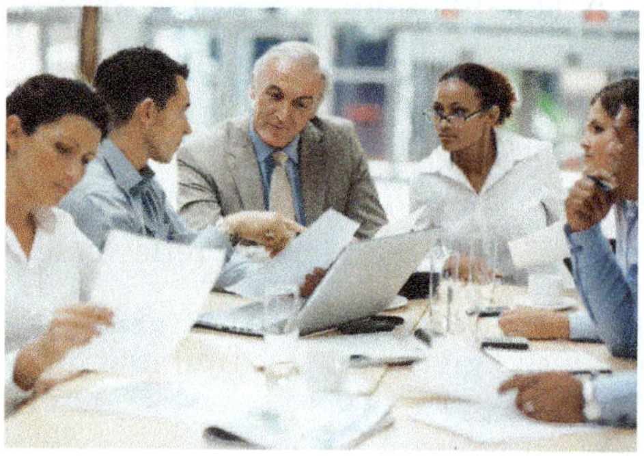
Jacob Wackerhausen/iStockphoto.com

Mes amis ont des rêves grandioses. Par exemple, Gilles ne veut pas être ouvrier chez Renault; il veut être chef d'entreprise ou homme d'affaires. Nadia ne veut pas être journaliste; elle veut avoir un poste de direction au *Nouvel Observateur*. Karim ne veut pas être un simple cuisinier; il veut être le patron de son propre restaurant. Didier veut être non seulement banquier, mais cadre à la Banque de France. Josée veut exercer une profession libérale comme médecin ou avocate, ou peut-être enseignante dans une école supérieure. Moi, je veux être fonctionnaire; j'aime la sécurité de travailler pour le gouvernement.

En choisissant parmi le nouveau vocabulaire de cette étape, complétez les phrases suivantes d'une façon personnelle en parlant de vos «rêves grandioses».

Je ne veux pas être...
Je voudrais...

Activités

A **Catégories?** Classez le vocabulaire suivant selon quatre catégories que vous développez avec des camarades de classe.

curriculum vitæ   poste   cadre   ouvrier(ière)
entreprise   salaire   emploi   sécurité   carrière
exercer   poste de direction   banquier(ière)
fonctionnaire   gagner   patron(ne)   enseignant(e)
profession libérale   expérience   embaucher
chef d'entreprise   journaliste   stage   cuisinier(ière)
remplir   employé(e)   homme/femme d'affaires
employeur(euse)   vendeur(euse)   rendez-vous   débutant(e)
comptable   entretien   infirmier(ière)   demande d'emploi

B **Stéréotypes.** Quelles professions associez-vous aux vêtements suivants?

un costume et une cravate
une jupe et un chandail
un uniforme blanc
un jean et un polo
un tailleur très chic
un uniforme d'une autre couleur (définissez la couleur)

C **Préférences.** Pour chaque personne mentionnée ci-dessous, choisissez une profession qu'elle voudrait exercer, à votre avis, et expliquez pourquoi. Par exemple, est-ce une profession où on gagne beaucoup d'argent? où il y a beaucoup de temps libre? où il y a très peu de stress? où il y a beaucoup de sécurité? etc.

➡ *Ma copine voudrait être comptable parce qu'elle aime les mathématiques et la sécurité d'un bon travail.*

moi
mon frère/ma sœur
mon copain/ma copine
mon/ma colocataire

Structure Thinking about the future

L'infinitif

Observez et déduisez

Qu'est-ce que l'avenir réserve à ces jeunes gens? Sandrine espère être informaticienne. Mohammed a l'intention d'être agent de police. Karine compte devenir* journaliste. Philippe veut devenir enseignant. Isa a envie d'être femme au foyer.

Beryl Goldberg

Sandrine

Scott Quinn Photography/Brand X Pictures/Getty Images

Karine

Comstock/Jupiterimages/Getty Images

Isa

Chantal Thompson

Mohammed

Elaine Phillips

Philippe

- Study the paragraph above the photos. Can you find five different verbs or expressions to talk about the future?

Vocabulaire actif

un agent de police
l'avenir (m.)
avoir l'intention de
compter
devenir
espérer
une femme / un homme au foyer
informaticien(ne)
enseignant(e)

*__Devenir__ is conjugated like **venir.**

Confirmez

1. In the **futur proche,** you use the verb **aller** followed by an infinitive to say what you are going to do.

   Je **vais parler** à mon patron.

2. The following expressions, followed by an infinitive, can also be used to speak about the future.

   espérer* *(to hope to)*
   vouloir
   compter *(to plan to)*
   avoir l'intention de *(to intend to)*
   avoir envie de
   } + infinitive

   Je compte devenir journaliste. Je n'ai pas envie d'être comptable.

Activités

D **L'avenir et le travail.** Voici les résultats d'un sondage effectué auprès de jeunes Français de 15 à 24 ans. Récapitulez chaque réponse en utilisant toutes les expressions données dans **Confirmez.**

➡ *Trente et un pour cent des jeunes Français* ***comptent travailler*** *dans une grande entreprise.*

Vous préférez travailler dans		Dans dix ans, professionnellement, pensez-vous être	
une grande entreprise	31%	ouvrier	3%
une PME[1]	12%	employé	15%
la fonction publique	20%	cadre moyen	18%
une profession libérale	34%	cadre supérieur	18%
ne sait pas	3%	pratiquant une profession libérale	23%
		enseignant (professeur)	8%
		chef d'entreprise	9%

[1]petite ou moyenne entreprise
Source: *Le Français dans le monde,* N°246

Et vous? Quelle est votre réaction à ce sondage? Comparez vos opinions avec celles de vos camarades de classe.

➡ *Moi, j'espère travailler dans la fonction publique. Je n'ai pas envie de travailler dans une grande entreprise. Et vous?*

E **L'avenir.** Comment voyez-vous l'avenir? Complétez les phrases suivantes en ajoutant un infinitif et des idées personnelles.

Dans 10 ans...

1. je / vouloir...
2. mon/ma camarade de chambre / compter...
3. mes parents / espérer...
4. mes amis / avoir l'intention de...
5. les étudiants d'aujourd'hui / aller...

*__Espérer__ has a stem-changing conjugation like **préférer: j'espère, tu espères, on espère, nous espérons, vous espérez, ils espèrent.**

Structure Planning for a career

Grammar Podcasts, Grammar Tutorials

Le futur simple

Observez et déduisez

zhang bo/The Agency Collection/ Getty Images

une débutante

PGhislain & Marie David de Lossy/ Getty Image

des infirmiers

«J'espère que le patron m'embauchera.» ______________

«Ma famille espère que j'aurai du succès dans ma carrière.» ______________

Tim Kitchen/Lifesize/Getty Images

un postulant

Elaine Phillips

un patron

«J'espère que les postulants seront qualifiés.» ______________

«J'espère que nous trouverons des postes dans un hôpital.» ______________

- Match the hopes identified on the right with the image of the person most likely to have expressed each.
- Can you infer the infinitive of the verbs **aurai** and **seront** in the examples above? The verbs are in the **futur simple.** Based on those sentences and your previous knowledge, can you infer the rest of the **futur simple** conjugation for the verb **chercher**?

je ______________	nous ______________
tu chercheras	vous ______________
il/elle/on ______________	ils/elles chercheront

Confirmez

1. The simple future in French, as in English, is used to say what *will take place* or what one *will do.*

   Les nouveaux diplômés **chercheront** un poste.

2. Form the future tense by adding endings to the infinitive as in the following chart.

Le futur simple

je travailler**ai**	nous travailler**ons**
tu travailler**as**	vous travailler**ez**
il/elle/on travailler**a**	ils/elles travailler**ont**

For infinitives ending in **-e,** drop the **e** before adding the future ending.

Le postulant **prendra** rendez-vous avec la patronne.

3. Certain irregular verbs have irregular stems to which the future endings are added.

être	**ser-**	vouloir	**voudr-**
avoir	**aur-**	devoir	**devr-**
faire	**fer-**	venir	**viendr-**
aller	**ir-**	savoir	**saur-**
pouvoir	**pourr-**	voir	**verr-**

Résumé: pour parler de l'avenir

le futur proche (**aller** + infinitif):	Je **vais chercher** un poste.
autres expressions verbales + infinitif:	J'**ai envie de travailler** comme infirmier. Je **compte travailler...**
le futur simple:	J'**aurai** une profession intéressante.

Activités

F **Cherchons un travail!** Normalement, on ne trouve pas de poste par hasard *(by chance)*; il y a une certaine progression. Mettez les activités suivantes dans l'ordre logique.

_____ faire une demande d'emploi

_____ pouvoir gagner sa vie

_____ choisir une profession

_____ travailler dur

_____ être embauché(e)

_____ parler au patron

_____ demander un entretien

_____ lire les petites annonces

_____ prendre rendez-vous

__1__ finir ses études

Maintenant, dites ce que vous ferez pour chercher un travail en employant le futur simple.

➡ *Bon, d'abord je finirai mes études...*

G **Clairvoyant(e).** En employant le futur simple, dites ce que les personnes suivantes feront dans les circonstances indiquées... selon votre «boule de cristal»!

➡ vous / dans cinq ans (avoir, trouver, ?)
Dans cinq ans, j'aurai un appartement à New York. Je trouverai un bon poste. Je serai reporter pour le New York Times...

1. je / dans cinq ans (vouloir, aller, ?)
2. mes copains (copines) / après leurs études (savoir, ne plus devoir, ?)
3. ma famille / ce week-end (faire, devoir, ?)
4. le professeur / pendant les vacances (être, ne pas venir, ?)
5. mon (ma) meilleur(e) ami(e) / à 40 ans (avoir, travailler, ?)
6. ma sœur (mon frère) / cet été ([ne pas] gagner, pouvoir, ?)
7. mon (ma) patron(ne) / bientôt (embaucher, aller, ?)
8. ? / ?

H **Un monde idéal.** Comment sera votre monde idéal? Voici, ci-dessous, quelques réponses trouvées en ligne. Quelles sont vos réponses à vous? Discutez avec des camarades de classe.

Accueil > Toutes les catégories > Societé et culture > Societé et culture - Divers > Question ouverte

Autre question»

Question ouverte **Comment sera votre monde idéal?**

Joana97 29/05/2012 à 11:10	Le monde idéal sera un monde sans guerre, sans haine ou peur de l'autre.
Thomas 29/05/2012 à 12:58	...un monde où l'on respectera l'opinion de l'autre.
Antoinette 29/05/2012 à 15:42	...un monde où tout le monde mangera à sa faim.
Josée93 29/05/2012 à 17:08	...un monde où tout le monde aura du travail.
Hercule 29/05/2012 à 10:47	...un monde où il n'y aura plus de cancers, ni de drogues, ni de crimes contre les enfants...

Répondre

Signaler un abus

Menu : Étoile ! E-mail Enregistrer

Jeu de rôle

You are a famous figure from the past or a modern-day celebrity. Imagine you're still in high school, and you're writing a paper called **Mon avenir** for your French class. Share your aspirations of future accomplishments with your classmates! Will you be Picasso? Queen Victoria? Napoleon? Mother Teresa? Someone else?

Deuxième étape

Lecture Ces Français qui réussissent

Le rêve de la réussite professionnelle est-il possible dans un pays connu pour ses grèves *(strikes)* et son secteur public particulièrement développé?

Pensez

1 **Ces Français qui réussissent.** En regardant le titre et l'organisation de ce texte, quels sujets peut-on anticiper? Cochez les possibilités qui vous semblent logiques.

_____ l'image typique du travailleur français
_____ les qualités réelles du travailleur français
_____ le profil de quelques innovateurs dans le secteur public
_____ des stars du secteur privé
_____ des recommandations pour les jeunes qui sont au chômage *(unemployed)*
_____ les clés *(keys)* de la réussite professionnelle pour quatre individus

Vocabulaire actif

l'ambition (f.)
le chômage
la créativité
débrouillard(e)
efficace
encourager
l'équilibre
un P.D.G.
performant(e)
la réussite

Observez et déduisez: en général

2 Parcourez le texte une première fois pour confirmer les sujets traités. Cochez-les une deuxième fois dans la liste ci-dessus.

3 Donnez un sous-titre à chaque partie du texte.

1. l'introduction
2. Ora Ito
3. Malamine Koné
4. Nathalie Wawrynow
5. Alexandre Fraîchard

Ces Français qui réussissent

Nés pour perdre, les Français? Rien n'est moins vrai. Dopés par la mondialisation, les 35h et l'immigration, nos compatriotes allient l'ambition à l'ouverture d'esprit°. La preuve...

De grèves en RTT°, les Français se donnent une image nonchalante. Pour une fois, un sujet de Sa Majesté britannique prend notre défense. «Vous faites en 35h ce que les Anglais font en 40», salue le journaliste Stephen Clarke. L'OCDE° confirme: pendant la période de mise en place de la RTT, notre productivité horaire a fortement crû°: + 2,32% par an contre 1,44% pour nos partenaires de l'Union européenne. Le Français est donc un bosseur°! Il cache° d'autres atouts que résume le psychanalyste Pascal Baudry: «Élevés dans un pays à forte diversité ethnique, les Français sont plus enclins à rencontrer d'autres cultures. Ils restent aussi les pros du système D°. Dernier atout: le sens de la solidarité.» Ces ingrédients entrent dans la recette des *success-stories* qui suivent.

an open mind

réduction du temps de travail (RTT) = semaine des 35h / Organisation de coopération et de développement économiques / augmenté / travailleur / *hides*

D pour «débrouillardise» *(resourcefulness)*

Malamine Koné

«C'est l'archétype des talents de banlieue: débrouillard° et intelligent». L'ex-berger malien, arrivé à Saint-Denis° à l'âge de 10 ans, est le P.D.G. d'Airness, marque de sportswear distribuée dans 2 000 magasins en France. En 1999, pour entrer dans un marché verrouillé° par les géants, il habille gratuitement les stars du foot pour faire connaître sa griffe°. Formidable coup de pub! Devenu premier équipementier de football français, il habille aussi des sélections africaines. Il vise désormais le marché européen.

resourceful

banlieue «chaude» de Paris, avec une grande concentration d'immigrés / fermé / marque

Le Back Up Louis Vuitton: un sac à dos qui, en 1999, renversait les codes du design contemporain

Le Hack-Mac: un i-Book pour les hackers d'un monde futur

Ora Ito

ORA-ÏTO est le label et le nom du designer français qui a créé à l'âge de 19 ans la toute première marque virtuelle. Il aurait pu se contenter° du carnet d'adresses de papa, Pascal Morabito, joaillier° de la place Vendôme°. Il a préféré jouer malin°. En 1998, il japonise son nom et commence à diffuser sur Internet des produits de grandes marques relookés: sac à dos Vuitton, ordinateur portable Apple version «camouflage», etc. Harcelées par les acheteurs potentiels, les entreprises ont fini par s'attacher ses services!

aurait pu... *could have settled for / jeweler /* grande place dans un quartier riche de Paris / prendre des risques

Nathalie Wawrynow

À 32 ans, cette salariée modèle d'un bureau d'études américain choisit de créer son entreprise dans un domaine novateur: le conseil° en environnement. Elle a le bagage (mastère en gestion de l'environnement à l'École des mines), la crédibilité (8 ans de consulting), mais pas les connexions. «J'ai présenté un projet et obtenu l'accompagnement d'un patron expérimenté.» Aujourd'hui, Eko-Consulting et ses 5 salariés aident Saint-Gobain, Lafarge ou Total° à dépolluer leurs sites.

le consulting

Saint-Gobain... grandes sociétés industrielles

Alexandre Fraîchard

Tous les labos s'arrachent° ses rats! En 2003, ce biogénéticien accouche de° Ralph, le premier rat cloné. Aujourd'hui, les grands labos pharmaceutiques ne jurent que° par lui. Sept ans après sa création, Genowa, sa société de 50 salariés, est leader en Europe. Prochaine étape: une implantation aux États-Unis. Et si le Dr Fraîchard réussissait à faire entrer une société française dans le top 20 des biotechnologies mondiales?

les labos... les laboratoires veulent à tout prix / donne naissance à, crée / ne... *only swear*

Source: www.ora-ito.com and adapted from *Ça m'intéresse*

Observez et confirmez: en détail

4 Les mots. En utilisant le contexte et la logique, trouvez dans le texte les mots ou expressions qui ont le sens suivant.

1. drogués, touchés (par)
2. des talents, des avantages
3. un petit cahier pour les adresses et numéros de téléphone
4. poursuivi *(harassed)*
5. le président-directeur général *(CEO)*
6. éliminer la pollution
7. avoir des vues sur *(to target)*

5 Le texte. Lisez plus attentivement pour voir si les phrases suivantes sont vraies ou fausses. Si elles sont fausses, corrigez-les.

1. Les Français ont la réputation d'être paresseux et nonchalants au travail, à cause des grèves et de la semaine de 35 heures.
2. Selon le journaliste Stephen Clarke, les Anglais sont, aujourd'hui, plus performants (productifs) que les Français.
3. La productivité horaire (à l'heure) a diminué en France depuis la mise en place de la RTT.
4. Selon Pascal Baudry, la diversité ethnique est un handicap dans le monde du travail.
5. Ora Ito diffuse sur Internet des produits de grandes marques légèrement transformés.
6. Ora Ito est le pseudonyme d'un jeune homme d'origine pauvre.
7. Malamine Koné a pris le risque de perdre de l'argent pour gagner de l'argent.
8. Nathalie Wawrynow a créé Eko-Consulting sans expérience préalable dans le domaine du conseil ou de l'environnement.
9. Les rats clonés sont très utiles aux laboratoires pharmaceutiques.

6 Récapitulation. Résumez:

1. les atouts des Français, selon M. Baudry
2. la clé du succès pour Ora Ito, Malamine Koné, Nathalie Wawrynow et Alexandre Fraîchard

Explorez

Discutez des sujets suivants en groupes de deux ou trois, puis comparez vos réponses avec celles des autres groupes.

1. Imaginez que vous avez deux offres d'emploi: le premier emploi paye moins mais garantit la sécurité de l'emploi et beaucoup de temps libre pour votre vie personnelle ou familiale; le deuxième emploi offre un salaire beaucoup plus élevé, mais peu de temps libre pour la vie personnelle et aucune garantie de sécurité de l'emploi. Si vous n'êtes pas performant(e), vous pouvez perdre votre travail n'importe quand *(at any time)*. Les deux emplois correspondent à vos qualifications et vous intéressent beaucoup. Quel emploi choisirez-vous? Donnez vos raisons.
2. Qu'est-ce que c'est que «la sécurité de l'emploi» pour vous? Faites une liste des éléments qui vous semblent nécessaires.
3. Peut-on vraiment «faire en 35h ce que les [autres] font en 40»? Comparez la journée d'un travailleur «efficace» et celle d'un employé moins performant.
4. La semaine de 35 heures a été instaurée en France pour réduire le chômage et créer des emplois. Vu le taux de chômage qui est actuellement de 9 à 10% pour l'ensemble de la population active et près de 20% pour les jeunes, les résultats sont discutables... Mais la RTT permet quelque chose qui est très important pour les Français: un meilleur équilibre entre la vie professionnelle et la vie personnelle. Imaginez une semaine de 35 heures en Amérique du Nord: est-ce que les «accros du travail» *(workaholics)* vont pouvoir s'adapter? Quelles seront les conséquences pour la société? Considérez l'impact sur le monde du travail mais aussi sur la vie familiale, les loisirs, la criminalité, etc.
5. Parallèlement aux «*success-stories*» de l'article, faites le portrait de trois personnes de la culture nord-américaine qui illustrent la réussite professionnelle.

Notes culturelles

Le droit de grève. La France est un des pays où il y a le plus de grèves chaque année. En 2007, 57% des entreprises ont été affectées par ce type de conflit du travail. La plupart des travailleurs qui choisissent d'exercer ce droit sont des fonctionnaires et un quart des journées de grève concernent les transports. Les Français sont donc touchés par ce phénomène assez fréquemment, même s'ils ne sont pas d'accord avec les grévistes. Cette culture de la grève n'est pas nouvelle. En effet, beaucoup de droits, tels les congés payés et la réduction du temps de travail (RTT), ont été obtenus grâce à des manifestations au début du siècle dernier. Selon vous, les grèves sont-elles efficaces? Y en a-t-il souvent dans votre pays?

Les fonctionnaires. Un salarié sur quatre travaille pour l'État français. Le secteur public est devenu très important en France après la Seconde Guerre mondiale, lorsque de nombreuses entreprises privées ont été nationalisées pour permettre la reconstruction massive de l'économie. Des exemples d'entreprises nationales sont la SNCF (Société Nationale des Chemins de Fer), l'EDF (Électricité de France) et France Télécom. La fonction publique regroupe aussi l'Éducation Nationale, la santé publique (la plupart des hôpitaux sont gérés par l'État) et des postes administratifs à tous les niveaux. Soixante-quinze pour cent des Français rêvent d'être fonctionnaires! Pourquoi? Les salaires sont stables, la sécurité de l'emploi est sans égale et le temps libre est garanti. Quels sont les avantages et les inconvénients de la fonction publique dans votre pays?

Bloguez! iLrn

Regardez la vidéo pour découvrir quels sont les projets professionnels de Fatim. Ensuite, expliquez où vous vous voyez dans 10 ans sur le plan professionnel. Est-ce que vous voudriez travailler dans le secteur public?

Structure Identifying conditions and consequences

Le futur simple après certaines locutions

Observez et déduisez

Quelle est votre définition de la réussite?

Jack Hollingsworth/Photodisc/Getty Images

Moi, dès que j'aurai assez d'argent, je voyagerai.

Chad Ehlers/Alamy

Si je deviens riche, j'achèterai une voiture de luxe.

Jim West/Alamy

Et moi, quand je pourrai, j'aiderai les autres.

- Study the picture captions above. What tense is used after the conjunctions **quand** and **dès que** *(as soon as)*? What tense is used after **si**?

Vocabulaire actif

dès que
un endroit

Confirmez

1. In French, the future tense—*not* the present—is required after the expressions **quand** and **dès que** if one is speaking about the future.

   Dès qu'il **sera** P.D.G., il **aura** la sécurité d'un bon salaire.

2. The future tense is also used to indicate what will happen if certain conditions are met. Use **si** and a verb in the *present* tense to express the *conditions.* Use the *future* tense to explain the *consequences.*

   conditions — *consequences*

   Si tu **es** au bon endroit au bon moment, tu **feras** fortune!

Activités

I **Choisissez!** Qu'est-ce qu'une carrière représente pour vous? Complétez les phrases suivantes, en choisissant la phrase qui exprime ce qui compte le plus pour vous.

1. Dès que j'aurai un bon poste...
   a. je serai un(e) employé(e) performant(e).
   b. j'aurai confiance en moi.
2. Quand je finirai mes études...
   a. je ferai fortune.
   b. je chercherai la sécurité avant tout.
3. Quand je serai P.D.G. ou patron(ne),...
   a. j'encouragerai la créativité.
   b. je pourrai embaucher des gens efficaces et débrouillards.
4. Dès que j'aurai mon diplôme...
   a. la réussite professionnelle sera très importante pour moi.
   b. je n'aurai plus peur du chômage.
5. Quand j'aurai un travail...
   a. je chercherai l'équilibre entre ma vie professionnelle et personnelle.
   b. je ne travaillerai pas trop dur.

J **Des conseils.** Formulez des conseils pour quelqu'un qui cherche un travail en mettant en relation une condition et une conséquence logique.

➡ *Si tu as ton diplôme… tu pourras trouver un bon poste.*

conditions	*conséquences*
être au bon endroit au bon moment	réussir ta vie
être débrouillard(e)	faire fortune
chercher l'équilibre	être heureux (heureuse)
avoir de l'ambition	avoir un bon emploi
étudier	devenir fonctionnaire
être au chômage	donner un sens à ta vie
penser aux autres	devoir travailler dur
préférer la sécurité	apprendre (à)...
se réveiller tôt	avoir besoin d'argent
être responsable	être bien payé(e)
avoir un diplôme universitaire	t'amuser
?	?

Maintenant, comparez vos conseils en groupes de trois ou quatre. Quels concepts sont les plus importants pour votre groupe? Faire fortune ou chercher l'équilibre dans la vie? La sécurité ou l'ambition? D'autres concepts? Faites un résumé de vos réponses pour la classe.

K **Mon avenir.** Complétez les phrases pour parler de vos projets d'avenir.

1. Dès que j'aurai mon diplôme...
2. Quand je trouverai un bon emploi...
3. Dès que je ferai fortune...
4. Quand je me marierai...
5. Quand j'aurai 40 ans (65 ans)...
6. Quand je serai prêt(e) à acheter une maison...

Structure Adding emphasis

Les pronoms toniques

Observez et déduisez

— Qu'est-ce que la réussite pour toi, Nadine?
— Pour moi, la réussite c'est avoir des responsabilités, participer à des projets collectifs...
— Et pour toi, Jean-Paul?
— Eh bien, moi, je pense que la réussite, c'est avoir un travail intéressant et avoir du temps libre aussi.

Digital Vision/Getty Images

Cultura/Zero Creatives/Getty Images

- What two pronouns do you find after the preposition **pour** in the preceding conversation? Can you infer the subject pronouns to which they correspond? Match each subject pronoun in the left column to its corresponding stress pronoun in the right column.

je	toi	nous	eux
tu	elle	vous	elles
il	moi	ils	vous
elle	soi	elles	nous
on	lui		

- In the last sentence of the dialogue, you see **Moi, je...** You have seen this use of **Moi, je...** many times throughout this text. Can you infer its function from the context?

Vocabulaire actif

les pronoms toniques
toi, eux, etc.

Confirmez

Les pronoms toniques

moi	nous
toi	vous
lui, elle, soi	eux, elles

1. Use stress (tonic) pronouns after prepositions:

   Mon patron? Je prends beaucoup de décisions **sans lui.**
   Les autres employés? Je participe à des projets **avec eux.**
   La sécurité? C'est très important **pour moi.**

2. Use them for emphasis:

   Moi, je veux un travail sûr. **Lui,** il veut se sentir libre.

3. Stress pronouns also occur after **c'est/ce sont. Ce sont** is used only with the third-person plural, **eux/elles. C'est** is used with all other pronouns.

   C'est **lui** qui a un diplôme d'ingénieur.
   C'est **toi** qui veux un poste à mi-temps?
   C'est **nous** qui travaillons dur.
   Ce sont **eux** qui veulent faire fortune.

4. Stress pronouns may also be used alone as a question or as an answer to a question:

   — Qui veut réussir?
   — **Moi! Vous** aussi?

Activités

L **De qui parle-t-on?** Choisissez la réponse convenable selon le pronom tonique.

1. J'ai envie de travailler pour *eux*. (mes tantes / ma tante et mon oncle)
2. Je vais faire une demande d'emploi chez *lui*. (M. Legard / mes cousins)
3. Je dois prendre rendez-vous avec *lui*. (mes professeurs / le comptable)
4. J'aime travailler avec *elle*. (mon amie / mon coloc)
5. Je peux toujours compter sur *elles*. (les débutants / les employées)
6. Je ne veux pas habiter loin *d'eux*. (mes sœurs / mes parents)

Maintenant, c'est à vous de substituer un nom qui convient pour vous personnellement.

➡ *J'aime travailler avec… ma sœur (mes parents / mon coloc / mes collègues, etc.), parce qu'avec elle (eux, lui, etc.) je peux…*

CD 4-15

M **Qu'est-ce qu'une vie réussie?** Pour vous? Pour votre meilleur(e) ami(e)? Pour vous deux? Prenez une feuille de papier et numérotez de 1 à 8. Ensuite écoutez les activités mentionnées, et indiquez pour qui elles jouent un rôle important dans l'idée d'une vie réussie:

➡ *pour moi* *pour lui/elle* *pour nous deux*

Maintenant, réfléchissez à vos réponses. Expliquez à un(e) camarade de classe si vous ressemblez beaucoup (ou non) à votre ami(e)?

➡ *La sécurité est importante pour moi, mais pas pour elle…*

N **La réussite.** Lisez les phrases suivantes et, en regardant les photos, décidez qui a dit chacune de ces phrases: le monsieur? les étudiantes? la dame? Est-ce que les phrases pourraient s'appliquer à différentes personnes?

➡ «La réussite, c'est arriver à ses objectifs.»
C'est elle qui l'a dit. / Ce sont elles qui l'ont dit.

«La réussite, c'est l'équilibre dans la vie.»

«La réussite, c'est avoir confiance en soi.»

«La réussite, c'est être libre.»

«La réussite, c'est avoir la sécurité avant tout.»

«La réussite, c'est avoir beaucoup de temps pour me reposer.»

«La réussite, c'est avoir un travail qui me plaît.»

«La réussite, c'est avoir beaucoup d'argent.»

«La réussite, c'est pouvoir voyager.»

George Doyle/Getty Images

Creatas/First Light

bobphillipsimages.com

O **Moi, je... et toi?** Parmi les descriptions suivantes, notez celles qui s'appliquent à vous, et ajoutez une description originale pour le numéro 8. Ensuite, interviewez quatre camarades de classe pour voir si vous vous ressemblez.

➡ — *Toi, tu as de l'ambition? / Et vous autres?*
— *Moi, non. Pas vraiment / Moi? Oui, j'ai beaucoup d'ambition!*

1. avoir de l'ambition
2. être débrouillard(e)
3. avoir peur du chômage
4. chercher l'équilibre (la sécurité) dans la vie
5. désirer être P.D.G.
6. chercher l'aventure professionnelle
7. vouloir devenir fonctionnaire
8. ?

jamais virée, pas trop bosser, bien payée... je veux être fonctionnaire!
ILLUSTRATIONS SOLEDAD BRAVI

virée = *fired*
bosser = (familier) *travailler*

Jeu de rôle

You and your partner are proponents of different viewpoints regarding work. For one, job security and plenty of free time is most important. For the other, taking risks and seeking adventure matters most. Defend your viewpoint and question your partner on his/her position.

Culture et réflexion

Maren Caruso/Photodisc/Getty Images

Un petit brin de conversation.

Observez et déduisez

Que reflète le visage du commerçant? Quelle est son attitude? Et la cliente, que reflète son visage? Ce commerçant et sa cliente font un petit brin[1] de conversation avant la transaction. Que se disent-ils, pensez-vous?

Confirmez et explorez

• **Le monde des affaires.** Comme le dit Polly Platt dans son livre *French or Foe?*, les affaires en France sont «un tango» et il faut connaître les pas[2] pour pouvoir danser. Tout d'abord, il faut savoir que, si vous voulez le pain le plus frais chez le boulanger du coin ou des échantillons gratuits[3] à la parfumerie, il faut établir un rapport personnel avec les commerçants. Un brin de conversation («Votre maman est sortie de l'hôpital? À cet âge-là, évidemment, on devient fragile...») avant la transaction assure un meilleur service. Il est vrai que cela prend du temps, mais c'est un investissement qui rapporte[4], que ce soit[5] à la banque, chez l'avocat, chez le médecin ou dans un magasin. Le client le mieux servi ne sera pas nécessairement celui qui dépense le plus d'argent, mais celui qui prend le temps d'établir un rapport personnel avec son interlocuteur. Pensez au monde des affaires dans votre pays: les transactions sont-elles personnalisées? Si oui, comment? Sinon, pourquoi pas, à votre avis? Préférez-vous une culture où «le temps, c'est de l'argent» ou une culture où les relations humaines sont plus valorisées? Peut-on avoir les deux?

• **La femme au Sénégal.** L'article 154 du Code de la Famille stipule: «La femme peut exercer une profession, à moins que[6] son mari ne s'y oppose.» L'article 134 de ce même code stipule que «la femme peut demander à son mari, à l'occasion du mariage ou postérieurement, d'opter pour le régime de la monogamie ou de la limitation de la polygamie». Si le mari s'y oppose, le mariage est automatiquement placé sous le régime de la polygamie qui autorise l'homme à avoir jusqu'à quatre femmes. Ces lois semblent rétrogrades aux Occidentaux. Cependant, l'écrivain sénégalais Cheik Aliou Ndao fait remarquer qu'«il serait dangereux de juger l'Afrique comme s'il s'agissait d'un pays européen, sous le prétexte d'une universalité qui, en fait, n'est que la généralisation de la réflexion européenne». Ndao explique que la société africaine traditionnelle est basée sur l'harmonie entre l'homme et la femme et que c'est si l'homme devient un «rival»—un concept occidental—que la femme devient l'inférieure de l'homme. Quels sont les dangers de juger une société non-occidentale selon les valeurs occidentales? Donnez des exemples de tels jugements et leurs conséquences.

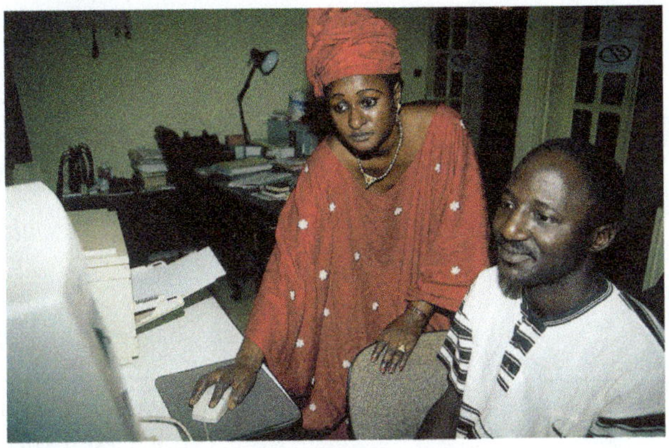
Beryl Goldberg

La femme africaine dans un monde en transition.

1. peu 2. *steps* 3. *free samples* 4. *pays off* 5. *be it* 6. *unless*

Bloguez! iLrn

En quoi consiste la conversation que vous avez pendant une transaction typique avec un commerçant? Est-ce que la conversation est personnalisée? Jusqu'à quel point? Expliquez.

Troisième étape

À l'écoute Hommes et femmes—l'égalité?

Vous allez entendre deux députés (ou représentants) à l'Assemblée nationale, dans le Parlement français, discuter de la question de l'égalité des hommes et des femmes en France.

Pensez

Mehdi Fedouach/AFP/Getty Images

L'Assemblée nationale—quelques femmes?

1 À votre avis, l'égalité des sexes est-elle un mythe ou une réalité de nos jours? Est-ce que l'égalité des droits *(rights)* garantit l'égalité des chances? Pensez à la société nord-américaine. En groupes de deux ou trois, décidez si les femmes sont les égales des hommes dans les domaines suivants. Donnez des explications ou des exemples pour justifier vos réponses, puis, si vous le désirez, ajoutez d'autres catégories où la question d'égalité se pose.

1. dans les écoles et les universités
2. dans le monde professionnel
   a. embauche
   b. promotions
   c. postes de direction
   d. salaires
3. dans le monde politique
4. ?

2 Selon vous, qu'est-ce qui est plus difficile pour les femmes: entrer ou monter (recevoir des promotions) dans les domaines traditionnellement masculins? Expliquez.

Observez et déduisez

CD 4-16

3 Écoutez d'abord pour identifier le point de vue de Françoise Brasseur et celui de Philippe Aubry sur l'égalité entre les hommes et les femmes. Est-ce un mythe ou une réalité pour elle? Et pour lui?

4 Écoutez encore en faisant attention aux chiffres. Complétez les phrases.

1. Les femmes constituent __________ pour cent de la population active (qui travaille).
2. À profession égale, les femmes du secteur privé gagnent en moyenne *(average)* __________ pour cent de moins que les hommes.
3. Malgré la loi du __________ sur la parité (l'égalité) en politique, il y a seulement __________ pour cent de représentation féminine au Parlement.
4. Les femmes ont le droit de voter depuis __________ ans.
5. Dans __________ ans, la situation sera très différente.

Vocabulaire actif

l'égalité (f.)
évidemment
franchement
monter
personnel(le)
une promotion
la réalité
réservé(e) à
seulement
traditionnellement

5 Écoutez encore ce que dit Françoise Brasseur pour trouver le contexte des mots suivants et déduire leur sens. Donnez un synonyme, un antonyme ou une définition.

➡ en théorie
Contexte: «*On peut en parler, oui, en théorie!*»
Sens: *Le contraire de la pratique.* ou: *C'est ce qu'on dit mais pas ce qu'on fait.*

1. réservé (à) 2. évidemment 3. franchement

6 Écoutez une dernière fois et reconstituez les arguments des deux députés.

1. Deux «preuves» que l'égalité est plus qu'une théorie.
2. Trois «preuves» que l'égalité est seulement une théorie.
3. Une raison pour laquelle l'égalité est difficile à réaliser.

7 Discutez des sujets suivants.

1. Imaginez une discussion semblable entre des démocrates et des républicains aux États-Unis. Est-ce que les arguments seront les mêmes? En groupes de trois, adaptez l'interview au contexte américain. Discutez d'abord des différences et des ressemblances que vous voyez, puis jouez la scène.
2. Philippe Aubry pense que, dans soixante ans, la situation sera très différente. Êtes-vous aussi optimiste? À votre avis, qu'est-ce qui sera différent? Qu'est-ce qui ne changera pas dans la condition des femmes—et des hommes? Faites une liste de vos prédictions.

Note culturelle

Le gouvernement français. Le gouvernement français est divisé en trois branches ou pouvoirs.

Le pouvoir exécutif. Le président de la République, élu pour cinq ans, représente la France dans le monde entier. Chef des armées, il assure aussi le respect des lois dans la nation. Le Premier ministre est nommé par le président. Il dirige l'équipe des ministres et coordonne leurs actions. C'est sous l'influence de Charles de Gaulle, élu deux fois président de la République, que le pouvoir présidentiel est devenu fort en France. Aucune femme n'a encore occupé la fonction de chef de l'État (président). Ségolène Royal, qui a perdu face à Nicolas Sarkozy en 2007, est la seule à être arrivée au second tour d'une élection présidentielle.

Le pouvoir législatif. L'Assemblée nationale, avec 577 députés qui sont élus pour cinq ans, et le Sénat, avec 321 sénateurs qui sont élus pour neuf ans, forment le Parlement, dont la fonction est de discuter et voter les lois.

Le pouvoir judiciaire. Créé en 1799, le Conseil d'État contrôle la légalité des actes administratifs. La Cour de cassation joue le rôle d'une cour suprême et peut «casser» (changer) les jugements prononcés par les tribunaux.

Pouvez-vous comparer la structure du gouvernement de votre pays avec celle du gouvernement français?

Bloguez! iLrn

Faites le portrait de deux politiciens de votre pays—un homme et une femme—que vous admirez. Ajoutez des liens vers leurs pages Web ou téléchargez des images.

Prononciation Les nombres

Numbers are another trouble spot for learners of the French language. When do you pronounce the [k] in **cinq,** for example, and when is it silent? From now on, it will no longer be a mystery!

Observez et déduisez

CD 4-17

As you listen to the following statements based on **À l'écoute: Hommes et femmes—l'égalité?** on the Text Audio Track, look at the final consonants in boldface. Underline those that are pronounced and cross out the ones that are silent. You will then draw some conclusions.

1. Les femmes, qui constituent quarante-sep**t** pour cen**t** de la population active, gagnent en moyenne ving**t**-si**x** pour cen**t** de moins que les hommes. Il y a hui**t** ans, ou même si**x** ans, cette différence était de ving**t**-sep**t** à ving**t**-hui**t** pour cen**t.**
2. S'il y a hui**t** cen**t** quatre-ving**t**-di**x**-hui**t** membres du Parlement en France, cin**q** cen**t** soixante-di**x**-sep**t** à l'Assemblée nationale, élus pour cin**q** ans, et trois cen**t** ving**t** et un au Sénat, élus pour neu**f** ans, et s'il y a seulement di**x**-neu**f** pour cen**t** de représentation féminine, cela voudrait dire qu'il y a non pas cen**t** quatre-ving**t**-douze, ni cen**t** quatre-ving**t**-deu**x** mais cen**t** soixante-di**x** femmes au Parlement.

What conclusions can you draw about the pronunciation of final consonants in numbers? Complete the following chart.

	se prononce	ne se prononce pas
le **q** de **cinq** devant une voyelle (5 ans) ou une consonne (5%)	✓	
le **q** de **cinq** devant **cent(s)** (500) ou **mille** (5 000)		
le **x** de **six** ou **dix** devant une voyelle (6 ans)		
le **x** de **six** ou **dix** devant une consonne (17)		
le **t** de **sept** (toujours)		
le **t** de **huit** devant une voyelle (8 ans)		
le **t** de **huit** devant une consonne (898 membres, 28%)		
le **t** de **vingt** entre 21 et 29 (24, 27, 28%)		
le **t** de **vingt** entre 81 et 99 (82, 92)		
le **t** de **quarante, cinquante, soixante,** etc. (47%, 152 femmes)		
le **t** de **cent,** sauf en liaison avec une voyelle (100%, 898 membres, etc.)		

Note that in **neuf ans,** the **f** is pronounced like a **v.** This occurs only in two expressions: **neuf heures** and **neuf ans.** In all other cases, the **f** is pronounced **[f]:** neuf hommes, neuf employés, neuf mille.

Confirmez

1. Practice saying the sentences in **Observez et déduisez,** paying close attention to the numbers. Verify your pronunciation on the Text Audio Track as needed.

CD 4-18 2. In the following sentences, focus on the numbers with their final consonants in boldface. Underline the consonants that are pronounced and cross out the ones that are silent, then practice saying the sentences. Verify your pronunciation on the Text Audio Track.

a. Dans toutes les catégories d'âge, les femmes sont plus souvent au chômage: ving**t**-trois pour cen**t** de femmes contre di**x**-hui**t** pour cen**t** d'hommes chez les quinze à ving**t**-quatre ans; di**x** pour cen**t** contre sep**t** pour cen**t** chez les ving**t**-cin**q** à quarant**e**-neu**f** ans.

b. Le congé de maternité, indemnisé à quatre-ving**t**-di**x** pour cen**t**, date de mille neu**f** cen**t** soixant**e** et onze. La durée légale du congé de maternité est fixée à seize semaines: si**x** semaines avant la naissance, di**x** semaines après. À partir du troisième enfant, le congé de maternité peut durer jusqu'à ving**t**-si**x** semaines.

CD 4-19 3. Can you now show your mastery of numbers, with the numbers given in digits? Read the following numbers, guess the correct answers, then verify your pronunciation on the Text Audio Track. (See the correct answers in the footnote at the bottom of the page.)

a. Nombre de femmes françaises qui pensent qu'être une femme est un handicap pour sa carrière: 29%, 45% ou 66%?
b. Nombre d'hommes français qui pensent qu'être une femme est un handicap pour sa carrière: 22%, 36% ou 83%?
c. Nombre de femmes qui préfèrent avoir un homme comme supérieur (comme patron): 25%, 38% ou 52%?
d. Nombre d'hommes qui préfèrent avoir une femme comme supérieure: 16%, 23% ou 26%?
e. Date du droit de vote pour les femmes en France et en Belgique: 1892, 1927 ou 1944?
f. Date du droit de vote pour les femmes en Suisse: 1871, 1951 ou 1971?

Structure Qualifying an action

Grammar Podcasts, Grammar Tutorials

Les adverbes

Observez et déduisez

Évidemment, les femmes peuvent entrer dans toutes les professions aujourd'hui. Malheureusement elles montent difficilement aux postes de direction et elles gagnent rarement autant que les hommes à profession égale.

- Adverbs frequently describe *how* something is done. Study the examples above, and infer two rules for the placement of adverbs in a sentence.
- Now examine the adverbs again, and complete the following chart showing how adverbs are formed from adjectives.

certain	→	certain**e**	→	certain**ement**
traditionnel	→	traditionnel**le**	→	traditionnel**lement**
actif	→	______________	→	______________
poli		→		poli**ment**
absolu		→		______________
impati**ent**		→		impati**emment**
réc**ent**		→		______________

Answers: a. 45% b. 36% c. 52% d. 16% e. 1944 f. 1971. Source: *Francoscopie 2010* and INSEE.

Confirmez

1. The suffix **-ment** corresponds to *-ly* in English. Many adverbs of manner are formed by adding **-ment** to the feminine form of an adjective…

   heureuse → heureusement   seule → seulement

   or directly to the masculine form if it ends in a vowel.

   rapide → rapidement   vrai → vraiment

   If the adjective ends in **-ent** or **-ant,** change the ending as follows:*

   constant → const**amment**   fréquent → fréqu**emment**

2. In a simple tense (present, imperfect, future), most adverbs follow the verb. (See also page 401.)

   Il est vrai que les femmes entrent **facilement** dans le monde professionnel…

   In the negative, they follow **pas.**

   … mais elles ne montent pas **rapidement.**

3. Adverbs of time (like **aujourd'hui**) and those that modify the entire idea are placed at the beginning or the end of the clause. (See also page 407.)

   Malheureusement, les femmes gagnent 26 pour cent de moins que les hommes.

   Et même **aujourd'hui,** il y a très peu de femmes au Parlement.

4. You have seen that short, common adverbs (**bien, mal, déjà, encore, souvent, quelquefois, beaucoup, assez, trop, jamais, rien,** etc.) generally come *between* the auxiliary and the past participle in the **passé composé** (p. 408).

   Elle a **beaucoup** travaillé, mais elle n'a **jamais** eu de promotion.

   However, adverbs ending in **-ment** usually follow the past participle.

   Elle a attendu **patiemment** une promotion.

Vocabulaire actif

absolument
activement
certainement
constamment
difficilement
facilement
fréquemment
généralement
heureusement
lentement
malheureusement
patiemment / impatiemment
poliment
rapidement
rarement
récemment
sérieusement

Résumé: les adverbes

interrogation	fréquence	quantité
où?	encore	trop
comment?	souvent	beaucoup / peu
combien?	rarement	assez
quand?	quelquefois	plus / moins
pourquoi?	déjà	autant
	toujours	

négation	temps	manière
ne... plus	hier / demain	bien / mal
ne... jamais	aujourd'hui	rapidement
ne... pas (du tout)	autrefois	seulement
	avant / après	sérieusement
	tôt / tard	vraiment, *etc.*
	récemment, *etc.*	

*The adverb **lentement** *(slowly)* does not follow this rule. (The endings **-emment** and **-amment** are pronounced the same).

Activités

CD 4-20

P **Égalité entre hommes et femmes?** Écoutez et notez sur une feuille de papier l'adverbe qui exprime *(expresses)* le mieux votre opinion sur l'égalité dans le monde professionnel.

1. absolument	rarement	heureusement	?
2. facilement	fréquemment	traditionnellement	?
3. vraiment	rapidement	lentement	?
4. généralement	souvent	certainement	?
5. sérieusement	beaucoup	peu	?
6. constamment	quelquefois	lentement	?

Est-ce que vos camarades de classe sont d'accord avec vous?

Q **Tout est relatif.** Qualifiez les phrases suivantes à l'aide d'un adverbe du vocabulaire actif ou du tableau à la page précédente.

➡ L'égalité est *souvent* difficile à réaliser.

1. On peut parler d'égalité entre les étudiantes et les étudiants dans mon école.
2. Les étudiantes de mon école parlent de l'égalité.
3. Les femmes dans ma famille choisissent une carrière.
4. Elles gagnent autant que les hommes.
5. Dans mon pays, les femmes ont des postes de direction dans les grandes entreprises.
6. Les femmes constituent une partie importante du gouvernement.
7. Les institutions politiques et professionnelles changent dans notre société.

Maintenant, comparez vos réponses avec celles de vos camarades de classe. Avez-vous des points communs?

R **Comparaisons.** Comparez les femmes modernes et les femmes traditionnelles à l'aide des suggestions suivantes (ou choisissez un autre adverbe si vous le désirez).

➡ parler (franchement?)
Les femmes modernes parlent plus franchement / moins poliment / aussi raisonnablement que les femmes traditionnelles.

1. entrer dans le monde professionnel (facilement?)
2. travailler (sérieusement?)
3. monter dans leur carrière (rapidement?)
4. attendre l'égalité (patiemment?)
5. avoir des promotions (fréquemment?)
6. devenir P.D.G. (difficilement?)

S **Dans un monde idéal...** Décrivez le patron (la patronne) idéal(e). Complétez les phrases suivantes en employant des adverbes de manière, de fréquence ou de temps.

➡ Le patron (La patronne) idéal(e) remerciera *constamment les employés.* Il (Elle) se fâchera *rarement.*

1. Il (Elle) travaillera...
2. Il (Elle) écoutera...
3. Il (Elle) comprendra...
4. Il (Elle) parlera...
5. ?

Stratégie de communication

Taking part in a conversation and interrupting

Observez et déduisez

There are times in conversation when you'll want to interrupt the speaker, for example, in a lively discussion on a controversial topic. Study the following example, and identify the expressions used to interrupt.

Robert Koene/Photodisc/Getty Images

— Est-ce qu'on peut parler d'égalité entre les hommes et les femmes? Eh bien, oui, en théorie...

— Excuse-moi, mais c'est plus que de la théorie! Les femmes aujourd'hui peuvent entrer dans toutes les professions...

— Voilà! *Entrer*, oui, mais pas *monter*. Le pouvoir économique et politique est encore réservé aux hommes, et...

— Oui, mais il faut du temps pour changer les institutions et la mentalité de la société...

— Franchement, il faut *trop* de temps!

Confirmez

Expressions pour prendre la parole ou interrompre	
Oui/Non, mais...	Excusez-moi, mais...
Écoute/Écoutez...	Au contraire!
Attends!/Attendez!	Franchement...
Voilà.../Ben, voilà	Tout à fait...

Note culturelle

Culture et conversation. Comme nous l'avons vu dans le **Chapitre 4,** la conversation est un art dans chaque culture. Selon l'ethnologue culturelle Raymonde Carroll, «bien que le mot *conversation* soit le même en anglais et en français, il est loin de signifier la même chose dans les deux cultures». Les Américains se plaignent *(complain)* souvent des Français: «Ils vous interrompent tout le temps... ils vous posent des questions et n'écoutent jamais la réponse.» Les Français, eux, trouvent que «les conversations américaines sont ennuyeuses» et que les Américains «répondent à la moindre question par une conférence». Pour un Français, «les longues réponses qui restent ininterrompues sont réservées aux conversations qualifiées de *sérieuses*» et sont déplacées *(out of place)* dans une soirée ou une fête.

Source: Raymonde Carroll, *Évidences invisibles*, pp. 44, 61, 62.

Bloguez! iLrn

Essayez d'expliquer les «règles» de la conversation dans votre pays à quelqu'un qui n'est pas de chez vous.

Activités

Une conversation animée. Avec un(e) partenaire, jouez le rôle de deux député(e)s au Parlement en utilisant les éléments suivants. Vous voulez expliquer votre position; votre partenaire veut vous interrompre. Employez des expressions pour hésiter (page 58) et pour interrompre (page 410).

Député républicain

Les femmes constituent aujourd'hui 47 pour cent de la population active.
Elles peuvent entrer dans toutes les professions.
Elles ont le droit de voter seulement depuis soixante ans.
Soixante ans, ce n'est pas beaucoup.
Les institutions et les mentalités changent lentement.
Dans soixante ans, la situation des femmes sera différente.

Député socialiste

Les femmes ne montent pas facilement dans le monde professionnel.
Une femme dans un poste de direction est l'exception.
Le pouvoir économique et politique est réservé aux hommes.
Les hommes dirigent toutes les grandes entreprises.
Les femmes gagnent en général 26 pour cent de moins que les hommes.
Seulement 19 pour cent des membres du Parlement sont des femmes.

iLrn *Complete the diagnostic tests to check your knowledge of the vocabulary and grammar structures presented in this chapter.*

DES PIONNIÈRES DE LA POLITIQUE

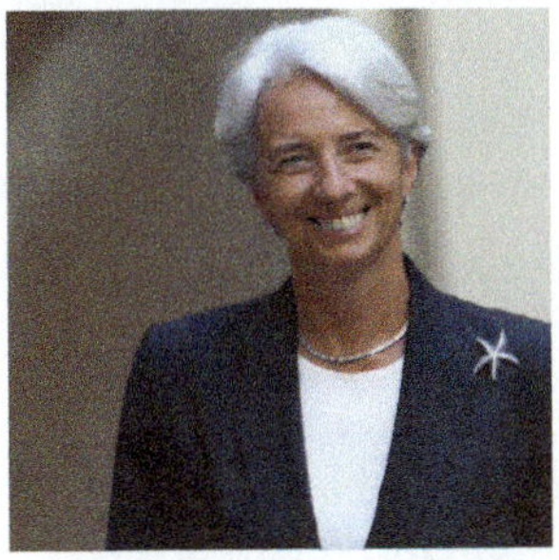
Win McNamee/Getty Images

Christine Lagarde, avocate, femme d'affaires, Ministre de l'Économie et de l'Industrie sous Nicolas Sarkozy (2007-2011), première femme à être nommée Directrice générale du Fonds Monétaire International (FMI) le 28 juin 2011.

PIERRE VERDY/AFP/Getty Images

Rachida Dati, ministre de la Justice de 2007 à 2009, puis députée européenne; première femme issue d'une famille d'immigrés maghrébins à occuper de si hautes fonctions.

Jean-Philippe DUMAS/PONOPRESSE/Gamma-Rapho via Getty Images

Pauline Marois, première femme à être élue chef du Parti Québécois (2007), troisième femme à occuper le poste de Vice-première ministre du Québec.

JOHN THYS/AFP/Getty Images

Micheline Calmy-Rey, membre du parti socialiste suisse, première femme à être élue deux fois Présidente de la Confédération Suisse (2007, 2011). Présidents élus pour un an en Suisse.

Jeu de rôle

How have the relationships and responsibilities of men and women changed in the last thirty years? What will they be like in 2025? Play the roles of colleagues who have different opinions on the answers to these questions. Try to convince your partners of your point of view.

Quatrième étape: Intégration

Littérature Une si longue lettre

JÖRG SCHMITT/dpa/Landov

Mariama Bâ (1929–1981), a writer from Senegal, was one of the pioneers of women's literature in Africa. *Une si longue lettre,* published in 1979, is a 130-page letter from Ramatoulaye, a Senegalese woman, to her best friend, Aïssatou. Ramatoulaye and Aïssatou were among the first girls in Senegal to receive an advanced degree from **l'école des Blancs,** and both have become schoolteachers. Aïssatou married Mawdo Bâ, a doctor, and Ramatoulaye married Modou Fall, an intellectual who has become an administrator and politician. Both couples are **résolument progressistes,** but they also live in a very traditional society, deeply rooted in the practice of polygamy. After twenty years of marriage, and under much pressure from his family, Mawdo Bâ takes a second wife **(une co-épouse).** A few years later, Modou Fall also takes a **co-épouse**—his daughter's best friend—and abandons Ramatoulaye and their twelve children. In *Une si longue lettre,* Ramatoulaye shares her distress with Aïssatou—Aïssatou who has gone through the same ordeal, who understands, who has asked herself the same painful questions on women's condition in an African Muslim society. In the excerpt, Ramatoulaye remembers what it was like when her friend lost her husband to a second wife.

Pensez

1 Le texte que vous allez lire contient des mots illustrés dans le paragraphe suivant. Lisez ce paragraphe sur le cycle de la vie, puis, en utilisant le contexte et la logique, associez chaque mot en caractères gras avec son équivalent anglais de la liste donnée.

Quand on arrive dans ce monde, c'est la naissance; les **sages-femmes** ou les médecins aident les bébés à **naître.** Puis les parents **élèvent** leurs enfants et leur **enseignent** des principes, des valeurs. Plus tard, les jeunes choisissent de **garder** ou de **rejeter** ces valeurs, d'obéir aux **lois** ou de **mépriser** les traditions. **Mûrir,** pour beaucoup, c'est apprendre à **faire son devoir, gagner sa vie,** assumer des responsabilités. Petit à petit, on **vieillit,** et finalement on meurt; on peut **mourir** de causes naturelles ou être victime d'une **maladie** qui **tue,** comme certaines formes de cancer.

Équivalents anglais: *to be born; to die; kill; to keep; to reject; to despise; raise; teach; laws; midwives; disease/sickness; to earn a living; to do one's duty; to mature; grow old*

2 Dans l'extrait que vous allez lire, il est question de «*Tante* Nabou» et de «la *petite* Nabou». *Tante* Nabou, mère de Mawdo Bâ, vient d'une famille royale et n'a jamais approuvé le mariage de son fils avec Aïssatou, fille d'un simple bijoutier *(jeweler)*. Pour perpétuer le sang royal *(royal blood)*, Tante Nabou prépare une jeune nièce, qui s'appelle aussi Nabou—«la *petite* Nabou»—à devenir la co-épouse de Mawdo. Sous la pression de la famille et de la tradition, quelle va être la réaction de Mawdo? Et quelle va être la réaction d'Aïssatou, la première épouse? Va-t-elle accepter de partager l'homme qu'elle aime? Choisira-t-elle le compromis (c'est-à-dire rester, accepter la situation) ou la rupture (c'est-à-dire partir, divorcer)? Discutez de vos prédictions en groupes.

Les personnages d'*Une si longue lettre* (récapitulation)

Reliez les noms à leur identité

1. _____ Aïssatou	a. le médecin
2. _____ Mawdo Bâ	b. cousine et co-épouse potentielle de Mawdo Bâ
3. _____ Tante Nabou	c. première épouse de Mawdo Bâ
4. _____ la petite Nabou	d. mère de Mawdo Bâ

Observez et déduisez: en général

3 Parcourez le texte une première fois pour identifier les paragraphes qui contiennent les idées générales suivantes.

Paragraphes

1. «La petite Nabou est entrée...»
2. «Après son certificat d'études...»
3. «La petite Nabou est donc...»
4. «Je savais. La ville savait...»
5. «C'est pour ne pas voir...»
6. «Alors, tu n'as plus compté...»
7. «Mawdo ne te chassait pas...»
8. «Tu as choisi la rupture...»

Idées générales

a. Tante Nabou annonce à Mawdo qu'il doit épouser la petite Nabou.
b. Raisons pour lesquelles Mawdo obéit à sa mère
c. Réaction d'Aïssatou
d. Formation domestique de la petite Nabou
e. Formation scolaire et professionnelle de la petite Nabou
f. Mawdo parle à Aïssatou d'amour et de devoir.
g. Mawdo explique à Aïssatou pourquoi il doit épouser la petite Nabou.
h. Infériorité des enfants d'Aïssatou

Une si longue lettre

La petite Nabou est entrée à l'école française. Mûrissant sous la protection de sa tante, elle apprenait le secret des sauces délicieuses, à manier fer à repasser et pilon°. Sa tante ne manquait jamais l'occasion de lui rappeler son origine royale et lui enseignait que la qualité première d'une femme est la docilité.

Après son certificat d'études° et quelques années au lycée, Tante Nabou a conseillé à sa nièce de passer le concours° d'entrée à l'École des Sages-Femmes d'État°: «Cette école est bien. Là, on éduque. Des jeunes filles sobres, sans boucles d'oreilles°, vêtues de blanc, couleur de la pureté. Le métier que tu y apprendras est beau; tu gagneras ta vie et tu aideras à naître des serviteurs° de Mahomet°. En vérité, l'instruction d'une femme n'est pas à pousser. Et puis, je me demande comment une femme peut gagner sa vie en parlant matin et soir°.»

La petite Nabou est donc devenue sage-femme. Un beau jour, Tante Nabou a convoqué Mawdo et lui a dit: «Mon frère te donne la petite Nabou comme femme pour me remercier de la façon digne° dont je l'ai élevée. Si tu ne la gardes pas comme épouse, je ne m'en relèverai jamais°. La honte tue plus vite que la maladie.»

Je savais. La ville savait. Toi, Aïssatou, tu ne soupçonnais° rien. Et parce que sa mère avait pris date pour la nuit nuptiale, Mawdo a enfin eu le courage de te dire ce que chaque femme chuchotait°: tu avais une co-épouse. «Ma mère est vieille. Les chocs et les déceptions° ont rendu son cœur fragile. Si je méprise cette enfant, elle mourra. C'est le médecin qui parle, non le fils. Pense donc, la fille de son frère, élevée par ses soins°, rejetée par son fils. Quelle honte devant la société!»

C'est «pour ne pas voir sa mère mourir de honte et de chagrin» que Mawdo était décidé à aller au rendez-vous de la nuit nuptiale. Devant cette mère rigide, pétrie° de morale ancienne, brûlée intérieurement par° les féroces lois antiques, que pouvait Mawdo Bâ? Il vieillissait et puis, voulait-il seulement résister? La petite Nabou était bien jolie...

Alors, tu n'as plus compté, Aïssatou, pas plus que tes quatre fils: ceux-ci ne seront jamais les égaux° des fils de la petite Nabou. Les enfants de la petite Nabou seront de sang royal. La mère de Mawdo, princesse, ne pouvait pas se reconnaître dans les fils d'une simple bijoutière. Et puis une bijoutière peut-elle avoir de la dignité, de l'honneur?

Mawdo ne te chassait pas°. Il allait à son devoir et souhaitait que tu restes. La petite Nabou habiterait° toujours chez sa mère; c'est toi qu'il aimait. Tous les jours, il irait°, la nuit, voir l'autre épouse, pour «accomplir un devoir».

Tu as choisi la rupture, un aller sans retour avec tes quatre fils. Tu as eu le courage de t'assumer. Tu as loué une maison et, au lieu de regarder en arrière°, tu as fixé l'avenir obstinément.

à... les tâches domestiques
diplôme d'études primaires
examen
State
earrings
servants / prophète des musulmans
allusion au métier d'institutrice
honorable
je... *I'll never get over it*
suspected
was whispering
disappointments
ses... elle (Tante Nabou)
formée / brûlée... *burnt inside by*
equals
ne... *wasn't kicking you out*
would live
would go
backwards

Extrait de Mariama Bâ, *Une si longue lettre* © Les Nouvelles Editions Africaines du Sénégal, Dakar, 1979

Déduisez et confirmez: en détail

4 Les mots. En utilisant le contexte et la logique, pouvez-vous déduire le sens des expressions en caractères gras?

1. «Sa tante **ne manquait jamais l'occasion de** lui rappeler son origine royale...»
2. «En vérité, l'instruction d'une femme **n'est pas à pousser.**»
3. «Tu as eu le courage de **t'assumer.**»
4. «... tu **as fixé** l'avenir **obstinément.**»

5 Le texte. Répondez aux questions suivantes.

1. Quelle est la qualité la plus importante d'une femme, selon Tante Nabou?
2. Pourquoi Tante Nabou a-t-elle voulu que sa nièce entre à l'École des Sages-Femmes?
3. Si Mawdo refuse de prendre la petite Nabou comme épouse, quelle sera la réaction de sa mère?
4. Quelle explication Mawdo a-t-il donnée à Aïssatou pour justifier son mariage à la petite Nabou?
5. Mawdo Bâ voulait-il vraiment résister à ce mariage? Donnez deux indications du contraire.
6. Quel était le problème d'Aïssatou, selon la mère de Mawdo? Pourquoi les fils d'Aïssatou ne seront-ils jamais les égaux des fils de la petite Nabou?
7. Quel arrangement Mawdo a-t-il proposé à Aïssatou?
8. Quelle a été la réaction d'Aïssatou?

Explorez

1. Quelques pages plus tard, Ramatoulaye dira qu'Aïssatou était la «victime innocente d'une injuste cause». À votre avis, de quoi exactement Aïssatou était-elle la victime?

2. Mawdo Bâ et Aïssatou se disaient «progressistes», mais c'est la tradition qui a été la plus forte pour Mawdo. À votre avis, la tradition et le progrès sont-ils compatibles? En groupes de deux ou trois, trouvez des situations, dans l'histoire, l'actualité, la littérature, le cinéma ou même dans votre expérience personnelle, qui illustrent ce conflit entre la tradition et le changement.

3. Chaque culture a ses traditions et ses valeurs concernant le mariage, la famille, la religion, la notion du bien et du mal, le concept du devoir, l'attitude vis-à-vis de la nature et bien d'autres choses. Prenez deux ou trois traditions de votre culture et comparez ces traditions il y a 50 ans et aujourd'hui. Ont-elles changé? Comment voyez-vous l'avenir de ces traditions ou valeurs? Organisez vos idées en quatre colonnes: **Traditions, Il y a 50 ans, Aujourd'hui, Dans 50 ans.**

Par écrit In my crystal ball . . .

Avant d'écrire

A **Strategy: Webbing.** Webbing allows a writer to draw on both sides of the brain, the analytical and the intuitive, making visible the processes of association, imagination, and feeling. You begin by writing your topic in the center of a circle. Lines radiating from the circle lead to other words brought to mind through free association. Some of the associations are "logical," i.e., they can be analyzed:

emploi → travailler

Others are on an intuitive or feeling level drawn from personal experience:

avenir → incertain

Application. Try webbing as a prewriting technique using the terms **avenir** and **emploi** as centers of thought. Spend five to ten minutes on each web before beginning the writing activities.

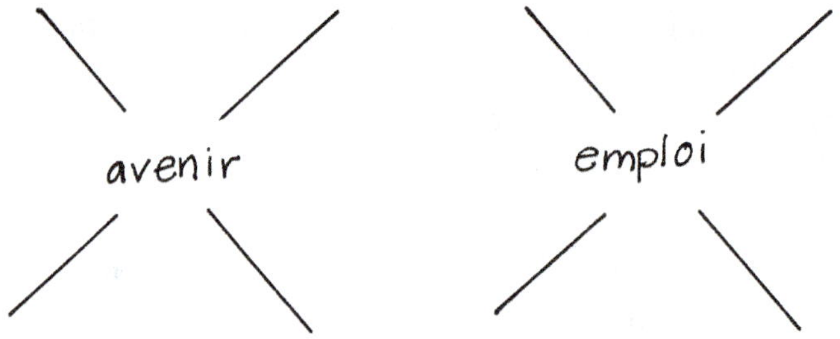

B **Strategy: Adding variety to sentence beginnings.** Your writing will be monotonous if you begin each sentence with the same word or type of word. To see how well you do at varying sentence beginnings, take one of your previous creative writing efforts and circle the first word in each sentence. Did your sentences begin in different ways or did most of your sentences begin with a subject pronoun **(je, il...)**?

Application. Study the examples that follow, then try to rewrite four or five sentences from your previous writing effort, using each of the following types of sentence beginnings.

noun:	Mawdo ne te chassait pas.
pronoun:	Je savais.
article:	La petite Nabou entra...
preposition:	Après son certificat d'études... Devant cette mère rigide...
adjective:	Quelle honte devant la société! Cette école est bien.
verb:	Pense donc,... Mûrir, pour beaucoup, c'est apprendre...
conjunction:	Si tu ne la gardes pas comme épouse,... Et puis, je me demande...

Écrivez

1. L'extrait d'*Une si longue lettre* se termine par la phrase «au lieu de regarder en arrière, tu as fixé l'avenir obstinément». Mais, ce n'est pas vraiment la fin de la lettre. À vous maintenant de terminer l'histoire d'Aïssatou. Écrivez un paragraphe sur ce qui arrivera à la jeune femme et ses quatre fils. Qu'est-ce qu'elle fera? Est-ce qu'elle trouvera un emploi? Où est-ce qu'elle habitera? etc. N'oubliez pas de varier les débuts des phrases.
2. Quelle chance! Vous vouliez passer l'été au Québec et vous allez pouvoir le faire! Vous venez d'être embauché(e) pour le poste décrit dans une des annonces ci-dessous. Maintenant il faut expliquer à votre camarade de chambre que vous ne pourrez pas venir lui rendre visite comme prévu *(planned)*. Envoyez-lui une lettre pour expliquer la situation. Dites-lui où vous passerez l'été, où vous travaillerez, ce que vous ferez et ce que vous espérez voir pendant votre séjour.

TÉLÉPHONISTES-RÉCEPTIONNISTES
(liste de rappel)

Le CENTRE HOSPITALIER DES CONVALESCENTS DE MONTRÉAL désire s'adjoindre des téléphonistes-réceptionnistes pour travailler sur appel. Les exigences du poste sont les suivantes: horaire flexible, incluant quarts de travail de soir et de fin de semaine, bilinguisme à l'oral et à l'écrit, connaissance d'une console téléphonique, expérience d'au moins une année dans un milieu de travail semblable.

Les candidat(e)s intéressé(e)s sont prié(e)s de faire parvenir leur curriculum vitæ au plus tard le 30 septembre à:

Mme S. Marcil
Dossier 4521
Direction des ressources humaines
Centre hospitalier des Convalescents de Montréal
6363, chemin Hudson
Montréal (Québec) H3S 1M9

Journaliste

LE DEVOIR est à la recherche de deux jeunes journalistes à titre de surnuméraires d'été pour travailler au sein de la section des informations générales.

Un diplôme universitaire de premier cycle (en journalisme, en communication et/ou dans un autre domaine), une connaissance de la presse écrite et la maîtrise d'autres langues que le français seront des atouts.

Durée de l'emploi: 10 semaines

Rémunération: selon la convention collective en vigueur.

Envoyez vos candidatures avant le 15 mai à:

Rédacteur en chef
LE DEVOIR
2050 de Bleury, 9e étage
Montréal (Québec)
H3A 3M9

Rabais Campus
Journaux et magazines

Nous recherchons des représentant(e)s pour nos promotions de ventes d'abonnements par kiosques du **DEVOIR** pour les campus étudiants de Montréal, Québec, Ottawa, Sherbrooke, Trois-Rivières et Chicoutimi.

Exigences: Dynamisme, aptitudes à la vente, disponibilité et bonne présentation

Salaire: de 8 $ à 9 $/hre; de 1 à 5 semaines

Pour informations:

Hélène Génier (514) 982-0637
Monique Lévesque (418) 529-4250
Entre 9h00 et midi

Synthèse culturelle

Réussir sa vie

Pensez

Quelles sont les qualités personnelles (morales, intellectuelles, etc.) nécessaires pour réussir sa vie? (Pensez aux gens que vous admirez. Quelles qualités ont-ils/elles?) Pensez-y en regardant la vidéo. Les exercices se rapportant à la synthèse culturelle du Chapitre 11 dans votre manuel vont vous aider à comprendre ce que vous entendez. Ensuite, faites **Explorez** et **Bloguez!** ci-dessous.

Pour vous, qu'est-ce que c'est que «réussir sa vie»?

Camille: J'pense qu'avant tout réussir sa vie, c'est avoir atteint un équilibre entre sa vie professionnelle, personnelle, amicale ou amoureuse.

Fatou: Atteindre mon objectif, c'est-à-dire faire des changements positifs sur cette planète, par exemple être plus utile à ma communauté ou bien apporter de la joie dans les cœurs de ceux qui m'aiment et de ceux que j'aime moi.

© Heinle, Cengage Learning

Greg: Le succès familial et le succès professionnel sont les deux éléments pour moi les plus importants pour réussir une vie.

Bloguez!

Quelle définition d'une vie réussie préférez-vous parmi celles qui sont mentionnées par Camille, Fatou et Gregory? Écrivez votre propre définition de la réussite, puis expliquez quelles qualités personnelles sont nécessaires pour réussir, à votre avis, quel que soit l'objectif *(whatever the goal)*. Si vous voulez, téléchargez les paroles d'une chanson qui exprime vos sentiments concernant la réussite.

Explorez

Demandez à des camarades de classe ou des copains de vous donner des exemples de ce que c'est que «réussir sa vie». Quels sont les points communs et les différences?

Vocabulaire actif

Les professions

un agent de police
un(e) banquier(ière) *a banker*
un cadre *a professional (manager, executive, etc.)*
un chef d'entreprise *a head of a company, a CEO*
un(e) comptable *an accountant*
un(e) cuisinier(ière) *a cook*
un(e) enseignant(e) *a teacher*
un(e) fonctionnaire *a government employee, a civil servant*
un homme / une femme d'affaires *a businessman / -woman*
un homme / une femme au foyer *a house husband / wife*
un(e) infirmier(ière) *a nurse*
un(e) informaticien(ne) *a computer programmer*
un(e) ouvrier(ière) *a factory worker*
un(e) P.D.G. (président-directeur général) *a CEO*
un(e) vendeur(euse) *a salesperson*

Le monde du travail

l'ambition (f.) *ambition*
l'avenir (m.) *the future*
une carrière *a career*
le chômage *unemployment*
la créativité
un curriculum vitæ (un CV) *a résumé*
un(e) débutant(e) *a beginner*
l'égalité (f.) *equality*
un emploi *a job*
un(e) employé(e) *an employee*
un(e) employeur(euse) *an employer*
un endroit *a place*
une entreprise *a company*
un entretien *an interview*
l'équilibre (m.) *equilibrium*
le patron / la patronne *the boss*
un poste à mi-temps / à plein temps *a half-time / full-time position*
un poste de direction *a management position*
une profession (libérale) *a profession*
une promotion *a promotion*
la réalité *reality*
la réussite, le succès *success*
le salaire *salary*
la sécurité *security*

Verbes et expressions verbales

avoir l'intention de *to intend to*
compter (+ infinitif) *to plan to, to count on*
devenir *to become*
embaucher / être embauché(e) *to hire / to be hired*
encourager
espérer *to hope*
exercer une profession *to practice a profession*
faire une demande d'emploi *to apply for a job*
gagner (sa vie, de l'argent) *to earn (a living, money)*
monter *to move up (fig.)*
prendre rendez-vous *to make an appointment*
remplir un formulaire *to fill out a form*
venir de (faire quelque chose) *to have just (done something)*

Adjectifs

débrouillard(e) *resourceful*
efficace *efficient*
personnel(le)
professionnel(le) *professional*
performant(e)
réservé(e) à *reserved (for)*

Adverbes

absolument *absolutely*
activement *actively*
certainement *certainly*
constamment *constantly*
difficilement *with difficulty*
évidemment *obviously*
facilement *easily*
franchement *frankly*
fréquemment *frequently*
généralement *generally*
heureusement *fortunately*
lentement *slowly*
malheureusement *unfortunately*
patiemment / impatiemment *patiently / impatiently*
poliment *politely*
rapidement *fast*
rarement *rarely*
récemment *recently*
sérieusement *seriously*
seulement *only*
traditionnellement *traditionally*

Pour prendre la parole ou interrompre

Attends! / Attendez! *Wait!*
Au contraire *On the contrary*
Écoute! / Écoutez! *Listen!*
Excuse-moi / Excusez-moi, mais... *Excuse me, but . . .*
Tout à fait *absolutely*
Voilà… / Ben voilà *That's it*

Pronoms toniques

moi, toi, lui, elle, soi, nous, vous, eux, elles *me, you, him, her, oneself, us, you, them, them*

Divers

dès que *as soon as*
un endroit *a place*

chapitre 12

Soucis et rêves

Owen Franken/Stock Boston

This chapter will enable you to

- discuss physical and mental health and provide opinions
- say what you would do if . . .
- understand conversations about health and globalization
- read an article and a literary passage about fantasies

Quels sont les soucis de cette femme? Imaginez ses problèmes. Et vous? Si vous étiez à sa place, qu'est-ce que vous feriez?

Chapter resources

- iLrn Heinle Learning Center
- Text Audio Program
- Video
- Premium Website

Première étape

À l'écoute Des questions de santé

Quand vous avez un rhume *(a cold)* ou la grippe *(the flu)*, est-ce que vous prenez rendez-vous chez votre médecin ou est-ce que vous vous contentez d'acheter des médicaments à la pharmacie? Et quand vous achetez des médicaments, est-ce que vous demandez l'avis d'un(e) pharmacien(ne) ou bien est-ce que vous vous contentez de lire les indications sur la boîte? Cette conversation avec une pharmacienne va vous donner une idée de ce que font les Français pour leurs «petits maux quotidiens», c'est-à-dire les maladies qui ne sont pas graves.

Pensez

1 Quels sont les «petits maux» qui troublent votre santé? Cochez-les à gauche et indiquez ce que vous faites pour les traiter. Est-ce que vous vous faites soigner par un médecin (un docteur) ou bien est-ce que vous vous soignez tout(e) seul(e), avec ou sans médicaments?

	Je me fais soigner par un médecin	Je me soigne tout(e) seul(e)… avec médicaments	sans médicaments
_____ un rhume	_____	_____	_____
_____ la grippe	_____	_____	_____
_____ une indigestion	_____	_____	_____
_____ des troubles gastriques (problèmes d'estomac)	_____	_____	_____
_____ des allergies	_____	_____	_____
_____ une bronchite	_____	_____	_____
_____ une migraine	_____	_____	_____
_____ le rhume des foins *(hay fever)*	_____	_____	_____

2 Et quels sont les symptômes de ces maladies? Reliez les maladies à leurs symptômes habituels. (Certains symptômes peuvent s'appliquer à plusieurs maladies.)

un rhume	On a mal à la tête.
la grippe	On a de la fièvre (une température de 40° par exemple).
une indigestion	On a le nez qui coule *(runny nose)*.
des troubles gastriques	On a le nez bouché (congestionné).
des allergies	On a mal à la gorge.
une bronchite	On tousse *(coughs)*.
	On éternue. (Atchoum!)
	On a mal au ventre.
	On a la nausée.
	On a mal partout!

Observez et déduisez

CD 4-21

3 Écoutez d'abord pour identifier les «petits maux» et autres sujets mentionnés. Cochez les catégories appropriées.

_____ les rhumes
_____ les indigestions
_____ les allergies
_____ les grippes
_____ le rhume des foins
_____ les bronchites
_____ les blessures (à la suite de petits accidents)
_____ le rôle des pharmaciens en France
_____ l'automédication
_____ le danger des antibiotiques
_____ les maladies contagieuses
_____ le remboursement par la sécurité sociale

4 Écoutez encore en faisant plus attention aux détails de la conversation, pour pouvoir compléter le tableau suivant. Pouvez-vous déduire le sens des mots en caractères gras?

les maux	les remèdes
	du paracétamol
	de l'**aspirine** ou de l'Efferalgan
	un **vaccin**
	«**rester au lit** et **attendre que ça passe**»
	désinfecter, appliquer **les premiers soins**
	des **sirops** ou autres **traitements**

5 Écoutez une dernière fois pour répondre aux questions suivantes (choisissez toutes les réponses correctes).

1. Selon la conversation, qu'est-ce qui est gratuit pour les personnes de plus de 60 ans et remboursé par la sécurité sociale pour les autres?
   a. le vaccin pour la grippe
   b. tous les médicaments
   c. les visites médicales
2. Dans quel sens les pharmaciens sont-ils de «véritables conseillers médicaux» en France?
   a. Ils appliquent les premiers soins en cas de blessures.
   b. Ils recommandent des traitements pour les maladies qui ne sont pas graves.
   c. Ils traitent les maladies graves.
3. Pourquoi la tendance à l'automédication est-elle ironique en France?
   a. Parce que la sécurité sociale et les assurances complémentaires remboursent les médicaments achetés sans une ordonnance *(prescription)* du docteur.
   b. Parce que les médicaments achetés sans ordonnance ne sont pas remboursés.
   c. Parce que les Français n'aiment pas se soigner tout seuls.

Vocabulaire actif

des allergies (f.)
un antibiotique
de l'aspirine (f.)
une blessure
une bronchite
le cancer
contagieux(se)
une crise cardiaque
un docteur
la grippe
une indigestion
un mal (des maux)
une maladie grave / pas grave
un médicament
une migraine
une ordonnance
un(e) pharmacien(ne)
les premiers soins
du sirop
un symptôme
un traitement (alternatif)
un vaccin

attraper un rhume
avoir de la fièvre
avoir le rhume des foins
avoir mal à (la tête, la gorge, etc.)
avoir la nausée
avoir le nez qui coule / le nez bouché
éternuer
recommander
rester au lit
(se) soigner
tousser

Notes culturelles

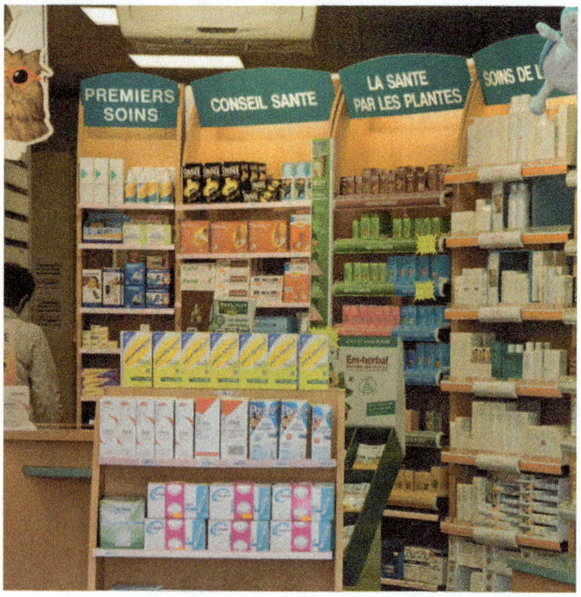

bobphillipsimages.com

La médecine en France. L'état de santé des Français est relativement bon puisque l'espérance de vie en France est une des meilleures au monde : 77,5 ans pour les hommes et 84,3 ans pour les femmes (contre 75,4 ans pour les hommes et 80,4 ans pour les femmes aux États-Unis). Les causes principales de mortalité en France sont le cancer et les maladies cardiovasculaires tels l'AVC (accident vasculaire cérébral) ou la crise cardiaque.

Les Français consultent des médecins environ sept fois par an et ils sont les plus gros acheteurs de médicaments au monde, que ce soit sur ordonnance ou par automédication. Leurs frais médicaux sont remboursés par la sécurité sociale, qui couvre environ 75% des dépenses. La plupart des Français sont aussi couverts par une assurance complémentaire qui ajoute environ 10% aux remboursements. Les médecines alternatives, comme l'homéopathie et l'acupuncture, sont très populaires et sont généralement remboursées. Et vous? Comment êtes-vous couvert(e) pour vos dépenses de santé? Combien de fois par an, en moyenne, consultez-vous des médecins?

Le régime d'assurance-maladie québécois. Le système de santé au Québec est administré par la Régie de l'assurance maladie du Québec (RAMQ). Il est fondé sur les principes de l'universalité, de l'équité et de l'administration publique. Cela veut dire que les services de santé sont accessibles à tous, riches ou pauvres, et que l'État est l'administrateur et l'assureur principal. Il faut simplement s'inscrire pour obtenir une carte d'assurance maladie avec laquelle on peut recevoir tous les services médicaux essentiels (services hospitaliers, visites chez le médecin, certains services dentaires, etc.—mais pas la chirurgie esthétique ou les médecines alternatives, par exemple). Il n'y a ni limites à vie, ni clause d'exclusion, mais il y a généralement des listes d'attente *(waiting lists)* pour les soins non-urgents. Les fonds qui servent à financer les services proviennent des impôts *(taxes)* et comprennent, une "contribution santé" annuelle de $200 par personne depuis 2012.

Bloguez! iLrn

Pratiquez-vous l'automédication? Dans quelles circonstances? Préférez-vous consulter un médecin ou employez-vous des médecines alternatives? Pourquoi?

Prononciation

Liaisons obligatoires et liaisons défendues

You learned in **Chapitre 1** that when a final consonant that is normally silent is followed by a word beginning with a vowel sound, it is often pronounced as part of the next word.

des‿allergies

This linking of two words is called **une liaison;** some **liaisons** are mandatory **(obligatoires),** others are forbidden **(défendues),** and whatever is neither **obligatoire** nor **défendu** is **facultatif** *(optional).* In this section, we consider some of the most common cases of **liaisons obligatoires** and **liaisons défendues.**

From your experience in French so far, can you define the following **liaisons**? Indicate O for **obligatoire** and D for **défendue.** The first two are already done for you as models.

__O__ article + any word starting with a vowel sound: **des enfants; un autre enfant**

__D__ singular noun + any word: **un enfant américain; l'enfant est malade**

______ adjective + noun: **un petit enfant; des petits enfants**

______ pronoun + verb or pronoun: **Nous allons à la pharmacie. Nous y allons.**

______ verb + pronoun (inversion): **Ont-ils du sirop?**

______ interrogative adverb + any word*: **Quand as-tu attrapé ce rhume? Comment as-tu fait pour te soigner?**

______ after **et: Et après?**

______ one-syllable preposition + any word: **dans une pharmacie; chez un médecin**

______ one-syllable adverb + any word: **très intéressant**

Observez et déduisez

CD 4-22

As you listen to the following sentences based on **À l'écoute: Des questions de santé** on the Text Audio Track, identify the types of liaisons you hear between the words highlighted in boldface. Indicate ‿ for **une liaison obligatoire,** ‿̸ for **une liaison défendue,** and give the rationale.

— **Comment êtes-**vous tombée?

— J'allais **chez un ami,** un **grand ami** à moi qui est **étudiant en informatique, et alors** je descendais un **petit escalier très abrupt** devant **son immeuble,** et puis voilà, tout bêtement, je suis tombée.

— **Vous êtes** allée **chez un** médecin?

— Ben non, pour **des écorchures** *(scrapes)* comme ça, on se fait soigner **dans une** pharmacie.

Confirmez

CD 4-23

1. Pronounce the dialogue above, making sure you link the words in **les liaisons obligatoires** and do *not* pronounce any consonant sound in **les liaisons défendues.** As a review of what you learned in **Chapitre 10,** in addition, practice dropping some ***e* caducs** as needed, then verify your pronunciation on the Text Audio Track.
2. In the following dialogue, indicate **les liaisons obligatoires** and **les liaisons défendues.** For an additional challenge, cross out the ***e* caducs** that could be dropped in fluent speech, then practice saying it just as French people would. Verify your pronunciation on the Text Audio Track.

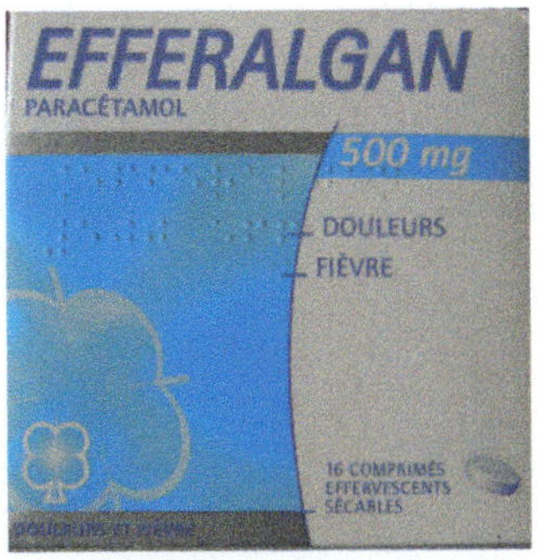

Chantal Thompson

— **Peut-on** acheter ce médicament **sans ordonnance**?

— Non, madame, pour **les antibiotiques, vous avez** besoin d'une ordonnance.

— Est-ce que **l'Efferalgan est un antibiotique**?

— Non, non. **Vous en** voulez?

— Oui, s'il vous plaît. **Et autrement,** qu'est-ce que **vous avez** pour les rhumes?

— Ce **médicament est très efficace**—c'est du Dolirhume.

— Je vous remercie, **vous êtes bien aimable.**

Chantal Thompson

---

*Exceptions: Comment allez-vous? Quand est-ce que...

Structure

Discussing symptoms, remedies, and general health

Le pronom *en*

Observez et déduisez

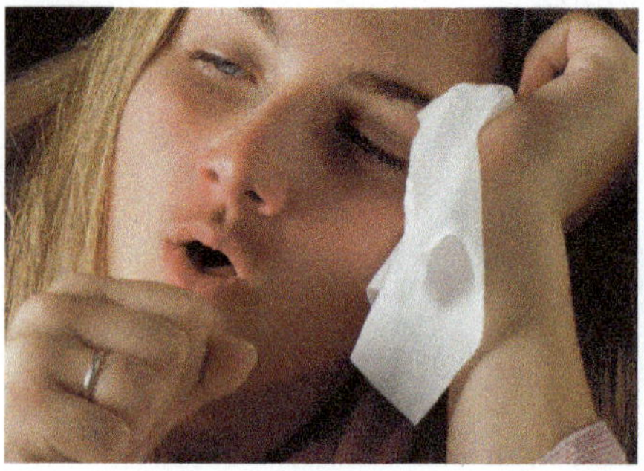

Arthur Tilley/Getty Images

— Aïe, aïe, aïe! Je n'arrête pas de tousser! Tu as du sirop?
— Oui, oui. Prends-en.
— Et j'ai mal à la tête aussi. Tu n'as pas de comprimés?
— Si, mais n'en prends pas trop. Les médicaments, tu sais, il ne faut pas en abuser.
— Mais j'ai mal partout.
— Prenons ta température. Tu as peut-être une bronchite ou une pneumonie. Pourquoi n'appelles-tu pas le médecin?
— Bof...
— Je crois que tu en as besoin!

- The pronoun **en** is used several times in the preceding conversation. To what does it refer in each case? Think back to what you've learned about pronouns so far. What can you infer about the placement of this pronoun in relation to the verbs in the sentences?

Vocabulaire actif

appeler
un comprimé
en
hypocondriaque
partout
une piqûre
une pneumonie
prendre sa température
une vitamine

Confirmez

1. The pronoun **en** is used with verbal expressions requiring the preposition **de** when it refers to *things*, e.g., **avoir besoin / peur / honte / envie de** and **parler de.**

   Les hypocondriaques aiment parler **de leurs maladies;** ils **en** parlent tout le temps!

   Remember that when referring to *people*, you use a stress (tonic) pronoun:

   J'ai peur du médecin. J'ai peur de **lui.**

   but for *things*, you use **en:**

   J'ai peur des piqûres *(shots)*. J'**en** ai peur.

2. Use **en** to replace a noun preceded by an indefinite or a partitive article (see page 171):

   — Vous prenez **des vitamines**?
   — Oui, j'**en** prends tous les jours.

   a number:

   — Vous avez pris **quatre comprimés**?!
   — Non, non. **J'en** ai pris deux seulement.

   or an expression of quantity (see page 179):

   — Michel a vraiment **beaucoup de maladies.**
   — Oui. Il **en** a trop! Je pense qu'il est hypocondriaque.

3. The pronoun **en** takes the same position in the sentence as object pronouns (**le, la, leur,** etc.) that is, before the verb of which it is the object.

   Une ordonnance? Pour ces comprimés, vous n'**en** avez pas besoin.

Activités

A **Premier brouillon *(First draft)*.** Nancy prépare une description de son frère pour sa classe de français. Aidez-la à compléter son premier brouillon en <u>soulignant</u> tous les compléments qui sont répétés.

Mon frère Martin est hypocondriaque et il prend beaucoup de médicaments. Du sirop? Oui, il prend du sirop chaque fois qu'il tousse. Des comprimés pour le rhume des foins? Ben oui, il prend des comprimés chaque fois qu'il éternue. De l'aspirine? Bien sûr. Il prend beaucoup d'aspirine pour tous ses maux! Pourtant, Martin ne fait pas grand-chose pour être en bonne santé. Manger sain? Il n'a pas envie de manger sain. Faire de l'exercice? Il n'a pas besoin de faire de l'exercice. Parler de ses symptômes au pharmacien? Il ne parle jamais de ses symptômes. Aller chez le médecin quand il est vraiment malade? Mais non, il a peur des piqûres. J'adore mon frère, mais il est un peu fou!

B **Deuxième brouillon.** Regardez encore l'Activité A. Cette fois-ci, aidez Nancy à mieux rédiger son paragraphe en remplaçant les compléments que vous avez soulignés par le pronom **en** ou un autre pronom au besoin.

C **Et pour vous?** De quoi parle-t-on dans les phrases suivantes? Quelle serait la réponse pour vous personnellement?

➡ J'en ai peur. (Je n'en ai pas peur.)
J'ai peur des piqûres. Je n'ai pas peur des maladies.

1. J'en ai envie. (Je n'en ai pas envie.)
2. J'en ai honte. (Je n'en ai pas honte.)
3. J'en ai besoin. (Je n'en ai pas besoin.)
4. J'en parle souvent. (Je n'en parle pas souvent.)
5. J'en ai beaucoup. (Je n'en ai pas beaucoup.)
6. J'en ai deux ou trois. (Je n'en ai pas du tout.)
7. J'en voudrais. (Je n'en veux pas.)

Banque de mots

ma santé
des allergies
des symptômes
mon régime alimentaire
les maladies contagieuses
faire de l'exercice
manger plus sain
aller chez le médecin
acheter des produits bio
?

Maintenant, comparez vos réponses avec celles de vos camarades de classe. Quelles sont les réponses les plus (les moins) communes?

➡ *Des allergies? Non, je n'en ai pas peur.*

D **Des secrets.** On peut apprendre beaucoup en regardant dans le frigo et l'armoire à pharmacie *(medicine cabinet)* de quelqu'un! Qu'est-ce qu'on y trouverait chez vous?

➡ des produits bio
Il n'y en a pas. / Il y en a beaucoup (très peu, deux ou trois, etc.)

1. des fruits et des légumes
2. de la viande
3. des comprimés
4. du sirop
5. de l'aspirine
6. des produits homéopathiques
7. ?

E **Sondage Santé.** Préparez un sondage avec vos camarades de classe en employant les expressions ci-dessous. Ajoutez deux ou trois questions supplémentaires, puis faites le sondage.

➡ faire beaucoup d'exercice
— *Fais-tu beaucoup d'exercice?*
— *Non, je n'en fais jamais!*

prendre beaucoup de médicaments
aller souvent chez le médecin
demander conseil au pharmacien
recommander des traitements alternatifs
faire régulièrement de la musculation
avoir besoin de manger sain
faire de la cuisine végétarienne
aller régulièrement au gymnase
se soigner toujours bien
?

Structure Saying what you would do

Grammar Podcasts, Grammar Tutorials

Le conditionnel

Observez et déduisez

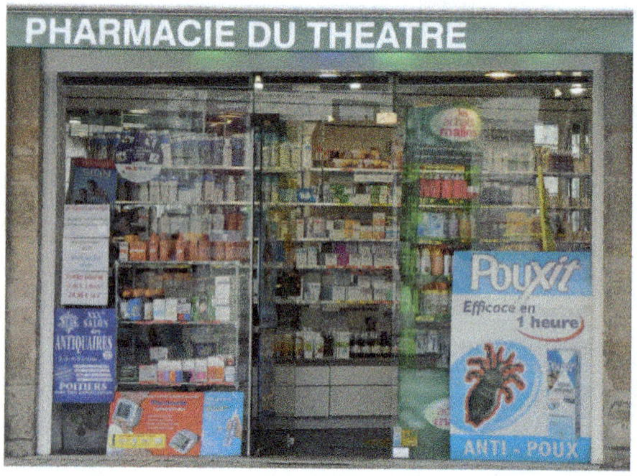

Elaine Phillips

À la pharmacie...

— Quel malheur! Je ne me sens pas bien du tout. J'ai de la fièvre, j'ai la nausée, j'ai mal à la tête—en fait, j'ai mal partout. Pourriez-vous me recommander un traitement?
— Ben, vous avez sûrement une grippe, madame, et malheureusement, il faudra attendre que ça passe. À votre place, je prendrais de l'Efferalgan et je resterais au lit.

- What two things does the pharmacist say she *would* do if she were the customer? Study those examples, then determine how you would express the following: *I would sleep. I would drink lots of water.*

Vocabulaire actif

se blesser
se sentir (bien / mieux / mal)
tranquille

Confirmez

1. In French, the conditional mood is used to state what someone *would* or *would not* do under certain conditions; therefore, it is used most frequently to express wishes and polite requests (see page 89).

   Auriez-vous le numéro de téléphone de la pharmacie?
   Je **voudrais** parler au pharmacien, s'il vous plaît.

2. Form the conditional by adding the imperfect endings to the infinitive: **-ais, -ais, -ait, -ions, -iez, -aient.**

Le conditionnel

je prendr**ais**	nous prendr**ions**
tu prendr**ais**	vous prendr**iez**
il/elle/on prendr**ait**	ils/elles prendr**aient**

Although they have the same endings, be sure not to confuse the imperfect forms of the verb with the conditional.

imparfait: Elle **appelait** le médecin.
conditionnel: Elle **appellerait** le médecin.

3. Verbs that have an irregular stem in the future (see page 392) have the same irregular stem in the conditional.

Vous **seriez** plus tranquille. Vous n'**auriez** plus mal à la tête.

As with the future tense, **-re** verbs drop the **e** before adding the ending.

Le médecin vous **dirait** de prendre des médicaments.

4. Use the conditional of **pouvoir** to suggest what someone *could* do.

Vous **pourriez** vous faire soigner en pharmacie.

Use the conditional of **devoir** to say what someone *should* do.

Vous vous êtes blessé? Vous **devriez** vous faire soigner tout de suite.

Activités

F **Que feraient-ils?** Indiquez ce que les personnes suivantes feraient selon le contexte. Ajoutez des réponses personnelles au besoin.

1. Si j'avais une bronchite, je (j')...
   aurais de la fièvre / prendrais un antibiotique / me sentirais bien
2. Si j'avais une maladie contagieuse, mes parents...
   appelleraient le docteur / prendraient ma température / ne me donneraient pas de médicaments
3. Si j'avais des allergies, le médecin...
   me proposerait un traitement alternatif / me recommanderait de faire de l'exercice / me dirait de prendre de l'aspirine
4. Si je me blessais, le pharmacien...
   me soignerait / recommanderait un vaccin / me donnerait un comprimé
5. Si j'étais à l'hôpital, mes copains...
   me diraient de ne pas rester au lit / me donneraient une ordonnance / me rendraient visite

G **Vous êtes vraiment malade!** Parce que vous devez rester au lit, vous appelez souvent pour demander des petits services à votre famille. Pour être plus poli(e), refaites les phrases en employant le conditionnel de **vouloir** et de **pouvoir.**

➡ Nicolas, j'ai soif. Va me chercher du jus d'orange.
Nicolas, tu voudrais m'apporter du jus d'orange, s'il te plaît? / Nicolas, est-ce que tu pourrais m'apporter du jus d'orange, s'il te plaît?

1. Papa, apporte-moi de l'aspirine!
2. Maman, j'ai faim. Prépare mon déjeuner!
3. Nathalie, Andrée! Je m'ennuie. Apportez-moi le journal!
4. Maman, papa, j'ai mal partout. Téléphonez au médecin!
5. Andrée, je tousse. Donne-moi le sirop!
6. ?

H **À votre place.** Vous demandez souvent conseil au pharmacien du quartier au sujet de votre santé générale. Imaginez ses réponses.

➡ J'ai la grippe.
À votre place, je boirais beaucoup de jus de fruit. Je resterais au lit et j'attendrais que ça passe. L'année prochaine, je n'oublierais pas le vaccin!

1. J'ai une migraine.
2. Je me suis blessé(e) en faisant de la gymnastique.
3. Je voudrais être en forme.
4. Je voudrais maigrir.

Jeu de rôle

You are the doctor of one of the following patients (played by a classmate). Present your recommendations, using your best bedside manner. Your "patient" asks questions and may present excuses for bad habits.

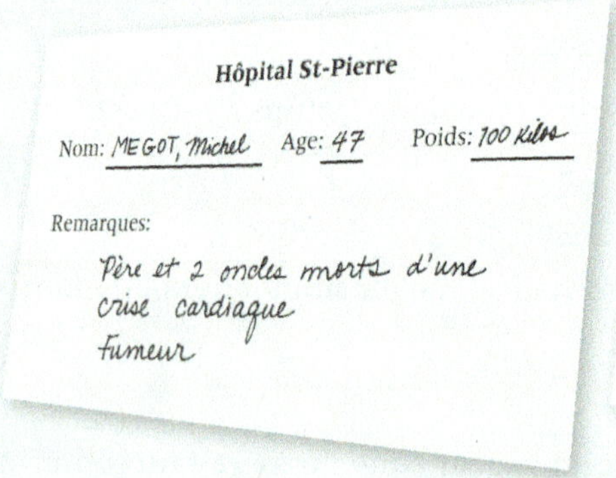
Hôpital St-Pierre

Nom: MEGOT, Michel Age: 47 Poids: 100 kilos

Remarques:
Père et 2 oncles morts d'une crise cardiaque
Fumeur

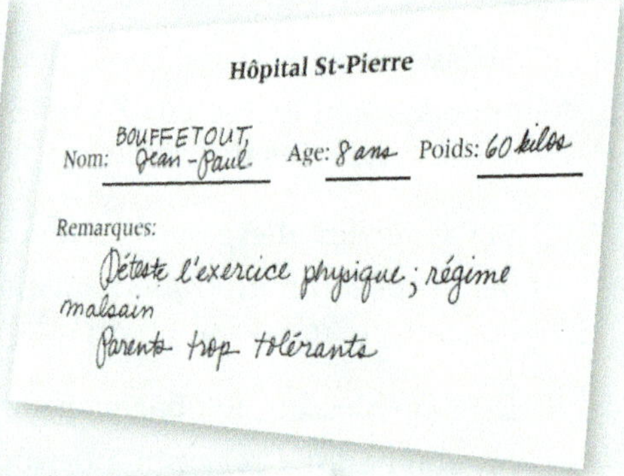
Hôpital St-Pierre

Nom: BOUFFETOUT, Jean-Paul Age: 8 ans Poids: 60 kilos

Remarques:
Déteste l'exercice physique; régime malsain
Parents trop tolérants

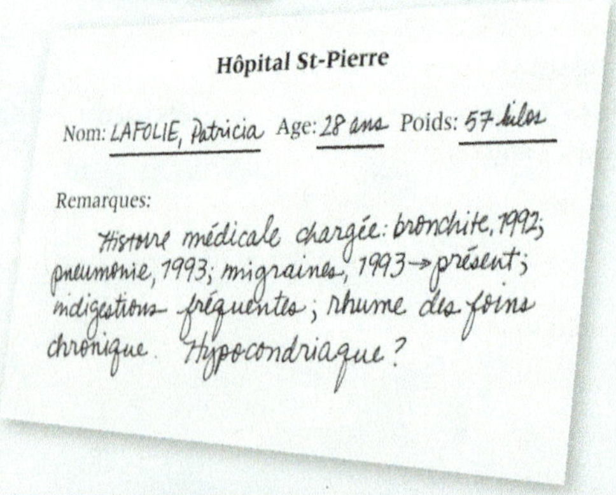
Hôpital St-Pierre

Nom: LAFOLIE, Patricia Age: 28 ans Poids: 57 kilos

Remarques:
Histoire médicale chargée: bronchite, 1992; pneumonie, 1993; migraines, 1993→présent; indigestions fréquentes; rhume des foins chronique. Hypocondriaque?

Lecture Les fantasmes des Français

Un fantasme est un rêve, conscient ou inconscient. Quels sont vos fantasmes? Quels sont les fantasmes des Français?

Pensez

1 Parlons d'abord de vos fantasmes. Est-ce que vous rêvez d'être célèbre? d'être riche? de voyager? Complétez l'étoile de vos rêves personnels et comparez-les avec ceux d'un(e) camarade de classe.

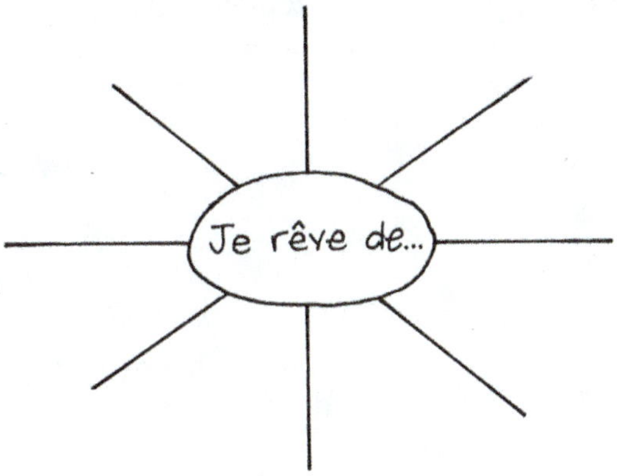

Observez et déduisez: en général

2 Regardez l'article sur **Les fantasmes des Français** à la page 432. Est-ce que vous reconnaissez dans le texte ou dans les résultats du sondage des rêves mentionnés dans votre étoile personnelle? Lesquels?

3 Parcourez l'article. Les sujets suivants sont-ils traités dans le texte, dans les résultats du sondage ou dans les deux? Complétez le tableau.

sujets	texte	sondage	les deux
le plus grand fantasme		✓	
les sept pôles de l'imagination			
les professions de rêve			
les cadeaux			
les voyages			
la maison			
les actes extraordinaires (exploits)			
le bonheur affectif			
la sexualité			
un quart d'heure à la télévision			
l'éternité			

A. Les fantasmes des Français

Le fantasme n° 1 des Français, c'est partir. Tous ne rêvent pas de traverser les continents. Il y a mille et une manières de partir, de rompre° avec la routine, avec soi-même. Pour savoir quels rêves cachés caressent les Français, *L'Express* a demandé à l'institut Louis Harris de sonder leurs fantasmes. Le résultat est surprenant.

rompre°: break

En fait, les fantasmes des Français sont, comme eux, multicolores et multiformes. L'imagination ne s'empare° pas des mêmes images selon que l'on est jeune ou vieux, homme ou femme, riche ou pauvre. Mais pour la plupart, l'imagination est attirée° par sept grands pôles. Dans l'ordre: 1. les voyages; 2. l'argent, tombé du ciel, grâce à saint Loto°; 3. le travail: la profession qu'on aurait rêvé d'exercer; 4. la maison, «neuve», «jolie», «grande», à la campagne ou au bord de la mer, «à soi»; 5. le bonheur affectif, en famille, en couple ou dans une société qu'on rêve plus juste, plus démocratique et pacifique; 6. la sexualité, qui fait surtout rêver les plus jeunes; 7. enfin, l'éternité: tout est bon pour défier ou éviter la mort°—devenir célèbre, vivre cent ans, mille ans.

s'empare°: prend
attirée°: *attracted*
grâce à... *thanks to Saint Lottery*
défier... *challenge or avoid death*

Les fantasmes des Français sont effectivement plutôt «réalistes». Un réalisme teinté d'humanitarisme, un rêve de retour à la vraie vie, odorante° comme une miche° de pain.

odorante°: qui sent bon
miche°: *loaf*

B. Sondage

Quel est votre plus grand fantasme?

Être le (la) plus compétent(e)	**39%**
Être le (la) plus aimé(e)	23
Être le (la) plus drôle	14
Être le (la) plus intelligent(e)	12
Être le (la) plus célèbre	3
Être le (la) plus sexy	2
Être le (la) plus grand(e)	1
Être le (la) plus beau (belle)	1
Sans opinion	5

Quelle profession auriez-vous rêvé d'exercer?

Médecin sans frontières[1]	**32%**
Berger[2]	11
Cosmonaute	9
Navigateur solitaire	8
Prince ou princesse	8
Chanteur à succès	7
Ambassadeur de France	6
Chef de la brigade antigang	5
Président de la République	3
Raider en Bourse[3]	2
Prostituée de luxe	1
Évêque[4]	1
Sans opinion	7

1. volontaires dans les pays pauvres ou situations de crise 2. *shepherd* 3. *stock market* 4. *bishop*

L'exploit de vos fantasmes?

Sauver un enfant de la noyade[1]	**46%**
Faire le tour du monde à la voile[2]	16
Recevoir le prix Nobel	10
Écrire un best-seller	9
Escalader l'Himalaya	8
Marquer le but de la victoire[3] en Coupe du Monde	6
Commettre le crime parfait	4
Sans opinion	1

1. *drowning* 2. *in a sailboat* 3. *score the winning goal*

Si vous gagniez 1 million d'euros au Loto, comment rêveriez-vous de les dépenser?

En arrêtant de travailler pour vivre en rentier[1]	**25%**
En créant une entreprise	24
En donnant tout aux déshérités[2]	18
En quittant tout pour refaire votre vie au bout du monde[3]	11
En dépensant tout votre argent n'importe comment[4]	7
En achetant un château et une Rolls	7
Sans opinion	8

1. *person of independent means* 2. pauvres 3. loin 4. impulsivement

Le cadeau de vos fantasmes?

Une Ferrari	**22%**
Un bijou de chez Cartier	18
Une place dans la prochaine navette spatiale[1]	17
Une caisse de vin de Pommard de 1929	16
Un tableau de Matisse	12
Un costume ou une robe de chez Christian Dior	8
Un tuyau d'initié[2] en Bourse	4
Sans opinion	3

1. *space shuttle* 2. *an insider's tip*

Le week-end de vos fantasmes?

Sur une île déserte	**52%**
Dans un palace[1]	36
Au lit	8
Sans opinion	4

1. hôtel de grand luxe

La contrée de vos fantasmes?

Tahiti	**25%**
Australie	17
Californie	14
Brésil	12
Japon	11
Tibet	7
Sahara	5
Grand Nord	4
Sans opinion	5

From: *L'Express*

Si on vous offrait un quart d'heure d'antenne[1] à la télévision, qu'en feriez-vous?

Vous défendriez une grande cause humanitaire	**48%**
Vous feriez la morale aux hommes politiques	22
Vous feriez une déclaration d'amour	12
Vous feriez votre propre publicité	7
Vous raconteriez votre vie	5
Vous diriez du mal de votre pire ennemi[2]	1
Sans opinion	5

1. *air time* 2. parleriez négativement de votre plus grand ennemi

La maison de vos fantasmes?

Une cabane au Canada	**25%**
Un bungalow aux Seychelles[1]	24
Un château dans le Périgord[2]	17
Une villa hollywoodienne à Saint-Tropez[3]	13
Un hôtel particulier à Paris	8
Un palais à Marrakech[4]	7
Un loft à New York	3
Sans opinion	3

1. îles de l'océan Indien 2. région de France 3. ville touristique de la Côte d'Azur *(Riviera)* 4. résidence royale au Maroc

Déduisez et confirmez: en détail

4 Le texte

1. **Le texte même (A)**
   a. Quel est le fantasme n° 1 des Français?
   b. Quels sont les facteurs qui font varier les «images» de l'imagination?
   c. Quels sont les sept pôles principaux de l'imagination des Français?
   d. Comment les Français rêvent-ils la société?
   e. Comment peut-on défier la mort? Donnez deux «solutions» mentionnées dans l'article.
   f. Quelle comparaison l'auteur de l'article utilise-t-il pour décrire «la vraie vie»?

2. **Le sondage (B).** Quel est l'ordre de préférence des fantasmes suivants? Complétez le tableau selon l'exemple.

fantasme	ordre	derrière	devant
a. être le (la) plus drôle (comique)	3e	le (la) plus aimé(e)	le (la) plus intelligent(e)
b. être cosmonaute (astronaute)			
c. sauver un enfant de la noyade			
d. créer une entreprise			
e. avoir un vêtement de chez Christian Dior			
f. passer le week-end dans un palace			
g. aller en Californie			
h. faire la morale (donner une leçon) aux hommes politiques			
i. vivre dans un hôtel particulier (une maison de luxe) à Paris			

Vocabulaire actif

caché(e)
en fait
faire le tour du monde
rêver
soi-même
un tableau

5 Les mots. Utilisez le contexte et la logique pour trouver dans l'article les mots qui ont le sens suivant. Vous avez déjà vu certains de ces mots.

1. Premier paragraphe: oneself; hidden; surprising
2. Deuxième paragraphe: heaven-sent; one would have dreamed; one's own
3. Troisième paragraphe: actually (Trouvez un synonyme dans le deuxième paragraphe.)
4. Sondage «L'exploit...»: the World Cup
5. Sondage «Si vous gagniez...»: leaving (someone or something); to spend money
6. Sondage «Le cadeau...»: a jewel; a case (of wine); a painting
7. Sondage «Si on vous offrait...»: your own advertisement

Explorez

1. L'article donne les sept grands pôles de l'imagination des Français. À votre avis, est-ce que ces pôles seraient les mêmes pour les Américains? Dans le même ordre? En groupes de quatre ou cinq personnes, discutez les différences possibles et préparez un rapport pour la classe.
2. Si ce sondage s'adressait au public américain, est-ce que les questions seraient les mêmes? Par exemple, pour les professions, est-ce que «médecin volontaire» ou «berger» seraient mentionnés? Avec vos partenaires, reprenez chaque partie du sondage et faites les changements que vous jugez nécessaires.
3. L'auteur de l'article dit que les Français rêvent de retourner à «la vraie vie, odorante comme une miche de pain». Que pensez-vous de cette image? Quelles sont les autres images qui vous viennent à l'esprit quand vous pensez à «la vraie vie»? Avec un(e) partenaire, faites une liste de huit à dix images, puis comparez votre liste avec celles de vos camarades de classe.

Structure Hypothesizing

Le conditionnel (suite)

Observez et déduisez

Fantasmes et rêves...

— Si je gagnais 1 million d'euros à la loterie, je dépenserais tout mon argent. Je m'achèterais une Ferrari et...

— Si j'avais le temps, j'arrêterais de travailler et je ferais le tour du monde. Si j'étais riche et célèbre, je serais sûrement heureux.

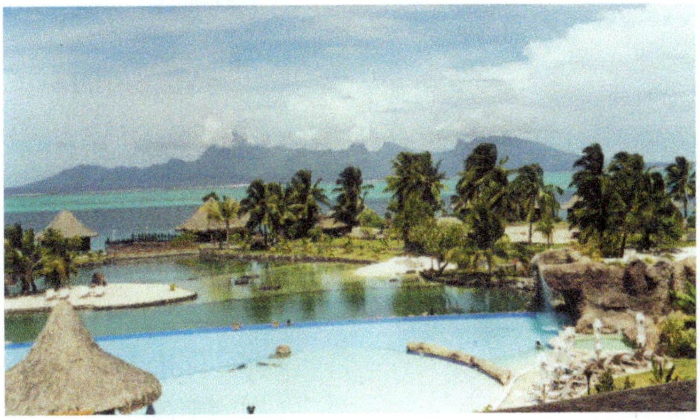

Chantal Thompson

Des vacances de rêve sur une île exotique.

- To hypothesize is to predict consequences based on conditions that have not yet occurred. You have already learned (page 398) to hypothesize about *probable* future events using the following tense sequence:

  si + present + future

  Si j'ai le temps, j'irai au cinéma ce soir.

- When you hypothesize about events that are *less* likely to occur, a different combination of verb tenses is used. Study the examples in **Observez et déduisez,** and complete the following sentences using the new sequence.

  Si je gagnais à la loterie, ______________________.

  Je serais heureux(se) si ______________________.

Write the sequence: **si** + ____________ + ____________

or ____________ + **si** + ____________

Confirmez

1. To hypothesize about imaginary circumstances and consequences, use **si** and the *imperfect* to express the circumstances and the *conditional* to express the consequences.

   Si j'**étais** plus âgé, je **comprendrais** tout!
   (condition) → *(consequence)*

2. Either the condition or the consequence clause may come first, but the conditional mood is never used in the **si** clause.

   — **Si** j'avais le temps, je ferais mes devoirs. (**si** + condition → consequence)

   — Et moi, j'irais à la plage **si** j'avais le temps! (consequence → **si** + condition)

Activités

I **Mes rêves.** Complétez les phrases suivantes selon vos rêves personnels.

1. Si je gagnais un million d'euros à la loterie, j'achèterais ______________ et j'irais ______________.
2. Si on m'offrait le cadeau de mes rêves, je demanderais ______________ et je voudrais aussi ______________.
3. Si j'avais la maison de mes rêves, j'aurais ______________ et j'habiterais à (en, au, aux) ______________.
4. Si j'exerçais la profession de mes rêves, je serais ______________ et je travaillerais ______________.
5. Si je pouvais réaliser mon plus grand rêve, j(e) ______________ et j(e) ______________.

Maintenant, interviewez un(e) partenaire et comparez vos réponses. Vos rêves sont-ils semblables ou non? Qui a les rêves les plus grandioses?

➡ *Si tu gagnais un million d'euros à la loterie, qu'est-ce que tu achèterais?*

J **Hypothèses.** Parlez de vous et de vos copains (copines) en employant les expressions suivantes. Montrez un rapport logique entre les conditions et les conséquences selon l'exemple.

➡ *Si j'avais le temps et l'argent, je voyagerais dans un pays francophone. Mes copains, eux, ils iraient sur une île déserte.*

Si...

être le prof	arrêter de travailler
avoir un million de dollars	parler parfaitement le français
habiter une île déserte	voyager dans un pays francophone
exercer la profession de mes rêves	avoir le temps
avoir 35 ans	?
être célèbre (riche, etc.)	

K **Gagnants!** Pour fêter son ouverture *(grand opening)*, une agence de voyages offre un séjour à Dijon, en Bourgogne en France—tous frais payés, bien sûr! Lisez les renseignements et regardez les dépliants suivants, puis dites à votre partenaire ce que les personnes mentionnées ci-dessous feraient ou ne feraient pas si elles gagnaient le prix.

➡ *Si j'allais à Dijon, je ferais un tour en montgolfière parce que j'adore l'aventure. Maman voudrait voir les maisons à pans de bois parce qu'elle est architecte.*

1. vous
2. vos parents
3. votre professeur de français
4. vos colocs ou vos amis

Dijon et sa région: À voir et à faire

Palais des Ducs de Bourgogne. Le logis ducal a été reconstruit à partir de 1365 par les ducs de la dynastie Valois. Il se situe au cœur de la ville et sert aujourd'hui d'Hôtel de ville. Montez jusqu'en haut de la tour Philippe le Bon (46 m de haut) pour une vue impressionnante.

Survol de Dijon en montgolfière *(hot air balloon)*. Offrez-vous un enivrant voyage au-dessus des toits, des arbres, des prés et des champs de la région dijonnaise.

Saveurs et Piquant. «Il n'est moutarde qu'à Dijon», dit la tradition. On vous dévoilera bien d'autres secrets alimentaires lors de cette visite pleine de saveurs.

Les Halles. Ce marché couvert est un lieu stratégique et un pôle d'attraction au cœur de la ville. Le bâtiment couvre 4400 m^2 avec 4 pavillons qui abritent 246 boutiques.

Circuit dans le vignoble. Découvrez la beauté des paysages et la diversité du vignoble. Apprenez à déguster et différencier les vins dégustés.

Les maisons à pans de bois. Dijon est célèbre pour ces charmantes maisons médiévales à pans de bois *(half-timbered)*.

Office de tourisme de Dijon

Remue-méninges. La profession de vos rêves: *professeur de français?!* Peut-être pas... mais imaginez quand même. Si vous étiez le professeur pendant une semaine, qu'est-ce que vous feriez? Qu'est-ce que vous ne feriez pas? Qu'est-ce que vous changeriez? Préparez une liste avec des camarades de classe.

➡ *Si nous étions le professeur, nous regarderions des films français tous les jours.*

Jeu de rôle

- You are at a party with friends playing the game *If I (he, she, you) were* . . . Each person completes the following sentences for the others at the party, and the others try to guess who in the group is being referred to each time.

  If this person were an animal, he or she would be . . . because . . .
  If this person were a song, he or she would be . . . because . . .
  If this person were a color, he or she would be . . . because . . .

Culture et réflexion

Observez et déduisez

Quand vous regardez une carte de l'Afrique, qu'est-ce qui vous vient à l'esprit? Selon vous, quels sont les «soucis et rêves» de l'Afrique? Faites une liste de trois soucis et trois rêves, puis comparez vos réponses avec celles d'Aminata Sow Fall.

Photo courtesy of Aïssatou Sow

Aminata Sow Fall est considérée comme la femme écrivain la plus éminente de l'Afrique francophone actuelle. Elle est l'auteur de huit romans, dont *La Grève des bàttu* (*The Beggars' Strike*, 1979), *L'Appel des arènes* (*The Call of the Ring*, 1982) et *Douceurs du bercail* (*Sweetness of Home*, 1998), qui ont reçu de grands prix littéraires internationaux. Ses autres activités incluent la direction du Centre pour l'étude des civilisations au Ministère de la culture du Sénégal, la fondation du Bureau africain pour la défense des libertés des écrivains et des conférences aux quatre coins du monde. Ici, elle écrit, expressément pour ***Mais oui!***, ses pensées sur les soucis et les rêves de l'Afrique.

Confirmez et explorez

Soucis et rêves de l'Afrique. L'année 2010 a été célébrée dans tous les pays africains comme une étape importante dans l'histoire de notre continent. C'est en effet en 1960 que la colonisation a cessé dans la grande majorité des pays africains du sud du Sahara. «Le Cinquantenaire des Indépendances Africaines» a été une occasion de festivités somptueuses en Afrique, ainsi qu'un thème de réflexions, de productions littéraires et de documentaires un peu partout, notamment en Afrique et en Europe.

Cinquante ans: Le temps du bonheur? De la prospérité? De la dignité? De la liberté? La réalisation de tant de rêves dans l'euphorie de 1960?

Force est[1] de constater que les soucis d'alors, loin de s'évanouir[2], persistent. Temps de désillusions? Les coups d'État, les guerres[3], la corruption ont freiné[4] le développement d'un continent aux potentialités énormes: richesses minières, nature généreuse. La dictature, l'injustice et l'iniquité ont inhibé les énergies des populations laissées à elles-mêmes, dans des zones de non-loi, non-droit[5].

Tout n'est pas perdu, naturellement. Le néant[6] n'existe pas. Le rêve peut jaillir[7] même d'un désert. Il suffit d'une étincelle de lumière[8], d'espérance, de courage et de confiance en soi dans le cœur d'hommes et de femmes décidés à s'accrocher à un idéal de survie, de beauté, de liberté, de dignité. Un idéal d'Humanité pour l'Amour, la Paix, le Respect de l'autre. Seule cette humanité peut éclairer[9] la raison et nous sauver, nos dirigeants et nos peuples. C'est possible.

Aminata SOW FALL
(Dakar, le 5 janvier 2011)

D'après ce texte, pourquoi est-ce que 2010 était une étape importante dans l'histoire de l'Afrique subsaharienne? Comment a-t-on célébré cette étape? Quels étaient les rêves des Africains? Quels sont les soucis qui persistent? Dans quelles conditions est-ce que «le rêve peut jaillir [du] désert»? Selon Aminata Sow Fall, quelle est la seule façon de sauver l'Afrique?

1. On est obligé 2. disparaître 3. conflits armés 4. *slowed down* 5. *without laws and rights* 6. *nothingness* 7. sortir 8. *a spark of light* 9. inspirer

Bloguez!

Regardez la vidéo pour découvrir les rêves de Fatou pour son pays natal, le Sénégal. Si on vous demandait d'écrire un paragraphe sur vos rêves pour votre pays, que diriez-vous? Essayez.

À l'écoute La mondialisation

La mondialisation, ou globalisation, est un terme que l'on entend de plus en plus souvent aujourd'hui et qui occasionne des soucis aussi bien que des rêves. Dans cette étape, vous allez écouter deux points de vue sur la mondialisation: celui d'un Français, M. Lompré, ingénieur au Centre d'énergie atomique à Paris, et celui d'une Africaine, Aminata Sow Fall, l'écrivain dont vous venez de faire la connaissance dans **Culture et réflexion.**

Pensez

1 Le dictionnaire Larousse définit la mondialisation comme «le fait de devenir mondial» ou de présenter «des extensions qui intéressent le monde entier». Quand vous pensez à la mondialisation, quels sont les mots qui vous viennent à l'esprit? Cochez les suggestions appropriées, puis ajoutez vos propres idées.

_____ un phénomène nouveau
_____ un phénomène politique
_____ un phénomène économique
_____ un phénomène culturel
_____ une occidentalisation du monde (le monde qui se conforme aux normes des pays occidentaux comme l'Europe et l'Amérique du Nord)
_____ la compétition capitaliste
_____ les restaurants fast-food, comme McDo et Burger King, qui «envahissent» le monde
_____ la langue anglaise qui «envahit» le monde
_____ l'influence de la technologie et des médias
_____ la disparition des inégalités entre les pays riches et les pays pauvres
_____ au contraire, des inégalités de plus en plus marquées entre les pays riches et les pays pauvres
_____ ?

bobphillipsimages.com

La mondialisation du manger?

2 Sachant que vous allez entendre le point de vue d'un ingénieur français et celui d'une Africaine de grand renom, pensez-vous qu'ils vont voir la mondialisation comme quelque chose de (a) principalement positif, (b) principalement négatif ou (c) positif et négatif en même temps? Imaginez leur position respective.

Vocabulaire actif

un aspect positif / négatif
les avances (f.) technologiques
la compétition
une conséquence
un défaut
un défi
un être humain
faire face (à)
l'inégalité (f.)
la mondialisation / globalisation
la morale occidentale
un phénomène
un symbole
trouver l'équilibre (entre)
l'Union européenne
une valeur

Observez et déduisez

CD 4-25

3 Écoutez une première fois pour identifier les idées principales de chaque conversation. Cochez celles qui sont mentionnées et indiquez les initiales de la personne qui les mentionne (**ML** pour M. Lompré ou **ASF** pour Aminata Sow Fall).

✓	**initiales**	
_____	_____	les découvertes maritimes de Christophe Colomb, Magellan...
_____	_____	l'évolution constante du monde
_____	_____	la révolution industrielle du dix-neuvième siècle
_____	_____	les avances technologiques
_____	_____	les événements du 11 septembre 2001
_____	_____	les pays riches et les pays pauvres
_____	_____	le rôle des banques internationales
_____	_____	l'Union européenne
_____	_____	le dilemme entre les valeurs humaines et l'argent
_____	_____	le sacrifice pour un idéal commun
_____	_____	une convergence des valeurs universelles
_____	_____	l'aspect religieux de la mondialisation

4 Maintenant, réécoutez chaque conversation séparément et indiquez si les phrases suivantes sont vraies ou fausses. Si elles sont fausses, corrigez-les.

1. Selon M. Lompré
   a. La mondialisation est un phénomène nouveau.
   b. La mondialisation s'est accélérée ces derniers temps.
   c. Les tours du World Trade Center étaient le symbole de la morale occidentale.
   d. La mondialisation n'a rien en commun avec la colonisation.
   e. La mondialisation est un phénomène complètement négatif.
   f. La France n'a pas vraiment besoin de l'Union européenne pour faire face à la concurrence (compétition) internationale.

2. Selon Aminata Sow Fall
   a. L'homme doit trouver une réponse humaine à l'évolution du monde.
   b. Notre bonheur est influencé par les énergies et les ressources dont nous disposons.
   c. L'homme ne peut pas constamment recréer le sens (la définition) du bonheur humain.
   d. Si le bonheur humain est notre objectif principal, la mondialisation cesse (arrête) d'être une compétition et cesse donc de poser des problèmes.
   e. La compétition mène à *(leads to)* l'égoïsme.
   f. Le défaut (le problème) de la mondialisation, c'est de mettre l'homme au centre et non l'argent.
   g. La mondialisation permet la communication.
   h. Le défi *(challenge)* de la mondialisation est de trouver l'équilibre entre les valeurs humaines et les priorités économiques.
   i. Dire «l'Occident m'impose...» est une excuse valable *(valid)*.
   j. L'Afrique a besoin d'un idéal commun et de discipline.

Prononciation Rythme et intonation

We have already mentioned that **un accent étranger** occurs when you transfer pronunciation habits from one language to another. Going beyond individual sounds, let's return to rhythm and intonation patterns that differ greatly in French and English.

Le rythme. As seen in **Chapitre 1** (page 28), the rhythm of English is very uneven, with ACcented SYLlables reCEIVing GREATer EMphasis than OTHers. The rhythm of French, on the other hand, is very even, with every syllable receiving equal emphasis. The only mark of accentuation in French is a slight lengthening of the last syllable in a word group and a change in intonation. Word groups consist of short sentences or single ideas within longer sentences, as indicated by punctuation or simply through meaning. A speaker wishing to emphasize a point may make shorter word groups, whereas someone who speaks fast will make fewer groups. The average number of syllables in a word group is between five and ten.

> Ma position sur la mondialisation,/ c'est que le monde évolue constamment/ et que c'est aux êtres humains/ de trouver une réponse humaine/ aux différents visages que présente le monde./

The sentence above can thus be divided into five word groups, with a slight pause after each one and a slight lengthening of the last syllable in the group.

L'intonation. As seen in **Chapitre 2** (page 73), French intonation patterns are also regulated by word groups. In a declarative sentence such as the one above, each word group before the last one has a rising intonation, indicating that the sentence is not over; falling intonation is reserved for the final word group, marked by a period or a semicolon. Commas always indicate a rising intonation in French. This is very different from English, where a comma frequently triggers falling intonation.

> Ma position sur la mondialisation,/ ↗ c'est que le monde évolue constamment/ ↗ et que c'est aux êtres humains/ ↗ de trouver une réponse humaine/ ↗ aux différents visages que présente le monde./ ↘

French intonation patterns can be summarized as follows.

Declarative sentences: ↗ ↗ ↗ ↘

Yes/no questions: ↗

Information questions: ↘

Observez et déduisez

CD 4-26

As you listen to the following sentences from **À l'écoute: La mondialisation** on the Text Audio Track, indicate with slashes the word groups you hear and mark the intonation with arrows.

— L'Union européenne est une bonne chose pour la France?

— Absolument. La France toute seule ne peut pas faire face à la concurrence internationale, mais l'Europe, oui. Le monde d'aujourd'hui est un monde multiculturel.

— Qu'est-ce que vous voulez dire exactement?

Confirmez

CD 4-27

1. Now practice repeating the model sentence under **Le rythme / L'intonation** and the short dialogue in **Observez et déduisez,** making sure that you do *not* stop in the middle of a word group and that your intonation rises or falls as needed.
2. Indicate the word groups with slashes and the intonation with arrows, and practice saying them aloud. Verify your pronunciation on the Text Audio Track.

   a. Quand on a comme objectif principal le bonheur de l'être humain, et l'attachement aux valeurs essentielles de l'humanité, la mondialisation ne pose pas de problème parce qu'elle cesse d'être une compétition.

   b. Même à l'intérieur des pays développés, la compétition mène à un égoïsme qui opprime. Le défaut de la mondialisation, c'est de mettre l'argent au centre, en oubliant l'être humain. Le défi de la mondialisation, c'est de trouver l'équilibre, pour que l'homme soit là au centre et non l'argent.

Stratégie de communication

Providing opinions

Observez et déduisez

We express opinions in various ways: in descriptions of someone or something **(Le professeur typique est...)**, in comparisons **(Les fruits sont meilleurs que les légumes)**, in our assertions **(Si, si... Mais non!)**, in advice we give **(Il faut... Vous devriez...)**, in our choice of qualifiers **(absolument; malheureusement)**, in expressions of preference **(Moi, je préfère... parce que...)**, etc. Sometimes we "advertise" our opinions **(Pour moi... À mon avis...)**. As you can see, you have been making simple statements of opinion since **Chapitre 1**! Now you will begin to elaborate on your opinions.

Search the following statements for words that suggest "opinion" and for words that help you elaborate or connect the thoughts expressed.

Un point de vue

Premièrement, il faut dire que la mondialisation n'est pas un phénomène nouveau. Il est vrai que la mondialisation s'est accélérée récemment, surtout à cause des avances technologiques qui contribuent à l'explosion du commerce mondial. Il y a des inégalités, c'est sûr, mais selon moi, la mondialisation permet une convergence des valeurs universelles.

Un autre point de vue

Ma position sur la mondialisation, c'est que le monde évolue constamment alors que les cultures changent lentement. Pourtant, il y a des valeurs universelles et c'est à ces valeurs que nous devrions nous attacher, non pas à la compétition. Pour moi, le monde est un endroit où l'objectif principal de chaque pays devrait être le bonheur de l'être humain. En fait, le défaut de la mondialisation, c'est de mettre l'argent au centre. Si on mettait plutôt l'homme au centre, à mon avis, tout changerait.

Now check the chart that follows to see some words and expressions you can use to begin explaining your opinion.

Confirmez

Des expressions utiles

pour lier et élaborer
et
mais
alors/alors que
parce que + sujet/verbe
à cause de + nom
pourtant, cependant
qui/que/où
surtout
plutôt
en fait

pour qualifier
pour moi
selon moi
à mon avis
Je pense que...
Je crois que...
malheureusement

pour comparer
plus/moins important (équitable...) que
le meilleur / le pire

pour confirmer
Il est vrai que...
C'est sûr.

pour insister
Si, si!
Certainement pas!
Absolument! Tout à fait!

pour suggérer
On devrait... / Nous devrions...
Il faut...

pour émettre des hypothèses
Nous aurions dû + verbe...
Si [on faisait cela]...
Si j'étais le Président / le Premier ministre...

Activités

M **À mon avis...** Employez des expressions appropriées de la liste d'expressions ci-dessus pour compléter logiquement les phrases suivantes.

1. __________ le monde a besoin d'un commerce plus équitable __________ les profits des dix plus grands groupes mondiaux sont supérieurs aux profits de l'ensemble des pays moins développés.
2. __________, la grande pauvreté touche près d'un être humain sur quatre, __________ __________ partager les richesses d'une manière __________.
3. __________ le monde a besoin de diversité culturelle __________ il ne faut pas que la vision occidentale envahisse le reste du monde.
4. __________ un monde multiculturel est __________ un monde dominé par une seule culture.
5. __________, la mondialisation est une nouvelle forme de colonisation; __________ elle a aussi des aspects très positifs!

N **La mondialisation: un bien ou un mal?** Avant de donner votre opinion, réfléchissez au «pour» et au «contre» de cette question. D'abord, complétez le tableau suivant en travaillant en groupe. Faites une liste des idées et du vocabulaire important pour parler de ce sujet. Notez les structures utiles pour donner une opinion. Finalement, pensez aux expressions de la **Stratégie de communication** qui peuvent vous aider à expliquer votre opinion.

vocabulaire		structures	outils pour élaborer
aspects positifs	aspects négatifs		expressions utiles ci-dessus

O **Questions.** Imaginez que vous êtes journaliste et que, dans le cadre d'une émission sur la mondialisation, vous interviewez une «Mme Pour» et un «M. Contre». Quelles questions allez-vous leur poser pour leur faire défendre leurs opinions? Travaillez avec un(e) partenaire en écrivant au moins trois questions pour chaque personne. Voici quelques sujets possibles: le protectionnisme économique, l'élimination des différences culturelles, l'exploitation des ressources naturelles ou l'aide financière aux pays pauvres.

P **Prenez position *(Take a stand).*** Considérez ce que vous avez entendu de M. Lompré et Mme Fall et les conversations que vous avez eues avec vos camarades de classe en faisant les activités ci-dessus. C'est le moment de prendre position! Êtes-vous *pour* ou *contre* la mondialisation? Préparez quatre assertions qui expriment votre opinion. (Vous pourrez changer d'opinion demain si vous voulez!)

➡ *La mondialisation est une bonne chose pour la communication… /*
La mondialisation est la cause de beaucoup de problèmes dans le monde...

Maintenant, lisez vos phrases à un(e) partenaire et écoutez ses réactions. S'il/Si elle a des questions, essayez de clarifier vos assertions. Posez-lui des questions si vous ne comprenez pas parfaitement ce qu'il/elle dit.

Q **Expliquez! Élaborez!** Parmi les quatre phrases que vous avez lues pour votre partenaire, choisissez l'assertion qui est la plus importante ou intéressante à votre avis. Ensuite, préparez votre «défense»: Expliquez pourquoi (parce que...); donnez des exemples qui soutiennent *(support)* votre opinion; pensez aux autres points de vue et essayez de les réfuter. Prenez des notes, puis développez vos arguments avec votre partenaire. Écoutez ses réactions, puis repensez une dernière fois vos idées.

R **Essai.** Maintenant que vous savez bien exprimer et expliquer votre opinion au sujet de la mondialisation, préparez vos arguments par écrit. Employez les structures et le vocabulaire que vous avez identifiés dans l'Activité N aussi bien que le vocabulaire de la **Stratégie de communication.**

iLrn Complete the diagnostic tests to check your knowledge of the vocabulary and grammar structures presented in this chapter.

Jeu de rôle

A French journalist (your classmate) wants to write an article on the opinions of an American student and asks you profound questions about a topic of your choice. Develop your opinion with the aid of explanations, hypotheses, etc. In the end, the journalist presents a report on the opinion of the student.

Littérature Les Choses

© Jean-Paul Guilloteau/Kipa/Corbis

Born in Paris in 1936, Georges Perec was the only child of a Jewish couple who had emigrated from Poland. His father was killed in World War II in 1940, and his mother died at the Auschwitz concentration camp in 1943. Left orphaned at age 7, Georges was raised by an aunt and uncle and soon found refuge in what would be his life's passion: writing. From about 1960 until 1982, when he died of cancer, he devoted himself to being a novelist, essayist, and poet.

Known as **un virtuose de la langue,** Perec challenged himself with all kinds of language experiments. For example, he wrote a whole novel, *La Disparition,* without the most common vowel in French, the letter *e*! He also wrote a puzzle-novel, *La Vie, mode d'emploi (Life, Operating Instructions),* in which the reader is expected to piece the different parts of the novel together. *Les Choses,* Perec's first published novel (1965), was an instant success. It is the story of a young middle-class couple, Jérôme and Sylvie, whose quest for happiness in material possessions, **les choses,** ends in broken dreams and a sense of emptiness. The novel also experiments with moods and tenses: the story starts out in the conditional, then moves to the past, and ends in the future. In the opening chapter, Jérôme and Sylvie depict in great detail each room of their would-be apartment—the perfect setting for the perfect life.

Pensez

1 Décrivez votre maison ou votre appartement idéal.

1. Quelles choses est-ce qu'il y aurait sur les murs? (des livres? des objets d'art? des photos?)
2. Est-ce que vous préféreriez des couleurs vives *(bright)* ou des couleurs douces? De la lumière *(light)* et des choses lumineuses ou de l'obscurité et des choses sombres?
3. Est-ce que les pièces seraient en ordre ou en désordre? Est-ce que vous auriez une femme de ménage (une employée) pour nettoyer la maison et y mettre de l'ordre?

Observez et déduisez: en général

2 Parcourez le texte une première fois en pensant aux questions suivantes.

1. Quelle pièce est décrite dans cet extrait?
2. Les goûts de Jérôme et de Sylvie sont-ils semblables aux vôtres? Reprenez les questions de **Pensez** et trouvez les points que vous avez en commun.

3 Dans quels paragraphes trouve-t-on les idées suivantes? Reliez les paragraphes et les idées.

1. «La vie, là,...»	a. L'harmonie des choses et de la vie
2. «Ils ouvriraient...»	b. Le petit déjeuner
3. «Leur appartement...»	c L'anticipation du bonheur
4. «Il leur semblerait...»	d. Les activités du matin, après le petit déjeuner
5. «Ils savaient...»	e. Le charme de l'appartement

Les Choses

La vie, là, serait facile, serait simple. Toutes les obligations, tous les problèmes qu'implique la vie matérielle trouveraient une solution naturelle. Une femme de ménage serait là chaque matin. Il y aurait une cuisine vaste et claire, avec des carreaux° bleus, trois assiettes de faïence° décorées d'arabesques jaunes, des placards° partout, une belle table de bois blanc au centre, des tabourets°, des bancs°. Il serait agréable de venir s'y asseoir, chaque matin, après une douche, à peine° habillé. Il y aurait sur la table des pots de marmelade, du beurre, des toasts, des pamplemousses° coupés en deux.

Ils ouvriraient les journaux. Ils sortiraient. Leur travail ne les retiendrait que quelques heures, le matin. Ils se retrouveraient pour déjeuner; ils prendraient un café à une terrasse, puis rentreraient chez eux, à pied, lentement.

Leur appartement serait rarement en ordre mais son désordre même serait son plus grand charme. Leur attention serait ailleurs: dans le livre qu'ils ouvriraient, dans le texte qu'ils écriraient, dans le disque qu'ils écouteraient, dans leur dialogue.

Il leur semblerait° parfois qu'une vie entière pourrait harmonieusement s'écouler° entre ces murs couverts de livres, entre ces choses belles et simples, douces, lumineuses.

Ils savaient ce qu'ils voulaient; ils avaient des idées claires°. Ils savaient ce que seraient leur bonheur, leur liberté. Il leur arrivait d'avoir° peur. Mais le plus souvent, ils étaient seulement impatients: ils se sentaient prêts; ils étaient disponibles: ils attendaient de vivre, ils attendaient l'argent. Ils aimaient la richesse avant d'aimer la vie.

tiles / stoneware
cabinets / stools
benches
hardly
grapefruit
Il... Ils penseraient
se passer
précises
Il... Parfois ils avaient

From: Georges Perec, *Les Choses*

Déduisez et confirmez: en détail

4 **Les mots.** Utilisez le contexte et la logique pour déduire le sens des expressions en caractères gras ci-dessous.

1. «... des pamplemousses **coupés en deux.**»
   a. two by two
   b. cut in half
2. «Leur travail **ne les retiendrait que** quelques heures...»
   a. would only keep them
   b. would not keep them
3. «Leur attention serait **ailleurs...**»
   a. elsewhere
   b. nowhere
4. «... **couverts de livres...**»
   a. book covers
   b. covered with books
5. «... ils se sentaient **prêts;** ils étaient **disponibles...**»
   a. ready / available
   b. close / busy

5 Le texte. Les phrases suivantes sont-elles vraies ou fausses? Justifiez vos réponses.

1. Jérôme et Sylvie n'auraient pas de soucis matériels.
2. Une femme de ménage viendrait une fois par semaine.
3. Les placards de la cuisine seraient décorés d'arabesques jaunes.
4. Ils prendraient une douche avant le petit déjeuner.
5. Ils prendraient le déjeuner ensemble.
6. Ils rentreraient chez eux en voiture.
7. Les livres, les disques, leurs activités et leur conversation seraient plus importants que l'ordre ou le désordre de leur appartement.
8. Ils seraient heureux de passer toute leur vie dans cet appartement.
9. Ils acceptaient le présent avec patience.
10. Ils aimaient la vie plus que l'argent.

Explorez

1. La journée idéale—qu'est-ce que vous feriez? À la manière de Jérôme et Sylvie, décrivez ce que vous feriez du matin jusqu'au soir. Décrivez aussi les choses qui seraient autour de vous aux différents moments de cette journée.

2. Jérôme avait 24 ans et Sylvie en avait 22 quand ils ont tous les deux abandonné leurs études universitaires pour prendre des emplois temporaires, avec l'espoir de vite gagner beaucoup d'argent. Ont-ils eu raison? Imaginez que vous parlez à Jérôme ou à Sylvie au moment de leur décision. Divisez-vous en deux groupes: un groupe sera pour les études, et l'autre contre. Préparez d'abord une liste de conseils et d'arguments. Ensuite essayez vos conseils et arguments sur le professeur, qui jouera le rôle de Jérôme ou de Sylvie. Qui aura les meilleurs arguments?

   ➡ *À ta place, je finirais / j'abandonnerais mes études parce que...*
   ou: *Tu devrais finir / abandonner tes études parce que...*
   Si tu finissais / abandonnais tes études, tu pourrais...

3. «Ils attendaient de vivre, ils attendaient l'argent.» Parfois, on «attend de vivre», comme un enfant avant de commencer l'école, par exemple, ou un(e) étudiant(e) avant de commencer «la vraie vie» du monde professionnel. En groupes de deux ou trois, faites une liste de situations où, parfois, on «attend de vivre». Pour chacune de ces situations, indiquez ce qu'on attend et les dangers ou les avantages de cette anticipation.

4. «Ils aimaient la richesse avant d'aimer la vie.» En groupes de deux, contrastez l'attitude, les priorités et les actions des gens dans les deux catégories suivantes. Trouvez au moins cinq contrastes.

   Les gens qui aiment la richesse avant d'aimer la vie

   Les gens qui aiment la vie avant d'aimer la richesse

Par écrit If only . . .

Avant d'écrire

A Strategy: Looping. Often one of the most difficult prewriting tasks is narrowing the focus of the topic. Looping, a technique involving several stages of prewriting, is designed to help you do just that: decide on which elements of a broad theme you will concentrate. Begin looping by freewriting (writing without stopping) for five to ten minutes on the assigned subject. Next, stop and read what you've written, consciously seeking out the "center of gravity," the feature that seems to prevail. Once you've identified this focal point of the first "loop," use it as the topic for the next five to ten minutes of freewriting, the second loop. The process can be repeated as often as necessary until you feel you have clearly identified the focus of the paper you wish to write.

Application. Practice looping using one of the following topics:

Mon plus grand rêve
La maison de mes rêves

B Strategy: Adding variety through analogy. An analogy is an attempt to explain or describe something by comparing it to something else, often something that at first glance may seem totally unrelated. You are probably familiar with the use of similes and metaphors in literature to express analogies. In French, descriptions can also be enhanced through the use of these stylistic techniques, for example:

Ma maison est vieille **comme** le monde,
elle **ressemble à** une cabane,
mais **c'est** une forteresse contre le temps.

Application. Now try creating three analogies of your own using the topic **Ma maison** and the preceding examples as models.

Écrivez

1. Dans l'extrait du livre *Les Choses,* Jérôme et Sylvie imaginent une maison parfaite, une vie idéale. À vous maintenant de décrire la maison de vos rêves. Comment serait-elle? Qu'est-ce qu'elle aurait et n'aurait pas? Qu'est-ce qui s'y passerait? Avant d'écrire, décidez quel sera le point de départ de votre description: les *choses*—ce qu'il y aurait (le décor et les objets matériels); les *activités*—ce que vous y feriez; ou d'*autres choses*—les rêves familiaux, les expériences partagées, les valeurs, les éléments immatériels. Limitez votre sujet en employant la technique décrite dans **Avant d'écrire (A).**

2. Si votre bonne fée *(fairy godmother)* vous accordait votre plus grand désir, qu'est-ce que ça serait? Décrivez ce qui se passerait si vous aviez cette bonne fortune. Est-ce que vous achèteriez quelque chose? Iriez-vous quelque part? Feriez-vous quelque chose d'extraordinaire? Donnez autant de détails que possible.

Synthèse culturelle

Soucis et rêves

Pensez

À quels problèmes du monde actuel est-ce que vous vous intéressez? À l'environnement? la violence? les guerres? les maladies? l'économie des pays en voie de développement? Pensez-y en regardant la vidéo. Les exercices se rapportant à la synthèse culturelle du Chapitre 12 dans votre manuel vont vous aider à comprendre ce que vous entendez. Ensuite, faites **Explorez** et **Bloguez!** ci-dessous.

Quand vous pensez au monde actuel, qu'est-ce qui vous inquiète le plus? Pourquoi? Si vous pouviez faire une chose pour changer notre monde, qu'est-ce que ça serait?

Fatim: C'qui m'inquiète vraiment, c'est tout ce qui est pollution… Autrement, c'qui est aussi vraiment important, c'est les maladies, et quand je dis les maladies, c'est surtout les maladies qui touchent les enfants.

Fatou: Ce qui m'inquiète le plus, dans le monde actuel, c'est l'influence négative de la technologie sur les gens.

Greg: J'ai l'impression que, de plus en plus, la religion est utilisée à des fins qui sont pas toujours les meilleures, que ce soit en termes de guerre pour la religion, ou en termes de corruption.

Explorez

Demandez à plusieurs copains et camarades de classe ce qui les inquiète le plus quand ils pensent au monde actuel, puis organisez votre liste comme vous le voulez.

Bloguez! iLrn

Comment les résultats de votre sondage se comparent-ils à ce que vous avez entendu de Fatou, Fatim et Gregory? Décrivez le plus grand problème du monde actuel, selon *vous*, et expliquez votre opinion. Pourriez-vous proposer un «remède»? Ajoutez un lien vers un site Web où l'on pourrait se renseigner sur le sujet.

Vocabulaire actif

La santé et les maladies (f.)

des allergies (f.)
attraper un rhume *to catch a cold*
une bronchite *bronchitis*
le cancer
une crise cardiaque *heart attack*
la grippe *the flu*
hypocondriaque
une indigestion *indigestion*
une migraine
une pneumonie *pneumonia*
le rhume des foins *hay fever*

Les symptômes (m.)

avoir de la fièvre *to have a fever*
avoir la nausée *to be nauseated*
avoir le nez bouché *to be congested*
avoir le nez qui coule *to have a runny nose*
avoir mal à *to hurt*
avoir mal à la tête / à la gorge *to have a headache / a sore throat*
une blessure *a wound*
éternuer *to sneeze*
un mal (des maux) *pain, ailment*
prendre sa température
se sentir bien / mieux / mal *to feel well / better / sick*
se blesser *to hurt oneself*
tousser *to cough*

Les traitements (m.)

alternatif
un antibiotique *an antibiotic*
appeler / aller voir le médecin / le docteur *to call / to see the doctor*
de l'aspirine *aspirin*
un comprimé *a tablet*
un médicament *a medication*
une ordonnance *a prescription*
un(e) pharmacien(ne) *a pharmacist*
les premiers soins *first aid*
recommander *to recommend*
rester au lit *to stay in bed*
du sirop *syrup*
se soigner *to take care of oneself*
un vaccin *a vaccination*
une vitamine

Les rêves (m.)

rêver *to dream*
un tableau *a painting*
le tour du monde *a trip around the world*

Adjectifs

caché(e) *hidden*
contagieux(se) *contagious*
grave *serious*
tranquille *calm*

La mondialisation

un aspect positif / négatif *a positive / negative aspect*
les avances (f.) technologiques *technological advances*
la compétition *competition*
une conséquence *a consequence, result*
un défaut *a flaw, defect*
un défi *a challenge*
l'égalité / l'inégalité (f.) *equality / inequality*
un être humain *a human being*
faire face (à) *to face (up to)*
la mondialisation / la globalisation *globalization*
la morale occidentale *Western morality, ethics*
un phénomène *a phenomenon*
un symbole *a symbol*
trouver l'équilibre (entre) *to find a balance (between)*
l'Union européenne *the European Union*
une valeur *a value*

Divers

en (pronom) *some / . . . of them*
en fait *actually*
partout *everywhere*
soi-même *oneself*

chapitre

complémentaire

Des questions d'actualité

Stéphane de Sakutin/AFP/Getty Images

This chapter will enable you to

- express your viewpoint on social issues
- read about immigration in France and the effects of colonialism in Martinique
- understand the gist of an appeal by a famous French activist for the homeless (l'abbé Pierre)

Quelles sont les revendications de ces manifestants? Et vous? À votre avis, quels sont les problèmes les plus graves du monde actuel? L'immigration et le racisme? Les sans-abri? Autre chose?

Chapter resources

- iLrn Heinle Learning Center
- Text Audio Program
- Video
- Premium Website

Lecture L'immigration

Vous allez lire un article qui résume les problèmes de l'immigration en France.

Pensez

1 L'immigration pose des problèmes sociaux, politiques, culturels et moraux. En groupes de deux ou trois, discutez les questions suivantes.

1. Est-ce qu'un pays «riche» devrait **accueillir les étrangers** (accepter les gens d'autres pays) ou **fermer ses frontières**? Considérez les circonstances suivantes et, pour chacune, indiquez ce que vous feriez—est-ce que vous accueilleriez les étrangers ou est-ce que vous fermeriez les frontières?
   a. L'économie du pays est bonne; il n'y a pas beaucoup de chômage.
   b. Le pays traverse une crise économique.
   c. Les étrangers sont des réfugiés politiques.
   d. Les étrangers ont/n'ont pas des qualifications professionnelles et parlent/ne parlent pas la langue du pays d'adoption.
2. Qu'est-ce qu'il faut faire pour s'intégrer dans un nouveau pays? (Apprendre la langue? Parler la langue du pays d'adoption à la maison? Abandonner sa culture d'origine? Essayer d'ignorer les préjugés *[prejudices]* et signes de discrimination?) Faites une liste de quatre ou cinq éléments qui, selon vous, sont nécessaires à l'intégration.

2 Qui sont les étrangers dans votre pays ou région? Imaginez la situation en France: D'où viennent la plupart des étrangers? D'autres pays européens? D'Afrique? D'Asie? Devinez!

Observez et déduisez: en général

3 Parcourez le texte une première fois en faisant attention à son organisation. Dans quelle partie du texte—**(1) Les étrangers, (2) Un cercle vicieux** ou **(3) L'intégration**—se trouvent les renseignements suivants?

renseignements/sujets	étrangers	cercle vicieux	intégration
a. Handicaps des jeunes étrangers			
b. Les différentes catégories d'étrangers			
c. Conséquences de la crise économique de 1974 sur l'immigration			
d. Comparaison des immigrés autrefois et aujourd'hui			
e. Problèmes d'assimilation des musulmans (religion de l'Islam)			
f. Nouvelles lois *(laws)* de l'immigration			
g. Raisons possibles pour les actes de délinquance			

L'immigration en France

Les étrangers

La politique française en matière d'immigration a connu une rupture spectaculaire en 1974: Avec la crise économique, la France a fermé ses frontières aux étrangers. Cette crise économique a eu pour conséquence le développement, dans certaines couches° de la population, de sentiments xénophobes° à l'égard des étrangers, accusés de «prendre le travail des Français». Le Front national,

catégories / hostiles

le parti d'extrême droite de Jean-Marie le Pen, propose en effet de lutter contre le chômage en rendant «la France aux Français». Les lois Pasqua de 1993 ont ajouté aux mesures de contrôle de l'immigration en réformant le code de la nationalité. Elles stipulent, par exemple, que les enfants nés en France de parents étrangers ne recevront plus automatiquement la nationalité française et que le mariage à une citoyenne ou un citoyen français ne garantit pas la nationalité française. Ces lois sont jugées draconiennes par des organismes comme S.O.S.-Racisme, dont le slogan «Touche pas à mon pote°» prêche la tolérance.

copain

Les étrangers représentent aujourd'hui 11% de la population (contre 6,8% en 1982). Parmi eux, on distingue principalement trois catégories:

- les étrangers installés depuis longtemps, Italiens, Polonais et Espagnols, par exemple: ils sont souvent bien intégrés.
- «les immigrés», Portugais et Maghrébins (Algériens, Marocains ou Tunisiens), auxquels l'économie française a fait appel° à partir des années 60, quand elle était en période d'expansion.
- les réfugiés qui sont venus d'Asie ou d'Europe de l'Est, par exemple, pour des raisons politiques.

auxquels... que l'économie française a invités

Officiellement, la France n'accueille plus de nouveaux immigrants depuis 1974, sauf° pour des cas particuliers: regroupement de familles, personnes susceptibles d'obtenir le statut de réfugié politique, spécialistes dont le pays a besoin. Une immigration clandestine continue cependant.

excepté

Un cercle vicieux

Les statistiques tendent à montrer que les étrangers ou les Français d'origine étrangère sont plus fréquemment responsables d'actes de délinquance (vols, usage et vente de drogues, etc.). Elles montrent aussi que les jeunes Maghrébins réussissent moins bien leurs études que les Français de souche° ou que les étrangers d'autres origines. Mais ces chiffres°, qui servent à alimenter la xénophobie, sont rarement accompagnés des explications nécessaires. Ils n'indiquent pas, en particulier, que les conditions de vie des enfants d'étrangers sont souvent moins favorables que celles des autres enfants. Si moins de 25% des enfants nés de parents maghrébins obtiennent le baccalauréat, contre 70% en moyenne nationale, c'est parce qu'ils cumulent les handicaps et les retards dès° l'école primaire. Il n'est donc pas étonnant que le taux° de chômage des jeunes d'origine algérienne soit deux fois plus élevé° que celui des jeunes Français. De même, beaucoup de jeunes des cités° se sentent oubliés par la société et les institutions et font preuve d'indifférence ou de délinquance.

d'origine
nombres
depuis / pourcentage
grand
subsidized housing

L'intégration

Les principes révolutionnaires de 1789 défendaient l'idée de l'homme universel. La France considérait que l'intégration des étrangers sur son sol° devait se faire par assimilation, c'est-à-dire par abandon des particularismes culturels des pays d'origine.

territoire

Autrefois, la plupart des étrangers qui s'installaient en France étaient européens. Ils avaient les mêmes valeurs judéo-chrétiennes que les Français, apprenaient la langue française et s'intégraient rapidement.

Mais l'assimilation est moins facile pour les étrangers qui viennent d'Afrique du Nord et d'Afrique noire. Les différences culturelles sont plus marquées et beaucoup de Français (49%) considèrent que les préceptes de la religion islamique rendent° l'intégration des immigrés musulmans impossible. Le débat sur «le droit° à la différence» ne fait que commencer°.

font
the right / ne... *has only begun*

Extrait de *La France d'aujourd'hui*, CLE International (pp. 26–28), *Francoscopie 2007* (pp. 198–203) et Wikipédia 2011 http://fr.wikipedia.org/wiki/Immigration_en_France.

Vocabulaire actif

abandonner
un(e) citoyen(ne)
une crise
d'origine
un droit
étonnant(e)
un(e) étranger(ère)
un foulard
une frontière
le gouvernement
un(e) immigré(e)
indifférent(e)
s'intégrer
l'intolérance (f.)
une loi
lutter
un préjugé
le racisme

4 Maintenant, regardez le tableau qui suit, montrant des pourcentages sur l'évolution de l'immigration. D'où viennent la plupart des étrangers résidant en France actuellement? Est-ce que vos prédictions étaient correctes?

plus d'Africains, moins d'Européens

Évolution du nombre d'étrangers en provenance d'Europe, d'Afrique (Maghreb et Afrique subsaharienne) et d'Asie résidant en France et répartition selon les nationalités aux recensements (en %).

	1954	1975	1982	1990	2005	2010
Nationalités						
d'Europe	84,0%	62,0%	48,5%	41,3%	40,0%	34%
d'Afrique	13,5%	35,0%	43,5%	46,8%	49,8%	41%
d'Asie	2,5%	3,0%	8,0%	11,9%	10,2%	14%
Nombre d'étrangers (en millions)	1,7	3,4	3,6	3,6	4,9	6,7

- 76% des Français estiment qu'il y a trop d'Arabes en France, 46% trop de Noirs, 40% trop d'Asiatiques, 34% trop d'Européens du Sud (Espagne, Portugal).
- 41% des Français avouent avoir une tendance au racisme.
- 49% des étrangers vivant en France souhaitent s'intégrer à la société française, 38% d'entre eux se sentent déjà intégrés.

Source: INSEE

Déduisez et confirmez: en détail

5 Les mots. Utilisez le contexte et la logique pour déduire le sens des mots en caractères gras.

Les étrangers

1. La politique française en matière d'immigration a connu **une rupture** spectaculaire en 1974.
   a. un changement brutal
   b. une augmentation
2. Le Front national [...] propose en effet de **lutter** contre le chômage...
   a. se battre
   b. encourager
3. Les lois Pasqua stipulent, par exemple, [...] que le mariage à **une citoyenne ou un citoyen** français...
   a. quelqu'un qui habite dans une ville
   b. quelqu'un qui a la nationalité du pays

Un cercle vicieux

4. **Il n'est donc pas étonnant** que le taux de chômage...
   a. Ce n'est donc pas une surprise
   b. Ce n'est donc pas logique
5. Beaucoup de jeunes des cités **font preuve d'**indifférence...
   a. regrettent l'
   b. manifestent de l'

6 Le texte. Lisez le texte plus attentivement et répondez aux questions suivantes.

1. Quelles ont été les conséquences de la crise économique de 1974 sur l'immigration en France?
2. De quoi les étrangers sont-ils accusés?
3. Qu'est-ce que c'est que le Front national? Quel est son slogan?
4. Qu'est-ce que les lois Pasqua ont réformé? Donnez un exemple de réforme.
5. Que prêche l'organisme S.O.S.-Racisme? Quel est son slogan?
6. Quelles sont les trois catégories d'étrangers? Qui sont les Maghrébins?
7. Dans quels cas particuliers la France accueille-t-elle encore de nouveaux immigrants?
8. Qu'est-ce que les statistiques montrent? Qu'est-ce qu'elles n'indiquent pas?
9. Quel est le taux de jeunes Maghrébins qui obtiennent le baccalauréat par rapport à la moyenne nationale? Quelles sont les raisons et les conséquences de cette différence?
10. Pourquoi l'intégration des immigrés d'autrefois était-elle plus facile?
11. Pourquoi l'intégration des immigrés d'aujourd'hui est-elle plus difficile?
12. Quel est le pourcentage...
    a. d'étrangers dans la population française?
    b. de Français qui disent qu'ils ont tendance à être racistes?
    c. d'étrangers qui étaient originaires d'Afrique (Maghreb et Afrique subsaharienne) en 1954 et en 2010?
    d. d'étrangers qui se sentent bien intégrés à la société française?

Explorez

1. Les États-Unis sont un pays d'immigration. Quelles sont les origines de votre famille? Comparez vos origines avec celles de quatre ou cinq camarades de classe.

2. Quels sont les éléments de ce texte qui s'appliquent aussi aux États-Unis? Identifiez 5 ou 6 passages et expliquez-les dans le contexte américain.

3. Le texte définit l'assimilation comme «l'abandon des particularismes culturels des pays d'origine». Avec deux ou trois partenaires, considérez différents groupes ethniques dans votre pays / région.
    a. Quels sont les particularismes de ces groupes (langue, musique, nourriture, fêtes, religion, vêtements, etc.)? Faites une liste.
    b. Dans la liste que vous venez de faire, quels sont les particularismes qu'il faut «abandonner», selon vous, pour s'intégrer à la société américaine? Quels particularismes est-il bon de garder? Discutez de ces idées puis comparez-les avec celles des autres groupes.

4. Que pensez-vous du «droit à la différence»? Considérez d'abord le cas des jeunes filles islamiques qui habitent en France et qui revendiquent le droit de porter le foulard *(head scarf)* islamique dans les écoles publiques. Parmi les arguments à la page suivante, avec lesquels êtes-vous d'accord?
    a. Les signes extérieurs de différence encouragent la division; le rôle des écoles publiques est de favoriser l'intégration et non la division; les écoles publiques doivent donc interdire le port *(forbid the wearing)* du foulard islamique.
    b. La liberté d'expression garantit le droit de porter des symboles religieux. Au nom de la liberté, les écoles publiques doivent donc permettre le port du foulard islamique.
    c. Si le port du foulard islamique est un prétexte pour des manifestations nationalistes, il faut l'interdire.

    Maintenant, pensez aux groupes ethniques que vous connaissez. Quels «droits» veulent-ils? Qu'en pensez-vous?

Note culturelle

Le voile intégral. Pour protéger la laïcité en France, le foulard islamique est donc interdit dans les écoles depuis plusieurs années, mais le 11 avril 2011, une nouvelle loi est entrée en vigueur, prohibant le port du voile intégral dans les lieux publics (rues, parcs, commerces, transports, écoles, hôpitaux, etc.) La France est ainsi le premier pays européen à avoir procédé à cette interdiction généralisée du niqab (qui ne laisse voir que les yeux) et de la burqa (qui masque tout le corps). Les pénalités? 150 euros d'amende *(fine)* pour les femmes (environ 2 000 selon les estimations officielles) qui portent le voile intégral en public et 30 000 euros d'amende (et jusqu'à un an de prison) pour toute personne qui oblige une femme à se voiler. Les 5 à 6 millions de musulmans qui vivent en France accusent le gouvernement français de «stigmatiser l'Islam», mais, comme l'a dit Michèle Alliot-Marie, Ministre de la Justice au moment où la loi a été votée, «vivre la République à visage découvert» *(openly)* est «une question de dignité et d'égalité.» Que pensez-vous de cette interdiction ? Est-ce vraiment une question de dignité, d'égalité—et de sécurité—ou est-ce de la discrimination religieuse?

STEPHANE MAHE/Reuters/Corbis

Une loi contre le niqab

Source: http//www.leparisien.fr/politique/voile-integral

Structure Expressing beliefs and desires

Grammar Podcasts, Grammar Tutorials

Le présent du subjonctif

Barbara Alper/Stock Boston

Observez et déduisez

Des jeunes Français discutent des problèmes de l'intégration.

— À mon avis, il ne faut pas que les jeunes femmes musulmanes portent le foulard à l'école.
— Tiens, que tu es intolérante. Tu es xénophobe? Tu veux que les immigrés abandonnent leur héritage culturel et religieux?
— Pas du tout! Je ne voudrais pas qu'on perde son héritage religieux, mais il vaut mieux qu'on réfléchisse à l'assimilation. À mon avis, le foulard encourage la division.

- Find some expressions in the preceding dialogue that are used to indicate an opinion. What word concludes each of those expressions?

Confirmez

1. The tenses you have studied so far (past, present, future) have all been in the indicative mood. The indicative mood is used to indicate *facts;* it implies a sense of objectivity. Compare the following statements:

On interdit le port du foulard.	Il faut qu'on interdise le port du foulard.

The second sentence is a *subjective* statement of belief expressed in the *subjunctive* mood.

2. The subjunctive occurs in a clause introduced by **que** following certain verbs and impersonal expressions. Use the subjunctive to indicate an opinion after certain common expressions such as **il faut, il vaut (vaudrait) mieux, il est temps,** and **c'est dommage / bien.**

Il vaudrait mieux qu'ils apprennent le français, mais **il ne faut pas qu'**ils abandonnent leur langue maternelle.

Use the subjunctive to express desire after the verbs **vouloir** and **aimer.**

Je **voudrais que** la discrimination finisse.
J'**aimerais que** nous respections le droit à la différence.

The subjunctive is also used following the verbs **regretter** and **douter.**

Nous **regrettons que** notre pays ferme ses frontières.
Je **doute que** les immigrés contribuent aux problèmes économiques.

3. To form the present subjunctive, use the stem of the **ils** form of the present *indicative.*

ils finiss—	ils parl—
ils apprenn—	ils sort—

For **je, tu, il/elle/on,** and **ils/elles,** add the following endings to the stem.

que je finiss**e**	que tu apprenn**es**
qu'il parl**e**	qu'elles sort**ent**

The **nous** and **vous** forms are identical to the imperfect; add **-ions** and **-iez** respectively.

que nous finiss**ions**	que nous parl**ions**
que vous appren**iez**	que vous sort**iez**

Le présent du subjonctif

Il faut qu(e)...		Il est temps qu(e)...	
je parle	nous parlions	je finisse	nous finissions
tu parles	vous parliez	tu finisses	vous finissiez
il/elle/on parle	ils/elles parlent	il/elle/on finisse	ils/elles finissent

Il vaudrait mieux qu(e)...	
j' apprenne	nous apprenions
tu apprennes	vous appreniez
il/elle/on apprenne	ils/elles apprennent

Vocabulaire actif

C'est bien / dommage
douter
il est temps
il vaut (vaudrait) mieux
intolérant(e)
regretter
respecter

Activités

CD 4-28

A **Front national / S.O.S.-Racisme.** Vous entendez un débat entre partisans des deux groupes. Prenez une feuille de papier et numérotez de 1 à 8, puis attribuez les phrases que vous entendez au Front national (FN) ou au groupe S.O.S.-Racisme (SOS-R).

Maintenant, écoutez encore une fois et «corrigez» les phrases avec lesquelles vous n'êtes pas d'accord.

B **Opinions?** Quelques étudiants de l'université de Rennes discutent des problèmes de l'immigration dans un café. Est-ce que leurs déclarations signalent une réalité objective (O) ou un point de vue subjectif (S)?

1. _____ Les statistiques indiquent que le racisme est un problème sérieux dans les grandes villes.
2. _____ Il faut qu'on respecte tout le monde, même si les gens sont différents.
3. _____ C'est vrai. Mais il ne faut pas que les particularismes culturels encouragent la division.
4. _____ Moi, j'aimerais que les immigrés s'intègrent mieux à la société française.
5. _____ C'est dommage que la crise économique rende la situation des immigrés plus difficile.
6. _____ C'est vrai. On accuse les étrangers de causer le chômage.
7. _____ Il est temps qu'on trouve une solution au problème de l'immigration.

Maintenant, parlez avec un(e) partenaire. Dites avec quelles déclarations vous êtes d'accord. Vos réponses se ressemblent-elles?

C **Point de vue.** Complétez les phrases suivantes avec l'expression qui exprime le mieux votre opinion: **Il faut (ne faut pas) que / Je voudrais (ne voudrais pas) que.**

1. _____ mon pays ferme ses frontières aux étrangers.
2. _____ le gouvernement reconnaisse ses responsabilités envers les immigrés.
3. _____ on interdise la liberté d'expression religieuse.
4. _____ des gens de cultures différentes habitent parmi nous.
5. _____ on apprécie les contributions des immigrés.
6. _____ les immigrés apprennent la langue du pays où ils habitent.
7. _____ les étrangers abandonnent totalement leur culture.
8. _____ tout le monde s'entende mieux.

D **Vos idées.** Comment peut-on mieux se comprendre? Travaillez en groupes pour compléter les phrases suivantes en employant la banque de mots.

1. Nous regrettons que...
2. Il faut que...
3. Nous aimerions que...
4. Il est temps que...

Maintenant, comparez vos réponses avec celles des autres groupes. Les groupes sont-ils d'accord sur certaines idées? Lesquelles?

Banque de mots

pays	se sentir
gouvernement	lutter
gens	habiter
immigrés	s'entendre
citoyens	fermer
(in)tolérance	ouvrir
racisme,	apprendre
préjugés	s'intégrer
frontières	respecter
droit	ne... pas
abandonner	?
encourager	

À l'écoute L'appel de l'abbé Pierre

Vous allez entendre la voix *(voice)* de quelqu'un que tout le monde en France connaît, respecte et admire. Son nom: l'abbé Pierre. Il est décédé le 22 janvier 2007, à l'âge de 95 ans, mais pendant plus de cinquante ans, il s'est fait le défenseur des pauvres et surtout des gens qui n'ont pas de logement: les sans-abri *(homeless)*.

L'abbé Pierre est devenu célèbre en février 1954 quand, pendant un hiver glacial, il a lancé (fait) un appel à la radio en faveur des sans-abri et a provoqué dans la population française une mobilisation nationale immédiate. En février 1994, pendant un hiver de récession économique et de chômage, l'infatigable abbé Pierre, alors âgé de 81 ans, a lancé un autre appel à la radio et à la télévision. C'est cet appel que vous allez entendre.

Madeline Pelletier/Sygma/Corbis

L'abbé Pierre et les sans-abri.

Attention! Ne vous inquiétez pas si vous ne comprenez pas tout. C'est normal! Nous allons vous demander seulement de comprendre les idées principales et quelques détails. Faites l'activité préparatoire, puis écoutez en fonction des questions données.

Pensez

1 Imaginez un discours d'une personnalité religieuse sur la pauvreté et les sans-abri. De quoi va-t-il parler? Cochez les sujets que vous anticipez et complétez la liste ci-dessous avec vos idées personnelles.

1. _____ La guerre contre la misère (la pauvreté)
2. _____ Le nombre de personnes qui vivent en-dessous du seuil de la pauvreté *(below poverty level)*
3. _____ Des statistiques qui comparent le nombre de sans-abri aux États-Unis et en Europe
4. _____ Des exemples de catastrophes qui ont causé la misère
5. _____ Une définition du public à qui cet appel ou ce cri *(cry for help)* est adressé
6. _____ La responsabilité des municipalités (villes) et des citoyens français en général dans ces efforts pour détruire (éliminer) la misère
7. _____ La responsabilité des églises et des groupes religieux
8. _____ Des suggestions pour trouver ou bâtir *(build)* des logements pour les sans-abri
9. _____ ?

Observez et déduisez

CD 4-29

2 Écoutez une première fois pour vérifier vos prédictions. Parmi les sujets que vous avez anticipés, lesquels sont réellement mentionnés? Cochez-les une deuxième fois.

3 Écoutez encore et choisissez les bonnes réponses.

1. L'abbé Pierre appelle son public...
   a. «Mes amis».
   b. «Françaises, Français».
2. Dans la guerre contre la misère, l'ennemi est...
   a. l'indifférence.
   b. l'argent.
3. La misère attaque...
   a. les minorités ethniques.
   b. l'univers total des hommes.
4. Le nombre de personnes qui vivent en-dessous du seuil de la pauvreté en Europe est de...
   a. 40 000 000.
   b. 40 000.
5. Quand il parle des gens qui sont laissés à l'abandon (abandonnés), sans espoir, dans les grandes villes, l'abbé Pierre mentionne...
   a. les vieux.
   b. des générations de jeunes.
6. L'abbé Pierre dit que pour se mobiliser (pour faire quelque chose)...
   a. il ne faut pas attendre des catastrophes bien visibles.
   b. il faut regarder des films sur les sans-abri.
7. L'appel de l'abbé Pierre s'adresse...
   a. à tous les gens qui écoutent, surtout les jeunes.
   b. aux organisations politiques.
8. Beaucoup de municipalités trahissent *(betray)* la cause parce qu'elles...
   a. n'ont pas de gîtes *(shelters)* pour les pauvres.
   b. refusent (ferment) leurs gîtes aux plus faibles (vulnérables).
9. Selon l'abbé Pierre, il faut que la France...
   a. utilise les logis vides (les logements non-occupés) et les bureaux vides pour les sans-abri.
   b. détruise (élimine) les mauvais logements.
10. Il dit aussi que la France...
    a. a les ressources nécessaires (argent, technique, etc.) pour bâtir des logements immédiatement.
    b. doit choisir un nouveau gouvernement, plus favorable aux pauvres.
11. L'abbé Pierre demande aux citoyens français...
    a. de voter aux élections du 15 mars.
    b. d'écrire à leurs maires *(mayors)* et de faire des pétitions.

Vocabulaire actif

un appel
bâtir
une catastrophe
la guerre
l'indifférence
la misère
la pauvreté
un(e) pauvre
une pétition
un(e) sans-abri
se mobiliser
une solution

4 Imaginez que vous êtes le maire d'une ville qui a beaucoup de sans-abri. Comment allez-vous les aider? (Est-ce que vous allez demander aux propriétaires de bureaux ou d'appartements vides de les ouvrir aux sans-abri? Qu'est-ce que vous allez faire pour aider les sans-abri à trouver un emploi ou pour trouver de l'argent pour bâtir de nouveaux logements? Allez-vous mobiliser le public par une campagne dans les médias? Demanderez-vous de l'aide aux groupes religieux?) Avec deux ou trois partenaires, faites une liste des solutions que vous proposez pour aider les victimes des crises économiques.

Structures Expressing personal viewpoints

Subjonctif ou infinitif? • Le subjonctif irrégulier

Observez et déduisez

L'abbé Pierre veut alerter le public. Il ne voudrait pas qu'on soit indifférent aux problèmes des sans-abri. À son avis, il ne faut pas attendre des catastrophes bien visibles. Il faut qu'on fasse quelque chose immédiatement; il faut se mobiliser!

- Based on the preceding paragraph, besides the subjunctive, what form of the verb can follow **vouloir** and **il faut**? The preceding paragraph contains examples of some irregular subjunctive verbs. Can you identify the subjunctive forms of **être** and **faire**?

Confirmez Subjonctif ou infinitif

1. Expressions of one's viewpoint, desire, and emotion can also be made in French *without* using the subjunctive. If the subject of both clauses is the same *or* if the subject is not specified, the expression or verb must be followed by an infinitive. Compare the following pairs of sentences:

   L'abbé Pierre voudrait **aider** les sans-abri.
   (one subject → infinitive)

   L'abbé Pierre voudrait que *le gouvernement* **aide** les sans-abri.
   (different subjects → subjunctive)

   Il ne faut pas **attendre** une catastrophe.
   (unspecified subject → infinitive)

   Il ne faut pas que *nous* **attendions** une catastrophe.
   (specified subject → subjunctive)

2. After the verb **regretter** and after expressions with **être,** use the preposition **de** before the infinitive.

   L'abbé Pierre regrette **de** voir détruire des logements vides.
   C'est dommage **de** détruire des logements vides.

Le subjonctif irrégulier

3. Several common verbs are irregular in the subjunctive. They may have one or two stems or be completely irregular, as are **être** and **avoir.**

Verbs with a single stem and regular endings

	faire **fass-**	**savoir** **sach-**	**pouvoir** **puiss-**
que je	fasse	sache	puisse
que tu	fasses	saches	puisses
qu'il/elle/on	fasse	sache	puisse
que nous	fassions	sachions	puissions
que vous	fassiez	sachiez	puissiez
qu'ils/elles	fassent	sachent	puissent

Verbs with two stems and regular endings

	aller aill-/all-	vouloir veuill-/voul-
que j(e)	aille	veuille
que tu	ailles	veuilles
qu'il/elle/on	aille	veuille
que nous	allions	voulions
que vous	alliez	vouliez
qu'ils/elles	aillent	veuillent

Verbs with irregular stems and endings

	être soi-/soy-	avoir ai-/ay-
que j(e)	sois	aie
que tu	sois	aies
qu'il/elle/on	soit	ait
que nous	soyons	ayons
que vous	soyez	ayez
qu'ils/elles	soient	aient

Activités

E **Logique.** Complétez les phrases en cochant toutes les possibilités logiques—et correctes! (Faites attention à la forme des verbes et à la syntaxe.)

1. Il faut que...
   _____ les citoyens fassent des pétitions.
   _____ bâtir des logements.
   _____ nous nous mobilisions.
2. Il est temps...
   _____ d'aider les sans-abri.
   _____ que nous allions à la mairie avec nos pétitions.
   _____ combattre la misère.
3. C'est dommage...
   _____ que tant de gens n'aient pas de logement.
   _____ de refuser des gîtes aux plus faibles.
   _____ être indifférent à la misère.
4. Je ne voudrais pas...
   _____ être sans logement.
   _____ vivre dans la rue.
   _____ que le problème continue.
5. Il vaut mieux...
   _____ se mobiliser pour aider les pauvres.
   _____ de s'entendre.
   _____ que le public soit éduqué.
6. Je doute...
   _____ que le maire comprenne les problèmes des sans-abri.
   _____ oublier les sans-abri.
   _____ qu'il y ait assez de gîtes.

F **L'appel.** Trouvez ci-dessous quelques affirmations de l'abbé Pierre. Transformez-les en employant un infinitif selon l'exemple pour créer des phrases plus générales.

➡ Il faut que tout le monde fasse quelque chose.
Il faut faire quelque chose.

1. C'est dommage que nous attendions une catastrophe bien visible.
2. Il ne faut pas que le gouvernement détruise des logis vides.
3. Il est temps que le gouvernement construise de nouveaux logements.
4. Il vaut mieux qu'on ait un plan d'action.
5. C'est bien que nous nous mobilisions.
6. Il est temps que nous écrivions aux maires.
7. Il faut que nous fassions des pétitions.

G **Mes préférences.** Avec un(e) partenaire, formez six phrases pour exprimer vos propres idées. Utilisez des mots de chaque colonne et employez le subjonctif ou un infinitif selon le cas.

➡ *Je voudrais que tout le monde fasse appel aux députés. / Il est temps de construire des gîtes. / Je ne voudrais pas vivre dans la rue.*

Je voudrais (ne voudrais pas)	que	le gouvernement	aider les enfants sans-abri
Je regrette	de	tout le monde	lancer des pétitions
Il faut (ne faut pas)	—	on	se mobiliser
Il vaudrait mieux		—	détruire des bâtiments vides
Il est temps		?	s'intéresser au problème
			bâtir des gîtes
			avoir un logement
			être indifférent
			faire quelque chose pour aider les pauvres
			vivre dans la rue
			arrêter la misère
			faire appel aux députés
			?

iLrn Complete the diagnostic tests to check your knowledge of the vocabulary and grammar structures presented in this chapter.

Littérature Chemin-d'école

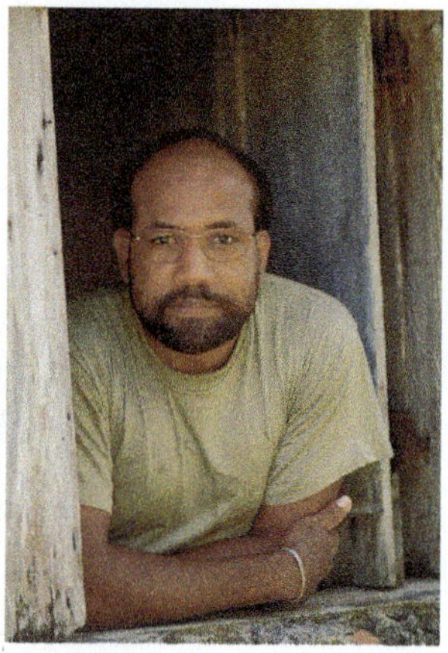
Giraud Philippe/Corbis SYGMA

Born in Martinique in 1952, Patrick Chamoiseau published his first novel, *Chronique des sept misères,* in 1986. In 1992, he received **le prix Goncourt,** one of the most distinguished literary prizes in France, for his novel *Texaco.* A disciple of Aimé Césaire, another writer from Martinique who, in the 1930s, launched in literature a black awareness movement called **la négritude,** Chamoiseau raises a more sarcastic voice against colonialism. Mixing Creole and French, tenderness and irony, he explores through his writings the contradictions between the white world of government and education, and the everyday realities of the Creole world. Chamoiseau gives these contradictions a very personal dimension in the two volumes of his autobiography. Calling himself **le négrillon** *(the little Negro boy),* he first portrays, in *Antan d'enfance* (1990), an inquisitive preschooler immersed in the traditions of his people. In *Chemin-d'école* (1994), **le négrillon** goes to school, a colonial school where he learns to read using books about **le petit Pierre,** a little boy with blond hair and blue eyes who makes snowmen in the winter.

> Pour nous, le petit Pierre des lectures faisait figure d'extraterrestre. Mais à mesure des lectures sacralisées *(made sacred),* c'est Petit-Pierre qui devenait normal.

Little by little, **le négrillon** fills his head with images from another world that has become his new reality.

> Cet univers devenait la réalité. Il dessinait avec. Rêvait avec. Pensait avec. Mentait avec. Imaginait avec. Son corps, lui, allait en dérive *(adrift)* dans son monde créole inutile. (*Chemin-d'école,* p. 156)

In the following excerpt, **le négrillon** reflects on the "civilizing mission" of his schoolteacher, **le Maître.**

Pensez

1 Imaginez que vous êtes dans une école coloniale des Caraïbes. Selon le point de vue des Européens (les colons), à quel monde s'appliquent les éléments suivants—le monde noir (N) ou le monde blanc (B)? Mettez l'initiale appropriée devant chaque élément, selon ce que vous anticipez.

_____ les mauvaises mœurs *(mores, customs)*
_____ la Civilisation
_____ l'Histoire
_____ une non-histoire cannibale
_____ des millions de sauvages
_____ une longue nuit de non-humanité, d'inexistence
_____ les races supérieures
_____ les races primitives
_____ les ténèbres *(darkness)*
_____ la lumière *(light)*

2 Les mots suivants sont des mots importants dans le texte que vous allez lire. D'après le contexte de chaque phrase, déduisez le sens de ces mots et trouvez le synonyme ou la définition dans la liste donnée.

1. L'animal est **la proie** du chasseur.
2. Il y a **un fantôme** qui hante ce château.
3. Cet instrument est en **fer.**
4. Une voiture a quatre **roues.**
5. Avant l'invention de la voiture, **le cheval** (*pl.* **les chevaux**) servait de moyen de transport.
6. **La canne à sucre** est une des ressources principales des Caraïbes.

a. un type de métal
b. une plante tropicale
c. un objet rond qui tourne
d un animal domestique utilisé pour l'équitation
e. une apparition surnaturelle de quelqu'un qui est mort
f. la victime

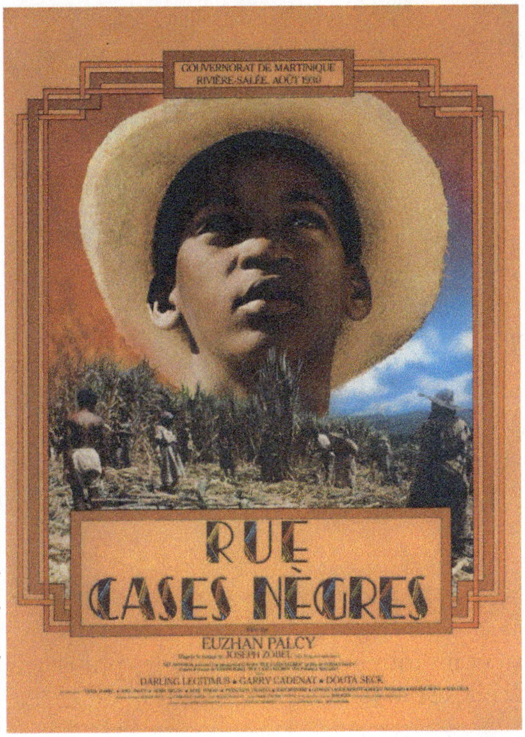

Le héros du film Rue cases nègres *est un «négrillon» très semblable à celui de Chemin-d'école.*

3 Deux autres mots importants dans ce texte sont **le droit** et **le devoir** *(duty)*. À votre avis, qui va utiliser ces mots—les colons (les Blancs) ou les Martiniquais (les Noirs)? Expliquez.

Observez et déduisez: en général

4 Parcourez le texte une première fois. Dans quel ordre les idées générales suivantes sont-elles présentées? Classez-les de 1 à 5.

_____ Rôle de l'Universel (les choses communes à tous) dans le concept de la civilisation

_____ Bénéfices (conséquences positives) de la colonisation

_____ Raison pour laquelle les enfants créoles doivent aller à l'école

_____ Origines de l'Histoire et de la Civilisation

_____ Réaction du négrillon

5 Relisez le texte pour vérifier vos réponses aux tâches 1 et 3.

Chemin-d'école

On allait à l'école pour perdre de mauvaises mœurs: mœurs d'énergumène°, mœurs nègres ou mœurs créoles—c'étaient les mêmes.

[...] Le souffle vibrant du savoir° et notre être créole semblaient en insurmontable contradiction. Le Maître devait nous affronter° mais aussi affronter le pays tout entier. Il était en mission de civilisation. [...] Chacun de ses mots, de ses gestes, chaque injonction, chaque murmure était donc bardé° d'Universel. L'Universel était un bouclier°, un désinfectant, une religion, un espoir, un acte de poésie suprême. L'Universel était un ordre.

En ce temps-là, le Gaulois aux yeux bleus, à la chevelure blonde comme les blés, était l'ancêtre de tout le monde. En ce temps-là les Européens étaient les fondateurs° de l'Histoire. Le monde, proie initiale des ténèbres, commençait avec eux. Nos îles avaient été là, dans un brouillard d'inexistence, traversée par de vagues fantômes caraïbes, eux-mêmes pris dans l'obscurité

énergumène: personne possédée du démon
Le... savoir: les choses qu'on apprenait / affronter: *confront*
bardé: plein
bouclier: *shield*
fondateurs: *founding fathers*

d'une non-histoire cannibale. Et, avec l'arrivée des colons, la lumière fut.* La Civilisation. L'Histoire. L'humanisation de la Terre.

Christophe Colomb avait découvert l'Amérique, et aspiré° au monde des millions de ces sauvages, qui durant une nuit immémoriale, soustraits à l'humanité°, l'avaient attendu.

— Savez-vous, ostrogoths°, qu'ils portèrent au Nouveau Monde le fer, la roue, le bœuf, le porc, les chevaux, le blé, la canne à sucre...?

— Les races supérieures, il faut le dire ouvertement, ont, vis-à-vis des races primitives, le droit et le devoir de ci-vi-li-sa-tion!

Le négrillon aimait entendre le Maître leur conter l'Histoire du monde. Tout semblait simple et juste.

mis

durant... pendant une longue nuit de non-humanité / sauvages

From: Patrick Chamoiseau, *Chemin-d'école*

*Référence à la Bible: «Que la lumière soit, et la lumière fut.» *("Let there be light, and there was light")*.

Déduisez et confirmez: en détail

6 Le texte. Lisez plus attentivement et indiquez si, *selon le texte*, les phrases suivantes sont vraies ou fausses. Si elles sont fausses, corrigez-les.

1. À l'école, les mœurs nègres ou créoles étaient considérées comme un héritage précieux.
2. Il y avait une grande contradiction entre l'identité créole des enfants et ce qu'ils apprenaient à l'école.
3. Dans sa mission de civilisation, le Maître devait civiliser non seulement les enfants mais aussi leur famille et toute la Martinique.
4. Selon le Maître, la civilisation, commencée par les Européens, était quelque chose d'universel qui s'appliquait à toutes les races.
5. Le Gaulois aux yeux bleus et aux cheveux blonds était seulement l'ancêtre des Français.
6. Avant l'arrivée des Européens, le Nouveau Monde était habité par des fantômes, des cannibales et des sauvages.
7. Les Européens ont apporté la lumière et le progrès au Nouveau Monde.
8. La canne à sucre existait déjà dans les îles des Caraïbes quand Christophe Colomb est arrivé en Amérique.
9. Les races supérieures ont la responsabilité de civiliser les races primitives.
10. Le négrillon ne croyait pas ce que le Maître disait.

Explorez

1. Pourquoi est-ce que «tout semblait simple et juste» au négrillon? Avec un(e) partenaire, faites une liste de raisons possibles, puis comparez vos réponses avec celles de vos camarades de classe.
2. À votre avis, est-ce que c'était «simple et juste» d'apprendre au négrillon que les mœurs créoles étaient mauvaises? Faites une liste des choses qui, selon vous, n'étaient pas «simples et justes» dans cette mission de civilisation. (Ce n'était pas juste de dire que...)
3. Maintenant, pensez aux livres qui vous ont appris l'histoire. Est-ce que tout était «simple et juste»? Donnez un ou deux exemples qui peut-être ne l'étaient pas.

Vocabulaire actif

Verbes et expressions verbales

abandonner *to abandon*
bâtir *to build*
douter *to doubt*
s'intégrer *to integrate (oneself)*
lutter (contre) *to fight (against)*
se mobiliser *to rally, mobilize*
regretter *to regret*
respecter *to respect*

Expressions pour donner son opinion

c'est bien que *it's a good thing that*
c'est dommage que *it's too bad that*
il est temps que *it's (about) time that*
il vaut mieux que *it is better / preferable that*
il vaudrait mieux que *it would be better*

Noms

un appel *an appeal, a call*
une catastrophe
un(e) citoyen(ne) *a citizen*
une crise *a crisis*
un droit *a right*
un(e) étranger(ère) *a foreigner*
un foulard *a head scarf*
une frontière *a border*
le gouvernement
la guerre *war*
un(e) immigré(e) *an immigrant*
l'indifférence (f.)
l'intolérance (f.)
une loi *a law*
la misère *destitution, misery*
l'origine (f.) *origin, background*
 d'origine africaine *of African origin*
les pauvres *the poor*
la pauvreté *poverty*
une pétition
un préjugé *a prejudice*
le racisme
les sans-abri *the homeless*
une solution

Adjectifs

étonnant(e) *surprising*
indifférent(e)
intolérant(e)

Appendice: Conjugaison des verbes

Regular Verbs

Infinitif	Indicatif				Impératif	Subjonctif	Conditionnel
	Présent	*Passé composé*	*Imparfait*	*Futur*			
***-ER* écouter**							
je/j'	écoute	ai écouté	écoutais	écouterai		écoute	écouterais
tu	écoutes	as écouté	écoutais	écouteras	écoute	écoutes	écouterais
il/elle/on	écoute	a écouté	écoutait	écoutera		écoute	écouterait
nous	écoutons	avons écouté	écoutions	écouterons	écoutons	écoutions	écouterions
vous	écoutez	avez écouté	écoutiez	écouterez	écoutez	écoutiez	écouteriez
ils/elles	écoutent	ont écouté	écoutaient	écouteront		écoutent	écouteraient
***-IR* sortir**							
je/j'	sors	suis sorti(e)	sortais	sortirai		sorte	sortirais
tu	sors	es sorti(e)	sortais	sortiras	sors	sortes	sortirais
il/elle/on	sort	est sorti(e)	sortait	sortira		sorte	sortirait
nous	sortons	sommes sorti(e)s	sortions	sortirons	sortons	sortions	sortirions
vous	sortez	êtes sorti(e)(s)	sortiez	sortirez	sortez	sortiez	sortiriez
ils/elles	sortent	sont sorti(e)s	sortaient	sortiront		sortent	sortiraient
***-IR* finir**							
je/j'	finis	ai fini	finissais	finirai		finisse	finirais
tu	finis	as fini	finissais	finiras	finis	finisses	finirais
il/elle/on	finit	a fini	finissait	finira		finisse	finirait
nous	finissons	avons fini	finissions	finirons	finissons	finissions	finirions
vous	finissez	avez fini	finissiez	finirez	finissez	finissiez	finiriez
ils/elles	finissent	ont fini	finissaient	finiront		finissent	finiraient

Regular Verbs

Infinitif	Indicatif				Impératif	Subjonctif	Conditionnel
	Présent	*Passé composé*	*Imparfait*	*Futur*			
***-RE* vendre**							
je/j'	vends	ai vendu	vendais	vendrai		vende	vendrais
tu	vends	as vendu	vendais	vendras	vends	vendes	vendrais
il/elle/on	vend	a vendu	vendait	vendra		vende	vendrait
nous	vendons	avons vendu	vendions	vendrons	vendons	vendions	vendrions
vous	vendez	avez vendu	vendiez	vendrez	vendez	vendiez	vendriez
ils/elles	vendent	ont vendu	vendaient	vendront		vendent	vendraient
***-IRE* écrire**							
j'	écris	ai écrit	écrivais	écrirai		écrive	écrirais
tu	écris	as écrit	écrivais	écriras	écris	écrives	écrirais
il/elle/on	écrit	a écrit	écrivait	écrira		écrive	écrirait
nous	écrivons	avons écrit	écrivions	écrirons	écrivons	écrivions	écririons
vous	écrivez	avez écrit	écriviez	écrirez	écrivez	écriviez	écririez
ils/elles	écrivent	ont écrit	écrivaient	écriront		écrivent	écriraient

Auxiliary Verbs

Infinitif	Indicatif				Impératif	Subjonctif	Conditionnel
	Présent	*Passé composé*	*Imparfait*	*Futur*			
avoir							
j'	ai	ai eu	avais	aurai		aie	aurais
tu	as	as eu	avais	auras	aie	aies	aurais
il/elle/on	a	a eu	avait	aura		ait	aurait
nous	avons	avons eu	avions	aurons	ayons	ayons	aurions
vous	avez	avez eu	aviez	aurez	ayez	ayez	auriez
ils/elles	ont	ont eu	avaient	auront		aient	auraient
être							
je/j'	suis	ai été	étais	serai		sois	serais
tu	es	as été	étais	seras	sois	sois	serais
il/elle/on	est	a été	était	sera		soit	serait
nous	sommes	avons été	étions	serons	soyons	soyons	serions
vous	êtes	avez été	étiez	serez	soyez	soyez	seriez
ils/elles	sont	ont été	étaient	seront		soient	seraient

Reflexive Verbs

Infinitif	Indicatif				Impératif	Subjonctif	Conditionnel
	Présent	*Passé composé*	*Imparfait*	*Futur*			
se laver							
je	me lave	me suis lavé(e)	me lavais	me laverai		me lave	me laverais
tu	te laves	t'es lavé(e)	te lavais	te laveras	lave-toi	te laves	te laverais
il/elle/on	se lave	s'est lavé(e)	se lavait	se lavera		se lave	se laverait
nous	nous lavons	nous sommes lavé(e)s	nous lavions	nous laverons	lavons-nous	nous lavions	nous laverions
vous	vous lavez	vous êtes lavé(e)(s)	vous laviez	vous laverez	lavez-vous	vous laviez	vous laveriez
ils/elles	se lavent	se sont lavé(e)s	se lavaient	se laveront		se lavent	se laveraient

Verbs with Stem Changes

Infinitif	Indicatif				Impératif	Subjonctif	Conditionnel
	Présent	*Passé composé*	*Imparfait*	*Futur*			
acheter							
j'	achète	ai acheté	achetais	achèterai		achète	achèterais
tu	achètes	as acheté	achetais	achèteras	achète	achètes	achèterais
il/elle/on	achète	a acheté	achetait	achètera		achète	achèterait
nous	achetons	avons acheté	achetions	achèterons	achetons	achetions	achèterions
vous	achetez	avez acheté	achetiez	achèterez	achetez	achetiez	achèteriez
ils/elles	achètent	ont acheté	achetaient	achèteront		achètent	achèteraient
appeler							
j'	appelle	ai appelé	appelais	appellerai		appelle	appellerais
tu	appelles	as appelé	appelais	appelleras	appelle	appelles	appellerais
il/elle/on	appelle	a appelé	appelait	appellera		appelle	appellerait
nous	appelons	avons appelé	appelions	appellerons	appelons	appelions	appellerions
vous	appelez	avez appelé	appeliez	appellerez	appelez	appeliez	appelleriez
ils/elles	appellent	ont appelé	appelaient	appelleront		appellent	appelleraient
préférer							
je/j'	préfère	ai préféré	préférais	préférerai		préfère	préférerais
tu	préfères	as préféré	préférais	préféreras	préfère	préfères	préférerais
il/elle/on	préfère	a préféré	préférait	préférera		préfère	préférerait
nous	préférons	avons préféré	préférions	préférerons	préférons	préférions	préférerions
vous	préférez	avez préféré	préfériez	préférerez	préférez	préfériez	préféreriez
ils/elles	préfèrent	ont préféré	préféraient	préféreront		préfèrent	préféreraient
payer							
je/j'	paie	ai payé	payais	payerai		paie	payerais
tu	paies	as payé	payais	payeras	paie	paies	payerais
il/elle/on	paie	a payé	payait	payera		paie	payerait
nous	payons	avons payé	payions	payerons	payons	payions	payerions
vous	payez	avez payé	payiez	payerez	payez	payiez	payeriez
ils/elles	paient	ont payé	payaient	payeront		paient	payeraient

Irregular Verbs

Infinitif	Indicatif				Impératif	Subjonctif	Conditionnel
	Présent	*Passé composé*	*Imparfait*	*Futur*			
aller							
je/j'	vais	suis allé(e)	allais	irai		aille	irais
tu	vas	es allé(e)	allais	iras	va	ailles	irais
il/elle/on	va	est allé(e)	allait	ira		aille	irait
nous	allons	sommes allé(e)s	allions	irons	allons	allions	irions
vous	allez	êtes allé(e)(s)	alliez	irez	allez	alliez	iriez
ils/elles	vont	sont allé(e)s	allaient	iront		aillent	iraient
boire							
je/j'	bois	ai bu	buvais	boirai		boive	boirais
tu	bois	as bu	buvais	boiras	bois	boives	boirais
il/elle/on	boit	a bu	buvait	boira		boive	boirait
nous	buvons	avons bu	buvions	boirons	buvons	buvions	boirions
vous	buvez	avez bu	buviez	boirez	buvez	buviez	boiriez
ils/elles	boivent	ont bu	buvaient	boiront		boivent	boiraient
connaître							
je/j'	connais	ai connu	connaissais	connaîtrai		connaisse	connaîtrais
tu	connais	as connu	connaissais	connaîtras	connais	connaisses	connaîtrais
il/elle/on	connaît	a connu	connaissait	connaîtra		connaisse	connaîtrait
nous	connaissons	avons connu	connaissions	connaîtrons	connaissons	connaissions	connaîtrions
vous	connaissez	avez connu	connaissiez	connaîtrez	connaissez	connaissiez	connaîtriez
ils/elles	connaissent	ont connu	connaissaient	connaîtront		connaissent	connaîtraient

Irregular Verbs

Infinitif	Indicatif				Impératif	Subjonctif	Conditionnel
	Présent	*Passé composé*	*Imparfait*	*Futur*			
devoir							
je/j'	dois	ai dû	devais	devrai		doive	devrais
tu	dois	as dû	devais	devras	dois	doives	devrais
il/elle/on	doit	a dû	devait	devra		doive	devrait
nous	devons	avons dû	devions	devrons	devons	devions	devrions
vous	devez	avez dû	deviez	devrez	devez	deviez	devriez
ils/elles	doivent	ont dû	devaient	devront		doivent	devraient
dire							
je/j'	dis	ai dit	disais	dirai		dise	dirais
tu	dis	as dit	disais	diras	dis	dises	dirais
il/elle/on	dit	a dit	disait	dira		dise	dirait
nous	disons	avons dit	disions	dirons	disons	disions	dirions
vous	dites	avez dit	disiez	direz	dites	disiez	diriez
ils/elles	disent	ont dit	disaient	diront		disent	diraient
faire							
je/j'	fais	ai fait	faisais	ferai		fasse	ferais
tu	fais	as fait	faisais	feras	fais	fasses	ferais
il/elle/on	fait	a fait	faisait	fera		fasse	ferait
nous	faisons	avons fait	faisions	ferons	faisons	fassions	ferions
vous	faites	avez fait	faisiez	ferez	faites	fassiez	feriez
ils/elles	font	ont fait	faisaient	feront		fassent	feraient

Irregular Verbs

Infinitif	Indicatif				Impératif	Subjonctif	Conditionnel
	Présent	*Passé composé*	*Imparfait*	*Futur*			
mettre							
je/j'	mets	ai mis	mettais	mettrai		mette	mettrais
tu	mets	as mis	mettais	mettras	mets	mettes	mettrais
il/elle/on	met	a mis	mettait	mettra		mette	mettrait
nous	mettons	avons mis	mettions	mettrons	mettons	mettions	mettrions
vous	mettez	avez mis	mettiez	mettrez	mettez	mettiez	mettriez
ils/elles	mettent	ont mis	mettaient	mettront		mettent	mettraient
pouvoir							
je/j'	peux	ai pu	pouvais	pourrai		puisse	pourrais
tu	peux	as pu	pouvais	pourras		puisses	pourrais
il/elle/on	peut	a pu	pouvait	pourra		puisse	pourrait
nous	pouvons	avons pu	pouvions	pourrons		puissions	pourrions
vous	pouvez	avez pu	pouviez	pourrez		puissiez	pourriez
ils/elles	peuvent	ont pu	pouvaient	pourront		puissent	pourraient
prendre							
je/j'	prends	ai pris	prenais	prendrai		prenne	prendrais
tu	prends	as pris	prenais	prendras	prends	prennes	prendrais
il/elle/on	prend	a pris	prenait	prendra		prenne	prendrait
nous	prenons	avons pris	prenions	prendrons	prenons	prenions	prendrions
vous	prenez	avez pris	preniez	prendrez	prenez	preniez	prendriez
ils/elles	prennent	ont pris	prenaient	prendront		prennent	prendraient
savoir							
je/j'	sais	ai su	savais	saurai		sache	saurais
tu	sais	as su	savais	sauras	sache	saches	saurais
il/elle/on	sait	a su	savait	saura		sache	saurait
nous	savons	avons su	savions	saurons	sachons	sachions	saurions
vous	savez	avez su	saviez	saurez	sachez	sachiez	sauriez
ils/elles	savent	ont su	savaient	sauront		sachent	sauraient

Irregular Verbs

Infinitif	Indicatif				Impératif	Subjonctif	Conditionnel
	Présent	*Passé composé*	*Imparfait*	*Futur*			
venir							
je	viens	suis venu(e)	venais	viendrai		vienne	viendrais
tu	viens	es venu(e)	venais	viendras	viens	viennes	viendrais
il/elle/on	vient	est venu(e)	venait	viendra		vienne	viendrait
nous	venons	sommes venu(e)s	venions	viendrons	venons	venions	viendrions
vous	venez	êtes venu(e)(s)	veniez	viendrez	venez	veniez	viendriez
ils/elles	viennent	sont venu(e)s	venaient	viendront		viennent	viendraient
voir							
je/j'	vois	ai vu	voyais	verrai		voie	verrais
tu	vois	as vu	voyais	verras	vois	voies	verrais
il/elle/on	voit	a vu	voyait	verra		voie	verrait
nous	voyons	avons vu	voyions	verrons	voyons	voyions	verrions
vous	voyez	avez vu	voyiez	verrez	voyez	voyiez	verriez
ils/elles	voient	ont vu	voyaient	verront		voient	verraient
vouloir							
je/j'	veux	ai voulu	voulais	voudrai		veuille	voudrais
tu	veux	as voulu	voulais	voudras	veuille	veuilles	voudrais
il/elle/on	veut	a voulu	voulait	voudra		veuille	voudrait
nous	voulons	avons voulu	voulions	voudrons	veuillons	voulions	voudrions
vous	voulez	avez voulu	vouliez	voudrez	veuillez	vouliez	voudriez
ils/elles	veulent	ont voulu	voulaient	voudront		veuillent	voudraient

Lexique

The French-English Glossary contains all the words and expressions included in the **Vocabulaire actif** sections at the end of each chapter. Entries are followed by the chapter number (**P** for the **Chapitre préliminaire**) where they appear. In addition the French-English Glossary includes all words and expressions used in the **À l'écoute** listening sections and the **Lecture** and **Littérature** reading selections, as well as all words and expressions used in the **Activités** sections.

The English-French Glossary includes words listed in the **Vocabulaire actif** sections, plus many additional words that students might want to use for their speaking or writing assignments.

Expressions are listed under their key word(s). In subentries, the symbol ~ indicates the repetition of the key word. Regular adjectives are given in the masculine form, with the feminine ending following in parentheses. For irregular adjectives, the irregular ending of the feminine, or the whole word if needed, is given in parentheses. Irregular forms of the plural are also indicated. The gender of each noun is indicated after the noun. If the noun has both a masculine and a feminine form, both are listed in full. If the noun has an irregular form for the plural, this is also indicated in parentheses after the word.

The following abbreviations are used.

adj.	adjective	*m.pl.*	masculine plural
adv.	adverb	*n.*	noun
art.	article	*pl.*	plural
conj.	conjunction	*prep.*	preposition
f.	feminine	*pron.*	pronoun
f.pl.	feminine plural	*rel.pron.*	relative pronoun
inv.	invariable	*sing.*	singular
m.	masculine	*v.*	verbv

A

à to, at, in [3]
~ bientôt see you soon [P]
~ cause de because of
~ cette époque-là at that time [8]
~ côté de next to, beside [3]
~ domicile at home
~ droite to (on) the right [3]
~ gauche to (on) the left [3]
~ haute voix aloud
~ la campagne in the country [7]
~ la rigueur if need be
~ l'heure on time [6]
~ mi-temps half-time [11]
~ mon avis in my opinion [1]
~ pied on foot [7]
~ plein temps full-time [11]
~ tour de rôle in turn
~ votre avis in your opinion
abaisser to lower
abandonner to abandon, to give up, to leave behind [C]
abbaye *f.* abbey
abbé *m.* priest
abdominal *m.* (*pl.* **abdominaux**) sit-up
abdos *m.pl.* abdominal muscles [10]
abonnement *m.* subscription
abord: d'~ first [5]
abri *m.* shelter
absent(e) absent [1]
absolu(e) absolute
absolument absolutely [11]
académie *f.* school district
accent *m.* accent [P]
~ aigu acute accent [P]
~ circonflexe circumflex accent [P]
~ grave grave accent [P]
accepter to accept [4]
accès: accès wi-fi *m.* wireless access [7]
accessoire *m.* accessory [10]
accident *m.* accident
accompagner to accompany
accomplir to accomplish, to fulfill
accord *m.* agreement
d'~ agreed, OK [3]
accorder to give, to grant
accaccro: être accro to be addicted to [8]
accoucher to give birth
accroître to increase
s'~ to grow
accueillir to welcome [C]
accumuler to accumulate
accuser to blame
achat *m.* purchase
acheter to buy [2]
~ des souvenirs to buy souvenirs [7]
acquérir to acquire
acte *m.* act, action
acteur / actrice *m./f.* actor [1]
actif(ve) active [1]
activement actively [11]
activité *f.* activity
actualité *f.* current events
actuel(le) current, present-day
actuellement currently, at the present time
addition *f.* bill, check (restaurant) [5]
l'~, s'il vous plaît the check, please [5]
adepte *m./f.* adherent
adjectif *m.* adjective
adjoint(e) *m./f.* assistant
admirer to admire [2]
admis(e) allowed
adorer to adore [2]
adresse *f.* address
adverbe *m.* adverbe
aérobic *m.* aerobics [10]
aéroport *m.* airport [7]
affaires *f.pl.* business [7]
voyage d'~ business trip [7]
affectif(ve) emotional
affiche *f.* sign; poster
affronter to confront
africain(e) African [1]
Afrique *f.* Africa
~ du Sud South Africa
agacer to annoy
âge *m.* age [2]
Quel ~ as-tu/avez-vous? How old are you? [2]
agence *f.* agency
~ de voyages *f.* travel agency [7]
~ matrimoniale marriage bureau
agent de police *m.* policeman [11]
agir sur to have an effect on
s'agir: il s'agit de it's a question of [9]
agréable nice [3]
agrément *m.* amenity
voyage d'~ pleasure trip
agresser to attack
agricole agricultural
agriculture *f.* agriculture
ah bon? really? [4]
aide *f.* aid, help
aider to help [4]
aiguilleur *m.* switchman
ail *m.* garlic [5]
ailleurs elsewhere
aimable nice [9]
aimer to like, to love [2]
air *m.* air
avoir l'~ to look, to seem
en plein ~ outdoor
ajouter to add
ajoutez add [3]
alcoolisé(e) alcoholic
Algérie *f.* Algeria
algérien(ne) Algerian [1]
aliment *m.* food [5]
alimentaire relating to food
alimentation *f.* food, nutrition
alimenter to feed
Allemagne *f.* Germany
allemand *m.* German (language) [4]
allemand(e) German [1]
aller to go [3]
~ à la chasse to go hunting [7]
~ à la pêche to go fishing [7]
~ bien to feel good; to look good on; to fit [10]
~ en cours to go to class
~ mal to look bad on; to fit poorly [10]
~-retour *m.* round-trip ticket [7]
~ simple *m.* one-way ticket [7]
ça va? how are you? [P]
Ça va (bien)! I'm fine! [P]
comment allez-vous/vas-tu? how are you? [P]
Je vais bien, merci. Et vous? I'm fine, thank you. And you? [P]
vous allez bien? how are you? are you well? [P]
allergies *f.pl.* allergies [12]
allergique allergic [1]
allô? hello (on the telephone) [3]
allons let's go
allumer to turn / switch on
allumette *f.* match
pommes ~s matchstick potatoes
alors so, then
~? well?
~ quand même but still [11]
~ que whereas [2]
et ~? so what? [4]
alpage *m.* mountain pasture
alternatif(ve) alternative [12]
altruiste altruistic [1]
amabilité *f.* kindness, politeness
amande *f.* almond
ambassade *f.* embassy
ambigu(ë) ambiguous
ambition *f.* ambition [11]
âme *f.* **sœur** soul mate
améliorer to improve
amener to bring

américain(e) American [1]
Amérique *f.* America
~ du Nord North America
~ du Sud South America
ami/amie *m./f.* friend [2]
petit(e) ami(e) boyfriend / girlfriend [8]
amicalement (closing to a friendly letter) in friendship
amitié *f.* friendship [8]
~s (closing to a friendly letter)
amour *m.* love [8]
roman *m.* **d'~** romantic novel [2]
film *m.* **d'~** romantic movie [2]
amoureux / amoureuse: tomber ~ to fall in love [8]
amphithéâtre *m.* lecture hall [4]
amusant(e) funny, amusing [1]
amuser to amuse
s'~ to have fun [8]
an *m.* year [4]
analyse *f.* analysis
ananas *m.* pineapple
ancêtre *m.* ancestor
anchois *m.* anchovy
ancien(ne) ancient; former
anciens combattants *m.pl.* war veterans
anglais *m.* English (language) [4]
anglais(e) English [1]
Angleterre *f.* England
animal *m.* (*pl.* **animaux**) animal
animer to make lively
année *f.* year [4]
bonne année! Happy New Year! [9]
l'~ dernière last year [6]
l'~ prochaine next year [6]
les ~s 50 the fifties
angoissé(e) anxious
anniversaire *m.* birthday [4]; anniversary [2]
bon ~! happy birthday! [9]
annonce *f.* classified ad; announcement [3]
petites ~s classified ads [3]
annoncer to announce
annonceur/annonceuse *m./f.* announcer
annuel(le) annual
annulé(e) cancelled
annuler to cancel
anorak *m.* ski jacket, parka [10]
antan yesteryear
anthracite charcoal gray
antibiotique *m.* antibiotic [12]
anticiper to anticipate
Antilles *f.pl.* West Indies
antique ancient
août *m.* August [4]
aphasique aphasic
apostrophe *f.* apostrophe [P]
apparaître to appear
appareil *m.* appliance
~ électronique electronic appliance
qui est à l'~? who is calling? [3]
apparence *f.* appearance
apparenté(e) related
mot *m.* **~** cognate
appartement *m.* apartment [3]
appartenir to belong
appel *m.* appeal, call [C]
faire ~ to appeal
sur ~ on call
appeler to call, to name
~ le médecin to call the doctor [12]
ça s'appelle... it's called . . . [5]
je m'appelle my name is [P]
s'~ to be named
appétit *m.* appetite
bon ~! enjoy your meal!
appliquer to apply
s'~ to apply oneself
apporter to bring [5]
pourriez-vous m'~ please bring me [5]
apprécier to appreciate [8]
apprendre to learn about [2]
apprivoiser to tame
approprié(e) appropriate
après after [4]
après-midi *m.* afternoon [4]
de l'~ in the afternoon (time) [4]
arabe *m.* Arabic
arabesque *f.* arabesque
arachide *f.* peanut
araignée *f.* spider
arbitre *m.* referee
arbre *m.* tree
~ généalogique family tree
architecte *m./f.* architect [1]
architecture *f.* architecture [4]
argent *m.* money [4]
argenté(e) silver
Argentine *f.* Argentina
armée *f.* army
arrêt *m.* stop
arrêter to stop [9]
arrière *m.*: **en ~** backwards
arrivée *f.* arrival [7]
arriver to arrive [6]; to happen
art *m.* art [4]
artichaut *m.* artichoke
artiste *m./f.* artist [1]
ascenseur *m.* elevator [7]
Asie *f.* Asia
aspect *m.* aspect [12]
~ positif/négatif positive / negative aspect [12]
aspirateur *m.* vacuum cleaner [8]
passer l'~ to vacuum [8]
aspirine *f.* aspirin [12]
assassinat *m.* assassination
s'asseoir to sit down
assez enough [5]; rather [2]
~ de enough [5]
assiette *f.* plate [5]
assis(e) seated [9]
assister à to attend, to be present at
associer to associate [4]
~ (à) to match
Assomption *f.* Assumption
assumer to accept reality
s'~ to take charge (of one's life)
assurance *f.* insurance [12]
assurer to ensure
astuce *f.* astuteness
athlète *m./f.* athlete [1]
atout *m.* advantage
attacher to tie, to bind
attaque *f.* **cérébrale** stroke
attaquer to attack
attendre to wait (for) [7]
être en droit d'~ to have the right to expect
attends!/attendez! wait! [11]
attentes *f.pl.* expectations [11]
attentif(ve) careful
attention! be careful! attention!
attirer to attract [8]
attraper to grab
~ un rhume to catch a cold [12]
attribuer to award
au (*see* **à**) [3]
~ besoin if necessary
~ coin de at the corner of [3]
~ contraire on the contrary [11]
~ lieu de instead of
~ moins at least [2]
~ revoir good-bye [P]
~ sujet de about [1]
au-delà de over; beyond
augmenter to increase [8]
aujourd'hui today [3]
aussi also [1]
~... que as . . . as [5]
aussitôt que as soon as
Australie *f.* Australia
autant de as many . . . as [5]
~ de... que as much / as many (+ *noun*) as [5]
auteur *m.* author
autobus *m.* bus
automne *m.* autumn, fall [6]
autoriser to authorize
autorité *f.* authority
autre other [2]
l'un l'~ one another
autrefois in the past [8]
autrement differently
avance *f.* advance
~s technologiques technological advances [12]
à l'~ beforehand
d'~ in advance
en ~ early [6]

avancer to advance
avant before [4]
~ de before
avantage *m.* advantage
avare stingy; greedy
avec with
~ plaisir *m.* I'd love to [6]; with pleasure (my pleasure) [7]
avènement *m.* beginning
avenir *m.* future [11]
aventure *f.* adventure [2]
film *m.* **d'~** adventure movie [2]
avenue *f.* avenue [3]
avion *m.* plane [7]
en ~ by plane [7]
avis: à mon ~ in my opinion [C]
à votre ~ in your opinion
avocat *m.* avocado
avocat/avocate *m./f.* lawyer [1]
avoir to have [2]
~ ______ ans to be ______ years old [2]
~ besoin (de) to need [8]
~ confiance en soi to be self-confident [8]
~ de la chance to be lucky
~ de la fièvre to have a fever [12]
~ du mal (à) to have a hard time
~ envie (de) to want to, to feel like [6]
~ faim to be hungry [5]
~ honte (de) to be ashamed (of) [9]
~ l'air to look, to seem
~ l'intention de to intend to [11]
~ la nausée to be nauseated [12]
~ le nez bouché to be congested [12]
~ le nez qui coule to have a runny nose [12]
~ le temps to have time [4]
~ lieu to take place
~ mal à to hurt [12]
~ mal à la tête/à la gorge to have a headache / a sore throat [12]
~ peur to be afraid [4]
~ soif to be thirsty [5]
~ tort to be wrong [12]
en ~ marre to be fed up [4]
avouer to admit, to confess
avril *m.* April [4]

B

baba: ~ cool hippy
bac/baccalauréat *m.* baccalaureate exam
bagages *m.pl.* luggage [7]
bagarre *f.* brawl, fight
baguette *f.* loaf of French bread [5]
baignoire *f.* bathtub [7]
bâiller to yawn
bain *m.* bath(tub)
salle *f.* **de ~s** bathroom [3]
baissé(e) lowered
baisser to lower [10]
se ~ to duck
bal *m.* dance [9]
~ costumé costume ball
baladeur *m.* Walkman [3]
balle *f.* ball
ballon *m.* ball [9]
balnéaire bathing
banal(e) (*m.pl.* **banals**) commonplace
banane *f.* banana [5]
banc *m.* bench
bande *f.* **dessinée** comic strip [6]
banlieue *f.* suburbs [3]
banque *f.* bank [3]
banquier *m.* banker [11]
barbare barbaric
barbare *m./f.* barbarian
barbe *f.* beard
quelle ~! what a bore!
bardé(e) covered
bas(se) low
base-ball *m.* baseball [2]
basket *m.* basketball [2]
faire du ~ to play basketball [4]
baskets *f.* basketball shoes [10]
bataille *f.* battle
bateau *m.* (*pl.* **bateaux**) boat [7]
en ~ by boat [7]
faire du ~ to go boating [7]
bâtiment *m.* building [3]
bâtir to build [C]
bâton *m.* stick
battre to beat, to hit [9]
se ~ to fight
bavard(e) talkative
beau/bel/belle/beaux/belles handsome, beautiful [3]
il fait beau it's nice weather [6]
beaucoup much, many, a lot [2]
beau-frère *m.* brother-in-law [2]
beau-père *m.* father-in-law, step-father [2]
beauté *f.* beauty
bébé *m.* baby
bédouin(e) Bedouin
belge Belgian [1]
Belgique *f.* Belgium
belle-mère *f.* mother-in-law, step-mother
belle-sœur *f.* sister-in-law [2]
ben well, so [1]
bénéfice *m.* benefit
berger/bergère *m./f.* shepherd / shepherdess
besoin *m.* need
au ~ as needed
avoir ~ de to need [8]
tu as/vous avez besoin de... you need to . . . [8]
bête stupid [1]
bêtise *f.* stupidity [12]
~s *f.pl.* nonsense [6]
beurre *m.* butter [5]
biberon *m.* baby bottle
bibliothèque *f.* library [4]
bicyclette *f.* bicycle
bien well [2]; fine [P]
~ sûr of course [1]
c'est ~ que it's a good thing that [C]
eh ~ well
bien *m.* good
bientôt soon [4]
bienvenue *f.* welcome
bière *f.* beer [5]
bifteck *m.* steak [5]
bijou *m.* (*pl.* **bijoux**) jewelry [10]; jewel [12]; **~x en or** gold jewelry [10]
bijoux *m.pl.* jewelry
bilingue bilingual
billet *m.* ticket [7]
biologie *f.* biology [4]
biologique (bio) organic [5]
biscuit *m.* cookie [5]
bise: faire la ~ to kiss
blague *f.* joke [8]
blanc *m.* white [3]
blanc (blanche) white [3]
blé *m.* wheat
blesser to wound
se ~ to hurt oneself [12]
blessure *f.* injury, wound [12]
bleu(e) blue [2]
bleu marine navy blue [10]
bloc *m.* **opératoire** surgery (department)
blog *m.* blog [6]
bloguer to blog [2]
blond(e) blond [1]
blonde *f.* girlfriend (slang)
blouson *m.* short jacket [10]
bœuf *m.* beef [5]
bof... well . . . (*expression of indifference*) [4]
boire to drink [5]
bois *m.* wood [10]; woods
boisson *f.* drink, beverage [5]
boîte *f.* can; box [5]
~ (de nuit) nightclub [8]
en ~ canned [5]
boiter to limp
bon(ne) good [3]
bon, alors well [2]
bon, ben well [2]
bon courage! hang in there! [9]
bonne... ! (feast day) happy . . . ! [9]
bonne chance! good luck! [9]

bonne idée! *f.* good idea! [6]
bonne réponse *f.* correct answer
bonnes vacances! have a good vacation! [9]
bon voyage! have a nice trip! [9]
de bonne heure early
il fait bon the weather is pleasant, nice [6]
bonbon *m.* (piece of) candy
bonheur *m.* happiness; good fortune [8]
bonjour hello; good morning; glad to meet you [P]
bonsoir good evening, good night [P]
bord *m.* edge
à ~ on board
au ~ de la mer at the shore, seaside
bordeaux (*inv.*) burgundy (color) [10]
bosser (*familier*) to work hard
bottes *f.* boots [10]
bottine *f.* ankle boot [10]
bouche *f.* mouth [10]
bouché: avoir le nez ~ to be congested [10]
boucher/bouchère *m./f.* butcher
boucherie *f.* butcher shop [5]
~ du coin neighborhood butcher shop [5]
boucle *f.* buckle
~ d'oreille earring
bouclier *m.* shield
bouger to move
bougie *f.* candle [9]
boulanger/boulangère *m./f.* baker [5]
boulangerie *f.* bakery [5]
boule *f.* ball
boulevard *m.* boulevard [3]
boulot *m.* job [8]
bouquet *m.* **(de fleurs)** bouquet (of flowers) [9]
bourse *f.* scholarship [4]
bout *m.* end
bouteille *f.* bottle [5]
~ d'eau minérale bottle of mineral water [5]
bras *m.* arm [10]
bravo! bravo! [9]
bref (brève) brief
Brésil *m.* Brazil
brésilien(ne) Brazilian [1]
brie *m.* Brie cheese [5]
briller to shine
briser to break
broche *f.* brooch, pin
brochette *f.* food on a skewer
brocoli *m.* broccoli [5]
bronchite *f.* bronchitis [12]
(se) brosser to brush [10]
brouillard *m.* fog [6]
il fait du ~ it's foggy [6]
brousse *f.* brush; the bush (wilderness)
bruit *m.* noise [3]
brûler to burn
brume *f.* haze
brumeux(se) hazy
brun(e) dark-haired, brunette, brown [1]
brusquement abruptly
bûche *f.* yule log cake
budget *m.* budget
bulletin *m.* **météo** weather report
~ de paie paycheck
bureau *m.* (*pl.* **bureaux**) desk; office [P]
~ de poste post office [3]
~ de renseignements information desk [7]
~ de tabac tobacco / magazine shop [3]
bus *m.* bus [7]
en ~ by bus [7]
businessman *m.* businessman
but *m.* goal
buveur/buveuse *m./f.* drinker

C

ça this; that
~ dépend it depends
~ s'appelle it's called [5]
~ te dit? are you interested?
~ t'intéresse? are you interested? [6]
~ va? How are you? [P]
~ va (bien)! I'm fine! [P]
cabane *f.* cabin
cabas *m.* tote bag
cabine *f.* **d'aiguillage** controlbooth
cabinet *m.* **de toilette** *f.* toilet
caché(e) hidden [12]
cacher to hide
cadeau *m.* (*pl.* **cadeaux**) gift [4]
cadre *m.* a professional (manager, executive, etc.) [11]; surroundings
~ moyen middle manager
~ supérieur high-level executive
cafard: avoir le ~ to have the blues
café *m.* café [3]; coffee [5]
~ au lait *m.* coffee with milk [5]
~ crème *m.* coffee with cream [5]
~ décaféiné decaffeinated coffee
caféine *f.* caffeine
cahier *m.* notebook, workbook [P]
caisse *f.* case
caleçon *m.* leggings
calendrier *m.* calendar [4]
calme calm [1]
camarade *m./f.* classmate; friend
~ de classe classmate [P]
~ de chambre roommate [3]
camembert *m.* Camembert cheese [5]
Cameroun *m.* Cameroon
campagne *f.* countryside [3]
à la ~ in the countryside [3]
camping *m.* camping [7]
faire du ~ to go camping [7]
campus *m.* campus [4]
Canada *m.* Canada
canadien(ne) Canadian [1]
canapé *m.* couch, sofa [3]
cancer *m.* cancer [12]
candidature *f.* candidacy
canne *f.* cane
~ à sucre *f.* sugar cane
cannibale *m./f.* cannibal
cantine *f.* cafeteria [5]
capeline *f.* sun hat
capituler to surrender
car for
caractère *m.* character
~s gras bold type
caractéristique characteristic
carafe *f.* pitcher [5]
~ d'eau pitcher of water [5]
cardigan *m.* button-up sweater [10]
cardiotraining *m.* cardiovascular workout [10]
caresser to caress, to stroke
carnaval *m.* carnival; period before Lent
carotte *f.* carrot [5]
carré *m.* square
carreau *m.* (*pl.* **carreaux**) square
à carreaux plaid [10]
carrefour *m.* intersection
carrière *f.* career [11]
carte *f.* map [P]; menu [5]; card
~ de crédit credit card [7]
~ postale postcard [7]
cas *m.* case
en ~ de in case of
selon le ~ as the case may be
case *f.* hut
casquette *f.* cap [10]
casser to break
cassette *f.* cassette [P]
catastrophe *f.* catastrophe [C]
catégorie *f.* category, class
cathédrale *f.* cathedral [7]
cauchemar *m.* nightmare
cause *f.* cause
à ~ de because of
causerie *f.* chat
CD *m.* CD [P]
lecteur *m.* **de ~** CD player [3]
ce/cet/cette/ces this, that; these, those [2]
~ ...-ci this, these [2]
~ ...-là that, those [2]

ce (*pron.*) this; it [P]
~ que what
~ sont they are [P]
ceci (*pron.*) this
cédille *f.* cedilla [P]
ceinture *f.* belt [10]
célèbre famous
célébrer to celebrate
célibat *m.* single life
célibataire single, unmarried [8]
célibataire *m./f.* single [8]
celui/celle/ceux/celles that / that one
cent one hundred [3]
centième one hundredth
centre *m.* center
~ commercial shopping mall [7]
centre-ville *m.* downtown [3]
céréale *f.* cereal grain
~s cereal [5]
certain(e) some
certainement certainly [11]
cerveau *m.* (*pl.* **cerveaux**) brain
ces (*see* **ce/cet/cette/ces**)
c'est this is; he / she / it is [P]
c'est-à-dire que that is to say [2]
c'est de la part de qui? May I ask who's calling? [3]
chacun(e) each one
chaîne *f.* channel [6]
changer de ~ to change the channel [6]
chaise *f.* chair [P]
chalet *m.* chalet
chaleur *f.* heat
chambre *f.* bedroom [3]
(une ~) libre (a room) available [7]
champ *m.* field
champignon *m.* mushroom [5]
chance *f.* luck
avoir de la ~ to be lucky
bonne ~! good luck! [9]
quelle ~! what luck! [4]
chandail *m.* sweater
changement *m.* change
changer to change [6]
~ de chaîne to change the channel [6]
se ~ les idées à to take one's mind off things
chanson *f.* song
chanter to sing [2]
chanteur/chanteuse *m./f.* singer [1]
chapeau *m.* (*pl.* **chapeaux**) hat [10]
~! congratulations! [9]
chapitre *m.* chapter [P]
chaque each
charcuterie *f.* delicatessen [5]
chargé(e) busy [4]
horaire ~ full schedule
charges *f.pl.* utilities [3]; responsibilities
charmant(e) charming
chasse *f.* hunting [7]
aller à la ~ to go hunting [7]
chasser to kick out; to chase
chasseur *m.* hunter
chat/chatte *m./f.* cat [7]
château *m.* (*pl.* **châteaux**) castle [7]
chaud(e) hot [5]
il fait ~ it's hot (weather) [6]
chaussette *f.* sock [10]
chausson *m.* (culinary) turnover
chaussure *f.* shoe [9]; **~s à talons** [10]; **~s habillées** dress shoes [10]
chef *m.* chief, leader; chef; **~ d'entreprise** head of company, CEO [11]
chef-d'œuvre *m.* (*pl.* **chefs-d'œuvre**) masterpiece
chemin *m.* path
chemise *f.* shirt [10]; **~ de nuit** nightgown [10]
chemisier *m.* blouse, women's shirt [10]
cher (chère) dear; expensive [5]
chercher to look for [3]
va me ~... go get me . . .
chercheur/chercheuse *m./f.* researcher
cherchez quelqu'un find someone [2]
chéri(e) darling, dear
cheval *m.* (*pl.* **chevaux**) horse
à ~ strict
chevelure *f.* head of hair
cheveux *m.pl.* hair [2]
chez at the home of [6]
chic *inv.* chic, sophisticated
~! cool! great!
chien *m.* dog [7]
chiffre *m.* figure, number
Chili *m.* Chile
chimie *f.* chemistry [4]
Chine *f.* China
chiné(e) mottled
chinois(e) Chinese [1]
chip *f.* chip
choc *m.* shock
chocolat *m.* chocolate [1]
~ chaud hot chocolate [5]
choisir to choose [6]
choisissez choose [1]
choix *m.* choice [2]
cholestérol *m.* cholesterol
chômage *m.* unemployment [11]
chômeur/chômeuse *m./f.* unemployed person
chose *f.* thing
quelque ~ something
chouchou/chouchoute *m./f.* (teacher's) pet
chouette great, neat, cool
c'est ~! that's cool! [4]
chuchoter to whisper
chum *m./f.* friend; boyfriend / girlfriend
chute *f.* **de neige** snowfall
-ci (*see* **ce/cet/cette/ces**)
ci-dessous below [1]
ci-dessus above [3]
ciel *m.* (*pl.* **cieux**) sky [6]
le ~ est couvert it's cloudy, overcast [6]
le ~ est variable it's partly cloudy
cil *m.* eyelash
cimetière *m.* cemetery
ciné(ma) *m.* movies [8]
cinéaste *m./f.* filmmaker
cinéma *m.* movies [2]
cinq five [1]
cinquante fifty [1]
cinquième fifth [3]
circonflexe: accent ~ circumflex accent
circonlocution *f.* circumlocution
circonstance *f.* circumstance
circuit *m.* circuit, route
circuler dans la salle to circulate in the classroom
cirque *m.* circus
citer to cite, to quote
citoyen/citoyenne *m./f.* citizen [C]
citron *m.* lemon [5]
~ pressé fresh lemonade [5]
clair(e) light, bright; clear [10]
(gris) clair light (gray) [10]
classe *f.* class [P]
en première ou deuxième ~ first or second class [7]
classer to classify
classeur *m.* binder [P]
classez classify [4]
claustrophobe claustrophobic
clé *f.* key [7]
client/cliente *m./f.* customer [5]
climat *m.* climate [6]
climatisé(e) air conditioned
club *m.* **de fitness** healthclub [10]
coca *m.* Coke [5]
cocher to check
cochez check off [1]
cocotier *m.* coconut tree
cœur *m.* heart [8]
de bon ~ heartily
par ~ by heart
cohabitation *f.* cohabitation
se coiffer to do one's hair [10]
coiffure *f.* hairdo
coin *m.* corner [3]
au ~ de at the corner of [3]
boucherie *f.* **du ~** neighborhood butcher shop
coincé(e) stuck
col *m.* collar [10]
colère *f.* anger

collection *f.* collection
faire la ~ de to collect
collège *m.* middle school / junior high [4]
collègue *m./f.* colleague
collier *m.* necklace
colline *f.* hill
Colombie *f.* Colombia
colon *m.* colonist
colonisation *f.* colonization
colonne *f.* column [3]
coloris *m.* color, shade
combien (de) how much, how many [2]
comédie *f.* comedy [2]
comédien/comédienne *m./f.* comedian
comique funny, comical
commander to order [5]
comme like, as; how [12]
~ ci ~ ça so-so [P]
~ d'habitude as usual
commencement *m.* beginning
commencer to begin [4]
comment how [1] [3]
~? Pardon me? What? [P]
~ allez-vous? how are you? [P]
~ ça s'écrit? how do you spell that? [P]
~ ça va? how are you? [P]
~ dit-on... ? how do you say . . . ?
~ est-il/elle? what is he/she like? [1]
~ s'appelle-t-il/elle? what is his/her name? [P]
~ tu t'appelles? what's your name? [P]
~ vas-tu? how are you? [1]
~ vous appelez-vous? what's your name? [P]
commerce *m.* business; store
commercial(e) (*m.pl.* **commerciaux**) business (*adj.*)
commettre to commit
commode *f.* chest of drawers [3]
commun: en ~ in common
commune rurale *f.* rural community; small town [3]
communiquer to communicate [8]
compact *m.* compact disc, CD
compagne *f.* companion
compagnie *f.* company
comparaison *f.* comparison [5]
comparer to compare
compenser to compensate
compétition *f.* competition [12]
complémentaire complementary, additional [7]
compléter to complete
composté(e) validated
comprendre to understand [4]
se ~ to understand one another [8]
comprimé *m.* pill, tablet [12]
compris(e) included [3]
compromis *m.* compromise
comptabilité *f.* accounting [4]
comptable *m./f.* accountant [11]
compter (+ infinitif) to plan to, to count on [11]
concerner to concern
concert *m.* concert [2]
concierge *m./f.* caretaker
concordance *f.* **des temps** sequence of tenses
concours *m.* **d'entrée** entrance examination
confiance: avoir ~ en (soi) to be self-confident
confirmez verify [1]
confisquer to confiscate
confiture *f.* jam [5]
conflit *m.* conflict
conformiste conformist [1]
confort *m.* comfort, ease
~ matériel material comfort
tout ~ all the conveniences
confortable comfortable [3]
congé *m.*: **jour de ~** day off; holiday [9]
congelé(e) frozen
conjoint/conjointe *m./f.* spouse
conjugaison *f.* conjugation
conjuguer to conjugate
connaissance *f.* knowledge
connaître to know (someone) [9]
se ~ to know one another, to meet [9]
tu connais... ? do you know (so and so)? [1]
conquête *f.* conquest
consacré(e) à devoted to
conseil *m.* a piece of advice; council; consulting
conseiller/conseillère *m./f.* counselor, advisor
conseiller to advise
conséquence *f.* consequence [12]
conséquent: par ~ as a result
conservateur(trice) conservative
conserver to preserve
conserves *f.pl.* preserves
considérer to consider
consigne *f.* baggage checkroom / locker
console vidéo *f.* video game console [3]
consommation *f.* consumption
constamment constantly [11]
construire to build
contagieux(se) contagious [12]
contaminer to contaminate
conte *m.* story
~ de fées fairy tale
contenir to contain
content(e) glad, pleased
contenter: se ~ de to settle for
continuer to continue [3]
contraire *m.* opposite [8]
au ~ on the contrary [11]
contre against; as opposed to; in exchange for
par ~ on the other hand [2]
contribuer to contribute
convaincant(e) convincing
convaincre to convince
convaincu(e) convinced
convenir to be appropriate
convention *f.* **collective** collective wage agreement
conversation *f.* conversation, talk
convoquer to summon
copain/copine *m./f.* friend, pal [1]
coquet(te) dainty
corde *f.* rope
Corée *f.* Korea
corps *m.* body [10]
correct(e) correct
corriger to correct
corsage *m.* bodice
cosmonaute *m./f.* astronaut
costume *m.* man's suit [10]
côte *f.* coast
côté *m.* side
à ~ de next to, beside [3]
Côte d'Ivoire *f.* Ivory Coast
côtelette *f.* cutlet [5]
~ de veau veal chop [5]
coton *m.* cotton [10]
en ~ cotton [10]
cou *m.* neck [10]
couche *f.* stratum
se coucher to go to bed [10]; to set (sun)
couchette *f.* couchette, berth (in sleeping compartment) [7]
coude *m.* elbow [10]
couler to flow
couleur *f.* color
coulis *m.* type of sauce
couloir *m.* hallway, passage [7]
au bout du ~ down the hall [7]
coup *m.* blow
~ de main helping hand [7]
coupe *f.* **du monde** World Cup
couper to cut
couple *m.* couple [8]
cour *f.* yard
~ de récréation schoolyard
courgette *f.* squash, zucchini [5]
courir to run, to go to
courriel *m.* e-mail
courrier *m.* mail
~ du cœur advice column
cours *m.* avenue; course, class [4]
aller en ~ to go to class
au ~ de during

course *f.* errand; running (track) [6]
faire des ~s to go shopping [4]
faire les ~s to go grocery shopping [5]
court(e) short [2]
à manches courtes short-sleeved [10]
cousin/cousine *m./f.* cousin [2]
couteau *m.* (*pl.* **couteaux**) knife [5]
coûter to cost [3]
coutume *f.* custom
couvert *m.* place setting [5]
gîte et ~ food and shelter
couvert(e) covered
le ciel est ~ it's cloudy [6]
craie *f.* chalk [P]
morceau *m.* **de ~** piece of chalk
cravate *f.* tie [10]
crayon *m.* pencil [P]
créativité *f.* creativity [11]
créer to create
crémerie *f.* dairy store
créole Creole
crêpe *f.* pancake
crétin *m.* idiot
crevette *f.* shrimp [5]
cri *m.* shout; cry for help
pousser des ~s to shout
crier to shout, to yell
crise *f.* crisis [C]
~ cardiaque heart attack [12]
~ économique depression
critère *m.* criterion
croire to think, to believe [C]
croissant *m.* croissant [5]
croissant(e) growing
cru(e) raw [9]
cuillère *f.* spoon [5]
cuir *m.* leather
en ~ leather [10]
cuisine *f.* kitchen [3]
faire la ~ to do the cooking [4]
cuisinier/cuisinière *m./f.* cook [11]
cuisse *f.* **de canard** duck leg
cuit(e) cooked [9]
culinaire culinary
curriculum *m.* **vitae (CV** *m.***)** résumé [11]
CV *m.* résumé [11]
cyclisme *m.* cycling [6]

D

d'abord first [5]
d'accord OK, agreed [1]
être ~ to agree
pas ~ disagree [1]
dame *f.* lady [1]
Danemark *m.* Denmark
dans in [3]
~ les nuages in the clouds
danser to dance [2]
date *f.* date [4]
d'autres other; others
d'avance in advance
de/du/de la/des *art.* any; some [1]
de/du/de la/des *prep.* from; of
de rien you're welcome [P]
débat *m.* debate
debout standing [9]
débris *m.*: **un vieux ~** decrepit old man
débrouillard(e) resourceful [11]
début *m.* beginning
débutant/débutante *m./f.* beginner [11]
décembre *m.* December [4]
déception *f.* disappointment
décevoir to disappoint
déchiré(e) torn
décidément decidedly
décider to decide [1]
décision *f.* decision
découper to cut out
découvrir to discover
décret *m.* decree
décrire to describe
décroissant: par ordre ~ in descending order
déduire to deduce
défaut *m.* flaw, shortcoming, defect
~s faults [8]
défendre to defend
défenseur *m.* defender
défi *m.* challenge [12]
défier to defy
défilé *m.* parade [9]
défiler to parade
défini(e) definite
définir to define
degré *m.* degree
dehors outside, outdoors
déjà already [4]
déjeuner to have lunch
déjeuner *m.* lunch [5]
petit ~ breakfast [5]
délicieux(euse) delicious [5]
délinquance *f.* delinquency, crime [C]
demain tomorrow [3]
~ matin/après-midi/soir tomorrow morning / afternoon / evening [6]
demande *f.* **d'emploi** job application [11]
faire une ~ to apply for a job [11]
demander to ask (for) [1]
déménager to move [3]
demeurer to stay
demi(e) *m./f.* half
~-heure half hour
et ~ thirty (minutes past the hour) [4]
demi-frère *m.* half-brother [2]
demi-pension *f.* lodging with breakfast and dinner
demi-sœur *f.* half-sister [2]
denim *m.* denim [10]
en ~ (made of) denim [10]
densément densely
dent *f.* tooth [10]
dentaire dental
dentiste *m./f.* dentist [1]
départ *m.* departure [7]
dépassé(e) outdated
dépasser to exceed
se dépêcher to hurry [10]
dépendant(e) dependent
dépendre
euh, ça dépend well, it depends [1]
dépense *f.* expense; expenditure
dépenser to spend (money) [12]
se déplacer to move (from one place to another)
déposer to deposit; to drop off
déprimant(e) depressing
depuis since [7]
~ combien de temps? how long? [7]
~ dix ans in the last 10 years
~ quand since when [7]
~ que since
député *m.* deputy
déranger to bother (someone), to disturb, to trouble [7]
dernier(ère) last; latest [4]
derrière behind [3]
des (*see* **de**)
dès from; as early as
~ maintenant starting now
~ que as soon as [11]
désaccord *m.* disagreement
désagréable unpleasant [1]
désapprobation *f.* disapproval
désavantage *m.* disadvantage
descendre to go down; to get down; to get off; to stay in a hotel [7]
description *f.* description [2]
désert *m.* desert [7]
désert(e) deserted
désespéré(e) desperate
désir *m.* desire; wish
désirer to want, to wish [5]
vous désirez? are you ready to order? [5]
désolé(e) sorry [3]
désordre *m.* untidiness
en ~ untidy
désormais from now on
dessert *m.* dessert [5]
dessin *m.* drawing [1] [4]
~ animé *m.* cartoon [6]
dessiner to draw
dessous *m.pl.* underside; shady side

détail *m.* detail
détente *f.* relaxation, rest
détester to hate [2]
détruire to destroy [C]
deux two [2]
les ~ both [2]
deuxième second [3]
~ classe *f.* second class [7]
devant in front of [3]
(se) développer to develop
devenir to become [11]
deviner to guess [1]
devise *f.* motto
devoir to have to; to owe [8]
j'aurais dû I should have [12]
je devais I was supposed to [8]
je devrais I should [12]
tu devrais/vous devriez... you should . . . [8]
tu dois/vous devez... you must . . . / have to . . . [8]
devoir *m.* duty
~s homework [4]
faire ses ~s to do one's homework [4]
vos ~s your homework [P]
dévorer to devour
d'habitude usually [4]
diabétique diabetic
diagnostic *m.* diagnosis
dictée *f.* dictation
dictionnaire *m.* dictionary
diététique dietetic
différence *f.* difference
différent(e) different
difficile difficult; choosy
difficilement with difficulty [11]
difficulté *f.* difficulty
digne proper, suitable
dimanche *m.* Sunday [4]
diminuer to reduce, to get smaller [8]
dinde *f.* turkey [9]
dîner to have dinner [2]
dîner *m.* dinner [5]
diplôme *m.* diploma, degree [4]
diplômé(e) graduate
dire to say [6]
~ des bêtises to talk nonsense [6]
~ des mensonges to tell lies [6]
se ~ to say of oneself
direct: en ~ live
direction *f.* management
~s directions [3]
discipliné(e) disciplined [6]
être ~ to have self-control [6]
discothèque *f.* discotheque
discuter (de) to discuss
disponibilité *f.* availability
disponible available
disposer de to have free or available
dispute *f.* quarrel; argument
se disputer to fight, to argue [8]
disque *m.* **compact** compact disc
lecteur *m.* **de ~s ~s** CD player
distinguer to distinguish
dit say [2]
dites say [2]
divers(e) various
diviser to divide
divorce *m.* divorce
dix ten [1]
dix-huit eighteen
dix-neuf nineteen
dix-sept seventeen
docteur *m.* doctor
doctorat *m.* doctorate
doigt *m.* finger [9]
lever le ~ to raise one's hand [9]
domaine *m.* field
~ de spécialisation major
domicile: à ~ at home
dommage: c'est ~ que it's too bad that [C]
donc therefore; so
donné(e) given
donner to give [2]
dont of which, of whom; whose
doré(e) golden
dorloter: se ~ to pamper oneself
dormeur/dormeuse *m./f.* sleeper
dormir to sleep [7]
dos *m.* back [10]
d'où from where [1]
doucement softly
douche *f.* shower [3]
se doucher to shower [10]
douleur *f.* pain
doute: sans ~ probably
douter to doubt [C]
doux (douce) sweet; mild; soft
douzaine (de) *f.* dozen [5]
douze twelve [2]
drame *m.* drama [6]
drapeau *m.* (*pl.* **drapeaux**) flag [9]
draperie *f.* cloth
drogue *f.* drug, drugs
droit *m.* law (*field of study*) [4]; right (*entitlement*) [C]
droit(e) right
tout ~ straight ahead
droite *f.* right (*direction*) [3]
à ~ on the right [3]
drôle funny
du (*see* **de**)
dur *adv.* hard [10]
(travailler) dur (to work) hard [10]
dur(e) hard, difficult, solid
durer to last
DVD *m.* DVD [3]

E

eau *f.* water [5]
ébloui(e) dazzled
éblouissant(e) dazzling
échancré(e) low-cut
échange *m.* exchange
échanger to exchange
écharpe *f.* winter scarf [10]
éclater to explode
école *f.* school [4]
~ maternelle kindergarten [4]
~ primaire elementary school [4]
~ supérieure school of higher education
écolier/écolière *m./f.* school child
économie *f.* economics [4]
économique economic
écourté(e) shortened
écouter to listen (to) [2]
écoute!/écoutez! listen! [11]
écraser to crush
écrire to write [6]
s'~ to write one another [8]
écrit(e) written
écrivain *m.* writer [1]
s'écrouler to crumble
éducation *f.* education
~ physique physical education, gym [4]
éduquer to educate
effectivement actually
effectuer to execute, to carry out
efficace efficient [11]
égal(e) (*m.pl.* **-aux**) equal
égalité *f.* equality [11]
église *f.* church [3]
égoïste selfish [1]
Égypte *f.* Egypt
eh ben well (*colloquial*)
eh bien... well . . . [2]
élaboré(e) elaborate
élargir to enlarge, to widen
électricité *f.* electricity
électronique: message ~ *m.* e-mail message
élève *m./f.* student, pupil (elementary through high school)
élevé(e) high
élever to raise
elle she, it [P]; her [11]
~s they [1]; them [11]
élu/élue *m./f.* elected official
embauché(e) hired [11]
embaucher to hire [11]
être embauché to be hired [11]
embêtant(e) annoying, irritating [4]
c'est ~! that's too bad! [4]
embouteillage *m.* traffic jam

embrasser to kiss
émission *f.* show, program [6]
  ~ de variétés television variety show [6]
emmener to take along
émouvant(e) emotionally moving
s'emparer de to seize upon
empathique empathetic
empêcher to prevent
emplacement *m.* location [3]
emploi *m.* job [11]
  ~ du temps schedule [4]
employé/employée *m./f.* employee [11]
employer to use [2]
en employant using [1]
employeur *m.* employer [11]
emporter to take away
emprunter to borrow [7]
en *prep.* to, in
  ~ avance early [6]
  ~ boîte canned
  ~ ce temps-là in those days [8]
  ~ face de across from [3]
  ~ fait actually, in fact [12]
  ~ haut de above
  ~ matière de regarding [3]
  ~ pratique in practice
  ~ retard late [6]
  ~ théorie in theory
  ~ train de in the process of
en *pron.* of it, some . . . of them [12]
enchanté(e) Pleased to meet you [P]
enclume *f.* anvil
encore again; still
  ~ de more
  ~ une fois once again [1]
  pas ~ not yet [9]
encourager to encourage [11] [C]
en-dessous de below
s'endormir to fall asleep [10]
endroit *m.* place [11], location [3]; spot, site [12]
  par ~s in places
énergétique energy-producing [5]
énergique energetic [1]
énerver: Ça m'énerve! That's annoying! [4]
enfant *m./f.* child [2]
enfin finally; after all [5]
enlever to take away, to take off
ennemi *m.* enemy
ennui *m.* boredom [11]
s'ennuyer to be bored [8]
ennuyeux(se) boring [1]
énorme: C'est ~! That's cool! [4]
enregistré(e) registered
enseignant/enseignante *m./f.* teacher, educator [11]
enseignement *m.* education
  ~ supérieur higher education
ensemble together [2]
ensemble *m.* whole (thing)
ensoleillé(e) sunny [6]
ensuite then [1]
entendre to hear [4]
  s'~ (bien ou mal) to get along [8]
entendu! good! [6]
entier(ère) entire, whole
entre between [3]
entrecôte *f.* rib steak
entrée *f.* entry [3]
entreprise *f.* company, firm, business [4]
entrer (dans) to enter, to come in [6]
  ~ à la fac to enroll [4]
entretien *m.* interview [11]
envers toward
envie *f.*: **avoir ~ de** to want to, to feel like [6]
environ approximately
envisager to look upon, to consider
envol *m.* take-off
s'envoler to fly away
envoyer to send [2]
épanouir to develop
épanouissement *m.* development, blossoming
épaule *f.* shoulder [10]
épicerie *f.* grocery store [5]
épicier/épicière *m./f.* grocer
épisode *m.* episode
époque: à cette ~-là in those days [8]
  à l'~ at the time; at this time
épouser to marry (someone) [8]
épouvante *f.*: **film** *m.* **d'~** horror movie
équilibre *m.* balance, equilibrium [11]
équilibré(e) balanced
équipe *f.* team
érable *m.* maple
ermite *m.* hermit
escalader to climb
escalier *m.* staircase, stairs [7]
escargot *m.* snail
esclave *m./f.* slave
espace *m.* space
  ~ clos closed space
Espagne *f.* Spain
espagnol(e) Spanish [1]
espagnol *m.* Spanish (language) [4]
espèce *f.* type, sort [5]
  c'est une ~ de... it's a kind of . . . [5]
espérer to hope [11]
espoir *m.* hope
esprit *m.* mind
  ouverture d'~ *f.* open mind
essai *m.* trial
essayer to try [1]
essence *f.* gas
essentiel *m.* essential
est *m.* east [6]
est-ce que (*question marker*) [1]
estimer to be of the opinion
estomac *m.* stomach
et and [1]
  ~ pour moi... for me . . . [5]
  ~ puis and then [2]
  ~ toi? and you? [P]
  ~ vous? and you? [P]
établir to establish
étage *m.* floor, story [7]
  premier ~ second floor [7]
étagère *f.* (book)shelf [3]
étape *f.* step, stage
état *m.* state
États-Unis *m.pl.* United States
été *m.* summer [6]
éteindre to turn off
éternuer to sneeze [12]
étoile *f.* star [7]
étoilé(e) starry
étonnant(e) surprising [C]
étrange strange [12]
étranger(ère) foreign [4]
  langue *f.* **étrangère** foreign language [4]
étranger/étrangère *m./f.* stranger, alien; foreigner [C]
  à l'étranger in a foreign country
être to be [1]
  c'est it is; this is [P]
  ce sont these are [P]
  ~ assis(e) to be seated [9]
  ~ au régime *m.* to be on a diet [5]
  ~ discipliné(e) to have self-control [6]
  ~ en bonne forme to be / stay in good shape [10]
  ~ fâché(e) to be mad, angry [9]
  ~ né(e) to be born
  ~ pressé(e) to be in a hurry [5]
  ~ puni(e) to be punished [9]
être *m.* being
  ~ humain human being [12]
étrennes *f.pl.* New Year's gift
études *f.pl.* studies [4]
  ~ supérieures higher education
étudiant(e) student [P]
étudier to study [1] [2]
euh uh [P]
euro *m.* euro
Europe *f.* Europe
européen(ne) European
eux *pron. m.pl.* they; them [11]
événement *m.* event
évêque *m.* bishop
évidemment evidently [11]
éviter to avoid [11]
évoluer to evolve
exact(e) precise, correct
exagérer to exaggerate

examen *m.* test, exam [4]
passer un ~ to take a test [4]
rater un ~ to fail a test [4]
réussir à un ~ to pass a test
examiner to examine
excéder to exceed
exception *f.*: **à l'~ de** with the exception of
excès *m.* excess
excuse-moi, mais... excuse me, but . . . [11]
excusez-moi excuse me [7]
exemple *m.* example [P]
exercer to practice, to carry on, to carry out
~ une profession to practice a profession [11]
exercice (physique) *m.* exercise
faire de l'~ to exercise [4]
exigé(e) required
exigence *f.* requirement, expectation
exister to exist, to be
il existe en noir it comes in black
exotique exotic
expérience *f.* experiment; experience
explication *f.* explanation
expliquer to explain [2]
exploit *m.* feat
explorateur/exploratrice *m./f.* explorer
exposition *f.* exhibit
expression *f.* expression
exprimer to express
exquis(e) exquisite
extérieur: à l'~ de outside of
extérioriser to externalize
extrait *m.* excerpt
extrait(e) excerpted

F

fac (faculté) *f.* college, university [4]
face: en ~ de across from [3]
faire ~ à to face up to, to deal with
fâché(e) angry [9]
fâcher, se to get mad / angry [10]
facilement easily [11]
façon *f.* way, manner
de toute ~ in any case
facteur *m.* factor; letter carrier [11]
facultatif(ve) optional [4]
faculté *f.* faculty, school (division of a college)
faible weak
vent ~ light wind
faim *f.* hunger [5]
avoir ~ to be hungry [5]
faire to do, to make, to go [2]
~ attention to pay attention
~ de l'aérobic to do aerobics [10]
~ de la gymnastique to exercise [4]
~ de la musique to practice music [4]
~ de la marche to walk [10]
~ de la musculation to do weight training [10]
~ de la natation to swim [4]
~ de l'exercice to exercise [4]
~ des courses to go shopping [4]
~ du bateau to go boating [7]
~ du bricolage to putter, to do-it-yourself [8]
~ du camping to go camping [7]
~ du fitness to do fitness training [10]
~ du jardinage to do gardening [8]
~ du ski to ski [4]
~ du ski nautique to water-ski [7]
~ du sport to play sports [4]
~ du vélo to bike [4]
~ face (à) to face (up to) [12]
~ fortune to make one's fortune
~ la collection de to collect
~ la connaissance de to meet
~ la cuisine to cook [4]
~ la grasse matinée to sleep in [4]
~ la lessive to do the laundry [8]
~ la sieste to take a nap [4]
~ la vaisselle to do the dishes [8]
~ le ménage to do housework [8]
~ le tour de to tour
~ les courses to go grocery shopping [5]
~ mal (à) to hurt [10]
~ partie de to be part of
~ peur à to scare
~ ses devoirs to do homework
~ son lit to make one's bed [4]
~ une demande d'emploi to apply for a job [11]
~ une promenade to go for a walk [4]
~ un séjour to stay [7]
~ un voyage to go on a trip [4]
il fait beau/bon/mauvais/chaud/frais/froid the weather is nice / pleasant / bad / hot / cool / cold [6]
il ~ du soleil/du vent/du brouillard it is sunny / windy / foggy [6]
un et un font deux one and one make two
fait *m.*: **en ~** actually, in fact [9]
falaise *f.* cliff
falloir to be necessary
il faut it is necessary [8]
il faut que (one must) [C]
fameux(se) famous
familial(e) (*m.pl.* **-aux**) family
famille *f.* family [2]
fanfaron(ne) boasting
fantasme *m.* fantasy [12]
fantastique fantastic, terrific
fantôme *m.* ghost
farci(e) stuffed
fardeau *m.* (*pl.* **fardeaux**) burden
fast-food *m.* fast food [5]
fatigant tiring
fatigué(e) tired [1]
faut (*see* **falloir**)
faute *f.* mistake, error
fauteuil *m.* armchair [3]
faux (fausse) false [1]
faveur *f.*: **en ~ de** in favor of
favori(te) favorite
favoriser to favor
fée *f.*: **bonne ~** fairy godmother
conte *m.* **de ~s** fairy tale
félicitations *f.* congratulations [9]
féliciter to congratulate [9]
femme *f.* woman [P]; wife [P]
~ au foyer housewife [11]
~ d'affaires businesswoman [11]
~ de ménage housekeeper
fenêtre *f.* window [P]
fer *m.* iron
~ à repasser *m.* iron (for ironing clothes)
ferme *f.* farm
fermé closed [3]
fermer to close
féroce fierce
fête *f.* holiday, celebration [4]
~ des mères Mother's Day [9]
~ foraine carnival
~ nationale national holiday [9]
fêter to celebrate
feu *m.* (*pl.* **feux**) fire [10]
~ d'artifice fireworks [9]
~ rouge *m.* traffic light
feuille *f.* leaf, sheet
~ de papier sheet of paper [P]
feuilleter to leaf through
feuilleton *m.* soap opera, series [6]
février *m.* February [4]
se ficher de to not care
je m'en fiche! I don't give a damn! [4]
fidèle faithful
fier (fière) proud
fierté *f.* pride
fièvre *f.* fever
fille *f.* girl [1]; daughter [2]
film *m.* movie [2]
~ d'amour romantic film [2]
~ d'aventure action film [2]
~ d'épouvante horror movie [6]
~ policier detective movie [6]
fils *m.* son [2]
fin *f.* end
finalement finally [5]

financier(ère) financial
finir to finish [6]
fitness: faire du ~ to do fitness training [10]
fixe fixed
flamand *m.* Flemish
flanelle *f.* flannel [10]
fleur *f.* flower [9]
à ~s flowered [10]
fleurir to make bloom
fleuve *m.* river
foie *m.* **gras** goose liver pâté
fois *f.* time [2]
à la ~ at the same time
une ~ once [2]
foncé(e) dark (color) [10]
(gris) foncé dark (gray) [10]
fonction *f.* **publique** public office
fonctionnaire *m./f.* civil servant, government employee [11]
fonctionner to work (machine)
fondé(e) founded
fondre to melt
fontaine *f.* fountain
foot(ball) *m.* soccer [2]
faire du ~ to play soccer [4]
force *f.* strength
de ~ by force
~ ouvrière workforce
forêt *f.* forest [7]
formation *f.* education, training [11]
forme *f.* shape, figure [10]
être / rester en (bonne) ~ to be / to stay in (good) shape [10]
formidable super, great
formulaire *m.* form [11]
formule *f.* formula
~s de politesse polite expressions [P]
fort *adv.* loud; hard
fort(e) heavyset, fat; strong [1]
forteresse *f.* fortress
fortune *f.* fortune
bonne ~ luck
fou (folle) crazy, foolish [1]; incredible
foulard *m.* scarf [C]
foule *f.* crowd
four *m.* oven
au ~ baked
fourchette *f.* fork [5]
frais *m.* expense
frais (fraîche) fresh; cool [5]
il fait frais it's cool (weather) [6]
fraise *f.* strawberry [5]
framboise *f.* raspberry [5]
français *m.* French (language) [4]
français(e) French [1]
France *f.* France
franchement frankly [11]
francophone French-speaking
francophonie *f.* French-speaking countries
frapper to strike [9]
ce qui m'a frappé(e) what struck me [9]
fréquemment frequently [11]
frère *m.* brother [2]
demi-frère *m.* half-brother [2]
frites *f.pl.* French fries [5]
froid(e) cold [5]
il fait ~ it's cold (weather) [6]
fromage *m.* cheese [5]
front *m.* forehead [10]
frontière *f.* border [C]
fruit *m.* fruit [5]
~s de mer *m.pl.* seafood [5]
fuir to flee
fumeurs *m.pl.* smokers; smoking (section) [7]
non-~ non-smoking (section) [7]
fusil *m.* gun, rifle

G

gagner to win; to gain; to earn [11]
~ de l'argent to earn money [11]
~ sa vie to earn a living [11]
gagneur/gagneuse *m./f.* winner
gants *m.* gloves [10]
garage *m.* garage, covered parking [7]
garantir to guarantee
garçon *m.* boy [1]; waiter
garder to keep
gare *f.* train station [3]
garni(e) served with vegetables
gâteau *m.* (*pl.* **gâteaux**) cake [5]
gâter to spoil
gauche *f.* left [3]
à ~ to the left, on the left [3]
gênant(e) annoying
généralement generally [11]
généreux(se) generous [1]
génial(e) (*m.pl.* **géniaux**) cool, great
C'est génial! That's cool! [4]
genou *m.* (*pl.* **genoux**) knee [10]
genre *m.* type, sort, kind [6]
gens *m.pl.* people [1], [3]
gentil(le) nice [4]
géographie *f.* geography [4]
geste *m.* gesture
gestion *f.* business management [4]
gîte *m.* shelter
~ et couvert food and shelter
glace *f.* ice cream [5]; ice
~ à la vanille vanilla ice cream [5]
~ au chocolat chocolate ice cream [5]
glacé(e) icy
glacial(e) icy, bitterly cold
glisser to slip
globalisation *f.* globalization [12]
golf *m.* golf [4]
faire du ~ to play golf [4]
gomme *f.* eraser [P]
gorge *f.* throat [10]
avoir mal à la ~ to have a sore throat
goût *m.* taste [8]
gouvernement *m.* government
grâce à thanks to
grammaire *f.* grammar
gramme *m.* gram [5]
grand(e) big; tall [1]
grande personne *f.* grown-up
grandes surfaces *f.pl.* super stores [5]
grandir to grow up
grand-mère *f.* grandmother [2]
grand-père *m.* grandfather [2]
grands-parents *m.pl.* grandparents [2]
gras(se) greasy, fatty [5]
faire la grasse matinée to sleep in [4]
gratin *m.* dish baked with bread-crumbs or grated cheese on top
gratinée à l'oignon *f.* onion soup
gratuit(e) free, no charge [4]
grave serious, grave [8]
Pas ~! No big deal! [8]
Grèce *f.* Greece
griffe *m.* brand
grignotage *m.* snacking [5]
grignoter to snack [5]
grippe *f.* flu [12]
gris(e) gray [2]
gronder to rumble
gros(se) heavyset [1]; big, great
grosses bises hugs and kisses
grossièreté *f.* vulgarity
grossir to gain weight, to get fat [6]
grouper to group
Guadeloupe *f.* Guadeloupe
guerre *f.* war [C]
~ de Sécession American Civil War
Première ~ mondiale World War I
guerrier *m.* warrior
guichet *m.* ticket window [7]
guirlande *f.* garland
Guyane (française) *f.* (French) Guyana
gymnase *m.* gym [10]
gymnastique *f.* gymnastics [4]
faire de la ~ to exercise [4]

H

s'habiller to get dressed [10]
habitant/habitante *m./f.* inhabitant
habiter to live [2]

habitude *f.* habit [5]
comme d'~ as usual
d'~ usually [4]
habituel(le) usual
s'habituer to become accustomed
Haïti *m.* Haiti
haltère *f.* dumbbell
***hamburger** *m.* hamburger [5]
***Hanoukka** *f.* Hanukkah
***hanter** to haunt
***haricots** *m.pl.* **verts** green beans [5]
***haut** *m.* upper part
***haut(e)** high
à haute voix aloud
***hein?** eh? [1]
***hein** you know
herbe *f.* grass
héritage *m.* heritage
***héros** *m.* hero
heure *f.* hour, o'clock; time [4]
à l'~ on time [6]
à quelle ~? at what time? [4]
de bonne ~ early
~s supplémentaires overtime
quelle ~ est-il? what time isit? [4]
tout à l'~ in a little while
heureusement fortunately [11]
heureux(se) happy [1]
hier yesterday [5]
~ matin/après-midi/soir yesterday morning / afternoon / evening [6]
histoire *f.* history [4]; story [6]
historique historical [2]
hiver *m.* winter [6]
***hockey** *m.* hockey [6]
***homard** *m.* lobster [5]
homme *m.* man [P]
~ au foyer house husband [11]
~ d'affaires *m.* businessman [11]
***honte** *f.* shame
avoir ~ to be ashamed
hôpital *m.* (*pl.* **hôpitaux**) hospital [3]
horaire *m.* timetable, schedule; hours [7]
horloge *f.* clock [P]
***hors de** out of
***hors-d'œuvre** *m.* (*pl.* **hors-d'œuvre**) starter, hors d'œuvre [5]
hôte *m.* host
hôtel *m.* hotel [3]
~ particulier mansion
hôtelier(ère) hotel (*adj.*)
***huit** eight
huître *f.* oyster [5]
humain(e) human
humide damp

An asterisk (*) indicates an aspirate **h:** no liaison or elision is made at the beginning of the word.

hypocondriaque hypochondriac, depressed [12]
hypothèse *f.* hypothesis
hypothétique hypothetical

I

ici here; this is (on telephone) [3]
idéal(e) ideal [1]
idéaliste idealistic [1]
idée *f.* idea [6]
se changer les ~s to take one's mind off things
identifier to identify
identité *f.* identity
ignorer to not know
il he, it [P]
il y a there is, there are [2]
il y a (trois jours) (three days) ago [6]
il n'y a pas de quoi you're welcome [P]
île *f.* island [7]
illuminé(e) lit up
illusoire illusory
ils they [1]
image *f.* picture [1]
imaginer to imagine
immédiatement immediately
immeuble *m.* apartment building
immigré/immigrée *m./f.* immigrant [C]
impatiemment impatiently [11]
impatient(e) impatient [1]
imperméable *m.* raincoat [10]
impliquer to involve
important(e) important
s'imposer to be called for; to be essential
impressionniste impressionist
imprévu(e) unexpected
imprimé(e) printed
tissu *m.* **~** print fabric [10]
impuissant(e) powerless
inattendu(e) unexpected
incarner to embody
incluant including
incontesté(e) uncontested
incrédule skeptical
incroyable incredible [4]
Inde *f.* India
indépendant(e) independent
entrée indépendante separate entrance
index *m.* index finger
indifférence *f.* indifference [C]
indifférent(e) indifferent [C]
indigène *m./f.* native
indigestion *f.* indigestion [12]
indiquer to indicate [1]
indiscret(ète) indiscreet
individu *m.* individual

individualiste nonconformist [1]
individuel(le) individual [3]
industriel *m.* industrialist
inégalité *f.* inequality [12]
inférieur(e) inferior
infini(e) infinite
infirmerie *f.* nurse's office
infirmier/infirmière *m./f.* nurse [11]
information *f.* information
~s news [6]
informaticien(ne) *m./f.* computer programmer [11]
informatique *f.* computer science [4]
ingénieur *m.* engineer [1]
injuste unfair
inquiet(ète) worried
(s')inquiéter (de) to worry (about) [8]
inquiétude *f.* worry
insolite strange
s'installer to settle
instituteur/institutrice *m./f.* grade school teacher
instruction *f.* education
~s instructions [P]
s'intégrer to be integrated [C]
intelligent(e) intelligent [1]
intention: avoir l'~ de to intend to [11]
interdiction *f.* ban
interdire to forbid
interdit(e) forbidden
intéressant(e) interesting [1]
intéresser to interest
ça vous (t')intéresse? would you like to? [6]
s'~ à to be interested in [8]
intérêt *m.* interest; advantage
Internet *m.* Internet [2]
interprète *m./f.* interpreter
interroger (quelqu'un) to call on, to question [9]
interrompre to interupt [11]
interviewer to interview [1]
s'intituler to be entitled
intolérance *f.* intolerance [C]
intolérant(e) intolerant [C]
inutile useless
inventer to invent
investir to invest
invitation *f.* invitation
invité/invitée *m./f.* guest
inviter to invite [2]
je t'invite/je vous invite I'm inviting you (my treat!) [6]
iPod *m.* iPod [2]
Irak *m.* Iraq
Iran *m.* Iran
irisé(e) in rainbow colors
irrité(e) irritated
islamique Islamic
isolé(e) isolated

Israël *m.* Israel
Italie *f.* Italy
italien(ne) Italian [1]

J

jaloux(se) jealous
jamais never [2]
ne... ~ never [4]
jambe *f.* leg [10]
jambon *m.* ham [5]
janvier *m.* January [4]
Japon *m.* Japan
japonais(e) Japanese [1]
jardin *m.* garden [7]
jardinage *m.* gardening [8]
jardinet *m.* small garden
jaune yellow [3]
jazz *m.* jazz [2]
je I [P]
jean *m.* jeans [2]
jeu *m.* (*pl.* **jeux**) game
~ électronique electronic game [9]
~ télévisé game show [6]
~ vidéo video game [2]
jeudi *m.* Thursday [4]
jeune young [3]
jeunesse *f.* youth
joaillier *m.* jeweler
jogging *m.* jogging [2]; jogging suit [10]
faire du ~ to go jogging [4]
joie *f.* joy
joli(e) pretty [3]
jongleur *m.* juggler
joue *f.* cheek [10]
jouer to play [2]
jouet *m.* toy [9]
jour *m.* day; daytime [4]
de nos ~s today
~ chômé public holiday
~ d'action de grâces Thanksgiving [9]
~ de congé day off; holiday [9]
~ de fête holiday
~ de l'An New Year's Day
~ des morts All Souls' Day
~ férié public holiday
par ~ a day (per day) [4]
tous les ~s every day
journal *m.* (*pl.* **journaux**) newspaper [2]
~ télévisé *m.* news (TV) [6]
journaliste *m./f.* journalist, reporter [1]
journée *f.* day(time) [4]
~ de repos *m.* day of rest
joyeux(se) happy; merry [9]
Joyeux Noël Merry Christmas [9]
judo *m.* judo [6]
juge *m.* judge [1]
juillet *m.* July [4]
juin *m.* June [4]
jupe *f.* skirt [10]
jurer to swear
juridique legal
jus *m.* **(d'orange)** (orange) juice [5]
~ de fruits fruit juice [5]
jusqu'à to, until [3]
jusqu'où how far
juste just; fair
justement exactly

K

kilo (de) *m.* kilogram [5]
un ~ de a kilo (2.2 lbs)
kiosque *m.* newsstand

L

la (*see* **le/la/l'/les**)
là there [3]
c'est ~ où... it's where . . . [5]
il/elle est ~ he / she is in [3]
il/elle n'est pas ~ he / she's not in [3]
-là (*see* **ce/cet/cette/ces**)
là-bas there, over there [1]
laboratoire *m.* laboratory
lac *m.* lake [7]
lâcher to let go of
là-dedans inside
laine *f.* wool [10]
en ~ wool [10]
laisser to let, to allow
~ à l'abandon to abandon
~ tomber to drop
lait *m.* milk [5]
~ maternisé infant formula
lampe *f.* lamp [3]
lancer to launch
langage *m.* language
langue *f.* language
~s étrangères foreign languages [4]
lapin *m.* rabbit [9]
laquelle (*see* **lequel**)
larme *f.* tear
lasagne *f.* lasagna
lavabo *m.* bathroom sink [3]
laver to wash [8]
se ~ to wash (oneself) [10]
le/la/l'/les *art.* the [P]
le (la) même the same [1]
le/la/l'/les *pron.* him, her, it, them [6]
leçon *f.* lesson [P]
lecteur/lectrice *m./f.* reader
~ de CD CD player [3]
~ de DVD DVD player [3]
~ de MP3 MP3 player [3]
lecture *f.* reading [6]
léger (légère) light [5]
légèrement lightly
légume *m.* vegetable [5]
lendemain *m.* the next day [6]
lentement slowly [11]
lequel/laquelle/lesquel(le)s which one(s)
les (*see* **le/la/l'/les**)
lessive *f.* laundry [8]
lettre *f.* letter [6]
~s de l'alphabet letters of the alphabet [P]
leur *pron.* (to) them [6]
leur, leurs *adj.* their [2]
lever to raise [10]
~ le doigt to raise one's hand [9]
se ~ to get up [10]; to rise
lèvres *f.pl.* lips [10]
libéré(e) freed
libérer to free
liberté *f.* freedom
~ d'expression freedom of speech
~ d'expression religieuse freedom of religion
libre free [4] [8]
(une chambre) ~ (a room) available [7]
Libye *f.* Libya
licence *f.* bachelor's degree
lien *m.* tie, bond; link
~ de parenté family relationship
lier to link
lieu *m.* (*pl.* **lieux**) place [3]
au ~ de instead of
avoir ~ to take place
~ de travail workplace
ligne: en ligne on line [2]
ligne *f.* **aérienne** airline
limonade *f.* lemonade [5]
lire to read [2]
lit *m.* bed [3]
faire son ~ to make one's bed [4]
~s superposés bunk beds
litre *m.* liter [5]
littérature *f.* literature [4]
livre *f.* pound [5]
livre *m.* book [P]
locataire *m./f.* tenant, renter [3]
logement *m.* lodging [3]
logique logical
logis *m.* lodging
loi *f.* law [C]
loin far away; far
~ de far from [3]
loisir *m.* leisure
~s leisure activities [2]
long(ue) long [2]
à manches longues long-sleeved [10]
le long de along
longtemps a long time [9]

longueur *f.* length
loterie *f.* lottery
loto *m.* bingo
louer to rent [3]
lugubre gloomy
lui he; him; to him/her [6]
lumière *f.* light
lumineux(se) luminous, bright
lundi *m.* Monday [4]
lune *f.* moon [10]
~ de miel honeymoon
lunettes *f.pl.* (eye)glasses
~ de soleil sunglasses [10]
lutte *f.* wrestling
lutter (contre) to fight (against) [C]
luxe *m.* luxury
Luxembourg *m.* Luxemburg
lycée *m.* high school [4]

M

ma (*see* **mon/ma/mes**)
macédoine *f.* **de légumes** mixed vegetables
madame (Mme) (*pl.* **mesdames**) madam, Mrs. [P]
mademoiselle (Mlle) (*pl.* **mesdemoiselles**) Miss [P]
magasin *m.* store [3]
magazine *m.* magazine [2]
Maghreb *m.* Maghreb
maghrébin(e) from the Maghreb
magnétoscope *m.* video cassette recorder [3]
magnifique magnificent [9]
magnifiquement magnificently
mai *m.* May [4]
maigrir to lose weight [6]
mail *m.* e-mail [2]
maille: en ~ knit
maillot *m.* **de bain** swimsuit [10]
main *f.* hand [10]
main-d'œuvre *f.* manpower
maintenant now [2]
maintenir to maintain
maire *m.* mayor
mais but [1]
~ non of course not [1]
~ oui but of course; well, yes [1]
~ si well, yes! [1]
maïs *m.* corn [5]
maison *f.* house [3]
~ de campagne country house
maître *m.* **d'hôtel** butler
maîtresse *f.* (elementary school) teacher [9]
maîtrise *f.* master's degree
maîtriser to master
majeur(e) main, major
majorité *f.* majority
grande ~ vast majority
mal badly, poorly [2]
mal *m.* evil; pain, ailment [12]
avoir du ~ à to have a hard time [C]
avoir ~ à to hurt [12]
~ à la gorge sore throat [12]
~ à la tête headache [12]
malade sick, ill [1]
maladie *f.* disease, illness [12]
malaise *m.* discomfort
malentendu *m.* misunderstanding
malgré in spite of
malheur *m.* misfortune, bad luck
malheureusement unfortunately [11]
malheureux(se) unfortunate
Mali *m.* Mali
maman *f.* mom
manche *f.* sleeve
à ~s courtes short-sleeved
à ~s longues long-sleeved
sans ~s sleeveless
manger to eat [2]
se ~ to be eaten
mangue *f.* mango
manier to handle
manière *f.* way, means
~s manners
manifester to demonstrate
mannequin *m.* model
manque *m.* lack [11]
un ~ de a lack of [11]
manquer to miss
il manque... . . . is missing
manteau *m.* (*pl.* **manteaux**) coat [10]
maquillage *m.* makeup
se maquiller to put on makeup [10]
marchand/marchande *m./f.* merchant
marche *f.* walking [4]
faire de la ~ to go walking [4]
marché *m.* market; deal
marcher to walk [10]
mardi *m.* Tuesday [4]
~ gras *m.* Shrove Tuesday
mari *m.* husband [2]
mariage *m.* marriage [8]
~ à l'essai trial marriage
se marier to get married [8]
marine: bleu ~ navy blue [10]
Maroc *m.* Morocco
marocain(e) Moroccan [1]
marque *f.* brand
marqué(e) marked
marquer un but to score a goal
marre: j'en ai ~! I've had it! [4]
marron *inv.* brown [10]
marron *m.* chestnut
mars *m.* March [4]
Martinique *f.* Martinique
masque *f.* mask
match *m.* match, game [2]
~ de foot (soccer) game [2]
matériel(le) material
maths *f.pl.* math [4]
matière *f.* school subject [4]; material [10]
en ~ de in the matter of [4]
matin *m.* morning [4]
du ~ in the morning (time)
matinal(e) (*m.pl.* **-aux**) morning (*adj.*)
matinée *f.* morning
faire la grasse ~ to sleep in [4]
Mauritanie *f.* Mauritania
mauvais(e) bad [3]
il fait mauvais it's bad weather [6]
me me, to me [8]
mécanicien/mécanicienne *m./f.* mechanic [1]
mécontent(e) displeased
médecin *m.* doctor [1]
médecine *f.* (discipline of) medicine [4]
médias *m.pl.* (communications) media
médicament *m.* medicine, medication [12]
Méditerranée *f.* Mediterranean Sea
meilleur(e) better (*adj.*) [5]
le meilleur/la meilleure/les meilleur(e)s the best [9]
se mêler: De quoi te mêles-tu? Mind your own business!
membre *m.* member
même *adj.* same [7]
-~ self
le (la) ~ the same [1]
même *adv.* even
mémoire *f.* memory
mémoire *m.* thesis
menacer to threaten
ménage *m.* household
faire le ~ to do housework, to do the cleaning [8]
mensonge *m.* fib, lie [6]
mental(e) (*m.pl.* **-aux**) mental
menteur/menteuse *m./f.* liar
mentionné(e) mentioned [2]
mentir to lie
menton *m.* chin
menu *m.* menu [5]
mépriser to despise, to scorn
mer *f.* sea [7]
fruits *m.pl.* **de ~** seafood [5]
merci thank you [P]; mercy
~ mille fois many thanks [9]
mercredi *m.* Wednesday [4]
mère *f.* mother [2]
mériter to deserve [12]
merveilleux(se) marvelous
mes (*see* **mon/ma/mes**)
mésaventure *f.* misadventure
message *m.* message [3]
~ électronique e-mail message [6]

messe *f.* Mass
météo(rologique): bulletin *m.* **~** weather report [6]
métier *m.* occupation, career [8]
métro *m.* subway
mettre to put (on) [10]
~ au piquet to put in the corner (punish)
meublé(e) furnished [3]
non ~ unfurnished [3]
meubles *m.pl.* furniture [3]
mexicain(e) Mexican [1]
Mexique *m.* Mexico
miche *f.* **de pain** loaf of bread
mi-chemin: à ~ half-way
midi *m.* noon [4]
mieux *adv.* better [5]
il vaudrait ~ it would be better [C]
il vaut ~ que it is better that [C]
le ~ the best (*adv.*) [9]
migraine *f.* migraine
mijaurée *f.* stuck-up woman
milieu *m.* middle [4]
au ~ de in the middle of
~ de travail workplace
~ social social class; social environment [8]
militaire military
mille *inv.* thousand [3]
milliard *m.* billion [3]
million *m.* million [3]
mince slender, thin [1]
~ (alors)! darn it! [4]
minérale: eau *f.* **~** mineral water [5]
mini-pochette *f.* small clutch bag
ministre *m.* cabinet minister
premier ~ prime minister
minuit *m.* midnight [4]
minute *f.* minute
mis(e) en conserve canned
misère *f.* poverty [C]
mite *f.* clothes moth
mi-temps: à ~ half / part-time [11]
mixte mixed
se mobiliser to rally, to mobilize [C]
mocassins *m.pl.* moccasins [10]
mode *f.* fashion; style [10]
mode *m.* mood
sur le ~ rigolo in a funny way
modéré(e) moderate
modeste modest
moi me [11]
~ aussi me too; so do I [1]
~ non plus me neither; neither doI [1]
moins (de) less [3], fewer [5]
au ~ at least [3]
de ~ en ~ less and less
en ~ less; fewer
le/la/les ~ the least [9]
~ dix ten minutes to (the hour) [4]
~ le quart quarter to (the hour) [4]
~ que less than [5]
mois *m.* month [4]
moitié *f.* half
moment *m.* moment [3]
un ~, s'il vous plaît just a minute, please [3]
mon/ma/mes my [2]
monde *m.* world [7]
tout le ~ everyone
mondialisation *f.* globalization [12]
monotone monotonous
monsieur (M.) sir, Mr. [P]
Monsieur/Mademoiselle, s'il vous plaît? Sir/Miss, please? [5]
montagne *f.* mountain [6]
en ~ in the mountains
monter (*fig.*) to move up [11]
monter (dans) to go up, to get on [6]; to bring up; to climb; to get ahead
montre *f.* watch
montrer to show [3]
monture *f.* eyeglass frame
monument *m.* monument [7]
moral(e) moral
morale *f.* morals, ethics
faire la ~ à to lecture
~ occidentale Western morality, ethics [12]
morceau *m.* (*pl.* **morceaux**) piece [5]
~ de craie piece of chalk [P]
mort *f.* death
mort(e) dead [9]
morue *f.* cod
mosquée *f.* mosque [7]
mot *m.* word
des ~s nouveaux new words [1]
écrire un ~ to write a note
~ apparenté cognate [1]
mot-clé *m.* key word
motiver to motivate
mouche *f.* fly
moulant(e) tight-fitting
mourir to die
mousse *f.* **au chocolat** chocolate mousse [5]
moyen *m.* means
moyen(ne) average [8]
classe moyenne *f.* middle class
moyenne *f.* average
en ~ on average
MP3 *m.* MP3 player
municipalité *f.* town government
mur *m.* wall [P]
mûrir to mature
murmurer to whisper [9], to murmur
musculation *f.* weight training [10]
faire de la ~ to do weight training
musée *m.* museum [3]
musicien/musicienne *m./f.* musician [1]
musique *f.* music [2]
faire de la ~ to play music [4]
~ classique classical music [2]
musulman(e) Moslem

N

nager to swim [7]
naïf (naïve) naive
naissance *f.* birth
naître to be born
narrateur/narratrice *m./f.* narrator
natation *f.* swimming [4]
faire de la ~ to swim [4]
nationalité *f.* nationality [1]
nature *f.* nature [7]
naturel(le) natural
nausée *f.* nausea [12]
avoir la ~ to be nauseated [12]
navette *f.* **spaciale** space shuttle
navigateur *m.* seafarer
ne (n') not [1]
~... jamais never [5]
~... ni neither . . . nor [5]
~... pas not [1]
~... personne no one, nobody, not anyone [9]
~... plus not . . . anymore, no longer [5]
~... que only [5]
~... rien nothing, not anything [9]
né(e) born
néanmoins nevertheless
nécessité *f.* necessity
négatif(ve) negative
neige *f.* snow [6]
chute de ~ snowfall
neiger: il neige it's snowing [6]
nerveux(se) nervous [1]
n'est-ce pas? isn't it so? [1]
nettoyer to clean
neuf nine
neuf (neuve) (brand-)new
neuvième ninth
neveu *m.* (*pl.* **neveux**) nephew [2]
nez *m.* nose [10]
avoir le ~ qui coule to have a runny nose [12]
~ bouché stuffy nose [12]
ni: ~ l'un ~ l'autre neither one [2]
nièce *f.* niece [2]
n'importe no matter
niveau *m.* (*pl.* **niveaux**) level
nœud papillon *m.* bow tie
Noël *m.* Christmas [9]
joyeux ~ Merry Christmas
Père ~ Santa Claus

nœud *m.* knot
noir *m.* black [3]
noir(e) black; dark [2]
nom *m.* name
~ **de famille** *m.* surname [P]
nombre *m.* number
~**s ordinaux** ordinal numbers [3]
non-fumeurs non-smoking (section) [7]
nord *m.* north [6]
nos (*see* **notre/nos**)
note *f.* note; grade
notez jot down [1]
notre/nos our [2]
nourrir to feed
nourriture *f.* food
nous we [1]; (to) us [8]
nouveau/nouvel/nouvelle/nouveaux/nouvelles new [3]
de nouveau again
nouvelle *f.* (piece of) news
novembre *m.* November [4]
noyade *f.* drowning
nuage *m.* cloud [6]
nuageux(se) cloudy [6]
nuit *f.* night, per night [7]
nul: C'est nul! That's too bad! [4]
numéro *m.* number
un ~ de téléphone telephone number [3]
numéroter to number
numérotez number [3]
nylon *m.* nylon [10]

O

obéir to obey
objectif *m.* goal, objective
objet *m.* object, thing
~ **d'art** art object
~**s personnels** *m.pl.* personal possessions [3]
~**s trouvés** *m.pl.* lost-and-found
obligatoire required [4]
obscurité *f.* darkness
observer to notice [P]
obstinément stubbornly
obtenir to obtain, to get
occasion *f.* opportunity [9]
occidental(e) (*m.pl.* **occidentaux**) Western
occupé(e) busy [4]
s'occuper de to be busy with
octobre *m.* October [4]
odeur *f.* odor, smell
odorant(e) fragrant
œil *m.* (*pl.* **yeux**) eye [10]
œuf *m.* egg [5]
officialisation *f.* making official
officiel(le) official
offrir to offer, to give (a gift) [9]
oie *f.* goose
oignon *m.* onion [5]
oiseau *m.* (*pl.* **oiseaux**) bird
omelette *f.* omelet
on one; people; they; we
oncle *m.* uncle [2]
onze eleven
opéra *m.* opera
opinion *f.* opinion
optimiste optimistic [1]
or *m.* gold; **bijoux** *m. pl.* **en ~** gold jewelry [10]
orage *m.* thunderstorm [6]
orageux(se) stormy [6]
orange *f.* orange [5]
orange *adj. inv.* orange
ordinaire ordinary [5]
ordinateur *m.* computer [3]
~ **portable** laptop [P]
ordonnance *f.* prescription [12]
ordre *m.* order
par ~ décroissant in descending order
oreille *f.* ear [10]
organisation *f.* organization
organiser to organize
origine *f.* origin; source; background [C]
à l'~ originally
d'~ africaine of African origin [C]
os *m.* bone
ou or [1]
où where [3]
d'~ es-tu? / d'~ êtes-vous? Where are you from?
le jour ~ the day that
~ **est / se trouve... ?** where is . . .? [3]
ouais yeah
oublier to forget [5]
ouest *m.* west [6]
ours *m.* **en peluche** teddy bear [9]
outre-mer overseas
ouvert(e) open [3]
ouvragé(e) worked, decorated
ouvrier/ouvrière *m./f.* factory worker [11]
ouvrir to open
s'~ to open oneself up

P

pain *m.* bread [5]
~ **grillé** *m.* toast [5]
page: page perso(nnelle) *f.* personal Web page [6]
paix *f.* peace
palace *m.* luxury hotel
pâlir to pale
palmier *m.* palm tree
pamplemousse *m.* grapefruit
pancarte *f.* sign
panne: tomber en ~ to break down
pansement *m.* bandage
faire un ~ to bandage
pantalon *m.* (pair of) pants [10]
~ **de survêtement** sweatpants
pantoufles *f.* slippers [10]
papa *m.* dad
papier *m.* paper
~ **à lettres** stationery
Pâques *f.pl.* Easter
par by
~ **contre** on the other hand [2]
~ **jour** a (per) day
paraître to appear, to seem
parapluie *m.* umbrella [10]
parc *m.* park [3]
parce que because [3]
parcourez skim [3]
parcourir to skim
pardon excuse me [3]
~**?** Pardon me? What? [P]
~ **madame** excuse me, ma'am [3]
~ **monsieur** excuse me, sir [3]
pareil(le) equal [8]
parenté *f.* family relationship
parents *m.pl.* relatives; parents [2]
~ **éloignés** distant relatives
paresseux(se) lazy [1]
parfait(e) perfect [6]
c'est parfait! it's perfect! [6]
parfois sometimes [1]
parfum *m.* perfume; scent
Paris *m.* Paris
parisien(ne) Parisian
parlement *m.* parliament
parler to speak [2]
se ~ to talk to one another [8]
parmi among
parole *f.* word; lyric
donner sa ~ to give one's word
part *f.*: **à ~** apart from
c'est de la ~ de qui? may I ask who's calling? [3]
partager to share [8]
partenaire *m./f.* partner [8]
parti *m.* party
participez participate [2]
particularisme *m.* specific characteristics
particulier(ère) particular, private
hôtel *m.* ~ mansion
particulier: chez un ~ in a private house
partie *f.* part; game
partir to leave [7]
partout everywhere [12]
parure *f.* dress, finery
pas *m.* step

pas not [P]
~ **beaucoup** not much, not many [2]
~ **de...** no . . .
~ **du tout** not at all [1]
~ **du tout (de)** not at all [5]
~ **mal** not bad [P]
~ **tant de manières!** stop fooling around!
~ **tout à fait** not quite
~ **trop** not very, not too
passage *m.* passageway
passé *m.* past
passé(e) last; past
passeport *m.* passport
passer to take (an exam) [4]
~ **par / à** to pass (through, by) [6]; to spend (time)
~ **des heures (à +** ***inf.*****)** to spend hours
~ **l'aspirateur** to vacuum [8]
~ **par** to pass through (by) [6]
~ **ses vacances** to spend one's vacation [7]
~ **une semaine** to spend a week
se passer to happen, to take place [8]
qu'est-ce qui s'est passé? what happened?
passe-temps *m.* pastime [6]
passif(ve) passive [1]
pâté *m.* pâté [5]
pâtes *f.pl.* pasta [5]
patiemment patiently [11]
patient(e) patient [1]
patin *m.* skate
~ **à roulettes** roller skate
patinage *m.* skating [6]
~ **sur glace** ice skating
patinoire *f.* skating rink
pâtisserie *f.* pastry shop [5]
patrie *f.* country
patron/patronne *m./f.* boss [11]
paupière *f.* eyelid
pause-café *f.* coffee break
pauvre poor [1]
~ **de moi!** woe is me!
pauvre *m./f.* poor person [C]
pauvreté *f.* poverty [C]
payant fee-based [7]
payer to pay [5]
pays *m.* country [6]
paysage *m.* countryside, landscape
Pays-Bas *m.pl.* Netherlands
peau *f.* skin
P.D.G. *m./f.* **(président-directeur général)** CEO [11]
pêche *f.* peach [5]; fishing [7]
aller à la ~ to go fishing [7]
péché *m.* sin
pêcheur *m.* fisherman
peindre to paint
se peigner to comb one's hair [10]
peine *f.* sorrow, pain
à ~ barely
peintre *m.* painter [1]
peinture *f.* painting [4]
pelouse *f.* lawn
peluche *f.* stuffed animal [9]
penché(e) sur concerned with
pendant for, during [7]
~ **combien de temps** for how long [7]
~ **que** while
pensée *f.* thought
penser to think [2]
~ **à** to think about [2]
~ **de** to think of
pensez think [1]
pension *f.* **complète** lodging and meals
perdre to lose [7]
~ **du temps** to waste time
père *m.* father [2]
Père Noël *m.* Santa Claus [9]
période *f.* period
permanence: en ~ permanently
permettre to allow, to permit
perpétuer to carry on
persillade *f.* chopped parsley
personnage *m.* character
personnalité *f.* personality
personne nobody [9]
ne... ~ no one, nobody, not anyone [9]
~ **ne** no one, nobody [9]
personne *f.* person
grande ~ grown-up
personnel(le) personal [11]
perte *f.* loss
perturbation *f.* weather disturbance
peser to weigh
pessimiste pessimistic [1]
petit(e) short, small, little [1]
petit ami *m.* boyfriend [8]
petit déjeuner *m.* breakfast [5]
petite amie *f.* girlfriend [8]
petit pois *m.pl.* peas [5]
petit déjeuner compris breakfast included [7]
petite-fille *f.* granddaughter [2]
petit-fils *m.* grandson [2]
pétition *f.* petition [C]
petits pois *m.* peas [5]
pétri(e) de steeped in
peu little, a little [1]
à ~ près almost, nearly
~ **de** few
un ~ a little [1]
un ~ (de) a little [5]
peuplé(e) inhabited
peur *f.* fear [12]
avoir ~ to be afraid [4]
faire ~ à to scare [12]
peut-être perhaps, maybe [1]
phare *m.* light
pharmacie *f.* drugstore [3]
pharmacien/pharmacienne *m./f.* pharmacist [12]
phénomène *m.* phenomenon [12]
Philippines *f.pl.* Philippines
philosophie *f.* philosophy [4]
phobie *f.* phobia
photo *f.* photo [2]
~ **de famille** family photo [2]
prendre une ~ to take a picture
photographie *f.* photograph
phrase *f.* sentence
physique *f.* physics [4]
physique physical
éducation ~ physical education [4]
pièce *f.* room [3]
pied *m.* foot [10]
à ~ on foot [7]
pilon *m.* pestle
piment *m.* bell pepper
pique-nique *m.* picnic [9]
piqûre *f.* injection [12]
faire une ~ à to give an injection to [12]
pire worse
le ~ the worst
piscine *f.* swimming pool [7]
pizza *f.* pizza [5]
placard *m.* closet [3]
place *f.* seat [7]; city square [3]
plage *f.* beach [7]
plainte *f.* complaint
plaire to please [4]
ça me plaît I like it [4]
ça te plaît? do you like that? [4]
plaisance *f.*: **de ~** pleasure related
plaisanter: to kid
tu plaisantes! you're kidding! [4]
plaisir *m.* pleasure [6]
avec ~ with pleasure [6]
plan *m.* **de la ville** street map [3]
planche *f.* **à voile** sailboarding
planète *f.* planet
plat *m.* course (food), dish [5]
~ **garni** main dish, entree [5]
~ **principal** main course [5]
~**s cuisinés** prepared foods
plat(e) flat
plateau *m.* (*pl.* **plateaux**) platter
à ~ platform (shoe)
plein(e) full
à ~ temps full-time [11]
en ~ air outdoor
pléthore *f.* plethora
pleurer to cry [5]
pleut: il ~ it's raining [6]
plié(e) bent
plongée *f.* **sous-marine** diving
pluie *f.* rain [6]
sous la ~ in the rain

plupart: la ~ de most [8]
la ~ des gens most people [8]
la ~ du temps most of the time [8]
pluriel *m.* plural
plus more [3]
de ~ en ~ more and more
le/la/les ~ the most [9]
ne... ~ no more, no longer [5]
~ de more [5]
~... ~... the more . . . the more
~... que more . . . than [5]
~ tard later [3]
~ tôt earlier [4]
plusieurs several
plutôt rather [2]
~ que instead of
pluvieux(se) rainy
pneumonie *f.* pneumonia
poche *f.* pocket [10]
poème *m.* poem [6]
poids *m.* weight
poil: de tout ~ of all sorts
points cardinaux *m.pl.* cardinal points [6]
poire *f.* pear [5]
pois: à ~ polka dot [10]
petits ~ peas [5]
poisson *m.* fish [5]
poissonnerie *f.* fish market [5]
poivre *m.* pepper [5]
poivron *m.* green pepper
pôle *m.* pole
poli(e) polite
policier(ère) detective [2]
poliment politely [11]
politicien/politicienne *m./f.* politician [1]
politique political
polo *m.* polo shirt [10]
polyester *m.* polyester [10]
pomme *f.* apple [5]
~ de terre potato [5]
~s frites French fries
tarte *f.* **aux ~s** apple tart [5]
pompes *f.pl.* pushups [10]
population *f.* population
~ active workforce
porc *m.* pork [5]
port *m.* wearing; harbor
portable (téléphone portable) *m.* cell phone [3]
porte *f.* door [P]
porter to wear [10]; to carry
se ~ bien to be in good health
Portugal *m.* Portugal
poser to place; to put down
posez des questions ask questions [1]
positif(ve) positive
position *f.* position, location
posséder to own, to possess, to have
possible possible
C'est pas ~! Impossible! [4]
poste *f.* post office [3]
par la ~ by mail
poste *m.* job, position [11]
~ à mi-temps half-time position [11]
~ à plein temps full-time position [11]
~ de direction management position
~ de télévision television set
poster *m.* poster [3]
postulant/postulante *m./f.* applicant
poterie *f.* pottery
poule *f.* hen
poulet *m.* chicken [5]
poupée *f.* doll [9]
~ de chiffons rag doll
pour for; to, in order to
le ~ et le contre pros and cons
~ moi in my opinion [C]
~ voir to see [1]
pourcentage *m.* percentage
pourquoi why [3]
pourriez-vous me dire... ? could you tell me . . . ? [3]
pourriez-vous m'indiquer... could you tell me . . . [7]
poursuivre to pursue
pourtant yet
pousser to push, to encourage
~ des cris to shout
pouvoir to be able to; can [4]
est-ce que je pourrais... ? could I . . . ? [3]
j'ai pu I succeeded in [7]
je n'ai pas pu I failed to [9]
pouvoir *m.* power [11]
pratique practical
pratique *f.*: **en ~** in practice
pratiquement practically
pratiquer to practice
précédent(e) preceding [1]
précieux(se) precious
précis(e) precise
préféré(e) favorite
préférer to prefer [2]
préjugé *m.* prejudice [C]
premier(ère) first [3]
premier étage *m.* second floor [7]
première classe *f.* first class [7]
premier soins *m.pl.* first aid [12]
premièrement first [5]
prendre to take [3]; to have (food) [5]
Je vais ~... I'm going to have . . . [5]
~ le temps (de) to take the time to [4]
~ rendez-vous to make an appointment [11]
~ une décision to make a decision [4]
~ une douche to take a shower [10]
prénom *m.* first name [P]
préparer to prepare [4]
~ un examen to study for an exam [4]
près (de) close to [3]
prescrire to prescribe
présent(e) present [1]
présentation *f.* introduction [P]
présenter to introduce . . . to . . .
je te/vous présente let me introduce [P]
se ~ to come to
président/présidente *m./f.* president [1]
présider à to preside over
presque almost, nearly [2]
presqu'île *f.* peninsula
pressé (*un citron*) squeezed [5]
pressé(es) (*les gens*) rushed [5]
pressentir to have a presentiment
prêt(e) ready
prétendre to claim
prêter to lend [7]
preuve *f.* proof
prévu(e) planned
prié(e): est ~ de se présenter is asked to come
prier to pray
je t'/vous en prie you're welcome [9]
prière *f.* prayer
prince *m.* prince
princesse *f.* princess
principal(e) (*m.pl.* **-aux**) principal
plat *m.* **~** main course [5]
principe *m.* principle
printemps *m.* spring [6]
privilégié(e) preferred
prix *m.* price [3]
problème *m.* problem [6]
processus *m.* process
prochain(e) next [4]
~ train *m.* next train [7]
proche near (*adj.*)
produit *m.* product [5]
~ bio organic product [10]
~ surgelé frozen food [5]
professeur *m.* teacher, professor [P]
profession *f.* occupation [1]
~ libérale profession [11]
professionnel(le) professional [11]
profiter de to take advantage of
programme *m.* program [6]
progrès *m.* progress
progressivement gradually
proie *f.* prey
projet *m.* plan [4]; project
promenade *f.* walk [2]
faire une ~ to go for a walk [4]
se promener to go for a walk [10]

promettre to promise
promotion *f.* promotion [11]
se proposer to intend
propre own [4]
propriétaire *m./f.* landlord / landlady [3]
protéger to protect
protester to protest [C]
provenance *f.*: **en ~ de** from
provinciaux *m.pl.* French people who live outside Paris
provoquer to instigate, to provoke
proximité *f.* proximity
psychologie *f.* psychology [4]
psychologique psychological
psychologue *m./f.* psychologist
pub *f.* commercial [6]
public (publique) public
publicité *f.* advertisement
publier to publish
puis then [5]
pull *m.* sweater (generic term) [10]
puni(e) punished [9]
punir to punish
punition *f.* punishment
pureté *f.* purity
pyjama *m.* pajamas [10]

Q

quai *m.* platform [7]
quand when [3]
~ même all the same
quantité *f.* quantity [5]
quarante forty [2]
quart: et ~ fifteen (minutes past the hour) [4]
moins le ~ quarter to (the hour) [4]
~ de travail *m.* shift
~ d'heure fifteen minutes
quartier *m.* neighborhood, community [3]
~ général *m.* headquarters
vieux ~ old quarter / part of town [7]
quatorze fourteen [2]
quatre four [2]
quatre-vingt-cinq eighty-five [P]
quatre-vingt-dix ninety [P]
quatre-vingt-dix-sept ninety-seven [P]
quatre-vingt-onze ninety-one [P]
quatre-vingts eighty [P]
quatre-vingt-un eighty-one [P]
que what, that
~ je suis bête! how stupid of me!
~ veut dire... ? what does . . . mean? [P]
quel/quelle which, what [2]
quel âge avez-vous/as-tu? how old are you? [2]
quel est le sens de... ? What is the meaning of . . . ? [4]
quelle bêtise! how stupid!
quelle chance! how lucky!
quel temps fait-il? what is the weather like?
quelque chose something [9]
c'est ~ que... it's something that . . . [5]
~ de bon something good
quelquefois sometimes [2]
quelqu'un someone [9]
c'est ~ qui... it's someone who . . . [5]
~ de célèbre someone famous
querelle *f.* quarrel
qu'est-ce que what [2]
~ c'est? what is it? [P]
~ c'est que... ? what is . . . ? [5]
~ c'est que ça? what is that? [5]
qu'est-ce qu'il y a? what's the matter?
qu'est-ce qui what
~ se passe? what's going on?
question *f.* question
qui who [P], that
~ correspondent that correspond [1]
~ est à l'appareil? may I ask who's calling? [3]
~ suis-je? who am I? [1]
quiche *f.* quiche [5]
quinze fifteen
quitter (quelqu'un/un endroit) to leave (someone / a place) [4]
ne quittez pas just a minute, please [3]
quoi what
de la/du ~? some what? [5]
il n'y a pas de ~ you're welcome [9]
un(e) ~? a what? [5]
quoi you know [2]
quotidien(ne) daily

R

racisme *m.* racism [C]
raconter to tell (a story) [7]
radio *f.* radio [2]
raffermissement *m.* firming
raffiné(e) refined, cultured
raffinement *m.* refinement
raison *f.* reason
raisonnable reasonable [1]
raisonnablement reasonably
raisonner to reason
Ramadan *m.* Ramadan [9]
ramener to bring back
rang *m.* row
ranger (sa chambre) to tidy up (one's bedroom) [8]
rapide fast
rapide *m.* express train
rapidement fast [11]
rappel *m.* reminder
rappeler to remind (of)
rapport *m.* report [6]; relationship
rarement rarely [2]
se raser to shave [10]
rassurant(e) reassuring
rassuré(e) reassured
rater to miss [7]; to fail (an exam) [4]
~ le train to miss the train [7]
rattraper to catch up with
ravissant(e) ravishing
rayon *m.* department, counter (in a store) [5]
~ de fromage cheese section [5]
rayure *f.*: **à rayures** striped [10]
réagir to react
réaliser to accomplish, to achieve, to fulfill [11]
réaliste realistic [1]
réalité *f.* reality [11]
rebrodé(e) embroidered
récemment recently [11]
recensement *m.* census
réceptionniste *m./f.* desk clerk [7]
recette *f.* recipe [5]
recevoir to receive [3]
recherche *f.* research; search
à la ~ de in search of
rechercher to look for
recommander to recommend [12]
reconnaître to recognize [9]
recouvrir to cover
récréation *f.* recess
recruter to recruit
recycler to recycle
réduction *f.* discount [7], reduction
réellement really
refaire to redo
réfléchir à to think about, to reflect on [6]
reflet *m.* reflection
refléter to reflect
se ~ to be reflected
réflexion *f.* reflection, thought
à la ~ upon reflection
réforme *f.* reform
refuser to refuse
regard *m.* look, gaze
regarder to look at, to watch [2]
régime *m.* diet [5]
être au ~ to be on a diet [5]
suivre un ~ to be on a diet
région *f.* region, area [3]
regretter to be sorry; to regret [7]
regroupement *m.* reuniting
réimporter to reimport
reine *f.* queen [9]
rejeter to reject

rejoindre to join
se réjouir to be delighted
relation *f.* relationship (not family) [8]
se relever to pick oneself up; to recover
relier to connect [3]
religieux(se) religious
relire to reread
remarquer to notice
remarquez note, notice [3]
remercier to thank [9]
remettre to restore, to return
remplacer to replace
remplir to fill out (a form, etc.) [11]
  ~ un formulaire to fill out a form [11]
renard *m.* fox
rencontre *f.* (chance) meeting
rencontrer to meet [8]
rendez-vous *m.* meeting, appointment [11]
rendre to make, to render [7]
  ~ malade to make sick
  ~ visite à to visit (someone) [7]
renommé renowned
renseignement *m.* information
rentrée *f.* back to school [6]
rentrer to come home; to return (home) [4]; to go back (in)
renvoyer to fire
répandu(e) widespread
répartition *f.* distribution
repas *m.* meal [5]
repasser to iron [8]
repenser to think again
répéter to repeat
  répétez, s'il vous plaît repeat, please [P]
répétition *f.* repetition
replier to bend again
répondeur *m.* answering machine [3]
répondre to answer [7]
réponse *f.* answer; response [3]
  la bonne ~ the right answer [3]
repos *m.* rest
se reposer to rest [10]
repousser to push away
représenter to represent
reprise: à plusieurs ~s several times
requête *f.* request
réseau (*pl.* **réseaux**) network
réservé(e) à reserved for [11]
résidence *f.* **universitaire** dorm [3]
se résigner to resign oneself
respecter to respect [C]
responsable responsible
ressembler (à) to look like, to resemble [2]
  se ~ to look alike
ressentir to feel
ressourcer: se ~ to recharge one's batteries
restaurant *m.* restaurant [2]
  ~ universitaire university cafeteria [4]
restauration *f.* restoration
rester to stay, to remain [6]
  ~ au lit to stay in bed [12]
  ~ debout to remain standing [9]
resto-U *m.* university cafeteria
résultat *m.* result
résumé *m.* summary
résumer to summarize
retard *m.* lag, delay
  en ~ late [6]
retenir to keep
retirer to take off
retour *m.* return
retourner to go back [6]
  se ~ to turn around
retraite *f.* retirement [11]
retrouver to meet [2]
  ~ (des amis) to meet with (friends) [2]
  se ~ to meet (by previous arrangement) [8]
se réunir to get together
réussir à to succeed, to pass (a test) [6]
  ~ à un examen to pass an exam [4]
réussite *f.* success [11]
rêve *m.* dream [12]
(se) réveiller to wake up [10]
réveillon *m.* Christmas Eve dinner
révélateur(trice) revealing
révéler to reveal
revenir to come back [7]
rêver to dream [12]
  ~ à to dream of
revêtir to assume
réviser to review
revoir to see again
  au ~ good-bye [P]
  se ~ to see each other again [8]
rez-de-chaussée *m.* ground (first) floor [7]
rhume *m.* cold [12]
  ~ des foins hay fever [12]
riche rich [1]
richesse *f.* richness
rideaux *m.pl.* curtains [3]
ridicule ridiculous
rien nothing [9]
  ce n'est ~ think nothing of it [9]
  de ~ you're welcome [9]
  ne... ~ nothing, not anything [9]
  ~ d'intéressant nothing interesting
  ~ du tout nothing at all
rigoler: Tu rigoles! You're kidding! [4]
rigolo(te) funny
rigoureux(se) harsh
rigueur: à la ~ if need be
rire to laugh [8]
risque *m.* risk
rival(e) (*m.pl.* **-aux**) rival
rivière *f.* river
riz *m.* rice [5]
robe *f.* dress [10]
  ~ de chambre bathrobe [10]
  ~ du soir evening dress [10]
rock *m.* rock music [2]
roi *m.* king [9]
rôle *m.* role
  à tour de ~ in turn
romain(e) Roman
roman *m.* novel [2]
  ~ d'amour romantic novel
  ~ historique historical novel [2]
  ~ policier detective novel [2]
romanche *m.* Romansh (language)
rompre to break
roquefort *m.* Roquefort cheese [5]
rosbif *m.* roast beef [5]
rose *adj.* pink [10]
rôti *m.* roast [5]
  ~ de porc pork roast [5]
roue *f.* wheel
rouge red
rouge *m.* red [3]
route *f.* road
  ~ en terre dirt road
routier(ère) road (*adj.*)
routine *f.* routine [10]
roux (rousse) red (hair) [2]
rue *f.* street [3]
rupture *f.* breaking off; breakup
rural(e) (*m.pl.* **ruraux**) rural
russe Russian [1]
Russie *f.* Russia
rythme *m.* rhythm

S

sa (*see* **son/sa/ses**)
sable *m.* sand
sac *m.* **à dos** backpack [P]
sacré(e) sacred
sacrifier to sacrifice
sage quiet, well-behaved; wise
sage-femme *f.* midwife
saigner to bleed
sain(e) healthful [5]
saint(e) holy
saisir to seize
saison *f.* season [6]
salade *f.* salad [5]
salaire *m.* wages, salary [11]
salé(e) salty [5]
salle *f.* room; classroom [P]
  ~ à manger dining room [3]
  ~ de bains bathroom [3]
  ~ de classe classroom [P]
  ~ de séjour living room [3]

salon *m.* living room [3]
salsita *f.* salsa
salut hi [P]
salutations *f.pl.* greetings [P]
samedi *m.* Saturday [4]
le ~ suivant the following Saturday [6]
sandales *f.* sandals [10]
sandwich *m.* sandwich [5]
sang *m.* blood
sans without
~ doute probably
sans-abri *m./f.* homeless person [C]
santé *f.* health [5]
sapin *m.* fir tree, Christmas tree [9]
satisfaire to satisfy
satisfait(e) satisfied [3]
saucisse *f.* sausage [5]
saucisson *m.* hard salami [5]
sauf except for
sauter to jump
sauvage wild
sauvage *m./f.* savage
sauver to save
savoir to know (something) [9]
j'ai su I found out [9]
je ne sais pas I don't know [P]
tu sais you know [2]
savoir *m.* knowledge
scandaleux(se) scandalous [C]
scène *f.* scene
sceptique skeptical
science *f.* science [4]
~s politiques political science [4]
scolaire school (*adj.*)
se himself; herself; itself; themselves [8]
sec (sèche) dry, dried
seconde classe *f.* second class [7]
secret *m.* secret [8]
secrétaire *m./f.* secretary [1]
sécurité *f.* security [11]
~ sociale social security
sein: au ~ de within
seize sixteen
séjour *m.* living room [3]; stay [7]
faire un ~ to stay [7]
sel *m.* salt [5]
sélectionner to select
selon according to [1]
~ le cas as the case may be
~ vous in your opinion
semaine *f.* week [4]
dans une ~ in a week [6]
la ~ dernière last week [5]
la ~ prochaine next week [6]
une ~ après a week later [6]
semblable similar [1]
sembler to seem [C]
semelle *f.* sole
semestre *m.* semester
sénat *m.* senate
sénateur *m.* senator
Sénégal *m.* Senegal
sénégalais(e) Senegalese [1]
sens *m.* meaning; direction, sense
~ inverse opposite direction
sensible sensitive
~ aux besoins de quelqu'un sensitive to someone's needs [8]
sensuel(le) sensual
sentiment *m.* feeling [8]
sentimental(e): vie *f.* **sentimentale** love life
sentir to smell
se ~ (à l'aise, libre) to feel (at ease, free) [8]
se ~ bien/mieux/mal to feel well / better / sick [12]
séparé(e) separate
séparément separately
séparer to separate
sept seven
septembre *m.* September [4]
série *f.* series
sérieusement seriously [11]
sérieux(se) serious [1]
Sérieux? Seriously? [4]
serpent *m.* snake
serré(e) tight
serveur/serveuse *m./f.* waiter / waitress [5]
service *m.* service
~ compris tip included
~ militaire military service
serviette *f.* briefcase [P]; napkin [5]
servir to serve [7]
serviteur/servante *m./f.* servant
ses (*see* **son/sa/ses**)
seuil *m.* **de la pauvreté** poverty level
seul(e) alone
seulement only [11]
shopping *m.* shopping [2]
short *m.* shorts [10]
si yes [1]; if [2]
mais ~ well, yes [1]
si *adv.* as, so
si *conj.* if [12];
~ tu / ~ vous (+ imparfait) what if you . . . [8]
sida *m.* AIDS
siècle *m.* century
siège *m.* seat [7], headquarters
sieste *f.* nap [4]
faire la ~ to take a nap [4]
signe *m.* sign
signer to sign [2]
signification *f.* meaning
signifier to mean
s'il vous (te) plaît please [P]
singulier *m.* singular
sirop *m.* syrup [12]
six six
sketch *m.* skit
ski *m.* skiing [4]
faire du ~ to ski [4]
~ nautique water skiing [7]
smoking *m.* tuxedo [10]
sociable friendly, outgoing [1]
social(e) (*m.pl.* **sociaux**) social
société *f.* society; company [11]
sociologie *f.* sociology [4]
sociologue *m./f.* sociologist
sœur *f.* sister [2]
demi-~ *f.* half-sister [2]
soi oneself [11]
à ~ of one's own
~-même oneself [12]
soie *f.* silk [10]
en ~ silk [10]
soif *f.* thirst [5]
avoir ~ to be thirsty [5]
soigner to take care of
se faire ~ to be taken care of [12]
se ~ to take care of oneself [12]
soi-même oneself [12]
soin *m.* care
soir *m.* evening [4]
ce ~ tonight
demain ~ tomorrow night [6]
du ~ in the evening (time) [4]
hier ~ last night [6]
soirée (entre amis, en famille) *f.* evening (with friends, with family), party [2]
soixante sixty [P]
soixante-dix seventy [P]
soixante-douze seventy-two [P]
soixante et onze seventy-one [P]
sol *m.* soil; land
soldat *m.* soldier
solde *m.* sale
en ~s on sale
soleil *m.* sun [6]
il fait du ~ it's sunny [6]
solitude *f.* solitude
solution *f.* solution [C]
sombre dark
son *m.* sound
son/sa/ses his / her / its [2]
sondage *m.* poll [3]
sonder to survey
sortie *f.* outing, a night out [6], exit [7]
sortir to go out [7]
~ ensemble to go out together [2]
souche: de ~ by blood
souci *m.* concern, care
se soucier de to worry about
soudain suddenly
souffle *m.* breath
souffrir to suffer
souhaiter to wish [9]
souligner to underscore
soulignez underline [3]
soupçonner to suspect

soupe *f.* soup [5]
~ au poulet chicken soup
souper *m.* supper, dinner [5]
sourcil *m.* eyebrow
souris *f.* mouse
sous under
~ la pluie in the rain
se soustraire à to avoid
sous-vêtements *m.pl.* underwear
soutenir to support
souvenir *m.* souvenir [7]; memory
se souvenir (de) to remember (someone or something) [8]
souvent often [2]
souverain(e) sovereign
spacieux(se) spacious [3]
spécialiste *m./f.* specialist
spécialité *f.* specialty
spectacle *m.* show, event
~ de variétés variety show
sport *m.* sports [2]
faire du ~ to play sports [4]
sportif(ve) athletic; sports [1]
stade *m.* stadium [6]
stage *m.* internship [4]
standing *m.*: **grand ~** luxury
station *f.* resort
station-service *f.* gas station
statistique *f.* statistic
statut *m.* status
steak *m.* steak [5]
step *m.* step workout [10]
faire du ~ to do step (exercise) [10]
stimuler to stimulate
stress *m.* stress
strict(e) strict [4]
studio *m.* studio [3]
stupéfait(e) astounded
stupide stupid [1]
stylo *m.* pen [P]
succès *m.* success [11]
sucre *m.* sugar [5]
sucré(e) sweet [5]
sud *m.* south [6]
suffire to suffice, to be enough
suffit! that's enough!
suis (*see* **être, suivre**)
je suis... My name is . . . [P]
je suis de... I'm from . . . [1]
Suisse *f.* Switzerland
suisse Swiss [1]
suite: tout de ~ right away
suivant(e) following [1]
le samedi ~ the following Saturday [6]
suivi(e) followed
suivre to follow
~ un régime to be on a diet
sujet *m.* subject
au ~ de about, on the subject of
super terrific, great [4]
superficie *f.* area
supérieur(e) higher, upper
école supérieure *f.* school of higher education
supermarché *m.* supermarket [3]
supporter to stand, to tolerate
suprême *m.* **de volaille** poultry in cream sauce
sur on (in) [3]
un ~ dix one out of ten
sûr(e) sure, certain
bien ~ of course [2]
sûrement surely
surface *f.*: **grande ~** super store [5]
surfer sur Internet to surf the Internet [2]
surgelé(e) frozen [5]
surhumain(e) superhuman
surnaturel(le) supernatural
surnuméraire extra
surprenant(e) surprising [12]
surtout especially [2]
surveillant/surveillante *m./f.* monitor, supervisor
survoler to get a general view
susceptible de likely to
sweat *m.* sweatshirt
symbole *m.* symbol [12]
sympathique nice, pleasant [1]
symptôme *m.* symptom [12]

T

ta (*see* **ton/ta/tes**)
tabac *m.* tobacco
bureau *m.* **de ~** tobacco / magazine shop
table *f.* table [P]
tableau *m.* (*pl.* **tableaux**) chalkboard [P]; chart, table; painting [12]
~ noir blackboard
tabouret *m.* stool
tâche *f.* task; chore [8]
~s domestiques household chores [8]
tâcher to try
taco *f.* taco
tactique *f.* tactic
Tahiti *f.* Tahiti
tahitien(ne) Tahitian [9]
taille *f.* height [2]; waist [10]
de ~ moyenne of average height [2]
tailleur *m.* women's suit [10]
se taire to be quiet
talon: à ~s high-heeled [10]
tandis que while, whereas
tant: ~ de so much, so many
~ pis too bad [4]
tante *f.* aunt [2]
tantôt... tantôt now . . . now
tapis *m.* rug [3]
taquiner to tease [8]
tard late [4]
taro *m.* taro
tarte *f.* pie, tart
~ aux fraises strawberry tart [5]
~ aux pommes apple tart [5]
tas *m.*: **un ~ de** lots of [8]
tasse *f.* cup [5]
taux *m.* rate
te you, to you [8]
tee-shirt *m.* T-shirt [2]
teinté(e) tinged
tel(le): un(e) ~ such a
télé *f.* TV
télécarte *f.* phone card [3]
télécommande *f.* remote control [6]
téléphone *m.* telephone [3]
~ portable cell phone [3]
~ sans fil cordless phone
téléphoner to telephone [2]
se ~ to call one another [8]
téléphoniste *m./f.* telephone operator
téléréalité *f.* reality television [6]
télévision *f.* television [2]
tellement so
~ de so much
température *f.* temperature [6]
temps *m.* time [4]; weather [6]; tense
à ~ in time, on time
avoir le ~ (de) to have time (to) [4]
de ~ en ~ from time to time [8]
du ~ libre free time [2]
emploi *m.* **du ~** schedule [4]
en ce ~-là at that time [8]
en même ~ at the same time
il est ~ que it is time that [C]
le ~ est ensoleillé/variable/nuageux/orageux the weather is sunny / variable / cloudy / stormy [6]
quel ~ fait-il? What is the weather like?
tendance *f.* tendency
tendre to stretch, to straighten
ténèbres *f.pl.* darkness
tennis *f.* tennis shoes [10]
tennis *m.* tennis [2]
faire du ~ to play tennis [4]
tentative *f.* attempt
terminaison *f.* ending
(se) terminer to end
terrasse *f.* terrace
terre *f.* earth; ground
par ~ on the ground
route en ~ dirt road
terrible terrific; terrible
territoire *m.* territory
tes (*see* **ton/ta/tes**)
tête *f.* head [10]

texto *m.* text message [2]
TGV (train à grande vitesse) *m.* high-speed train [7]
thé *m.* tea [5]
  ~ au lait tea with milk [5]
  ~ citron tea with lemon [5]
  ~ nature plain tea [5]
théâtre *m.* theater
théorie *f.*: **en ~** in theory
thérapeute *m./f.* therapist
thermomètre *m.* thermometer
thon *m.* tuna [5]
tiens... Oh . . . [4]
timide shy [1]
timidement shyly
tissu *m.* fabric [10]
titre *m.* title
  à ~ de as
toi you [11]
toilettes *f.pl.* restroom [3]
tomate *f.* tomato [5]
tombe *f.* grave
tomber to fall [6]; **~ amoureux / amoureuse** to fall in love [8]
  laisser ~ to drop
  ~ en panne to break down
  ~ malade to become ill
  ~ par terre to fall on the ground
  ~ un message to leave a message [3]
ton/ta/tes your [2]
tonnerre *m.* thunder
tort: avoir ~ to be wrong
tortue *f.* turtle
tôt early [4]
toucher to touch; to affect [10]
  touche pas à... hands off . . .
toujours always [2]
tour *m.* tour; turn
  à son ~ in turn
  à ~ de rôle in turn
  ~ du monde around-the-world trip [12]
touriste *m./f.* tourist
tourner to turn [3]
tous les jours every day [4]
Toussaint *m.* All Saints' Day
tousser to cough [12]
tout *pron.* everything [4]
tout *adv.*: **~ à l'heure** in a little while
  ~ de suite right away [7]
  ~ droit straight ahead [3]
tout/toute/tous/toutes all, every, each; the whole
  de toute façon in any case
  tous les deux both
  tous les jours every day [2]
  tout le monde everyone [8]
toux *f.* cough
tradition *f.* tradition [9]
traditionnel(le) traditional [9]
traditionnellement traditionally
tragique tragic
trahir to betray
train *m.* train
  en ~ by train [7]
  en ~ de in the process of
trait *m.* **d'union** hyphen [P]
traite *f.* **des esclaves** slave trade
traitement *m.* treatment [12]
traiter to treat
trame *f.* plot
tranche *f.* slice [5]
tranquille calm, tranquil [12]
  laisser ~ to leave alone, to leave in peace
transfert *m.* transfer
transformez change [1]
transport: moyens *m.pl.* **de ~** means of transportation [7]
travail *m.* work; job
travailler to work, to study [2]
traverser to cross [3]
tréma *m.* umlaut [P]
trembler to shake
trente thirty
très very [1]
  ~ bien, merci fine, thank you [P]
tribu *f.* tribe
triste sad [1]
trois three
tromper to deceive
  se ~ to be mistaken
trop too, too much [3]
  ~ (de) too much [5]
  ~ peu (de) too little [5]
trouver to find [1]; to think
  se ~ to be located [3]
  ~ l'équilibre (entre) to find a balance (between) [12]
truculent(e) larger than life
tu you [P]
tuer to kill
tunique *f.* tunic
Tunisie *f.* Tunisia
tunisien(ne) Tunisian
type *m.* type
typique typical [1]

U

un(e) a, an [P]; one [2]
  un à un one by one
  une fois once [2]
unanime unanimous
uni(e) solid (color) [10]; united
unificateur (unificatrice) unifying
Union *f.* **européenne** European Union [12]
union *f.* **libre** cohabitation
univers *m.* universe
universel(le) universal
université *f.* university [4]
urbain(e) urban
usage *m.* custom
utile useful [11]
utilisation *f.* use
utiliser to use

V

va (*see* **aller**)
vacances *f.pl.* vacation [2]
  bonnes ~! have a nice vacation! [9]
vaccin *m.* vaccination [12]
vachement very
vaincre to defeat
vaisselle *f.* dishes [8]
valeur *f.* value [12]
valise *f.* suitcase [7]
vallée *f.* valley
variable changeable, partly cloudy [6]
varier to vary
variétés *f.pl.* variety show
vaudrait: il ~ mieux it would be better [C]
vaut: il ~ mieux que it is better that [C]
veau *m.* veal [5]; calfskin
vedette *f.* star (celebrity)
végétarien(ne) vegetarian
vélo *m.* bicycle [4]
  en ~ on bicycle [7]
  faire du ~ to go biking [4]
velours *m.* velvet
  en ~ velvet [10]
vendeur/vendeuse *m./f.* salesperson [11]
vendre to sell [7]
vendredi *m.* Friday [4]
venir to come [7]
  ~ de to come from
  ~ de (faire quelque chose) to have just (done something) [11]
vent *m.* wind [6]
  il fait du ~ it's windy [6]
  il y a du ~ it's windy
vente *f.* sale
ventre *m.* stomach [10]
  mal au ~ bellyache
verbe *m.* verb
verdure *f.* greenery
véritable true, real
vérité *f.* truth [6]
vernaculaire vernacular
vernissage *m.* art exhibit opening
verre *m.* glass [5]; lens
vérouiller closed
vers toward [4]; around (time)
vert(e) green [2]
  haricots *m.pl.* **verts** green beans [5]

veste *f.* jacket [10]
vestiaire clothing (*adj.*)
vestige *m.* remainder
vêtements *m.pl.* clothing [2]; clothes [10]
vêtu(e) dressed
vétuste decrepit
viande *f.* meat [5]
victime *f.* victim
victoire *f.* victory, win
vide empty
vidéo *f.* video [2]
clip ~ *m.* videoclip, trailer (movie) [6]
vidéocassette *f.* video cassette [3]
vie *f.* life
~ sentimentale love life
vieillir to age, to grow old
vieux/vieil/vieille/vieux/vieilles old [3]
vif (vive) bright
vignoble *m.* vineyard
vigueur *f.*: **en ~** in force
villa *f.* villa
village *m.* village
ville *f.* city [3]
~ d'origine hometown
~ natale city of one's birth
vin *m.* wine [5]
du ~ rouge red wine [5]
vingt twenty
violence *f.* violence
vis-à-vis toward
viser to focus on
visible visible
visite *f.* visit
rendre ~ à to visit (a person) [7]
visiter to visit (a place) [3]
vitamine *f.* vitamin [12]
vite fast, quickly
vitesse *f.* speed
vitre *f.* windowpane
vivre to live
voici here is, here are, there is, there are [1]
voilà there is, there are; here is, here are [1], that's it [11]; **ben ~** that's it [11]
voile *f.* sailing
planche *f.* **à ~** sailboard
voir to see [3], [6]
se ~ to see each other [8]
~ le médecin to see the doctor [12]
voisin/voisine *m./f.* neighbor
voisinage *m.* neighborhood
voiture *f.* car [7]
en ~ by car [7]
voix *f.* voice
à haute ~ aloud
vol *m.* flight [7]
volcan *m.* volcano
voleur *m.* thief
volley *m.* volleyball [2]
faire du ~ to play volleyball [4]
volontiers gladly [6]
vos (*see* **votre/vos**)
voter to vote
votre/vos your [2]
votre nom *m.*? your last name? [P]
votre prénom *m.*? your first name? [P]
vouloir to want (to) [4]
j'ai voulu I tried to [9]
je n'ai pas voulu I refused to [9]
je veux bien I'd be glad to [6]
je voudrais… I would like . . . [3]
tu veux… ? would you like to . . . ? [6]
voudriez-vous… ? would you like to . . . ? [6]
vous you [P]; (to) you [8]
~ deux both of you
voyage *m.* trip [4]
bon ~! have a nice trip! [9]
faire un ~ to go on a trip [4]
~ d'affaires business trip [7]
~ d'agrément pleasure trip
~ organisé tour [7]
voyager to travel [2]
voyageur/voyageuse *m./f.* traveler
voyons let's see [2]
vrai(e) true [1] [4]
C'est pas ~! No! I can't believe it! [4]
C'est ~? Is that right? [4]
vraiment really [1] [4]
~? Je ne sais pas. really? I don't know. [10]

W

W.C. *m.pl.* restroom [3]
week-end *m.* weekend

X

xénophobe xenophobic

Y

y it, to there, there [10]
il ~ a there is, there are [2]; ago [7]
yaourt *m.* yogurt [5]
yeux *m.pl.* (*sing.* **œil**) eyes [2]

Z

zapper to zap, to channel surf [6]
zappeur m. channel surfer [6]
zéro zero
zone *f.* zone
~ de perturbation area ofunsettled weather
zoo *m.* zoo
zut (alors)! Darn it! [4]

Anglais-Français

A

a/an un(e)
a little un peu
a lot (of) beaucoup (de)
abandon abandonner
abdominal muscles abdos *m.pl.*
able: be ~ to pouvoir
about au sujet de
above ci-dessus
~ all surtout
absent absent(e)
absolutely absolument
accent accent *m.*
accept accepter
accessory accessoire *m.*
accident accident *m.*
accompany accompagner
accomplish réaliser
according to selon
accountant comptable *m./f.*
accounting comptabilité *f.*
accustomed: become ~ s'habituer
across from en face de
action film film *m.* d'aventure
active actif(ve)
actively activement
actor acteur *m.*
actress actrice *f.*
actually en fait
add ajouter
addicted: to be ~ to être accro
admire admirer
adore adorer
ads: classified ~ petites annonces *f.pl.*
advantage avantage *m.*
advice conseil *m.*
piece of ~ conseil *m.*
aerobics aérobic *m.*
African africain(e)
after après
~ that après
afternoon après-midi *m.*
2:00 in the ~ deux heures de l'après-midi
afterwards après, ensuite
again encore
against contre
agency agence *f.*
travel ~ agence de voyage
ago il y a
(three days) ~ il y a (trois jours)
agree d'accord
agreed! entendu! d'accord!
ahead: straight ~ tout droit
AIDS sida *m.*
air air *m.*
air conditioned climatisé(e)
airline ligne *f.* aérienne
airplane avion *m.*
airport aéroport *m.*
alcoholic alcoolisé(e)
~ beverage boisson *f.* alcoolisée
Algerian algérien(ne)
alien étranger/étrangère *m./f.*
all *adj.* tout/toute/tous/toutes
all *pron., adv.* tout
allergic allergique
allergies allergies *f.pl.*
almost presque
alone seul(e)
aloud à haute voix
already déjà
also aussi
alternative alternatif(ve)
altruistic altruiste
always toujours
ambition ambition *f.*
American américain(e)
amusing amusant(e)
ancestors ancêtres *m.pl.*
and et
~ then et puis
angry fâché(e)
get ~ se fâcher
to be ~ être fâché(e)
animal animal *m.* (*pl.* animaux)
anniversary anniversaire *m.*
annoy agacer, énerver
annoying embêtant(e); gênant(e)
answer *n.* réponse *f.*
appropriate ~ réponse qui convient
best ~ meilleure réponse
right ~ bonne réponse
answer *v.* répondre (à)
answering machine répondeur *m.*
antibiotic antibiotique *m.*
anyone: not ~ ne... personne
anything: not ~ ne... rien
apartment appartement *m.*
~ building immeuble *m.*
apostrophe apostrophe *f.*
appeal appel *m.*
apple pomme *f.*
~ tart tarte *f.* aux pommes
appliance (electronic) appareil *m.* (électronique)
applicant postulant/postulante *m./f.*
apply appliquer
~ for a job faire une demande d'emploi
appointment rendez-vous *m.*
make an ~ prendre rendez-vous
appreciate apprécier
April avril *m.*
architect architecte *m./f.*
architecture architecture *f.*
argue se disputer
arm bras *m.*
armchair fauteuil *m.*
around-the-world trip tour *m.* du monde
arrival arrivée *f.*
arrive arriver
art art *m.*
artist artiste *m./f.*
as aussi, si
~ . . . ~ aussi... que
~ far ~ jusqu'à
~ many ~ autant de... que
~ much ~ autant de... que
~ soon ~ dès que
~ usual comme d'habitude
ashamed: be ~ (of) avoir honte (de)
ask demander
~ questions posez des questions
~ing each other en vous posant
aspirin aspirine *f.*
associate associer
at à, dans, en
~ first d'abord
~ home à domicile
~ least au moins
~ that time en ce temps-là
~ the corner of au coin de
~ the home of chez
~ what time? à quelle heure?
athlete athlète *m./f.*
athletic sportif(ve)
attention: pay ~ faire attention
attract attirer
August août *m.*
aunt tante *f.*
author auteur *m.*
autumn automne *m.*
available (a room) (une chambre) libre
avenue avenue *f.*
average moyen(ne)
to be of ~ height être de taille moyenne
avoid éviter

B

baccalaureate exam bac; baccalauréat *m.*
bachelor's degree licence *f.*
back dos *m.*
background origine *f.*
backpack sac *m.* à dos

bad mauvais(e), nul(le)
it's ~ weather il fait mauvais
that's too ~! c'est embêtant!
badly mal
baggage checkroom consigne *f.*
baguette baguette *f.*
baker boulanger/boulangère *m./f.*
bakery boulangerie *f.*
balance équilibre *m.*
find a ~ (between) trouver l'équilibre (entre)
balanced équilibré(e)
ball balle *f.*; ballon *m.*; bal *m.*
banana banane *f.*
bandage *v.* faire un pansement
bandage *n.* pansement *m.*
bank banque *f.*
banker banquier *m.*
barbaric barbare
baseball base-ball *m.*
basketball basket *m.*
play ~ faire du basket
~ shoe basket *f.*
bathing suit maillot *m.* de bain
bathrobe robe *f.* de chambre
bathroom salle *f.* de bains
~ sink lavabo *m.*
bathtub baignoire *f.*
be être
~ able pouvoir
~ afraid (of) avoir peur (de)
~ angry être fâché(e)
~ ashamed (of) avoir honte (de)
~ bored s'ennuyer
~ born naître
~ careful! attention!
~ congested avoir le nez bouché
~ fed up en avoir marre
~ hungry avoir faim
~ hurt se blesser
~ in a hurry être pressé(e)
~ in good shape être/rester en bonne forme
~ injured se blesser
~ interested in s'intéresser à
~ located se trouver
~ lucky avoir de la chance
~ mad être fâché(e)
~ mistaken se tromper
~ nauseated avoir la nausée
~ on a diet être au régime
~ part of faire partie de
~ punished être puni(e)
~ seated être assis(e)
~ self-confident avoir confiance en soi
~ sorry regretter
~ thirsty avoir soif
~ wrong avoir tort
~ ______ years old avoir ______ ans
I'm from je suis de
I was born je suis né(e)
beach plage *f.*
beans: green ~ haricots verts *m.pl.*
beat battre
beautiful beau/bel/belle/beaux/belles
because parce que
~ of à cause de
become devenir
~ accustomed s'habituer
~ ill tomber malade
bed lit *m.*
go to ~ se coucher
bedroom chambre *f.*
beef bœuf *m.*
beer bière *f.*
before avant (de)
begin commencer
beginner débutant/debutante *m./f.*
beginning début *m.*
behind derrière
Belgian belge
believe croire
No! I can't believe it! c'est pas vrai!
belly ventre *m.*
below ci-dessous
belt ceinture *f.*
bench banc *m.*
berth (in sleeping compartment) couchette *f.*
beside à côté de
best *adj.*: **the ~** le meilleur/la meilleure/les meilleur(e)s
best *adv.* le mieux
better *adj.* meilleur(e)
better *adv.* mieux
it is ~ that il vaut mieux que
it would be ~ that il vaudrait mieux que
between entre
bicycle vélo *m.*, bicyclette *f.*
by ~ en vélo
ride a ~ faire du vélo
big grand(e); gros(se)
biking: to go ~ faire du vélo
bill (*restaurant*) addition *f.*
billion milliard *m.*
binder classeur *m.*
biological biologique
biology biologie *f.*
birth naissance *f.*
birthday anniversaire *m.*
happy ~! bon anniversaire!
black noir(e)
blackboard tableau *m.*
blog *n.* blog *m.*
blog *v.* bloguer
blond blond(e)
blouse chemisier *m.*
blue bleu(e)
navy ~ bleu marine
boat bateau *m.* (*pl.* bateaux)
by ~ en bateau
boating: go ~ faire du bateau
body corps *m.*
bond lien *m.*
book livre *m.*
bookcase étagère *f.*
bookshelves étagères *f.pl.*
boot botte *f.*
border frontière *f.*
boredom ennui *m.*
boring ennuyeux(se)
born né(e)
borrow emprunter (à)
boss patron/patronne *m./f.*
both (tous) les deux
bottle bouteille *f.*
~ of mineral water bouteille d'eau minérale
boulevard boulevard *m.*
bouquet bouquet *m.*
~ of flowers bouquet de fleurs
boy garçon *m.*
boyfriend petit ami *m.*
brain cerveau *m.* (*pl.* cerveaux)
brand marque *f.*
bravo! bravo! chapeau!
brawl bagarre *f.*
Brazilian brésilien(ne)
bread pain *m.*
loaf of French ~ baguette *f.*
break down tomber en panne
breakfast petit déjeuner *m.*
Brie cheese brie *m.*
briefcase serviette *f.*
bring apporter
~ up monter
please ~ me pourriez-vous m'apporter...
broccoli brocoli *m.*
bronchitis bronchite *f.*
brother frère *m.*
half-~ demi-frère *m.*
brother-in-law beau-frère *m.*
brown brun(e), marron
brunette brun(e)
brush se brosser
~ one's teeth/hair se brosser les dents/les cheveux
build bâtir
building bâtiment *m.*
apartment ~ immeuble *m.*
burgundy (color) bordeaux (*inv.*)
bus bus *m.*
by ~ en bus
business affaires *f.pl.*; commerce *m.*
~ trip voyage *m.* d'affaires
businessman homme *m.* d'affaires; businessman *m.*
businesswoman femme *f.* d'affaires
busy occupé(e), chargé(e)
but mais
~ of course mais oui
~ still alors quand même

butcher shop boucherie *f.*
neighborhood ~ boucherie du coin
butter beurre *m.*
buy acheter
by par, en

C

café café *m.*
cafeteria cantine *f.*
cake gâteau *m.* (*pl.* gâteaux)
calendar calendrier *m.*
call *n.* appel *m.*
call *v.* appeler; (on the phone) téléphoner
~ on (someone) interroger (quelqu'un)
it's ~ed . . . ça s'appelle...
calm tranquille; calme
camembert cheese camembert *m.*
camping camping *m.*
go ~ faire du camping
campus campus *m.*
can *n.* boîte *f.* (de)
can *v.* pouvoir
could you . . . ? Est-ce que vous pourriez... ? Pourriez-vous... ?
Canadian canadien(ne)
cancer cancer *m.*
candle bougie *f.*
canned en boîte
cannibal cannibale *m./f.*
cap casquette *f.*
car voiture *f.*
cardiovascular workout cardiotraining *m.*
care *n.* souci *m.*
care *v.*: **not to ~** s'en ficher
I don't ~! je m'en fiche! bof!
to be taken ~ of se faire soigner
to take ~ of oneself se soigner
career carrière *f.*; métier *m.*
carrot carotte *f.*
carry on exercer
cartoon dessin *m.* animé; bande *f.* dessinée, B.D. *f.*
case cas *m.*
in any ~ de toute façon
cassette cassette *f.*
castle château *m.*
cat chat/chatte *m./f.*
catastrophe catastrophe *f.*
catch: ~ a cold attraper un rhume
cathedral cathédrale *f.*
CD CD *m.*, compact *m.*
~ player lecteur *m.* de CD
cedilla cédille *f.*
celebration fête *f.*
cell phone portable *m.*
CEO chef *m.* d'entreprise, P.D.G. *m.*, président-directeur *m.* général
cereal céréales *f.pl.*
certainly certainement
chair chaise *f.*
chalet chalet *m.*
chalk craie *f.*
chalkboard tableau *m.* (*pl.* tableaux)
challenge défi *m.*
chance occasion *f.*
change changer; transformer
~ the channel changer de chaîne
changeable variable
channel: TV ~ chaîne *f.*
change the ~ changer de chaîne
~ surf zapper
~ surfer zappeur *m.*
chapter chapitre *m.*
character personnage *m.*
characteristic caractéristique *m.*
château château *m.* (*pl.* châteaux)
check *n.* (*restaurant*) addition *f.*
the ~, please l'addition, s'il vous plaît
check off *v.* cochez
cheek joue *f.*
cheese fromage *m.*
chemistry chimie *f.*
chest of drawers commode *f.*
chicken poulet *m.*
child enfant *m./f.*
children enfants *m./f.pl.*
chin menton *m.*
Chinese chinois(e)
chip chip *f.*
chocolate chocolat *m.*
~ mousse mousse *f.* au chocolat
hot ~ chocolat chaud *m.*
choice choix *m.*
cholesterol cholestérol *m.*
choose choisir
Christmas Noël *m.*
~ tree sapin *m.*
church église *f.*
cinema cinéma *m.*
citizen citoyen/citoyenne *m./f.*
city ville *f.*
~ map plan *m.* (de la ville)
~ of one's birth ville *f.* natale
~ square place *f.*
civil servant fonctionnaire *m./f.*
class classe *f.*; cours *m.*
first ~ première classe
second ~ deuxième classe
classical music musique *f.* classique
classified ads petites annonces *f.pl.*
classify classer
classmate camarade de classe *m./f.*
classroom salle *f.* de classe
claustrophobic claustrophobe
clean nettoyer
~ up ranger
cleaning nettoyage *m.*
client client/cliente *m./f.*
climate climat *m.*
clock horloge *f.*
close *v.* fermer
close to près de
closed fermé(e)
closet placard *m.*
clothes vêtements *m.pl.*
clothing vêtements *m.pl.*
cloud nuage *m.*
in the ~s dans les nuages
cloudy nuageux(se)
it's ~ le ciel est couvert
partly ~ variable
coat manteau *m.* (*pl.* manteaux)
coffee café *m.*
~ with cream café crème
~ with milk café au lait
cognate mot *m.* apparenté
cohabitation union *f.* libre, cohabitation *f.*
Coke coca *m.*
cold *adj.* froid(e)
it's ~ (weather) il fait froid
cold *n.* rhume *m.*
catch a ~ attraper un rhume
collar col *m.*
college fac *f.*, université *f.*
colonization colonisation *f.*
column colonne *f.*
comb one's hair se peigner
come venir
~ back revenir, rentrer
~ from venir de
~ home rentrer
~ in entrer dans
comedy *n.* comédie *f.*
comedy *adj.* comique
comfort confort *m.*
comfortable confortable
comic strip bande *f.* dessinée, B.D. *f.*
commercial pub *f.*
communicate communiquer
communications media médias *m.pl.*
community quartier *m.*
compact disc disque *m.* compact
company compagnie *f.*, entreprise *f.*
~ head/head of a ~ chef *m.* d'entreprise
compare comparez
comparison comparaison *f.*
competition compétition *f.*
complaint plainte *f.*
complete compléter
composition rédaction *f.*
computer ordinateur *m.*
~ programmer informaticien/informaticienne *m./f.*
~ science informatique *f.*
concern souci *m.*
concert concert *m.*
confirm confirmez
conflict conflit *m.*
conformist conformiste
congratulate féliciter

congratulations félicitations *f.pl.*, chapeau! bravo!
connect reliez
consequence conséquence *f.*
constantly constamment
contagious contagieux(se)
continue continuer
contrary: on the ~ au contraire
contribute contribuer
cook *n.* cuisinier/cuisinière *m./f.*
cook *v.* faire la cuisine
cooked cuit(e)
cookie biscuit *m.*
cooking cuisine *f.*
  do the ~ faire la cuisine
cool frais (fraîche)
  ~! chouette!
  it's ~ (weather) il fait frais
  that's ~! c'est génial/énorme!
cordless (phone) téléphone *m.* sans fil
corn maïs *m.*
corner coin *m.*
  at the ~ of au coin de
correct corrigez
correspond correspondre
cost coûter
cotton *adj.* en coton
cotton *n.* coton *m.*
couch canapé *m.*
couchette couchette *f.*
cough *n.* toux *f.*
cough *v.* tousser
could I . . . ? est-ce que je pourrais... ?
could you . . . ? pourriez-vous... ?
could you please . . . ? est-ce que vous pourriez... ?
count compter
  ~ on compter (+ infinitif)
country pays *m.*; campagne *f.*
  ~ house maison *f.* de campagne
countryside campagne *f.*
  in the ~ à la campagne
couple couple *m.*
course (*food*) plat *m.*; (*class*) cours *m.*
  main ~ plat *m.* principal
cousin cousin/cousine *m./f.*
crazy fou (folle)
create créer
creativity créativité *f.*
credit card carte *f.* de crédit
Creole créole
crime délinquance *f.*
crisis crise *f.*
criterion critère *m.*
croissant croissant *m.*
cross traverser
crowd foule *f.*
cry pleurer
cup tasse *f.*
curtains rideaux *m.pl.*
custom coutume *f.*
  ~s mœurs *f.pl.*
customer client/cliente *m./f.*
cycling cyclisme *m.*

D

daily quotidien(ne), par jour
dairy *adj.* laitier(ère)
  ~ store/department crémerie
dance *n.* bal *m.*
dance *v.* danser
dark sombre; (*color*) foncé(e)
  ~ (gray) (gris) foncé
dark-haired brun(e)
darkness obscurité *f.*
darn (it)! mince! zut (alors)!
  I don't give a ~ je m'en fiche
date date *f.*
daughter fille *f.*
day jour *m.*; journée *f.*
  ~ off jour *m.* de congé
  ~ of rest journée *f.* de repos
  every ~ tous les jours
  in those ~s à cette époque-là
  the next ~ le lendemain
  per ~ par jour
daytime journée *f.*
dead mort(e)
dear cher (chère)
death mort *f.*
decaffeinated décaféiné(e)
deceive tromper
December décembre *m.*
decide décidez
decrease diminuer
defect défaut *m.*
defend défendre
degree diplôme *m.*
  bachelor's ~ licence *f.*
  master's ~ maîtrise *f.*
delicatessen charcuterie *f.*
delicious délicieux(euse)
delighted enchanté(e)
delinquency délinquance *f.*
dentist dentiste *m./f.*
department (in a store) rayon *m.*
departure départ *m.*
dependent dépendant(e)
description description *f.*
desert désert *m.*
deserted désert(e)
deserve mériter
desk bureau *m.* (*pl.* bureaux)
desk clerk réceptioniste *m./f.*
desperate désespéré(e)
dessert dessert *m.*
destroy détruire
detective movie/novel film *m.*/roman *m.* policier
detest détester
develop (se) développer
diabetic diabétique
diagnosis diagnostic *m.*
dictionary dictionnaire *m.*
die mourir
diet régime *m.*
  be on a ~ suivre un régime, être au régime
dietetic diététique
difficulty: with ~ difficilement
dine dîner
dining room salle *f.* à manger
dinner dîner *m.*; souper *m.*
  to have ~ dîner
diploma diplôme *m.*
directions directions *f.pl.*
disadvantage désavantage *m.*
disagree pas d'accord
disciplined discipliné(e)
discotheque discothèque *f.*
discount réduction *f.*
discuss discuter (de)
disease maladie *f.*
dishes vaisselle *f.*
disorder désordre *m.*
displeased mécontent(e)
distant relatives parents *m.pl.* éloignés
disturb déranger
divorce divorce *m.*
do faire
  ~ aerobic faire de l'aérobic
  ~ gardening faire du jardinage
  ~ gymnastics faire de la gymnastique
  ~ housework faire le ménage
  ~-it-yourself faire du bricolage
  ~ one's duty faire son devoir
  ~ one's hair se coiffer
  ~ one's homework faire ses devoirs
  ~ the cooking faire la cuisine
  ~ the dishes faire la vaisselle
  ~ the laundry faire la lessive
  ~ step (*exercise*) faire du step
  ~ weight training faire de la musculation
doctor médecin *m.*, docteur *m.*
  call/see the doctor appeler/aller voir le docteur/médecin
doctorate doctorat *m.*
dog chien *m.*
do-it-yourself *v.* faire du bricolage
doll poupée *f.*
door porte *f.*
dorm résidence *f.* universitaire
doubt douter
downtown centre-ville *m.*
dozen douzaine *f.*
drama drame *m.*
drapes rideaux *m.pl.*
draw dessinez
drawing dessin *m.*
dream *n.* rêve *m.*
dream *v.* rêver
dress *n.* robe *f.*
  evening ~ robe *f.* du soir
dress *v.* s'habiller

dresser commode *f.*
dressy habillé(e)
drink *n.* boisson *f.*
drink *v.* boire
drugstore pharmacie *f.*
dumb bête
during pendant
duty devoir *m.*
DVD DVD *m.*

E

each chaque; tout/toute
ear oreille *f.*
earlier plus tôt
early tôt; en avance; de bonne heure
earn gagner
~ a living/money gagner sa vie/de l'argent
easily facilement
east est *m.*
Easter Pâques *f.pl.*
eat manger
ecological écologique
economic économique
economics économie *f.*
education éducation *f.*; formation *f.*
higher ~ études *f.pl.* supérieures
physical ~ éducation *f.* physique
efficient efficace
egg œuf *m.*
eight huit
eighteen dix-huit
eighty quatre-vingts
eighty-five quatre-vingt-cinq
eighty-one quatre-vingt-un
elbow coude *m.*
electronic appliance appareil *m.* électronique
electronic game jeu *m.* électronique
elementary school école *f.* primaire
elevator ascenseur *m.*
eleven onze
elsewhere ailleurs
e-mail courriel *m.*, e-mail *m.*, mail *m.*
employee employé/employée *m./f.*
government ~ fonctionnaire *m./f.*
employer employeur *m.*
empty vide
encourage encourager
end *n.* bout *m.*; fin *f.*
end *v.* terminer
energetic énergique
energy-producing énergétique
engineer ingénieur *m.*
English *n.* anglais *m.*
English *adj.* anglais(e)
enough assez, assez de
enroll entrer à la fac
enter entrer dans; entrer (à la fac)
entrée plat *m.* garni
entry entrée *f.*
environment environnement *m.*
equal pareil(le)
equality égalité *f.*
equilibrium équilibre *m.*
error faute *f.*; erreur *f.*
especially surtout
ethics morale *f.*
euro euro *m.*
European Union Union *f.* européenne
even même
evening soir *m.*, soirée *f.*
8:00 in the ~ 8 heures du soir
~ dress robe *f.* du soir
good ~ bonsoir
every tout/toute/tous/toutes
~ day tous les jours
everybody tout le monde
everyone tout le monde
everything tout
everywhere partout
evidently évidemment
exam examen *m.*
fail an ~ rater un examen
pass an ~ réussir à un examen
take an ~ passer un examen
examine examiner
example exemple *m.*
excuse me, but . . . pardon; excusez-moi, mais...
excuse me, sir/ma'am pardon, monsieur/madame
exercise *n.* exercice *m.* (physique)
exercise *v.* faire de l'exercice; faire de la gymnastique
exotic exotique
expectations attentes *f.pl.*
expensive cher (chère)
explain expliquez
explode éclater
expression expression *f.*
polite ~s formules *f.pl.* de politesse
eye œil *m.* (*pl.* yeux)
eyebrow sourcil *m.*
eyeglasses lunettes *f.pl.*
eyelash cil *m.*
eyelid paupière *f.*

F

fabric tissu *m.*
face (up to) faire face (à)
fact: in ~ en fait
factory worker ouvrier/ouvrière *m./f.*
fail (an exam) rater
fairy tale conte *m.* de fées
fall *n.* automne *m.*
fall *v.* tomber
~ asleep s'endormir
false faux (fausse)
family famille *f.*
~ member membre *m.* de la famille
~ photo photo *f.* de famille
~ relationship lien *m.* de parenté
~ tree arbre *m.* généalogique
famous célèbre
fantastic fantastique
fantasy fantasme *m.*
far lointain(e)
~ from loin de
fashion mode *f.*
fast rapidement
fast food fast-food *m.*
fat fort(e); gros(se); gras(se)
father père *m.*
father-in-law beau-père *m.*
fatty gras(se)
faults défauts *m.pl.*
favor favoriser
favorite préféré(e), favori(te)
fear peur *f.*
feat exploit *m.*
features traits *m.pl.* (du visage)
February février *m.*
fed up: be ~ en avoir marre
I'm ~ j'en ai marre
feed nourrir
feel ressentir; se sentir
~ at ease/free se sentir à l'aise/libre
~ like avoir envie de
~ well/better/sick se sentir bien/mieux/mal
feeling sentiment *m.*
fever: to have a ~ avoir de la fièvre
few peu (de)
a ~ quelques
fewer moins de
fib mensonge *m.*
field champ *m.*
fifteen quinze
fifty cinquante
fight se battre, se disputer; lutter
~ against lutter contre
figure forme *f.*
fill out (a form, etc.) remplir (un formulaire, etc.)
film film *m.*
action ~ film d'aventure
romantic ~ film d'amour
finally enfin, finalement
financial financier(ère)
find trouver
~ a balance (between) trouver l'équilibre (entre)
~ someone trouvez quelqu'un
I found out j'ai su

fine: the weather is ~ il fait beau
~, thank you très bien, merci
I'm ~! ça va (bien)!
finger doigt *m.*
finish finir
fire feu *m.*
fireworks feu *m.* d'artifice
first *adj.* premier(ère)
~ aid premiers soins *m.pl.*
~ class première classe *f.*
~ floor rez-de-chaussée *m.*
first *adv.* d'abord, premièrement
at ~ d'abord
fir tree sapin *m.*
fish *n.* poisson *m.*
~ market poissonnerie *f.*
fish *v.* aller à la pêche
fishing pêche *f.*
fishmonger's shop poissonnerie *f.*
fit aller bien
~ poorly aller mal à
five cinq
flag drapeau *m.*
flannel *adj.* en flanelle
flannel *n.* flanelle *f.*
flaw défaut *m.*
onflight vol *m.*
floor étage *m.*
ground (first) ~ rez-de-chaussée *m.*
second ~ premier étage *m.*
flower fleur *f.*
flowered à fleurs
flu grippe *f.*
fog brouillard *m.*
foggy: it is ~ il fait du brouillard
follow suivez
following suivant
the ~ Saturday le samedi suivant
food aliment *m.*
foolish fou (folle)
foot pied *m.*
on ~ à pied
football football *m.* américain
for pour, pendant
~ how long pendant combien de temps; depuis combien de temps
forbid interdire
forehead front *m.*
foreign étranger(ère)
~ languages langues *f.pl.* étrangères
forest forêt *f.*
forget oublier
fork fourchette *f.*
form formulaire *m.*
formerly autrefois
fortunately heureusement
fortune: make one's ~ faire fortune
forty quarante
four quatre
fourteen quatorze
fox renard *m.*
frankly franchement
free gratuit(e); libre
~ time temps *m.* libre
French *n.* français *m.*
French *adj.* français(e)
~ bread baguette *f.*
~ fries frites *f.pl.*
frequently fréquemment
fresh frais (fraîche)
Friday vendredi *m.*
friend ami/amie *m./f.*; copain/copine *m./f.*
friendly sociable
friendship amitié *f.*
from de
~ now on désormais
~ where d'où
front: in ~ of devant
frozen surgelé(e)
~ food produit *m.* surgelé
fruit fruit *m.*
~ juice jus *m.* de fruits
full plein(e)
full-time à plein temps
fun: have ~ s'amuser
funny comique, amusant(e)
furnished meublé(e)
furniture meubles *m.pl.*
future avenir *m.*

G

gain gagner
~ weight grossir
game match *m.*; jeu *m.*
~ show jeu télévisé
garage garage *m.*
garden jardin *m.*
gardening jardinage *m.*
garlic ail *m.*
gas essence *f.*
generally généralement
generous généreux(se)
geography géographie *f.*
German (*language*) allemand *m.*
German *adj.* allemand(e)
get: ~ along s'entendre
~ angry se fâcher
~ bored s'ennuyer
~ down descendre
~ dressed s'habiller
~ fat grossir
~ mad se fâcher
~ married se marier
~ off descendre
~ up se lever; monter
ghost fantôme *m.*
gift cadeau *m.* (*pl.* cadeaux)
girl fille *f.*
girlfriend petite amie *f.*
give (a gift) offrir; donner
~ donnez
glad: I'd be ~ to je veux bien
gladly volontiers
glass verre *m.*
glasses (eye-) lunettes *f.pl.*
globalization mondialisation *f.*; globalisation *f.*
glove gant *m.*
go aller
~ back rentrer
~ boating faire du bateau
~ camping faire du camping
~ down descendre
~ fishing aller à la pêche
~ for a walk se promener, faire une promenade
~ grocery shopping faire les courses
~ hunting aller à la chasse
~ in for sports faire du sport
~ on a trip faire un voyage
~ out (together) sortir (ensemble)
~ shopping faire des courses
~ to bed se coucher
~ up monter
goal objectif *m.*; but *m.*
golf golf *m.*
play ~ faire du golf
good bon(ne)
~! entendu!
~ evening bonsoir
~ grief! mince!
~ idea! bonne idée!
~ luck! bonne chance!
~ night bonsoir
it's a ~ thing that c'est bien que
good-bye au revoir
gown: evening ~ robe *f.* du soir
grab attraper
grade note *f.*
grade school teacher instituteur/institutrice *m./f.*
graduate diplômé(e)
gram gramme *m.*
granddaughter petite-fille *f.*
grandfather grand-père *m.*
grandmother grand-mère *f.*
grandparents grands-parents *m.pl.*
grandson petit-fils *m.*
gray gris(e)
greasy gras(se)
great chouette, super, formidable
green vert(e)
~ beans haricots *m.pl.* verts
greetings salutations *f.pl.*
grocery:
go ~ shopping faire les courses
~ store épicerie *f.*
ground: on the ~ par terre
~ floor rez-de-chaussée *m.*
grow: ~ old vieillir
~ up grandir

guess devinez
gun fusil *m.*
gym gymnase *m.*, éducation *f.* physique
gymnastics gymnastique *f.*
  do ~ faire de la gymnastique

H

habit habitude *f.*
hair cheveux *m.pl.*
hairdo coiffure *f.*
half hour demi-heure *f.*
half past ... et demi(e)
hall: down the ~ au bout du couloir
hallway couloir *m.*
  down the ~ au bout du couloir
ham jambon *m.*
hand main *f.*
  give someone a ~ donner un coup de main à
  on the other ~ par contre
  raise one's ~ lever le doigt
  shake ~s serrer la main; (se) donner la main
handsome beau/bel/belle/beaux/belles
hang in there! bon courage!
Hanukkah Hanoukka *f.*
happen se passer
  what ~ed? qu'est-ce qui s'est passé?
happiness bonheur *m.*
happy heureux(se)
  ~ birthday! bon anniversaire!
  ~ holidays! joyeuses fêtes!
  ~ New Year! bonne année!
happiness bonheur *m.*
hard *adj.* dur(e)
  have a ~ time avoir du mal (à)
  (work) ~ (travailler) dur
hard *adv.* dur
hat chapeau *m.* (*pl.* chapeaux)
hate détester
have avoir; posséder
  ~ a fever avoir de la fièvre
  ~ a hard time avoir du mal à
  ~ a headache avoir mal à la tête
  ~ a runny nose avoir le nez qui coule
  ~ a sore throat avoir mal à la gorge
  ~ dinner dîner
  ~ (food) prendre
  ~ fun s'amuser
  ~ just (done something) venir de (faire quelque chose)
  ~ self-control être discipliné(e)
  ~ to devoir
  I'm going to ~ . . . je vais prendre...
  you ~ to . . . tu dois, vous devez
hay fever rhume *m.* des foins
he il
head tête *f.*
headache mal *m.* à la tête
health santé *f.*
healthclub club *m.* de fitness
healthful sain(e)
healthy sain(e)
hear entendre
heart cœur *m.*
  ~ attack crise *f.* cardiaque
heat chaleur *f.*
heavyset fort(e); gros(se)
heel talon *m.*
  high~ed shoes chaussures *f.* à talons
height taille *f.*
  to be of average ~ être de taille moyenne
hello bonjour, salut!; (on the telephone) allô?
help aider
helping hand coup *m.* de main
hen poule *f.*
her *adj.* son/sa/ses
her *pron.* la; elle; lui
here ici, présent!
  ~ is/are voici, voilà
heritage héritage *m.*
hi salut
hidden caché(e)
high haut(e)
high school lycée *m.*
him le; lui
hire embaucher
  be ~d être embauché(e)
hired embauché(e)
his son/sa/ses
historical historique
history histoire *f.*
hit battre
hockey hockey *m.*
holiday fête *f.*; jour *m.* de congé
  happy ~s joyeuses fêtes
home: at ~ à domicile
  at the ~ of chez
  in a private ~ chez un particulier
homeless person sans-abri *m./f.*
hometown ville *f.* d'origine
homework devoirs *m.pl.*
honeymoon lune *f.* de miel
hope espérer
horror movie film *m.* d'épouvante
hors d'œuvre hors-d'œuvre *m.* (*pl.* hors-d'œuvre), starter
horse cheval *m.* (*pl.* chevaux)
hospital hôpital *m.* (*pl.* hôpitaux)
host hôte *m.*
hot chaud(e)
  ~ chocolate chocolat chaud *m.*
  it's ~ (weather) il fait chaud
hotel hôtel *m.*
hour heure *f.*
house maison *f.*
  ~ husband/wife homme/femme au foyer
how comment; comme
  ~ are you? comment allez-vous/vas-tu?; (comment) ça va?
  ~ do you spell that? comment ça s'écrit?
  ~ long? depuis combien de temps?
  ~ many combien (de)
  ~ much combien (de)
  ~ old are you? Quel âge avez-vous/as-tu?
  ~ stupid of me! Que je suis bête!
human being être *m.* humain
hundred cent
hunger faim *f.*
hungry: be ~ avoir faim
hunter chasseur *m.*
hunting chasse *f.*
  go ~ aller à la chasse
hurry se dépêcher
hurry: in a ~ pressé(e)
hurt avoir mal à; faire mal à
  be ~ se blesser
  ~ oneself se blesser
husband mari *m.*
hyphen trait *m.* d'union
hypochondriac hypocondriaque
hypothesis hypothèse *f.*

I

I je
ice glace *f.*
  ~ skating patinage *m.* sur glace
ice cream glace *f.*
  chocolate ~ glace au chocolat
  vanilla ~ glace à la vanille
idea idée *f.*
  good ~! bonne idée!
ideal idéal(e)
idealistic idéaliste
identity identité *f.*
if si
  ~ need be à la rigueur
ill malade
  become ~ tomber malade
illness maladie *f.*
image image *f.*
imagine imaginez
immediately tout de suite
immigrant immigré/immigrée *m./f.*
impatient impatient(e)
impatiently impatiemment
important important(e)
impressionist impressionniste
in dans, en, à; sur
  he/she is (not) ~ il/elle (n')est (pas) là

~ a private home chez un particulier
~ front of devant
~ my opinion pour moi, à mon avis
~ practice en pratique
~ the country à la campagne
~ theory en théorie
~ the past autrefois
~ those days à cette époque-là
included compris(e)
increase augmenter
incredible incroyable
indicate indiquer
indifference indifférence *f.*
indifferent indifférent(e)
indigestion indigestion *f.*
individual *adj.* individuel(le)
individual *n.* individu *m.*
inequality inégalité *f.*
information renseignements *m.pl.*
~ desk bureau *m.* de renseignements
inhabitant habitant/habitante *m./f.*
injection piqûre *f.*
give an ~ faire une piqûre (à)
injure oneself se blesser
injured: be ~ se blesser
injury blessure *f.*
instead of au lieu de
instigate provoquer
instructions instructions *f.pl.*
insurance assurance *f.*
integrate: to be ~d s'intégrer
intelligent intelligent(e)
intend to avoir l'intention de
interest *v.* intéresser
be ~ed s'intéresser
are you ~ed? ça te dit? ça t'intéresse? ça vous intéresse?
interesting intéressant(e)
Internet Internet *m.*
internship stage *m.*
interrupt interrompre
interview *n.* entretien *m.*, interview *f.*
interview *v.* interviewer
intolerance intolérance *f.*
intolerant intolérant(e)
introductions présentations *f.pl.*
invent inventer, inventez
invest investir
invitation invitation *f.*
invite inviter
inviting: I'm ~ you je t'invite, je vous invite
iPod iPod *m.*
iron repasser
irritating embêtant(e)
Islamic islamique
island île *f.*
isolated isolé(e)
it il/elle; le/la; y
~ is il est, c'est
~ is necessary (that) il faut (que)
~'s a question of il s'agit de
~'s . . . (weather) il fait...
~'s raining il pleut
~'s snowing il neige
Italian italien(ne)
its son/sa/ses

J

jacket veste *f.*; (waist-length) blouson *m.*
short ~ blouson *m.*
ski ~ anorak *m.*
jam confiture *f.*
January janvier *m.*
Japanese japonais(e)
jazz jazz *m.*
jeans jean *m.*
jewel bijou *m.* (*pl.* bijoux)
jewelry bijoux *m.pl.*
gold ~ bijoux en or
job emploi *m.*; poste *m.*; métier *m.*; boulot *m.*
~ application demande *f.* d'emploi
jogging jogging *m.*
go ~ faire du jogging
~ suit jogging *m.*
joke blague *f.*
jot down notez
journalist journaliste *m./f.*
judo judo *m.*
judge juge *m.*
juice jus *m.*
July juillet *m.*
June juin *m.*
junior high school collège *m.*
just: have ~ venir de
~ a minute un moment

K

keep garder
key clé *f.*
kidding: be ~ plaisanter
you're ~! tu plaisantes!, tu rigoles!
kill tuer
kilo(gram) kilo *m.* (de)
kind genre *m.*
it's a ~ of . . . c'est une espèce de...
~ (of film) genre (de film)
kindergarten école *f.* maternelle
king roi *m.*
kitchen cuisine *f.*
knee genou *m.* (*pl.* genoux)
knife couteau *m.* (*pl.* couteaux)
knit en maille
knock frapper
knot nœud *m.*
know (something) savoir; **(someone)** connaître
do you ~ (so and so)? Tu connais... ?
I don't ~. je ne sais pas.
~ each other/one another se connaître
you ~ tu sais, vous savez
you ~ quoi, hein

L

lack manque *m.*
a ~ of un manque de
lady dame *f.*
lake lac *m.*
lamp lampe *f.*
landlord/landlady propriétaire *m./f.*
language langue *f.*
laptop ordinateur *m.* portable
last *adj.* dernier(ère)
~ night hier soir
last *v.* durer
late tard; en retard
later plus tard
latest dernier(ère)
laugh rire
laundry lessive *f.*
law (*field of study*) droit *m.*; (*legislation*) loi *f.*
lawyer avocat/avocate *m./f.*
lazy paresseux(se)
leaf feuille *f.*
learn (about) apprendre
least: at ~ au moins
the ~ le/la/les moins
leather *adj.* en cuir
leather *n.* cuir *m.*
leave partir; quitter; laisser
lecture hall amphithéâtre *m.*
left gauche *f.*
on the ~ à gauche
to the ~ à gauche
leg jambe *f.*
leggings caleçon *m.*
leisure activities loisirs *m.pl.*
lemon citron *m.*
lemonade: fresh ~ citron *m.* pressé
lend prêter
less moins (de)
~ . . . than moins (de) ... que
~ and ~ de moins en moins
lesson leçon *f.*
let: ~ me introduce you to . . . je te/vous présente...
~'s go allons
~'s see voyons

letter lettre *f.*
~ carrier facteur *m.*
~s of the alphabet lettres *f.* de l'alphabet
lettuce salade *f.*
level niveau *m.* (*pl.* niveaux)
library bibliothèque *f.*
lie mensonge *m.*
life vie *f.*
light *adj.* clair(e) (*color*); léger(ère) (*weight*)
~ (gray) (gris) clair
light *n.* lumière *f.*
like *prep.* comme
like *v.* aimer
do you ~ that/it? ça te plaît?
I ~ that Ça me plaît
I would ~ je voudrais
what would you ~? vous désirez?
would you ~ to? ça vous (t')intéresse? tu veux? voudriez-vous?
link reliez
lips lèvres *f.pl.*
listen (to) écouter
~! écoute! écoutez!
liter litre *m.*
literature littérature *f.*
little petit(e)
a ~ un peu
live (in, at) habiter; vivre
living room séjour *m.*; salon *m.*
loafer mocassin *m.*
loaf of French bread baguette *f.*
lobster homard *m.*
location emplacement *m.*, endroit *m.*
locker consigne *f.*
lodging logement *m.*; logis *m.*
~ with breakfast and dinner demi-pension *f.*
long long(ue)
longer: no ~ ne... plus
long-sleeved à manches longues
long time longtemps
look avoir l'air
~ at regarder
~ bad on aller mal à
~ for chercher
~ good on aller bien à
~ like ressembler (à)
looking: I'm ~ for . . . je cherche...
lose perdre
~ weight maigrir
lost-and-found objets *m.pl.* trouvés
lot: a ~ (of) beaucoup (de)
lots of tas *m.* de
lottery loterie *f.*
love *n.* amour *m.*
love *v.* aimer; s'aimer
I'd ~ to avec plaisir
to fall in ~ tomber amoureux/amoureuse
lower baisser
luck chance *f.*
good ~! bonne chance!
what ~! quelle chance!
lucky: be ~ avoir de la chance
how ~! quelle chance!
luggage bagages *m.pl.*
luminous lumineux(se)
lunch déjeuner *m.*

M

ma'am madame
mad: to be ~ être fâché(e)
magazine magazine *m.*
magnificent magnifique
main course plat *m.* garni; plat *m.* principal
main dish plat *m.* garni
make faire; rendre
~ a decision prendre une décision
~ an appointment prendre rendez-vous
~ one's bed faire son lit
~ one's fortune faire fortune
~ sick rendre malade
~ up inventez
makeup: to put on ~ se maquiller
man homme *m.*
management les cadres *m.pl.*
management position poste *m.* de direction
mandatory obligatoire
manners manières *f.pl.*
many beaucoup de, beaucoup
not ~ pas beaucoup
map carte *f.*; (*city*) plan
March mars *m.*
marriage mariage *m.*
married: to get ~ se marier
marry (someone) épouser
marvelous merveilleux(se)
master's degree maîtrise *f.*
match match *m.*
material comfort confort *m.* matériel
math maths *f.pl.*
mature mûrir
May mai *m.*
may I . . . ? est-ce que je pourrais... ?
maybe peut-être
me me; moi
for ~ pour moi, et pour moi
~ neither moi non plus
~ too moi aussi
meal repas *m.*
means of transportation moyens *m.pl.* de transport
meat viande *f.*
mechanic mécanicien/mécanicienne *m./f.*
medication médicament *m.*
medicine (*drug*) médicament *m.*; (*discipline*) médecine *f.*
meet (with) retrouver (des amis); **(by previous arrangement)** se retrouver; rencontrer
meeting: (chance) meeting rencontre *f.*
mentioned mentionné(e)
menu menu *m.*; carte *f.*
fixed-price ~ menu *m.*
merry Christmas joyeux Noël
message message *m.*
Mexican mexicain(e)
midday midi *m.*
middle milieu *m.*
middle school collège *m.*
midnight minuit *m.*
migraine migraine *f.*
milk *adj.* laitier(ère)
milk *n.* lait *m.*
million million *m.*
mineral water eau minérale *f.*
minutes to (the hour) moins...
fifteen ~ un quart d'heure
miss (the train) rater (le train)
Miss mademoiselle *f.* (*pl.* mesdemoiselles) (abbr. Mlle/Mlles)
mistake faute *f.*; erreur *f.*
misunderstanding malentendu *m.*
moccasin mocassin *m.*
moderate modéré(e)
moment moment *m.*
Monday lundi *m.*
money argent *m.*
month mois *m.*
monument monument *m.*
moon lune *f.*
moral moral(e)
morality morale *f.*
more plus (de)
~ . . . than plus (de) ... que
~ and ~ de plus en plus
no ~ ne... plus
the ~ . . . the ~ plus... plus...
morning matin *m.*
9:00 in the ~ neuf heures du matin
tomorrow ~ demain matin
yesterday ~ hier matin
Moroccan *adj.* marocain(e)
most la plupart de (des, du)
~ of the time la plupart du temps
~ people la plupart des gens
the ~ le/la/les plus
mother mère *f.*
mother-in-law belle-mère *f.*
mountain montagne *f.*
mouse souris *f.*
mousse mousse *f.*
chocolate ~ mousse *f.* au chocolat
mouth bouche *f.*
move déménager
move up (*fig.*) monter

movie film *m.*
detective ~ film policier
horror ~ film d'épouvante
~s cinéma, ciné *m.*
~ theater cinéma *m.*
MP3 player lecteur de MP3 *m.*
Mr. monsieur *m.* (*pl.* messieurs) (abbr. M.)
Mrs. madame *f.* (*pl.* mesdames) (abbr. Mme)
much beaucoup
how ~ combien
not ~ pas beaucoup, peu
too ~ trop (de)
muffler écharpe *f.*
murmur murmurer
museum musée *m.*
music musique *f.*
play ~ faire de la musique
musician musicien/musicienne *m./f.*
must il faut (que); devoir
my mon/ma/mes

N

name nom *m.*
first ~ prénom *m.*
last ~ nom *m.* de famille
my ~ is je m'appelle
nap sieste *f.*
take a ~ faire la sieste
napkin serviette *f.*
national holiday fête *f.* nationale
nationality nationalité *f.*
nature nature *f.*
nausea nausée *f.*
nauseated: to be ~ avoir la nausée
near près de
neat chouette
necessary: it is ~ (that) il faut (que)
neck cou *m.*
need avoir besoin (de)
if ~ be à la rigueur
you ~ to tu as/vous avez besoin de
neighbor voisin/voisine *m./f.*
neighborhood quartier *m.*; voisinage *m.*
~ shop magasin *m.* du coin
neither: neither . . . nor ne... ni
neither one ni l'un(e) ni l'autre
nephew neveu *m.* (*pl.* neveux)
nervous nerveux(euse)
never jamais; ne... jamais
new nouveau/nouvel/nouvelle/ nouveaux/nouvelles
~ Year's Day Jour *m.* de l'An
~ words des mots *m.* nouveaux
news nouvelles *f.pl.*
(TV) ~ journal *m.* télévisé, informations *f.pl.*
newspaper journal *m.* (*pl.* journaux)
next prochain(e)
~ to à côté de
the ~ day le lendemain
nice gentil(le); agréable; sympathique; aimable
it's ~ weather il fait beau
niece nièce *f.*
night nuit *f.*
last ~ hier soir
~ out sortie *f.*
per ~ la nuit
tomorrow ~ demain soir
nightclub boîte *f.* (de nuit)
nightgown chemise *f.* de nuit
nightmare cauchemar *m.*
nine neuf
nineteen dix-neuf
ninety quatre-vingt-dix
ninety-one quatre-vingt-onze
ninety-seven quatre-vingt-dix-sept
no non
~ longer ne... plus
~ more ne... plus
~ one personne, personne ne, ne... personne
~ way! c'est pas vrai!
nobody personne, personne ne, ne... personne
noise bruit *m.*
no longer ne... plus
nonconformist individualiste
nonsense bêtises *f.pl.*
non-smoking (section) non-fumeurs
noon midi *m.*
north nord *m.*
nose nez *m.*
runny ~ nez qui coule
stuffy ~ nez bouché
not ne... pas; pas
~ . . . anymore ne... plus
~ at all pas du tout
~ bad pas mal
~ much pas beaucoup; pas grand-chose
~ much hair pas beaucoup de cheveux
~ quite pas tout à fait
~ too pas trop
note remarquez
notebook cahier *m.*
nothing rien, ne... rien, rien ne...
think ~ of it ce n'est rien
notice *v.* remarquer; observer
novel roman *m.*
detective ~ roman policier
historical ~ roman historique
November novembre *m.*
now maintenant
from ~ on désormais
number *v.* numérotez
nurse infirmier/infirmière *m./f.*
nuts! zut (alors)!; mince!
nylon *adj.* en nylon
nylon *n.* nylon *m.*

O

objective objectif *m.*
obviously évidemment
occasion occasion *f.*
occupation profession *f.*
o'clock heure *f.*
October octobre *m.*
odor odeur *f.*
of de
~ course bien sûr
~ course not mais non
offer offrir
office bureau *m.* (*pl.* bureaux)
often souvent
oh . . . tiens...
oh really? ah bon? vraiment?
oh yeah? et alors?
OK d'accord
okay d'accord
old vieux/vieil/vieille/vieux/ vieilles
be . . . years ~ avoir ... ans
grow ~ vieillir
how ~ are you? quel âge as-tu/ avez-vous?
~ quarter vieux quartier
omelet omelette *f.*
on sur
~ foot à pied
~ line en ligne
~ the contrary au contraire
~ the other hand par contre
once une fois
~ again encore une fois
one *number; art.* un(e)
one *pron.* on
one-color uni(e)
oneself soi, soi-même
one-way ticket aller *m.* simple
onion oignon *m.*
only seulement; ne... que
open *adj.* ouvert(e)
open *v.* ouvrir
~ oneself up s'ouvrir
opinion opinion *f.*; avis *m.*
in my ~ à mon avis
opposite: the ~ le contraire
optimistic optimiste
optional facultatif(ve)
or ou
orange *adj. inv.* orange
orange *n.* orange *f.*
orange juice jus *m.* d'orange
order: are you ready to ~? vous désirez?
order *n.* ordre *m.*
order *v.* commander

ordinal numbers nombres *m.pl.* ordinaux
ordinary ordinaire
organic biologique, bio
~ product produit bio
organize organiser
other autre
our notre, nos
outdoors dehors
outgoing sociable
outing sortie *f.*
outside dehors
overcast: it's ~ le ciel est couvert
over there là-bas
owe devoir
own *v.* posséder
own *adj.* propre
owner propriétaire *m./f.*
oyster huître *f.*

P

package tour voyage *m.* organisé
pain mal *m.* (*pl.* maux)
painter peintre *m.*
painting peinture *f.*; tableau *m.*
pajamas pyjama *m.*
pal copain *m.*, copine *f.*
pancake crêpe *f.*
pants pantalon *m.*
parade défilé *m.*
parents parents *m.pl.*
park parc *m.*
parka anorak *m.*
parking: covered ~ garage *m.*
part: be ~ of faire partie de
participate participez
partner partenaire *m./f.*
part-time à mi-temps
party soirée *f.*, fête *f.*
pass passer
~ an exam réussir à un examen
~ (a test) réussir à
~ through (by) passer par/à
passive passif(ve)
passport passeport *m.*
pasta pâtes *f.pl.*
pastime passe-temps *m.* (*pl.* passe-temps)
pastry shop pâtisserie *f.*
pâté pâté *m.*
patient patient(e)
patiently patiemment
pay payer
~ attention faire attention
peach pêche *f.*
pear poire *f.*
peas petits pois *m.pl.*
pen stylo *m.*
pencil crayon *m.*
pencil eraser gomme *f.*
people gens *m.pl.*; on (*pron.*)
pepper poivre *m.*
percentage pourcentage *m.*
perfect parfait(e)
it's ~! c'est parfait!
that's ~! c'est parfait!
perhaps peut-être
person personne *f.*
personal personnel(le)
~ Web page page perso (personnelle) *f.*
~ possessions objets *m.pl.* personnels
pessimistic pessimiste
petition pétition *f.*
pharmacist pharmacien/pharmacienne *m./f.*
pharmacy pharmacie *f.*
phenomenon phénomène *m.*
philosophy philosophie *f.*
phobia phobie *f.*
phone téléphoner
~ card télécarte *f.*
~ each other se téléphoner
photo(graph) photo *f.*
physical physique
~ education gymnastique *f.*, éducation *f.* physique
physics physique *f.*
picnic pique-nique *m.*
picture image *f.*
pie tarte *f.*
piece morceau *m.* (*pl.* morceaux)
~ of chalk morceau de craie
pile: a ~ of un tas *m.* de
pill comprimé *m.*
pineapple ananas *m.*
pink rose
pitcher carafe *f.*
~ of water carafe *f.* d'eau
pizza pizza *f.*
place lieu *m.* (*pl.* lieux); place *f.*; endroit *m.*
place setting couvert *m.*
plaid à carreaux
plan *n.* projet *m.*
plan *v.* compter (+ infinitif)
plane avion *m.*
by ~ en avion
plate assiette *f.*
platform (train) quai *m.*
play jouer
~ (a sport) faire du/de la (sport)
player:
CD ~ lecteur *m.* de CD
DVD ~ lecteur *m.* de DVD
MP3 ~ lecteur *m.* de MP3
pleasant sympathique; agréable
please *adv.* s'il vous plaît
~ bring me pourriez-vous m'apporter
~ hold (*on the telephone*) ne quittez pas
sir/miss, ~? monsieur/mademoiselle, s'il vous plaît?
please *v.* plaire
pleasure plaisir *m.*
my ~! avec plaisir!
~ trip voyage *m.* d'agrément
with ~! volontiers! avec plaisir!
plural pluriel
P.M. in the afternoon, in the evening
2:00 ~ deux heures de l'après-midi
pneumonia pneumonie *f.*
pocket poche *f.*
poem poème *m.*
policeman agent *m.* de police
polite expressions formules *f.pl.* de politesse
politely poliment
political politique
~ science sciences *f.pl.* politiques
politician politicien/politicienne *m./f.*
polka dot à pois
poll *n.* sondage *m.*
poll *v.* faire un sondage
polo shirt polo *m.*
polyester *adj.* en polyester
polyester *n.* polyester *m.*
pool piscine *f.*
poor pauvre
~ person pauvre *m./f.*
poorly mal
pork porc *m.*
position: half-time/full-time ~ poste *m.* à mi-temps/plein temps
possess posséder
possessions affaires *f.pl.*; objets personnels *m.pl.*
postcard carte *f.* postale
poster poster *m.*
post office poste *f.*
potato pomme *f.* de terre
pound livre *f.* (de)
poverty pauvreté *f.*; misère *f.*
power pouvoir *m.*
practical pratique
practice *n.* pratique *f.*
in ~ en pratique
practice *v.* exercer
~ a profession exercer une profession
~ music faire de la musique
preceding précédent(e)
prefer préférer
prejudice préjugé *m.*
prepare préparer
prescribe prescrire
prescription ordonnance *f.*
present présent(e)
president président/présidente *m./f.*
pretty joli(e)
prevent empêcher

price prix *m.*
printed imprimé(e)
probably sans doute
problem problème *m.*
product produit *m.*
profession profession *f.* libérale; métier *m.*
professional professionnel(le)
professional *n.* **(manager, executive, etc.)** cadre *m.*
professor professeur *m.*
program programme *m.*; (*television*) émission *f.*; programme *m.*
programmer: computer ~ informaticien/informaticienne *m./f.*
promotion promotion *f.*
protest *v.* protester
provoke provoquer
psychological drama drame *m.* psychologique
psychology psychologie *f.*
pullover pull *m.*; chandail *m.*
punish punir
punished puni(e)
pupil élève *m./f.*
pushups pompes *f.pl.*
put mettre
  ~ on (se) mettre
  ~ on makeup se maquiller
putter *v.* faire du bricolage

Q

quantity quantité *f.*
quarter (hour) quart *m.*; quartier
  ~ after (the hour) et quart
  ~ to (the hour) moins le quart
queen reine *f.*
question interroger
  ask ~s poser des questions
  it's a ~ of il s'agit de
quiche quiche *f.*
quickly rapidement
quit one's job démissionner

R

rabbit lapin *m.*
racism racisme *m.*
radio radio *f.*
rain *n.* pluie *f.*
rain *v.*: **it's ~ing** il pleut
raincoat imperméable *m.*
raise lever; élever
  ~ one's hand lever le doigt
rally se mobiliser
Ramadan Ramadan *m.*
rarely rarement
raspberry framboise *f.*
rather plutôt
rats! zut (alors)!; mince!
ravishing ravissant(e)
raw cru(e)
read lire
reading lecture *f.*
realistic réaliste
reality réalité *f.*
  ~ television téléréalité *f.*
really vraiment
  ~? ah bon?
reason raisonner
reasonable raisonnable
recall (se) rappeler
receive recevoir
recently récemment
receptionist réceptionniste *m./f.*
recess récréation *f.*
recipe recette *f.*
recognize reconnaître
recommend recommander
red rouge
  ~ hair roux (rousse)
  ~ light feu *m.* rouge
reduce diminuer
referee arbitre *m.*
refined raffiné(e)
reflect on réfléchir
refuse refuser
regarding en matière de
region région *f.*
regret regretter
reject rejeter
relate raconter
relationship relation *f.*
relatives parents *m.pl.*
  distant ~ parents éloignés
relaxation détente *f.*
remain rester
  ~ standing rester debout
remember (*someone or something*) se souvenir (de)
remind rappeler
remote control télécommande *f.*
render rendre
rent louer
renter locataire *m./f.*
report rapport *m.*
reporter journaliste *m./f.*
required exigé(e)
research recherche *f.*
resemble ressembler (à)
reserved for réservé(e) à
resourceful débrouillard(e)
respect respecter
responsible responsable
rest se reposer
restaurant restaurant *m.*
restroom toilettes *f.pl.*, W.C. *m.pl.*
result conséquence *f.*
résumé curriculum *m.* vitae, CV *m.*
retirement retraite *f.*
return rentrer; revenir; retourner
review réviser
rice riz *m.*
rich riche
ride *n.* promenade *f.*, randonnée *f.*
  car ~ promenade en voiture
  train ~ voyage *m.* en train
ride *v.*: **~ a bike** faire du vélo
  ~ a train voyager en train
rifle fusil *m.*
right *adj.* droit(e); correct(e)
  is that ~? c'est vrai?
right *adv.* correctement; à droite
  ~ away tout de suite
right *n.* (*direction*) droite *f.*; (*entitlement*) droit *m.*
  on the ~ à droite
  to the ~ à droite
rise se lever
risk risque *m.*
river fleuve *m.*
road route *f.*
roast: pork ~ rôti *m.* de porc
roast beef rosbif *m.*
rock music rock *m.*
romantic film film *m.* d'amour
room pièce *f.*; chambre *f.*
roommate camarade *m./f.* de chambre
rope corde *f.*
Roquefort cheese roquefort *m.*
round-trip ticket aller-retour *m.*
routine routine *f.*
row rang *m.*
rude désagréable
rug tapis *m.*
running *n.* course *f.*
runny nose nez *m.* qui coule
rural rural(e) (*m.pl.* ruraux)
  ~ community commune *f.* rurale
rushed *adj.* pressé(es) (*les gens*)
Russian *adj.* russe

S

sad triste
saint's day fête *f.*
salad salade *f.*
salami saucisson *m.*
salary salaire *m.*
sale solde *m.*
  on ~ en soldes
salesperson vendeur/vendeuse *m./f.*
salt sel *m.*
salty salé(e)
same même *m./f.*, pareil(le)
sand sable *m.*
sandal sandale *f.*
sandwich sandwich *m.*
Santa Claus Père Noël *m.*
satisfied satisfait(e)
Saturday samedi *m.*
sausage saucisse *f.*
say dire
  ~! tiens! dis/dites!
scandalous scandaleux(se)

scare faire peur à
scarf écharpe *f.*; foulard *m.*
schedule emploi *m.* du temps; (*train*) horaire *m.*
scholarship bourse *f.*
school école *f.*; (*at university*) fac/faculté *f.*
back to ~ rentrée *f.*
elementary ~ école primaire
high ~ lycée *m.*
junior high/middle ~ collège *m.*
nursery ~ école maternelle
~ subject matière *f.*
schoolteacher maître/maîtresse *m./f.*
primary ~ instituteur/institutrice *m./f.*
science science *f.*
sea mer *f.*
seafood fruits *m.pl.* de mer
season saison *f.*
seat place *f.*; siège *m.*
seated assis(e)
second deuxième
secret secret *m.*
secretary secrétaire *m./f.*
section: (cheese) ~ rayon *m.* (des fromages)
security sécurité *f.*
see voir
~ each other (again) se (re)voir
~ one another se (re)voir
~ you soon à bientôt
to ~ (in order to) ~ pour voir
seem avoir l'air; sembler
self-control: to have ~ être discipliné(e)
selfish égoïste
sell vendre
send envoyer
Senegalese *adj.* sénégalais(e)
sentence phrase *f.*
separate séparé(e)
September septembre *m.*
series feuilleton *m.*
serious sérieux(se); grave
seriously sérieusement
serve servir
seven sept
seventeen dix-sept
seventy soixante-dix
seventy-one soixante et onze
seventy-two soixante-douze
several plusieurs
shame honte *f.*
shape forme *f.*
in good ~ en bonne forme
to be/stay in good ~ être/rester en bonne forme
share partager
shave se raser
she elle
sheet of paper feuille *f.* de papier
shelter abri *m.*; gîte *m.*
shelves étagères *f.pl.*
shirt (*men's*) chemise *f.*; (*women's*) chemisier *m.*
shoes chaussures *f.pl.*
dress ~ chaussures habillées
high-heeled ~s chaussures à talons
tennis ~ tennis *f.pl.*
shopping: go grocery ~ faire les courses
go ~ faire des courses, du shopping
~ mall centre *m.* commercial
short petit(e); court(e)
shorts short *m.*
short-sleeved à manches courtes
should (*see* devoir)
I ~ je devrais
I ~ have j'aurais dû
you ~ . . . tu devrais/vous devriez
shoulder épaule *f.*
shout crier
show *n.* émission *f.*
game ~ jeu *m.* télévisé
variety ~ variétés *f.pl.*
show *v.* montrer
shower *n.* douche *f.*
shower *v.* se doucher
shrimp crevette *f.*
shy timide
sick malade
get ~ tomber malade
side côté *m.*
sign *v.* signer
silk *adj.* en soie
silk *n.* soie *f.*
similar semblable
since depuis
~ when depuis quand
sing chanter
singer chanteur/chanteuse *m./f.*
single célibataire
~ person célibataire *m./f.*
singular singulier
sink (*bathroom*) lavabo *m.*
sir monsieur
sister sœur *f.*
half ~ demi-sœur *f.*
sister-in-law belle-sœur *f.*
six six
sixteen seize
sixty soixante
skate patin *m.*
skating patinage *m.*
ice ~ patinage *m.* sur glace
~ rink patinoire *f.*
skeptical sceptique
ski faire du ski
skiing ski *m.*
ski jacket anorak *m.*
skim parcourez
skirt jupe *f.*
sky ciel *m.*
sleep dormir
~ in faire la grasse matinée
sleeve manche *f.*
long-~d à manches longues
short-~d à manches courtes
slender mince
slice tranche *f.*
slipper pantoufle *f.*
slowly lentement
small petit(e)
smell odeur *f.*
smoking (section) fumeurs
snack *v.* grignoter
snacking grignotage *m.*
snail escargot *m.*
sneaker basket *f.*; tennis *f.*
sneeze éternuer
snow *n.* neige *f.*
snow *v.*: **it's ~ing** il neige
so eh bien, ben, alors, donc
soap opera feuilleton *m.*
soccer foot *m.*, football *m.*
play ~ faire du foot
~ game match de foot *m.*
society société *f.*
sociology sociologie *f.*
sock chaussette *f.*
sofa canapé *m.*
solid-color uni(e)
solitude solitude *f.*
solution solution *f.*
some *adj.* des; certain(e)s, quelques
~ what? de la/du quoi?
some *pron.* en; certain(e)s; quelques-un(e)s
somebody quelqu'un
someone quelqu'un
it's ~ who c'est quelqu'un qui
something quelque chose
it's ~ that . . . c'est quelque chose que...
sometimes quelquefois, parfois
son fils *m.*
song chanson *f.*
soon bientôt
as ~ as dès que
sore throat mal *m.* à la gorge
sorry désolé(e); pardon
be ~ regretter
sort espèce *f.*; genre *m.*
so-so comme ci comme ça
soup soupe *f.*
south sud *m.*
souvenir souvenir *m.*
buy ~s acheter des souvenirs
space espace *m.*
spacious spacieux(se)
Spanish espagnol(e)
speak parler
~ loudly parler fort
specialist spécialiste *m./f.*

spend (*money*) dépenser; (*time, vacation*) passer
~ hours passer des heures (à + inf.)
spider araignée *f.*
spoon cuillère *f.*
sports sport *m.*
spouse conjoint/conjointe *m./f.*; époux/épouse *m./f.*
spring printemps *m.*
square place *f.*
squash courgette *f.*
squeezed pressé (*un citron*)
stadium stade *m.*
staircase escalier *m.*
stairs escalier *m.*
stand supporter
standing debout
star étoile *f.*
station (train) gare *f.*
gas ~ station *f.* service
stay *n.* séjour *m.*
stay *v.* rester; faire un séjour
~ in a hotel descendre
~ in bed rester au lit
steak bifteck *m.*, steak *m.*
step-father beau-père *m.*
step-mother belle-mère *f.*
step workout step *m.*
stimulate stimuler
stingy avare
stomach ventre *m.*
stool tabouret *m.*
stop arrêter
store magasin *m.*
storm orage *m.*
stormy orageux(se)
story étage *m.*; histoire *f.*
straight ahead tout droit
strange étrange
stranger étranger/étrangère *m./f.*
strawberry fraise *f.*
~ tart tarte *f.* aux fraises
street rue *f.*
~ map plan *m.* de ville
stress stress *m.*
strict strict(e)
strike frapper
what struck me . . . ce qui m'a frappé(e)...
striped à rayures
stroke attaque *f.* cérébrale
strong fort(e)
student élève *m./f.*
university ~ étudiant/étudiante *m./f.*
studio studio *m.*
study (a subject) étudier, travailler
stuffed animal peluche *f.*
stuffy nose nez *m.* bouché
stupid bête; stupide
how ~! quelle bêtise!
subject (school) matière *f.*
the ~ is il s'agit de
suburbs banlieue *f.*
succeed réussir (à)
success réussite *f.*; succès *m.*
suffer souffrir
sugar sucre *m.*
~ cane canne *f.* à sucre
suit (*men's*) costume *m.*; (*women's*) tailleur *m.*
suitcase valise *f.*
summer été *m.*
sun soleil *m.*
Sunday dimanche *m.*
sunglasses lunettes *f.pl.* de soleil
sunny ensoleillé(e)
it is ~ il fait du soleil
supermarket supermarché *m.*
super store grande surface *f.*
supposed: I was ~ to je devais
surf the Internet surfer sur Internet
surname nom *m.* de famille
surprising étonnant(e); surprenant(e)
sweater chandail *m.*; pull *m.*
button-up ~ cardigan *m.*
sweats jogging *m.*
sweatshirt sweat *m.*
sweet sucré(e), doux (douce)
swim faire de la natation; nager
swimming natation *f.*
swimming pool piscine *f.*
swimsuit maillot *m.* de bain
Swiss suisse
symbol symbole *m.*
symptom symptôme *m.*
syrup sirop *m.*

T

table table *f.*
tablet comprimé *m.*
taco taco *f.*
Tahitian tahitien(ne)
take prendre; prenez
~ advantage of profiter de
~ a nap faire la sieste
~ a poll faites un sondage
~ a shower prendre une douche
~ a trip faire un voyage
~ back ramener
~ care of oneself se soigner
~ off enlever
~ place se passer (quelque chose se passe)
~ the time (to) prendre le temps (de)
talk parler
~ nonsense dire des bêtises
~ to each other se parler
~ to one another se parler
talkative bavard(e)
tall grand(e)
tame apprivoiser
tart: apple ~ tarte *f.* aux pommes
taste goût *m.*
(same) ~ (mêmes) goûts *m.*
tea thé *m.* nature
plain ~ thé nature
~ with lemon thé citron
~ with milk thé au lait
teacher instituteur/institutrice *m./f.*; professeur *m.*; enseignant/enseignante *m./f.*
(elementary school) ~ maîtresse *f.*
team équipe *f.*
tease taquiner
technological advances avances *f.pl.* technologiques
teddy bear ours *m.* en peluche
teeth dents *f.pl.*
telephone *n.* téléphone *m.*
~ number numéro *m.* de téléphone
telephone *v.* téléphoner
television télévision *f.*
~ set poste *m.* de télévision
tell raconter (*a story*)
~ lies dire des mensonges
temperature température *f.*
take one's ~ prendre sa température
ten dix
tenant locataire *m./f.*
tendency tendance *f.*
tennis tennis *m.*
play ~ faire du tennis
~ shoe tennis *f.*
terrace terrasse *f.*
terrible terrible
terrific super, formidable
test examen *m.*; épreuve *f.*
text message texto *m.*
thank remercier
many ~s merci mille fois
~s merci
~ you merci
Thanksgiving Day Jour *m.* d'action de grâces
that *adj.* ce/cet/cette... (-ci/-là)
~ color (jogging outfit) looks good on you cette couleur (ce jogging) vous va bien
that *conj.* que
that *pron.* ce, cela, ça; *rel. pron.* qui, que
~ is to say c'est à dire que
the le/la/l'/les
theater théâtre *m.*
movie ~ cinéma *m.*
their leur, leurs
them *pron.* les, leur; elles, eux
then alors, puis, ensuite
theory: in ~ en théorie *f.*

there là, là-bas; y
~ is/are il y a; voici, voilà
therefore donc
thermometer thermomètre *m.*
these *adj.* ces; ces... (-ci/-là)
these *pron.* ceux/celles-ci; ceux/celles-là
they ils/elles/on
thing chose *f.*
think penser; trouver, croire
do you ~ so? vous trouvez? tu trouves?
~ about penser à; réfléchir à
~ of penser de
thirst soif *f.*
thirsty: be ~ avoir soif
thirteen treize
thirty trente
~ (minutes past the hour) et demie
this *adj.* ce, cet, cette... (-ci/-là)
this is . . . ici...
those *adj.* ces; ces... (-ci/-là)
those *pron.* ceux/celles(-ci); ceux/celles(-là)
thousand mille *inv.*
three trois
throat gorge *f.*
sore ~ mal *m.* à la gorge
thunderstorm orage *m.*
Thursday jeudi *m.*
ticket billet *m.*
one-way ~ aller *m.* simple
round-trip ~ aller-retour *m.*
~ window guichet *m.*
tidy up (one's bedroom) ranger (sa chambre)
tie cravate *f.*; lien *m.*
time heure *f.*; temps *m.*
a long ~ longtemps
at that ~ en ce temps-là
at what ~? à quelle heure?
free ~ temps *m.* libre
from ~ to ~ de temps en temps
have a hard ~ avoir du mal à
have ~ (to) avoir le temps (de)
it is ~ that il est temps de/que
on ~ à l'heure
what ~ is it? quelle heure est-il?
timetable horaire *m.*
tired fatigué(e)
title titre *m.*
to à, en, dans; jusqu'à
in order ~ pour
~ her lui
~ him lui
~ them leur
toast pain *m.* grillé
tobacco/magazine shop bureau *m.* de tabac
today aujourd'hui
together ensemble
toilet W.C. *m.pl.*; toilettes *f.pl.*
tomato tomate *f.*
tomorrow demain
~ morning/afternoon/evening demain matin/après-midi/soir
too trop; aussi
~ bad tant pis
~ little trop peu (de)
~ much trop (de)
tooth dent *f.*
torn déchiré(e)
touch toucher
tour tour *m.*, voyage *m.* organisé
tourist touriste *m./f.*
toward vers
town village *m.*; ville *f.*
old part of ~ vieux quartier *m.*
toy jouet *m.*
track course *f.*
tradition tradition *f.*
traditional traditionnel(le)
traditionally traditionnellement
traffic jam embouteillage *m.*
tragic tragique
train train *m.*
by ~ en train
high-speed ~ TGV *m.*
next ~ prochain train
~ station gare *f.*
training formation *f.*
tranquil tranquille
transportation: means of ~ moyens *m.pl.* de transport
travel voyager
~ agency agence *f.* de voyages
treat: my ~ je t'invite, je vous invite
treatment traitement *m.*
tree arbre *m.*
family ~ arbre *m.* généalogique
fir ~ sapin *m.*
trip voyage *m.*
business ~ voyage *m.* d'affaires
go on a ~ faire un voyage
have a nice ~! bon voyage!
pleasure ~ voyage d'agrément
~ around the world tour du monde
true vrai(e)
truth vérité *f.*
try essayez
~ again later essayer plus tard
T-shirt tee-shirt *m.*
Tuesday mardi *m.*
tuna thon *m.*
turkey dinde *f.*
turn tourner
~ off éteindre
~ on allumer
tuxedo smoking *m.*
TV guide programme *m.*
twelve douze
twenty vingt
twenty-one vingt et un
twenty-two vingt-deux
two deux
type espèce *f.*; genre *m.*
typical typique

U

uh euh
umbrella parapluie *m.*
umlaut tréma *m.*
unbelievable! c'est incroyable!
uncivilized person sauvage *m./f.*
uncle oncle *m.*
under sous
underline soulignez
understand comprendre
~ one another se comprendre
unemployment chômage *m.*
unfortunately malheureusement
unfurnished non meublé(e)
university université *f.*
~ cafeteria restaurant *m.* universitaire
~ dorm résidence *f.* universitaire
unmarried célibataire
unpleasant désagréable
until jusqu'à
up to jusqu'à
us nous
use employez
useful utile
using en employant
usual: as ~ comme d'habitude
usually d'habitude
utilities charges *f.pl.*

V

vacation vacances *f.pl.*
have a good/nice ~! bonnes vacances!
spend one's ~ passer ses vacances
~ day jour *m.* de congé
vaccination vaccin *m.*
vacuum passer l'aspirateur
~ cleaner aspirateur *m.*
value valeur *f.*
variety show variétés *f.pl.*
veal veau *m.*
~ chop côtelette *f.* de veau
~ cutlet côtelette *f.* de veau
vegetable légume *m.*
vegetarian végétarien(ne)
velvet *adj.* en velours
velvet *n.* velours *m.*
verify confirmez
very très; vachement (*slang*)
video: ~ cassette vidéocassette *f.*
~ clip clip vidéo *m.*

~ **game** jeu vidéo *m.* (le Nintendo)
~ **game console** console vidéo *f.*
~ **recorder** magnétoscope *m.*
violence violence *f.*
visible visible
visit *n.* visite *f.*
visit *v.* (*a place*) visiter; (*someone*) rendre visite à
vitamin vitamine *f.*
voice voix *f.*
volleyball volley *m.*
play ~ faire du volley
vote voter

W

wages salaire *m.*
waist taille *f.*
waist-length jacket blouson *m.*
wait (for) attendre
waiter/waitress serveur/serveuse *m./f.*
wake up se réveiller
walk *n.* promenade *f.*
go for a ~ faire une promenade
walk *v.* marcher; faire de la marche
walking marche *f.*
go ~ faire de la marche
wall mur *m.*
want désirer; vouloir
~ **to** vouloir; avoir envie de
war guerre *f.*
wash laver
~ **(oneself)** se laver
watch *n.* montre *f.*
watch *v.* regarder
water eau *f.*
mineral ~ eau *f.* minérale
~-ski *v.* faire du ski nautique
~ **skiing** ski *m.* nautique
we nous; on
weak faible
wealth richesse *f.*
wear porter
weather temps *m.*
the ~ is nice/pleasant/bad/hot/cool/cold il fait beau/bon/mauvais/chaud/frais/froid
the ~ is sunny/variable/cloudy/stormy le temps est ensoleillé/variable/nuageux/orageux
~ **report** bulletin *m.* météo
Wednesday mercredi *m.*
week semaine *f.*
a ~ later une semaine après
in a ~ dans une semaine
last ~ la semaine dernière
next ~ la semaine prochaine
per ~ par semaine
weekend week-end *m.*
weekly par semaine
weight lifting/training musculation *f.*
welcome *n.* bienvenue *f.*
welcome *v.* accueillir
you're ~ il n'y a pas de quoi; je t'/vous en prie; de rien
well alors; bien; bon, ben; eh bien; bof
~ **yes** mais oui! mais si!
west ouest *m.*
Western occidental(e)
~ **morality/ethics** morale *f.* occidentale
what qu'est-ce que... ?; que; quel/quelle
a ~? un(e) quoi?
some ~? de la (du quoi)?
so ~? et alors?
~? Pardon? Comment?
~ **if you . . .** si tu/si vous (+ imparfait)
~ **is . . . ?** qu'est-ce que... ?
~ **is he/she like?** comment est-il/elle?
~ **is his/her name?** comment s'appelle-t-il/elle?
~ **is it?** qu'est-ce que c'est?
~ **is that?** qu'est-ce que c'est que ça?
~ **is your name?** comment tu t'appelles? comment vous appelez-vous?
~ **time is it?** quelle heure est-il?
~ **would you like?** vous désirez?
wheat blé *m.*
~ **field** champ *m.* de blé
when quand
where où
from ~ d'où
it's ~ . . . c'est là où...
~ **are you from?** d'où es-tu? d'où êtes-vous?
~ **is . . . (located)?** où se trouve... ? où est... ?
whereas alors que
which quel(s)/quelle(s)
while alors que
whisper *v.* murmurer
white blanc (blanche)
who qui, qui est-ce qui
it's my wife (my father) who . . . c'est ma femme (mon père) qui...
~ **am I?** qui suis-je?
~ **is it?** qui est-ce?
~'s calling? qui est à l'appareil?
whom . . . ? qui est-ce que... ?
why pourquoi
wife femme *f.*
win gagner
wind vent *m.*
window fenêtre *f.*
windy: it's ~ il fait du vent
wine vin *m.*
red ~ vin rouge
white ~ vin blanc
winter hiver *m.*
wish désirer; souhaiter
with avec
~ **difficulty** difficilement
~ **pleasure!** volontiers! avec plaisir!
woman femme *f.*
wood bois *m.*
wool *adj.* en laine
wool *n.* laine *f.*
word mot *m.*
work travailler
~ **hard** bosser (*familier*)
workbook cahier *m.*
worker ouvrier/ouvrière *m./f.*
factory ~ ouvrier/ouvrière *m./f.*
world monde *m.*
worried inquiet(ète)
worry s'inquiéter (de)
would: ~ you know? sauriez-vous... ?
~ **you like to?** Ça vous (t')intéresse?
wound blessure *f.*
write écrire
~ **one another** s'écrire
writer écrivain *m.*
wrong: be ~ avoir tort

X

xenophobic xénophobe

Y

year an *m.*; année *f.*
be ______ ~s old avoir ______ ans
happy New ~ bonne année
last ~ l'année dernière
next ~ l'année prochaine
yellow jaune
yes oui; si (*in response to negative question*)
well, ~ mais oui; mais si
yesterday hier
~ **morning/afternoon/evening** hier matin/après-midi/soir
yet déjà
yogurt yaourt *m.*
you vous; tu; te; toi
~ **can** vous pouvez
~'re welcome il n'y a pas de quoi; je vous (t') en prie; de rien
~ **would like** vous voudriez
young jeune
your ton/ta/tes (*familiar*); votre/vos (*pl., formal*)

Index

iLRN Guide

iLrn™ HEINLE LEARNING CENTER

Table of Contents

Getting Started

Congratulations on working with a Cengage Learning book! ***iLrn: Heinle Learning Center*** gives you access to a wealth of data about your performance, thereby allowing you to learn more effectively. Moreover, you'll enjoy ***iLrn: Heinle Learning Center*** because it is easy to use and gives you instant feedback when you complete an exercise. ***iLrn: Heinle Learning Center*** simply requires you to set up your account with your book key and then to log in each time you use it.

Registration

Creating an Account

To set up your account, follow these steps:

Step 1: Go to ***http://ilrn.heinle.com***

Step 2: Click the ***Login*** button.

Step 3: Click ***Create account.***

Step 4: Enter your user information and click ***Submit***.

Step 5: You will be prompted to enter your book key printed inside the sleeve that came bundled with your book. Click ***Go.*** (You can also purchase an access code online from cengagebrain.com)

Step 6: Your book also requires an instructor's course code. You must get the course code from your instructor to gain access to your course. If you already have it, enter it when prompted. Otherwise, you can enter it the next time you login.

Figure 1: Student Workstation: Before entering course code

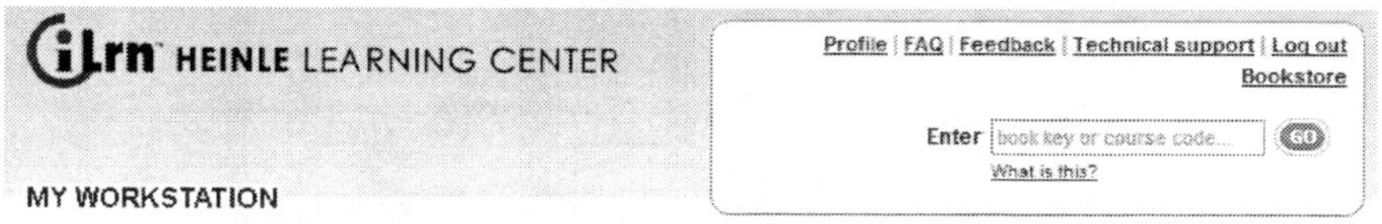

Login Instructions

To access your book after you have added it to your account, follow these steps:

Step 1: Go to ***http://ilrn.heinle.com***

Step 2: Click the ***Login*** button.

Step 3: Enter your username and password. You are taken to the Student Workstation.

Step 4: Click on the book cover to open the ***iLrn: Heinle Learning Center***.

If you experience any problems with setting up your account, ask Quia for help. You can submit a request at http://hlc.quia.com/support.html, email Quia at bookhelp@quia.com or call them at 1-877-282-4400.

Updating Your Profile

When you create your ***iLrn: Heinle Learning Center*** account, the information you enter, such as your name and email address, is saved in your profile.

To update your profile:

1. Login to the ***Student Workstation***.
2. Click ***Profile*** in the upper right corner of your screen.
3. Update the information and press ***Save changes***.

Make sure your email address is current in your profile, as Quia uses this email address to respond to technical support questions and provide forgotten username/password information.

Student Workstation

Once you have entered your book and course keys, the Student Workstation will appear like the screen below each time you login.

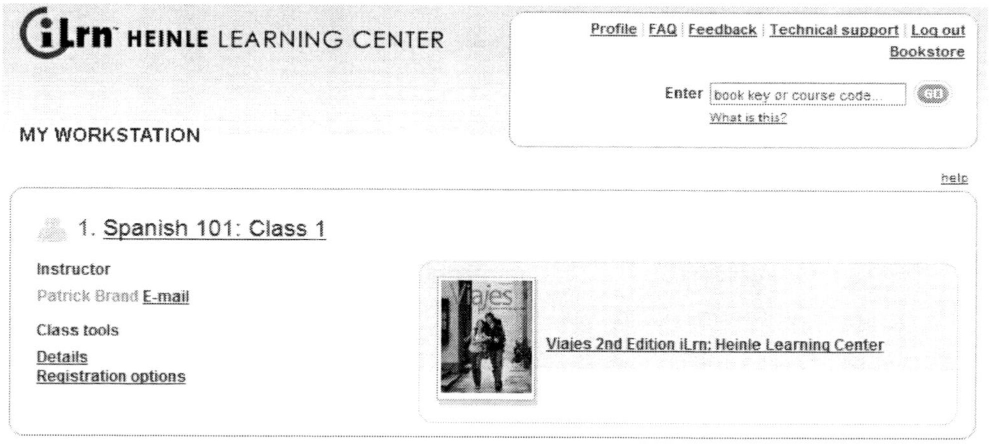

Figure 2: Student Workstation: After entering course code

In this view, you can choose one of the five options:

1) Click on book cover to access resources

Click on the book title or cover. This brings you to the ***Welcome page*** for ***iLrn: Heinle Learning Center***, where you have access to all the resources available for your course.

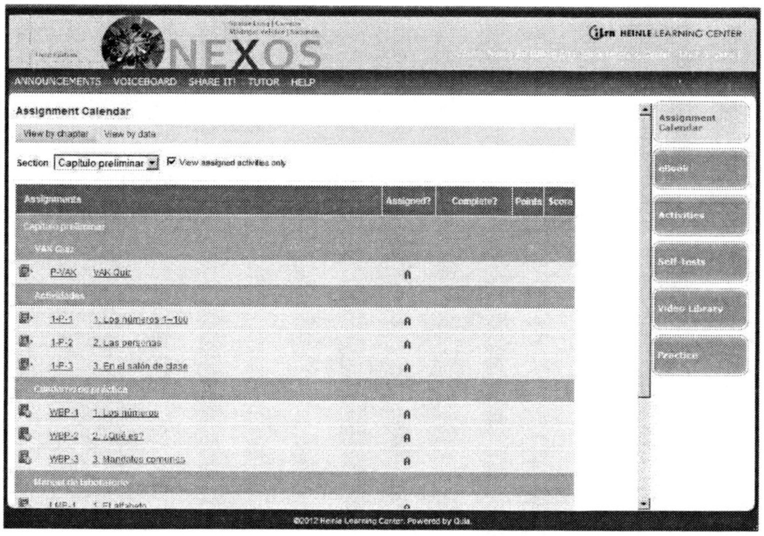

Figure 3: Student Workstation: Assignment Calendar Welcome Screen

From the Welcome page, you have access to these tabs:

- ***Assignment Calendar***— Provides one place for you to go to access all of your as-sigments (Text and SAM Activities). Here you can locate all assignments by due date or by chapter.

- ***eBook***—This page-for-page reproduction of the printed book features embed-ded audio, video, as well as note-taking and text highlighting capabilities. You can complete textbook activities directly from the ebook interface. You can also see whether it is assigned, completed or graded. Just look for the icon to see what is assigned and when it is due. Hover the mouse over the icon to see your grade for a completed assignment. The page view can be magnified and the content searched via the index, table of contents, or search functions. Within the ebook, your instructor can also write and post notes and links for the whole class to view. All books published in copyright year 2013 or beyond have an iPad-compat-ible ebook.

- ***Activities***— You can locate all assignments (textbook and SAM) here. You can select a chapter and view all of the Textbook and SAM exercises for each chapter. Click on the title to open an activity. Links to the exercises are available here, the As-signment Calendar and directly from the ebook.

- ***Self-Tests***— You may take an online self-test before or after working through a textbook chapter to get an initial assessment of what you know and what you still need to master. Your results are graded automatically and displayed according to learning outcomes.

  A Personalized Study Plan, based on the automatically graded test, directs you to additional study aids that focus your efforts and study time on the areas where you need the most help. Please see the ***Self-Tests and Personalized Learning*** section for more information.

- ***Video Library***— For every chapter, you can access accompanying video segments. You can can also turn closed captioning on and off as an aid to understanding. Video segments may be accompanied by pre and post-viewing exercises.

- ***Practice***—Depending on the title, practice activities might include any or all of the following additional activities: vocabulary flashcards; grammar and pronuncia-tion tutorials; additional auto-graded quizzing; and access to Heinle iRadio's MP3-ready cultural exploration activities.

- ***Online exams*** - Your instructor may choose to make exams available online. If you are in a distance course, this may be the sole method of taking exams in your course. To access your exam, click the book cover from your Student Workstation. On the left-hand naviga-tion bar, click on the to expand a chapter. Click on the ***Exam*** for that chapter. Your instructor can assign times when the exams are available. If the exam is not yet available, you will not be able to access it. If it is available, just click ***Start*** to begin.

2) Class details

In your Student Workstation you will find the details related to your course including:

- Course Information: Name (the title and section), Instructor (with a button to click for easy contact, Code (course number), School, Duration (dates of course)
- Book Information: Book title, Publisher, Book duration.

3) Registration options

You can drop a course, transfer to a different class, or transfer to a different course or instructor.

To drop a course:

1. Login to the Student Workstation.
2. Click the ***Registration options*** button in the course you wish to drop.
3. Click ***Drop course*** to drop your enrollment in this course. Your instructor will be notified. After dropping this course, you will still be able to view your scores; however, you will no longer be able to access the books in this course.

To transfer to a different course or instructor:

1. Login to the Student Workstation.
2. Click the ***Registration options*** button in the course you wish to transfer from.
3. Click ***Change course/instructor***.
4. Enter the new course code and click ***Submit***.

To transfer to a different class:

1. Login to the Student Workstation.
2. Click the ***Registration options*** button in the course you wish to transfer from.
3. Click ***Change class***.
4. Select the class you want to enroll in and click ***Submit***.

Assignment Calendar

To access all of your assignments by date:

1. Login to the Student Workstation. Click on the book title or cover.

2. Click on the ***Assignment Calendar*** tab on the right-hand side. Then click on "View by Date" in the blue toolbar.

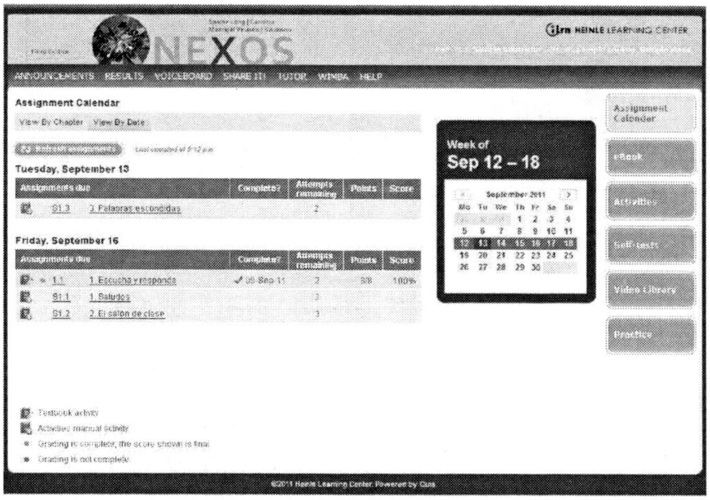

Figure 4: Calendar

3. You will see all Textbook and Student Activities Manual assignments that are due. This icon  indicates a Textbook Activity and this icon  indicates a SAM Activity.
Click an activity to complete it.

4. You can also check your grades on completed assignments. If you see the ● icon, your assignment needs to be graded by your instructor.

5. To see assignments for previous or future weeks, select a date from the calendar during the week you wish to view.

To access all of your assignments by chapter:

Alternatively, you can view the assignments for each chapter.

1. From the Welcome page, click ***Assignment Calendar*** tab on the right-hand side.

Then click on "View by Chapter" in the blue toolbar.

2. Select a chapter from list to see all assignments for that chapter. A due date will appear under the Due Date column for all assigned activities. If an assignment has been completed, the date will be indicated.

3. Select an activity from the list to open and complete.

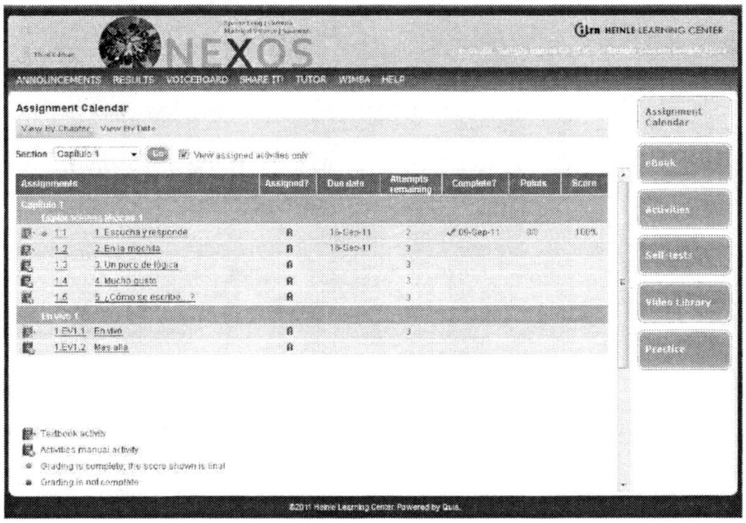

Figure 5: Assignment List

Review & Practice Activities

With enhanced feedback, student are given additional support. At the end of each chapter students will find additional auto-grade grammar activities with specific explanations to their answers. This way students are given direct support and guidance while practicing.

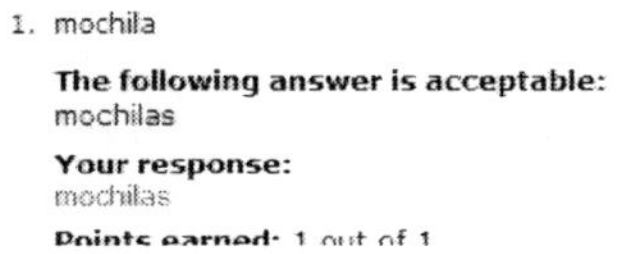

Figure 6: Enhanced Feedback

The **Review It!** button appears with grammar and vocabulary activities and links to relevant resources in the Textbook and Student Activities Manual. Located in the accent toolbar, when a you click the button for an accompanying activity you'll see links to ebook pages covering relevant lessons, flashcards for vocab terms in the activity, podcasts and tutorials that review grammar lessons in the activity, and other resources found in the iLrn for that topic all in one place. This will help you self-correct.

Figure 7: Review it! Button links

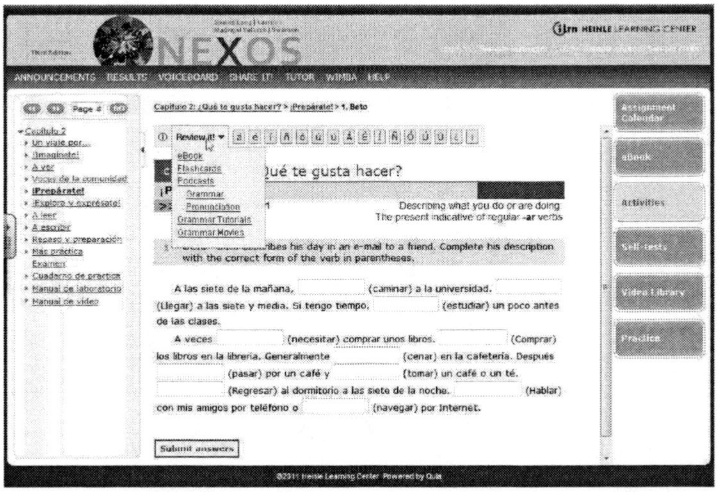

Voice-enabled Activities

Voice-enabled activities can be completed alone, with a partner, or with a group. You can talk to your partner or team and write instant messages to work together on the activity, then record a conversation that your instructor will grade. Please note that voice-enabled activities do not work on mobile devices at this time due to technical limitations.

Tips for setting up your computer

It is important that your computer is configured correctly to capture the voice-enabled activities. Here are some tips for ensuring you have the proper setup:

- ***Microphone*** – The latest browser versions and Adobe Flash works best with USB (Universal Serial Bus) connected microphones. Internal microphones, WebCam microphones and the older stereo-jack (male connection) microphones can be problematic.
- **Adobe Flash** – You should have the latest version of Adobe Flash installed. Also make sure your Flash settings are configured on your web browser for the program to recognize the microphone being used for Voiceboard. To this follow this steps:

  1. Open a voiceboard exercise and right-click on the ***Record*** button. Select ***Settings***.
  2. At the bottom of the menu, click the second tab from the left (it looks like a monitor with an eye on it). Make sure the ***Allow*** option and the ***Remember*** check box are selected.
  3. Click the fourth tab (the one with a microphone on it). Make sure the record volume is up all the way and the correct microphone is selected from the drop-down list.

- ***"Lab" environment***– In a "Lab" environment, your IT department needs to make sure that the network port "1935" is enabled for voice. If this port is disabled from the school's network voice will not transmit.

Find a partner/team

1. Click on ***Voiceboard*** at the top of your student Welcome page screen.
2. From the ***Voice activities***, select the activity you want to complete.
3. If you need a partner, click the ***Find a partner*** link at the top of the ***Partner Record and Chat box***. This will take you to the partner switchboard where you can invite someone online to partner with you.

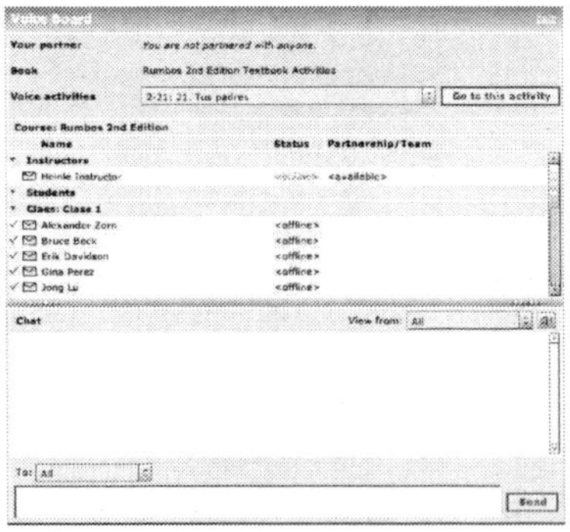

Figure 8: Partner Switchboard

4. If you are working with one partner, his or her name will appear at the top of the ***Partner Record and Chat box***.

5. If the assignment requires you to work in teams, you will either need to join an existing team, or invite others to join you. To join an existing team, check the Partnership/Team column and find the name of a person whose team you would like to join. Click his/her name and send him/her a private chat to request an invitation.

6. To form your own team, find an available partner from the Partnership/Team column, click his/her name and the ***Invite to partner*** link. To add more team members, click their names and the ***Invite to team*** link. Note that if you have four teammates, you cannot invite more - teams are restricted to five members.

Complete a voice-enabled activity

1. To send text messages to your partner or team, type in the text box and press Send or press the ***Enter*** key.

2. To talk to your partner or team before recording, press the ***Talk to your partner*** button. Make sure that you and your partner have microphones and a headset or speakers, and that the volume is turned on. Note: Your partner cannot speak to you or hear what you say until he or she presses ***Talk to your partner*** as well. Your conversation will not be recorded unless you click the ***Record*** button.

3. Coordinate with your partner or team on what you'd like to say. When you're ready to record the conversation, press the ***Record*** your conversation button. The computer will start to record your conversation ONLY after all partners or teammates have clicked the ***Record*** button. You will know it is recording because a message in red appears saying "recording..." until either one of the partners presses ***Stop recording***.

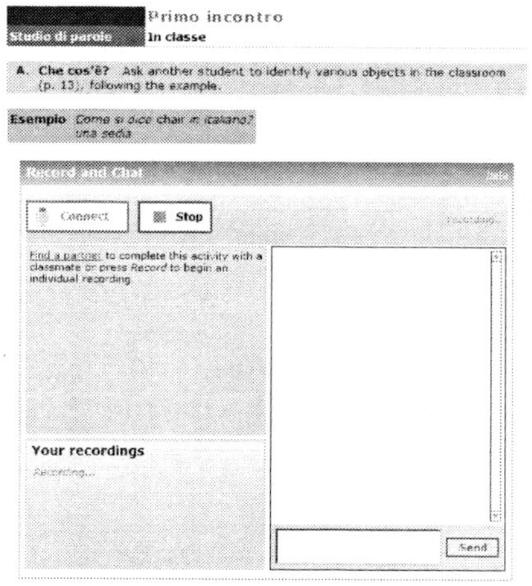

Figure 9: Activity in recording mode

4. Press ***Stop*** when you want to stop recording. You can still talk with your partner or team when the recording stops.

5. To listen to your recording, press ***Play***. You can pause the recording at any time by pressing ***Pause***. If you are not satisfied with your recording, you may record again.

Each recording is saved and you can choose which recording (from a drop-down list) you want to submit.

6. When you are satisfied with your recording, press ***Submit answers*** to send your recording to your instructor. Note: All partners and teammates must press ***Submit*** in order for the recording to be counted in all of your grades.

7. If you can't find a partner or team, you can record answers on your own; just press ***Record*** to record your voice, then stop the recording and submit it when you're done. Check with your instructor to see if an individual recording is acceptable, since these activities are designed to be done with a partner.

Share It!

The new Share It! feature allows you to upload a file, image or video to the Share It! tab where your classmates can comment and rate your file. You can make comments on your classmates files as well, including audio comments.

Your instructor may assign Share It! activities. These will be prompts asking you to upload a file to complete the assignment. When you submit the activity, it will go to the gradebook for your instructor to assign a grade. It will also publish directly the the Share It! tab.

Figure 10: Share It! comment

Self-Tests and Personalized Learning

You may take an online self-test before or after working through a text chapter to get an initial assessment of what you know and what you still need to master. Your results are graded automatically and displayed according to learning outcomes. A Personalized Study Plan, based on the automatically graded test, directs you to additional study aids available in ***iLrn: Heinle Learning Center***, including Student Activities Manual activities and pages in the ebook, that focus your efforts and study time on the areas where you need the most help.

- Step 1 ...Pre-Test (or What Do I Know?) provides an evaluation of what you already know.
- Step 2 ... Personalized Study Plan (or What Do I Need to Learn?) provides a focus for your work. Chapter sections and additional study materials are chosen to cover concepts that you had problems with in the pre-test.
- Step 3 ... Post-Test (or What Have I Learned?) provides an evaluation of what you have learned after working through the personalized study plan.

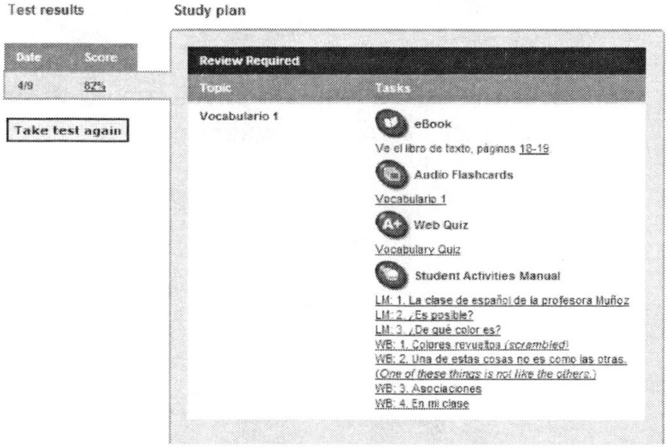

Figure 11: Personalized Study Plan

Using Personal Tutor

What is Personal Tutor?

▸ Personal Tutor provides tutors exclusively from among experienced and qualified instructors. Tutors have achieved high grades in their degrees (many have a Master's degree and higher) and have real classroom teaching experience. All of Personal Tutor's tutors are located in Tampa, FL, and are monitored on-site by a director, who also holds a Ph.D.

How does Personal Tutor work?

▸ Personal Tutor provides whiteboard technology for synchronous tutoring (Q&A sessions) that also includes video and audio capabilities (for those students who want these extra features).

How many hours of tutoring do students get on Personal Tutor?

▸ Personal Tutor provides students with 5 hours of tutoring time.

▸ Students have 3-semesters to use the 5 hours of tutoring

▸ Students have the option of purchasing additional tutoring directly from Personal Tutor if their hours/paper submissions are used up before the end of a semester. The cost is significantly less at $29.99 for an entire month of tutoring versus paying $35 per hour from other services.

When will tutoring be available?

▸ Tutors are available for online tutoring seven days a week, and offline questions and papers can be submitted at any time, 24 hours a day. Online tutoring is available for languages at the times below. Responses to offline questions can take 24 to 48 hours to be returned, however, they are usually returned within one day.

	Spanish	French	Italian	German
MONDAY	9AM-1PM 9PM-12AM			
TUESDAY	9AM-1PM	4-8PM		8PM-Midnight
WEDNESDAY	9AM-1PM 9PM-12AM		6PM-10PM	
THURSDAY	9AM-1PM	4-8PM	8PM-12PM	
FRIDAY	9AM-1PM 5PM-9PM	4-8PM		
SATURDAY	12PM-4PM	4-8PM		
SUNDAY			3PM-7PM	7PM-11PM

Technical Support

- Visit ***http://hlc.quia.com/support.html***
- View FAQs at ***http://hlc.quia.com/help/books/faq.html*** for immediate answers to common problems.
- Send an e-mail to ***bookhelp@quia.com***
- Call Toll-free 1-877-282-4400

System Requirements

Microsoft® Windows 98, NT, 2000, ME, XP, VISTA, 7

Browsers: Internet Explorer 7.x or higher, or Firefox version 3.x or higher

Macintosh OS X

Browsers: Firefox version 3.x or higher, or Safari 3.x or higher.

Additional Requirements

- A high-speed connection with throughput of 256 Kbps or more is recommended to use audio and video components.
- Screen resolution: 1024 x 768 or higher
- CPU: 233MHz
- RAM: 128MB
- Flash Player 10 or higher
- You will need speakers or a headset to listen to audio and video components, and a microphone is necessary for recording activities.